für meine Eltern

SCHRIFTENREIHE DER FRIEDRICH–CHRISTIAN–LESSER–STIFTUNG
Band 45

Xenia Miller

Die Entwicklung ausgehandelter Schriftlichkeit und pragmatischer Rechenhaftigkeit in der Buchführung des Spätmittelalters

Eine vergleichende Analyse städtischer
und adeliger Rechnungsführung am Beispiel
der Rechnungen von Mühlhausen in Thüringen
und der Landgrafen von Hessen

MICHAEL IMHOF VERLAG

Schriftenreihe der Friedrich-Christian-Lesser-Stiftung | Band 45

Xenia Miller
Die Entwicklung ausgehandelter Schriftlichkeit und pragmatischer Rechenhaftigkeit
in der Buchführung des Spätmittelalters
Eine vergleichende Analyse städtischer und adeliger Rechnungsführung am Beispiel
der Rechnungen von Mühlhausen in Thüringen und der Landgrafen von Hessen

Zugleich: Von der Philosophischen Fakultät der Gottfried Wilhelm Leibniz Universität
Hannover zur Erlangung des Grades einer Doktorin der Philosophie (Dr. phil.) genehmigte
Dissertation.

Die Deutsche Nationalbibliothek verzeichnet diese Publikation in
der Deutschen Nationalbibliografie; detaillierte bibliografische Daten
sind im Internet über <https://dnb.dnb.de> abrufbar.

© 2024, 1. Auflage
Friedrich-Christian-Lesser-Stiftung und Michael Imhof Verlag

Michael Imhof Verlag GmbH & Co. KG
Stettiner Straße 25
D-36100 Petersberg
Tel. +49 661/29 19 166-0
Fax +49 661/29 19 166-9
E-Mail: info@imhof-verlag.de
Website: www.imhofverlag.de

Friedrich-Christian-Lesser-Stiftung
c/o Rathaus der Stadt Mühlhausen
Ratsstraße 25
D-99974 Mühlhausen

Stiftungsvorstand: Dr. Helge Wittmann
Tel. +49 3601/45 21 42
Fax +49 3601/45 21 37
E-Mail: helge.wittmann@lesser-stiftung.de
Website: www.lesser-stiftung.de

Umschlagabbildung: Erster Eintrag der Einnahmen auf Folio 1r im Kämmereiregister der Stadt
Mühlhausen in Thüringen von 1456 zum Kassenstand „*In Cammera*" (StadtA Mühlhausen,
2000/9, Fol. 1r).

Gestaltung und Reproduktion: Anna Krannig-Wess, Michael Imhof Verlag
Redaktion: Stefanie Schmerbauch, Friedrich-Christian-Lesser-Stiftung

Druck: Gutenberg Beuys Feindruckerei GmbH, Langenhagen

Printed in EU
ISBN 978-3-7319-1386-3

INHALT

Dank 12

Verzeichnis der Abkürzungen 13

I. Einleitung 15
   1. Zielsetzung 15
   2. Forschungslage 16
   3. Quellenlage 32
   4. Einführung 35
      4.1. Entwicklung der Schriftlichkeit im Mittelalter ... 36
      4.2. Methoden der Verschriftlichung 46
         4.2.1. Schreibmaterialien 46
         4.2.2. Wasserzeichen 51
         4.2.3. Technische Untersuchungsmethoden zur Erfassung und Dokumentation der Papiermaterialität 54
         4.2.4. Schriftstücke 55
      4.3. Die Schrift 57
      4.4. Skriptographische Wissensverarbeitung und Wissensvermittlung im Mittelalter 58
      4.5. Rechenhaftigkeit 60
         4.5.1. Doppelte Buchführung 66
         4.5.2. Umgang mit Zahlenwerten 68
         4.5.3. Gebrauch negativer Zahlen 79
         4.5.4. Datierung in der Rechnungsführung 79
         4.5.5. Rechenhaftigkeit des Mittelalters 85

II. Schriftlichkeit und Rechnungswesen der mittelalterlichen Stadt ... 87
   1. Städtische Schriftlichkeit 87
   2. Städtisches Rechnungswesen 89
   3. Die Stadt Mühlhausen in Thüringen 94
      3.1. Die Bevölkerungsentwicklung 99
      3.2. Rechtsverfassung der Stadt Mühlhausen in Thüringen ... 101
      3.3. Ratsverfassung der Stadt Mühlhausen in Thüringen ... 102
      3.4. Finanzwesen in Mühlhausen 104

3.5. Schriftwesen in Mühlhausen 105
    3.5.1. Mittelalterliche Stadtbücher Mitteldeutschlands 105
    3.5.2. Mühlhäuser Stadtschreiber 106
    3.5.3. Mühlhäuser Kämmereiregister 108
3.6. Das Kämmereiregister von Mühlhausen in Thüringen von 1456 110
    3.6.1. Das Dokument 110
    3.6.2. Recepta 115
    3.6.3. Distributa 125
    3.6.4. Datierung und Verteilung der Buchungstermine 139
    3.6.5. Genauigkeit der Rechenhaftigkeit 146
    3.6.6. Rechnen mit negativen Zahlen 154
3.7. Kämmereiregister von Mühlhausen von 1407 bis 1486 163
    3.7.1. Die Kämmereiregister Mühlhausens von 1407–1410 164
    3.7.2. Die Kämmereiregister Mühlhausens von 1417–1419 166
    3.7.3. Die Kämmereiregister Mühlhausens von 1451–1453 166
    3.7.4. Das Kämmereiregister Mühlhausens von 1460 167
    3.7.5. Das Kämmereiregister Mühlhausens von 1461 171
    3.7.6. Das Kämmereiregister Mühlhausens von 1486 172
    3.7.7. Vergleich der Kämmereiregister von Mühlhausen in Thüringen 174
3.8. Weitere städtische Aufzeichnungen Mühlhausens 184
    3.8.1. Entwicklung der Schrift in den Kämmereiregistern und
    anderen städtischen Aufzeichnungen Mühlhausens 187
    3.8.2. Die Geschoßregister Mühlhausens 187
3.9. Vergleich der Kämmereiregister von Mühlhausen zu
den Registern verschiedener Städte 188
    3.9.1. Rinteln 190
    3.9.2. Pegau in Sachsen 191
    3.9.3. Lübben 193
    3.9.4. Marburg 194
    3.9.5. Reval 197
    3.9.6. Riga 201
    3.9.7. Münster in Westfalen 201
    3.9.8. Hamburg 202
    3.9.9. Struktur der städtischen Finanzen 205
3.10. Quantitative Aspekte der Entwicklung städtischer Rechnungsbücher 207
3.11. Entwicklung von Schriftlichkeit anhand der städtischen Kämmereiregister .. 211
    3.11.1. Schriftlichkeit und Sprache 213
    3.11.2. Weiterentwicklung der Komplexität 214

III. Die Entwicklung adeliger Schriftlichkeit und Rechenhaftigkeit .. 217
1. Adelige Schriftlichkeit 217
2. Adeliges Rechnungswesen 220
3. Die Landgrafen von Hessen 226
   3.1. Die mittelalterlichen Rechnungen der Landgrafen von Hessen 232
   3.2. Die spätmittelalterlichen Rechnungen von Oberhessen 236
      3.2.1. Die Marburger Kammerschreiberrechnung 1476/77 236
      3.2.2. Die Marburger Kammerschreiberrechnung 1477/78 236
      3.2.3. Die Marburger Kammerschreiberrechnung 1478/79 237
      3.2.4. Die Marburger Kammerschreiberrechnung 1479 239
      3.2.5. Die Marburger Kammerschreiberrechnung 1480/81 239
      3.2.6. Die Marburger Kammerschreiberrechnung 1483 (Fragment) 240
      3.2.7. Die Marburger Kammerschreiberrechnung 1485 240
      3.2.8. Die Marburger Kammerschreiberrechnung 1497 241
      3.2.9. Die Marburger Kammerschreiberrechnung 1499/1500 242
      3.2.10. Die Vormundschaftsrechnung für Landgraf Wilhelm
              den Jüngeren 1485 244
      3.2.11. Die Rechnung des Rentmeisters zu Ziegenhain 1486 245
      3.2.12. Die Rechnung des Rentmeisters zu Frankenberg 1486 246
   3.3. Die Marburger Kammerschreiberrechnung 1486 246
      3.3.1. Die Materialität des Dokuments 246
      3.3.2. Rechnungsbeginn 252
      3.3.3. Die Einnahmen 256
      3.3.4. Die Ausgaben 265
      3.3.5. Genauigkeit der Rechenhaftigkeit 294
      3.3.6. Datierung der Buchungen 297
   3.4. Die Marburger Hofmeisterrechnung 1485/86 305
      3.4.1. Vergleich der Hofmeister- und der Kammerschreiberrechnung
              von 1486 307
      3.4.2. Vergleich der Buchungen zwischen der Vormundschaftsrechnung, der
              Kammerschreiber- und der Hofmeisterrechnung aus dem Jahr 1485 .. 310
   3.5. Die Marburger Hofmeisterrechnung von 1497 313
      3.5.1. Vergleich der Hofmeister- und der Kammerschreiberrechnung
              von 1497 314
   3.6. Die Marburger Hofmeisterrechnungen von 1499 314
      3.6.1. Der Aspekt der Veruntreuung im Rahmen der Rechnungsführung ... 317
   3.7. Adelsrechnungen im Vergleich 318
      3.7.1. Die Rechnungen der erzbischöflichen Verwaltung in Oberlahnstein .. 318

3.7.2. Die Hofhaltungsrechnung des Herzogs von Jülich-Berg 1446/1447 .. 322
3.7.3. Das Haushaltsbuch des Baseler Bischofs Johannes von Venningen ... 324
3.7.4. Die Hofhaltsrechnung der Gräfin Margarete von Ravensberg 1346 .. 325
3.7.5. Die Haushaltungsrechnung der Burggrafen von Drachenfels 327
3.7.6. Die Rechnungsbücher des Konrad von Weinsberg 329
3.7.7. Die Rechnungsbücher der Grafen von Wertheim-Breuberg 330
3.7.8. Die Rechnungsbücher der Herren von Schlandersberg 332
3.8. Vergleich der Rechnungsbücher des Adels 345
3.8.1. Anwendung negativer Zahlenwerte in den hessischen Kammerschreiber- und Hofmeisterrechnungen und anderen Adelsrechnungen 347

IV. Vergleichende Zusammenfassung 349
Städtische und adelige Schriftlichkeit und Rechenhaftigkeit des Spätmittelalters

1. Entwicklung der Schriftlichkeit 350
   1.1. Formale Aspekte 350
   1.2. Sprache 351
   1.3. Struktur der Buchführung 351
   1.4. Aufbau 352
2. Rechenhaftigkeit 361
   2.1. Strukturelle Aspekte 361
   2.2. Zahlenangaben, Rechenverfahren 363
   2.3. Genauigkeit der Rechenhaftigkeit 368
   2.4. Rechnungsperiode 370
   2.5. Datierung 370

Schlusswort 375

V. Ungedruckte Quellen 377

VI. Gedruckte und edierte Quellen 379

VII. Literatur 385

VIII. Verzeichnis der Tabellen 428

IX. Verzeichnis der Abbildungen 429

X. Anhang 439
1. Mühlhausen in Thüringen 439
1.1. Lagenanalysen und Wasserzeichen 439
1.1.1. Kämmereiregister von Mühlhausen von 1407 439
1.1.2. Kämmereiregister von Mühlhausen von 1409 440
1.1.3. Kämmereiregister von Mühlhausen von 1417–1419 441
1.1.4. Kämmereiregister von Mühlhausen von 1451–1453 441
1.1.5. Kämmereiregister von Mühlhausen von 1456 442
1.1.6. Kämmereiregister von Mühlhausen von 1460 443
1.1.7. Kämmereiregister von Mühlhausen von 1460/61 445
1.1.8. Kämmereiregister von Mühlhausen von 1486 447
1.1.9. Notulbuch der Stadt Mühlhausen von 1450–1500 448
1.1.10. Copialbuch von Mühlhausen i.Th. von 1454–1459 449
1.1.11. Copialbuch von Mühlhausen i.Th. von 1460 450
1.2. Analyse der Rechengenauigkeit, Kämmereiregister von 1456 451
1.3. Übersicht der Kämmereiregister von Mühlhausen im 15. Jahrhundert 472
1.4. Buchungszahlen und Summenbildungen der Kämmereiregister 473
1.5. Bürgermeister und Kämmerer in den Kammerschreiberrechnungen, Copial- und Notulbüchern Mühlhausens 475
2. Oberhessen 479
2.1. Lagenanalysen und Wasserzeichen 479
2.1.1. Kammerschreiberrechnung von 1476/77 479
2.1.2. Kammerschreiberrechnung von 1477/78 482
2.1.3. Kammerschreiberrechnung von 1478/79 486
2.1.4. Kammerschreiberrechnung von 1479 488
2.1.5. Kammerschreiberrechnung von 1480/81 489
2.1.6. Kammerschreiberrechnung von 1485 492
2.1.7. Kammerschreiberrechnung von 1486 495
2.1.8. Kammerschreiberrechnung von 1497 499
2.1.9. Kammerschreiberrechnung von 1499 500
2.1.10. Hofmeisterrechnung von 1485/86 502
2.1.11. Hofmeisterrechnung von 1497 503
2.1.12. Hofmeisterrechnung von 1499 (10/13) 504
2.1.13. Hofmeisterrechnung von 1499 (10/14) 505
2.1.14. Vormundschaftsrechnung von 1485 506
2.1.15. Rentmeisterrechnung zu Ziegenhain von 1486 508
2.2. Analyse der Rechengenauigkeit, Kammerschreiberrechnung von 1486 510
2.3. Buchungsdaten der Kammerschreiberrechnung von 1486 554

3. Schlandersberg 557
   3.1. Lagenanalysen und Wasserzeichen 557
      3.1.1. Rechnungsbuch Sygmund von Schlandersberg, 1394–1396 557
      3.1.2. Rechnungsbuch Kaspar von Schlandersberg, 1398–1399 558
      3.1.3. Rechnungsbuch Kaspar von Schlandersberg, 1399–1401 560
      3.1.4. Rechnungsbuch Kaspar von Schlandersberg, 1400–1402 561
      3.1.5. Kellnerrechnung von 1402 561
4. Nomenklatur der Wochentagsdatierung 562
5. Auswertung der Buchungen edierter Kämmereiregister 563
   5.1. Hamburg 563
   5.2. Reval 566
6. Abbildungen Wasserzeichen Mühlhausen 570
   6.1. Kämmereiregister 1407 570
   6.2. Kämmereiregister 1409–1410 571
   6.3. Kämmereiregister 1417–1419 571
   6.4. Kämmereiregister 1451–1452 572
   6.5. Kämmereiregister 1456 573
   6.6. Kämmereiregister 1460 575
   6.7. Kämmereiregister 1460–1461 575
   6.8. Kämmereiregister 1483–1486 576
   6.9. Copialbuch 1454 576
   6.10. Copialbuch 1460 577
7. Abbildungen Wasserzeichen Oberhessen 578
   7.1. Kammerschreiberrechnung 1476/77 578
   7.2. Kammerschreiberrechnung 1477/78 579
   7.3. Kammerschreiberrechnung 1478/79 580
   7.4. Kammerschreiberrechnung 1479 581
   7.5. Kammerschreiberrechnung 1480 582
   7.6. Kammerschreiberrechnung 1485 582
   7.7. Kammerschreiberrechnung 1486 583
   7.8. Kammerschreiberrechnung 1497 585
   7.9. Kammerschreiberrechnung 1499/1500 585
   7.10. Hofmeisterrechnung 1485/86 586
   7.11. Hofmeisterrechnung 1497 587
   7.12. Hofmeisterrechnung 1499 (10/13) 587
   7.13. Hofmeisterrechnung 1499 (10/14) 588
   7.14. Vormundschaftsrechnung für Landgraf Wilhelm d.J. 1485 589

7.15. Rentmeisterrechnung zu Ziegenhain 1486 590
7.16. Rentmeisterrechnung zu Frankenberg 1486 591
8. Abbildungen Wasserzeichen Schlandersberg 592
   8.1. Rechnungsbuch Sygmund von Schlandersberg, 1394–1396 592
   8.2. Rechnungsbuch Kaspar von Schlandersberg, 1398–1399 592
   8.3. Rechnungsbuch Kaspar von Schlandersberg, 1399–1401 593
   8.4. Rechnungsbuch Kaspar von Schlandersberg, 1400–1402 593
   8.5. Kellnerrechnung von 1402 594
   8.6. Kellnerrechnung von 1420 594
9. Personenverzeichnis 595
10. Ortsverzeichnis 601

Zusammenfassung – Abstract 606

DANK

Die vorliegende Studie wurde im Mai 2020 von der Philosophischen Fakultät der Leibniz Universität Hannover als Dissertationsschrift angenommen. Für den Druck wurde das Manuskript geringfügig bearbeitet und um aktuelle Publikationen ergänzt. Mein Dank gilt allen, die zur Entstehung dieser Arbeit beigetragen haben.

Besonderer Dank gebührt Herrn Prof. Dr. M. Rothmann, Historisches Seminar der Leibniz Universität Hannover, für die Vergabe des Themas und die Betreuung der Dissertation, Herrn Prof. Dr. Dr. h.c. G. Fouquet, Christian-Albrechts-Universität zu Kiel, für die Übernahme des Koreferates und seine zahlreichen Anregungen und Herrn Dr. H. Wittmann, Stadtarchiv Mühlhausen i.Th., für die vielfältige Unterstützung.

Dankbar zu erwähnen sind alle von mir besuchten oder konsultierten Archive und Bibliotheken, insbesondere das Hessische Staatsarchiv Marburg, das Stadtarchiv Mühlhausen i.Th., das Landesarchiv der autonomen Provinz Bozen-Südtirol und die Gottfried Wilhelm Leibniz Bibliothek Hannover.

Die Arbeit wurde dankenswerterweise durch ein Promotionsstipendium der Konrad-Adenauer-Stiftung in finanzieller und ideeller Form gefördert.

Der Friedrich-Christian-Lesser-Stiftung gebührt besonderer Dank für die Publikation der Dissertationsschrift in der Schriftenreihe der Stiftung und Frau Dr. S. Schmerbauch für die Redaktion.

VERZEICHNIS DER ABKÜRZUNGEN

∞ — Eheschließung
★ — geboren
† — gestorben
Abb. — Abbildung
Abt. — Abteilung
ahl — alte Heller
alb — Albus
Art. — Artikel
Aufl. — Auflage
Ausg. — Ausgabe
Bd. — Band
Bog. — Bogen
bearb. v. — bearbeitet von
Bearb. — Bearbeiter
ca. — circa
cm — Zentimeter
D — Deckblatt
d — Denar, Pfennig
d.Ä. — der Ältere
d.h. — das heißt
d.J. — der Jüngere
dis. — Distributa
EB — Erzbischof
et al. — et alii (und andere)
erg. — ergänzte
f — Filzseite
f. — folgende
fl — Florin, Gulden (auch guld)
Fn — Fußnote
fol. — Folio

franz. — französisch
FSGA — Freiherr vom Stein-Gedächtnisausgabe
guld — Gulden (auch fl)
gr — Groschen
H. — Heft
HG — Herausgeber
hl — Heller
hrsg. v. — herausgegeben von
HStA — Hessisches Staatsarchiv
IPH — Internationale Norm für die Erfassung von Papieren mit und ohne Wasserzeichen, Version 2.1 (2012)
£^{hl} — Pfund Heller
k.A. — keine Angabe
Kap. — Kapitel
km^2 — Quadratkilometer
KR — Kammerschreiberrechnung
LAS — Landesarchiv Südtirol
lat. — lateinisch
Lb — Pfund
LLIN — Rippzahl (IPH)
mal — Malter bzw. Malder
mar — Mark
MB — Megabyte
MGH — Monumenta Germaniae Historica
mm — Millimeter
mR — Mark Rigisch

n.a. — nicht analysiert bzw. nicht angegeben
Nachdr. — Nachdruck
N.F. — neue Folge
Nr. — Nummer
o.O. — ohne Ort
o.S. — ohne Seitenangabe
ÖNB — Österreichische Nationalbibliothek
POSP — Abstand des Wasserzeichens vom unteren Rand (IPH)
POSR — Abstand des Wasserzeichens vom rechten Kettdraht (IPH)
r. — recto
Rec. — Recepta
rec — recepta
s — Siebseite
s.a. — siehe auch
s.S. — siehe Seite
SAW — Standardabweichung
sex — sexagena, Schock Groschen
sol, ß — Schilling oder Solidus
sol gr, ß — Solidus grossus oder Schillinggroschen
Sp. — Spalte
StA — Staatsarchiv
StadtA — Stadtarchiv
Σ — Summe
Tab. — Tabelle
TL — Teil
U — Umschlag
Urk. — Urkunde
v. — verso
v.l. — von links
v.u. — von unten
verz. v. — verzeichnet von
VR — Vormundschaftsrechnung
z.B. — zum Beispiel

ZEITSCHRIFTEN

Gbll. — Geschichtsblätter
HRG — Handwörterbuch zur deutschen Rechtsgeschichte
JbGoR — Esslinger Studien. Jahrbuch für Geschichte der oberdeutschen Reichsstädte
LiLi — Zeitschrift für Literaturwissenschaft und Linguistik
ZfO — Zeitschrift für Ostmitteleuropa-Forschung
ZgS — Zeitschrift für die gesamte Staatswissenschaft
ZVLGA — Zeitschrift für Lübeckische Geschichte und Altertumskunde
ZThG — Zeitschrift des Vereins für Thüringische Geschichte

Wörtliche Zitate und aus Quellen übernommene Begriffe sind *kursiv* dargestellt.

I. EINLEITUNG

1. Zielsetzung

In dieser Studie wird vergleichend die Entwicklung von Schriftlichkeit und Rechenhaftigkeit in der städtischen und adeligen Rechnungsführung des Spätmittelalters untersucht. Ein solcher Vergleich wurde von der Forschung bisher nicht geleistet. An ausgewählten Beispielen der Kämmereiregister der Stadt Mühlhausen in Thüringen und des Rechnungswesens des hessischen Landgrafen Wilhelm III. in der zweiten Hälfte des 15. Jahrhunderts wird die schriftliche Ausführung und Strukturierung der Rechnungsführung und deren Entwicklung unter verschiedenen Gesichtspunkten verglichen. Für diesen Zeitraum liegen für Mühlhausen dazu keine Studien vor; für das oberhessische Rechnungswesen existieren verschiedene Untersuchungen, die unter anderen Aspekten durchgeführt wurden. Rechnungsbücher stehen im Zentrum der Betrachtungen der vorliegenden Arbeit, bei der im Wesentlichen zwei Schwerpunkte verfolgt werden: 1. Die Entwicklung „ausgehandelter" Schriftlichkeit als dem Resultat eines Abstimmungsprozesses, wie bei der Rechnungslegung im Rat der Stadt oder zwischen dem Landgrafen und dessen Funktionsträgern, und 2. die Entwicklung „pragmatischer" Rechenhaftigkeit als zweckhaftem und sachbezogenem, verschiedenen Formen der Verwaltung und Organisation unterliegendem Prozess.

Hierzu betrachtet wurden der strukturelle und thematische Aufbau der Rechnungen, deren Verfasser und Kontrollorgane und die Schriftsprache. Besonderes Gewicht kam den neuen Aspekten beim Gebrauch von Zahlenwerten, wie der Einführung negativer Zahlen, der Komplexität und Genauigkeit der Rechenhaftigkeit mit dem Anteil von Korrekturen und Streichungen, der Verwendung von Summenbildungen sowie den Ansätzen der Haushaltsführung zu. Die Datierung von Buchungen und deren Verteilung bezogen auf den Jahresverlauf wurden ausgewertet und im Zusammenhang damit als neuartiger Untersuchungsgegenstand die Verteilung der Buchungen auf die verschiedenen Wochentage erfasst, die Rückschlüsse auf unterschiedliche Präferenzen der Buchungstätigkeit zu bestimmten Tagen zuließ. Untersucht wurden auch die Materialität mit der Beschaffenheit des Papiers, die Wasserzeichen und der Lagenaufbau der Dokumente. Im Vergleich zu den Hauptgegenständen der Untersuchung wurden weitere Rechnungsbücher des Adels und anderer Städte im Hinblick auf die angeführten Schwerpunkte analysiert.

In der wissenschaftlichen Einordnung beruht die vorliegende Studie nicht auf den überwiegend verwendeten alltagsgeschichtlichen oder kulturhistorischen Aspekten, sondern greift stärker auf den methodischen, auf Daten gestützten Ansatz der Nationalökonomie zurück, der in neuer Weise mit Hilfe von Datenbanken umgesetzt wurde.

2. Forschungslage

Das Interesse an mittelalterlichen Rechnungsbüchern entstand Mitte des 19. Jahrhunderts im deutschsprachigen Raum, als erste Editionen vornehmlich unter einem kulturhistorischen Ansatz erschienen. Eine der ersten war die 1854 herausgegebene Edition einer Serie von Wachstafeln mit dem „Leipziger Raths-Kämmereiregister vom Jahre 1426".[1] In der folgenden Entwicklung, von der beispielhaft einige der größeren Studien aufgeführt werden, entstand die umfangreiche Edition der Kämmereirechnungen der Stadt Hamburg, die vor der Jahrhundertmitte durch verschiedene Bearbeiter begann, ab 1869 durch Koppmann in mehreren Bänden veröffentlicht und 1938 durch Nirrnheim mit Nachträgen abgeschlossen wurde.[2] Weitere Editionen und Bearbeitungen städtischer Rechnungen aus dieser Zeit sind die der Kämmereirechnung der Stadt Altenburg von 1437/38, der Haushalt der Stadt Göttingen Ende des 14. und Anfang des 15. Jahrhunderts, die sehr frühe Übersicht des Rechnungswesens der Stadt Breslau aus den Jahren 1299 bis 1358, die umfangreiche, deutlich vom kulturhistorischen Interesse geprägte Untersuchung der Aachener Stadtrechnungen des 14. Jahrhunderts, eine teilweise gekürzte Edition der Kasseler Stadtrechnungen von 1468–1553, die Rechnungen Speyers, die sogenannten Augsburger Baurechnungen von 1320–1331, die Untersuchung des Finanz- und Steuerwesens der Stadt Basel im 14. und 15. Jahrhundert durch Schönberg, ediertes Rechnungsmaterial aus Hermannstadt, eine ausführlich kommentierte Edition der Duisburger Stadtrechnung von 1417 sowie eine Auswertung und Edition einer besonders frühen Baurechnung aus Koblenz vom Ende des 13. Jahrhunderts.[3]

---

1   Die auf Wachstafeln verzeichneten Raths-Kämmerei-Register vom Jahre 1426 in der kgl. Bibliothek zu Dresden, hrsg. v. Wilhelm SCHÄFER. In: Sachsen-Chronik, 1. Serie, Dresden 1854, S. 28–46.
2   Kämmereirechnungen der Stadt Hamburg 1350–1400, 1. Bd., bearb. v. Karl KOPPMANN, Hamburg 1869; Kämmereirechnungen der Stadt Hamburg 1401–1470, 2. Bd., bearb. v. Karl KOPPMANN, Hamburg 1873; Kämmereirechnungen der Stadt Hamburg 1471–1500, 3. Bd., bearb. v. Karl KOPPMANN, Hamburg 1878; Kämmereirechnungen der Stadt Hamburg 1482–1500, 4. Bd., bearb. v. Karl KOPPMANN, Hamburg 1880; Kämmereirechnungen der Stadt Hamburg 1501–1540, 5. Bd., bearb. v. Karl KOPPMANN, Hamburg 1883; Kämmereirechnungen der Stadt Hamburg 1541–1554, 6. Bd., bearb. v. Karl KOPPMANN, Hamburg 1892; Kämmereirechnungen der Stadt Hamburg 1555–1562, 7. Bd., bearb. v. Karl KOPPMANN, Hamburg 1894; Kämmereirechnungen der Stadt Hamburg, 8. Bd., Nachträge und Register zum ersten Bande, bearb. v. Hans NIRRNHEIM, Hamburg 1939.
3   Ueber die älteste Kämmereirechnung der Stadt Altenburg vom Jahre 1437–1438, hrsg. v. Eduard HASE. In: Mittheilungen der Geschichts- und Alterthumsforschenden Gesellschaft des Osterlandes, 3, 1850,

Auf die Bedeutung von Rechnungsbüchern hatte Inama-Sternegg in seiner Arbeit über die Quellen der deutschen Wirtschaftsgeschichte hingewiesen.[4] Die zunehmende Befassung der Geschichtsforschung mit dem mittelalterlichen Rechnungswesen kann im Zusammenhang mit dem Entstehen eines empirisch-deskriptiven Ansatzes in der „Neuen historischen Schule der Nationalökonomie" gesehen werden, zu deren Vertretern Personen wie Karl Bücher, Gustav von Schmoller und Karl Lamprecht zählten.[5] Vor dem Hintergrund dieser bevölkerungsstatistischen- und volkswirtschaftlichen Untersuchungen sind die „Socialstatistischen Studien" über die „Bevölkerung von Frankfurt am Main im XIV. und XV. Jahrhundert" durch Karl Bücher entstanden.[6] In diesen Arbeiten wird in die Anwendung statistischer Methoden bei der Erforschung der mittelalterlichen Gesellschafts- und Wirtschafts-

---

S. 461–498; HAVEMANN, Wilhelm: Der Haushalt der Stadt Göttingen am Ende des 14. und während der ersten Hälfte des 15. Jahrhunderts. In: Zeitschrift des Historischen Vereins für Niedersachsen, 22, 1857, S. 204–226; Henricus PAUPER. Rechnungen der Stadt Breslau von 1299–1358, nebst zwei Rationarien von 1386 und 1387, dem Liber imperatoris vom Jahre 1377 und den ältesten Breslauer Statuten, hrsg. v. Colmar GRÜNHAGEN, Breslau 1860; Aachener Stadtrechnungen aus dem 14. Jahrhundert nach den Stadtarchiv-Urkunden mit Einleitung, Registern und Glossar, hrsg. v. Joseph LAURENT, Aachen 1866; Kämmerei-Register der Stadt Wismar aus den Jahren 1326–1336, hrsg. v. Friedrich CRULL. In: Jahrbücher des Vereins für Mecklenburgische Geschichte und Altertumskunde, 29, 1864, S. 77–108; Casseler Stadtrechnungen aus der Zeit von 1468 bis 1553, hrsg. v. Adolf STÖLZEL, Kassel 1871; WEISS, Carl: Das Rechnungswesen der freien Reichsstadt Speier im Mittelalter. In: Mitteilungen des Historischen Vereins der Pfalz, 5, 1875, S. 3–27; Die Augsburger Baumeisterrechnungen von 1320–1331, hrsg. v. Richard HOFFMANN. In: Zeitschrift des Historischen Vereins für Schwaben und Neuburg, 5, 1878, S. 1–220; SCHÖNBERG, Gustav Friedrich von: Finanzverhältnisse der Stadt Basel im xiv. und xv. Jahrhundert, Tübingen 1879; Rechnungen aus dem Archiv der Stadt Hermannstadt und der sächsischen Nation, 1. Bd. von c. 1380–1516, Hermannstadt 1880; Die Duisburger Stadtrechnung von 1417, hrsg. v. Ludwig STIEFEL, Duisburg 1883; Der Koblenzer Mauerbau, Rechnungen 1276–1289, hrsg. v. Max BÄR (Publikationen der Gesellschaft für Rheinische Geschichtskunde V.), Leipzig 1888.

4   INAMA-STERNEGG, Karl Theodor von: Über die Quellen der deutschen Wirtschaftsgeschichte. In: Sitzungsberichte. Akademie der Wissenschaften in Wien, Philosophisch-Historische Klasse, 84, 3, 1877, S. 147, 207–210.

5   WINKEL, Harald: Die deutsche Nationalökonomie im 19. Jahrhundert, Darmstadt 1977, S. 101–116, s.a. FOUQUET, Gerhard: Die Edition der Territorialrechnungen der Grafschaft Nassau-Dillenburg und des Hochstifts Basel im Spätmittelalter. Ein Forschungsprojekt. In: Archivpflege in Westfalen und Lippe, 38, 1993, S. 21 f.

6   BÜCHER, Karl: Die Bevölkerung von Frankfurt am Main im XIV. und XV. Jahrhundert: Socialstatistische Studien, Tübingen 1886. Diese Publikation fasst verschiedene Vorläuferarbeiten zusammen: BÜCHER, Karl: Zur mittelalterlichen Bevölkerungsstatistik mit besonderer Rücksicht auf Frankfurt a. M. I. Allgemeiner Theil. ZgS, 37, 1881, S. 535–580; BÜCHER, Karl: Zur mittelalterlichen Bevölkerungsstatistik mit besonderer Rücksicht auf Frankfurt a. M. II. Specieller Theil. ZgS, 38, 1882, S. 28–117; BÜCHER, Karl: Zur mittelalterlichen Bevölkerungsstatistik, ZgS, 41, 1885, S. 488–579; zu weiteren bevölkerungsstatistischen Arbeiten s. BÜCHER, 1885, S. 435.

strukturen eingeführt und an deren Erfordernisse auf Grund der besonderen Beschaffenheit der überlieferten mittelalterlichen Daten angepasst. Frühere Ansätze solcher Analysen wie bei Koppmann für Hamburg und Hegel für Nürnberg wurden kritisch diskutiert.[7] Die Studien zur Bevölkerungsstruktur stützten sich vornehmlich auf Bürgerlisten, Bürger- und Bedebücher, Schatzungsregister und sonstige Steuerlisten und lieferten vielfältige Informationen zur Zusammensetzung und Herkunft der Einwohnerschaft sowie z.B. deren beruflichen Tätigkeiten und Organisation, Vermögensstand oder Wohnsituation, die nach Bücher ausreichten, um *„daraus jeden einzelnen Frankfurter des XIV. und XV. Jahrhunderts persönlich kennen zu lernen"*.[8] Weniger umfassend erschienen ihm die Möglichkeiten bei der Betrachtung der Haushaltssituation der Städte, wo auf die Problematik des fehlenden Prinzips einer fiskalischen Kasseneinheit und das aus seiner Sicht mangelhafte Rechenvermögen der Menschen im Mittelalter hingewiesen wurde.[9] Die Allgemeingültigkeit dieser auf die Frankfurter Beobachtungen gestützten Aussagen wurde von Knipping relativiert, der das Finanzwesen Kölns besonders aus dem 14. und 15. Jahrhundert untersuchte und feststellte, dass diese Annahmen für verschiedene niederländische und deutsche Stadtrechnungen nicht zutrafen.[10]

Weitere wichtige Bearbeitungen aus dem 19. Jahrhundert betreffen die Stadtrechnungen von Osnabrück aus dem 13. und 14. Jahrhundert und indizierte Editionen der Hildesheimer Stadtrechnungen von 1379–1415 und von 1416–1450.[11] Einen Überblick zu den Arbeiten

---

7 BÜCHER, 1886, S. 25–48; Kämmereirechnungen der Stadt Hamburg 1350–1400, 1869; HEGEL, Karl: Über die Bevölkerungszahl und die Handwerksverhältnisse im 14. und 15. Jahrhundert. In: Die Chroniken der fränkischen Städte. Nürnberg, 2, Leipzig 1864, S. 500–513; s.a. eine erste Edition eines kurzen Zeitabschnittes der Nürnberger Stadtrechnung von 1388: HEGEL, Karl: Nürnbergs Stadthaushalt und Finanzverwaltung. In: Die Chroniken der fränkischen Städte: Nürnberg, Bd. 1, Leipzig 1862, S. 263–296.
8 BÜCHER, Karl: Der öffentliche Haushalt der Stadt Frankfurt im Mittelalter. I. Abhandlungen, ZgS, 52, 1896, S. 1–19.
9 BÜCHER, 1886, S. 6.
10 Die Kölner Stadtrechnungen des Mittelalters, mit einer Darstellung der Finanzverwaltung, 1. Bd.: Die Einnahmen und die Entwicklung der Staatsschuld, bearb. v. Richard KNIPPING, Bonn 1897 (Publikationen der Gesellschaft für Rheinische Geschichtskunde, 15); Die Kölner Stadtrechnungen des Mittelalters, mit einer Darstellung der Finanzverwaltung. 2. Bd.: Die Ausgaben, bearb. v. Richard KNIPPING, Bonn 1898 (Publikationen der Gesellschaft für Rheinische Geschichtskunde, 15), Einleitung, o.S.; s.a. SCHÖNBERG, Leo: Die Technik des Finanzhaushalts der deutschen Städte im Mittelalter. In: Luijo BRENTANO, Walter LOTZ (HG): Münchner Volkswirtschaftliche Studien, 103, Stuttgart 1910, S. 115 f.; BRUNNER, Otto: Die Finanzen der Stadt Wien von den Anfängen bis ins 16. Jahrhundert, Wien 1929, S. 75.
11 Stadtrechnungen von Osnabrück aus dem 13. und 14. Jahrhundert, hrsg. v. Johann Carl Bertram STÜVE. In: Mitteilungen des Vereins für Geschichte und Landeskunde von Osnabrück, 15, 1890, S. 75–164; Urkundenbuch der Stadt Hildesheim, Bd. 5. Hildesheimsche Stadtrechnungen 1379–1414, hrsg. v. Richard DOEBNER, Hildesheim 1893; Urkundenbuch der Stadt Hildesheim, Bd. 6. Hildesheimsche Stadtrechnungen 1416–1450, hrsg. v. Richard DOEBNER, Hildesheim 1896; s.a. HUBER, Paul: Der Haushalt der Stadt Hildesheim am Ende des 14. und in der ersten Hälfte des 15. Jahrhunderts, Leipzig 1901.

über mittelalterliche Stadtrechnungen zu dieser Zeit auch im niederländischen und belgischen Raum geben Stieda und Tille.[12]

Einen sozialhistorischen Ansatz verfolgte Karl Lamprecht mit seiner Beschreibung des deutschen Wirtschaftslebens im Mittelalter und in dem ab 1891 herausgegebenen Werk „Deutsche Geschichte", in dessen ersten Bänden mit Hilfe einer „kulturgeschichtlichen" Methode im Gegensatz zur vorherrschenden deskriptiven Geschichtsinterpretation der Versuch unternommen wurde, Geschichte als periodischen Vorgang in „Kulturzeitaltern" zu definieren, der Gesetzmäßigkeiten unterlag.[13] Diese Geschichtsinterpretation stieß auf erhebliche zeitgenössische Kritik, dem sogenannten „Lamprecht-Streit", in dem dieser sich mit seiner stärkeren Beachtung der Bedeutung sozialer und ökonomischer Vorgänge nicht durchsetzen konnte.[14] Die Landesgeschichte wandte sich in Folge dieser Auseinandersetzung zeitweilig stärker verfassungsgeschichtlichen Aspekten zu.[15] Zur Thematik der städtischen Haushalts- und Finanzgeschichte entstanden jedoch weitere Studien, wie die grundlegende Untersuchung von Sander zur Haushaltung der Reichsstadt Nürnberg, von Kuske zum Schuldenwesen der Städte im Mittelalter, von Bothe zur Entwicklung der direkten Besteuerung in Frankfurt oder der Überblick zum Finanzhaushalt deutscher Städte im Mittelalter durch Schönberg 1910 zeigen.[16] Die Untersuchungen zu Hamburg durch Koppmann wurden durch Potthoff 1911 weiter verfolgt.[17]

Ebenfalls kurz nach der Jahrhundertwende wurden mit Calbe, Meißen, Görlitz, Zerbst, Mühlhausen in Thüringen und Quedlinburg die Rechnungsaufzeichnungen verschiedener

---

12　STIEDA, Wilhelm: Städtische Finanzen im Mittelalter. In: Jahrbücher für Nationalökonomie und Statistik. Ser. 3, Bd. 17, 1899; TILLE, Armin: Stadtrechnungen. In: Deutsche Geschichtsblätter, 1, 1899, S. 65–75.

13　LAMPRECHT, Karl: Deutsches Wirtschaftsleben im Mittelalter. Untersuchungen über die Entwicklung der materiellen Kultur des platten Landes auf Grund der Quellen zunächst des Moselandes, 3 Bde., Leipzig 1885–86; LAMPRECHT, Karl: Deutsche Geschichte, Bd. 1, Berlin 1891.

14　JAEGER, Friedrich, RÜSEN, Jörn: Geschichte des Historismus. Eine Einführung, München 1992, S. 141–146; zu Karl Lamprecht s.a. SCHORN-SCHÜTTE, Luise: Karl Lamprecht. Kulturgeschichtsschreibung zwischen Wissenschaft und Politik, Göttingen 1984; SCHORN-SCHÜTTE, Luise: Karl Lamprecht und die internationale Geschichtswissenschaft an der Jahrhundertwende. In: Archiv für Kulturgeschichte, 67, 1985, S. 417–464; SCHORN-SCHÜTTE, Luise: Karl Lamprecht. Wegbereiter einer historischen Sozialwissenschaft? In: Luise SCHORN-SCHÜTTE, Anja KÜRBIS (HG): Perspectum. Ausgewählte Aufsätze zur Frühen Neuzeit und Historiographiegeschichte anlässlich ihres 65. Geburtstages, München 2014, S. 144–190.

15　FOUQUET, 1993, S. 21 f.

16　SANDER, Paul: Die reichsstädtische Haushaltung Nürnbergs. Dargestellt auf Grund ihres Zustands von 1431 bis 1440, Leipzig 1902; KUSKE, Bruno: Das Schuldenwesen der deutschen Städte im Mittelalter, ZgS, 1904, Suppl. 12, S. 1–92; BOTHE, Friedrich: Die Entwicklung der direkten Besteuerung in der Reichsstadt Frankfurt bis zur Revolution 1612–1614, Leipzig 1906; Schönberg, 1910.

17　POTTHOFF, Heinz: Der öffentliche Haushalt Hamburgs im 15. und 16. Jahrhundert. In: Zeitschrift des Vereins für Hamburgische Geschichte, 16, 1911, S. 1–85.

Städte Mitteldeutschlands bearbeitet.[18] Die Untersuchungen des Finanzwesens von Mühlhausen wurden später von Vetter und Groth fortgesetzt.[19] Diese Studien waren wieder besonders von sozialstatistischem, wirtschafts- und kulturgeschichtlichem Interesse geprägt.

In der Zeit vor dem ersten Weltkrieg wurden unter anderem umfangreiche Untersuchungen zu den Stadthaushalten von Basel, Pegau und Riga sowie kleinere Studien über Bern, Danzig, Groß-Salze und Lüneburg veröffentlicht.[20] Aus den Jahren von 1920 bis zum zweiten Weltkrieg sind nur wenige und meist kleinere Untersuchungen von Stadtrechnungen bekannt. Dies schließt z.B. weitere Ratsrechnungen von Görlitz, Gunzenhausen, Berlin, Marburg, Greifswald, Biel, München und die bereits erwähnte Überarbeitung der Hamburger Kämmereirechnungen ein.[21]

---

18   Die ältesten Stadtrechnungen der Stadt Calbe, hrsg. v. Gustav HERTEL. In: Geschichts-Blätter für Stadt und Land Magdeburg, 37, 1902, S. 128–149; Die älteste Meißner Stadtrechnung vom Jahre 1460, bearb. v. Kunz von Brunn genannt von KAUFFUNGEN. In: Mitteilungen des Vereins für Geschichte der Stadt Meißen, 6, 1903, S. 269–299; Die ältesten Görlitzer Ratsrechnungen bis 1419, hrsg. v. Richard JECHT. In: Codex diplomaticus Lusetiae superioris III, Görlitz 1905–1910; BECKER, Heinrich: Der Haushalt der Stadt Zerbst 1460 bis 1510, dargestellt nach den Handbüchern des Rates der Stadt Zerbst, Tübingen 1905; Die älteste Kämmereirechnung der Kaiserlich freien Reichsstadt Mühlhausen i. Thür. vom Jahre 1407, hrsg. v. Kunz v. KAUFFUNGEN. In: Mühlhäuser Gbll., V. 1904/1905, S. 33–46; LORENZ, Hermann: Die urkundlichen Eintragungen in die Ratsrechnungen der Stadt Quedlinburg von 1454 bis 1509. In: Zeitschrift des Harzvereins für Geschichte und Alterthumskunde, 39, 1906, S. 194–255; HOBOHM, Walter: Der städtische Haushalt Quedlinburgs in den Jahren 1459 bis 1509, Halle a.d.S. 1912.

19   VETTER, Arno: Bevölkerungsverhältnisse der ehemals freien Reichsstadt Mühlhausen i. Th. im XV. und XVI. Jahrhundert, Leipzig 1910; Die Kämmereirechnungen von 1407 und 1409, bearb. v. Hugo GROTH. In: Mühlhäuser Gbll., 29, 1928/1929, S. 119–168; Die Kämmereirechnungen von 1409/1410. (Zweiter Teil), bearb. v. Hugo GROTH. In: Mühlhäuser Gbll., 30, 1929/1930, S. 133–179.

20   Der Stadthaushalt Basels im ausgehenden Mittelalter. Die Jahresrechnungen 1360–1535, 1. Bd. Die Einnahmen, hrsg. v. Bernhard HARMS, Tübingen 1909; Der Stadthaushalt Basels im ausgehenden Mittelalter. Die Jahresrechnungen 1360–1535, 2. Bd. Die Ausgaben 1360–1490, hrsg. v. Bernhard HARMS, Tübingen 1910; Stadtrechnungen als historische Quellen: Ein Beitrag zur Quellenkunde des ausgehenden Mittelalters. Dargelegt an dem Beispiele der Pegauer Stadtrechnungen des 14./15. Jahrhunderts. Mit einem Grundriß der Stadt Pegau aus dem XV. Jahrhundert, hrsg. v. Johannes HOHLFELD, Leipzig 1912. Unveränderter Neudruck, Walluf bei Wiesbaden 1973; Kämmerei Register der Stadt Riga. 1348–1361 und 1405–1474, 1. Bd., bearb. v. August von BULMERINCQ, Leipzig 1909; Kämmerei Register der Stadt Riga. 1348–1361 und 1405–1474, 2. Bd. bearb. v. August von BULMERINCQ, Leipzig 1913; Stadtrechnungen von Bern vom 1454/I und 1492/II, hrsg. v. Friedrich Emil WELTI. In: Archiv des Historischen Vereins des Kantons Bern, 20, 1910, S. 1–44; FOLTZ, Max: Geschichte des Danziger Stadthaushalts, Danzig 1912; MÜLLER, Adolf: Die Rechnungsbücher über den städtischen Haushalt zu Groß Salze seit 1407. In: Geschichtsblätter für Stadt und Land Magdeburg, 48, 1913, S. 41–74; Alte Kämmereirechnungen (1322, 1331, 1335, 1337), hrsg. v. Wilhelm REINECKE. In: Lüneburger Museumsblätter, 3, Heft 12, 1914, S. 309–337.

21   SCHUSTER, Georg: Der Haushalt der Stadt Görlitz nach den Görlitzer Ratsrechnungen von 1375–1419, Leipzig 1927; CLAUSS, Hermann: Das älteste Gunzenhäuser Stadtrechnungsbuch. In: Alt-Gunzenhausen, 4, 1927, S. 25–49; Die ältesten Berliner Kämmereirechnungen 1504–1508, hrsg. v. Joseph

Bei den Arbeiten über städtische Buchführung ist nach dem zweiten Weltkrieg eine geographische Verschiebung der Schwerpunkte zu bemerken. Von 1960 an erschienen Editionen und Bearbeitungen von Stadtrechnungen z.B. aus Münster, Konstanz, Rothenburg o.T., Schwäbisch Hall, Stadthagen und Rinteln.[22] Kirchgässner bearbeitete Haushalts- und Währungspolitik sowie soziale Aspekte südwestdeutscher Reichsstädte anhand von Steuer- und Rechnungsbüchern.[23] Rosen analysierte auf der Basis der edierten Rechnungsbücher der Stadt Basel das Ausgabe- und Einnahmeverhalten über einen längeren Zeitraum und bediente sich dabei erster Ansätze moderner Datenverarbeitung und graphischer Darstellungen.[24]

GIRGENSOHN. In: Veröffentlichungen der Historischen Kommission für die Provinz Brandenburg und Reichshauptstadt Berlin 1, 2: Quellen und Forschungen zur Geschichte Berlin II,1, Berlin 1929; Quellen zur Rechtsgeschichte der Stadt Marburg, Bd. 2, bearb. v. Friedrich KÜCH (Veröffentlichungen der Historischen Kommission für Hessen und Waldeck, 13,2), Marburg 1931, s.a. FUHRMANN, Bernd: Der Haushalt der Stadt Marburg in Spätmittelalter und früher Neuzeit (1451/52–1622), St. Katharinen 1996; FENGLER, Georg: Untersuchungen zu den Einnahmen und Ausgaben der Stadt Greifswald im 14. und beginnenden 15. Jahrhundert (besonders nach dem Kämmereibuch von 1361–1411), Greifswald 1936; Die drei ältesten Bieler Stadtrechnungen, hrsg. v. Emil MEYER. In: Festschrift Friedrich Emil Welti, Aarau 1937, S. 303–376; SOLLEDER, Fridolin: München im Mittelalter, München 1938; Kämmereirechnungen der Stadt Hamburg, 8. Bd., 1939.

22 Die Kämmereirechnungen der Stadt Münster über die Jahre 1447, 1448 und 1458, hrsg. v. Wybe Jappe ALBERTS, Groningen 1960; FEGER, Otto: Zur Konstanzer Finanzgeschichte im Spätmittelalter. In: Zeitschrift für die Geschichte des Oberrheins, 111 / NF 72, 1963, S. 177–239; OHLAU, Jürgen Uwe: Der Haushalt der Reichsstadt Rothenburg o.T. in seiner Abhängigkeit von Bevölkerungsstruktur, Verwaltung und Territorienbildung (1350–1450), Erlangen 1965; KREIL, Dieter: Der Stadthaushalt von Schwäbisch-Hall im 15./16. Jahrhundert. Eine finanzgeschichtliche Untersuchung, Schwäbisch Hall 1967; KREIL, Dieter: Zusammensetzung und Entwicklung des Haushalts der Reichsstadt Schwäbisch Hall von 1420 bis 1620. In: Erich MASCHKE, Jürgen SYDOW (HG): Städtisches Haushalts- und Rechnungswesen, Sigmaringen 1977, S. 83–90; Stadthagener Stadtrechnungen 1378–1401, bearb. v. Dieter BROSIUS, Bückeburg 1968; Rintelner Kämmereiregister aus dem 15. Jahrhundert, bearb. v. Walter MAACK, Rinteln 1971.

23 KIRCHGÄSSNER, Bernhard: Studien zur Geschichte des kommunalen Rechnungswesens der Reichsstädte Südwestdeutschlands vom 13. bis zum 16. Jahrhundert. In: Finances et comptabilité urbaines du XIIIe au XVIe siècle. Colloque International, Blankenberge 6-9-IX-1962, Actes, Collection Histoire Pro civitatis, Série in-8°, n. 7, Brüssel 1964, S. 237–254; KIRCHGÄSSNER, Bernhard: Währungspolitik, Stadthaushalt und soziale Fragen südwestdeutscher Reichsstädte im Spätmittelalter. Menschen und Kräfte zwischen 1360 und 1460. In: JbGoR, 11, 1965, S. 90–127; KIRCHGÄSSNER, Bernhard: Zur Frühgeschichte des modernen Haushalts, vor allem nach den Quellen der Reichsstädte Esslingen und Konstanz. In: Erich MASCHKE, Jürgen SYDOW (HG): Städtisches Haushalts- und Rechnungswesen, Sigmaringen 1977, S. 9–44.

24 ROSEN, Josef: Der Staatshaushalt Basels von 1360–1535. In: Hermann KELLENBENZ (HG): Öffentliche Finanzen und privates Kapital im späten Mittelalter und in der ersten Hälfte des 19. Jahrhunderts, Stuttgart 1971, S. 24–37; ROSEN, Josef: Eine mittelalterliche Stadtrechnung – Einnahmen und Ausgaben in Basel 1360–1535. In: Erich MASCHKE, Jürgen SYDOW (HG): Städtisches Haushalts- und Rechnungswesen, 2, Sigmaringen 1977, S. 45–68.

Besonders zu erwähnen sind die umfangreiche Edition der Kämmereibücher von Reval und die Untersuchung der Struktur der städtischen Finanzen der Stadt Lüneburg im 15. Jahrhundert durch Ranft.[25] Eberhardt konnte für die Osnabrücker Stadtrechnungen eine systematische Überprüfung der Rechengenauigkeit der Summenbildungen vornehmen und mit den Grutamtsrechnungen von Münster ein Beispiel einer eng an die kaufmännische Praxis angelehnten Buchführung mit doppelseitigen Buchungseinträgen, Zwischensummen der verschiedenen Sparten und einfacher Bilanzierung demonstrieren.[26] Das mittelalterliche und frühneuzeitliche Steuer- und Abrechnungswesen von Marburg und Siegen wurde von Dirlmeier und Kollegen untersucht.[27] Den Stadthaushalt von Frankfurt der Jahre 1428/29 analysierte Fouquet.[28] Weitere grundlegende Arbeiten stellen die Untersuchungen des Finanzhaushaltes von Schaffhausen und der ältesten Duisburger Stadtrechnungsüberlieferung dar, in der wesentliche wirtschaftsgeschichtliche Aspekte der ökonomischen Grundlagen, der kommunalen Finanzwirtschaft und Wirtschaftspolitik mit ihren Kontroll- und Steuerungsfunktionen behandelt wurden.[29] Für Aachen und Ratingen folgten Editionen der Stadtrechnungen des 15. Jahrhunderts.[30] Am Beispiel der Windsheimer Stadtrechnung von 1449/50

---

25 Kämmereibuch der Stadt Reval 1432–1463, Halbbd. 1: Nr. 1–769, bearb. v. Reinhard VOGELSANG (Quellen und Darstellungen zur hansischen Geschichte N.F., 22,1), Köln 1976a; Kämmereibuch der Stadt Reval 1432–1463, Halbbd. 2: Nr. 770–1190, bearb. v. Reinhard VOGELSANG (Quellen und Darstellungen zur hansischen Geschichte N.F., 22,2), Köln 1976b; Kämmereibuch der Stadt Reval 1463–1507, Halbbd. 1: Nr. 1191–1990, bearb. v. Reinhard VOGELSANG (Quellen und Darstellungen zur hansischen Geschichte N.F., 27,1), Köln 1983a; Kämmereibuch der Stadt Reval 1463–1507, Halbbd. 2: Nr. 1991–2754, bearb. v. Reinhard VOGELSANG (Quellen und Darstellungen zur hansischen Geschichte N.F., 27,2), Köln 1983b; Das Revaler Kämmereibuch von 1376 bis 1380, bearb. v. Dieter HECKMANN, ZfO, 41, 1992, S. 186–247; RANFT, Andreas: Der Basishaushalt der Stadt Lüneburg in der Mitte des 15. Jahrhunderts. Zur Struktur der städtischen Finanzen im Spätmittelalter, Göttingen 1987.
26 EBERHARDT, Ilse: Van des stades wegene utgegeven unde betalt. Städtischer Alltag im Spiegel der Stadtrechnungen von Osnabrück (1459–1519), Osnabrück 1996; EBERHARDT, Ilse: Die Grutamtsrechnungen der Stadt Münster von 1480 und 1533. Edition und Interpretation, Münster 2002, S. 14.
27 DIRLMEIER, Ulf, FOUQUET, Gerhard, ELKAR, Rainer S.: Mittelalterliches und frühneuzeitliches Steuer- und Abrechnungswesen. In: Jürgen REULECKE (HG): Stadtgeschichte als Zivilisationsgeschichte. Beiträge zum Wandel städtischer Wirtschafts-, Lebens- und Wahrnehmungsweisen, Essen 1990, S. 11–22.
28 FOUQUET, Gerhard: Zahlen und Menschen. Der städtische Haushalt der Königs- und Reichsstadt Frankfurt während der Jahre 1428/29. In: Archiv für Frankfurts Geschichte und Kunst, 66, 2000b, S. 95–131.
29 LANDOLT, Oliver: Der Finanzhaushalt der Stadt Schaffhausen im Spätmittelalter, Ostfildern 2004; Mittelalterliche Stadtrechnungen im historischen Prozess. Die älteste Duisburger Überlieferung (1348–1449). Bd. 1: Untersuchungen und Texte, hrsg. v. Margret MIHM, Arend MIHM, Köln 2007.
30 Die Aachener Stadtrechnungen des 15. Jahrhunderts, bearb. v. Thomas KRAUS (Publikationen der Gesellschaft für rheinische Geschichtskunde, 72), Düsseldorf 2004; Die Einnahmen- und Ausgaben-Rechnung der Stadt Ratingen für das Haushaltsjahr 1479/1480, bearb. v. Helmut PFEIFFER. In: Ratinger Forum, 10, 2007, S. 7–72.

zeigte die Untersuchung von Zeilinger, dass Rechnungen auch zur Analyse kriegerischer Auseinandersetzungen verwendet werden können.[31]

Untersuchungen zu einem Wandel in der Schriftlichkeit des Mittelalters im Sinne einer „Pragmatischen Schriftlichkeit" waren Gegenstand eines Sonderforschungsbereiches an der Universität Münster, der den dynamischen Prozess der Entwicklung von Verschriftlichung vor allem im kommunalen Bereich behandelte.[32] Eine grundlegende Studie zur Schriftlichkeit des Mittelalters stellt die Arbeit von Patze dar; eine neuere Übersicht zur pragmatischen Schriftlichkeit im Mittelalter findet sich bei Mersiowsky et al.[33]

Zur städtischen Schriftlichkeit sei auf die Arbeit von Moulin hingewiesen.[34] Die Entwicklung der deutschsprachigen städtischen Schriftlichkeit wurde von Hünecke untersucht.[35]

Eine Sonderstellung nehmen die Untersuchungen der Rechnungsbücher der Stadt Luxemburg ein, die auch einen sprachhistorischen Ansatz wie beim Majuskelgebrauch und der Substantivflexion verfolgen sowie eine herausragende Dokumentation der Materialität und der Wasserzeichen aufweisen.[36]

Rezente Publikationen der letzten zehn Jahre liegen z.B. für die Butzbacher, Erfurter, Hamburger und Göttinger Stadtrechnungen, die Augsburger Baumeisterbücher, die auch in digitaler Form ediert werden, und die Windsheimer Stadtrechnungen vor.[37] Stadtrechnungen

---

31 ZEILINGER, Gabriel: Kleine Reichsstadt – großer Krieg. Der süddeutsche Städtekrieg 1449/50 im Spiegel der Windsheimer Stadtrechnungen. In: Harm von SEGGERN, Gerhard FOUQUET, Hans-Jörg GILOMEN (HG): Städtische Finanzwirtschaft am Übergang vom Mittelalter zur Frühen Neuzeit, Frankfurt a. M. 2007, S. 169–181.
32 Hagen KELLER, Klaus GRUBMÜLLER, Nikolaus STAUBACH (HG): Pragmatische Schriftlichkeit im Mittelalter. Erscheinungsformen und Entwicklungsstufen, München 1992a.
33 PATZE, Hans: Neue Typen des Geschäftsschriftgutes im 14. Jahrhundert. In: Hans PATZE (HG): Der deutsche Territorialstaat im 14. Jahrhundert I, Sigmaringen 1970; MERSIOWSKY, Mark, THALLER, Anja, HALBEKANN, Joachim J.: Pragmatische Schriftlichkeit im Spätmittelalter und in Esslingen – Eine Einführung. In: Mark MERSIOWSKY, Anja THALLER, Joachim J. HALBEKANN (HG): Schreiben – Verwalten – Aufbewahren. Neue Forschungen zur Schriftlichkeit im spätmittelalterlichen Esslingen, Ostfildern 2018, S. 9–14.
34 MOULIN, Claudine: Sprache(n) in der Stadt – Städtisches Schreiben: Facetten eines pragmatischen und metasprachlichen Zugriffs auf urbane Schriftlichkeit. In: Maria SELIG, Susanne EHRLICH (HG): Mittelalterliche Stadtsprachen, Regensburg 2016, S. 105–120.
35 HÜNECKE, Rainer: Zur Entfaltung der deutschsprachigen Schriftlichkeit in der Stadt des Spätmittelalters und der frühen Neuzeit – Möglichkeiten und Grenzen der Erforschung. In: Maria SELIG, Susanne EHRLICH (HG): Mittelalterliche Stadtsprachen, Regensburg 2016, S. 121–138.
36 Die Rechnungsbücher der Stadt Luxemburg, Heft 1–10: 1388–1491, hrsg. v. Claudine MOULIN, Michel PAULY, Luxemburg 2007–2018.
37 BACHMANN, Bodo: Die Butzbacher Stadtrechnungen im Spätmittelalter 1371–1419, Bd. 1: Kommentar & Index, Marburg 2011; Die Butzbacher Stadtrechnungen im Spätmittelalter 1371–1419, Bd. 2: Edition,

spezieller Art, die kriegerische Auseinandersetzungen betrafen, stellen die von Hartich ausgewerteten und edierten Rechnungen Esslingens von 1449/50 dar.[38]

Der voranstehende Überblick zeigt, dass städtische Rechnungen neben den Aspekten des Finanz-, Steuer- und Kreditwesens, Währungsverhältnissen, Preisen und Löhnen auch vielfach Erkenntnisse über die verfassungsrechtliche Ordnung und die Besetzung von Ämtern, politische Beziehungen, Gesundheits- und Hospitalwesen, realienkundliche, bauhistorische und militärische Aspekte, ständische Organisation sowie Bevölkerungsverhältnisse und die Sozialtopographie bieten.

Durch das besondere Interesse der Nationalökonomen an den wirtschaftlichen Entwicklungen der Städte in der zweiten Hälfte des 19. und zu Beginn des 20. Jahrhunderts wird verständlich, dass die Anzahl der Studien an Rechnungsbüchern im Bereich des Adels zunächst eher gering ausfiel.[39] Als eine der ersten zu nennen ist die Edition der „fürstlichen Gefälle in der Grafschaft Tirol des Jahres 1297" von 1837, eine Untersuchung, die durch Chmel für spätere

---

hrsg. v. Bodo BACHMANN, Marburg 2011; Eine Erfurter Kämmereirechnung aus der Mitte des 14. Jahrhunderts (mit Edition), hrsg. v. Rudolf BENL. In: Jahrbuch für Erfurter Geschichte, 8, 2013, S. 65–102; BRAUNSCHWEIG, Hanno: Mobilität für Hamburg: Boten und Läufer in den Kämmereirechnungen 1461–1499. In: Stephan SELZER, Benjamin WEIDEMANN (HG): Hamburger Lebenswelten im Spätmittelalter. Untersuchungen an gedruckten und ungedruckten Quellen, Münster 2014, S. 147–171; BUTT, Arne: Systematik und Chancen städtischer Rechnungsführung am Beispiel der spätmittelalterlichen Göttinger Kämmereiregister. In: Gudrun GLEBA, Niels PETERSEN (HG): Wirtschafts- und Rechnungsbücher des Mittelalters und der Frühen Neuzeit. Formen und Methoden der Rechnungslegung: Städte, Klöster und Kaufleute, Göttingen 2015; WÜRZ, Simone: Konzeptionelle Überlegungen zur digitalen Edition der Augsburger Baumeisterbücher. In: Jürgen SARNOWSKY (HG): Konzeptionelle Überlegungen zur Edition von Rechnungen und Amtsbüchern des späten Mittelalters, Göttingen 2016b, S. 107–114; Digitale Edition der Augsburger Baumeisterbücher, hrsg. von Jörg ROGGE, unter informationswissenschaftlicher Mitarbeit von Radoslav PETKOV, Michael HAFT, Christiane DRESSLER und Torsten SCHRADE; URL: https://augsburger-baumeisterbuecher.de/ (letzter Zugriff: 04.05.2023); ZEILINGER, Gabriel: Rechnung – Schrift – Serie. Der Überlieferungsbeginn der Windsheimer Stadtrechnungen 1393/94. In: Michael ROTHMANN, Helge WITTMANN (HG): Reichsstadt und Geld, Petersberg 2018, S. 269–280.

38 HARTICH, Patrizia: „Die Abrechnung". Die Rechnungslegung des schwäbischen Städtebundes nach dem Süddeutschen Städtekrieg 1449/50 am Beispiel der Reichsstadt Esslingen. In: Roland DEIGENDESCH, Christian JÖRG (HG): Städtebünde und städtische Außenpolitik. Träger, Instrumentarien und Konflikte, Ostfildern 2019, S. 153–186.

39 MERSIOWSKY, 2000a, S. 23–26; FUHRMANN, Bernd: Konrad von Weinsberg. Ein adliger Oikos zwischen Territorium und Reich, Stuttgart 2004, S. 17; FELLER, Claudia: Das Rechnungsbuch Heinrichs von Rottenburg. Ein Zeugnis adliger Herrschaft und Wirtschaftsführung im spätmittelalterlichen Tirol. Edition und Kommentar, Wien 2010, S. 17–19.

Jahre fortgesetzt wurde.⁴⁰ Es folgte die Edition eines kleinen Rechnungsbuches von Margarethe, der Witwe Herzog Ottos I. von Göttingen-Braunschweig aus dem Jahre 1397.⁴¹ 1850 erschien eine Untersuchung und Edition des weitgehend eigenhändig verfassten Rechnungsbuchs „*ein reygiester was Ich selber In nieme vund vsse giebe …*" des Reichserbkämmerers Conrad von Weinsberg.⁴² Die Finanzen des Kurfürsten Albrecht Achilles waren 1866 Gegenstand einer Untersuchung von Kotelmann.⁴³ Im selben Jahr wurde ein Rechnungsbuch Ludwigs des Strengen untersucht und ediert.⁴⁴ Weitere Beispiele sind eine Reiserechnung des Bischofs von Passau vom Beginn des 13. Jahrhunderts, die Rechnungsbücher der Herren von Schlandersberg für den niedrigen Adel, die Haushaltsrechnungen der Burggrafen von Drachenfels, die Untersuchung eines eher als urbariales Dokument aufzufassenden „*Rationariums*" der Finanzverwaltung Österreichs im 13. Jahrhundert, verschiedene Auszüge aus Rechnungsbüchern der Zeit Landgraf Heinrich II. von Hessen, sowie eine Hofhaltsrechnung Markgraf Wilhelms I. von 1386, die vielfältige Aspekte der Hofhaltung und ein an den Buchungen nachvollziehbares „*Itinerar*" enthielt.⁴⁵ Nach der Jahrhundertwende erschienen Editionen eines Rechnungs- und Reisetagebuches des Erzbischofs von Trier und der Hofhaltungsrech-

---

40 Amtsrechnung über die fürstlichen Gefälle in der Grafschaft Tirol vom Jahre 1297, hrsg. v. Maximilian von Freyberg. In: Neue Beiträge zur vaterländischen Geschichte und Topographie (Bayern), 1, 1837, S. 161–208; Amtsrechnungen über die fürstlichen Gefälle in der Grafschaft Tirol v. den Jahren 1303 bis 1330, hrsg. v. Joseph Chmel. In: Joseph Chmel (HG): Der österreichische Geschichtsforscher, 2, Wien 1842, S. 133–171.

41 Blumenbach: Blicke in den Hofstaat und die Lebensweise einer verwitweten Fürstin im 14. Jahrhundert. In: Archiv des Historischen Vereins für Niedersachsen, 1849, S. 1–20.

42 Conrad von Weinsberg, des Reichs-Erbkämmerers Einnahmen- und Ausgaben-Register von 1437 und 1438, hrsg. v. Josef Albrecht, Tübingen 1850.

43 Kotelmann, Albert: Die Finanzen des Kurfürsten Albrecht Achilles. In: Zeitschrift für preussische Geschichte und Landeskunde, 3, 1866, S. 1–26, 95–105, 283–309, 417–449.

44 Rechnungsbuch des oberen Vicedomamtes Herzog Ludwig des Strengen 1291–1294, hrsg. v. Edmund von Oefele. In: Oberbayerisches Archiv, 26, 1865/66, S. 272–345.

45 Reiserechnungen Wolfgers von Ellenbrechtskirchen, Bischofs von Passau, Patriarchen von Aquileja. Ein Beitrag zur Walterfrage, hrsg. v. Ignaz Vinzenz Zingerle, Heilbronn 1877; Die ältesten Rechnungsbücher der Herren von Schlandersberg, hrsg. v. Emil von Ottenthal. In: Mittheilungen des Instituts für Österreichische Geschichtsforschung, 2, 1881, S. 553–614; Die ältesten Haushaltsrechnungen der Burggrafen von Drachenfels, hrsg. v. Leonard Korth. In: Annalen des Historischen Vereins für den Niederrhein, 54, 1892, S. 1–95, s.a. Brungs, Josef J.: Ein Drachenfelser Burggrafenleben um das Jahr 1400. Eine kulturhistorische Skizze. In: Geschichtliche Landeskunde. Mitteilungen des Instituts für geschichtliche Landeskunde der Rheinlande an der Universität Bonn, 1, 1929, S. 9–23; Dopsch, Alfons: Beiträge zur Geschichte der Finanzverwaltung Österreichs im 13. Jahrhundert. In: Mitteilungen des Instituts für Österreichische Geschichtsforschung, 14, 1893, S. 449–469; Küch, Friedrich: Beiträge zur Geschichte des Landgrafen Hermann II. von Hessen. In: Zeitschrift des Vereins für Hessische Geschichte und Landeskunde, 29, 1894, S. 32–60, 157–216; Ausgaberegister des Rent-

nung der Gräfin Margarete von Ravensberg aus dem 14. Jahrhundert, sowie Beiträge zu den Finanzen des Deutschen Ordens, Albrechts des Beherzten und zur tirolischen Finanzverwaltung im späteren Mittelalter sowie eine Notiz über ein habsburgisches Rechnungsheft vom Beginn des 14. Jahrhunderts.[46] Daneben entstanden zahlreiche staatswissenschaftlich ausgerichtete Arbeiten; eine Übersicht findet sich bei Mersiowsky.[47] Von demselben Autor wurde eine Zusammenstellung des ältesten erhaltenen Rechnungsmaterials vorgenommen.[48]

Erst nach 1950 erschienen wieder vermehrt wirtschaftsgeschichtliche Untersuchungen im Zusammenhang mit dem Rechnungswesen des Adels. Als Beispiele können angeführt werden die Arbeit von Demandt zu den Grafen von Katzenelnbogen, die Untersuchung von Verfassung und Wirtschaftsverhältnissen anhand der Einkünfte in Kurköln durch Droege sowie die der Rechnungsbücher der Tiroler Landesfürsten durch Stolz.[49]

Ab den sechziger Jahren sind besonders zu erwähnen die zahlreichen Arbeiten von Demandt zum Schriftgut der landgräflich-hessischen und katzenelnbogener Rechnungs-

---

meisters Heinrich von Schönstadt zu Marburg 1387, Auszug, bearb. v. Friedrich KÜCH: Beiträge zur Geschichte des Landgrafen Hermann II. von Hessen. In: Zeitschrift des Vereins für hessische Geschichte, 40, 1907, S. 245–273; Einnahme- und Ausgaberegister des Rentmeisters Dietrich Spede zu Marburg 1375–1377, bearb. v. Friedrich KÜCH: Beiträge zur Geschichte des Landgrafen Hermann II. von Hessen. In: Zeitschrift des Vereins für hessische Geschichte, 49, 1916, S. 189–233; Das Marienburger Tresslerbuch der Jahre 1399–1409, hrsg. v. Erich JOACHIM, Königsberg 1896; ERMISCH, Hubert: Eine Hofhaltsrechnung Markgraf Wilhelms I. (1386). In: Neues Archiv für sächsische Geschichte, 18, 1897, S. 1–30.

46 Ein Rechnungs- und Reisetagebuch vom Hofe Erzbischof Boemunds II. von Trier 1354–1357, hrsg. v. Richard SALOMON, Trier 1908; Eine Hofhaltsrechnung der Gräfin Margarete von Ravensberg aus dem Jahre [1346], hrsg. v. Bernhard VOLLMER. In: Zeitschrift für vaterländische Geschichte und Altertumskunde, 77, 1919, S. 36–45; PUFF, Alexander: Die Finanzen Albrechts des Beherzten, Leipzig 1911; MAYER, Theodor: Beiträge zur Geschichte der tirolischen Finanzverwaltung im späteren Mittelalter. In: Forschungen und Mitteilungen zur Geschichte Tirols und Vorarlbergs, 16/17, 1919/20, S. 110–168; STOLZ, Otto: Über die ältesten Rechnungsbücher deutscher Landesverwaltungen. In: Historische Vierteljahrschrift, 23, 1926, S. 87–88.

47 MERSIOWSKY, Mark: Finanzverwaltung und Finanzkontrolle am spätmittelalterlichen Hofe. In: Gerhard FOUQUET, Jan HIRSCHBIEGEL und Werner PARAVICINI (HG): Hofwirtschaft. Ein ökonomischer Blick auf Hof und Residenz in Spätmittelalter und Früher Neuzeit, Ostfildern 2008a, S. 171–190.

48 MERSIOWSKY, Mark: Die Rechnungen Heinrichs VII. als Spitze des Eisberges? Rechnungsüberlieferung und Rechnungswesen des Reiches im frühen 14. Jahrhundert. In: Ellen WIDDER (HG): Vom luxemburgischen Grafen zum europäischen Herrscher. Neue Forschungen zu Heinrich VII., Luxemburg 2008b, S. 226–229.

49 DEMANDT, Karl E.: Kultur und Leben am Hofe der Katzenelnbogener Grafen. In: Nassauische Annalen, 61, 1950, S. 149–180; DROEGE, Georg: Verfassung und Wirtschaft in Kurköln unter Dietrich von Moers (1414–1463), Bonn 1957; STOLZ, Otto: Der geschichtliche Inhalt der Rechnungsbücher der Tiroler Landesfürsten von 1288–1350, Innsbruck 1957.

überlieferungen.[50] Weitere Studien betrafen die Herrschaft Landskron, die älteste Rechnung der Obergrafschaft Katzenelnbogen sowie der wirtschaftlichen Grundlagen dieser Grafschaft, die Untersuchung der Weinsberger Rechnungen durch Ammann, den geldrischen Fürstenhof Herzog Rainalds, das Rechnungsbuch Ottos III. von Liechtenstein-Murau, ein sehr frühes Rechnungsfragment der Herren von Bolanden und Rechnungen aus dem Herzogtum Jülich beziehungsweise Jülich-Berg.[51] Da Rechnungen im Bereich des Adels im Zusammenhang mit einer territorialen Verwaltungstätigkeit stehen können, werden sie in diesem Fall häufig auch als Territorialrechnungen bezeichnet.[52] Die allgemeine Bedeutung von Amtsrechnungen verdeutlichte die Untersuchung von Orth am hessischen Beispiel.[53] Grundsätzliche Aspekte

---

50   Repertorien des Staatsarchivs Marburg. Abteilung I. Die mittelalterlichen Rechnungen der Landgrafschaft Hessen (bis zum Jahre 1517), bearb. v. Karl E. DEMANDT, Marburg 1965; Das Schriftgut der landgräflich-hessischen Kanzlei im Mittelalter (vor 1517), Verzeichnis der Bestände. Teil 2: Rechnungen und Rechnungsbelege, bearb. v. Karl E. DEMANDT, Bd. 1 (Repertorien des Hessischen Staatsarchivs Marburg), Marburg 1969; Das Schriftgut der landgräflich-hessischen Kanzlei im Mittelalter (vor 1517), Verzeichnis der Bestände. Teil 2: Rechnungen und Rechnungsbelege, bearb. v. Karl E. DEMANDT, Bd. 2 (Repertorien des Hessischen Staatsarchivs Marburg), Marburg 1970; Das Schriftgut der landgräflich-hessischen Kanzlei im Mittelalter (vor 1517), Verzeichnis der Bestände. Teil 2: Rechnungen und Rechnungsbelege, bearb. v. Karl E. DEMANDT, Bd. 3 (Repertorien des Hessischen Staatsarchivs Marburg), Marburg 1970.

51   Quellen zur Geschichte der Herrschaft Landskron a.d. Ahr, gesammelt von Hans FRICK; überarb. u. hrsg. von Theresia ZIMMER. Bd. 2.: Rechnungen, Inventare, Güter- und Zinsverzeichnisse 1242–1500 (Nr. 1341–1383), bearb. v. Theresia ZIMMER, Bonn 1966; Die älteste Rechnung der Obergrafschaft Katzenelnbogen aus dem Jahre 1401, bearb. v. Hans-Peter LACHMANN. In: Archiv für hessische Geschichte und Altertumskunde NF, 31, 1971/72, S. 4–97; MAULHARDT, Heinrich: Die wirtschaftlichen Grundlagen der Grafschaft Katzenelnbogen im 14. und 15. Jahrhundert, Darmstadt 1980; AMMANN, Hektor: Die Weinsberger Rechnungen und die Wirtschaftsgeschichte. In: Württembergisch Franken, 50, 1966, S. 169–184; JANSSEN, Wilhelm: Ein niederrheinischer Fürstenhof um die Mitte des 14. Jahrhunderts. In: Rheinische Vierteljahrsblätter, 34, 1970, S. 219–251; Das Vormerk- und Rechnungsbuch Ottos III. von Liechtenstein-Murau (1327–1333), hrsg. v. Walter BRUNNER. In: Mitteilungen des Steiermärkischen Landesarchivs, 22, 1972, S. 45–124; STRUCK, Wolf-Heino: Aus den Anfängen der territorialen Finanzverwaltung. Ein Rechnungsfragment der Herren von Bolanden um 1258/62. In: Archivalische Zeitschrift, 70, 1974, S. 1–21; WISPLINGHOFF, Erich: Der bergische Herzogshof um die Mitte des 15. Jahrhunderts. Dargestellt nach der Hofhaltungsrechnung des Jahres 1446/47. In: Düsseldorfer Jahrbuch, 57/58, 1980, S. 21–46; HERBORN, Wolfgang, MATTHEIER, Klaus J.: Die älteste Rechnung des Herzogtums Jülich. Die Landrentmeister-Rechnungen 1398/1399, Jülich 1981; DINSTÜHLER, Horst: Die Jülicher Landrentmeister-Rechnung von 1434/1435. Beobachtungen zur Wirtschafts- und Verwaltungsgeschichte eines Territoriums im 15. Jahrhundert, Bonn 1989.

52   JANSSEN, Wilhelm: Die kurkölnischen Territorialrechnungen des Mittelalters. In: Jahrbuch für westdeutsche Landesgeschichte, 6, 1980, S. 97.

53   ORTH, Elsbet: Amtsrechnungen als Quelle spätmittelalterlicher Territorial- und Wirtschaftsgeschichte. In: Hessisches Jahrbuch für Landesgeschichte, 29, 1979, S. 36–62.

des Zusammenhanges von Finanzwesen und territorialer Organisation zum ausgehenden Mittelalter betrachtete Krüger für Hessen.[54] Ziegler behandelte den Staatshaushalt Bayerns in einer ausführlichen Studie.[55] Zu bemerken ist in dieser Periode ein gewisser Schwerpunkt der Untersuchungen im rheinischen Raum, der sich möglicherweise an niederländischen Vorbildern orientierte.[56] Tirol mit seiner reichen Überlieferung an Quellen fand ebenfalls breitere Berücksichtigung, wobei für dieses Gebiet eine eigenständige, autochthone Entwicklung des Rechnungswesens mit wahrscheinlichen indirekten Einflüssen aus dem Süden als möglich angesehen wurde.[57]

Neben den bereits aufgeführten sind hier die Untersuchungen von Maleczek, Wenninger und Wiesflecker zu nennen.[58]

In den neunziger Jahren erschienen eine Reihe an Editionen von Rechnungsbüchern, darunter die mainzische Verwaltung in Oberlahnstein durch Volk, die Rechnungen der Grafen von Wertheim in der Herrschaft Breuberg durch Wackerfuß, eine kleinere trierische Rechnung, die Abrechnungen des österreichischen Landvogtes Engelhard von Weinsberg durch Köhn, ein Rechnungsbuch Herzog Albrechts III. von Österreich durch Lackner, die älteren Tiroler Rechnungsbücher durch Haidacher ab 1993 und das Bistum Basel durch Fuhrmann.[59] Weitere Untersuchungen betrafen Hunteburg im Bistum Osnabrück, die Finanz-

---

54 KRÜGER, Kersten: Finanzstaat Hessen 1500–1567. Staatsbildung im Übergang vom Domänenstaat zum Steuerstaat, Marburg 1980.

55 ZIEGLER, Walter: Studien zum Staatshaushalt Bayerns in der zweiten Hälfte des 15. Jahrhunderts. Die regulären Kammereinkünfte des Herzogtums Niederbayern 1450–1500, München 1981.

56 FOUQUET, Gerhard: Die Edition der Territorialrechnung der Grafschaft Nassau-Dillenburg und des Hochstifts Basel im Spätmittelalter – Ein Forschungsprojekt. In: Archivpflege in Westfalen und Lippe, 38, 1993, S. 22.

57 RIEDMANN, Josef: Die Rechnungsbücher der Tiroler Landesfürsten. In: Landesherrliche Kanzleien im Spätmittelalter, TL 1, München 1984, S. 321.

58 MALECZEK, Werner: Die Sachkultur am Hofe Herzog Sigismunds von Tirol († 1496). In: Adelige Sachkultur des Spätmittelalters, Wien 1982, S. 133–167; WENNINGER, Markus J.: Die Finanzkraft des Adels und die Finanzierung außergewöhnlicher Ausgaben mit besonderer Berücksichtigung Tirols um 1400. Mit Anmerkungen zu Oswalds Biographie. In: Jahrbuch der Oswald von Wolkenstein-Gesellschaft, 2, 1982/83, S. 133–153; WIESFLECKER, Angelika: Die „oberösterreichischen" Kammerraitbücher zu Innsbruck, 1493–1519. Ein Beitrag zur Wirtschafts-, Finanz- und Kulturgeschichte der oberösterreichischen Ländergruppe, Graz 1987.

59 Die Rechnungen der mainzischen Verwaltung in Oberlahnstein im Spätmittelalter, bearb. v. Otto VOLK, Wiesbaden 1990; WACKERFUSS, Winfried: Kultur-, Wirtschafts- und Sozialgeschichte des Odenwaldes im 15. Jahrhundert. Die ältesten Rechnungen für die Grafen von Wertheim in der Herrschaft Breuberg (1409–1484), Breuberg-Neustadt 1991; BURGARD, Friedhelm, MÖTSCH, Johannes: Die Rechnung des trierischen Kellners in Mayen aus dem Jahre 1344/45. In: Archiv für Diplomatik, 39, 1993; S. 273–317; Der österreichische Landvogt Engelhard von Weinsberg und die für ihn von Mai 1395 bis Juli 1396

verwaltung Herzog Heinrichs IV., die Herrschaft Rheineck und die Grafen von Isenburg.[60] Neuere Editionen von Rechnungsbüchern des 15. Jahrhunderts existieren für die Herren von Puchheim zu Horn und Göllersdorf, Herzog Albrecht VI. von Österreich, den Baseler Bischof Johannes von Venningen und Heinrich von Rottenburg, von denen verschiedene in der Folge Gegenstand von Auswertungen waren.[61] Die Weinsberger Überlieferung wurde von Fuhrmann eingehend untersucht.[62]

Studien zur adeligen Finanzverwaltung existieren für Mecklenburg durch Wülfing und den wettinischen Hof durch Streich sowie zur Kreditwirtschaft des Adels von Bittmann.[63]

---

geführten Abrechnungen, hrsg. v. Rolf KÖHN. In: Argovia. Jahresschrift der Historischen Gesellschaft des Kantons Aargau, 106, 2, 1994, S. 1–129; Ein Rechnungsbuch Herzog Albrechts III. von Österreich. Edition und Textanalyse, hrsg. v. Christian LACKNER, Wien 1996; HAIDACHER, Christoph: Die älteren Tiroler Rechnungsbücher (IC. 277, MC. 8), Analyse und Edition (Tiroler Geschichtsquellen, Tiroler Landesarchiv Nr. 33), Innsbruck 1993; Die älteren Tiroler Rechnungsbücher (IC. 278, IC. 279 und Belagerung von Weineck). Analyse und Edition (Tiroler Geschichtsquellen 40), hrsg. v. Christoph HAIDACHER, Innsbruck 1998; Die älteren Tiroler Rechnungsbücher (IC. 280). Analyse und Edition (Tiroler Geschichtsquellen 52), hrsg. v. Christoph HAIDACHER, Innsbruck 2008; Amtsrechnungen des Bistums Basel im späten Mittelalter. Die Jahre 1470–1472/73, hrsg. v. Bernd FUHRMANN, St. Katharinen 1998.

60 VOGTHERR, Thomas: Die ältesten Hunteburger Amtsrechnungen. Edition und Auswertung. In: Osnabrücker Mitteilungen, 90, 1985, S. 47–96; KÖHN, Rolf: Die Auszahlungen des Kammermeisters Georg von Welsberg für 1399–1400. Zur Finanzverwaltung in den österreichischen Vorlanden unter Herzog Leopold IV. In: Zeitschrift für die Geschichte des Oberrheins, 140, 1992, S. 61–100; KOSSIN, Wilhelm: Die Herrschaft Rheineck. Wirtschaftliche Grundlagen einer Adelsfamilie im 15. Jahrhundert, Köln 1995; ROTHMANN, Michael: Damit aber wir sovil besser hinder die sach kommen – Zentrum und Peripherie. Das Rechnungswesen der Landgrafen von Hessen und der Grafen von Ysenburg im 15. und 16. Jahrhundert. In: Harm von SEGGERN, Gerhard FOUQUET (HG): Adel und Zahl. Studien zum adligen Rechnen und Haushalten in Spätmittelalter und früher Neuzeit, Ubstadt-Weiher 2000, S. 43–78.

61 Vom Leben auf dem Lande. Die Rechnungen der Herren von Puchheim zu Horn und Göllersdorf 1444–1468. Edition und Kommentar, hrsg. v. Herbert KNITTLER (Studien und Forschungen aus dem niederösterreichischen Institut für Landeskunde 41), St. Pölten 2005; Der Fürst in der Ostschweiz. Eine Teiledition des Rechnungsbuchs von Herzog Albrecht VI. von Österreich, hrsg. v. Peter NIEDERHÄUSER. In: Peter NIEDERHÄUSER (HG): Ein „Bruderkrieg" macht Geschichte. Neue Zugänge zum Alten Zürichkrieg, Zürich 2006, S. 181–207; Das Haushaltsbuch des Basler Bischofs Johannes von Venningen 1458–1478, hrsg. v. Volker HIRSCH, Gerhard FOUQUET, Basel 2009; s.a. DIRLMEIER, Ulf, FOUQUET, Gerhard: Bischof Johannes von Venningen (1458–1478) auf Reisen. Aufwand und Konsum als Merkmale adliger Lebensführung. In: Gertrud BLASCHITZ, Helmut HUNDSBICHLER, Gerhard JARITZ, Elisabeth VAVRA (HG): Symbole des Alltags – Alltag der Symbole. Festschrift für Harry Kühnel zum 65. Geburtstag, Graz 1992, S. 113–145; s.a. HIRSCH, Volker: Der Hof des Baseler Bischofs Johannes von Venningen (1458–1478). Verwaltung und Kommunikation, Wirtschaftsführung und Konsum, Ostfildern 2004; FELLER, 2010.

62 FUHRMANN, 2004.

63 WÜLFING, Inge-Maren: Die Amtsrechnungen von Boizenburg und Wittenburg aus den Jahren 1456 bis 1460 als Quelle zur territorialen Finanzverwaltung auf lokaler Ebene. In: Mecklenburgische Jahr-

Mersiowsky befasste sich in zahlreichen Publikationen unter verschiedenen Aspekten mit der Rechnungslegung des Adels vorwiegend im deutschen Nordwesten.[64] Die wirtschaftlichen Verhältnisse der Herren von Eppstein untersuchte Schäfer.[65]

Sablonier behandelte, ebenso wie in einer späteren Studie Zehetmayer, die Entwicklung der Schriftlichkeit des Adels insbesondere unter dem Aspekt der Beurkundung, ohne jedoch den Bereich der Rechnungsführung einzubeziehen.[66] Besondere Erwähnung verdient der von H. von Seggern und G. Fouquet herausgegebene Sammelband „Adel und Zahl", in dem Aspekte der adeligen Finanzen, der Rechnungslegung und ihrer Schriftlichkeit behandelt wurden, unter anderem von Fouquet, Rothmann, Fuhrmann, Hirsch, Weissen und, speziell zum Nahrungsmittelkonsum, Steinbrink.[67]

---

bücher, 106, 1987, S. 21–50; STREICH, Brigitte: „Amechtmann unde Gewinner …" Zur Funktion der bürgerlichen Geldwirtschaft in der spätmittelalterlichen Territorialverwaltung. (Mit besonderer Berücksichtigung der Wettinischen Lande). In: Vierteljahrschrift für Sozial- und Wirtschaftsgeschichte, 78, 1991, S. 365–392; STREICH, Brigitte: Zwischen Reiseherrschaft und Residenzbildung: Der Wettinische Hof im Spätmittelalter, Köln 1989; BITTMANN, Markus: Kreditwirtschaft und Finanzierungsmethoden. Studien zu den wirtschaftlichen Verhältnissen des Adels im westlichen Bodenseeraum 1300–1500, Stuttgart 1991.

64 MERSIOWSKY, Mark: Landesherrliche Bauausgaben im Spiegel der ältesten lippischen Rechnungen. In: Ulf DIRLMEIER, Rainer S. ELKAR, Gerhard FOUQUET (HG): Öffentliches Bauen in Mittelalter und früher Neuzeit. Abrechnungen als Quellen für die Finanz-, Wirtschafts- und Sozialgeschichte des Bauwesens, St. Katharinen 1991, S. 116–171; MERSIOWSKY, Mark: Die Anfänge territorialer Rechnungslegung im deutschen Nordwesten. In: Archivpflege in Westfalen und Lippe, 35, 1992, S. 1–4; MERSIOWSKY, Mark: Aspekte adligen Lebens um 1400. Frühe westfälische und rheinische Adelsrechnungen im Vergleich. In: Ellen WIDDER, Mark MERSIOWSKY, Peter JOHANEK (HG): Vestigia Monasteriensia. Westfalen – Rheinland – Niederlande, Bielefeld 1995, S. 263–304.

65 SCHÄFER, Regina: Die Herren von Eppstein. Herrschaftsausübung, Verwaltung und Besitz eines Hochadelsgeschlechts im Spätmittelalter, Wiesbaden 2000.

66 SABLONIER, Roger: Schriftlichkeit, Adelsbesitz und adeliges Handeln im 13. Jahrhundert. In: Otto G. OEXLE, Werner PARAVICINI (HG): Nobilitas. Funktion und Repräsentation des Adels in Europa, Göttingen 1997, S. 67–100; ZEHETMAYER, Roman: Urkunde und Adel. Ein Beitrag zur Geschichte der Schriftlichkeit im Südosten des Reichs vom 11. bis zum frühen 14. Jahrhundert, Wien 2010; s.a. SPIESS, Karl-Heinz: Familie und Verwandtschaft im deutschen Hochadel des Spätmittelalters. 13. bis Anfang des 16. Jahrhunderts, Stuttgart 1993, S. 12 f.

67 FOUQUET, Gerhard: Adel und Zahl – es sy umb klein oder groß. Bemerkungen zu einem Forschungsgebiet vornehmlich im Reich des Spätmittelalters. In: Harm von SEGGERN, Gerhard FOUQUET (HG): Adel und Zahl. Studien zum adligen Rechnen und Haushalten in Spätmittelalter und früher Neuzeit, Ubstadt-Weiher 2000a, S. 3–24; ROTHMANN, 2000, S. 43–78; FUHRMANN, Bernd: Das Rechnungswesen Konrads von Weinsberg. Landesherr zwischen Territorium und Reich. Erste Eindrücke. In: Harm von SEGGERN, Gerhard FOUQUET (HG): Adel und Zahl. Studien zum adligen Rechnen und Haushalten in Spätmittelalter und früher Neuzeit, Ubstadt-Weiher 2000, S. 79–97; HIRSCH, Volker: Zur Wirtschaftsführung im Territorium des Basler Bischofs Johannes von Venningen (1458–1478). In: Harm

Pragmatische Schriftlichkeit im adeligen Bereich war Gegenstand der Studien von Andermann.[68]

Neuere Studien betreffen die von Feller anhand von Rechnungsbüchern behandelten herausragenden Ereignisse des normalen Lebens, wie Geburt, Hochzeit, Krankheit und Tod, sowie in einem weiteren Artikel den Lebensraum Burg mit Bauen und Wohnen im Bild der Rechnungsbücher.[69] Das Rechnungsbuch Herzog Ernst des Eisernen aus der Zeit von 1419–1424 bearbeitete Wagner und erstellte eine Teiledition.[70]

Auf die hohe Bedeutung des Quellenmaterials Rechnungen für die Mediävistik nicht nur in Bezug auf Finanzen, sondern „für alle Aspekte der Wirtschafts-, Institutions- und Geistesgeschichte" wurde bereits von Caenegem hingewiesen und die spezifischen Herausforderungen bei dieser Quellengattung betont, die vielfach einer Deutung nur schwer zugänglich sei.[71] In einer Übersichtsarbeit zu mittelalterlichen Rechnungsbüchern als Quellen für die

---

    von SEGGERN, Gerhard FOUQUET (HG): Adel und Zahl. Studien zum adligen Rechnen und Haushalten in Spätmittelalter und früher Neuzeit, Ubstadt-Weiher 2000, S. 99–119; WEISSEN, Kurt: Stagnation und Innovation in der Rechnungslegung der Territorial- und Hofverwaltung der Fürstbischöfe von Basel (1423–1527). In: Harm von SEGGERN, Gerhard FOUQUET (HG): Adel und Zahl. Studien zum adligen Rechnen und Haushalten in Spätmittelalter und früher Neuzeit, Ubstadt-Weiher 2000, S. 135–148; STEINBRINK, Matthias: Nahrungsmittelkonsum am Hof Herzog Albrechts von Sachsen und Lüneburg am Ende des 14. Jahrhunderts. In: Harm von SEGGERN, Gerhard FOUQUET (HG): Adel und Zahl. Studien zum adligen Rechnen und Haushalten in Spätmittelalter und früher Neuzeit, Ubstadt-Weiher 2000, S. 25–41.

68 ANDERMANN, Kurt: Pragmatische Schriftlichkeit. In: Werner PARAVICINI (HG): Höfe und Residenzen im spätmittelalterlichen Reich. Hof und Schrift, Ostfildern 2007a, S. 37–60; ANDERMANN, Kurt: Das Kopialbuch des Jakob von Lachen. Zur Rezeption pragmatischer Schriftlichkeit im Ritteradel Südwestdeutschlands während des späten Mittelalters. In: Zeitschrift für die Geschichte des Oberrheins, 155, 2007b, S. 227–264.

69 FELLER, Claudia: Geburt, Hochzeit, Krankheit und Tod in Rechnungsaufzeichnungen des Tiroler Adels im Spätmittelalter. In: Christoph HAIDACHER, Mark MERSIOWSKY (HG): 1363–2013. 650 Jahre Tirol mit Österreich, Innsbruck 2015b, S. 195–204; FELLER, Claudia: Lebensraum Burg. Bauen und Wohnen im Spiegel spätmittelalterlicher Rechnungen der Herren von Thun (1489–1496). In: Christina SCHMID, Gabriela SCHICHTA, Thomas KÜHTREIBER, Kornelia HOLZNER-TOBISCH (HG): Raumstrukturen und Raumausstattung auf Burgen in Mittelalter und Früher Neuzeit, Heidelberg 2015a, S. 387–412.

70 WAGNER, Herfried E.: Das Rechnungsbuch Herzog Ernst des Eisernen. In: Mitteilungen der Österreichischen Numismatischen Gesellschaft, 57, 2017, S. 43–51.

71 CAENEGEM, Raoul C. Van: Kurze Quellenkunde des westeuropäischen Mittelalters. Eine typologische, historische und bibliographische Einführung, Göttingen 1964, S. 97 f.; zu Rechnungen s.a. MERSIOWSKY, Mark: Rechnungen. In: Werner PARAVICINI (HG): Höfe und Residenzen im spätmittelalterlichen Reich. Hof und Schrift, Ostfildern 2007, S. 531–551.

Geschichtswissenschaft stellte Gleba Rechnungsbücher als Elemente einer durch den Verfasser konzipierten Ordnung dar, die dem mittelalterlichen wie dem heutigen Rezipienten nachvollziehbar gemacht werden kann.[72] Rechnungsbücher sind damit sowohl ein Medium der Datensammlung als auch der Kommunikation und unterliegen und befördern sowohl Entwicklungen der Schriftlichkeit und der Sprache als auch der Rechenhaftigkeit.

3. Quellenlage

Für die Reichsstadt Mühlhausen in Thüringen besteht für das Rechnungswesen eine sehr gute Überlieferungssituation. Aus dem 15. Jahrhundert sind beginnend mit dem Jahr 1407 18 Kämmereiregister erhalten, die 42 Jahre teilweise seriell umfassen, sowie verschiedene Copial- und Notulbücher.[73] Die überwiegende Mehrzahl dieser Register ist nicht ediert; Teileditionen liegen nur für die ältesten Jahrgänge von 1407–1410 vor.[74] Eine entsprechende Überlieferung von Adelsdokumenten war in Thüringen nicht gegeben. Es wurde daher die Rechnungsführung der Landgrafen von Hessen, die eine ähnliche Größenordnung aufweist, zum Vergleich herangezogen. Aus der Landgrafschaft Oberhessen sind acht Kammerschreiberrechnungen sowie zwei Fragmente solcher Rechnungen vorhanden, verschiedene Hofmeister- und Rentmeisterrechnungen, sowie begleitende einzelne Rechnungen und Belege.[75]

Für einen Vergleich der Entwicklung von Schriftlichkeit und Rechenhaftigkeit in den Kämmereiregistern von Mühlhausen wurden edierte städtische Rechnungsbücher oder deren Auswertungen verschiedener Städte herangezogen. Von den zur Verfügung stehenden Editionen wurden die folgenden Stadtrechnungen ausgewählt:

---

72 GLEBA, Gudrun: Rechnungsbücher des Mittelalters – Einnahmen, Ausgaben und mehr. Annäherungen aus verschiedenen Disziplinen. In: Stephan SELZER (HG): Die Konsumentenstadt. Konsumenten in der Stadt des Mittelalters, Köln 2018, S. 266–275.

73 StadtA Mühlhausen, Kämmereiregister: 1407, 2000/2; 1409–1410, 2000/3; 1417–1419, 2000/4; 1419–1420, 2000/5; 1428–1430, 2000/6; 1442–1450, 2000/7; 1451–1453, 2000/8; 1456, 2000/9; 1460, 2000/10; 1460–1461, 2000/11; 1461–1464, 2000/12; 1466–1468, 2000/13; 1467–1468, 2000/14; 1471–1473, 2000/15; 1483–1486, 2000/16; 1492–1497, 2000/17; 1497–1501, 2000/18.

74 Die Kämmereirechnungen von 1407 und 1409, 1928/1929, S. 119–168; Die Kämmereirechnungen von 1409/1410, 1929/1930, S. 133–179.

75 HStA Marburg, Kammerschreiberrechnung 1476/77, Rechnungen I, 2/1; 1477/78, 2/2; 1478/79, 2/3; 1479, 2/4; 1480/81, 2/5; 1483, 2/5a; 1485, 2/6; 1486, 2/7; 1497, 2/8; 1499/1500, 2/9; HStA Marburg, Hofmeisterrechnung 1485/86, Rechnungen I, 10/1; 1497, 10/10; 1499, 10/13; 1499/1500, 10/14.

- Münster als Stadt mittlerer Größe mit einer etwas höheren Einwohnerzahl als Mühlhausen, die über vergleichbare Verwaltungsstrukturen verfügte und von der eine Edition der aus dem Jahr 1448/49 erhaltenen Kämmereirechnung vorliegt, die einen Vergleich der Buchungszahlen ermöglicht.[76]
- Riga, Hansestadt mit einer direkt Mühlhausen entsprechenden Einwohnerzahl, von der eine Edition des auch in Mühlhausen untersuchten Rechnungsjahres 1456/57 zum Vergleich der Buchungsaktivitäten zur Verfügung stand.[77]
- Reval, eine weitere Stadt mittlerer Größe. Die Kämmereibücher dieser Stadt sind über einen Zeitraum von rund 70 Jahren erhalten und ermöglichen durch datierte Buchungen eine Analyse der Buchungsaktivitäten im Jahresverlauf und insbesondere in Bezug auf die Wochentage.[78]
- Für die Großstadt Hamburg existiert ebenfalls eine reiche Überlieferung an Kämmereirechnungen, die sowohl einen Vergleich entsprechend der für Mühlhausen analysierten Kämmereiregister als auch eine längere Nachverfolgung der Buchungsaktivitäten und der Buchungsstruktur erlaubten.[79]
- Marburg als kleine Mittelstadt wurde wegen seiner Beziehung zu den hessischen Landgrafen und der Existenz einer Edition des Rechnungsjahres 1456/57 im quantitativen und strukturellen Vergleich zu Mühlhausen ausgewählt.[80]

Folgende Kleinstädte wurden zum Vergleich herangezogen:
- Pegau in Sachsen wegen der räumlichen Nähe zu Mühlhausen. Für Pegau gibt es eine Untersuchung von 40 Stadtrechnungen aus dem 15. Jahrhundert, darunter verschiedene Serien und das Jahr 1456, das verglichen wurde.[81]

---

76 Die Kämmereirechnungen der Stadt Münster über die Jahre 1447, 1448 und 1458, 1960.
77 Kämmerei Register der Stadt Riga. 1348–1361 und 1405–1474, 1909; Kämmerei Register der Stadt Riga. 1348–1361 und 1405–1474, 1913.
78 Kämmereibuch der Stadt Reval 1432–1463, Halbbd. 1: Nr. 1–769, Köln 1976a; Kämmereibuch der Stadt Reval 1432–1463, Halbbd. 2: Nr. 770–1190, Köln 1976b; Kämmereibuch der Stadt Reval 1463–1507, Halbbd. 1: Nr. 1191–1990, Köln 1983a; Kämmereibuch der Stadt Reval 1463–1507, Halbbd. 2: Nr. 1991–2754, 1983b.
79 Kämmereirechnungen der Stadt Hamburg 1350–1400, 1. Bd., 1869; Kämmereirechnungen der Stadt Hamburg 1401–1470, 2. Bd., 1873; Kämmereirechnungen der Stadt Hamburg 1471–1500, 3. Bd., 1878; Kämmereirechnungen der Stadt Hamburg 1482–1500, 4. Bd., 1880; Kämmereirechnungen der Stadt Hamburg, 8. Bd., 1939.
80 Quellen zur Rechtsgeschichte der Stadt Marburg, Bd. 2, 1931.
81 Pegauer Stadtrechnungen des 14./15. Jahrhunderts, 1912.

- Für Lübben existieren Editionen der Rechnungsbücher aus dem 15. und 16. Jahrhundert. Zum Vergleich verwendet wurden Stichproben der Stadtrechnungen I und II aus der ersten Hälfte des 15. Jahrhunderts und aus dem Jahr 1440, das in Bezug auf die Entwicklung der Rechenhaftigkeit und die Verteilung der Buchungen auf die Wochentage analysiert werden konnte.[82]
- Von Rinteln sind neun Kämmereiregister aus der Mitte des 15. Jahrhunderts erhalten, die eine vergleichende Wochentagsanalyse der Buchungen erlaubten.[83]

Im adeligen Bereich wurden vergleichend zu den oberhessischen Kammerschreiberrechnungen die in einer Edition vorliegenden Rechnungen der erzbischöflichen Verwaltung in Oberlahnstein von 1461–1463 verwendet, die zeitlich und räumlich besonders geeignet für einen Vergleich erschienen. Diese Edition bot die Möglichkeit einer differenzierten Analyse der Buchungsaktivität in Bezug zu den Wochentagen und enthielt im Gegensatz zur hessischen Kammerschreiberrechnung Buchungen zur Versorgung mit Nahrungsmitteln.[84]

Adelige Reisetätigkeit, die auch in hessischen Rechnungen breiten Raum einnahm, war ein wichtiger Aspekt in dem von Hirsch und Fouquet bearbeiteten Haushaltsbuch des Baseler Bischofs von Venningen und in der edierten Rechnung des Herzogs von Jülich-Berg von 1446/47, die auch Informationen zum kulturhistorischen Detailaspekt der Verpflegungskosten bot.[85]

Zum Vergleich der Buchungsaktivitäten und der Wochentagsbuchung wurden die frühen Beispiele für adelige Rechnungen der Gräfin Margarete von Ravensberg und der Burggrafen von Drachenfels verwendet, die beide auch kulturhistorische Aspekte enthielten.[86] Ausschließlich zum Vergleich der Buchungsdatierung wurde die edierte Rechnung Konrads von Weinsbergs von 1437/38 ausgewertet.[87]

Für eine vom üblichen Muster abweichende Praxis der Datierung von Buchungen wurden beispielhaft die von Wackerfuß edierten Rechnungsbücher der Grafen von Wertheim-Breuberg betrachtet.[88]

---

82 Urkundenbuch der Stadt Lübben, Bd. 2. Die Lübbener Stadtrechnungen des 15. und 16. Jahrhunderts, hrsg. v. Woldemar LIPPERT, Dresden 1919.
83 Rintelner Kämmereiregister aus dem 15. Jahrhundert, 1971.
84 Die Rechnungen der mainzischen Verwaltung in Oberlahnstein im Spätmittelalter, 1990.
85 Das Haushaltsbuch des Basler Bischofs Johannes von Venningen 1458–1478, 2009; WISPLINGHOFF, 1980.
86 Eine Hofhaltsrechnung der Gräfin Margarete von Ravensberg aus dem Jahre [1346], 1919; Die ältesten Haushaltsrechnungen der Burggrafen von Drachenfels, 1892.
87 Conrad von WEINSBERG, des Reichs-Erbkämmerers Einnahmen- und Ausgaben-Register von 1437 und 1438, 1850.
88 WACKERFUSS, 1991.

Die Rechnungsbücher der Herren von Schlandersberg wurden, obwohl in räumlicher Distanz gelegen, für den Vergleich verwendet, da sie die frühe schriftliche Entwicklung und Verwendung negativer Zahlen zeigen. Der Rechnungsbestand aus der Wende vom 14. zum 15. Jahrhundert wurde direkt untersucht, da eine Teiledition unter kulturhistorischen Aspekten aus dem 19. Jahrhundert für die vorliegende Studie nicht verwertbar war.[89] Der Schwerpunkt der Analyse lag neben der Entwicklung bei der Verwendung von negativen Zahlenwerten wiederum auf den verschiedenen Aspekten der Buchungsaktivität und -datierung.

4. Einführung

Mittelalterliche Rechnungen ermöglichen als Quellengattung eine unmittelbare Sicht auf die Entwicklung der Aufzeichnung von Vorgängen mit wirtschaftlicher Bedeutung, die vielfach im Zusammenhang mit Rechenvorgängen standen.

Das Rechnungswesen des Spätmittelalters entwickelte sich aus der Praxis einer mündlichen Verhandlung, die von dem physischen Vorgang der Rechnungslegung auf einem Rechenbrett unterstützt war. Dieser Vorgang machte den schwierigen Umgang mit römischen Zahlzeichen praktikabel, der schwer mit schriftlichen Rechenoperationen vereinbar war.[90] Die Nachprüfbarkeit der Rechnungslegung machte jedoch zunehmend den Gebrauch schriftlicher Verfahren zur Dokumentation erforderlich. Mittelalterliche Rechnungen sind aus dem adeligen, klerikalen, städtischen und aus dem Bereich des Handels bekannt. Sie stellen schriftlich festgehaltene Aufstellungen von Zahlenwerten dar, die mit Währungs- oder Maßeinheiten und einem erläuternden Text verbunden sind und in der Regel Zahlungsvorgänge wie Einnahmen und Ausgaben innerhalb eines kalendarisch definierten Zeitabschnittes oder mit einer spezifischen Datumsangabe betreffen. Rechnungen im städtischen und adeligen Bereich sind die Grundlage der Abrechnung zwischen Rechnungsleger und dem Auftrag gebenden Herrschaftsträger als Rechnungsempfänger, die daher häufig ebenfalls, meist zu Beginn in Form eines Protokolls, aufgeführt werden. Verweise auf vorangegangene Abrechnungen sind dabei möglich. Zur Erleichterung der Rechnungslegung können in verschiedener Weise Teil- oder Gesamtsummen gebildet werden, an denen auch das Ende einer Rechnungsperiode erkennbar sein kann.[91] Die Untersuchung von überlieferten Beispielen der Rechnungsführung ermöglicht

---

89 LAS Bozen, Archiv Kasten-Schlandersberg, Rechnungen, 001 (1383–1401); 002 (1393–99); 003 (1400–1419); 004 (1420); Die ältesten Rechnungsbücher der Herren von Schlandersberg, 1881.
90 MERSIOWSKY, Mark: Die Anfänge territorialer Rechnungslegung im deutschen Nordwesten. Spätmittelalterliche Rechnungen, Verwaltungspraxis, Hof und Territorium, Stuttgart 2000a, S. 337.
91 MERSIOWSKY, 2000a, S. 39 f.

es, wie Sombart bereits 1913 feststellte, unmittelbar zu ersehen, wie Entstehung und Weiterbildung der Rechenhaftigkeit verlaufen sind.[92]

Neben wirtschaftlichen Belangen eröffnen Rechnungsbücher auch den Zugang zu kultur-, sozial- und politikgeschichtlichen Aspekten. Bevölkerungsstruktur, Konsumverhalten, Warenaustausch und die Entwicklungen von Preisen und Löhnen waren häufig Gegenstand von Untersuchungen.

4.1. Entwicklung der Schriftlichkeit im Mittelalter

Frühe Gesellschaften waren gelenkt durch mündliche Überlieferung. Mit dem Entstehen von Schrift griff diese in Form von Aufzeichnungen in diesen Bereich ein und gewann gegenüber der oralen Tradition an Bedeutung. Es kam zu einem Wechsel von gedächtnisgestützter zu schriftbasierter Überlieferung, deren Rezeption nicht mehr aural und situationsgebunden, sondern visuell und situationsunabhängig erfolgte.[93] Der Schriftkultur der Antike folgte im europäischen Bereich mit dem Niedergang des römischen Reiches eine Periode reduzierter Schriftlichkeit. Lateinische Schriftkultur hatte lediglich im kirchlichen Bereich begrenzten Bestand. Ein neuer Gebrauch der Schrift entwickelte sich im Mittelalter zunächst in den königlichen und klerikalen Einrichtungen und stellte sich besonders in Form der illuminierten Pergamente dar.[94] Diese Schriftstücke existierten nicht in großer Zahl und dienten oft mehr demonstrativen Zwecken als der Inhaltsvermittlung.[95] Frühe Beispiele schriftlicher Kodifizierung betreffen originär mündlich weitergegebene Aspekte des Gewohnheitsrechtes, wie die *leges barbarorum* in den *Kapitularien* Karls des Großen.[96]

Ursprünglich war Latein die einzige Schriftsprache „littera". *Litteratus* war, wer lese- und schreibfähig war. Im weiteren Sinne stand der Begriff für einen hohen Bildungsstand. Dem-

---

92 SOMBART, Werner: Der Bourgeois. Zur Geistesgeschichte des modernen Wirtschaftsmenschen, München 1913, S. 164.
93 ASSMANN, Aleida, ASSMANN, Jan: Schrift und Gedächtnis. In: Aleida ASSMANN, Christof HARDMEIER (HG): Schrift und Gedächtnis. Beiträge zur Archäologie der literarischen Kommunikation, München 1983, S. 274 f.
94 CLANCHY, Michael T.: From memory to written record, England 1066–1307, London 1979, S. 1–3; KELLER, Hagen: Vom „heiligen Buch" zur „Buchführung". Lebensfunktionen der Schrift im Mittelalter. In: Frühmittelalterliche Studien, 26, 1992c, S. 7 f.
95 ANDENMATTEN, Bernard: Schreiben und Zählen für eine bessere Verwaltung. In: Entstehung Schweiz. Unterwegs vom 12. ins 14. Jahrhundert, Baden 2011, S. 63.
96 SPÁČILOVÁ, Libuše: Deutsche Rechtstexte als Quelle pragmatischer Schriftlichkeit im Mittelalter und in der Frühen Neuzeit. In: Lenka VANKOVA (HG): Fachtexte des Spätmittelalters und der Frühen Neuzeit. Tradition und Perspektiven der Fachprosa- und Fachsprachenforschung, Berlin 2014, S. 187.

gegenüber konnte der *Illitteratus* als Analphabet weder Latein lesen noch schreiben; er war ungebildet, ungelehrt und beherrschte auch die Grammatik nicht. Bis ins 12. Jahrhundert waren Laien aller Schichten in der Regel illitterat und beherrschten als *homines idiotae* nur ihre eigene Sprache, nicht aber Latein. In diesem Sinne war damals auch der Adel – von Ausnahmen abgesehen – illitterat, obwohl die höfische Kultur ein hohes eigenständiges Bildungsideal hatte.[97]

Die Schriftlichkeit des Mittelalters basierte auf anderen Voraussetzungen als die heutige Textproduktion. Der geschriebene Text leitet seine Bezeichnung von „texere – weben" ab, was sich metaphorisch sowohl auf den Schreibuntergrund, den Papyrus, das Papier mit seiner Textur, als auch auf den Vorgang des Zusammenstellens von Worten beziehen konnte (Cicero: „*verbis texere solemus*").[98] Der Text unterscheidet sich in seiner universellen Bedeutung von der Schrift, die durch visuelle Erkennbarkeit des Geschriebenen gekennzeichnet ist.[99] Eine begrenzte Zahl von Schriftkundigen verfertigte wenige, aber meist langfristig aufzubewahrende Schriftstücke. Zudem entschieden sie bereits beim Schreiben mit der Wahl des Materials über einen als andauernd oder als vorübergehend intendierten Charakter des Geschriebenen: Die Wachstafel diente dem kurzfristigen Gebrauch, die Schrift auf Pergament war auf Dauer und Erhaltung ausgelegt. Neuzeitliches Schrifttum wurde dagegen von einer Vielzahl von Menschen verfasst, da fast jeder alphabetisiert wurde und über Basiskenntnisse der Schriftsprache verfügte, und es war möglich, dass die Absicht des Schreibenden mehr das Erreichen einer breiten Leserschaft als die langfristige Weitergabe seiner Arbeit war.[100]

Mittelalterliche Texte weisen in ihrer Beschaffenheit oftmals eine Überlieferungsvarianz auf, die aus der „Überlieferungsgeschichte" verständlich wird und nach der „new philology" auf der Offenheit gegenüber Veränderungen beruht, die sich von einem auf den Autor bezogenen Konzept unterscheidet. Die Vorstellung eines „Originaltextes", der so weit als nur möglich unverändert erhalten werden muss, war in der mittelalterlichen Schriftkultur zunächst

---

97 GRUNDMANN, Herbert: „Litteratus – illitteratus". Der Wandel einer Bildungsnorm vom Altertum zum Mittelalter. In: Archiv für Kulturgeschichte, 40, 1958, S. 1–15. In den romanischen Sprachen hat sich der Begriff des illitteratus erhalten (z.B. franz. illettré), während im Deutschen der „Literat" keine Entsprechung hat.
98 WAGNER-HASEL, Beate: Textus und texere, hýphos und hyphaínein. Zur metaphorischen Bedeutung des Webens in der griechisch-römischen Antike. In: Ludolf KUCHENBUCH, Uta KLEINE (HG): ›Textus‹ im Mittelalter. Komponenten und Situationen des Wortgebrauches im schriftsemantischen Feld, Göttingen 2006, S. 15, 39.
99 OTT, Michael R., KIYANRAD, Sarah: Geschriebenes. In: Thomas MEIER, Michael R. OTT, Rebecca SAUER (HG): Materiale Textkulturen. Konzepte – Materialien – Praktiken, Berlin 2015, S. 159 f.
100 CLANCHY, 1979, S. 117.

unbekannt.[101] Vielmehr waren die Texte einer vom Autor unabhängigen Evolution gemäß ihrer Funktion und ihres gesellschaftlichen Gebrauchs unterzogen.[102] Begründet war dies auch durch den gleitenden Übergang zwischen mündlicher Überlieferung und Schriftlichkeit, bei dem nach Fried die „Aktualisierungskunst des Gedächtnisses" zum Tragen kam.[103] Bei der mündlichen Weitergabe von Erinnerungsinhalten stand für die Gesellschaft des Mittelalters nicht einfach die Weitergabe von Fakten, sondern vielmehr deren Bedeutung im Vordergrund, was eine permanente, fließende Anpassung dieser Inhalte im Sinne einer „mouvance", eine inhaltliche Bewegung und Veränderung ermöglichte. Die „historische Wahrheit" konnte dabei einer Variabilität im Sinne einer „agreed truth" in Richtung einer von Kleine als „ausgehandelte Wahrheit" bezeichneten, veränderten Überlieferung unterliegen.[104]

Der Begriff des Textes setzt im Mittelalter jedoch einen geordneten Aufbau in einer vorgegebenen Form und einen normativen Anspruch voraus. Er ist daher auf viele Urkunden, Auflistungen und administrative Schriftstücke wie auch Rechnungsbücher nicht anwendbar, die damit als Schriftstücke, *scripta*, ohne *textus*-Status eingestuft werden.[105] Aufwendig hergestellte Texte einer „literarischen" Schriftlichkeit mit geordnetem Aufbau nahmen gegen Ende des 12. Jahrhunderts gegenüber einer zunehmenden Produktion des neuen „pragmatischen" Schriftguts ab. Unter Annahme einer vergleichbaren Verlustrate in beiden Kategorien zeigt sich eine im Vergleich zur literarischen Schriftlichkeit vielfach höhere Steigerungsrate der pragmatischen Schriftlichkeit. Parallel zur Erhöhung der Produktivität der Kanzleien insbesondere im 14. Jahrhundert durch neue Formen des Geschäftsschriftgutes kam es zu einem deutlichen Anstieg der Anzahl dieser Dokumente und auch der Zahl von Schreibern,

---

101 ARLINGHAUS, Franz-Josef, OSTERMANN, Marcus, PLESSOW, Oliver, TSCHERPEL, Gudrun: Written Texts on the Move: Medieval Manuscript Culture in a Multimedia Environment. In: Franz-Josef ARLINGHAUS, Marcus OSTERMANN, Oliver PLESSOW, Gudrun TSCHERPEL (HG): Transforming the Medieval World. Uses of Pragmatic Literacy in the Middle Ages, Turnhout 2006, S. 6.
102 MARTIN, Henri-Jean: Histoires et pouvoirs de l'écrit, Paris 1990, S. 221.
103 FRIED, Johannes: Der Schleier der Erinnerung. Grundzüge einer historischen Memorik, 2. Auflage, München 2012, S. 237 f.; s.a. SCHLIEBEN, Barbara: Verspielte Macht. Politik und Wissen am Hof Alfons' X. (1252–1284), Berlin 2009, S. 22.
104 KLEINE, Uta: Gesta, Fama, Scripta. Rheinische Mirakel des Hochmittelalters zwischen Geschichtsdeutung, Erzählung und sozialer Praxis, Stuttgart 2007, S. 366, FRIED, Johannes: „… vor fünfzig oder mehr Jahren': Das Gedächtnis der Zeugen in Prozeßurkunden und in familiären Memorialtexten. In: Christel MEIER (HG): Pragmatische Dimensionen mittelalterlicher Schriftkultur, München 2002, S. 24.
105 KUCHENBUCH, Ludolf, KLEINE, Uta: Textus im Mittelalter – Erträge, Nachträge, Hypothesen. In: Ludolf KUCHENBUCH, Uta KLEINE (HG): ›Textus‹ im Mittelalter. Komponenten und Situationen des Wortgebrauchs im schriftsemantischen Feld, Göttingen 2006, S. 440.

wenn diese auch Schwankungen während der Pestzeiten unterlag.[106] Die Zahl der Manuskripte im Reichsgebiet erreichte Mitte des 15. Jahrhunderts ihren Höhepunkt, während gleichzeitig bereits eine deutliche Steigerung der Produktion gedruckter Schriftstücke zu bemerken war.[107]

Im Hochmittelalter kam es in Verbindung mit wesentlichen gesellschaftlichen Veränderungen zu einer neuen Bedeutung der Schriftlichkeit, die die Entwicklung von daran angepassten Methoden zur zweckhaften Verwendung der Schrift und deren zunehmenden Einsatz notwendig machten. Schriftlichkeit als Domäne einzelner spezialisierter Gruppen wie vor allem des Klerus wandelte sich ausgehend vom 11. Jahrhundert zu einer weitgehend allgemeinen Verwendung der Schrift durch das Hinzukommen neuer Anwender zum Beispiel aus dem Bereich des Adels und der Städte. Insbesondere die Herrschaftsstrukturen veränderten sich unter dem Aspekt einer zunehmenden Verschriftlichung rechtlicher und administrativer Vorgänge hin zur Verwaltungsstruktur, was zu einem erheblichen Anstieg der Anzahl verfasster Schriftstücke führte und auch eine Veränderung der Art der schriftlichen Dokumente bedingte: Neben Urkunden entstand die neue Form des geschäftlichen Schriftgutes.[108] Formale rechtliche Aspekte erhielten eine zunehmende Bedeutung und Verschriftlichung sollte zur Rechtssicherheit beitragen.[109] Schriftlichkeit kam damit auch eine Rolle als Herrschaftsmittel zu.[110] Humbertus de Romanis schilderte in seiner Ordensregel für die Dominikaner aus der Mitte des 13. Jahrhunderts ausführlich den Wert und die Autorität des schriftlich Festgelegten, das alles bestimmt und Zweifel zerstreut. Er weist aber auch

---

106 NEDDERMEYER, Uwe: Von der Handschrift zum gedruckten Buch. Schriftlichkeit und Leseinteresse im Mittelalter und in der frühen Neuzeit. Quantitative und qualitative Aspekte, 1: Text, Wiesbaden 1998, S. 184–190; s.a. NEDDERMEYER, Uwe: Von der Handschrift zum gedruckten Buch. Schriftlichkeit und Leseinteresse im Mittelalter und in der frühen Neuzeit. Quantitative und qualitative Aspekte, 2: Anlagen, Wiesbaden 1998, S. 626.
107 NEDDERMEYER, 1. Text, 1998, S. 380.
108 PATZE, 1970, S. 9 f.; s.a. MERKEL, Gottfried: Das Aufkommen der deutschen Sprache in den städtischen Kanzleien des ausgehenden Mittelalters, Hildesheim 1973, S. 5; SCHMIDT, Wieland: Vom Lesen und Schreiben im späten Mittelalter. In: Dietrich SCHMIDTKE, Helga SCHÜPPERT (HG): Festschrift für Ingeborg Schröbler zum 65. Geburtstag, Tübingen 1973, S. 312; MERSIOWSKY et al., 2018, S. 9–11.
109 KELLER, Hagen: Die Entwicklung der europäischen Schriftkultur im Spiegel der mittelalterlichen Überlieferung. Beobachtungen und Überlegungen. In: Paul LEIDINGER, Dieter METZLER (HG): Geschichte und Geschichtsbewußtsein. Festschrift für Karl-Ernst Jeismann zum 65. Geburtstag, Münster 1990, S. 200.
110 SCHREINER, Klaus: Legitimation, Repräsentation, Schriftlichkeit. Gedankliche Begründungen und symbolische Formen mittelalterlicher Abtsherrschaft. In: Joseph P. CANNING, Otto Gerhard OEXLE (HG): Political thought and the realities of power in the middle ages, Göttingen 1998, S. 103 f.

darauf hin, dass Texte keinesfalls verändert, ergänzt oder verkürzt werden dürfen.[111] Bei vielen mittelalterlichen Dokumenten war die Herstellung von Öffentlichkeit in Form einer Verlesung wesentliche Grundlage der rechtlichen Wirksamkeit, aus der sich die Beurkundung vor Zeugen entwickelte.[112] Wirtschaftliche Motive bedingten die Einführung eines neuartigen Typus der Beurkundung auf Zeit durch die Dokumentation von Passiva in Form von Schuldverschreibungen und Verpfändungen.[113]

Die Ausweitung der Verschriftlichung wurde unterstützt durch die Alphabetisierung von neuen Bevölkerungsgruppen und die Entwicklung des Buchdrucks mit beweglichen Lettern, der in engem Zusammenhang mit einem allgemeinen Schriftgebrauch stand. Städte und Höfe stellten Zentren des Schriftgebrauches mit einem Kulturwandel dar, der neue Anwendungen zeigte, deren Bedürfnisse deutlich hervortraten und zur Entfaltung der „pragmatischen Schriftlichkeit" beitrugen. Damit einher ging die allmähliche Ablösung der traditionellen Struktur der Mündlichkeit, da diese den Erfordernissen, die durch das Bevölkerungs- und Wirtschaftswachstum und die zunehmende Mobilität und der damit verbundenen Erweiterung von Horizonten entstanden waren, nicht mehr entsprach.[114] Dabei ist zu berücksichtigen, dass es im Mittelalter insbesondere im städtischen Bereich eine Mehrsprachigkeit in Bezug auf die Koexistenz von Latein, der *lingua franca*, als gehobener Sprache und der Volkssprache gab, die aber erweitert werden konnte durch die Präsenz eigenständiger Bevölkerungsgruppen mit autonomem sprachlichen Hintergrund. Hinzu kam die Mehrsprachigkeit der überregional agierenden Wirtschaftseliten.[115]

Wesentlicher Unterschied des verschriftlichten zum gesprochenen Wort war seine graphische Gegenständlichkeit und seine Befreiung vom Zeitablauf, die eine Trennung der Rezeption von der Produktion ermöglichte, aber auch relativierte.[116] Der mündliche Text

---

111 Humbert de ROMANIS: Opera de vita regularis 2, hrsg. v. Joachim Joseph BERTHIER, Rom 1889, S. 8–11.
112 KELLER, Hagen: Schriftgebrauch und Symbolhandeln in der öffentlichen Kommunikation. Aspekte des gesellschaftlich-kulturellen Wandels vom 5. bis zum 13. Jahrhundert. In: Frühmittelalterliche Studien, 37, 2003, S. 9; KELLER, Hagen: Mündlichkeit – Schriftlichkeit – symbolische Interaktion. Mediale Aspekte der „Öffentlichkeit" im Mittelalter. In: Frühmittelalterliche Studien, 38, 2004, S. 278 f.
113 PATZE, 1970, S. 14 f.
114 KELLER, Hagen: Pragmatische Schriftlichkeit im Mittelalter. Erscheinungsformen und Entwicklungsstufen, Einführung zum Kolloquium in Münster, 17.–19. Mai 1989. In: Hagen KELLER, Klaus GRUBMÜLLER, Nikolaus STAUBACH (HG): Pragmatische Schriftlichkeit im Mittelalter. Erscheinungsformen und Entwicklungsstufen, München 1992a, S. 2–3.
115 MIHM, Arend: Mehrsprachigkeit im mittelalterlichen Köln. In: Maria SELIG, Susanne EHRLICH (HG): Mittelalterliche Stadtsprachen, Regensburg 2016, S. 24–28.
116 FRANK, Barbara: Die Textgestalt als Zeichen. Lateinische Handschriftentradition und die Verschriftlichung der romanischen Sprachen, Tübingen 1994, S. 12 f., 16, 20.

wird an anderer Stelle als im Gedächtnis materiell fixiert und steht für eine Wiederverwendung zeitlich unabhängig zur Verfügung.[117] Zwar bestand die Interaktion von Mündlichkeit und Schriftlichkeit in den Zwischenformen des Diktates und in umgekehrter Weise beim Vorlesen begrenzt weiter.[118] Mit dem zunehmenden Schriftgebrauch wurden die Schriftstücke aber losgelöst von der mündlichen Kommunikation und waren nicht mehr abhängig von der Präsenz derer, die sie erstellt hatten, was die Verwendung variabler und anpassungsfähiger machte.[119] Der Nachteil war, wie Goethe es formulierte: *„Das geschriebene Wort ist, sagt man todt; zum wenigsten scheint es uns in vielen Fällen als ein sehr unbestimmtes, einer mannigfaltigen Deutung fähiges Etwas, wogegen aber das gesprochene durch den Ton der Stimme sogleich einen entschiedenen Charakter empfängt und den Hörer auf der Stelle in die Empfindung seiner unzweifelhaften Bedeutung setzt, …".*[120] Daher konnte Schrift als „zeichenhafte Präsenz" die Anwesenheit einer Person noch lange Zeit nicht vollständig ersetzen. In der mittelalterlichen „Anwesenheitsgesellschaft" bestand mündliche und symbolische Kommunikation langfristig fort und konnte, vor allem in den Institutionen, erst nach einem langwierigen Gewöhnungsprozess abgelöst werden.[121] Friedrich II. von Brandenburg (1413–1471) bemerkte gegenüber seinem Bruder, dass eine mündliche Botschaft *(„fruntschafft mit wortten")* zu guten Beziehungen beitrage, wohingegen eine schriftliche Nachricht *(„unfruntschafft durch schrift")* zu Problemen führen könne. Ein derartiges Misstrauen gegenüber schriftlichen Mitteilungen scheint für die Zeit durchaus typisch gewesen zu sein.[122] Mündliche Kommentare oder Instruktionen im Zusammenhang mit dem geschriebenen Dokument, zum Beispiel durch

---

117 MOOS, Peter von: Über pragmatische Mündlichkeit und Schriftlichkeit. In: Peter von MOOS, Gert MELVILLE (HG): Gesammelte Studien zum Mittelalter. Bd. 2 – Rhetorik, Kommunikation und Medialität, Berlin 2006, S. 232.
118 GREEN, Dennis Howard: Schriftlichkeit und Mündlichkeit im Hoch- und Spätmittelalter. In: Helmut BRACKERT, Jörn STÜCKRATH (HG): Literaturwissenschaft. Ein Grundkurs, Reinbek bei Hamburg 1992, S. 336.
119 WENZEL, Horst: Hören und Sehen, Schrift und Bild. Kultur und Gedächtnis im Mittelalter, München 1995, S. 203.
120 GOETHE, Johann Wolfgang von: Dramatische Vorlesungen (1928). In: Johann Wolfgang von Goethe: Aesthetische Schriften 1824–1832, hrsg. v. Anne BOHNENKAMP, Frankfurt 1999, S. 476.
121 SCHLÖGL, Rudolf: Kommunikation und Vergesellschaftung unter Anwesenden, Formen des Sozialen und ihre Transformation in der Frühen Neuzeit. In: Geschichte und Gesellschaft, 34/2, 2008, S. 203; JUCKER, Michael: Pragmatische Schriftlichkeit und Macht: Methodische und inhaltliche Annäherungen an Herstellung und Gebrauch von Protokollen auf politischen Treffen im Spätmittelalter. In: Christoph DARTMANN, Thomas SCHARFF, Christoph Friedrich WEBER (HG): Zwischen Pragmatik und Performanz, Turnhout 2011, S. 405.
122 NOLTE, Cordula: Schriftlichkeit und Mündlichkeit. In: Werner PARAVICINI (HG): Höfe und Residenzen im spätmittelalterlichen Reich. Hof und Schrift, Ostfildern 2007, S. 23.

dessen Überbringer, waren nicht ungewöhnlich, und es konnte im Text darauf verwiesen werden.[123] Die Konzeption der Begriffe Mündlichkeit und Schriftlichkeit weitete sich aus; sie entwickelte sich von der reinen Bezeichnung des Übertragungsmediums hin zur Bezeichnung der Mittelbarkeit oder Unmittelbarkeit von Kommunikation; Mündlichkeit bezog sich auf die Kommunikation in der Nähe und Schriftlichkeit auf die Kommunikation in der Distanz.[124] Als Zwischenform kann die Inschrift oder der Aushang betrachtet werden, der Öffentlichkeit ohne Präsenz des Verfassers herstellt.[125]

Die Weiterentwicklung der Schriftkultur und ihrer Erscheinungsformen resultierte aus einem technisch an der Anwendung orientierten Schriftgebrauch, der sich pragmatisch an die Veränderungen der Lebensumstände im ausgehenden Mittelalter anpasste und die Schriftlichkeit durch rationale Praxis den Bezügen zum praktischen Leben der Menschen und dessen Organisation öffnete. Auf der Basis dieser Schriftkenntnis kam es zur Schaffung neuer Methoden zur Erfassung der Umwelt in all ihren Aspekten, die Auswirkungen auf die Lebensgestaltung und Orientierung der Menschen hatte. Durch die Öffnung der Schriftlichkeit unter dem Aspekt des Pragmatismus wurde die Abfassung von Texten in neuer Weise zugänglich als Element der Kultur, das eine Voraussetzung für die seit dem Hochmittelalter zu beobachtende Durchdringung aller Lebensbereiche mit wissenschaftlichen Aspekten darstellte.[126] Schriftlichkeit in einer neuen, „soziopragmatischen" Funktion entsprach damit nicht mehr der ursprünglichen sprachwissenschaftlichen Auffassung der geschriebenen Sprache als Wiedergabe des gesprochenen Wortes, sondern entwickelte sich zu einer selbständigen Art nor-

---

123 HERBERS, Klaus: Gedächtnis und Legitimation. Aspekte der Überlieferung und Auswertung. Zur Einführung. In: Klaus HERBERS, Ingo FLEISCH (HG): Erinnerung – Niederschrift – Nutzung. Das Papsttum und die Schriftlichkeit im mittelalterlichen Westeuropa, Berlin 2011, S. 6.
124 OESTERREICHER, Wulf: Verschriftung und Verschriftlichung im Konzept medialer und konzeptioneller Schriftlichkeit. In: Ursula SCHAEFER (HG): Schriftlichkeit im frühen Mittelalter, Tübingen 1993, S. 269.
125 BÜHLER, Theodor: Rechtsschöpfung und Rechtswahrung an der Schnittstelle zwischen Mündlichkeit und Schriftlichkeit aufgrund von mittelalterlichen Rechtsquellen insbesondere aus Mitteleuropa, Baden-Baden 2012, S. 13.
126 KELLER, 1992a, S. 5. Die Entwicklung und Verbreitung von Schriftlichkeit im Mittelalter in einem Prozess der Literalisierung war Gegenstand eines Sonderforschungsbereiches der Deutschen Forschungsgemeinschaft, der die Evolution der Literalität insbesondere in ihren pragmatischen Erscheinungsformen untersuchte, s. KELLER, Hagen, WORSTBROCK, Franz Josef: Träger, Felder, Formen pragmatischer Schriftlichkeit im Mittelalter. Der neue Sonderforschungsbereich 231 an der Westfälischen Wilhelms-Universität Münster. In: Frühmittelalterliche Studien, 22, 1988, S. 388–409; MEIER, Christel: Pragmatische Dimensionen mittelalterlicher Schriftkultur. In: Christel MEIER, Volker HONEMANN, Hagen KELLER, Rudolf SUNTRUP (HG): Pragmatische Dimensionen Mittelalterlicher Schriftkultur, München 2002, S. XI f.

mierter Kommunikation, der eine gesellschaftliche Funktion zukam.[127] Einen wichtigen Aspekt dieser Funktion stellte die Objektivierung zum Beispiel von rechtlichen Sachverhalten dar, die mit dem flüchtigen, situationsgebundenen Wort nicht ausreichend dargestellt werden konnten.[128]

Pragmatisch wird dabei als sachbezogen, auf zweckhaftes Handeln gerichtet definiert. Damit geht die Definition von der spezifischen Verwendung und nicht von den sprachlichen Charakteristika eines Textes aus und teilt Schriftwerke in pragmatische und nicht-pragmatische ein. Als Beispiel des pragmatischen Schriftstückes ist in erster Linie das Geschäftsschriftgut zu nennen. Einen anderen Ansatz verfolgt die Fachsprachenforschung, bei der die sprachliche Beschaffenheit eines Textes in den Vordergrund gestellt wird und die damit in der Lage ist, verschiedene Niveaus von Fachlichkeit zwischen, aber auch innerhalb von Schriftstücken zu unterscheiden.[129] Eine Unterscheidung innerhalb des mittelalterlichen Schriftgutes zwischen handlungsorientierter Schriftlichkeit als *„litterae utiles"* von den *„litterae"* im allgemeinen Verständnis erscheint jedoch nur graduell möglich, da jeglicher Schriftlichkeit ein in irgendeiner Weise gearteter Nutzen zugrunde liegt. Das als pragmatisch Verstandene stellt dabei nur die erste, unmittelbar erkennbare Stufe dar.[130] Die zunehmende Schriftlichkeit war neben dem Aspekt des Pragmatismus durch die Demonstration der Aktionen auch von symbolhafter Bedeutung.[131]

Keller stellte mit Blick auf die italienischen Stadtkommunen fest, dass der Prozess der Verschriftlichung im Mittelalter durch eine mobile geistige Elite in die Bereiche der Verwaltung und der Rechtsprechung der Städte getragen wurde, wo sich auch eine schulische Ausbildungsform entwickelte, die eine Hinwendung zu neuartigen praktischen Ausbildungsinhalten und -zielen zeigte. Hauptträger dieser Entwicklungen in den Städten waren die Kaufleute als aufstrebende Sozialgruppe, für die die Führung einer Dokumentation im Sinne

---

127 POLENZ, Peter von: Deutsche Sprachgeschichte vom Spätmittelalter bis zur Gegenwart, Bd. 1, Einführung, Grundbegriffe, Deutsch in der Frühbürgerlichen Welt, Berlin 1991, S. 115.
128 WEITZEL, Jürgen: Schriftlichkeit und Recht. In: Hartmut GÜNTHER, Otto LUDWIG (HG): Schrift und Schriftlichkeit. Writing and Its Use. Ein interdisziplinäres Handbuch internationaler Forschung. An Interdisciplinary Handbook of International Research. Halbbd. 1, Berlin 1994, S. 611.
129 KYPTA, Ulla: Die Autonomie der Routine. Wie im 12. Jahrhundert das englische Schatzamt entstand, Göttingen 2014, S. 87.
130 MOOS, 2006, S. 229–232.
131 SCHARFF, Thomas: Pragmatik und Symbolik: Formen und Funktionen von Schriftlichkeit im Umfeld des Braunschweiger Rates um 1400. In: Christoph DARTMANN, Thomas SCHARFF, Christoph Friedrich WEBER (HG): Zwischen Pragmatik und Performanz. Dimensionen mittelalterlicher Schriftkultur, Turnhout 2011, S. 369.

einer Buchhaltung und Rechnungsführung essentiell wurde, sowie die Intellektuellen, die für die Verwaltungsaufgaben der Städte der neuen geistigen Techniken der Schriftlichkeit im organisatorischen Bereich bedurften. Es gibt regionale Unterschiede zwischen dem italienischen Kaufmann, der aus juristischen Gründen das Dokument bereits benötigte, und zum Beispiel dem Hansekaufmann, der vieles noch nicht schriftlich niederlegte. Hierzu ist eine Differenzierung bei der jeweiligen Betrachtung der Vorgänge notwendig.[132]

Faktoren zur Begünstigung der Verschriftlichung im gesellschaftlich-politischen Bereich war neben der Entwicklung von eigenständigen Städten die Demokratisierung der politischen Strukturen mit oft kurzen Wahlperioden für Funktionsträger oder einer Rotation der Ämter, die für die Kontinuität der Verwaltungsvorgänge deren schriftliche Niederlegung erforderlich und zur Einhaltung von Verfahrensschritten und Fristen zunehmend zwingend machte. In diesem Zusammenhang kam es im Verlauf des 11. Jahrhunderts neben der Bedeutung des Einzeldokumentes zur zunehmenden Wichtigkeit der Verzeichnung fortlaufender Vorgänge in den kommunalen Registern. Das sich weiterentwickelnde Rechtswesen, das komplexe und langwierige Verfahrensprozeduren begünstigte, spielte dabei auch eine Rolle. Ein weiterer Aspekt war die Kontrolle der Administration. Die Festlegung von Amtsbefugnissen wurde zur Verhinderung von Missbrauch in Statuten genau beschrieben und ermöglichte eine Überprüfung. Die Verteilung von Lasten und die gleichmäßige Versorgung der Mitglieder der Gemeinschaft im sich vergrößernden kommunalen Bereich erforderte ebenfalls eine schriftliche Grundlage. Den staatlichen Strukturen des frühen Mittelalters fehlten präventive Strategien weitgehend. Als diese sich im 12. und 13. Jahrhundert zu entwickeln begannen, war dies nur auf der Basis der Schriftlichkeit zu bewältigen.[133]

Eine Sonderstellung kam der Schriftlichkeit bei der Aushandlung von Vereinbarungen zu, die einer schriftlichen Niederlegung bedurften. Dazu zählen z.B. Vertragsentwürfe, die oft mehrere Stufen bis zum Abschluss einer endgültigen Vereinbarung durchlaufen.[134] Wichtige Ereignisse, wie zum Beispiel die von Schmidt beschriebenen Amtseinführungen der Fürstbischöfe von Bamberg im 15. und 16. Jahrhundert, erforderten eine Einigung im Rat

---

132 KELLER, Hagen: Die Veränderung gesellschaftlichen Handelns und die Verschriftlichung der Administration in den italienischen Stadtkommunen. In: Hagen KELLER, Klaus GRUBMÜLLER, Nikolaus STAUBACH (HG): Pragmatische Schriftlichkeit im Mittelalter. Erscheinungsformen und Entwicklungsstufen, München 1992b, S. 21–23. Zur Schriftlichkeit des Rates s.a. HOFFMANN, Walter: Zum Verhältnis von Schreibdichtung und Sprachwandel im spätmittelalterlichen Köln. In: Thomas CRAMER (HG): Literatur und Sprache im historischen Prozeß. Vorträge des deutschen Germanistentages Aachen 1982. Bd. 2: Sprache, Tübingen 1983, S. 107.
133 KELLER, 1999b, S. 24–28.
134 ZEY, Claudia: Der Romzugsplan Heinrichs V. 1122/23. Neue Überlegungen zum Abschluß des Wormser Konkordats. In: Deutsches Archiv für Erforschung des Mittelalters, 56, 2000, S. 451.

der Stadt über den genauen Ablauf des Zeremoniells, dem in seiner Symbolik des Rituals im Mittelalter hohe Bedeutung für die Demonstration der herrschaftlichen Strukturen zukam. Der Einritt des Bischofs mit Gefolge in die Stadt stellte die Übernahme der Herrschaft dar. Die zunehmende Bestrebung der Stadt nach Autonomie erforderte im Gegenzug zur Huldigung gegenüber dem neuen Herrscher eine Bestätigung der städtischen, oftmals kaiserlichen Privilegien durch diesen. Nicht in jedem Falle gestaltete sich dies reibungslos, sodass langwierige Verhandlungen nötig wurden. Der Bürgermeister von Bamberg erteilte dem Schreiber eine von diesem protokollierte Anweisung zur Aufzeichnung der Verhandlungen im Rat. Dieses Beispiel „ausgehandelter Schriftlichkeit" wird dadurch verständlich, dass unterschiedliche Sicht- und Dokumentationsweisen durchaus üblich waren. Sowohl die Intention des Verschriftlichenden als auch die Rezeption durch den Lesenden konnte verschieden ausfallen.[135] Im konkreten Fall verzeichneten die bischöflichen Chroniken die Probleme nicht und simulierten damit Normalität, während die Verschriftlichung in den Ratsdokumenten Präzedenzfälle festhielt und mit der Aufzeichnung von Privilegien deren Rechtsrelevanz dokumentieren wollte.[136] Stadtrechte, die formal von einer Herrscherperson gewährte Privilegien waren, stellten tatsächlich oftmals ausgehandelte Vereinbarungen dar, die in Statuten fixiert wurden. Auch ratsintern fanden Verhandlungen statt „*concordaverunt inter se scabini et consules et statuerunt*", deren Beschlussfassung dann Gültigkeit fand und schriftlich niedergelegt wurde.[137] Das Lübecker Niederstadtbuch wurde ebenfalls als Dokumentationsort mündlich ausgehandelter Vereinbarungen genannt, die dadurch rechtlich verwertbar wurden.[138] Als weiteres Beispiel für ausgehandelte Schriftlichkeit im Mittelalter können in Dokumenten festgelegte Rechte und Freiheiten der Stände dienen, die nach Vertragsverhandlungen fixiert wurden.[139]

---

135 LOBENSTEIN-REICHMANN, Anja: Sprachliche Ausgrenzung im späten Mittelalter und der frühen Neuzeit, Berlin 2013, S. 150.
136 SCHMIDT, Andreas: Ritual, Schrift und Herrschaft – Die Überlieferung zu den Eintritten der Bamberger Fürstbischöfe im Spätmittelalter. In: Bericht des Historischen Vereins für die Pflege der Geschichte des ehemaligen Fürstbistums Bamberg, 145, 2009, S. 131–153.
137 JANSSEN, Wilhelm: Städtische Statuten und landesherrliche Gesetze im Erzstift Köln und im Herzogtum Kleve (1350–1550). In: Giorgio CHITTOLINI, Dietmar WILLOWEIT, Istituto storico italo-germanico (HG): Statuten, Städte und Territorien zwischen Mittelalter und Neuzeit in Italien und Deutschland, Berlin 1992, S. 281.
138 SIMON, Ulrich: Das Lübecker Niederstadtbuch. Seine Charakterisierung über das Jahr 1400 hinaus. In: Hanno BRAND, Sven RABELER, Harm von SEGGERN (HG): Gelebte Normen im urbanen Raum? Zur sozial- und kulturgeschichtlichen Interpretation rechtlicher Quellen in mitteleuropäischen Städten des Mittelalters (13. bis 16. Jahrhundert), Hilversum 2014, S. 63.
139 BOSL, Karl, WEIS, Eberhard: Die Gesellschaft in Deutschland I. Von der fränkischen Zeit bis 1848, München 1976, S. 114.

Im Bereich des Handwerks wurden ordnende Regelungen in Statuten und Handwerksrollen mit Hilfe von Aushandlungsprozessen festgelegt, die in verschiedenen Fällen in ihrem Procedere und mit den beteiligten Personen schriftlich festgehalten wurden.[140] Familienrechtliche Belange konnten ebenfalls zu schriftlichen Vereinbarungen führen, wie das Beispiel einer vorsorglich getroffenen Vormundschaftsregelung durch den Leipziger Ratsherrn Pfister von 1472 zeigt, die sowohl in einer Urkunde als auch im Stadtbuch festgehalten wurde.[141]

4.2. Methoden der Verschriftlichung

4.2.1. Schreibmaterialien

Wie aus der Antike sind aus dem Mittelalter Schriftdokumente auf Stein und Metall, wie z.B. Bleitafeln bekannt, die eine lange Erhaltungszeit des Geschriebenen ermöglichen. Die im Altertum für kurzlebige Nachrichten weit verbreiteten Wachstafeln sind ebenfalls für das Mittelalter für verschiedene Zwecke belegt.[142] Wachs als Schreibgrundlage hatte den Vorteil, leicht glättbar und damit erneut beschreibbar zu sein. Dafür waren die Schreibgriffel, mit denen der Text in die dünne Wachschicht auf dem Trägermaterial der Tafel eingeritzt wurde, meist mit einem spatelförmigen Glättkopf ausgestattet.[143] Allerdings waren die Chancen einer unbeschadeten Überlieferung für Wachstafeln mit Wachsschicht und Schrifteintrag gering. In Leipzig sind über 70 Wachstafeln mit Rechnungen der Jahre 1405–1470 erhalten.[144] Duderstadt zeichnete 1443/44 Rentenzahlungen auf vier Wachstafeln auf, die bis heute erhalten sind und deren Angaben in die städtischen Rechnungen übernommen wurden. Auch aus Dresden und Nordhausen sind Rechnungsaufzeichnungen auf Wachs erhalten.[145] Ein Wachstafelbuch von 14 Seiten mit einem Grundzinsregister ist aus der ersten Hälfte des 15. Jahr-

---

140 BULACH, Doris: Handwerk im Stadtraum. Das Ledergewerbe in den Hansestädten der südwestlichen Ostseeküste (13. bis 16. Jahrhundert), Köln 2012, S. 22 f.
141 STEINFÜHRER, Henning: Zur Überlieferung der sächsischen Städte im späten Mittelalter als Quelle für eine Untersuchung der Ostmitteldeutschen Schreibsprachen im Spätmittelalter. In: Luise CZAJKOWSKI, Corinna HOFFMANN, Hans Ulrich SCHMID (HG): Ostmitteldeutsche Schreibsprachen im Spätmittelalter, Berlin 2007, S. 165.
142 WATTENBACH, Wilhelm: Das Schriftwesen im Mittelalter, 4. Auflage, Graz 1958, S. 42–83.
143 KRÜGER, Kristina: Schreibgriffel und Wachstafeln als Zeugnisse von Schriftlichkeit im Mittelalter. In: Karl BRUNNER, Gerhard JARITZ (HG): Text als Realie, Wien 2003, S. 229–261.
144 STEINFÜHRER, Henning: Städtische Finanzen. In: Enno BÜNZ (HG): Geschichte der Stadt Leipzig, Bd. 1, Von den Anfängen bis zur Reformation, Leipzig 2015, S. 222.
145 RICHTER, Otto: Dresden im Mittelalter, Dresden 1900, S. 140; MERSIOWSKY, Stuttgart 2000a, S. 302 f.

hunderts aus Danzig bekannt.[146] Die Kosten für den Ankauf von Wachstafeln finden sich 1372 in den Hamburger Kämmereirechnungen: „... *7 sol. 3 d. pro foliis duobus cum nova cera reformandis*".[147] In den ältesten Rechnungsbüchern der Herren von Schlandersberg aus Tirol von 1366–1369 ist die Dokumentation auf Wachstafeln belegt.[148]

Schiefertafeln oder Holz als Schreibuntergrund waren ebenfalls im Gebrauch, wobei der Sonderfall der Kerbhölzer zum Beispiel in England bis weit in die Neuzeit Grundlage für die Steuererhebung darstellte.[149] Papyrus als Schriftträger stellte in unserem Betrachtungsraum keine wesentliche Rolle dar. Hier war Pergament das bevorzugte Material, das durch eine spezielle Bearbeitung von Tierhäuten ohne Gerbung schon seit der Antike hergestellt wurde. Der Name wurde von der Residenz der Attaliden in Pergamon abgeleitet *(membrana pergamena)*, jedoch scheint das nicht gesichert. Die ältesten Pergamenturkunden datieren aus der zweiten Hälfte des 7. Jahrhunderts. Pergament war durch seine Herkunft und den aufwendigen Herstellungsprozess kostbar und wurde durch Palimpsestierung mittels Abschabens der aufgetragenen Schrift nicht selten wiederverwendet.[150] Es wurde zwischen dem italienisch-spanischen Pergament mit zwei deutlich verschiedenen Seiten und dem deutsch-französischen Pergament mit annähernd gleichen Seiten unterschieden. Pergament war dauerhaft, beidseitig beschreibbar und für Illuminationen geeignet.[151] Verdrängt wurde es langfristig durch einen Schriftträger, der – im Gegensatz zu den bisher verwendeten – nicht vorhandenes Material zum Beschreiben nutzbar machte, sondern eine bedeutende neue Erfindung darstellte, die relativ billig und unbegrenzt herstellbar war: das Papier.

4.2.1.1. Beschreibstoff Papier

Dieser Beschreibstoff besteht aus einer Faserstoffaufschwemmung in der Regel pflanzlicher Herkunft, die auf einem Sieb ausgebracht und entwässert wird. Der entstehende Faserfilz kann auf verschiedene Weise wie durch Leimen und Glätten nachbehandelt werden. Das aus China stammende Wissen über die Herstellung von Papier war von den Arabern nach Spanien gebracht worden, von wo aus es über Italien und Frankreich nach Deutschland

---

146 GALSTER, Georg: Ein Danziger Wachstafelzinsbuch aus dem 15. Jahrhundert. In: Zeitschrift für Ostforschung, 8, 1959, S. 233–235.
147 WATTENBACH, 1958, S. 84.
148 Die ältesten Rechnungsbücher der Herren von Schlandersberg, 1881, S. 575.
149 WATTENBACH, 1958, S. 94 f.
150 BECKER, Julia, LICHT, Tino, SCHNEIDMÜLLER, Bernd: Pergament. In: Thomas MEIER, Michael R. OTT, Rebecca SAUER (HG): Materiale Textkulturen. Konzepte – Materialien – Praktiken, Berlin 2015, S. 337–340.
151 WATTENBACH, 1958, S. 105–117.

gelangte. Papier war seit der Jahrtausendwende in Europa bekannt und setzte sich zunächst bei der Übermittlung von Briefen als Beschreibstoff durch, während in anderen Bereichen Pergament als rechtsverbindliche Grundlage von Schriftstücken noch lange parallel zum Papier Bestand hatte.[152] Die Existenz von Papiermühlen um 1320 im Gebiet von Köln und Mainz ist nicht sicher nachgewiesen.[153] Erste Fabriken sind 1389/90 mit der Gleismühle des Ulman Stromer in Nürnberg und einige Jahre später in Ravensburg belegt.[154] Es bestand jedoch zu dieser Zeit bereits ein intensiver Papierhandel insbesondere mit italienischen Papieren auf europäischer Ebene.[155]

Die Papierproduktion bediente sich zur Herstellung der Grundsubstanz bereits sehr früh maschineller Vorrichtungen, die Stofflumpen (für deren Sammeln es Privilegien gab) mit Wasserkraft in Stampfwerken in mehreren Schritten mit dazwischen geschalteten Mazerationsprozessen vorgeschriebener Dauer mechanisch zerkleinerten. Der entstandene Faserbrei wurde aus der Schöpfbütte in die Schöpfform gegeben.[156] Diese bestand aus einem Sieb aus mit Kett- oder Bindedrähten verbundenen Ripp- oder Bodendrähten in einem Holzrahmen. Die Aufgabe des Schöpfers war es, den Papierbrei so gleichmäßig wie möglich in der Schöpfform zu verteilen und absetzen zu lassen. Da das Papier an den Stellen mit Drähten eine geringere Dicke aufwies, kam es dort nach dem Trocknen des Blattes zu einem durchscheinend sichtbaren Abdruck der Drähte, die von Piccard als „Wasserzeichen" bezeichnet wurden.

---

152 MEYER, Carla, SCHNEIDMÜLLER, Bernd: Zwischen Pergament und Papier. In: Thomas MEIER, Michael R. OTT, Rebecca SAUER (HG): Materiale Textkulturen. Konzepte – Materialien – Praktiken, Berlin 2015, S. 350 f.
153 MAZAL, Otto: Lehrbuch der Handschriftenkunde, Wiesbaden 1986, S. 52.
154 POLENZ, 1991, S. 117; IRSIGLER, Franz: Papier, Buchdruck, Kupferstich. An der Wiege der Massenmedien. In: Günter GEHL, Rudolf MEYER (HG): Leben in Mittelalter und Moderne, Weimar 2003, S. 104–110; IRSIGLER, Franz: An der Wiege der Massenmedien. Papier, Buchdruck, Holzschnitt und Kupferstich. In: Klaus HERBERS, Florian SCHULLER (HG): Europa im 15. Jahrhundert. Herbst des Mittelalters – Frühling der Neuzeit?, Regensburg 2012, S. 123–126; SCHULTZ, Sandra: Papierherstellung im deutschen Südwesten. Ein neues Gewerbe im späten Mittelalter, Berlin 2018, S. 1.
155 DI STEFANO, Emanuela: European and Mediterranean perspectives on the paper produced in Camerino-Pioraco and Fabriano at the apogee of its medieval development (14th–15th Century). In: Carla MEYER, Bernd SCHNEIDMÜLLER, Sandra SCHULTZ (HG): Papier im mittelalterlichen Europa. Herstellung und Gebrauch, Berlin 2015, S. 55 f.; s.a. DI STEFANO, Emanuela: Paper from Fabriano and Pioraco on European markets: leadership and dispersion between the fourteenth and fifteenth century. In: Giancarlo CASTAGNARI (HG): L'impiego delle tecniche e dell'opera dei cartai fabrianesi in Italia e in Europa: atti delle giornate europee di studi, Fabriano 2007, S. 51–66; zur zeitlichen Verbreitung der Herstellung von Handpapieren in Europa s. TSCHUDIN, Peter F.: Grundzüge der Papiergeschichte, 2. Aufl., Stuttgart 2012, S. 103 f.
156 WEISS, Karl Theodor: Handbuch der Wasserzeichenkunde, bearb. und hrsg. v. Wisso WEISS, Leipzig 1962, S. 26 f.

Diese technisch bedingten Wasserzeichen konnten durch speziell angebrachte Muster aus Draht, nach Piccard den „Papierzeichen" ergänzt werden. Da jedoch die Analyse beider Eigenschaften zu Datierungszwecken grundsätzlich gemeinsam erfolgt, behielt auch Piccard den Oberbegriff Wasserzeichen bei.[157] Im Herstellungsprozess des Papiers schloss sich nun das „Abgautschen", d.h. das Aufbringen des abgeschöpften Papiers auf eine Filzlage durch den Gautscher an, der insgesamt 181 Bogen mit Filzzwischenlagen übereinanderlegte, die anschließend gepresst, einzeln getrocknet, geleimt und geglättet wurden.[158] Am fertigen Papier war dieser Vorgang zumindest für die frühen Papiere, als Leimung und Glättung noch keine hohe Entwicklung genommen hatten, durch den Abdruck des Siebes mit seinen Drähten und den Abdruck der textilen Filzstruktur mit verfilzten Fasern zu erkennen und als Sieb- oder Filzseite bestimmbar. Die Mengenbezeichnung Ries[159] für Papierbogen wurde abgeleitet vom arabischen razmah (Bündel).

Papier eröffnete neben dem Dokumentationsbedarf der Herrschaftsstrukturen dem Handel und der Wirtschaft neue Möglichkeiten der schriftlichen Dokumentation und Kommunikation. Die systematische Verwendung von Papier wurde erstmals für die Grafen von Görz für Urkunden und für die Tiroler Landesfürsten berichtet, die ihre Rechnungsbücher von 1288–1335 auf Papier führten.[160] Der Gebrauch von Papier für die Erstellung von Urkunden war noch 1231 von Kaiser Friedrich II. wegen seiner geringen Haltbarkeit zugunsten des Pergaments verboten worden. Der Kaiser verwendete Papier zu dieser Zeit aber schon für Briefe. Noch zu Beginn des 14. Jahrhunderts wurde italienischen Notaren das Versprechen abgenommen, keine Urkunden auf Papier zu erstellen. Ab dem 14. Jahrhundert wird Papier auch für königliche Urkunden verwendet.[161] In die städtischen Kanzleien findet Papier eben-

---

157 PICCARD, Gerhard: Die Wasserzeichenforschung als historische Hilfswissenschaft. In: Archivalische Zeitschrift, 52, 1956, S. 65–68. Gerhard „Piccard" ist das Pseudonym von Gerhard Bickert (1909–1989), der durch seine Arbeiten zu Wasserzeichen und der Wasserzeichenkartei Piccard im Hauptstaatsarchiv Stuttgart als der wichtigste Wasserzeichenforscher des 20. Jahrhunderts gilt, s. BANNASCH, Hermann: Von der Malkunst zur Wasserzeichenkunde. Zu Weg und Werk des Wasserzeichenforschers Gerhard Piccard (1909–1989). In: Archivalische Zeitschrift, 86, 2004, S. 287–322.
158 WEISS, 1962, S. 27; s.a. SCHULTZ, Sandra, FOLLMER, Johannes: Von Brillen, Knoten und Wassertropfen. Auf der Suche nach Herstellungsspuren in historischen Papieren am Beispiel von Archivalien des Stadtarchivs Ravensburg. In: Carla MEYER, Bernd SCHNEIDMÜLLER, Sandra SCHULTZ (HG): Papier im mittelalterlichen Europa. Herstellung und Gebrauch, Berlin 2015, S. 28–40.
159 WEISS, 1962, S. 27: 1 Ries Schreibpapier = 480 Bogen (mit 20 Buch a 24 Bogen); 1 Ballen = 10 Ries.
160 SANTIFALLER, Leo: Beiträge zur Geschichte der Beschreibstoffe im Mittelalter. Mit besonderer Berücksichtigung der päpstlichen Kanzlei, Bd. 1, Untersuchungen, Graz 1953, S. 148; MEYER, Carla, SAUER, Rebecca: Papier. In: Thomas MEIER, Michael R. OTT, Rebecca SAUER (HG): Materiale Textkulturen. Konzepte – Materialien – Praktiken, Berlin 2015, S. 363.
161 WATTENBACH, 1958, S. 143–149.

falls zu dieser Zeit schrittweise Eingang. Ein wesentlicher Grund dafür dürften die im Vergleich zum Pergament deutlich niedrigeren Kosten gewesen sein, für die für den Beginn des 15. Jahrhunderts ein Kostenverhältnis von zehn zu eins (10:1) zugunsten des Papiers angegeben wurde.[162] Ende des 15. Jahrhunderts hatte sich dieses Verhältnis noch deutlich weiter zugunsten des Papiers verändert.[163] Der Papierverbrauch wurde dadurch wesentlich gesteigert. Eine Mittelstadt wie Nördlingen verbrauchte in der Mitte des 15. Jahrhunderts etwa 4 Ries pro Jahr, in den Jahren 1477–1516 bereits etwa 1 Ries pro Monat, was sich bis zur Mitte des 16. Jahrhunderts nochmals etwa verdoppelte.[164] Dennoch verursachte auch die Schriftlichkeit auf Papier spürbare Kosten, wie die Aufwendungen für den Jahresbedarf an Rechnungsbüchern für ein italienisches Handelshaus zeigen: Sie entsprachen den Personalkosten eines Gesellen.[165] Die Bedeutung des Schriftträgers Papier und seiner Kosten wird bei dessen Erwähnung in Abrechnungen deutlich. Als Beispiel kann die „*Rechnung von Hardegsen Ao. 1397*" für Margaretha, die Witwe von Otto I., Herzog von Braunschweig-Göttingen, dienen, die zu Beginn den Ankauf von „*Papir, dat kam to de Boke, dar me de Rekenscap up schreven scolde*" ausweist.[166] Die Wahl des zu beschreibenden Mediums und dessen Qualität korrelierte vielfach mit dem sozialen Prestige und der sozio-kulturellen Position des Schreibers beziehungsweise dessen Auftraggebers.[167] Mit der Einführung des Papiers wurde der Expansion der Schrift in allen Lebensbereichen der Weg geebnet. Diese Ausweitung wurde ab dem 14. Jahrhundert durch die Herstellung erschwinglicher Lesebrillen vor allem für Alterssichtige weiter gefördert.[168]

---

162 PATZE, 1970, S. 60 f.; s.a. KIRCHGÄSSNER, 1964, S. 244.
163 KOCH, Herbert: Aus der Schreibstube des Stadtrates in Leipzig 1475–1500. In: Gutenberg-Jahrbuch, 31, 1956, S. 55.
164 IRSIGLER, Franz: Papierhandel in Mitteleuropa, 14.–16. Jahrhundert. In: Volker HENN, Rudolf HOLBACH, Michel PAULY, Wolfgang SCHMID (HG): Miscellanea Franz Irsigler, Trier 2006, S. 333.
165 ARLINGHAUS, Franz-Josef: Zwischen Notiz und Bilanz. Zur Eigendynamik des Schriftgebrauchs in der kaufmännischen Buchführung am Beispiel der Datini/di Berto-Handelsgesellschaft in Avignon (1367–1373), Frankfurt a. M. 2000, S. 140; s.a. BANGE, Evamarie: Wasserzeichen als Quelle zur Wirtschafts- und Sozialgeschichte. Eine Studie am Beispiel der Luxemburger Kontenbücher. In: Carla MEYER, Bernd SCHNEIDMÜLLER, Sandra SCHULTZ (HG): Papier im mittelalterlichen Europa. Herstellung und Gebrauch, Berlin 2015, S. 117.
166 BLUMENBACH, 1849, S. 3.
167 ARLINGHAUS, Franz-Josef: Materialität und Differenzierung der Kommunikation. Zu Funktionen des Pergament- und Papiergebrauchs in der spätmittelalterlichen Ständegesellschaft. In: Carla MEYER, Bernd SCHNEIDMÜLLER, Sandra SCHULTZ (HG): Papier im mittelalterlichen Europa. Herstellung und Gebrauch, Berlin 2015, S. 188.
168 POLENZ, 1991, S. 120.

4. Einführung 51

4.2.2. Wasserzeichen

Die Schöpfformen für Papier in Europa wiesen im 15. Jahrhundert üblicherweise zehn bis 14 Kett- oder Binddrähte in einem festen Abstand von 28 bis 40 mm auf. Je nach Beschaffenheit des Papiers lagen pro Zentimeter bei feinem Papier acht und mehr Ripp- oder Siebdrähte (Ripplniendichte) und bei grobem Papier sechs oder weniger Siebdrähte vor. Wasserzeichen, die ursprünglich Personalisierungsmerkmale wie Meistermarken oder Geschäftszeichen einer Papiermühle darstellten, konnten auf einem Binddraht oder zwischen diesen, meist gleichartig wie die Drähte vertikal angebracht werden.[169] Diese drücken sich dann zusammen mit dem Bodengeflecht der Schöpfform (den Kettlinien als Abdrücken der Kettdrähte und den Ripplinien als Abdrücken der Rippdrähte) auf der Siebseite des Papierbogens ab.[170] Europäische Papiere unterscheiden sich dadurch von denen des östlichen Kulturkreises, wo Wasserzeichen unbekannt sind.[171] Das Auftreten von Wasserzeichen ist ab Ende des 13. Jahrhunderts belegt und wurde Mitte des 14. Jahrhunderts erstmals in einem Manuskript als Kennzeichen von Papiermühlen erwähnt.[172] Briquet stellt als ältestes Wasserzeichen ein griechisches Kreuz von 1282 dar, dessen Papier in Bologna Verwendung fand.[173] Ein möglicherweise früheres

---

169 WEISS, 1962, S. 58, 81; IRIGOIN, Jean: La datation par les filigranes du papier. In: Codicologica 5, Les matériaux du livre manuscrit, Leiden 1980, S. 9–13; KLINKE, Thomas, MEYER, Carla: Geknickt, zerrissen, abgegriffen. Gebrauchsspuren auf historischen Papieren und ihr kulturhistorischer Aussagewert. In: Carla MEYER, Bernd SCHNEIDMÜLLER, Sandra SCHULTZ (HG): Papier im mittelalterlichen Europa. Herstellung und Gebrauch, Berlin 2015, S. 140.
170 TSCHUDIN, 2012, S. 35, Abb. 4.
171 RENKER, Armin: Leben und Schicksal des Wasserzeichenforschers Charles-Moïse Briquet. In: Emile Joseph LABARRE (HG): The Briquet Album II. A miscellany on watermarks, supplementing Dr. Briquet's Les Filigranes by various scholars, Hilversum 1952, S. 16.
172 TYCHSEN, Thomas Christian: De charta papyraceae in Europa per medium aevum usu ejusque termino; praemissa illustratione duorum fragmentorum in papyro scriptorium. Commentatio altera. In: Commentationes Societatis Regiae Scientiarum Gottingensis recentiores, Tom. IV., Göttingen 1820, S. 196; KEMÉNY, Joseph: Die ältesten Papiermühlen des Auslandes, Ungarns und Siebenbürgens, und die Papierzeichen der beiden letzteren aus gleichzeitigen Urkunden erwiesen, und insbesondere der Stadt Kronstadt gewidmet. In: Anton KURZ (HG): Magazin Für Geschichte, Literatur Und Alle Denk- Und Merkwürdigkeiten, Bd. 1, Kronstadt 1844, S. 135 f.; nach Kemény wurde das Werk „De insigniis et armis" von Bartolo da Sassoferrato 1340 verfasst; CAVALLAR, Oswaldo, DEGENRING, Susanne, KIRSHNER, Julius: A Grammar of Signs. Bartolo da Sassoferrato's „Tract on Insignia and Coats of Arms", Berkeley 1994, S. 2 nennen Januar 1458 als posthumes Erscheinungsdatum des vom Schwiegersohn edierten Manuskriptes.
173 BRIQUET, Charles-Moïse: Les filigranes. Dictionnaire historique des marques du papier dès leur apparition vers 1282 jusqu'en 1600, Bd. 3: Watermark illustrations: nos. 1–7877, Allan H. STEVENSON (HG): A facs. of the 1907 ed. with suppl. material, Amsterdam 1968, Nr. 5410.

Wasserzeichen „F" von 1271 aus Cremona gilt nicht als vollständig gesichert.[174] In jedem Fall liegt der Ursprung der Verwendung von Wasserzeichen Oberitalien zuzuordnen. Später anonym gewordene Wasserzeichen konnten oft über lange Zeiträume beobachtet werden, wie der „Dreiberg" aus Italien ab 1409 für über 100 Jahre, „Pfeil und Bogen" ab 1423 für rund 100 Jahre und der Baseler „Ochsenkopf" ab 1459 für über 55 Jahre.[175] In gebundenen Büchern kann das Wasserzeichen je nach Format in der Mitte des Blattes (z.B. bei Folioformat) oder im Falz (z.B. bei Quartformat) positioniert sein.[176] Es bestehen umfangreiche Sammlungen von Wasserzeichen, in denen anhand von Motiven wie Bergen, Buchstaben, Fabelwesen, Figuren, Flora und Fauna, Himmelskörpern, Marken, Realien, Symbolen oder Wappen mit vielfältigen Verzweigungen nach bestimmten Wasserzeichen gesucht werden kann.[177] Papier wurde international gehandelt und die Verbreitung der Papiere verschiedener Papiermühlen kann anhand der Wasserzeichen und z.B. über die Unterlagen von Handelshäusern und Stadtrechnungen verfolgt werden. Ein bedeutender Knotenpunkt des Papierhandels war Frankfurt mit seinen Messen.[178]

Das Sichtbarmachen und die Dokumentation von Wasserzeichen kann technisch auf verschiedene Weise durchgeführt werden. Die ursprüngliche Methode beruhte auf dem Durchzeichnen auf Transparentpapier. Ende der 1980er Jahre folgten Röntgenaufnahmen, später Betaradiographien.[179] Heute bietet sich die digitale Fotografie im Durchlichtverfahren an. Dabei werden allerdings Überlagerungen durch Schriftzeichen miterfasst und können störend wirken. Bei umfangreicheren Manuskripten lassen sich aber in der Regel Beispiele wenig beschriebener oder leerer Seiten finden. Bei der Visualisierung mit thermischer Infrarotstrahlung mit sogenannten Wärmebildkameras können solche Überlagerungseffekte verringert werden.[180]

---

174 BLECHSCHMIDT, Jürgen: Taschenbuch der Papiertechnik, 2. Aufl., München 2013, S. 22.
175 PICCARD, 1956, S. 98.
176 HARLFINGER, Peter: Zur Datierung von Handschriften mit Hilfe von Wasserzeichen. In: Dieter HARLFINGER (HG): Griechische Kodikologie und Textüberlieferung, Darmstadt 1985, S. 448 f.; MEINLSCHMIDT, Peter, IMMEL, Hagen: Digitale Dokumentation von Wasserzeichen mittels Thermographie. In: Wolfgang ECKHARDT, Julia NEUMANN, Tobias SCHWINGER, Alexander STAUB (HG): Wasserzeichen – Schreiber – Provenienzen. Neue Methoden zur Erforschung und Erschließung von Kulturgut im digitalen Zeitalter. Zwischen wissenschaftlicher Spezialdisziplin und catalog enrichment, Berlin 2016, S. 198.
177 PICCARD, Gerhard: Wasserzeichen Bände I–XVII der Wasserzeichenkartei Piccard im Hauptstaatsarchiv Stuttgart (Veröffentlichungen der staatlichen Archivverwaltung Stuttgart), Stuttgart 1961–97; URL: https://www.wasserzeichen-online.de/ (letzter Zugriff: 09.05.2023).
178 IRSIGLER, 2006, S. 309–320.
179 HAIDINGER, Alois: Die Sammlung WZMA – Wasserzeichen des Mittelalters der Kommission für Schrift- und Buchwesen des Mittelalters. In: Peter RÜCKERT, Jeanette GODAU, Gerald MAIER (HG): Piccard-Online. Digitale Präsentationen von Wasserzeichen und ihre Nutzung, Stuttgart 2007, S. 45–54.
180 MEINLSCHMIDT, 2016, S. 200–205.

Die Beschaffenheit von Papier mit seiner Struktur und seinen Wasserzeichen kann bei der Analyse von mittelalterlichen Dokumenten wertvolle Hinweise zur Herkunft des Papiers und zur zeitlichen Einordnung liefern.[181] Die Lebensdauer der Wasserzeichen in der Schöpfform war begrenzt und damit auch die Anzahl der damit angefertigten Papiere. Schätzungen gehen davon aus, dass mit einer Form bis zu 800 Ries Papier, was knapp 400.000 Bogen entspricht, hergestellt wurden.[182] In der Regel wurde Schreibpapier im Spätmittelalter innerhalb weniger Jahre nach Herstellung verbraucht, wenn es auch Hinweise auf Ausnahmen z.B. durch längere Lagerhaltung gibt.[183] Bei der Bestimmung der jeweiligen Wasserzeichen nach Katalogen muss ebenfalls mit einer gewissen Unsicherheit beziehungsweise Unschärfe gerechnet werden, da publizierte Wasserzeichen häufig auf gezeichneten oder mehrfach nachgezeichneten Vorlagen beruhen.[184] Es existieren verschiedene Sammlungen mittelalterlicher Wasserzeichen. Als Referenz der Wasserzeichenkunde oder Filigranologie für Westeuropa sind dabei zu nennen das *Dictionnaire historique des marques du papier* in vier Bänden von Briquet und die 17 Findbücher von Gerhard Piccard in 25 Bänden mit annähernd 100.000 Wasserzeichen, die heute auch online in einer Datenbank zur Bestimmung zur Verfügung stehen.[185]

---

181 BRIQUET, Charles-Moïse: De la valeur des filigranes du papier comme moyen de determiner l'âge et la provenance de documents non datés, Genève 1892, S. 3–5; MACKERT, Christoph: Wasserzeichenkunde und Handschriftenforschung. Vom wissenschaftlichen Nutzen publizierter Wasserzeichensammlungen. Beispiele aus der Universitätsbibliothek Leipzig. In: Peter RÜCKERT, Jeanette GODAU, Gerald MAIER (HG): Piccard-Online. Digitale Präsentationen von Wasserzeichen und ihre Nutzung, Stuttgart 2007, S. 91–118; TSCHUDIN, 2012, S. 39–41.

182 IRSIGLER, 2006, S. 342; s.a. BANGE, Evamarie: Wirtschaft und Kompetenz – Wasserzeichen als Quelle zu Handel und Organisation in mittelalterlichen Schreibstuben. In: Andrea RAPP, Michael EMBACH (HG): Zur Erforschung mittelalterlicher Bibliotheken. Chancen – Entwicklungen – Perspektiven, Frankfurt 2009, S. 15.

183 Für die Rechnungsbücher der Stadt Luxemburg konnten Verwendungszeiten von Papierbögen aus identischer Produktion bis zu acht Jahren belegt werden, s. Die Rechnungsbücher der Stadt Luxemburg, H. 5: 1460–1466, 2010, S. 12.

184 GERARDY, Theo: Die Beschreibung des in Manuskripten und Drucken vorkommenden Papiers. In: Codicologica, 5, Les matériaux du livre manuscrit, Leiden 1980, S. 50 f.; DIETZ, Georg: Digitale Dokumentation von Wasserzeichen und weiteren Papiermerkmalen für die kunstgeschichtliche Forschung. In: Wolfgang ECKHARDT, Julia NEUMANN, Tobias SCHWINGER, Alexander STAUB (HG): Wasserzeichen – Schreiber – Provenienzen. Neue Methoden zur Erforschung und Erschließung von Kulturgut im digitalen Zeitalter. Zwischen wissenschaftlicher Spezialdisziplin und Catalog enrichment, Berlin 2016, S. 220 f.

185 BRIQUET, Charles-Moïse: Les filigranes. Dictionnaire historique des marques du papier dès leur apparition vers 1282 jusqu'en 1600, Bd. 1–4, Allan H. STEVENSON (HG): A facs. of the 1907 ed. with suppl. material, Amsterdam 1968; PICCARD, Gerhard: Wasserzeichenkartei Piccard im Hauptstaatsarchiv Stuttgart (Veröffentlichungen der staatlichen Archivverwaltung Stuttgart), Stuttgart 1961–1997; NORDSTRAND, Ove K.: Charles Moïse Briquet and „Les Filigranes". In: Libri. International journal

4.2.3. Technische Untersuchungsmethoden zur Erfassung und Dokumentation der Papiermaterialität

Zur Beschreibung der Beschaffenheit von Papieren existieren verschiedene Protokolle und eine Internationale Norm für die Erfassung von Papieren mit oder ohne Wasserzeichen (IPH-Norm, International Association of Paper Historians, International Standard for the Registration of Papers with or without Watermarks).[186]

In der vorliegenden Arbeit wurden Papiermaße, Stegbreiten zwischen den Kettlinien (Breite der Kettfelder nach IPH) des handgeschöpften Papiers und Maße und Position der Wasserzeichen mit Stabmaßen gemessen und in Millimetern (mm) angegeben.[187] Für die Wasserzeichen wurden entsprechend dem IPH-Standard die Originalhöhe und Originalbreite sowie der Abstand des Wasserzeichens vom unteren Rand gemessen. Zusätzlich wurde der Abstand des Wasserzeichens vom linken Blattrand bzw. vom Bindefalz angegeben. Die Zahl der Siebdrähte (Rippliniendichte nach Schultz; Rippzahl nach IPH, LLIN, dort angegeben über 20 mm) wurde jeweils pro Zentimeter erhoben.[188] Die Papierstärke wurde mit einem Digitalen Dickenmessgerät der Firma Wisamic (0.001 mm) bestimmt. Bei Folioformat erfolgte dies nach der Methode von Ornato mit 14 Messpunkten, beim Schmalfolioformat mit drei Messpunkten jeweils oben, mittig und unten im Randbereich des Bogens.[189] Die Messwerte auf dem jeweiligen Folio wurden als Mittelwert, gegebenenfalls über mehrere Seiten, mit der Standardabweichung (SAW) in Millimetern (mm) angegeben. Andere, für Industriepapiere gängige Unterscheidungskriterien konnten aus praktischen Gründen nicht erhoben werden, da sie z.B. die Zerstörung einer Materialprobe bedeutet hätten.[190] Die Richtung der Kettlinien verlief in den in der vorliegenden Studie untersuchten Manuskripten

---

of libraries and information services, 19, 1969, S. 58–61; RÜCKERT, Peter: Die Wasserzeichensammlung Piccard. Erschließung und digitale Perspektiven. In: Peter RÜCKERT, Jeanette GODAU, Gerald MAIER (HG): Piccard-Online. Digitale Präsentationen von Wasserzeichen und ihre Nutzung, Stuttgart 2007, S. 21–26; GODAU, Jeanette, MAIER, Gerald: Piccard-Online. Konzeption, Präsentation und Ausblick. In: Peter RÜCKERT, Jeanette GODAU, Gerald MAIER (HG): Piccard-Online. Digitale Präsentationen von Wasserzeichen und ihre Nutzung, Stuttgart 2007, S. 27–41.

186 SCHULTZ, 2018, S. 28–34, 537–542; s.a. URL: https://www.paperhistory.org/Standards/ (Version 2.1, letzter Zugriff: 21.11.2018).
187 Zu Methoden der Materialanalyse s.a. SCHULTZ, 2018, S. 34 f.
188 IPH standard Version 2.1, 2012, S. 12–14; als Normenentwurf (2011) auch publiziert bei: TSCHUDIN, 2012, S. 275–364.
189 ORNATO, Ezio, BUSONERO, Paola, MUNAFÒ, Paola F., STORACE, M. Speranza: La carta occidentale nel tardo Medioevo, 1, Rom 2001, S. 44, 60; s.a. Schultz, 2018, S. 118 f., 545.
190 DIETZ, 2016, S. 233 f.

vertikal, die Richtung der Ripplinien dementsprechend horizontal. Seltene Ausnahmen bei irregulär eingebundenen Zetteln sind angegeben.

Die Dokumentation der Wasserzeichen erfolgte durch digitale Bildaufnahmen mit einer Panasonic LUMIX-Kamera DMC-TZ101 mit Leica-Objektiv 1:2.8-5.9/9.1-9.1 Asph. sowie einem Lumina Windows 10 Smartphone im Durchlichtverfahren. In einigen Fällen wurde zur Deutlichmachung der Wasserzeichenprofile im Papier Streiflicht verwendet (Siebseite nach oben). Für die Reproduktion in der vorliegenden Arbeit wurden die Farbaufnahmen häufig in Grauwerte umgewandelt. Soweit nicht anders angegeben, befinden sich die Wasserzeichen zwischen zwei Kettlinien.

4.2.4. Schriftstücke

4.2.4.1. Rolle – Rotulus

Zu den ursprünglichen Aufbewahrungsarten von Schriftstücken zählte die Rolle, der *rotulus*, das für längere Manuskripte aus mehreren zusammengenähten Teilen, meist aus Pergament, bestand und in der Regel in Kolumnen beschrieben wurde. Rollen fanden in Europa mit Ausnahme der quergerollten Torarollen überwiegend als Längsrollen Verwendung, ohne oder mit einer oder zwei Spulen. Rollen wie z.B. die Pipe Rolls waren insbesondere in England verbreitet. Der Überbringer einer Rolle war der *rotularius* und verschiedene Bezeichnungen im Zusammenhang mit der Rollenform haben sich bis heute im Sprachgebrauch erhalten: Die Musterrolle, die Zunftrolle und die Kontrolle, die Sicherung des Schriftstücks durch ein *contrarotulus* und nicht zuletzt das „*scrollen*". Vorteil der Rolle war, dass sie sich gut gegen unbefugten Einblick schützen ließ, das Lesen eines langen Schriftstückes war aber mühsam und das Aufrollen bestimmt die Richtung des erneuten Öffnens, wobei auch noch die ein- oder doppelseitige Beschriftung eine Rolle spielt. Von ihrer Anlage her waren Rollen z.B. besonders geeignet für genealogische Texte.[191] Im Rechnungswesen vollzog sich der Wechsel von der Rotel- zur Heftform in der Regel im Laufe des 14. Jahrhunderts.[192] Aus dem Jahr 1312 ist eine Tresorier-Rechnung des Gilles de la Marcelle mit der außergewöhnlichen Länge von 7,75 Metern überliefert.[193]

---

[191] WATTENBACH, 1958, S. 171–174; GIELE, Enno, PELTZER, Jörg, TREDE, Melanie: Rollen, Blättern und (Ent)Falten. In: Thomas MEIER, Michael R. OTT, Rebecca SAUER (HG): Materiale Textkulturen. Konzepte – Materialien – Praktiken, Berlin 2015, S. 677–691.

[192] Die Rechnungen der mainzischen Verwaltung in Oberlahnstein im Spätmittelalter, 1990, S. XLIII.

[193] MERSIOWSKY, 2008b, S. 246; s.a. MGH – Constitutiones et acta publica imperatorum et regum Bd. 4,2, 1298–1313, hrsg. v. Jakob SCHWALM, Hannover 1909–11 (Monumenta Germaniae Historica. Leges sectio 4), Nr. 1152–1156, S. 1152–1195.

4.2.4.2. Codex und Liber

In einer ursprünglichen Form stellten mehrere zusammengelegte Wachstafeln einen *codex* dar. Ein Codex konnte aber auch mehrere Pergamentrollen bezeichnen, wohingegen „*liber unius voluminis*" war. Das Falten und Binden von Blättern brachte den Vorteil, mehr Information auf geringerem Raum unterzubringen. Meist wurden vier Bögen zu einer Lage, den *quaterniones* gefaltet, woher sich die Bezeichnungen cahier und carnet (franz.) ableiten. Es gab aber auch Beispiele von fünf und sechs Bögen, den Quinternionen oder Sexternionen, die zu einem Codex gebunden wurden. Ein weiterer Vorteil der in Lagen gebundenen, gefalteten Blätter *(folia, pagina* oder *diploma)* eines solchen Buches *(liber)* war die einfache Möglichkeit, das Material beidseitig fortlaufend zu beschreiben, die Einbringung von Strukturelementen wie das Schreiben in Spalten und einer Seitennummerierung, die platzsparende Aufbewahrung, die einfachere Handhabung und der damit leichtere Zugang zur Information, sowie nicht zuletzt der Schutz durch einen Einband.[194] Mit dem Buch entsteht die Buchbinderei als Gewerbe, das in Mitteleuropa ab etwa 1300 nachzuweisen ist. Die einfachste Methode des Schutzes schmaler gehefteter Bücher, bei denen es sich oft um Urkundenmaterial handelte, war ein Umschlag aus einem Pergamentblatt.[195]

4.2.4.3. Lagen und Lagenanalyse

Die Analyse der Lagen einer Handschrift bietet die Möglichkeit, die strukturelle Zusammensetzung zu klären und fehlende oder eingefügte Teile oder das Zusammenbinden von Lagen unterschiedlicher Herkunft zu erkennen. Der Untersuchung des Lagenaufbaus wird seit dem ausgehenden 19. Jahrhundert in der Kodikologie verstärkt Aufmerksamkeit gewidmet. Die Struktur der Lagen kann durch eine wörtliche Lagenbeschreibung, eine Lagenformel, eine Lagentabelle oder durch eine graphische Darstellung mittels eines Lagenschemas oder Lagendiagrammes ersichtlich gemacht werden.[196]

Für ausführliche wörtliche Beschreibungen von Lagenstrukturen gibt es Beispiele bereits aus dem Mittelalter; in manchen Bibliotheken sind sie ein Standardbestandteil der Kataloge für Handschriften. Sie bieten die Möglichkeit, neben dem Lagenaufbau auch weitere Angaben wie zum Beispiel zum Material oder der Foliierung zu machen. Für komplex zusammengesetzte Werke sind sie meist die einzige präzise Darstellungsform.

---

[194] WATTENBACH, 1958, S. 174–187.
[195] WATTENBACH, 1958, S. 395; KLAUSER, Renate, MEYER, Otto: Clavis mediaevalis. Kleines Wörterbuch der Mittelalterforschung, Wiesbaden 1962, S. 39.
[196] KÜMPER, Hiram: Materialwissenschaft Mediävistik. Eine Einführung in die Historischen Hilfswissenschaften, Paderborn 2014, S. 152–155.

Eine Lagenformel zur systematischen Beschreibung von Schriften wurde im 19. Jahrhundert zunächst in England von Bradshaw entwickelt („englische" Lagenformel). Sie basiert auf der Lagenzählung in arabischen Ziffern mit der Blattanzahl im Exponenten und berücksichtigt die Blatt- oder Seitenzählung des Codex nicht. Dadurch wird die Beschreibung unregelmäßiger Lagen erschwert und macht wörtliche Ergänzungen erforderlich. Seit dem Beginn des 20. Jahrhunderts wandte Chroust ein Formelsystem an („deutsche" Lagenformel), das auf dem Typus der Lage in römischen Zahlzeichen beruhte (z.B. IV für Quaternione) und die Zusammenfassung gleichartiger Lagen durch eine vorgestellte arabische Zahl ermöglichte. Im Exponenten stand die Nummer des letzten Blattes in der Lage. Fehlende oder ergänzte Blätter werden in Klammern angeführt, z.B. (+2). In modifizierter Form wird diese seit den 1920er Jahren verwendet. Die genaue Positionierung innerhalb der Lage wird dabei nicht ausgedrückt. Diese kann nur aus einer Beschreibung oder der graphischen Darstellung entnommen werden. Die Verwendung der Chroust'schen Lagenformel hat sich in den deutschsprachigen sowie einigen weiteren europäischen Ländern durchgesetzt und hat Eingang in Richtlinien der Handschriftenkatalogisierung gefunden.

Lagentabellen können ebenfalls einer detaillierten Darstellung dienen, bei der z.B. die Lagen in Zeilen und die Blätter in Spalten aufgeführt werden. Dabei können vielfache Informationen, wie über Kustoden und Reklamanten, die Seitenausrichtung (Haar-/Fleischseite bei Pergament, Sieb-/Filzseite bei Papier), Blattfoliierungen und Wasserzeichen aufgenommen werden. Lagenschemata bilden die Stellung der Blätter in einer zweidimensionalen graphischen Darstellung ab. Möglich sind die V- und die U-Form, wobei die V-Form mit Darstellung der Faltung besonders für komplex zusammengestellte Lagen geeignet ist.[197] Die zweidimensionale Art macht auch die Darstellung unterschiedlicher Blattbreiten, insbesondere für Einschübe, möglich.

In der vorliegenden Arbeit werden neben der wörtlichen Beschreibung das Lagenschema in V-Form und die Chroust'sche Lagenformel verwendet.

4.3. Die Schrift

Im 13. Jahrhundert entstand neben der gotischen Urkundenminuskel eine neue Urkundenschrift, die Urkundenkursive. Mit diesem Wandel ging eine Veränderung der Form der erstellten Schriftstücke einher. Bis zum 12. Jahrhundert wurden große Formate mit weiten Zeilen-

---

197 BISCHOFF, Frank M.: Methoden der Lagenbeschreibung. Scriptorium. In: Int. Rev. Manuscript Studies, XLVI, 1992, 1, S. 3–27; s.a. FLUELER, Christoph: Bestimmung der Lagenformel. In: Mathias KLUGE (HG): Handschriften des Mittelalters. Grundwissen Kodikologie und Paläographie, Ostfildern 2015, S. 139–141.

abständen verwendet. Eine Verkleinerung der Formate bedingte nun auch ein Zusammenrücken der Zeilen und einen Wandel bei den Ober- und Unterlängen der Buchstaben. Die einleitenden Buchstaben werden zu Beginn des 15. Jahrhunderts aufgelöst und filigran verziert. Die neue gotische Kursivschrift entwickelte sich als Schreibschrift für den Geschäftsbereich und verdrängte die Minuskelschrift in die Bücher.[198]

4.4. Skriptographische Wissensverarbeitung und Wissensvermittlung im Mittelalter

Das mittelalterliche Manuskript als Schriftdokument vor der Einführung des Buchdruckes stellte ursprünglich hauptsächlich eine Gedächtnisstütze der schrift- und sprachkundigen Gelehrten dar. Das handgeschriebene Buch konnte, kostbar gebunden und illuminiert, auch Sammelobjekt der Reichen und Mächtigen sein. Der Zugang zur verschriftlichten Information war damit allgemein auf alphabetisierte Eliten beschränkt, die ein Privileg bewahrten und oft auch verteidigten. Ein freier, allgemeiner Zugang zu dieser Information, wie er im Vergleich in späterer Zeit beim gedruckten Buch gegeben war, existierte zu dieser Zeit nicht. Eine entsprechende Vervielfältigung war durch den hohen Zeitaufwand und die vermutlich begrenzten Kapazitäten bei den handschriftlichen Kopiermöglichkeiten nicht möglich. Allerdings beschränkte sich der Zugang zu „Geheimwissen" nicht nur auf Schriftliches: Wichtige Teile der mündlichen Überlieferung fanden wegen mangelnder Schriftkenntnis keinen Eingang in das Schriftgut und waren damit weiterhin auf spezialisierte Personenkreise beschränkt. Denkbar ist aber auch, dass Wissen, das seinen Eingang in Bücher gefunden hatte, aus der Tradition der oralen Informationsweitergabe verschwand.

Schriftliche Information war nicht allgemein zugänglich. Sie wurde es erst durch die mündliche Kommunikation wie Vorlesung, Disputatio, Ausrufen oder durch Aushang. Mittelalterlichen Dokumenten fehlte der kommunikative Aspekt, den wir heute schriftlichem Wissen ganz selbstverständlich zuweisen. Dieser Zusammenhang entstand erst durch das gedruckte Buch, dessen Perzeption das Bewusstsein des Unterschiedes zum Manuskript verschwinden ließ.

Es kam zu einer Umwandlung der begrenzten mittelalterlichen Formen handschriftlicher Informationsverarbeitung in eine sich immer stärker ausbreitende typographische Speicherung von Information durch den Buchdruck und die marktwirtschaftliche Verbreitung von Büchern. Die Zahl datierter Manuskripte erreichte in Europa etwa zwischen 1460 und 1470 ihren Höhepunkt und fiel danach stetig ab. Dieser Prozess führte langfristig zu einer Vereinheit-

---

198 HEINEMEYER, Walter: Studien zur Geschichte der Gotischen Urkundenschrift, Graz 1962, S. 130–136.

lichung durch das neue Medium, die im Mittelalter nicht bestand; vielmehr benutzten die verschiedenen sozialen Schichten unterschiedliche Kommunikationsmethoden und selbst bei Nutzung der Schrift bestanden Unterschiede zwischen den verschiedenen Bereichen der mittelalterlichen Kultur.[199] Diese Entwicklung ging hin zu einer Aufspaltung zwischen einem langfristig aufzubewahrenden, mit graphischer Schönheit geschmückten Urkundenbild und dem geschäftlich pragmatischen nüchternen Schriftbild in einer rasch zu erstellenden Kursivschrift, bei der nicht jeder Buchstabe einzeln und zeitaufwendig gemalt werden musste und dessen Aufbewahrung nach Erledigung eines Geschäftsvorganges nicht in jedem Fall zwingend erforderlich war, sondern zur Makulatur werden konnte. Der Kleriker war der Typus des Schreibers der ersten Kategorie von Schriftstücken. Die sich an Zahl immer weiter vergrößernde Gruppe der Kaufleute und der Schreiber in den Verwaltungen die Verfasser der zweiten Kategorie. Für diese war eine Ausbildung in den Klosterschulen nicht mehr umsetzbar und es entwickelten sich Lehranstalten, in denen der Gebrauch der Schrift für den kaufmännischen Bereich gelehrt wurde. Dabei kam man durch den gesteigerten Bedarf an Schriftstücken in einem immer größer werdenden Umfang zum Gebrauch der Volkssprache, wodurch der Übertragungsvorgang in das Lateinische entbehrlich wurde.[200] Neben dem des Lateinischen mächtigen Klerikers als litteratus gab es neben dem des Lesens unkundigen *„einfaltigen leigen"* zunehmend Laien, die Schriftkenntnisse in der Volkssprache aufwiesen, obwohl sie *„das latin nit verstanden"*.[201] Dieser Vorgang wurde verstärkt durch den immer größer werdenden Bedarf an Schriftkundigen, die nicht auf der Basis der lateinischen Sprache gedeckt werden konnte.[202] Die Schriftlichkeit der Nicht-Kleriker wurde für das Mittelalter unterteilt in die der professionellen Leser, der kultivierten Leser und ab dem 12. Jahrhundert die der pragmatischen Leser und Schreiber der „Mittelschicht", für die Schriftlichkeit für die Durchführung von Handelsgeschäften und Verwaltungsaufgaben

---

199 GIESECKE, Michael: Der „abgang der erkantnusz" und die Renaissance „wahren Wissens". Frühneuzeitliche Kritik an den mittelalterlichen Formen handschriftlicher Informationsverwaltung. In: Hagen KELLER, Klaus GRUBMÜLLER, Nikolaus STAUBACH (HG): Pragmatische Schriftlichkeit im Mittelalter. Erscheinungsformen und Entwicklungsstufen, München 1992, S. 83–90; NEEDHAM, Paul: Book Production on Paper and Vellum in the fourteenth and fifteenth centuries. In: Carla MEYER, Bernd SCHNEIDMÜLLER, Sandra SCHULTZ (HG): Papier im mittelalterlichen Europa. Herstellung und Gebrauch, Berlin 2015, S. 267 f.
200 PATZE, 1970, S. 62–64, s.a. HOFFMANN, Walter: „Deutsch und Latein im spätmittelalterlichen Köln. Zur äußeren Sprachgeschichte des Kölner Geschäftsschrifttums im 14. Jahrhundert". In: Rheinische Vierteljahrsblätter. Veröffentlichung der Abteilung für Rheinische Landesgeschichte des Instituts für Geschichtswissenschaft der Universität Bonn, 44, 1980, S. 127.
201 GREEN, 1992, S. 334 f.
202 CROSSGROVE, William: Die deutsche Sachliteratur des Mittelalters, Bern 1994, S. 111.

unerlässlich war.²⁰³ Mit der Verschriftlichung verbunden war ein Erneuerungsvorgang, der insbesondere in der städtisch-kaufmännischen Anwendung der Schrift für eine Modernisierung und Öffnung und damit für eine Emanzipation aus dem Lateinischen sorgte.²⁰⁴ Die Verschriftlichung in deutscher Sprache orientierte sich dabei an der Grundlage der existierenden lateinischen Schriftkultur.²⁰⁵

4.5. Rechenhaftigkeit

Rechenhaftigkeit kann als rationale, abstrahierende Denkhandlung definiert werden, durch die das Rechnen, insbesondere mit Geld, in formalisierender Weise geregelt wird.²⁰⁶ Ursprünglich war die mittelalterliche Wirtschaft in Bezug auf die Arbeitsleistung an der vorgegebenen starren Gesellschaftsordnung ausgerichtet, die einem höheren Erwerbsstreben abträglich war.²⁰⁷ Die traditionelle, empirische Wirtschaftsauffassung spiegelte sich auch in der hohen Anzahl von Feiertagen wieder, die im Extremfall die Zahl der Arbeitstage übersteigen konnte.²⁰⁸ Mit der allmählichen Ablösung von der biblischen Vorstellung, dass das Zählen Gott vorbehalten sei, kam es im Hochmittelalter im kaufmännischen wie im spirituellen Bereich

---

203 BRIGGS, Charles Fairbank: Literacy, reading, and writing in the medieval West. In: Journal of Medieval History, 26, 2000, S. 400 f.
204 MIHM, Arend: Funktionen der Schriftlichkeit in der städtischen Gesetzgebung des Spätmittelalters. In: Zeitschrift für germanistische Linguistik, 27, 1999, S. 15; SELIG, Maria, EHRLICH, Susanne: Einführung. In: Maria SELIG, Susanne EHRLICH (HG): Mittelalterliche Stadtsprachen, Regensburg 2016, S. 10.
205 AUGST, Gerhard, MÜLLER, Karin: Die schriftliche Sprache im Deutschen. In: Hartmut GÜNTHER, Otto LUDWIG (HG): Schrift und Schriftlichkeit. Writing and Its Use. Ein interdisziplinäres Handbuch internationaler Forschung, 2. Halbband, Berlin 1996, S. 1500.
206 CLAESSENS, Dieter: Freude an soziologischem Denken. Die Entdeckung zweier Wirklichkeiten. Aufsätze 1957–1987, Soziologische Schriften, 58, Berlin 1993, S. 110 f.
207 FRIEDELL, Egon: Kulturgeschichte der Neuzeit. Die Krisis der europäischen Seele von der schwarzen Pest bis zum Weltkrieg, Bd. 1, Einleitung/Renaissance und Reformation, München 1927, S. 86.
208 SOMBART, Werner: Der moderne Kapitalismus. Historisch-systematische Darstellung des gesamteuropäischen Wirtschaftslebens von seinen Anfängen bis zur Gegenwart. Bd. I: Die vorkapitalistische Wirtschaft. Die historischen Grundlagen des Kapitalismus, Erster Halbbd., Unveränd. Nachdr. der 2. neugearb. Aufl., 1916, München 1987a, S. 36 f.; s.a. BRUNNER, 1929, S. 352, wo für eine Periode vom 29. Dezember 1471 bis zum 22. Dezember 1472 mit 357 Tagen eine Arbeitszeit von 247,5 Wochentagen berechnet wurde. Die arbeitsfreien Tage setzten sich aus 51 Sonntagen und dementsprechend 49 Feiertagen zusammen, was sich bei Betrachtung der zu Datierungen verwendeten Heiligengedenktage als realistisch darstellt. Erst unter dem Einfluss der Reformation kam es z.B. in Nürnberg mit der Feiertagsordnung von 1525 zu einer Abschaffung der meisten nicht auf einen Sonntag fallenden Feiertage.

zu einer Expansion des Berechnens. Kaufleute und Verwaltungen etablierten Buchhaltungen und für das Jenseits waren Bußen, Ablässe und Verweildauern im Fegefeuer zu berechnen.[209]

Der Begriff der Rechenhaftigkeit fand seinen Eingang in die Sozial- und Wirtschaftsgeschichte mit den Studien von Max Weber, in denen Rechenhaftigkeit als Prinzip des Kapitalismus dargestellt wurde, das erst durch *„rechnerische Rationalität"* realisiert werden konnte. Voraussetzung hierfür ist die Existenz einer Geldwirtschaft, die eine Loslösung von personen- und zeitgebundenen Tauschgeschäften und damit die Erweiterung des Marktes erlaubt.[210] Weber stellte fest, *„dass die Geldform das Maximum dieser formalen Rechenhaftigkeit darstellt"* und Geld daher in Bezug auf wirtschaftliches Handeln *„das formal rationalste Mittel"* sei.[211] Sombart definiert den „ökonomischen Rationalismus" als die Ausrichtung aller Handlungen auf deren Plan- und Zweckmäßigkeit sowie deren „Rechnungsmäßigkeit" mit genauer Berechnung und systematischer Verzeichnung.[212] Er verband mit dem Begriff der „Rechenhaftigkeit" die Bereitschaft und Fähigkeit, Vorgänge in einem System von Wertgrößen als Zahlen auszudrücken, das dazu dient, Gewinne oder Verluste zu erkennen und damit die beiden Begriffe der Wirtschaftslehre erfasst, das „kaufmännische Rechnen" und die „Buchführung".[213]

Rationalität wird verstanden als das Vorhandensein von *„ratio"*, der Vernunft oder Berechnung, die Denkvorgänge und Handlungen steuert und zu einer vernunftorientierten Erreichung von Zielen führt.[214] Rationalität stellt damit die Kompetenz von Personen dar, ihre Handlungen an rationalen, begründbaren Erkenntnissen auszurichten.[215] Rechenhaftigkeit als *„Kapitalsrechnung"* ermöglichte es, gegenwärtige Gewinne und Verluste zu berechnen und die Wahrscheinlichkeit künftiger Gewinne oder Verluste einzuschätzen.[216] Sie konnte damit im Sinne einer *„formalen Rationalität"* eine bessere Kontrolle und Planung bewirken.[217] In der Antike

---

209 LE GOFF, Jacques: Phantasie und Realität des Mittelalters, Stuttgart 1990, S. 98 f.
210 WEBER, Max: Wirtschaftsgeschichte. Abriss der universalen Sozial- und Wirtschaftsgeschichte. Auf der Grundlage von Mit- und Nachschriften zusammengestellt von Siegmund Hellmann und Melchior Palyi. In: Wolfgang SCHLUCHTER (HG): Max Weber. Abriss der universalen Sozial- und Wirtschaftsgeschichte. Mit- und Nachschriften 1919/20, Tübingen 2011, S. 85.
211 Weber, Max: Wirtschaft und Gesellschaft: Soziologie. Unvollendet 1919–1920. Knut BORCHARDT, Edith HANKE, Wolfgang SCHLUCHTER (HG), Tübingen 2014, S. 60.
212 SOMBART, 1987a, S. 320.
213 SOMBART, 1913, S. 164.
214 GOSEPATH, Stefan: Eine einheitliche Konzeption von Rationalität. In: Protosoziologie, 6, 1994, S. 104–119.
215 BRENTEL, Helmut: Soziale Rationalität. Entwicklungen, Gehalte und Perspektiven von Rationalitätskonzepten in den Sozialwissenschaften, Opladen 1999, S. 25.
216 WEBER, 2011, S. 87.
217 BRENTEL, 1999, S. 42.

waren diesem Ansatz der Rechenhaftigkeit in der städtischen Küstenkultur wegen der Schwierigkeit der Kalkulation von Sklavenarbeit Grenzen gesetzt, die beim Versiegen dieser Arbeitsquelle und dem Wandel zur mittelalterlichen ländlichen Binnenkultur entfielen.[218] Die analytische Erfassung von Kosten, Chancen und Risiken unter Einbeziehung des verfügbaren Wissens machte die *„Abendländische Rechenhaftigkeit"* aus, mit der vor allem Kaufleute, die bereit waren kalkulierte Risiken einzugehen, sich vom 14. Jahrhundert an neue Weltregionen erschlossen.[219]

Dabei waren es zunächst vor allem die nichtfamiliären Handelsgesellschaften, bei denen eine genaue Buchführung zum Zweck der Abrechnung essentiell war.[220] Die mit dem Kapital verbundene Rechenhaftigkeit bedingte in der Folge aber auch eine Vergesellschaftung von ursprünglich familienwirtschaftlichen Organisationsformen.[221] Propagiert wurden diese neuen Möglichkeiten im Handel von einer sich zuerst in den oberitalienischen Städten der Frührenaissance neu entwickelnden Gruppe unternehmerisch tätiger Kaufleute, die sich mit Hilfe einer umfassenden Rechenhaftigkeit emotionsfrei und unter Lösung traditioneller Bindungen die *„schöpferische Eigenschaft (quandam seminalem rationem)"* des Kapitals mit ihrem *„ökonomischen Rationalverhalten"* zu Nutze machten.[222] Das Kapital, das mit der Bezeichnung *capitale* 1139 erstmals sprachlich als Bezeichnung für eine geliehene Summe auftauchte, wandelte im Mittelalter erst langsam seine Bedeutung von der *rationem simplicis pecuniae*, dem einfachen Geldwert, hin zur *seminalem rationem lucrosi*, dem Gewinnpotential, wie es der Franziskaner Petrus Johannes Olivi ausdrückte.[223] Die daraus für den neuen Typus des „homo oeconomicus"[224] resultierenden Einfluss-, Macht- und Interessensstrukturen erzeugten

---

218 SCHLUCHTER, Wolfgang: Die Entzauberung der Welt: Sechs Studien zu Max Weber, Tübingen 2009, S. 68; s.a. MIKL-HORKE, Gertraude: Historische Soziologie – Sozioökonomie – Wirtschaftssoziologie, Wiesbaden 2011, S. 25 f.
219 FRIED, Johannes: Gedanken und Perspektiven zur Globalisierung im Mittelalter. In: Tillmann LOHSE, Benjamin SCHELLER (HG): Europa in der Welt des Mittelalters. Ein Colloquium für und mit Michael Borgolte, Berlin 2014, S. 222.
220 WEBER, 2011, S. 276–279; s.a. VORMBUSCH, Uwe: Die Herrschaft der Zahlen. Zur Kalkulation des Sozialen in der kapitalistischen Moderne, Frankfurt 2012, S. 98.
221 DILCHER, Gerhard, LEPSIUS, Susanne (HG): Max Weber: Zur Geschichte der Handelsgesellschaften im Mittelalter, Schriften 1889–1894, Tübingen 2008, S. 59–61.
222 MARTIN, Alfred von: Soziologie der Renaissance, 3. Aufl., München 1974, S. 30 f., 77; KAUFMANN, Franz-Xaver: Wirtschaftssoziologie. In: Willi ALBERS et al. (HG): Handwörterbuch der Wirtschaftswissenschaft: (HdWW) 9, Wirtschaft und Politik bis Zölle, Nachtrag, Stuttgart 1982, S. 245.
223 GILOMEN, Hans-Jörg: Kredit und Innovation im Spätmittelalter. In: Christian HESSE, Klaus OSCHEMA (HG): Aufbruch im Mittelalter. Innovationen in Gesellschaften der Vormoderne. Studien zu Ehren von Rainer C. Schwinges, Ostfildern 2010, S. 36.
224 LEMPERT, Wolfgang: Soziologische Aufklärung als moralische Passion: Pierre Bourdieu. Versuch der Verführung zu einer provozierenden Lektüre, 2. Aufl., Wiesbaden 2012, S. 147; s.a. FOUQUET, Gerhard:

enge Verflechtungen zwischen Wirtschaft und Politik, in denen dieses neue Unternehmertum seine Interessen unmittelbar politisch vertrat und die damit zu einem Eindringen der Rechenhaftigkeit in die politischen Strukturen führte.[225] Die agierenden Personen waren damit ein Faktor, der zuerst im Wirkungskreis der Städte zur Entwicklung von Rechenhaftigkeit beitrug und die entscheidende Kontrollmöglichkeit darstellte, um die Resultate der Verfolgung von Eigeninteressen zu objektivieren.[226]

Kontrolle im Sinne einer Rechenschaft zwischen Rechnungsleger (noch im herkömmlichen Sinne des Rechentisches) und dem Rechnungsempfänger erforderte die Verschriftlichung des Vorganges mit der Aufstellung von Einnahmen und Ausgaben in Form der „Rechnung", die dem Verhältnis dieser Personen im Sinne einer ausgehandelten Schriftlichkeit entsprach.[227]

Durch Rechenhaftigkeit, ursprünglich nach Münkler *„ein dem Mittelalter fremder Geist"* wurde die Zeit zum wirtschaftlichen Faktor, der anders als in der Agrarwirtschaft, im internationalen Waren- und Finanzverkehr zunehmend an Bedeutung gewann. Transaktionen waren abhängig von fluktuierenden Währungen, womit die Berechenbarkeit von Gewinnen von der Zeitdauer der Geschäfte beeinflusst wurde.[228] Die praktische Anwendung von Rechenhaftigkeit blieb nicht nur auf das Geschäftswesen begrenzt, sondern fand auch Eingang in die familiären Strukturen, wo der Bereich des Emotionalen und der sozialen Beziehung ergänzt wurde durch ein auf Berechnung beruhendem sozialen Gleichgewicht aus Vermögenswerten und Sozialprestige, das zyklischen Aktualisierungen durch Geburt, Heirat und Tod unterworfen war. Die familialen Netzwerke wirkten dann wieder vertrauensbildend auf geschäftliche Strukturen und deren Kommunikation und Kooperation zurück.[229] Die rechnerische Behandlung aller Lebensbereiche unter strikter Beherrschung impulsiver Gefühle konnte im Extremfall auch Leben und Tod zu Buchungsposten unter Soll und Haben machen,

---

    Netzwerke im internationalen Handel des Mittelalters – eine Einleitung. In: Gerhard FOUQUET, Hans-Jörg GILOMEN (HG): Netzwerke im europäischen Handel des Mittelalters, Ostfildern 2010a, S. 18; s.a. STEINERT, Heinz: Max Webers unwiderlegbare Fehlkonstruktionen. Die protestantische Ethik und der Geist des Kapitalismus, Frankfurt am Main 2010, S. 86.

225 MARTIN, 1974, S. 31 f.
226 JÄHNICHEN, Traugott: Sozialer Protestantismus und moderne Wirtschaftskultur. Sozialethische Studien zu grundlegenden anthropologischen und institutionellen Bedingungen ökonomischen Handelns, Münster 1998, S. 91.
227 MERSIOWSKY, 2000a, S. 39.
228 MÜNKLER, Herfried: Machiavelli. Die Begründung des politischen Denkens der Neuzeit aus der Krise der Republik Florenz, Frankfurt 1982, S. 27 f.
229 FOUQUET, Gerhard: „Freundschaft" und „Feindschaft": Stadtadlige Verwandtschaftsfamilien in deutschen Städten des Spätmittelalters. In: Karl-Heinz SPIESS (HG): Die Familie in der Gesellschaft des Mittelalters, Ostfildern 2009, S. 107–116.

wie die Einträge im Hauptbuch des Kaufmanns Jacopo Loredano aus Venedig zeigen: *„Der Doge Foscari, mein Schuldner für den Tod meines Vaters und meines Oheims."* Nach der Ermordung des Dogen und dessen Sohnes wurde vermerkt: *„hat bezahlt".*[230] Solche Elemente von Rechenhaftigkeit im Sinne einer Aufrechnung erlittener Übels oder verletzter Ehre konnten ebenfalls bei der Fehdemotivation involviert sein.[231] Die kaufmännische Rechenhaftigkeit fand mit der Lehre vom Fegefeuer auch Eingang in den kirchlichen Bereich, wo sie in der Katalogisierung der Bußen zu einer *„Rechenhaftigkeit des Jenseits",* der *„comptabilité de l'au-delà"* führte.[232] Schriftliche Sündenregister oder Protokolle des Teufels waren selbstverständlicher Bestandteil des spätmittelalterlichen Gedankengutes.[233] Die Relation zwischen Frömmigkeit, Rechenhaftigkeit und Tod zeigt sich an Testamenten, Anniversaren und Stiftungen, die spirituelle Leistungen ins Verhältnis zu materiellen setzten.[234] Ein weiteres Beispiel zeigen die Seelgerät-Stiftungen im Wiener Schottenkloster, die im Auftrag des Bischofs ab 1442 durch einen Visitator geprüft wurden. Der damit beauftragte Magister Narziß setzte die Einnahmen aus dem Stiftungsvermögen in Relation zu den gestifteten liturgischen Leistungen und passte diese gegebenenfalls pragmatisch an, zum Beispiel bei verringerten Erträgen durch einen verminderten Gebetsdienst.[235] Der „Geist der Rechenhaftigkeit" wurde über die Subsidien auch bei der Gestaltung und Verwendung von Steuern wirksam.[236]

---

230 MARTIN, 1974, S. 37; s.a. BRUNNER, Otto: „Bürgertum" und „Feudalwelt" in der europäischen Sozialgeschichte. In: Carl HAASE (HG): Die Stadt des Mittelalters, Bd. 3: Wirtschaft und Gesellschaft, Darmstadt 1973, S. 495; SYDOW, Jürgen: Bürgerschaft und Kirche im Mittelalter. Probleme und Aufgaben der Forschung. In: Jürgen SYDOW (HG): Bürgerschaft und Kirche, Sigmaringen 1980, S. 17.

231 REINLE, Christine: Bauerngewalt und Macht der Herren. Bauernfehden zwischen Gewohnheitsrecht und Verbot. In: Manuel BRAUN, Cornelia HERBERICHS (HG): Gewalt im Mittelalter. Realitäten – Imaginationen, München 2005, S. 117.

232 LUSIARDI, Ralf: Stiftung und Seelenheil in den monotheistischen Religionen des mittelalterlichen Europa. Eine komparative Problemskizze. In: Michael BORGOLTE (HG): Stiftungen in Christentum, Judentum und Islam vor der Moderne. Auf der Suche nach ihren Gemeinsamkeiten und Unterschieden in religiösen Grundlagen, praktischen Zwecken und historischen Transformationen, München 2005, S. 50 f.

233 MERSIOWSKY, 2018, S. 11.

234 HERDING, Otto: Frömmigkeit und Rechenhaftigkeit im ausgehenden Mittelalter am Beispiel südwestdeutscher Anniversare und Testamente. In: Congrès à Varsovie, Section II: La vie religieuse des elites et des masses dans la chrétienté du XVe siècle – entre le moyen age et l'epoque moderne, Commission Internationale d'Histoire Ecclésiatique Comparée, 1978, S. 38–42.

235 WAGNER, Wolfgang Eric: Von der Stiftungsurkunde zum Anniversarbucheintrag: Beobachtungen zur Anlage des Liber oblationum et anniversariorum (1442–ca. 1480) im Wiener Schottenkloster. In: Michael BORGOLTE (HG): Stiftungen und Stiftungswirklichkeiten. Vom Mittelalter bis zur Gegenwart, Berlin 2000, S. 160–162.

236 WACHENHAUSEN, Manfred: Staatsausgabe und öffentliches Interesse in den Steuerrechtfertigungslehren des naturrechtlichen Rationalismus, Berlin 1972, S. 42.

Max Weber diskutiert die Arbeiten mehrerer Autoren im Hinblick auf ethische und religiöse Aspekte im Zusammenhang mit dem *„calculating spirit"* des Kapitalismus, der *„Rechenhaftigkeit"* nach Sombart, in dem Sinne, dass „nur Handeln" und nicht „Zeitvergeudung" gottgefällig sei und damit die Anhäufung von Vermögen durch Gewinnstreben zulässig und aus einem wirtschaftlichen Prinzip in ein solches der Lebensführung überführt werden könne.[237] Rationale Techniken der Wirtschaftsführung wurden ergänzt durch Rationalität der Gesinnung und Lebensführung und ein *„rationales Wirtschaftsethos"*.[238]

Die Grundlagen des Unternehmertums machten ebenfalls eine Entwicklung durch, die Bendixen als die *„Prinzipien der Rechenhaftigkeit von Geldströmen"* im Sinne der Bilanzierung, doppelter Buchführung und der andauernden Kapitalbeteiligung bezeichnete. Diese überwand die im Mittelalter ursprünglich übliche, auf einzelne Handelsvorgänge beschränkte, finanzielle Beteiligung im Rahmen einer Commenda auf Zeit und entwickelte sich zu einer längerfristigen Kapitalbeteiligung. Begleitend entwickelten sich Strukturen wie Korporationen und Handelsniederlassungen.[239] Rechenhaftigkeit wurde dort in vielfältiger und überwiegend pragmatischer Weise genutzt, wie zur Absicherung gegen Risiken bei Verkäufen und Verpachtungen z.B. bei Währungsverschlechterungen.[240] Die Kapitalrechnung stellt mit der Abschätzung und Überwachung der geldwerten Ergebnisse von Handelstransaktionen nach Weber die höchste Stufe *„formaler"* Rationalität dar, wogegen mit *„materieller"* Rationalität der reale Versorgungszustand bezeichnet wird.[241] Die zunehmende schriftliche Dokumentation und Kommunikation verstärkte den Prozess der Veränderung im Warenverkehr, bei dem die physische Präsenz des Kaufmannes bei seinen Geschäften an Bedeutung verlor.[242] Mit den

---

237 WEBER, Max: Die protestantische Ethik und der Geist des Kapitalismus, Hain 1993, S. 122–125; s.a. THIEL, Christian: Das „bessere" Geld. Eine ethnographische Studie über Regionalwährungen, Wiesbaden 2012, S. 48 f.
238 WEBER, 2011, S. 383; s.a. REICH, Hermann: Eigennutz und Kapitalismus. Die Bedeutung des Gewinnstrebens im klassischen ökonomischen Denken, Berlin 1991, S. 46; s.a. NOACK, Winfried: Ethische Grundlagen der Sozialen Arbeit, Berlin 2015, S. 62.
239 BENDIXEN, Peter: Die Kultur des unternehmerischen Handelns. Unternehmensführung jenseits der Betriebswirtschaft, Wiesbaden 2011, S. 133.
240 ABEL, Wilhelm: Deutsche Agrarwirtschaft im Hochmittelalter. In: Jan A. van HOUTTE (HG): Handbuch der europäischen Wirtschafts- und Sozialgeschichte, Bd. 2, Stuttgart 1980, S. 534.
241 RÖSSEL, Jörg: Kapitalismus und Konsum. Determinanten und Relevanz des Konsumverhaltens in Max Webers Wirtschaftssoziologie. In: Andrea MAURER (HG): Wirtschaftssoziologie nach Max Weber, Wiesbaden 2010, S. 146 f.; s.a. WEHLER, Hans-Ulrich: Historische Sozialwissenschaft und Geschichtsschreibung. Studien zu Aufgaben und Traditionen deutscher Geschichtswissenschaft, Göttingen 1980, S. 186 f.
242 ELKAR, Rainer S.: Feder, Tinte und Papier – ungebrauchte Werkzeuge im alten Handwerk? In: Karl Heinrich KAUFHOLD, Hans Jürgen GERHARD (HG): Struktur und Dimension, Bd. 1, Mittelalter und Frühe Neuzeit, Festschrift für Karl Heinrich Kaufhold zum 65. Geburtstag, Stuttgart 1997, S. 274 f.

Arbeiten Webers und Sombarts, die in der Rationalisierung der Buchhaltung die Voraussetzung des Kapitalismus sahen, veränderte sich auch die Bedeutung von Buchhaltung und Rechenhaftigkeit im historischen Kontext: *„No longer would bookkeeping be relegated to the margins of history, now it was placed at center stage"*.[243]

4.5.1. Doppelte Buchführung

Insbesondere die neue Methodik der doppelten Buchführung führte zu einem Motivationswandel bei wirtschaftlichen Handlungen, die nicht mehr wie ursprünglich im Mittelalter bedarfs-, sondern nunmehr verstärkt am Profit orientiert waren.[244] Diese neue Betrachtungsweise, die ausschließlich auf den Geldwert und das Erwerbsvermögen ausgerichtet ist, erfordert zu ihrer Durchsetzung die Rationalisierung der Wirtschaftsvorgänge und damit deren vermehrte Rechenhaftigkeit.[245] Rationalisierung ist besonders am Gebrauch der doppelten Buchhaltung und ihrer Rechenhaftigkeit festzustellen.[246]

Die älteste Form der Buchführung bediente sich einzelner Absätze für jeden Buchungseingang (*„paragraph accounting"*, z.B. mit *„Item"* abgesetzt), aus der sich eine Einteilung in

---

[243] MILLER, Peter, NAPIER, Christopher: Genealogies of Calculation. In: Accounting, Organizations and Society, 7/8, 1993, S. 636; s.a. VORMBUSCH, Uwe: Eine Soziologie der Kalkulation: Werner Sombart und die Kulturbedeutung des Kalkulativen. In: Hanno PAHL, Lars MEYER (HG): Kognitiver Kapitalismus. Zur Dialektik der Wissensökonomie, Marburg 2007, S. 75.

[244] VORMBUSCH, Uwe: Die Kalkulation der Gesellschaft. In: Andrea MENNICKEN, Hendrik VOLLMER (HG): Zahlenwerk: Kalkulation, Organisation und Gesellschaft, Wiesbaden 2007, S. 47; zur doppelten Buchführung s.a. ROOVER, Raymond de: Aux origines d'une technique intellectuelle: la formation et l'expansion de la comptabilité à partie double. In: Annales d'histoire économique et sociale, 9, 1937, reprint London, 1972, S. 180–182. Zur Kritik an der Profitrationalität s.a. WAGNER-HASEL, Beate: Die Arbeit des Gelehrten. Der Nationalökonom Karl Bücher (1847–1930), Frankfurt am Main 2011, S. 335 f.

[245] SOMBART, Werner: Der moderne Kapitalismus. Historisch-systematische Darstellung des gesamteuropäischen Wirtschaftslebens von seinen Anfängen bis zur Gegenwart. Bd. II: Das europäische Wirtschaftsleben im Zeitalter des Frühkapitalismus, vornehmlich im 16., 17. und 18. Jahrhundert, Erster Halbbd., Unveränd. Nachdr. der 2., neugearb. Aufl., 1916, München 1987b, S. 120; s.a. MÜLLER-ARMACK, Alfred: Die Genealogie der Marktwirtschaft. Die geistesgeschichtlichen Ursprünge der Staats- und Wirtschaftsformen bis zum Ausgang des 18. Jahrhunderts. In: Hans SCHACHTSCHABEL (HG): Wirtschaftsstufen und Wirtschaftsordnungen, Darmstadt 1971, S. 205.

[246] SOMBART, Werner: Der moderne Kapitalismus. Historisch-systematische Darstellung des gesamteuropäischen Wirtschaftslebens von seinen Anfängen bis zur Gegenwart. Bd. II: Das europäische Wirtschaftsleben im Zeitalter des Frühkapitalismus, vornehmlich im 16., 17. und 18. Jahrhundert, Zweiter Halbbd., Unveränd. Nachdr. der 2., neugearb. Aufl., 1916, München 1987c, S. 1080.

Einnahmen und Ausgaben in verschiedenen Abschnitten des Rechnungsbuches entwickelte. In der Regel wurden die Einnahmen im vorderen Teil des Buches eingetragen, während die Ausgaben im hinteren Teil verbucht wurden.[247] Zur Entstehung der doppelten Buchführung gibt es verschiedene Hypothesen, die von Yamey diskutiert wurden: Erstens als Werk eines erfindungsreichen Geistes, der von manchen zu Unrecht als Luca Pacioli identifiziert wurde. Zweitens als ein Produkt des *„Zeitgeistes"* der Renaissance mit ihrem Streben nach Übersicht und Einfachheit, das im Gegensatz zur mittelalterlichen Akribie im Detail stand. Drittens als Ergebnis eines Zufallsereignisses und viertens als notwendige und zweckmäßige Folge einer Art von vorherbestimmter ökonomischer Entwicklung.[248] Erste Ansätze zu einer doppelten Buchführung waren in Florenz ab 1260 zu beobachten, wobei allerdings Soll und Haben noch untereinander verbucht wurden. Vermutlich ist die Gegenüberstellung von Soll und Haben auf eine venezianische Praxis zurückzuführen. In Genua wurde ab 1340 eine volle doppelte Buchführung in lateinischer Sprache gepflegt, die Sieveking als „genuesische Erfindung" bezeichnet.[249] Ob dies uneingeschränkte Gültigkeit hat, wurde unterschiedlich diskutiert. Vermutlich gab es auch in anderen Städten wie Florenz eine schrittweise Entwicklung hin zur doppelten Buchführung. Diese Entwicklung wurde von drei Faktoren befördert: Kaufmännischen Partnerschaften, Kreditvergabe und der Entstehung des Agenturwesens.[250] Für Venedig ist ein erstes Beispiel aus den Jahren 1406–1434 beschrieben. Übergangsformen von der Absatz- zur doppelten Buchführung sind für die Rechnungsbücher *(libri debitori e creditori)* der Handelsfamilien Datini und Medici bekannt.[251] Doppelte Buchführung weist gegenüber den vorher verwendeten Methoden der Buchhaltung wesentliche Vorteile auf. Dazu zählen der höhere Grad an Verständlichkeit und Ordnung, die leichtere Überprüfbarkeit der Genauigkeit und das Potential der Analyse wie der von Gewinn und Verlust.[252] Vor allem italienische Kaufleute verbreiteten ab dem Ende des 14. Jahrhunderts

---

247 EDLER, Florence: Glossary of Mediaeval Terms of Business, Italian Series 1200–1600, Cambridge MA 1934, S. 348 f.
248 YAMEY, Basil Selig: Introduction. In: Ananius Charles LITTLETON, Basil Selig YAMEY (HG): Studies in the History of Accounting, London 1956, S. 2–7.
249 SIEVEKING, Heinrich: Genueser Finanzwesen vom 12. bis 14. Jahrhundert, Freiburg 1898, S. 118–120; s.a. CECCERELLI, Alberto: I libri di mercatura della Banca Medici, e l'applicazione della partita doppia a Firenze nel secolo XIVo, Firenze 1913, S. 8–11.
250 ROOVER, Raymond de: The Development of Accounting Prior to Luca Pacioli According to The Account-books of Medieval Merchants. In: Ananius Charles LITTLETON, Basil Selig YAMEY (HG): Studies in the History of Accounting, London 1956, S. 115.
251 EDLER, 1934, S. 348 f., 351.
252 YAMEY, 1956, S. 7.

die doppelte Buchhaltung über Europa und bis in den Vorderen Orient.[253] Eine der ersten schriftlichen Abhandlungen über die doppelte Buchhaltung verfasste Luca Pacioli 1494.[254]

4.5.2. Umgang mit Zahlenwerten

4.5.2.1. Kerbhölzer

Bis zum Spätmittelalter war die Erfassung von Zahlenwerten für die Buchführung schwierig. Ein frühes und über einen sehr langen Zeitraum im europäischen Raum persistierendes Aufzeichnungsmittel ohne den begleitenden Gebrauch schriftlich fixierter Sprache waren die Kerbhölzer, die von Kuchenbuch als *„Kronzeugen pragmatischer Rechenhaftigkeit"* bezeichnet wurden.[255] Diese können als protoschriftliches Medium im Zusammenhang mit der Entwicklung von Schriftlichkeit gesehen werden.[256] Kerbhölzer waren billig und konnten anders als Papier oder Pergament gefahrlos transportiert werden und erforderten keine Schriftkenntnisse. Sie kamen in verschiedenen Formen vor: Als gekerbte Stöcke in Form eines einfachen Zahlholzes diente es zur Dokumentation von Zahlenwerten und für einfache Rechenvorgänge; als Markierungsstock konnte es z.B. Informationen über Waren tragen und diesen beigefügt werden; als Kreditkerbholz diente es zur sicheren Dokumentation von Schulden: Bei dieser speziellen Form handelte es sich um längs geteilte Exemplare, die genau aneinander passten und gemeinsam zur Auflistung der Anteile von zwei Parteien markiert wurden, dann aber von diesen getrennt als Beleg mitgenommen und zur Abrechnung wieder zusammengefügt wurden.[257] Geteilte oder zerbrochene Gegenstände dieser Art im ursprünglichen Sinne des griechischen *symbolon* konnten zur Bestätigung von Vereinbarungen oder als Erkennungszeichen verwendet werden

---

253 RICKER, Manfred: Beiträge zur älteren Geschichte der Buchhaltung in Deutschland. In: Hartmut SCHIELE, Manfred RICKER (HG): Betriebswirtschaftliche Aufschlüsse aus der Fuggerzeit, Berlin 1967, S. 119 f.
254 PENNDORF, Balduin: Luca Pacioli. Abhandlung über die Buchhaltung 1494. Nach dem italienischen Original von 1494 ins Deutsche übersetzt und mit einer Einleitung über die italienische Buchhaltung im 14. und 15. Jahrhundert und Paciolis Leben und Werk, Stuttgart 1933; TAYLOR, R. Emmett: Luca Pacioli. In: Ananius Charles LITTLETON, Basil Selig YAMEY (HG): Studies in the History of Accounting, London 1956, S. 175–184; zur komplexen Entstehungsgeschichte der doppelten Buchführung s.a. YAMEY, Basil Selig: Notes in the Origin of Double-Entry Bookkeeping. In: The Accounting Review, 22, 1947, S. 263–272.
255 KUCHENBUCH, Ludolf: Reflexive Mediävistik. Textus – Opus – Feudalismus, Frankfurt 2012, S. 64; s.a. WEDELL, Moritz: Zählen. Semantische und praxeologische Studien zum numerischen Wissen im Mittelalter, Göttingen 2011, S. 293.
256 WEDELL, 2011, S. 288–294.
257 MERSIOWSKY, 2000a, S. 305 f.; NOONAN, Thomas S., KOVALEV, Roman K.: What can archaeology tell us about how debts were documented and collected in Kievan Rus'? In: Russian History, 27, 2000, S. 123 f., 131.

und Zeugen ersetzen.²⁵⁸ Eine ähnliche Verfahrensweise kann auch bei späteren schriftlichen Quittungen mit doppeltem Text beobachtet werden, der durch einen Schnitt z.B. in Wellenform geteilt wurde.²⁵⁹ Der älteste bekannte Fund eines Kreditkerbholzes aus Novgorod stammte aus dem frühen 10. Jahrhundert. In England wurden Kerbhölzer vom Schatzamt seit dem 12. Jahrhundert verwendet.²⁶⁰ Kerbhölzer konnten in Form einer graphischen Verarbeitung von Mengen mit Reihungen und Gruppen bis hin zu einfachen Additionsvorgängen bei einer Vielzahl von Aufgaben Hilfestellung leisten. Beispiele hierfür gab es vor allem für den Kauf auf Kredit durch Hofhaltungen.²⁶¹ Sie waren jedoch zwingend gebunden an die Erinnerung der Wissensträger, die allein dem „Datenträger" Kerbholz einen Sinn verleihen konnten. Wurde dieser Zusammenhang in irgendeiner Weise gestört, verloren sie ihren Sinn. Die Weitergabe über längere Zeiten oder zwischen Personen erforderte Namen, Worte, Erläuterungen.²⁶²

4.5.2.2. Schriftliche Rechenhaftigkeit

Die Schrift war in der Lage, solche Informationen zu geben. Als Beispiel kann ein Dokument aus dem 10. Jahrhundert dienen, das die Beschreibung von Mengen und Maßeinheiten durch die Angabe der *quantitas* in Form von Zahlwörtern in Verbindung mit der *res* und *qualitas* bewerkstelligt, wobei die Darstellung dem gesprochenen Wort folgt, indem der ganzzahlige Wert vor der Sache und deren Eigenschaft stand und mit diesen eine Sinneinheit bildete. In diesem Fall wurden noch keine Zahlzeichen, keine Ziffern, verwendet.²⁶³ Es wird deutlich, dass der Vorgang des Zählens nicht nur die Erfassung eines numerischen Wertes darstellt, sondern auch analytische und selektive sowie kommunikative Eigenschaften aufweist. Ebenso wie die Verben „zählen" und „erzählen" Zusammenhänge aufweisen, kann das Wort Zahl neben seiner hauptsächlich verwendeten quantitativen und rechnerischen Bedeutung einen mitteilenden oder begründenden Charakter haben.²⁶⁴

---

258 GRAEBER, David: Schulden. Die ersten 5000 Jahre, Stuttgart 2012, S. 315.
259 HStA Marburg, Rechnungen I, 89/7 (Doppelquittung Hartelstein, ca. 21,4x19,6 cm, ein Wasserzeichen wird durch den Schnitt getrennt); DEMANDT, Karl E.: Der Personenstaat der Landgrafschaft Hessen im Mittelalter. Ein „Staatshandbuch" Hessens vom Ende des 12. bis zum Anfang des 16. Jahrhunderts. Erster Teil, Marburg 1981a, Nr. 1020.
260 NOONAN und KOVALEV, 2000, S. 131 f.
261 MERSIOWSKY, 2000a, S. 306; s.a. KUCHENBUCH, Ludolf: Pragmatische Rechenhaftigkeit? Kerbhölzer in Bild, Gestalt und Schrift. In: Gerd ALTHOFF, Christel MEIER (HG): Frühmittelalterliche Studien, 36, Berlin 2002, S. 486.
262 KUCHENBUCH, 2012, S. 95.
263 KUCHENBUCH, 2012, S. 130–132.
264 WEDELL, 2011, S. 13, 107 f.; FEISTNER, Edith: Relativierte Referentialität. Überlegungen zu einer Kulturgeschichte der Interaktion von Erzählen und Rechnen. In: Beiträge zur mediävistischen Erzählforschung, 2, 2018, S. 7–40.

Ein wirtschaftlich orientiertes Rechnen war im Mittelalter zunächst nicht üblich. Anfänge zeigten sich im 9. Jahrhundert, wie der Vorschlag des Klerikers Adalhard von Corbie zeigt, zum Ausgleich von Schwankungen den als Basis für Abgaben verwendeten Ernteertrag über mehrere Jahre zu mitteln.[265] Im *Liber de rebus in administratione sua gestis* beschrieb Mitte des 12. Jahrhunderts Suger, der Abt von St. Denis, quantitative Vergleiche und Durchschnittswerte für Erträge einer Abtei auf der Basis des Geldwerts *incrementum denariorum*.[266] In der Zeit zwischen 1146 und 1156 erstellte Bischof Heinrich von Winchester bei einem Besuch in Cluny eine Übersicht der dortigen Besitzungen, in der Rechenvorgänge explizit benannt werden, wie *computatio sunt, que non sunt annumerata, summa omnium,* was von Kuchenbuch als „*Domaniale Rechenhaftigkeit*" bezeichnet wurde.[267]

Schriftliche Belege der Rechenhaftigkeit finden sich im deutschen Raum ab dem 12. Jahrhundert. Zu den ältesten Dokumenten kaiserlicher Rechnungslegung zählen der *Computus Symonis Phylippi de Realibus factus domino cancellario* vom Dezember 1310 bis Juli 1311 sowie *Li compes de Gile le tresurier dou IX jourde Fevrer juques au coronement l'emperour a Rome* aus dem Schriftgut Heinrich VII.[268] Im Codex Falkensteinensis wird 1166 der Begriff „*computatione*" und das Verb „*computare*" verwendet; allerdings kann dabei nicht mit Sicherheit davon ausgegangen werden, dass eine schriftliche Berechnung vorgenommen wurde. Es könnte sich bei diesen frühen Beispielen auch noch um oral vorgetragene und durch Eid *(iuramentum)* bekräftigte Vorgänge handeln. Urbare werden im 12. Jahrhundert ebenfalls gelegentlich als *computatio* beschrieben.[269] Dennoch besteht ein grundlegender Unterschied zwischen Dokumenten wie Urbaren oder Urkunden, die in rechtlich relevanter Form Aussagen über Besitzverhältnisse wiedergeben, und Rechnungsbüchern, die alltägliche wirtschaftliche Vorgänge

---

265 FRIED, 1991, S. 38.

266 Sugerus, Sancti Dionysii: Oeuvres completes, Suger, hrsg. v. Albert Lecoy de la MARCHE, Hildesheim 1979, S. 161–163.

267 KUCHENBUCH, Ludolf: Ordnungsverhalten im grundherrlichen Schriftgut vom 9. zum 12. Jahrhundert. In: Johannes FRIED (HG): Dialektik und Rhetorik im früheren und hohen Mittelalter. Rezeption, Überlieferung und gesellschaftliche Wirkung antiker Gelehrsamkeit vornehmlich im 9. und 12. Jahrhundert, München 1997, S. 253–261.

268 MERSIOWSKY, 2008b, S. 226 f.; Constitutiones et acta publica imperatorum et regum Bd. 4,2, 1298–1313, (MGH. Leges sectio 4), Nr. 1149, S. 1144–1148; Nr. 1152–1156, S. 1152, 1195. Nachdruck, Hannover 1981; s.a. PAULY, Michel: Heinrich VII., der Graf gebliebene König der Römer. In: Michel PAULY (HG): Europäische Governance im Spätmittelalter, Heinrich VII. von Luxemburg und die großen Dynastien Europas, Luxembourg 2010, S. 445–463.

269 MERSIOWSKY, 2000a, S. 79; Codex Falkensteinensis. Die Rechtsaufzeichnungen der Grafen von Falkenstein, bearb. v. Elisabeth NOICHL, München 1978, Nr. 22.

wie Einnahmen und Ausgaben festhalten.[270] Die lateinischen Ausdrücke für Rechnung *ratio* oder *computatione* und Rechnen *rationem facere, computationem facere* oder *computare* finden sich bei Rechnungsbüchern ab dem 13. Jahrhundert.[271] Die Haushaltungsrechnungen der Burggrafen von Drachenfels verwenden den Begriff *computacionem* im Jahr 1398.[272] Ein weiteres Beispiel gibt die Bocholter Stadtrechnung, in der *computatum anno 1408 fer.(ia) quart.(a) post corp.(ore) Chr.(isti)* der Abrechnung der Ausgaben durch den Bürgermeister Rutger Scrympe vorsteht.[273] Die Kasseler Stadtrechnung von 1468 verwendet sowohl den lateinischen Begriff *computatis* als auch in deutscher Sprache die Ausdrücke *ist gerechent* und *Item gerechent*.[274] In den Mühlhäuser Kämmereirechnungen ist der Begriff zur Eröffnung der Exaudirechnung von 1472 zu finden.[275] Die Verbindung zwischen Schriftlichkeit *(literacy)* und der Kompetenz im Umgang mit Zahlen *(numeracy)* entwickelte sich besonders im städtischen Bereich, wie man an den Beispielen der Schreib-, Sprach- und Rechenlehren sehen kann.[276]

Das schriftliche Festhalten von Buchungsvorgängen in Rechnungsbüchern setzt Einheiten des Geldwertes voraus. Zwar gibt es im Mittelalter auch regelmäßig Beispiele der Verbuchung von Mengenangaben von Gütern, z.B. bei Naturalleistungen, aber die Entwicklung der Buchführung setzte die sich durch Geldwerte ergebende Vergleichbarkeit voraus. Diese war durch die große Zahl verschiedener Währungen oft komplex und erforderte das Aushandeln der Wechselkurse und Umrechnungen, die fehleranfällig waren. Dabei ist die entstehende Dichotomie zwischen dem real umlaufenden Münzgeld als Zahlungsmittel und Wertgegenstand und dem Rechengeldsystem zu beachten, in dem Rechenmünzen in konstanten Verhältnissen lediglich eine Zählfunktion als Recheneinheiten hatten.[277] Die Entwicklung von realen Münzen zu abstrakten Rechnungseinheiten begann in der Buchführung des Mittelalters relativ früh. Der Gegenwert eingezahlten oder ausgegebenen Geldes wurde in Recheneinheiten verbucht, was bei der Fülle verschiedener Währungen deutliche Vorteile hatte, aber die Angabe

---

270 GLEBA, Gudrun: Rechnen. Wirtschaften. Aufschreiben. Vernetzte Schriftlichkeit – Wirtschafts- und Rechnungsbücher als Quellen klösterlicher Alltagsgeschichte. In: Stefan PÄTZOLD, Marcus STUMPF (HG): Mittelalterliche und frühneuzeitliche Rechnungen als Quellen der landesgeschichtlichen Forschung, Münster 2016b, S. 55 f.
271 STOLZ, 1957, S. 11.
272 Die ältesten Haushaltsrechnungen der Burggrafen von Drachenfels, 1892, S. 56.
273 Die Bocholter Stadtrechnungen (Akten und Urkunden zur Geschichte der Stadt Bocholt 1. Teil), hrsg. v. Klemens BECKER, Bocholt 1914, S. 42.
274 Casseler Stadtrechnungen aus der Zeit von 1468 bis 1553, 1871, S. 12.
275 StadtA Mühlhausen, Kämmereiregister 1471–1473, 2000/15, fol. 34v., 35r.
276 MOULIN, 2016, S. 108–112.
277 METZ, Rainer: Geld, Währung und Preisentwicklung. Der Niederrheinraum im europäischen Vergleich 1350–1800, Frankfurt am Main 1990, S. 3, 13 f.

des Umrechnungsfaktors erforderte. Bereits 1375 hatte der päpstliche Hof zu Avignon seine Buchhaltung komplett auf ein solches System mit einem „Kammergulden" umgestellt.[278]

4.5.2.3. Römische Zahlzeichen

Neben Zahlwörtern war auch schon im frühen Mittelalter der Gebrauch der römischen Zahlzeichen einschließlich des Wertes *nullam* etwa bei einer Aufzählung in einer Erhebung gebräuchlich.[279] I für 1 bzw. ein Mehrfaches davon und X für 10 stellen die ältesten Zahlzeichen dar, zu denen V für 5 kam, das aus einem halben Zeichen X entstand. Später entstanden C für 100 *(centum)* und L für 50, das sich aus einem pfeilförmigen Zeichen entwickelte. Der Wert 1.000 wurde in römischer Zeit durch Phi (Φ) ausgedrückt. Das halbierte Zeichen in Form eines D stand für den Wert 500. Erst im Mittelalter entwickelte sich M für 1.000 aus dem Anlaut von *mille*. Eine Halbierung der letzten verwendeten Einheit konnte durch die rückgeführte Durchkreuzung des letzten Schaftes angegeben werden.[280] Zur Unterscheidung der Schriftzeichen von Zahlzeichen konnten letztere durch Punkte eingegrenzt oder mit einer Linie überschrieben werden, was auch heute noch häufig angewandt wird, obwohl eine Verwechslungsgefahr bei der heutigen Schrift nicht mehr besteht.[281] Die klassischen Regeln zur Verwendung der römischen Zahlzeichen werden in mittelalterlichen Dokumenten jedoch häufig nicht genau berücksichtigt. Häufig wird die Zahl 4 nicht als IV sondern als IIII oder 40 nicht als XL, sondern mit XXXX ausgedrückt. Bei einer Folge von mehreren Ziffern I wurde der Schaft der letzten Ziffer häufig mit einer größeren Unterlänge versehen. Für hohe Beträge konnte eine Zahl als Multiplikator und die Recheneinheit als Hochzahl verwendet werden (VIII^C für 800, III^M für 3.000).[282] Die umgekehrte Vorgehensweise wurde durch Bachmann für die Butzbacher Stadtrechnungen beschrieben (C^{VIII} für 800).[283] Halbe Werte wurden als gestrichenes Ganzes angegeben, wie ein halb als I mit Querstrich sowie viereinhalb als V und neuneinhalb als X jeweils mit einem Querstrich mit vielen

---

278 WEISS, Stefan: Die Versorgung des päpstlichen Hofes in Avignon mit Lebensmitteln (1316–1378). Studien zur Sozial- und Wirtschaftsgeschichte eines mittelalterlichen Hofes, Berlin 2002, S. 63 f.
279 KUCHENBUCH, 2012, S. 112 f.
280 MAZAL, Otto: Lehrbuch der Handschriftenkunde, Wiesbaden 1986, S. 146; LÖFFLER, Eugen: Die Zahlzeichen im Mittelalter und in der Neuzeit, 2. neubearb. Aufl, Leipzig 1919, S. 6 f.
281 REYER, Herbert: Kulturgeschichte in Buchstaben und Ziffern. Die Verdrängung der römischen Zahlen durch die arabischen Ziffern am Beispiel Hildesheims im 16. Jahrhundert. In: Hildesheimer Jahrbuch für Stadt und Stift Hildesheim, 77, Hildesheim 2005, S. 61–91.
282 StadtA Mühlhausen, Kämmereiregister 1456, 2000/9, fol. 45r.
283 BACHMANN, 2011, S. 46–49.

verschiedenen Kombinationsmöglichkeiten.[284] Die Durchführung von Rechenoperationen war mit römischen Zahlen jedoch äußerst schwierig, was auch die zu beobachtende Häufigkeit von Fehlern teilweise erklären kann.[285] Das Rechnen mit Zahlenbuchstaben erforderte als Hilfsmittel die *„Rechnungslegung"* auf einem Rechenbrett, Rechentisch oder Rechentuch.[286] Dessen ebene Oberfläche (griechisch *„abax"* – „ἄβαξ"), auf der Rechensteine (lateinisch *„calculi"*) gelegt wurden, war namensgebend für den Abakus, womit verschiedene Rechengeräte bezeichnet werden.[287] Rechnungslegung hatte den Vorteil, unter Zeugen ablaufen zu können, weshalb man auf eine Kontrolle des Ergebnisses vermutlich verzichtete, und es ersetzte den abstrakten Rechenvorgang durch ein visuelles Verfahren.[288] Die praktisch orientierten „Libri de Abaco" stellten das Basiswissen der Kaufleute dar.[289] Eine Übersicht des *„Rechnens auf den Linien"* gibt Hess.[290] Der weitere Vorteil der Methode bestand darin, dass sie auch den Schriftunkundigen zugänglich war.[291] Ein weit verbreiteter Merkspruch der Zeit war: *„Schreib recht/leg recht/greif recht/sprich recht/So kompt allzeit dein Facit recht."* Die lang andauernde Bedeutung des Rechnungslegens spiegelt sich darin wider, dass dieses Sprichwort, in dem auch

---

284 DEMANDT, Karl E.: Laterculus Notarum. Lateinisch-deutsche Interpretationshilfen für spätmittelalterliche und frühneuzeitliche Archivalien mit 4 Tafeln spezieller Zahlenschreibungen des 14.–16. Jahrhunderts, 8. Aufl., Marburg 2006, S. 294 f.

285 SPANGENBERG, Hans: Hof- und Zentralverwaltung der Mark Brandenburg im Mittelalter, Leipzig 1908, S. 422 f.; BAMBERGER, Elisabeth: Die Finanzverwaltung in den deutschen Territorien des Mittelalters (1200–1500). In: Zeitschrift für die gesamte Staatswissenschaft, 77, 1923, S. 204 f.; ISENMANN, Eberhard: Die Deutsche Stadt im Mittelalter 1150–1550. Stadtgestalt, Recht, Verfassung, Stadtregiment, Kirche, Gesellschaft, Wirtschaft, Wien 2014, S. 559; JAHNKE, Carsten: Die Edition der Hamburgischen Pfundgeldlisten 1485–1486. Möglichkeiten und Gefahren moderner Editionen. In: Jürgen SARNOWSKY (HG): Konzeptionelle Überlegungen zur Edition von Rechnungen und Amtsbüchern des späten Mittelalters, Göttingen 2016, S. 52; BLUM, Wolfgang: Eine kurze Geschichte der Mathematik, Darmstadt 2019, S. 75–78.

286 WEBER, 2011, S. 277.

287 PULLAN, John M.: The history of the Abacus, London 1968, S. 16–24.

288 BRUNNER, 1929, S. 70.

289 MASCHKE, Erich: Das Berufsbewußtsein des mittelalterlichen Fernkaufmanns. In: Paul WILPERT, Willehad Paul ECKERT (HG): Beiträge zum Berufsbewusstsein des mittelalterlichen Menschen, Berlin 1964, S. 313.

290 HESS, Wolfgang: Rechnung Legen auf den Linien. Rechenbrett und Zahltisch in der Verwaltungspraxis in Spätmittelalter und Neuzeit. In: Erich MASCHKE, Jürgen SYDOW (HG): Städtisches Haushalts- und Rechnungswesen. 12. Arbeitstagung in Überlingen 9.–11. November 1973, Sigmaringen 1977, S. 69–82.

291 WITTHÖFT, Harald: Handelspraktiken und Kaufmannschaft in Mittelalter und Neuzeit – Rechnen und Schreiben mit Zahlen. Resümee und Perspektiven. In: Markus A. DENZEL, Jean-Claude HOCQUET, Harald WITTHÖFT (HG): Kaufmannsbücher und Handelspraktiken vom Spätmittelalter bis zum beginnenden 20. Jahrhundert, Stuttgart 2002, S. 204.

die Verbindung zur mündlichen Kommunikation des Vorganges, das *Rechnung Hören* direkt ausgedrückt wird, noch 1605 in ähnlicher Weise verwendet wurde.[292] Die Verwendung von umständlichen Systemen wie Rechenbrett oder Rechentuch war im 15. Jahrhundert nördlich der Alpen noch allgemein üblich, während es in Italien bereits vom Ziffernrechnen abgelöst war.[293]

4.5.2.4. Strukturierung in der Rechenhaftigkeit

In der Schriftform konnte mit römischen Zahlen allenfalls eine Summenbildung in Frage kommen, die durch eine Organisation des Dokumentes durch Tabulieren mit dem Untereinanderschreiben von Namen, Begriffen und Zahlwörtern, einer Indizierung der Seite und einer Kolumnierung erleichtert wurde.[294] Durch eine solche Strukturierung des zweidimensionalen Textes wurde die Übersichtlichkeit von Zahlenmaterial verbessert, es gab jedoch noch keine Möglichkeit der symbolischen Darstellung von Rechenoperationen in formelhafter Weise, sondern diese mussten als Text wiedergegeben werden *(sunt in summa)*.[295]

Dabei gab es aber ein im Vergleich zur Neuzeit unterschiedliches Verständnis des Begriffes Summe. Nicht alles, was addierbar ist, wurde im Mittelalter addiert. Dinge wurden wiederholt, andere in der Abrechnung weggelassen. *Sunt in summa* bedeutet nicht Gesamtsumme, sondern eine Interpretation des „Ganzen". Die ältesten mittelalterlichen Rechnungsbücher waren einfache Aufzeichnungen, im kaufmännischen Bereich insbesondere der Geschäfte ohne vollständige Barzahlung oder gegen Kredit. Erst später setzten sich die Aufzeichnung aller Vorgänge und eine Strukturierung der Einträge durch.[296] Eine weitere spezifische Beobachtung ist die Tendenz zur Reduktion, Subsumierung und Abstraktion, durch das bislang Distinktes addierbar wurde, wie bei der quantifizierenden Zusammenfassung von Rind, Schaf oder Schwein zu Vieh. Es kam damit zur numerischen Erschließung von Bezugsfeldern, unter Verlassen der deskriptiven Breite und einer Hinwendung zur numerischen Erfassung

---

292 Albrecht JOHANN: Rechenbüchlein auff der linien / dem einfeltigen man odder leien / und jungen anhebenden liebhabern der Arithmetice zu gut durch Johann Albrecht / Rechenmeister zu Wittemberg auffs fleissigst zusamen getragen im XXXIIII. Jar, Wittenberg 1534, fol. 1v.; PETRI, Friedrich Karl Wilhelm: Der Teutschen Weissheit. Das ist: Außerlesen kurtze, sinnreiche, lehrhaffte vnd sittige Sprüche vnd Sprichwörter in schönen Reimen oder schlecht ohn Reim, von allerley Geistlichem vnd Weltlichem Wesen vnd Handel des gantzen Menschlichen Lebens, wie man sie im gemeinen Brauch hat, oder in gelehrter Leut Büchern findet, Hamburg 1605, s. Buchstabe L, Bog. Mmiii v.
293 SOMBART, 1987a, S. 297 f.
294 KUCHENBUCH, 2012, S. 99 f.
295 RAIBLE, Wolfgang: Die Semiotik der Textgestalt. Erscheinungsformen und Folgen eines kulturellen Evolutionsprozesses, Heidelberg 1991, S. 9–14.
296 PENNDORF, 1966, S. 37.

der Dinge in *res* und *census*, die Übersichtlichkeit in wenigen Mengen erzielte.[297] Die Übersichtlichkeit von mittelalterlichen Rechnungsbüchern war zunächst gering, da das Blatt immer recto nummeriert wurde, aber sowohl die sichtbare Seite, als auch das ganze Blatt als Einheit verstanden werden konnte, obwohl ein am Seitenkopf angegebenes Datum immer nur für die betreffende Seite galt. Erste Ansätze zu einer spaltenartigen Zuordnung erfolgten im 14. Jahrhunderts im nordwestlichen Italien, wo Soll *(debet nobis)* und Haben *(recepimus)* der sichtbaren linken und rechten Seite des aufgeschlagenen Buches zugewiesen wurden.[298] Register fanden im 14. Jahrhundert zunehmend Verwendung, wobei zunächst Soll-Register mit Ansprüchen und Auflistungen der Einkünfte *(recepta)* überwogen, dann aber eine Tendenz zu einer Abrechnung mit *recepta* und Ausgaben *(exposita)* im Rahmen von Jahresabrechnungen entstand. Verbunden damit war auch eine Differenzierung und Rationalisierung der Dokumentation und der Einführung des „*Item*" (lat. auch, weiterhin, ferner), das gewissermaßen als Absatzzeichen fungierte und als Ordnungselement dienen konnte, bei dem *Item* unter *Item* stand und mit dieser Kolumnenbildung einen organisatorischen Vorboten der Summenbildung darstellte. Andere Varianten waren z.B. *notum sit, notandum* und *sciendum*.[299] Weitere Ordnungselemente waren der Beginn einer neuen Zeile für jeden Buchungsposten und Leerzeilen als Trennelemente sowie die Anwendung der ordo alphabeti und die Erstellung von Indices. Einen weiteren Fortschritt in der Buchungstechnik stellte die Berücksichtigung von Leerstellen, zum Beispiel für Quittungsvermerke, dar. Aus solchen strukturierten Aufzeichnungen entwickelten sich Tabellen mit mehreren graphisch abgesetzten Spalten, die als Vorläufer moderner Buchungstabellen gelten können.[300] In der Weiterentwicklung konnte auch die doppelte Indizierung einer Seite im Sinne eines Rasters beobachtet werden.[301] Bei der Definition des Registers ist die Dimension der räumlichen Übertragbarkeit zu beachten. Das Register wurde aufbewahrt und sollte, im Gegensatz zum Buch, räumlich nicht verändert werden und der Kommunikation in der Zeitdimension dienen.[302] Eine wesentliche Kom-

---

297 KUCHENBUCH, 2012, S. 115–122.
298 PENNDORF, 1933, S. 1 f.; ARLINGHAUS, 2000, S. 61 f.
299 S. z.B. Das Lübecker Niederstadtbuch (1363–1399) Teil 1: Einleitung und Edition, bearb. v. Ulrich SIMON, Köln 2006.
300 KUCHENBUCH, 2012, S. 174–182.
301 KUCHENBUCH, Ludolf: Teilen, Aufzählen, Summieren: Zum Verfahren in ausgewählten Güter- und Einkünfteverzeichnissen des 9. Jahrhunderts. In: Ursula SCHAEFER (HG): Schriftlichkeit im frühen Mittelalter, Tübingen 1993, S. 181.
302 MORSEL, Joseph: *Brief* und *schrift*. Überlegungen zu den sozialen Grundlagen schriftlichen Austauschs im Spätmittelalter am Beispiel Frankens. In: Ludolf KUCHENBUCH, Uta KLEINE (HG): ›Textus‹ im Mittelalter. Komponenten und Situationen des Wortgebrauches im schriftsemantischen Feld, Göttingen 2006, S. 307.

plikation bei der Durchführung von Rechenoperationen in solchen Tabellen war jedoch die Verwendung der römischen Zahlen, deren zusammengesetzte Ziffern bei jedem Rechenvorgang Umsetzungen erforderten.

4.5.2.5. Indisch-arabische Zahlzeichen

Das System der Positionszahlen entstand vermutlich im 6. Jahrhundert in Indien und wurde zweihundert Jahre später von den Arabern verwendet.[303] Die Bezeichnung Algorithmus für das Rechnen mit dem dekadischen Zahlensystem geht auf den Mathematiker Abu Ǧafar Mohammed Ibn Musa al-Khwārizmi aus dem 9. Jahrhundert zurück.[304] Mit den Kreuzzügen und durch Handelskontakte fand es Verbreitung in Europa. Die Ablösung des Systems der römischen Zahlzeichen durch die arabischen Ziffern mit ihren abstrahierenden Rechenoperationen in einem Dezimalsystem begann im 14. Jahrhundert.[305] Die Anwendung wurde aber zunächst durch Verbote behindert. Noch 1299 untersagte die „*Arte del Cambio*" den Bankiers von Florenz den Gebrauch arabischer Zahlzeichen.[306] Italienische Kaufleute begannen als erste, trotz der beschriebenen Widerstände, diesen neuartigen Ansatz zur Aufzeichnung von Zahlenwerten und für Rechenoperationen zu verwenden. Die theoretische Grundlage hierzu gab der „*Liber abaci*" von 1202 des Leonardo von Pisa, genannt Fibonacci (Leonardus filius Bonacci), der als Sohn eines in Algerien tätigen pisanischen Kaufmanns dort etwa ab 1192 Kenntnisse der indisch-arabischen Zahlzeichen und mathematischen Praktiken erwarb, die er mit neuen Methoden, wie z.B. der vereinfachten Subtraktion durch das Ergänzungsverfahren, in verschiedenen Büchern veröffentlichte. Dadurch wurden die arabischen Zahlzeichen einschließlich der Null mit der durch sie bedingten Erweiterung der mathematischen Möglichkeiten in Europa bekannt.[307] Leonardo von Pisa benutzte für die Null das Wort *zefirum*, das aus dem arabischen *sifr* entstanden war, abgeleitet von *safira* für „*leer sein*". Es stellt den Ursprung der Worte Ziffer (deutsch), chiffre (französisch), cipher (englisch) sowie zero (englisch/französisch) dar.[308]

---

303 MAZAL, Otto: Geschichte der abendländischen Wissenschaft des Mittelalters, Bd. 1, Graz 2006, S. 30; s.a. WOEPCKE, Franz: Mémoire sur la propagation des chiffres indiens. In: Journal asiatique, XVI, 1863.
304 MAZAL, 1986, S. 147; PRINZ, Ina: Rechnen wie die Meister. Die Rechenbücher von Johannes Widmann, Adam Ries, Christoff Rudolff und Johann Albrecht, Berlin 2009, S. 23–25.
305 PATZE, 1970, S. 62–64.
306 STRUIK, Dirk Jan: Abriß der Geschichte der Mathematik, Braunschweig 1967, S. 92; WEBER, 2011, S. 277.
307 HANXLEDEN, Eberhard von, HENTZE, Rudolf: Abriss der Geschichte der Mathematik, Braunschweig 1953, S. 9 f.; STRUIK, 1967, S. 91; BRENNIG, Heribert R.: Der Kaufmann im Mittelalter. Literatur – Wirtschaft – Gesellschaft, Pfaffenweiler 1993, S. 74.
308 LÖFFLER, 1919, S. 40; WATT, W. Montgomery: Der Einfluß des Islam auf das europäische Mittelalter, Berlin 1988, S. 66.

Penndorf beschreibt das Beispiel der florentinischen Niederlassung des Handelshauses Averado de Medici, deren Hauptbuch 1395 in zwei Währungen geführt wurde, von denen die Zahlenwerte in Florin mit arabischen Zahlzeichen, die in Pisaner Währung mit römischen Zahlzeichen verbucht wurden. Dort finden sich auch Beispiele für Subtraktionen.[309] Im deutschsprachigen Raum wurden Rechenregeln unter Verwendung der arabischen Zahlzeichen in einem xylographisch erstellten Werk dargestellt, dem Bamberger Blockbuch und einer als Anhang daran eingebundenen Handschrift (sog. Bamberger Handschrift). Das Buch mit zahlreichen Beispielen kaufmännischen Rechnens dürfte zwischen 1471 und 1482 entstanden sein.[310] Wenig später entstand in Bamberg im Wiegendruck mit beweglichen Lettern ein Rechenbuch, das dem Nürnberger Rechenmeister Ulrich Wagner zugeschrieben wurde. Auch in diesem „Bamberger Rechenbuch" aus dem Jahr 1483 wurden konsequent die arabischen Zahlzeichen verwendet. Es führte in die Grundrechenarten ein und behandelte vor allem das kaufmännische Rechnen.[311] Seine Basis bildete wie beim Blockbuch wahrscheinlich eine nicht edierte Abhandlung über den *Algorismus Ratisbonensis* von vor 1450. Ulrich Wagner wurde auch als Autor des Bamberger Blockbuches vermutet, allerdings steht dies ebenso wie seine Urheberschaft am Rechenbuch in Zweifel.[312]

Parallel zur Entwicklung im kaufmännischen Bereich fand die Rechenhaftigkeit schon früh Eingang in die Buchführung der Städte, was sich allein daraus erklären lässt, dass viele Funktionsträger in Städten entsprechende Kenntnisse aus ihren privaten Geschäftstätigkeiten hatten. Im Bereich der städtischen Buchführung wurde im 14. und 15. Jahrhundert noch weitgehend das System der römischen Zahlzeichen verwendet. Arabische Ziffern fanden sich allenfalls in Notizen und waren damit für eine funktionierende Finanzverwaltung auch nicht essenziell, was aber ihre Anwendung im kaufmännischen Bereich nicht ausschloss.[313] Ein besonders frühes Beispiel für den Gebrauch der arabischen Zahlen stellen die Butzbacher Stadtrechnungen dar. Dort ist unter demselben Schreiber beim Wechsel der Rechnungsjahre 1382 zu 1383 die Umstellung von römischen zu arabischen Zahlzeichen zu bemerken, wobei bis zum Ende des Jahres 1388 das römische Additionsprinzip auch auf die arabischen Zahlen übertragen wurde. Erst danach erfolgte der Übergang zum Positionszahlensystem.[314] Ihre

---

309 PENNDORF, 1933, S. 21 f.
310 VOGEL, Kurt: Das Bamberger Blockbuch. Ein xylographisches Rechenbuch aus dem 15. Jahrhundert, München 1980, S. 37–48.
311 Das Bamberger Rechenbuch von 1483, bearb. v. Eberhard SCHRÖDER, Berlin 1988.
312 ZIMMERMANN, Monika: Art. ‚Bamberger Rechenbuch 1483'. In: Kurt RUH (HG): Die deutsche Literatur des Mittelalters. Verfasserlexikon, Bd. 1, Berlin 1978, Sp. 596–599.
313 KIRCHGÄSSNER, 1965, S. 99.
314 BACHMANN, 2011, S. 46–48.

Form war zeitlichen und örtlichen Veränderungen unterworfen und verfestigte sich erst vor rund 500 Jahren.[315] Mitte des 15. Jahrhunderts findet sich in städtischen Buchführungen zunehmend eine Foliierung oder Paginierung in arabischen Ziffern; in Konstanz wurde auch das nicht-alphabetisch geführte Namensverzeichnis arabisch nummeriert. Für die Hauptrechnung blieben die römischen Zahlzeichen länger bestehen, im Fall von Duisburg bis 1590 und von Köln bis 1626.[316]

In Frankfurt am Main wurden für den Anfang des Jahres 1494 arabische Zahlzeichen erstmals in den Rechnungsbüchern des Rates beschrieben. Deren Anwendung wurde aber kurz danach vom Rat verboten und sie wurden erst wieder ab 1546 verwendet, allerdings immer noch in gemischter Anwendung mit römischen Zahlzeichen.[317]

Beispiele einer isolierten Verwendung der arabischen Zahlzeichen konnten in den Kämmereiregistern von Mühlhausen i.Th. 1471 festgestellt werden, wo bei den *Recepta* bei *In Camera 1114 Schock 46 Groschen* arabisch angegeben waren, alle anderen Einträge der Seite dagegen in römischen Zahlzeichen. In ähnlicher Weise wurden bei den Einnahmen aus Brau-Ungeld *In moneta* die Beträge mehrfach in arabischen Zahlzeichen ausgeführt.[318] In den Kämmereiregistern der Jahre 1492–1497 von Mühlhausen i.Th. finden sich erste deutliche Beispiele für eine Parallelverwendung der römischen Zahlzeichen und der arabischen Ziffern, wo z.B. bei einer Summenbildung *facit xvi schock iii gr* der Betrag von 16 Schock mit den arabischen Ziffern 16 überschrieben ist. Diese Zahl ist nach dem Schriftbild offensichtlich gleichzeitig mit den römischen Zahlen eingetragen worden. An anderer Stelle werden in Summen die Schock-Beträge in arabischen Schriftzeichen und die Groschenbeträge in römischen Zahlzeichen angegeben. In einem Einzelbeispiel wurden die arabischen Zahlzeichen auch durchgehend verwendet.[319] Allerdings sind solche Anwendungen zu dieser Zeit noch relativ selten.

---

315 MAZAL, 1986, S. 147.
316 RUNDE, Ingo: Die Duisburger Stadtrechnungen von 1348/49 bis 1407. Ansätze zu einer interdisziplinären Quellenauswertung. In: Annalen des Historischen Vereins für den Niederrhein, 200, 1997, S. 44; KIRCHGÄSSNER, 1977, S. 29.
317 KRIEGK, Georg Ludwig: Deutsches Bürgerthum im Mittelalter. Nach urkundlichen Forschungen. Neue Folge, nebst einem Anhang enthaltend ungedruckte Urkunden aus Frankfurtischen Archiven, Frankfurt 1871, S. 83.
318 StadtA Mühlhausen, Kämmereiregister 1471–1473, 2000/15, fol. 35r., 41v., 75r.
319 StadtA Mühlhausen, Kämmereiregister 1492–1497, 2000/17, fol. 77v., 251r., 254r.

4.5.3. Gebrauch negativer Zahlen

Regeln zum Rechnen mit negativen Zahlen waren in Europa vor dem 15. Jahrhundert kaum in Gebrauch. Ihre Verwendung war überwiegend aus fernöstlichen Quellen bekannt. Eine frühe Ausnahme stellt das Manuskript *De arithmeticis propositionibus* dar, das vermutlich Anfang des 9. Jahrhunderts erstellt wurde und Verfahren für die Bildung von Summen aus positiven (verum) und negativen (minus) Zahlen beschreibt. Dabei wurden Negativzahl als eigenständig betrachtet; Beispiele sind *„Minus cum vero facit verum"* und *„Minus cum minus facit minus"*.[320] Der mathematische Gebrauch negativer Zahlen, der in der arabischen Mathematiklehre noch unbekannt war, entwickelte sich in Europa erst in der zweiten Hälfte des 16. Jahrhunderts. Negative Zahlen waren jedoch schon bei Fibonacci in linearen Gleichungen in Form von Schulden vorgekommen und er stieß bei der Berechnung von Wurzeln auf negative Zahlen *„diminuta"*, die er akzeptierte. Die grundlegenden Arbeiten für das Rechnen mit negativen Zahlen waren der *Libro de Algebra en Arithmetica y Geometrica* von 1567 des Pedro Nuñez (dem Namensgeber des Nonius) und die *Algebra* von Rafael Bombelli von 1572.[321] Davon unabhängig kann jedoch der pragmatische Gebrauch negativer Zahlenwerte in der Praxis der Buchhaltung bereits ab dem Ende des 13. Jahrhunderts festgestellt werden.[322]

4.5.4. Datierung in der Rechnungsführung

Die Datierung von Buchungen und die Terminierung von Zahlungen zu bestimmten Tagen im Jahresablauf war ein wichtiges Element der mittelalterlichen Rechnungsführung. Bereits im Hamburgischen Schuldbuch von 1288 kann die Bevorzugung bestimmter Termine für Zahlungen wie zum Beispiel Ostern und Michaelis, aber auch Johannis und Jacobi beobachtet werden. Eine derartige Bündelung von Transaktionen zu bestimmten Terminen und Orten bedingte auch einen Rationalisierungseffekt, der den Ablauf der Geschäfte kalkulierbar machte.[323]

---

[320] FOLKERTS, Menso: Pseudo-Beda: De arithmeticis propositionibus. Eine mathematische Schrift aus der Karolingerzeit. In: Joseph E. HOFMANN, Karl E. ROTHSCHUH, Heinrich SCHIPPERGES (HG): Sudhoffs Archiv. Zeitschrift für Wissenschaftsgeschichte, 56, 1972, S. 22, 24, 32–43; HEIN, Wolfgang: Die Mathematik im Mittelalter. Von Abakus bis Zahlenspiel, Darmstadt 2010, S. 85–87.

[321] LÜNEBURG, Heinz: Von Zahlen und Größen. Dritthalbtausend Jahre Theorie und Praxis, Bd. 1, Basel 2008, S. 373, 446–449, 498–505.

[322] Der Koblenzer Mauerbau, Rechnungen 1276–1289, 1888; Die älteren Tiroler Rechnungsbücher (IC. 278, IC. 279 und Belagerung von Weineck). Analyse und Edition, 1998, S. 116 f.; Die älteren Tiroler Rechnungsbücher (IC. 280). Analyse und Edition, 2008, S. 53.

[323] PETERS, Inge-Maren: Das mittelalterliche Zahlungssystem als Problem der Landesgeschichte. In: Blätter für deutsche Landesgeschichte, 112, 1976, S. 142.

Die mittelalterliche Zeitmessung orientierte sich ursprünglich bei der Tagesdatierung an Systemen, die vom Lauf des Mondes abhängig waren, wie dem römischen Kalender oder der Mondalterbezeichnung. Diese Lunardatierung wurde ab dem 11. Jahrhundert wegen ihrer zunehmenden Unbrauchbarkeit auf Grund der ansteigenden Verschiebung zwischen den Kalenderdaten und dem tatsächlichen Mondstand durch eine Orientierung am kirchlichen Festjahr, der sakralen Festdatierung, abgelöst. Dabei fand eine Koordination des Jahresablaufes mit der christlichen Heilsgeschichte statt, die im 13. Jahrhundert zu einer so dichten Belegung des Jahres mit Kirchenfesten und Heiligengedenktagen geführt hatte, dass jeder Tag in seinem Bezug hierzu einzuordnen war. Zunächst setzte sich das System nur für die genaue Benennung von Festtagen *(in die, in festo Sancti* oder *festum...)* oder deren Bezugsdaten wie *vigilia* (der Vorabend), alternativ *dies pro festum* (der Vortag eines Festes), *proximo die, sequenti die* (der folgende Tag), *tertia, octava* (3^a bzw. 8^a, der 3. bzw. 8. Tag, unter Mitzählung des Bezugstages) oder *infra octavum* (innerhalb der Octave oder Woche) durch; erst später entwickelte sich der Gebrauch der Nach- oder Rückwärtszählung. Der Bezug zu Wochentagen konnte durch deren direkte Benennung wie *domenica* etc. für Sonntag, *postquam (pq)* als dem Tag danach, oder deren Abzählung in Bezug auf den Sonntag als *feria prima* mit dem Montag als *feria secunda* bis zum Freitag als *feria sexta* jeweils auch in Kombination mit *ante* und *post* hergestellt werden. Die Verbreitung des Systems wurde durch den zunehmenden Gebrauch des römischen Plenarmissale mit der Verbindung der liturgischen Gebetstexte mit den Lesungstexten gefördert. Im Reichsgebiet fand der Übergang zur Festdatierung relativ zögerlich und erst etwa ab der Mitte des 13. Jahrhunderts statt.[324]

Der Gebrauch einer siebentägigen Woche war aus dem vorchristlichen Orient in das Abendland gelangt und die überwiegend an Götternamen angelehnten Bezeichnungen der Wochentage hatten verschiedene Änderungen und sprachliche Anpassungen durchlaufen.[325]

---

324 KREBS, Johann Philipp: Anleitung zum Lateinischschreiben in Regeln und Beispielen zur Uebung, Frankfurt am Main 1860; BOVERT, Detlef von, HUTHSTEINER, Rolf: Heilige Zeiten: Mittelalterliche Chronologie als Historisches Wissen. In: Historical Social Research, 16, 4, 1991, S. 116–118; RÜCK, Peter: Konjunkturen der Chronologie und der Zeitmaße. Zur urkundlichen Festdatierung im 13. Jahrhundert. In: Peter RÜCK (HG): Mabillons Spur. Zweiundzwanzig Miszellen aus dem Fachgebiet für Historische Hilfswissenschaften der Philipps-Universität Marburg. Zum 80. Geburtstag von Walter Heinemeyer, Marburg 1992, S. 301–312; GÖTZINGER, Ernst: Reallexikon der deutschen Altertümer, Holzminden 2000, S. 961 f.; DEMANDT, 2006; GROTEFEND, Hermann: Taschenbuch der Zeitrechnung des deutschen Mittelalters und der Neuzeit, 14. Auflage, Hannover 2007; KÜMPER, 2014, S. 220; zur Verwendung arabischer Zahlzeichen bei Tagesangaben s.a. KITAJIMA, Yutaka: Ghedrunken unde voreret. Wein in städtischen Gesellschaften des Spätmittelalters. Aufschlüsse aus den Hildesheimer Stadtrechnungen, Trier 2017, S. 69.
325 EGGERS, Hans: Deutsche Sprachgeschichte, Bd. 1, Das Althochdeutsche und das Mittelhochdeutsche, Reinbek bei Hamburg 1986, S. 135–143.

Neben den lateinischen Bezügen zu Wochentagen wurden diese auch direkt in deutscher Sprache benannt, meist in Verbindung mit *nach* und einem Kirchenfest, wie z.B. *uf Sonnabent nach Exaudi, uf Dinstag nach Galli, uf Montag nach Trinitate*.[326] Anstelle des *nach* konnte z.B. auch *Primo des anderen dages na sent katherinen dag* verwendet werden.[327] Eine Zusammenfassung von Buchungen auf ein Datum wurde durch *uff die selbige zeit* oder wie z.B. bereits 1342 durch ein mehrfach wiederholtes *Item des selven dachs* erzielt.[328] Ein Beispiel für die digitale Bearbeitung mittelalterlicher Datierungen ist bei von Bovert und Huthsteiner beschrieben.[329]

Datierungen wurden im Rechnungswesen in unterschiedlichem Ausmaß eingesetzt. Es gibt Beispiele von Rechnungsbüchern wie die Einnahmen- und Ausgaben-Rechnung der Stadt Ratingen 1479/80, in der fast ausschließlich Bezug auf das gesamte Jahr genommen wurde. Bei häufigeren Einnahmen wie bei den Mühlen, wurde in Vierteljahren verbucht. Die Verwendung von Tagesdaten war aber ungebräuchlich; lediglich bei einem Geschenk an die Alten Schützen wurde die Übergabe am Sankt Sebastiani Tag vermerkt.[330] Monatsnamen waren in verschiedenen Varianten bekannt.[331] Frühe Beispiele der Verwendung von Monatsnamen in Datierungen finden sich bereits Ende des 13. Jahrhunderts in Tiroler Rechnungsbüchern mit einer Eingangs- oder Ausgangszählung, wie z.B. *Anno Domini 1295, die 5 intrante Decembri* für den 5. Dezember und *9 exeunte Decembri* für den 23. Dezember.[332] Das Rechnungs- und Reisetagebuch des Erzbischofs Boemund II. von Trier gebrauchte Verbindungen mit der Tagesabzählung, z.B. *Anno 1354, 9. Julii quarta feria, 11. Julii feria sexta* oder der Wochentagsbezeichnung *12. Julii sabbato* oder *Dominica 13. Julii*.[333] Ein weiteres Beispiel der Verwendung eines Monatsnamens wurde von Sygmund von Schlandersberg mit *ze mitte mayen* zu Beginn seiner Rechnungsführung im Jahre 1394 gebraucht.[334] Systeme zur

---

326 HStA Marburg, Marburger Kammerschreiberrechnung mit Frankfurter Messeregistern 1486, Rechnungen I, 2/7, fol. 16r.
327 Trierer Stadtrechnungen des Mittelalters, hrsg. v. Gottfried Kentenich, Rechnungen des 14. Jahrhunderts, Erstes Heft, Trier 1908, S. 55.
328 HStA Marburg, Rechnungen I, 2/7, fol. 34v.; JANSSEN, 1970, S. 245.
329 BOVERT und HUTHSTEINER, 1991, S. 119–127.
330 Die Einnahmen- und Ausgaben-Rechnung der Stadt Ratingen für das Haushaltsjahr 1479/1480, 2007, S. 34.
331 Zur Entwicklung der Monatsnamen: WEINHOLD, Karl: Die deutschen Monatsnamen, Halle 1869.
332 Die älteren Tiroler Rechnungsbücher. Analyse und Edition (Tiroler Geschichtsquellen 52), 2008, S. 51 f.
333 Ein Rechnungs- und Reisetagebuch vom Hofe Erzbischof Boemunds II. von Trier 1354–1357, 1908, S. 415 f. (römische Zahlzeichen wurden in der Edition durch arabische Zahlzeichen ersetzt).
334 LAS Bozen, Archiv Kasten-Schlandersberg, Rechnungen, 001 (1383–1401), hier 1394–96, fol. 1r.

Tagesdatierung unter Verwendung der Monatsnamen mit Abzählung des Tages ab Monatsbeginn sind zum Beispiel in den Rechnungsbüchern des Kaufmannes Hildebrandt Veckinchhusen *(Int jar 1411, 20 in aprylle)* oder für Genua und verschiedene andere Städte in Italien überliefert, wo schon um 1340 eine der heutigen Datierungspraxis ähnliche Kombination von Tagesdatum und Monatsnamen verwendet wurde *(die XVII marcii, die VIII aprilis, die VII novembris).*[335] Die Rechnungsbücher der Stadt Luxemburg verwenden im 15. Jahrhundert ebenfalls den Monatsnamen in Verbindung mit dem ab Monatsbeginn gezählten Tag, z.B. *des 13$^{te(n)}$ dages octobr(es).*[336] Ähnliche Kombinationen wurden auch in der Aachener Stadtrechnung, z.B. im Jahre 1385 *(5^{den} dagis Aprilis)*, verwendet. Diese Rechnungen fassten Buchungen teilweise in Monaten zusammen: 1385 und 1394 vom *eyrsten moyntz* bis zum *13^{den} moyntz*. Im Jahre 1344 wurde dies noch in lateinischer Sprache verbucht unter *primi mensis* bis *terciidecimi mensis.*[337] Es könnte sich bei diesen frühen Beispielen einer Datierung mit Hilfe der Tageszahl innerhalb des Monates um lokale Formen handeln. Über die monatliche Verbuchung hinaus wurden in Aachen Datierungen höchst selten verwendet; nur in Ausnahmefällen finden sich Datumsangaben wie *Penthecostes* oder *Omnium Sanctorum*.[338]

Eine Quartalsverbuchung fand in der Stadtrechnung Meißens für die Stadtsteuer statt, die im Jahre 1460 in vier aufeinander folgenden *quartale* aufgelistet wurde. Danach fand eine Tagesdatierung der Buchungen in der Regel mit Hilfe von *feria secunda post* bis *feria sexta post* oder mit der direkten Zuordnung mit *de termino* statt. Interessant ist, dass der Wechsel von der lateinischen zur deutschen Sprache innerhalb dieses Rechnungsjahres auf fol. 17 stattfindet.[339]

Beispiele für eine wochenweise Abrechnung gibt es aus der ersten Hälfte des 15. Jahrhunderts in den Rechnungsbüchern der Grafen von Wertheim-Breuberg.[340] Eine weitere Abrechnung mit wochenweiser Verbuchung ist die Rechnungslegung der Herren von Puchheim zu Horn und Göllersdorf in Oberösterreich aus den Jahren 1444/45 durch Thomas, den Hausschaffer von Horn. In der Rechnung über die Küchenausgaben wurde jeweils ein kirchlicher Festtag oder Heiligengedenktag zur Bestimmung der Woche benannt, beginnend mit *Die Wochen exaltationis sancte crucis* am 14. September 1444, womit die Woche vom

---

335 PENNDORF, Balduin: Geschichte der Buchhaltung in Deutschland, 1913, Nachdruck Frankfurt 1966, S. 19 f.; PENNDORF, 1933, S. 2 f.
336 Die Rechnungsbücher der Stadt Luxemburg, H. 4: 1453–1460, 2010, S. 17.
337 Aachener Stadtrechnungen aus dem 14. Jahrhundert nach den Stadtarchiv-Urkunden mit Einleitung, Registern und Glossar, 1866, S. 166 f., 297, 340, 349.
338 Aachener Stadtrechnungen aus dem 14. Jahrhundert nach den Stadtarchiv-Urkunden, 1866, S. 240, 399.
339 Die älteste Meißner Stadtrechnung vom Jahre 1460, 1903, S. 271, 274–280, 293.
340 WACKERFUSS, 1991, S. 313–15.

13. bis 19. September festgelegt wird. An welchem Tag die Buchungen erfolgten, bleibt unklar. Es ist aber davon auszugehen, dass dies am Samstag oder Sonntag vor oder zu Beginn der neuen Woche stattfand. Die Buchungen wurden in dieser Weise für jede Woche des Jahres bis zur Woche mit *Nativitatis Marie* (8. September) im Jahre 1445 durchgeführt.[341] In der Bauamtsrechnung der Stadt Dresden wurde wöchentlich nach Angabe eines Sonntages beginnend ab *adorate* verbucht, wobei die einzelnen Wochentage mit der Angabe *feria secunda, feria tertia* etc. bestimmt werden konnten.[342]

Die zu Jahresbeginn gelegentlich in mittelalterlichen Rechnungen anzutreffenden Datierungen mit einer numerischen Angabe beziehen sich nicht auf das Tagesdatum nach Monatsbeginn, sondern auf die Zahl der Tage nach Weihnachten, z.B. *Zwelften* oder *Zwenczigste tag* (entsprechend dem 6. bzw. 13. Januar).[343]

Der Gebrauch einer Datierung von Einzelbuchungen hat sich erst im Laufe der Zeit mit zunehmender Tendenz entwickelt. Eine der heutigen Angabe von Tagesdaten durch Nummerierung der Tage ab Monatsbeginn entsprechende Zählweise etablierte sich erst ab dem 16. Jahrhundert.[344]

Der Abrechnungszeitraum mittelalterlicher Rechnungsführung umspannte in der Regel maximal ein Jahr, betraf allerdings häufig nicht in der heute allgemein üblichen Weise das Kalenderjahr beginnend mit dem 1. Januar, sondern konnte sich an verschiedenen Kirchenfesten und sechs verschiedenen Modellen des Jahresbeginns wie z.B. dem Circumcisionsstil (1. Januar), dem Annuntiationsstil (25. März) oder dem Osterstil orientieren.[345] In Städten wurde der Abrechnungszeitraum vielfach vom Ratswechsel und dessen jährlich wiederkehrendem Termin bestimmt.[346] In Städten mit einer regelmäßigen Ratswahl konnten diese Termine Tagen um den Wechsel des Kalenderjahres zugeordnet sein. Beispiele dafür sind *St. Sylvester* für Paderborn und Höxter, der Neujahrstag oder *Circumcisionis* für Osnabrück und Wiedenbrück, der Dreikönigstag für Halberstadt, Hannover, Nordhausen und Rinteln.

---

341 Vom Leben auf dem Lande. Die Rechnungen der Herren von Puchheim zu Horn und Göllersdorf 1444–1468. Edition und Kommentar, 2005, S. 47–60.
342 HEIERMANN, Christoph: Auf Heller und Pfennig. Die Bauamtsrechnungen der Stadt Dresden im Mittelalter. In: Judith OEXLE (HG): Dresden 8000. Eine archäologische Zeitreise, Dresden 2006, S. 168.
343 GROTEFEND, 2007, S. 110.
344 KRANZMAYER, Eberhard: Die Namen der Wochentage in den Mundarten von Bayern und Österreich, Wien und München 1929, S. 9.
345 KLAUSER und MEYER, 1962, S. 118; HARTMANN, Josef: IV. Datierung. In: Friedrich BECK, Eckart HENNING (HG): Die archivalischen Quellen. Mit einer Einführung in die historischen Hilfswissenschaften, 3. Aufl., Köln 2003, S. 247 f.
346 Ueber die älteste Kämmereirechnung der Stadt Altenburg vom Jahre 1437–1438, 1850, S. 463.

Weitere häufigere Termine im Jahresverlauf waren Mariä Lichtmeß für Erfurt, Gera, Freital, Vechta sowie *Cathedra Petri* für Hamburg, Lübeck, Michelstadt im Februar, *Walpurgis* für Nürnberg, Rothenburg und Weißenburg Anfang Mai, *Johannis Baptiste* für Heilbronn, Juckau, Freiburg im Juni, *Jacobi* für Marburg, Ravensburg und Reutlingen im Juli, *Martini* für Brilon und Mühlhausen im November. Variable Termine betrafen die beweglichen kirchlichen Feiertage wie *Laetare* für Lüneburg, *Quasimodogeniti* für Quedlinburg und den Beginn der Fastenzeit in Münster oder *Mittfasten* in Aschersleben.[347]

Beispiel für variable Jahreszyklen bei der Abrechnung ist die Stadt Bamberg in der zweiten Hälfte des 15. Jahrhunderts.[348] Es gab aber auch die Annäherung an das Kalenderjahr wie es in Reval im Jahr 1455 (4. Januar bis 23. Dezember) der Fall war.[349] In Nürnberg wurde das Register mit dem Jahr bezeichnet, in dem es seinen Anfang nahm und es wurde dann bis zu dem entsprechenden Termin im Folgejahr geführt. So wurde das Register von 1440 am 10. März dieses Jahres begonnen und bis zum 21. März 1441 geführt, mehrere Tage länger als das Kalenderjahr von 365 Tagen.[350] Im kaufmännischen Bereich erwähnt Pacioli in seiner ersten Schilderung der Buchführung, dass das Geschäftsjahr in Venedig am 1. März und in Florenz am 25. März begann.[351] In der adeligen Rechnungsführung war ebenfalls die Orientierung an Kirchenfesten üblich, wie z.B. Kathedra Petri Ende Februar in Wertheim-Breuberg. In den hessischen Kammerschreiberrechnungen orientierte sich der Beginn der Rechnungsführung an Bartholomei (1477–1479), 1485 werden die ersten Buchungen im Januar getätigt und ab 1486 wird der Dreikönigstag üblich. Es gibt aber weiter entwickelte Beispiele adeliger Buchführung aus der Mitte des 15. Jahrhunderts, bei denen das Rechnungsjahr mit Jahresbeginn und -ende definiert war. Das Rechnungsbuch *(Compte)* am Burgundischen Hof „*pour ung an entier*" begann am „*premier jour de janvier*" und endete mit dem „*dernier jour de decembre*". Dabei ist allerdings zu beachten, dass das burgundische Kalenderjahr nicht mit diesem Rechnungsjahr übereinstimmt, da es mit Ostern begann. Anhand der burgundischen Rechnungen wird deutlich, dass ein Rechnungsjahr im eigentlichen Sinne immer existiert,

---

347 POECK, Dietrich W.: Rituale der Ratswahl. Zeichen und Zeremoniell der Ratssetzung in Europa (12.–18. Jahrhundert), Köln 2003, S. 64, 83, 110, 154, 284 f.; zum Ratswechsel s.a. SCHLOTTEROSE, Bruno: Die Ratswahl in den deutschen Städten des Mittelalters, Münster 1953.
348 GÖLDEL, Caroline: Die Jahresrechnungen des Bamberger Stadtbauhofes. Bemerkungen zu einem Rechnungsbestand des 15. Jahrhunderts. In: Ulf DIRLMEIER, Rainer S. ELKAR, Gerhard FOUQUET (HG): Öffentliches Bauen in Mittelalter und früher Neuzeit. Abrechnungen als Quellen für die Finanz-, Wirtschafts- und Sozialgeschichte des Bauwesens, St. Katharinen 1991, S. 63.
349 Kämmereibuch der Stadt Reval 1432–1463, Halbbd. 1, Nr. 1–769, 1976a, S. 1–13.
350 SANDER, 1902, S. 290.
351 PENNDORF, 1966, S. 65.

allerdings zu unterschiedlichen Zeiten begonnen hatte: zu Allerheiligen, am 1. Mai, 1. August, 1. Juni, 1. Februar und mit Philipp dem Guten Anfang Oktober. Ab 1427/28 gilt für einen längeren Zeitraum der 1. Januar als Beginn des Rechnungsjahres.[352]

4.5.5. Rechenhaftigkeit des Mittelalters

In der Rechenhaftigkeit des Mittelalters fehlte in vielen Fällen eine der wesentlichen rechnerischen Grundstrukturen einer erfolgreichen Haushaltsführung, da eine Kasseneinheit durch den verbreiteten Umgang mit Selbstunterhaltung und Gewinnbeteiligung der mittelalterlichen Ämter nicht gegeben war und Natural- und Geldwirtschaft nebeneinander existierten. Damit war die Budgetierung eines Haushaltes kaum zu erzielen.[353] Zudem ist es häufig schwierig, eine Aussage über das gesamte Finanzvolumen zu treffen. Es war nicht unüblich, dieselbe Buchung in verschiedenen Rechnungen einzutragen. Solche Querverbindungen, die durchaus den Charakter einer Querfinanzierung oder Subvention im modernen Sinne haben konnten, sind ebenso zu berücksichtigen wie Naturalabgaben.[354] Eine Schwierigkeit bei der Aufklärung solcher Querverbindungen stellt die Praxis dar, Dokumente unterer Verwaltungsebenen zu vernichten, wenn sie mit der zentralen Buchführung abgerechnet waren.[355]

Spätmittelalterliche Rechnungen waren Einnahme- und Ausgabenregister, die sowohl in der Stadt als auch im Adel eine interne Kontrolle der Funktionsträger und der Kassenführung ermöglichen sollten und von den Aufgaben einer Bilanzierung oder Haushaltführung noch weit entfernt waren.[356] Die Zielrichtung dabei war aber eher die Nachvollziehbarkeit des Handelns als die rechnerische Genauigkeit.[357]

---

352 SCHWARZKOPF, Ursula: Die Rechnungslegung des Humbert de Plaine über die Jahre 1448 bis 1452. Eine Studie zur Amtsführung des burgundischen maître de la chambre aux deniers, Göttingen 1970, S. 17, 78; PIETRESSON DE SAINT-AUBIN, Pierre: Comptes généraux de l'État bourguignon entre 1416 et 1420, publiés par Michel MOLLAT, avec le concours de Robert FAVREAU. Paris, Première partie, 1965. Deuxième partie, 1961. (Recueil des Historiens de la France. Documents financiers, t. V.). In: Bibliothèque de l'école des chartes. 1968, tome 126, S. 259–262.
353 FOUQUET, 2000, S. 22; FOUQUET, Gerhard: Zur öffentlichen Finanzverwaltung im späten Mittelalter. In: Christian HESSE, Klaus OSCHEMA (HG): Aufbruch im Mittelalter. Innovationen in Gesellschaften der Vormoderne, Ostfildern 2010b, S. 69–86.
354 FUHRMANN, 2000, S. 95.
355 WEISSEN, 2000, S. 141.
356 SEGGERN, Harm von, EWERT, Ulf Christian: Vom Nutzen der Clusteranalyse. Der holländische Adel in den Rechnungen des Rats von Holland. In: Harm von SEGGERN, Gerhard FOUQUET (HG): Adel und Zahl. Studien zum adligen Rechnen und Haushalten in Spätmittelalter und früher Neuzeit, Ubstadt-Weiher 2000, S. 216 f.
357 ZEILINGER, 2018, S. 279.

Die mittelalterliche Finanzverwaltung wurde bestimmt von den Ausgaben, die die Deckung des dafür erforderlichen Bedarfes an Finanzmitteln durch Einnahmen bestimmte. Dabei konnten außergewöhnliche Situationen wie kriegerische Auseinandersetzungen oder Baumaßnahmen erheblichen Einfluss haben.[358] Ein „ausgeglichener" Haushalt war damit vielfach nicht zu erzielen und vermutlich auch nicht intendiert. Die rationale Rechenhaftigkeit im heutigen Verständnis ist dabei zu unterscheiden von der pragmatischen Rechenhaftigkeit des Mittelalters, die auf die jeweiligen Bedürfnisse ausgerichtet war.

Ein erster Ansatz zu einer Finanzplanung ist für den Kämmerer Porner aus Braunschweig überliefert, der wesentliche Einnahmen und Ausgaben für mehrere Jahre vergleichend zusammenstellte und 1418 erstmals den Versuch unternahm, diese im Voraus abzuschätzen. Das Kapitel mit diesen Berechnungen hatte den bezeichnenden Titel: *„Heimlich Ding, das man immer haben muss".*[359]

Der historisch gewachsene politische Gestaltungsanspruch, die auf Rechenhaftigkeit ausgerichtete Ökonomisierung und Finanzialisierung und die Digitalisierung haben zusammen zur zunehmenden „Vermessung" der sozialen Welt geführt. Unter dem Stichwort Quantifizierung wurde diese Entwicklung z.B. von Weyrauch im Zusammenhang mit Steuerbüchern beschrieben und seit einiger Zeit auch von den Sozialwissenschaften zur Kenntnis genommen.[360]

---

358 FUHRMANN, 2000, S. 97; bei der Betrachtung der städtischen Verwaltung ist allerdings zu beachten, dass das Führen von kriegerischen Auseinandersetzungen bis zum Ende des 15. Jahrhunderts mit dem Amt des Kriegsherrn und dessen Schreiber getrennt von der allgemeinen Haushaltsführung verwaltet wurde, s. PONERT, Dietmar Jürgen: Deutsch und Latein in deutscher Literatur und Geschichtsschreibung des Mittelalters, Stuttgart 1975, S. 67.
359 FAHLBUSCH, Otto: Die Finanzverwaltung der Stadt Braunschweig seit dem grossen Aufstande im Jahre 1374 bis zum Jahre 1425. Eine städtische Finanzreform im Mittelalter, Breslau 1913, S. 73–75.
360 WEYRAUCH, Erdmann: Zur Auswertung von Steuerbüchern mit quantifizierenden Methoden. In: Horst RABE, Hansgeorg MOLITOR, Hans-Christoph RUBLACK (HG): Festgabe für Ernst Walter Zeeden, Münster 1976, S. 97–127; MAYNTZ, Renate: Zählen – Messen – Entscheiden. Wissen im politischen Prozess, Köln 2017, S. 3.

II. SCHRIFTLICHKEIT UND RECHNUNGSWESEN DER MITTELALTERLICHEN STADT

1. Städtische Schriftlichkeit

Die ältesten schriftlichen Dokumente im städtischen Bereich stellten meist aufwendig gestaltete Urkunden mit hoher normativer, aber auch symbolischer Bedeutung dar.[361] Im Verlauf des 12. und 13. Jahrhunderts zeigten schriftliche Aufzeichnungen einen sowohl von veränderten technischen Möglichkeiten als auch von einem sich verändernden Bedarf der sich herausbildenden städtischen Wirtschaft geprägten Wandel in der städtischen Schriftlichkeit, für den die Urkunde als selbständiges Einzeldokument nicht mehr ausreichend war. Für die sonstigen Aufzeichnungen ergab sich ein Wechsel von der Rolle in ein Heft oder Buch. Mit der Verwendung von Papier wurde es im 14. und 15. Jahrhundert möglich, zu verzweigten Verwaltungsstrukturen mit einer Dokumentation zu kommen, die als Basis für die Rechenschaftsberichte diente und verschiedentlich als Beginn des Aktenwesens angesehen wurde.[362] Die Akte war institutionsabhängig und entwickelte sich zu einer zusammengesetzten Struktur, zum Beispiel aus Belegen und Briefen zur Aufzeichnung von Handlungen, und ermöglichte Querverweise zu anderen Dokumenten.[363]

---

361 DILCHER, Gerhard: Zum Verhältnis von Autonomie, Schriftlichkeit und Ausbildung der Verwaltung in der mittelalterlichen Stadt. In: Helmut NEUHAUS (HG): Selbstverwaltung in der Geschichte Europas in Mittelalter und Neuzeit, Berlin 2010, S. 17.
362 PITZ, 1959, S. 461–463; s.a. RACHOINIG, Sigrid: Wir tun kund und lassen dich wissen: Briefe, Urkunden und Akten als spätmittelalterliche Grundformen schriftlicher Kommunikation, dargestellt anhand der Lebenszeugnisse Oswalds von Wolkenstein, Frankfurt 2007, S. 195; BRANDT, Ahasver von: Werkzeug des Historikers, 17. Aufl., Stuttgart 2007, S. 103 f.; s.a. MERSIOWSKY, 2000a, S. 36; KLUGE, Mathias F.: Die Macht des Gedächtnisses. Entstehung und Wandel kommunaler Schriftkultur im spätmittelalterlichen Augsburg, Leiden 2014, S. 8–10.
363 KROPAC, Ingo, KROPAC, Susanne: Prolegomena zu einer städtischen Diplomatik des Spätmittelalters: Das Beispiel Regensburg. In: Walter PREVENIER, Thérèse de HEMPTINNE (HG): La diplomatique

In einer vergleichenden Untersuchung der spätmittelalterlichen städtischen Dokumentation am Beispiel von Köln, Nürnberg und Lübeck wurde gezeigt, dass das Schriftwesen der städtischen Räte zwei Ursprünge hat. Zum einen bestand ein allgemeines Ratsbuch *liber civitatis* und zum anderen entstand praktisch gleichzeitig eine Aufzeichnung der Finanzvorgänge. Ursprünglich hatten diese Stadtbücher memorisierenden Charakter; eine rechtliche Bedeutung erlangten sie Ende des 13. Jahrhunderts.[364]

Die Stadtrechnungen haben sich wahrscheinlich aus Verzeichnissen der Einnahmen wie Losungsbuch, Zinsregister oder später Bürgerliste entwickelt. In Lübeck entstand aus dem Zinsregister durch Fusion mit Teilen des Ratsbuches 1299/1301 ein *liber camerariorum*, aus dem im 14. Jahrhundert Sonderbücher abgespalten wurden, die zwischen Kämmerei und Wedde, einer Art Ordnungsamt, verteilt wurden.

Mit dem Vorgang der Dezentralisierung oder Diversifizierung der Ämter ab dem 14. Jahrhundert drang die in der Ratskanzlei entstandene Schriftlichkeit in andere Bereiche vor. Immer mehr Bereiche begannen, Aufzeichnungen zu machen, die der Rechenschaftspflicht gegenüber dem Rat oder einer Unterbehörde dienten. Die ursprüngliche, gedächtnisgestützte mündliche Ablegung von Rechenschaft, die auf dem Wort und der Reputation des Berichtenden beruhte, stützte sich zunehmend auf Notizen, war aber im Wesentlichen immer noch mündlicher Art. Mit zunehmender Vervollständigung der Dokumentation der Verwaltungsvorgänge verdrängte die Schriftlichkeit die mündliche Rechenschaft. Dieser Vorgang betraf zuerst und vor allem die Finanzverwaltung. Die Bürgschaft für die Richtigkeit wurde nicht mehr durch die Person, sondern durch die schriftliche Form garantiert.[365] Bemerkenswert ist dabei, dass zunächst vielfach eine lateinische Aufzeichnung vorherrschend war, auch wenn die mündliche Verhandlung in der Volkssprache gehalten wurde.[366] Die Schriftlichkeit wurde auch deutlich gefördert durch den Finanzbedarf der Städte, die zu dessen Deckung das Rentenwesen entwickelten, das als Kreditform einer Absicherung mittels öffentlicher Schriftlichkeit in den Stadtbüchern oder dem Rentenbrief bedurfte.[367]

---

urbaine en Europe au moyen âge. Actes du congrès de la Commission internationale de Diplomatique, Gand, 25–29 août 1998, Leuven 2000, S. 237; s.a. DÜLFER, Kurt: Urkunden, Akten, Schreiben in Mittelalter und Neuzeit. Studien zum Formproblem. In: Archivalische Zeitschrift, 53, 1957, S. 11–53.

364 PITZ, 1959, S. 452–460; s.a. HUIS, Hendrik van: Papier- und Pergamentgebrauch in den Stadtbüchern von Greifswald. In: Carla MEYER, Bernd SCHNEIDMÜLLER, Sandra SCHULTZ (HG): Papier im mittelalterlichen Europa. Herstellung und Gebrauch, Berlin 2015, S. 193 f.

365 PITZ, 1959, S. 460–462.

366 HENKEL, Nikolaus: Übersetzen im Mittelalter. Konstituenten sprachlichen Transfers: Adressaten – Ziele – Gattungsgebundenheit. In: Bogdan KOVTYK, Hans-Joachim SOLMS, Gerhard MEISER (HG): Geschichte der Übersetzung. Beiträge zur Geschichte der neuzeitlichen, mittelalterlichen und antiken Übersetzung, Berlin 2002, S. 197.

2. Städtisches Rechnungswesen

Erste Beispiele kommunaler Rechnungsführung sind für Italien im 12. Jahrhundert dokumentiert. Beeinflusst durch gesellschaftliche und innenpolitische Wandlungsvorgänge, möglicherweise auch unterstützt durch eine zunehmende Verschuldung der Kommunen und die damit notwendige Dokumentation, entwickelte sich in verschiedenen Städten eine schriftliche Rechnungsführung, an der zunehmend auch Bürger außerhalb der angestammten Patrizierfamilien Anteil erhielten. Dies kann aber nicht verallgemeinert werden, da sich in anderen Städten oligarchische Strukturen erhielten, die sich der Kontrolle durch eine Rechnungsführung entzogen.[368] Viele der ursprünglichen Ansätze zur städtischen Rechnungsführung waren unsystematische und unregelmäßige Notizen der mit den Geschäften befassten Amtsträger, die diese oft geheim hielten und nicht systematisch aufbewahrten. Rechnungsberichte erfolgten, wenn überhaupt, nur mündlich und eine Rechnungsprüfung war noch unbekannt. Beispiele für eine Rechnungskontrolle entwickelten sich erst in der Mitte des 13. Jahrhunderts.[369] Ebenfalls bereits im 13. Jahrhundert entstanden in Italien Regelungen für die sichere Aufbewahrung kommunaler Dokumente, was die zunehmende Bedeutung des Schriftgutes zeigt.[370]

Nördlich der Alpen wird der Beginn der Entwicklung einer städtischen Rechnungsführung und Buchhaltung etwa ein Jahrhundert später angesetzt als in Italien. Beispiel dafür ist Osnabrück, wo eine einfache Rechnungsführung von 1285 erhalten ist.[371] In München begannen die Aufzeichnungen 1318, in Augsburg mit dem Bauamt 1320, in Lüneburg mit Kämmereirechnungen zwischen 1321 und 1340, Regensburg 1338, Nürnberg 1340 und in

---

367 SPRANDEL, Rolf: Der städtische Rentenmarkt in Norddeutschland im Spätmittelalter. In: Hermann KELLENBENZ (HG): Öffentliche Finanzen und privates Kapital im späten Mittelalter und in der ersten Hälfte des 19. Jahrhunderts, Stuttgart 1971, S. 16.
368 BECKER, Claudia: Beiträge zur kommunalen Buchführung und Rechnungslegung. In: Hagen KELLER, Thomas BEHRMANN (HG): Kommunales Schriftgut in Oberitalien. Formen, Funktionen, Überlieferung, München 1995, S. 131–136.
369 BECKER, 1995, S. 137.
370 KOCH, Petra: Die Archivierung kommunaler Bücher in den ober- und mittelitalienischen Städten im 13. und frühen 14. Jahrhundert. In: Hagen KELLER, Thomas BEHRMANN (HG): Kommunales Schriftgut in Oberitalien. Formen, Funktionen, Überlieferung, München 1995, S. 66–69.
371 SCHÖNBERG, 1910, S. 91; VOLK, Otto: Die Visualisierung städtischer Ordnung. Ein Zugang aus spätmittelalterlichen Stadtrechnungen. In: Gerhard BOTT (HG): Anzeiger des Germanischen Nationalmuseums und Berichte aus dem Forschungsinstitut für Realienkunde, Nürnberg 1993, S. 38; MEUTHEN, Erich: Der Quellenwandel vom Mittelalter zur Neuzeit und seine Folgen für die Kunst der Publikation. In: Lothar GALL, Rudolf SCHIEFFER (HG): Quelleneditionen und kein Ende?, München 1999, S. 18; KLUGE, 2014, S. 18.

Basel mit Stadtrechnungen ab 1360.[372] Aus Soest sind Stadtrechnungen der Ausgaben der Jahre 1338, 1357 und 1363 auf Pergament in Rotulusform erhalten.[373] Die Terminologie ist dabei flexibel, es existieren Stadt-, Rats- und Stadtkassenrechnungen oder -register.[374]

Einen Finanzhaushalt im eigentlichen Sinne kannten mittelalterliche Städte nicht. An dessen Stelle existierte eine Rechnungsführung der Stadt mit Büchern, die Einnahmen und Ausgaben aufführten. Dabei wurde der Zeitraum eines Jahres häufig in verschiedene Teilrechnungen unterteilt, z.B. den Quatembern, zu denen ein Abschluss erstellt wurde. Allerdings lässt sich das Ergebnis nicht mit dem einer neuzeitlichen Rechnungsführung vergleichen.[375]

Die Haushaltsführung der Städte im Mittelalter basierte auf verschiedenen Systemen, die meist nebeneinander genutzt wurden. Eine besonders häufige Art der Haushaltsgestaltung leitete sich vom Naturaltausch her: Die Gegenrechnung oder auch Nettorechnung. Dabei wurden wechselseitige Forderungen gegeneinander aufgerechnet, die gegen die Steuerlast in Abschlag gebracht wurden. Nur die verbleibenden Nettosummen wurden letztlich verrechnet. Eine weitere verbreitete Form war das Dotations- oder Stiftungsprinzip, das auf der Gründung einer juristischen Person wie z.B. einem Hospital beruhte, die mit einer Vermögensmasse ausgestattet wurde, deren Erträge zweckbestimmt waren. Ein Prinzip zur Eigenfinanzierung bestand ursprünglich auch für die städtischen Bediensteten, mit der Intention, dass jede Amtshandlung für den Bürger von diesem entsprechend bezahlt werden müsse. Dieses System war im Mittelalter weit verbreitet, hatte aber den Nachteil, dass das Einkommen der Amtsträger dabei von der Frequentierung des Amtes abhängig war. Man stattete sie daher wie im Falle der Stiftungen mit einem Vermögenswert aus, der mit der Amtsführung verbunden war. Der Vorteil dabei war die Entlastung des Haushaltes von lau-

---

372 SCHULTHEISS, Werner: Die Windsheimer Stadtrechnungen von 1393 f. als Geschichtsquelle. In: Jahrbuch des Historischen Vereins für Mittelfranken, 78, 1959, S. 165–168; MEYER, Christian: Der Haushalt einer deutschen Stadt im Mittelalter. In: Vierteljahrschrift für Sozial- und Wirtschaftsgeschichte, 1, 1903, S. 564; REINECKE, Wilhelm: Die drei ältesten Lüneburger Kämmereirechnungen. In: Lüneburger Museumsblätter, 2, 1908, S. 162; Alte Kämmereirechnungen (1322, 1331, 1335, 1337), 1914, S. 309–337; WINTER, Georg: Die ältesten Lüneburger Kämmereirechnungen. In: Lüneburger Blätter, 2, 1951, S. 5–26; ROSEN, 1977, S. 48.

373 ROTHERT, Hermann: Die ältesten Stadtrechnungen von Soest aus den Jahren 1338, 1357 und 1363. In: Westfälische Zeitschrift, 101/102, 1953, S. 139 f.

374 BIRGELEN, Sebastian von: Die Spätmittelalterlichen Stadtrechnungen Thüringens (1377–1525). In: ZThG, 66, 2012, S. 72; zu mittelalterlichen Stadtrechnungen s.a. FOUQUET, Gerhard: Bauen für die Stadt. Finanzen, Organisation und Arbeit in kommunalen Baubetrieben des Spätmittelalters. Eine vergleichende Studie vornehmlich zwischen den Städten Basel und Marburg, Köln 1999, S. 25.

375 BÜCHER, 1886, S. 7.

fenden Unkosten, der Nachteil die Betrachtung des Amtes selbst als Vermögensgegenstand, weshalb das System in der weiteren Entwicklung durch eine Besoldung ersetzt wurde. Eine weitere Form der Dotation war ein Besteuerungsrecht, dem eine Aufgabe zugrunde lag, die nur einen Teil der Stadtbewohner betraf und für die Gebühren je nach Inanspruchnahme erhoben wurde. Viele städtische Aufgaben im Mittelalter entfielen auf Sonderhaushalte oder wurden über den Ertrag von Dotationsvermögen finanziert. Zentral verwaltet und bezahlt wurden nur die Außenvertretung und der Schutz der Stadt sowie die zentralen Verwaltungskosten.[376] Gängige Praxis war die – auch teilweise – Übertragung von Zahlungsansprüchen oder -guthaben und die Flexibilität bei den Zahlungsmitteln sowie der Datierung und dem Ausstellungsort von Quittungen.[377]

Bei den Buchungsvorgängen wurde vor allem in der Frühzeit der Rechnungsführung nicht immer ein striktes Vorgehen eingehalten. Es kamen Einträge der Nettoerträge, aber auch die der Bruttoeinnahmen und gemischte Eintragungen vor, die eine Beurteilung der Vorgänge erschweren. Eine genauere Buchführung im Sinne eines Übergangs zu einer klaren Brutto- oder Netto-Rechnungslegung etablierte sich erst im 15. Jahrhundert.[378] Ein weiteres Kennzeichen des mittelalterlichen Haushaltens war, dass eine Finanzplanung in Form eines Budgets fehlte und an dessen Stelle versucht wurde, Einnahmen und Ausgaben den Bedürfnissen entsprechend abzustimmen.[379] Das übliche Vorgehen war, Erstere den Letzteren anzupassen.[380] Die daraus resultierende zyklische Schwankung der Einnahmen wurde am Beispiel von Siegen und Marburg zu Beginn des 16. Jahrhunderts gezeigt.[381] Eine weitere Folge davon konnte sein, dass Abgaben nicht nur zu den üblichen Steuerterminen erhoben wurden, sondern zusätzliche halbe, volle oder sogar doppelte zusätzliche Abgaben bei außerordentlichem Finanzbedarf im Sinne einer Sonderumlage eingezogen wurden.[382] Die

---

376 BÜCHER, 1896, S. 10–19; POTTHOFF, Heinz: Der öffentliche Haushalt Hamburgs im 15. und 16. Jahrhundert. In: Zeitschrift des Vereins für Hamburgische Geschichte, 16, 1911, S. 2–5; GERBER, Roland: Aspekte der Eigenfinanzierung. Der Berner Bauhaushalt im späten Mittelalter. In: Sébastien GUEX, Martin KÖRNER und Jakob TÄNNER (HG): Staatsfinanzierung und Sozialkonflikte (14.–20. Jahrhundert), Zürich 1994, S. 56 f.; GILOMEN, Hans-Jörg: Anleihen im Finanzhaushalt schweizerischer Reichsstädte. In: Michael ROTHMANN, Helge WITTMANN (HG): Reichsstadt und Geld, Petersberg 2018, S. 56 f.
377 PETERS, Inge-Maren: Das mittelalterliche Zahlungssystem als Problem der Landesgeschichte. In: Blätter für deutsche Landesgeschichte, 113, 1977, S. 142–180.
378 SCHÖNBERG, 1910, S. 116–118.
379 SCHÖNBERG, 1910, S. 22; DIRLMEIER, 1990, S. 18.
380 ROSEN, 1971, S. 33.
381 DIRLMEIER et al., 1990, S. 16 f.
382 Pegauer Stadtrechnungen des 14./15. Jahrhunderts, 1912, S. 26.

mittelalterliche städtische Haushaltsführung folgte primär nicht wirtschaftlichen Gesichtspunkten, sondern ordnete diese, besonders in den größeren Städten, politischen Gesichtspunkten unter.[383]

Die Offenlegung der Finanzen der Stadt war ursprünglich keineswegs üblich. In Luzern war es untersagt, die städtischen Bücher ohne Genehmigung des Rates offen zu legen oder wegzutragen.[384] In Braunschweig wurde dem „Engen Rat" eine *„Heimliche Rechenschaft"* über eine fehlerhafte Finanzverwaltung vorgelegt, die 1347 zu einem Aufruhr geführt hatte. In Nürnberg war im 14. Jahrhundert der „Geheime Rat" für die Finanzen der Stadt zuständig, der dem „Großen Rat" nur mündlich über die Stadtfinanzen berichtete. Die für städtische Kanzleien diskutierte „kommunikative Funktion" der Schriftlichkeit war im Hinblick auf die Finanzbuchhaltung nur bedingt gegeben.[385] Der Tendenz von Funktionsträgern in der Patrizierschaft, Details des städtischen Rechnungswesens geheim zu halten, stand das Verlangen der Bürgerschaft nach Offenlegung gegenüber.[386]

Dies führte zu der stufenweisen Einführung einer Finanzkontrolle. Ein Beispiel dafür ist München, wo ab 1319 zwei Kämmerer, je einer für den inneren und den äußeren Rat belegt sind. Ab dieser Zeit fand auch eine erste, wenn auch geheime, Kontrolle in Form der *„Widerraitung"* statt. Eine öffentliche Kontrolle der Kämmerer war bereits 1377 eine Forderung der städtischen Opposition der *„gemain"*: „*… wir muessen ein puech machen und darein etliche stukh schreiben … ain auszug auz den chamer- und steur-puechern, und daz wöllen wir dann an die 300 und an ain gemain bringen …*". Daraus resultierte die Schaffung einer dritten Kämmererposition aus den Reihen der *gemain*, die sich zwei Jahrzehnte später dauerhaft etablierte.[387] Wahrscheinlich wegen der Belastung durch den Rathausbau kam es 1340 in Nürnberg zur Einführung einer schriftlichen Rechnungsführung.[388] Ein Beispiel für die

---

383 FOUQUET, Gerhard, DIRLMEIER, Ulf, SCHAMBERGER, Reinhold: Die spätmittelalterliche Haushaltsführung Hamburgs und die Finanzierung der städtischen Militärpolitik in den Jahren zwischen 1460 und 1481. In: Peter LÖSCHE (HG): Göttinger Sozialwissenschaften heute. Fragestellungen, Methoden, Inhalte, Göttingen 1990, S. 48.

384 RAUSCHERT, Jeanette: Herrschaft und Schrift. Strategien der Inszenierung und Funktionalisierung von Texten in Luzern und Bern am Ende des Mittelalters, Berlin 2006, S. 133.

385 MEIER, Jörg: Städtische Kommunikation im Spätmittelalter und in der Frühen Neuzeit. In: Andreas LAUBINGER, Brunhilde GEDDERTH, Claudia DOBRINSKI (HG): Text – Bild – Schrift. Vermittlung von Information im Mittelalter, München 2007, S. 138–144.

386 BECKER, 1995, S. 141–143.

387 SCHWAB, Ingo: Städtische Kassenführung und revolutionäre Rechnungsprüfung. Überlegungen zu Kammerrechnungen und Steuerbüchern im Spätmittelalter. In: Archiv für Diplomatik, 36, 1990, S. 169–186.

388 FUHRMANN, Bernd: Die Stadt im Mittelalter, Stuttgart 2006, S. 67.

Entwicklung von der mündlichen Berichterstattung zur schriftlichen Niederlegung ist Lübeck im frühen 15. Jahrhundert, wo der Rat die Rechnungslegung im Ringen zwischen Konflikt und Verständigung *„umme einer guden endracht willen"* schließlich schriftlich abgab.[389] In Göttingen kam es im Jahre 1513 auf Druck der Gilden zu deren Einbeziehung in die Ratsarbeit und zu einer Kontrolle durch Einsicht in die Kämmereiregister.[390] In Wien wurde die ursprünglich von Bürgermeistern und Rat durchgeführte Rechnungskontrolle an eine Kommission übertragen.[391] Die Entwicklung von Schriftlichkeit und der Wandel hin zu einer Dokumentation der finanziellen Vorgänge und der Aufbewahrung dieser Unterlagen zum Zweck einer Rechnungslegung und -prüfung schienen häufig im Zusammenhang mit innerstädtischen Konflikten und Veränderungen, aber auch von Auseinandersetzungen mit Herrschaftsstrukturen zu stehen.[392]

Buchungseinträge wurden in der Regel in der Reihenfolge des Eintreffens der Vorgänge und häufig ohne Buchungsdatum vorgenommen, ursprünglich ohne eine Zuordnung zu Gruppen oder für allgemeine Vorgänge mit einer Auflistung unter *majora recepta, reditus diversi, de diversis, generalia* oder *exposita in communi* zusammengefasst. Ein Beispiel hierfür sind die ungegliedert erstellten Stadthagener Stadtrechnungen von 1378 bis 1401, bei denen jeweils die erste Buchung des Rechnungsjahres mit *„Primo"* gekennzeichnet ist, gefolgt von den weiteren Buchungen mit vorgestelltem *„Item"*.[393] Bei den Trierer Stadtrechnungen des Mittelalters ab 1373/74 finden sich schon erste Buchungsabschnitte, bei denen ebenfalls jeweils die erste Buchung mit *Primo* oder in deutscher Sprache *Von erste, Von eirste* oder *Von erst* gekennzeichnet ist.[394] In Dresden wird eine Vereinigung der Ausgaben in Kapiteln ab der Mitte des 15. Jahrhunderts üblich.[395] Vermutlich spielten das Finanzvolumen einzelner Buchungsgruppen, deren Häufigkeit oder deren Buchungsfrequenz eine Rolle bei diesen Gruppenbildungen.[396] Die Einführung einer Rechnungskontrolle war ein wichtiger Grund

---

389 JOHANEK, Peter: Bürgerkämpfe und Verfassung in den mittelalterlichen deutschen Städten. In: Hans Eugen SPECKER (HG): Einwohner und Bürger auf dem Weg zur Demokratie. Von den antiken Stadtrepubliken zur modernen Kommunalverfassung, Stuttgart 1997, S. 67 f.
390 BUTT, 2015, S. 79.
391 BALTZAREK, Franz: Das Steueramt der Stadt Wien und die Entwicklung der städtischen Rechnungskontrolle bis zur Mitte des 18. Jahrhunderts. In: Wiener Geschichtsblätter, 22, 1967, S. 163 f.
392 SCHMIEDER, Felicitas: Die mittelalterliche Stadt, 3. Aufl., Darmstadt 2012, S. 56.
393 Stadthagener Stadtrechnungen 1378–1401, 1968; RAUCKES, Heinz-Peter: Stadthagener Stadtrechnungen 1378–1401 als Quelle für Stadt-Umland-Beziehungen im Mittelalter. In: Schaumburg-Lippische Mitteilungen, 26, 1983, S. 58.
394 Trierer Stadtrechnungen des Mittelalters, 1908, S. 56, 61 f., 67.
395 RICHTER, Otto: Verfassungsgeschichte der Stadt Dresden, Dresden 1885, S. 155.
396 FUHRMANN, 2000, S. 96.

für die Bilanzierung innerhalb einer Rechnungsführung, die sich damit von einer älteren Form der überwiegend auflistenden Buchung unterschied.[397]

Am Beispiel der Duisburger Rechnungsbücher konnte gezeigt werden, dass schon bei der Anlage der voraussichtlich benötige Platz für die entsprechend vorzusehenden Hauptteile des Manuskriptes mit Vorspann, Einnahmen und Ausgaben berücksichtigt wurde. Das war nicht in jedem Fall erfolgreich und machte dann die Einfügung zusätzlicher Papierbögen oder Doppelblätter erforderlich. In den einzelnen Teilen konnte eine grob gegliederte Kategorisierung mit oft schon vorgegebener Beschriftung festgestellt werden, die wahrscheinlich schon vor der Zeit der ersten überlieferten Journale von 1412/13 entstanden war. Die Struktur der Rechnungsbücher blieb bis 1565 konstant, wenn auch eine durch die großen, termingebundenen Kapitel bedingte Variabilität bei der Verbuchung der kleineren, nicht termingebundenen Kapitel festzustellen ist. Variation wurde auch hervorgerufen durch Sonderausgaben für kriegerische Aktionen einschließlich Mauerbau oder in friedlichen Zeiten durch Baumaßnahmen und Abtragung von Schulden.[398]

3. Die Stadt Mühlhausen in Thüringen

Am Kreuzungspunkt wichtiger Handelsrouten mit dem Fluss Unstrut deuten archäologische Funde auf eine lange Besiedlungsgeschichte und vorstädtische Siedlungskerne mit Kirchbauten hin.[399] Die ursprüngliche Annahme, Mühlhausen sei 775 erstmals urkundlich in einem in der Kaiserpfalz Düren ausgestellten Dokument erwähnt, in dem Karl der Große dem neugegründeten Kloster Hersfeld (Haerulfisfeld) den Zehnten aus den Einkünften der „villa nostra" übertrug „... cuius vocabulum est Molinhuso, ... decima de terra et silva vel prata sive aquis ...", hat sich als Fehlinterpretation herausgestellt.[400] Es konnte gezeigt werden,

---

397 BECKER, 1995, S. 143.
398 Mittelalterliche Stadtrechnungen im historischen Prozess. Die älteste Duisburger Überlieferung (1348–1449), 2007, S. 37–39; Die Duisburger Stadtrechnung von 1417, 1883; zum Befestigungsbau s.a. SANDER-BERKE, Antje: Stadtmauer und Stadtrechnung. Schriftliche Quellen des Spätmittelalters zu den technischen Voraussetzungen des städtischen Befestigungsbaus. In: Gabriele ISENBERG, Barbara SCHOLKMANN (HG): Die Befestigung der mittelalterlichen Stadt, Köln 1997, S. 33–44.
399 Deutscher historischer Städteatlas: Mühlhausen/Th., SCHLOMS, Antje, STRACKE, Daniel, WITTMANN, Helge (Bearb.). In: Peter JOHANEK, Eugen LAFRENZ, Thomas TIPPACH (HG): Deutscher historischer Städteatlas, 6, Münster 2020, S. 1–8.
400 Urkundenbuch der ehemals freien Reichsstadt Mühlhausen in Thüringen, bearb. v. Karl HERQUET, Halle 1874, Nr. 1. In der Folge wird Mühlhausen in dieser Transkription als *Mulinhusen, Mulenhusen, Mulnhusen, Mulehusen* und *Mulhusen* genannt; HEYDENREICH, Eduard: Die ältesten urkundlichen Nachrichten über die Stadt Mühlhausen und ihre Umgebung. In: Mühlhäuser Gbll., 1, 1900/01, S. 18–21.

dass es sich bei diesem Königshof um den Ort Mölsen östlich von Erfurt handelt.[401] Als erste urkundliche Erwähnung des Ortes ist daher eine in Abschriften und einem Fragment des Originals überlieferte Urkunde Ottos II. anzusehen, die am 18. Januar des Jahres 967 ausgefertigt wurde.[402] In der ersten Hälfte des 12. Jahrhunderts entstand begünstigt durch die Lage an verschiedenen Straßenverbindungen die Marktsiedlung, die Altstadt Mühlhausens. Im späteren 12. Jahrhundert folgte die Gründung der Neustadt mit der Marienkirche. Ab etwa 1200 wurde die knapp drei Kilometer lange Stadtmauer mit sieben Doppeltoren und 35 Türmen errichtet.[403] Zu dieser Zeit trat ein Strukturwandel ein, der von mehrheitlich von der Landwirtschaft abhängigen Bewohnern zu einer von Handel und Handwerk bestimmten Bürgerschaft führte. Die erste ansässige Zunft war 1231 die der Tuch- und Filzmacher, der zahlreiche weitere wie 1297 die der Kürschner folgten. Die Verwaltungshoheit der Stadt gelangte bis zum Ende des 13. Jahrhunderts zunehmend in die Hände der Bürgerschaft, die sich mit einem Rat organisierte. 1323 erhielten die Kaufleute ein neues Innungsstatut, das die Mehrzahl der Mitglieder als Gewandschneider auswies.[404] Um 1241 erhielt die Stadt das Münzrecht.[405] 1256 kam es in politisch schwierigen Zeiten zur Zerstörung der Burg durch die Bürger Mühlhausens.[406] Mühlhausen stand seit 1286 in Verbindung mit dem Hanseraum und war seit 1310 gemeinsam mit Erfurt und Nordhausen

---

401 GOCKEL, Michael: Mühlhausen oder Mölsen? Zur Identifizierung des 775 genannten fränkischen Königshofes „Molinhuso". In: Mühlhäuser Beiträge, 11, 1988, S. 26–33; SCHIEFFER, Rudolf: Otto II. und Mühlhausen. In: Mühlhäuser Beiträge, 40, 2017, S. 74.

402 HStA Marburg, Urk. 75, Nr. 73, actum Mulinhuson, 18.01.96; s.a. MGH DD O II – Die Urkunden Otto des II. (Ottonis II. Diplomata), hrsg. v. Theodor SICKEL, Hannover 1888 (MGH DD reg. et imp. Germ. 2,1); PATZE, Hans: Zum ältesten Rechtsbuch der Reichsstadt Mühlhausen in Thüringen aus dem Anfang des 13. Jahrhunderts. In: Jahrbuch für die Geschichte Mittel- und Ostdeutschlands, 9/10, 1961, S. 60–66; GOCKEL, Michael: Mühlhausen. In: Michael GOCKEL (Bearb.): Die Deutschen Königspfalzen, Bd. 2: Thüringen, Göttingen 2000, S. 258; SCHIEFFER, 2017, S. 73.

403 WITTMANN, Helge: Zur Ersterwähnung der Mühlhäuser Neustadt und von St. Marien. Eine quellenkritische Studie In: Mühlhäuser Beiträge, 42, 2019, S. 81; WITTMANN, Helge: 1251 als Epochenjahr im Werden der Reichsstadt Mühlhausen. In: Mühlhäuser Beiträge, 45, 2022, S. 139.

404 MÄGDEFRAU, Werner: Städtische Produktion von der Entstehung der Zünfte bis ins 14. Jahrhundert. Ein Beitrag zu den sozialökonomischen Grundlagen des Thüringer Dreistädtebundes. In: Werner MÄGDEFRAU (HG): Europäische Stadtgeschichte in Mittelalter und früher Neuzeit, Weimar 1979, S. 146 f.; RASSLOFF, Steffen: Geschichte Thüringens, München 2010, S. 37.

405 HELBIG, Herbert: Wirtschaft und Gesellschaft im Mittelalter. In: Hans PATZE, Walter SCHLESINGER (HG): Geschichte Thüringens. Bd. 2: Hohes und spätes Mittelalter, Köln 1974, S. 7, 27; LAUERWALD, Paul: Zur frühesten Münzgeschichte Mühlhausen. In: Mühlhäuser Beiträge, 3, 1980, S. 53.

406 Auslöser war offenkundig der gewaltsame Tod König Wilhelms 1256, s. STEPHAN, Friedrich: Verfassungsgeschichte der Reichsstadt Mühlhausen in Thüringen bis 1350, Berlin 1886, S. 30 f.; GOCKEL, 2000, S. 311 f.

Abb. 1a | Karte „Tractus Eichsfeldiae in suas Praefecturas divisiae nec non Territorii MVHLHVSANI Chorographia" mit dem Gebiet der Reichsstadt Mühlhausen, Homann-Erben, 1759 (Originalgröße ca. 490x390 mm, auf Leinwand).

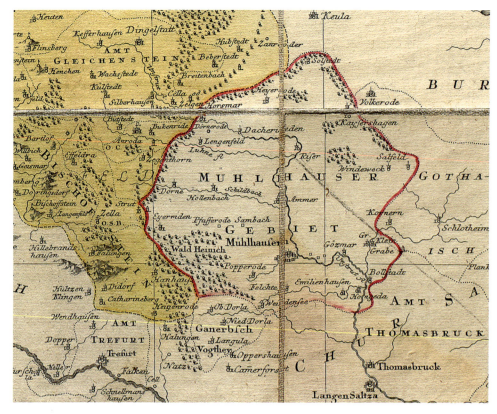

Abb. 1b | Vergrößerter Ausschnitt aus Abb. 1a mit dem Gebiet der Reichsstadt Mühlhausen, Homann-Erben, 1759 (Originalgröße ca. 490x390 mm, auf Leinwand).

im Thüringer Dreistädtebund organisiert. 1430 trat dieser dem Goslaer Städtebund innerhalb der Hanse bei.[407] Das um 1270/80 erbaute Rathaus von Mühlhausen wird urkundlich erstmals 1310 und 1320 erwähnt. Vorläuferstrukturen waren möglicherweise die 1304 erwähnten Lauben in Ober- und Unterstadt, die rathausähnliche Funktion hatten und in ihrem Obergeschoss eine Bürgerhalle aufwiesen.[408] Durch Produktion und Handel, vor allem mit Mühlhäuser Tuch, blühte die Stadt wirtschaftlich auf. Tuchproduktion und Färbung

---

407 DEUTSCHLÄNDER, Gerrit: Im Bunde mit der Hanse? Bündnisinteressen thüringischer Städte im Spätmittelalter. In: Zeitschrift des Vereins für Thüringische Geschichte, 66, 2012, S. 95–110.
408 SCHOLZ, Rudolf: Die Entwicklung der Verfassung der ehemaligen freien Reichsstadt Mühlhausen in Thüringen, Leipzig 1948, S. 25–31; ALBRECHT, Stefan: Mittelalterliche Rathäuser in Deutschland, Darmstadt 2004, S. 177; WITTMANN, Helge: Das Mühlhäuser Rechtsbuch in neuer Gestalt. Zur Funktion von Recht und Schriftlichkeit bei der Bewältigung reichsstädtischer Konflikte im späten 13. Jahrhundert. In: Zeitschrift für Thüringische Geschichte, 75, 2021, S. 52 f.

waren mit bedingt durch den Anbau der Pflanze Färberwaid, die den blauen Farbstoff Waid oder Deutsch-Indigo lieferte. Zur Herstellung gab es am Fluss Unstrut Waidmühlen. Sowohl mit dem Farbstoff als auch mit den eingefärbten Tuchen wurde von Mühlhausen aus Handel betrieben. Besondere Bedeutung hierfür hatten die Frankfurter Messe und der Nordhäuser Jahrmarkt. Nachteilig für die weitere Entwicklung von Mühlhausen war die fehlende direkte Anbindung an eine der großen Heerstraßen und die Lage abseits der Nord-Süd-Strecke der Hauptgeleitstellen, die Entwicklung von Leipzig als Handelsstadt und der Rückgang der Bedeutung des Waidanbaus.[409] Zur Lage Mühlhausens siehe Abb. 1a und b.

3.1. Die Bevölkerungsentwicklung

Im Europa des Mittelalters gab es zwei wesentliche Veränderungen der Bevölkerungszahlen. Im Hochmittelalter trat etwa vom Jahr 1000 bis zur Mitte des 14. Jahrhunderts eine deutliche Expansion der Populationsstärke ein, der im Spätmittelalter etwa ab 1400 eine empfindliche Reduktion folgte. Hierfür wurden verschiedene Ursachen diskutiert, wie das Auftreten von Erkrankungen wie z.B. der Pest, aber auch Probleme der Überbevölkerung mit Versorgungsproblemen, die wechselseitig im Zusammenhang stehen konnten. Zur Mitte des 15. Jahrhunderts traten eine Stabilisierung und nachfolgend eine Erholung der Bevölkerungszahlen ein.[410] Diesen Veränderungen war auch die Stadt Mühlhausen unterworfen.

---

409 MÄGDEFRAU, Werner: Thüringen im späten Mittelalter 1310–1482/85, 2. Aufl., Bad Langensalza 2013, S. 194; s.a. BEMMANN, Rudolf: Die Hanse und die Reichsstadt Mühlhausen i. Thür. 1423–1432. In: Hansische Gbll., 16, 1910b, S. 288; KETTNER, Emil: Geschichte der Reichsstadt Mühlhausen i. Thür. im Mittelalter, Mühlhäuser Gbll., XVI/XVII. 1917, S. 1–15; AUENER, Wilhelm: Mühlhausen und die Hanse. In: Mühlhäuser Gbll., 33/35, 1936, S. 3; HOLLADAY, 2001, S. 540; zur Position Mühlhausens in Bezug auf die Fernverkehrswege s.a. AULEPP, Rolf: Fernverkehrswege, Plätze und Märkte im mittelalterlichen Mühlhausen. In: Mühlhäuser Beiträge zu Geschichte und Kulturgeschichte, 3, Mühlhausen 1980, S. 34–51; GOCKEL, 2000, S. 260 f.; zum Waidanbau s.a. MAJER, Vilgelm E.: Soziale und ökonomische Wandlungen im Bereich der Waidproduktion und des Waidhandels in Deutschland während des 14. bis 17. Jahrhunderts. In: Werner MÄGDEFRAU (HG): Europäische Stadtgeschichte in Mittelalter und früher Neuzeit, Weimar 1979, S. 227–236.
410 HERLIHY, David: Outline of Population Developments in the Middle Ages. In: Bernd HERRMANN, Rolf SPRANDEL (HG): Determinanten der Bevölkerungsentwicklung im Mittelalter, Weinheim 1987, S. 11–16; SPRANDEL, Rolf: Grundlinien einer mittelalterlichen Bevölkerungsentwicklung. In: Bernd HERRMANN, Rolf SPRANDEL (HG): Determinanten der Bevölkerungsentwicklung im Mittelalter, Weinheim 1987, S. 25–32; s.a. DIRLMEIER, Ulf: Die Ernährung als mögliche Determinante der Bevölkerungsentwicklung. In: Bernd HERRMANN, Rolf SPRANDEL (HG): Determinanten der Bevölkerungsentwicklung im Mittelalter, Weinheim 1987, S. 143–154.

Anfang des 15. Jahrhunderts wies Mühlhausen etwa 9.400 Einwohner auf; Frankfurt als Kaiserstadt hatte zur selben Zeit etwa 9.000 bis 10.000 Einwohner.[411] Mühlhausen war damit, nach Erfurt, die zweitgrößte Stadt im sächsisch-thüringischen Raum. Das reichsstädtische Territorium umfasste seit 1370 rund 220 km² mit 19 Dörfern.[412] Die Stadt machte in der ersten Hälfte des 15. Jahrhunderts eine schwierige Entwicklung durch, was zu einer deutlichen Verringerung der Einwohnerzahl führte. Am Beginn dieser Entwicklung stand der große Brand von 1422, der zum Verlust von 300 Wohnhäusern führte.[413] Hinzu kamen Auseinandersetzungen mit Klerikern, die einen durch Papst Martin V. ausgesprochenen Kirchenbann zur Folge hatten und mit Feinden, die die Notlage der Stadt auszunutzen versuchten. 1429 wurde für einen einzigen Tag die Ansage von 28 Fehden berichtet. Von einschneidender Bedeutung war das Auftreten der Pest. Vetter berichtet über das große Sterben von 1438, das bis 1452 angehalten habe.[414] Zu dieser Zeit wurde in Mitteleuropa der Höhepunkt der spätmittelalterlichen „Wüstungsperiode" erreicht, womit ausgedrückt wird, dass landwirtschaftlich genutzte Flächen nicht mehr bewirtschaftet wurden. Der Anteil der Wüstungen erreichte in Thüringen den vergleichsweise hohen Anteil von 50 %. Als Ursache für diese Entwicklung werden klimatische Veränderungen in Form einer Kälteperiode diskutiert, die zu Beginn des 14. Jahrhunderts zu Hungersnöten und einem Bevölkerungsrückgang geführt hatten. In Verbindung mit mehreren Pestwellen, die Mitteleuropa betrafen, könnte dies den demographischen Rückgang verursacht haben.[415]

Die Einwohnerzahl Mühlhausens ging bis zur Mitte des 15. Jahrhunderts, dem Betrachtungszeitraum der vorliegenden Untersuchung, auf etwa 7.400 zurück, erholte sich bis etwa 1475 wieder, um erneut vermutlich wieder durch die Pest und einen Großbrand im Jahr 1487 dramatisch abzunehmen und sich bis zum Ende des Jahrhunderts auf rund 8.500 zu erhöhen.[416] Wirtschaftlich scheint Mühlhausen in der Mitte des 15. Jahrhunderts eine günstige Entwicklung genommen zu haben. Unter den von Christian Thomas gesammelten und

---

411 KETTNER, 1917, S. 86–89; FOUQUET, 2000b, S. 99.
412 POETHE, Lothar: Eigentums- und Vermögensverhältnisse von Mitgliedern der Kaufleute-Innung in Mühlhausen (Thür.) während der 2. Hälfte des 15. Jahrhunderts. In: Werner MÄDGEFRAU (HG): Europäische Stadtgeschichte in Mittelalter und früher Neuzeit, Weimar 1979, S. 192, 197; s.a. KÖBLER, Gerhard: Historisches Lexikon der deutschen Länder. Die deutschen Territorien vom Mittelalter bis zur Gegenwart, 7. Aufl., München 2007, S. 439.
413 AULEPP, Rolf: Die Mühlhäuser Stadtbrände von 1180–1707. In: Mühlhäuser Beiträge zu Geschichte, Kulturgeschichte, Natur und Umwelt, 11, 1988, S. 41.
414 VETTER, 1910, S. 41 f.; s.a. BIRABEN, Jean-Noël: Les hommes et la peste en France et dans les pays européens et méditerranéens, 1, La peste dans l'histoire, Berlin 2019, S. 409–410.
415 VASOLD, Manfred: Die Pest, Ende eines Mythos, Stuttgart 2003, S. 119–123.
416 VETTER, 1910, S. 41 f.; s.a. HELBIG, 1973, S. 13; SPRANDEL, 1987, S. 31 f.

1727 veröffentlichten Berichten wird für 1454 zitiert: *„In diesem Jahre war es eine wohlfeile Zeit, und galt ein Scheffel Weizen 10 gr, das Korn 7 gr, die Gersten 7 gr, der Hafer 3 gr."*[417] Allerdings ist bei solchen Interpretationen Vorsicht geboten, da eine Verringerung der Lebensmittelpreise zwar Anzeichen guter Ernten sein kann, aber auch auf dem oben erwähnten Bevölkerungsschwund beruhen kann.[418] Da es sich hier um eine Zeitperiode unmittelbar im Anschluss an eine Pestepidemie handelt, deren Auftreten in Mühlhausen berichtet worden war, könnte auch ein Rückgang der Nachfrage ursächlich für die günstigen Preise sein, wenn man davon ausgeht, dass Stadtpopulationen stärker als die produzierende Landbevölkerung betroffen waren.[419] Diese Veränderungen sind zu beachten, wenn man die finanzielle Situation der Stadt aus dem Jahr 1456 vergleichend betrachtet. Der Aspekt der Verschuldung ist ebenfalls zu berücksichtigen: Mühlhausen gehörte zu den Reichsstädten, von denen eine Überschuldung bekannt war.[420]

3.2. Rechtsverfassung der Stadt Mühlhausen in Thüringen

Mühlhausen in Thüringen wurde bereits in Zeugnissen des 12. Jahrhunderts als königliche Stadt bezeichnet. Im Interregnum erreichte die Bürgerschaft eine Sicherung des reichsfreien Status und die Durchsetzung einer Ratsverfassung. Der Rat erscheint 1251 erstmals bei der Beurkundung einer Güterübertragung im Stadtraum und stellte in der Folge die entscheidende Verwaltungs- und Rechtsinstanz der Stadt dar. Die Anerkennung durch den königlichen Stadtherren erfolgte schließlich 1290. Ab 1286 sind Bürgermeister belegt. Der Rat konnte seine entscheidende Stellung bis ins Jahr 1802 aufrechterhalten. Bereits im 13. Jahrhundert entstanden Stadtstatuten. Zeitgleich erfolgte auf Veranlassung des Rates eine Neufassung des älteren Mühlhäuser Rechtsbuchs, das als ältestes deutschsprachiges Stadtrechtsbuch in Mühlhausen bereits im zweiten Viertel des 13. Jahrhunderts noch vor der Durchsetzung der Ratsverfassung von einem reichsministerialischen Verfasser angelegt worden war. Die ältesten erhaltenen Statuten der Stadt sind mit einer Neuredaktion von 1311 überliefert. Die im Mühlhäuser Rechtsbuch und den Statuten niedergelegten Rechts-

---

417 JORDAN, Reinhard: Chronik der Stadt Mühlhausen in Thüringen, Bd. I bis 1525, Mühlhausen 1900, Reprint Bad Langensalza 2001, S. 129.
418 VASOLD, 2003, S. 118 f.
419 VETTER, 1910, S. 41 f.; KELTER, Ernst: Das deutsche Wirtschaftsleben des 14. und 15. Jahrhunderts im Schatten der Pestepidemien. In: Jahrbücher für Nationalökonomie und Statistik, 165, 1953, S. 161–208.
420 ISENMANN, Eberhard: Die Deutsche Stadt im Mittelalter 1150–1550. Stadtgestalt, Recht, Verfassung, Stadtregiment, Kirche, Gesellschaft, Wirtschaft, Wien 2014, S. 549 f.

vorschriften eröffnen Einblicke in die Rechte und Pflichten der städtischen Bürger in diesem Zeitabschnitt des Mittelalters, insbesondere die Ratsverfassung, die Steuererhebung, das Wehr- und Verteidigungswesen, das Rechtswesen sowie als wesentlichen Aspekt die Regelung von Handel und Gewerbe.[421] Die Stadt Mühlhausen tritt ab 1231 als Führer eines Stadtsiegels *(sigillum civitatis)* auf.[422] Ein Geschäftssiegel *(sigillum ad causas)* ist ab 1358 bekannt.[423] Die Stadt Mühlhausen zählt zu den wenigen Städten, denen es unmittelbar mit ihrer Loslösung von der ursprünglichen Stadtherrschaft gelang, territoriale Rechte zu erwerben.[424]

3.3. Ratsverfassung der Stadt Mühlhausen in Thüringen

Die Ratsverfassung sah ab 1311 vor, „[d]aß es nur ein Ratskollegium geben darf". Dieses bestand aus 24 jährlich gewählten Männern, wovon 14 von den „Geschlechtern", d.h. den Patrizierfamilien der Stadt gestellt werden sollten, von denen jede einen Sitz im Ratsgremium einnahm. Die restlichen zehn Sitze sollten von Handwerkern der Zünfte eingenommen werden. Ab 1351 betrug das Verhältnis 14 Patrizier zu zwölf Vertretern der Zünfte und 1406 wurde mit einer neuen, bis 1523 gültigen Ratsverfassung Parität zwischen den beiden Gruppen eingeführt und die 32 Ratsmannen auf Lebenszeit gewählt. Die entsprechende Wahlvorschrift besagte, dass die „Kurleute" *(electores)* die Kollegiumssitze „umsichtig auf ihren Eid

---

421 Das Mühlhäuser Reichsrechtsbuch aus dem Anfang des 13. Jahrhundert. Deutschlands ältestes Rechtsbuch nach den altmitteldeutschen Handschriften, hrsg. v. Herbert MEYER, 2. Aufl. Weimar 1934; Die Statuten der Reichsstadt Mühlhausen in Thüringen von ca. 1311/ca. 1351, hrsg. v. Wolfgang WEBER, Gerhard LINGELBACH, Köln 2005; LINGELBACH, Gerhard: Mühlhausen – Rechtsschöpfungen einer Stadt. In: Wolfgang WEBER, Gerhard LINGELBACH (HG): Die Statuten der Reichsstadt Mühlhausen in Thüringen, Köln 2005, S. XI–XIX, 55; ALBRECHT, 2004, S. 177; zur Datierung des Stadtrechtsbuches s. a. PATZE, 1961, S. 64; PÖTSCHKE, Dieter: Neues zu einem alten Streit: Was ist älter – der Sachsenspiegel oder das Mühlhäuser Rechtsbuch nach des Reiches Recht? Überlegungen zur Nordhäuser Handschrift des Mühlhäuser Rechtsbuches. In: Beiträge zur Geschichte aus Stadt und Landkreis Nordhausen, 27, 2002, S. 162–169; GÜNTHER, Gerhard: Zur Rechtsgeschichte der Reichsstädte Mühlhausen und Nordhausen. In: Mühlhäuser Beiträge, 30, 2007, S. 182–187; LEINIGER, Sven: Mittelalterliche Städte in Thüringen. Eine Untersuchung ihrer Entstehung und Entwicklung, Köln 2020, S. 418 f.; WITTMANN, 2021, S. 39–53; WITTMANN, 2022, S. 127, 136–139.
422 STIELDORF, Andrea: Siegelkunde, Hannover 2004, S. 22, 42 f., s.a. Urkundenbuch der ehemals freien Reichsstadt Mühlhausen in Thüringen, 1874, Nr. 77.
423 HERRMANN, Tobias: Anfänge kommunaler Schriftlichkeit. Aachen im europäischen Kontext, Siegburg 2006, S. 202, 306.
424 ISENMANN, 2014, S. 682 f.

für den Bedarf der Stadt küren". Voraussetzung für einen Ratsmann war die eheliche Geburt und für ledige Männer ein Mindestalter von vierzig Jahren sowie eine mindestens fünfjährige Ansässigkeit in der Stadt. Die Ratsleute sollten die Ämter der Stadt wie Ratsmeister, Kämmerer oder Schultheiß aus beiden Gruppen gleichmäßig besetzen. Nach Ablauf der Amtszeit bestand eine Karenzzeit von zunächst drei, später vier Jahren, bis eine Wiederwahl möglich war. Der gesamte Rat bestand daher aus vier Gruppen von Ratsmännern, die im jährlichen Turnus den „sitzenden Rat" innehatten.[425] Die Funktionen im Rat und den Ratsämtern wurden in der Regel als Nebentätigkeit neben der eigentlichen beruflichen Aktivität ausgeübt, wodurch deren Kenntnisse in den Dienst der Stadt gestellt wurden.[426] Der Ratswechsel in Mühlhausen fand traditionell zu Martini statt.[427] Ein neugewählter Rat musste beeiden, dass er „der Stadt Amt übernehmen wolle zu der Stadt gemeinsamen Nutzen und Schutz und durch niemandes Bitte" und sollte dann die Ämter berufen.[428] Der durch ein festliches

---

[425] BEMMANN, Rudolf: Die Statuten der Reichsstadt Mühlhausen in Thüringen vom Jahre 1401 [–1462, 1525, 1537]. Ein Nachtrag zu Lambert: Die Ratsgesetzgebung der freien Reichsstadt Mühlhausen in Thüringen im 14. Jahrhundert. In: Mühlhäuser Gbll., 9, 1908, S. 14; BEMMANN, Rudolf: Die Stadt Mühlhausen in Thür. im späten Mittelalter. Neujahrsblätter der historischen Kommission für die Provinz Sachsen und das Herzogtum Anhalt, 39, Halle 1915, S. 10–12; KETTNER, 1917, S. 54; BRINKMANN, Ernst: Aus dem Zunftwesen der Reichsstadt Mühlhausen. In: Mühlhäuser Gbll., 24, 1923/24, S. 100 f.; Die Statuten der Reichsstadt Mühlhausen in Thüringen, Köln 2005, S. 56–59, 97; zum städtischen Patriziat s.a. DOLLINGER, Philippe: Die deutschen Städte im Mittelalter. In: Heinz STOOB (HG): Altständisches Bürgertum, 2. Bd. Erwerbsleben und Sozialgefüge, Darmstadt 1978, S. 278–286; MINDERMANN, Arend: Adel in der Stadt des Spätmittelalters. Göttingen und Stade 1300 bis 1600, Göttingen 1996, S. 1; SPIESS, Karl-Heinz: Aufstieg in den Adel und Kriterien der Adelszugehörigkeit im Spätmittelalter. In: Kurt ANDERMAN, Peter JOHANEK (HG): Zwischen Nicht-Adel und Adel, Stuttgart 2001, S. 1–26.

[426] ISENMANN, Eberhard: Ratsliteratur und städtische Ratsordnungen des späten Mittelalters und der frühen Neuzeit. Soziologie des Rats, Amt und Willensbildung, politische Kultur. In: Pierre MONNET, Otto Gerhard OEXLE (HG): Stadt und Recht im Mittelalter. La ville et le droit au Moyen Âge, Göttingen 2003a, S. 225–227; zur Professionalisierung von Ratsfunktionen s.a. MAGER, Wolfgang: Genossenschaft, Republikanismus und konsensgestütztes Ratsregiment. Zur Konzeptionalisierung der politischen Ordnung in der mittelalterlichen und frühneuzeitlichen deutschen Stadt. In: Luise SCHORN-SCHÜTTE (HG): Aspekte der politischen Kommunikation im Europa des 16. und 17. Jahrhunderts, München 2004, S. 97; MERSIOWSKY, Mark: Städtische Verfassung und Verwaltung im spätmittelalterlichen Soest. In: Heinz-Dieter HEIMANN (HG): Soest, Geschichte der Stadt, Bd. 2. Die Welt der Bürger. Politik, Gesellschaft und Kultur im spätmittelalterlichen Soest, Soest 1996b, S. 94.

[427] StadtA Mühlhausen, 10/T 8c Nr. 2, Statuten der Stadt Mühlhausen von 1351, S. 82 f., s.a. SÜNDER, Martin: Ratswechseltermine in der Frühzeit des Mühlhäuser Rates. In: Mühlhäuser Beiträge, 30, 2007, S. 110–112; SÜNDER, Martin: Zwischen irdischem Rat und himmlischer Sphäre – Die Königsdarstellungen in der Südquerhausfassade der Mühlhäuser Marienkirche. In: Helge WITTMANN (HG): Reichszeichen. Darstellungen und Symbole des Reichs in Reichsstädten, Petersberg 2015, S. 100 f.

[428] Die Statuten der Reichsstadt Mühlhausen in Thüringen, Köln 2005, S. 106 f.

Zeremoniell hervorgehobene Ratswechsel stellte einen wichtigen rituellen Akt symbolischer Kommunikation dar, der Geltung und Bestand des schriftlich niedergelegten Vorganges bestätigte.[429] Ratssitzungen fanden nicht öffentlich statt, Bürger hatten nur Zutritt, wenn sie „einbestellt" waren. Ratsleuten war es nicht erlaubt, in wirtschaftliche Beziehungen mit der Stadt zu treten.[430] Eine Sonderregelung betraf das Verbot für Ratsleute, Juden gesondert mit der Schoßsteuer zu veranlagen; es sollten vielmehr alle Juden zum Ende des Jahres zur Steuerzahlung herangezogen werden.[431] Diese Bestimmungen lassen vermuten, dass Missbrauch durch öffentliche Funktionsträger nicht unbekannt war.

3.4. Finanzwesen in Mühlhausen

Die Verwaltung der städtischen Gelder war in Mühlhausen entsprechend der Statuten zunächst vier Kämmerern *(cammerarii)* anvertraut. Der Begriff leitet sich vom Lateinischen *camera* ab, was für einen gemauerten Raum mit gewölbter Decke steht und neben verschiedenen anderen Bedeutungen für Schatzkammer oder Kasse stehen kann.[432] Ab dem Jahr 1401 waren zwölf Ratsherren, die *domini duodecim* dafür verantwortlich. Die „Zwölf Herren" wurden ebenso wie die beiden Bürgermeister jedes Jahr am Vorabend von Martini (dem 10. November) neu gewählt. In den Rechnungsbüchern sind meist stellvertretend zwei oder seltener vier der Herren genannt. Nur in den Jahren 1442, 1444 und 1445 werden alle zwölf Amtsträger namentlich aufgeführt.[433] Eine Übersicht der Kämmerer von Mühlhausen gibt Tabelle 4. Die Camerarii veranlassten die Aufzeichnungen über die Zahlungsvorgänge, die von den Schreibern vorgenommen wurden. Damit war der Vorgang des Schreibens in Bezug auf die Rechnungsbücher in der Regel zwei Personen zuzuordnen: Dem Kämmerer, der die Eintragungen konzipierte und diktierte, und dem Schreiber, der die Eintragungen vornahm.[434]

---

429 DARTMANN, Christoph: Schrift im Ritual. Der Amtseid des Podestà auf den geschlossenen Statutencodex der italienischen Stadtkommune. In: Zeitschrift für historische Forschung, 31, 2004, S. 169–171.
430 Die Statuten der Reichsstadt Mühlhausen in Thüringen, Köln 2005, S. 69–71.
431 Die Statuten der Reichsstadt Mühlhausen in Thüringen, Köln 2005, S. 85.
432 SELK, Henning: Die Entwicklung der Kämmerei-Verwaltung in Bremen bis zum Jahre 1810. Ein Beitrag zur Geschichte des städtischen Polizeirechts, Hamburg 1973, S. 5; der Begriff „Kämmerer" fand schon 1265 in Rostock Verwendung, s. Quellen zur Verfassungsgeschichte der Deutschen Stadt im Mittelalter, FSGA, Bd. XXXIV, hrsg. v. Bernd-Ulrich HERGEMÖLLER, Darmstadt 2000, S. 314.
433 Die Kämmereirechnungen von 1407 und 1409, Mühlhausen 1928/1929, S. 122.
434 KYPTA, 2014, S. 47.

3.5. Schriftwesen in Mühlhausen

3.5.1. Mittelalterliche Stadtbücher Mitteldeutschlands

Der Wert von Amts- oder Stadtbüchern als historische Quelle ist seit 1860 durch Hohmeyer beschrieben, eine systematische Erfassung und Untersuchung des Bestandes konnte aber noch nicht erfolgen. Nach der Definition von Petter hatten in Mitteldeutschland 19 Städte eine „*reiche mittelalterliche Stadtbuchüberlieferung*" von mehr als 30 Amtsbuchüberresten vor 1500. Davon sind fünf Städte den Klein- und Mittelstädten (unter 2.000 Einwohnern) zuzurechnen, wie z.B. Köthen und Pegau. Neun Städte entsprachen von ihrer Einwohnerzahl von 1.000 bis 5.000 her den kleineren Mittelstädten wie Dresden, Naumburg oder Quedlinburg und vier Städte waren mit 5.000 bis 10.000 Einwohnern als größere Mittelstädte einzustufen: Görlitz, Leipzig, Mühlhausen und Zerbst. Erfurt war mit über 10.000 Einwohnern eine Großstadt.[435] Die Bezeichnung Stadtbuch kann neben Rechnungsbüchern eine Vielzahl von Schriftstücken enthalten, wie z.B. Kopiare, Protokolle, Steuerregister und Ratsbücher.[436] Unterschiedliche Bezeichnungen werden auch für die schriftliche städtische Rechnungsführung verwendet, die der Kämmerei, der Stadtkasse, dem Rat oder den Bürgermeistern zugeordnet und als Buch oder Register bezeichnet werden können.[437] Für Mitteldeutschland sind neben den spätmittelalterlichen Stadtrechnungen Mühlhausens z.B. auch

---

[435] PETTER, Andreas: Mittelalterliche Stadtbücher und ihre Erschließung: Grundlagen und Gestaltung quellenkundlicher Arbeiten zur mitteldeutschen Überlieferung. In: Sachsen und Anhalt. Jahrbuch der Historischen Kommission für Sachsen-Anhalt, 24, Köln 2003, S. 189, 212–214; zur Definition von Amtsbuch s. a. PATZE, 1970, S. 27: „*alle im amtlichen Geschäftsverkehr gebräuchlichen, mit chronologisch fortlaufenden Eintragungen über gleiche Materie versehenen Bücher*"; PÄTZOLD, Stefan: Amtsbücher des Mittelalters. Überlegungen zum Stand ihrer Erforschung. In: Archivalische Zeitschrift, 81, 1998, S. 92–98.

[436] KRÜGER, 2000, S. 192; HARTMANN, Josef: Amtsbücher. Allgemeine Entwicklung des Amtsbuchwesens. In: Friedrich BECK, Eckart HENNING (HG): Die archivalischen Quellen. Mit einer Einführung in die historischen Hilfswissenschaften, 3. Aufl., Köln 2003, S. 40–53; KLOOSTERHUIS, Jürgen: Mittelalterliche Amtbücher: Strukturen und Materien. In: Friedrich BECK, Eckart HENNING (HG): Die archivalischen Quellen. Mit einer Einführung in die historischen Hilfswissenschaften, 3. Aufl., Köln 2003, S. 64; TANDECKI, Janusz: Die Verwaltungsschriftlichkeit als kultureller Faktor in den Städten des südlichen Hanseraums im späteren Mittelalter. In: Jürgen SARNOWSKY (HG): Verwaltung und Schriftlichkeit in den Hansestädten, Trier 2006, S. 3 f.; ENGELHARDT, Jennifer: Das Rote Buch der Stadt Esslingen – Intention und Entstehung eines dynamischen Stadtbuches. In: Mark MERSIOWSKY, Anja THALLER, Joachim J. HALBEKANN (HG): Schreiben – Verwalten – Aufbewahren. Neue Forschungen zur Schriftlichkeit im spätmittelalterlichen Esslingen, Ostfildern 2018, S. 17 f.

[437] BIRGELEN, 2012, S. 72.

die Rechnungen der Städte Altenburg, Arnstadt, Chemnitz, Eisenach, Erfurt, Frankenhausen, Freiberg, Görlitz, Jena, Langensalza, Leipzig, Meißen, Neustadt an der Orla, Orlamünde, Pegau, Pößneck, Quedlinburg, Saalfeld, Schleusingen, Schmalkalden, Sonneberg, Wasungen, Weißensee und Zerbst beschrieben.[438]

3.5.2. Mühlhäuser Stadtschreiber

Die erste Überlieferung eines Schreibers in der Stadt Mühlhausen ist in einer Urkunde von 1303 mit einem als Henricus scriptor de Molenhusen benannten Zeugen überliefert. Ob es sich dabei tatsächlich um einen Stadtschreiber gehandelt hat, wird unterschiedlich interpretiert.[439] Am 18. März 1314 wird mit Gotfried von Schonrstete als *unse schriber* erstmals ein Stadtschreiber erwähnt, der mehrfach in dieser Position in Erscheinung tritt. 1336 wird Dytma(r)us Noter als Stadtschreiber genannt, der 1339 auch als *noster notarius* und *rector hospitalis* des St. Antonius Hospitals Erwähnung findet. Er hat diese Position auch noch 1344 inne, wird aber nun als *prothonotarius* bezeichnet, dem ein Scholar als Hilfsschreiber zur Verfügung gestellt wurde. Nur kurzzeitig scheint Heinrich von Urbach als Schreiber tätig gewesen zu sein, da er 1364 eine auswärtige Pfarrstelle antrat und kurz danach Bürger von Erfurt wurde. Ein weiterer Schreiber ist Gerhard von Göttingen, der von 1381 an bis zum Beginn des 15. Jahrhunderts im Dienst war. Diese ersten Stadtschreiber hatten sämtlich eine klerikale Ausbildung, auch wenn die Ausübung eines geistlichen Amtes nicht in jedem Fall berichtet wurde.[440] Eine Besetzung der Stadtschreiberstellen mit Klerikern der niedrigen Weihen (*clerici civitatis*, Stadtpfaffen) war wegen der vielfältigen schriftlichen Kontakte mit

---

438 Übersicht bei BIRGELEN, 2012, S. 92; Minerva Handbücher. Archive: Archive im deutschsprachigen Raum, Teil: A–N, 2. Aufl., Berlin 1974; Minerva Handbücher. Archive: Archive im deutschsprachigen Raum, Teil: O–Z und Register, 2. Aufl., Berlin 1974; Eine Erfurter Kämmereirechnung aus der Mitte des 14. Jahrhunderts (mit Edition), 2013, S. 65–102; Die ältesten Görlitzer Ratsrechnungen bis 1419, 1905–1910; SCHUSTER, 1927; Die älteste Meißner Stadtrechnung vom Jahre 1460, 1903, S. 269–299; Pegauer Stadtrechnungen des 14./15. Jahrhunderts, 1912; ENKELMANN, Hans Walter: Stadtrechnungen von 1492 ins Pößnecker Stadtarchiv zurückgekehrt. In: Pößnecker Heimatblätter, 12,4, 2006, S. 14–20; LORENZ, 1906, S. 194–255; HOBOHM, 1912, S. 17; BECKER, 1905.
439 Urkundenbuch der ehemals freien Reichsstadt Mühlhausen in Thüringen, 1874, Nr. 542.
440 KLEEBERG, Erich: Stadtschreiber und Stadtbücher in Mühlhausen i.Th. vom 14.–16. Jahrhundert nebst einer Übersicht über die Editionen mittelalterlicher Stadtbücher. In: Archiv für Urkundenforschung, 2, 1909, S. 417–419.

der Kirche, klösterlichen Einrichtungen und dem weltlichen Klerus vorteilhaft.[441] Sie lässt sich noch heute an der Bezeichnung „clerk" für Schreiber im Englischen ableiten.[442]

Mit Gerhard Pucker tritt 1414 der erste Laie in das Amt des Schreibers ein, erhält 1425 als Oberschreiber das Bürgerrecht und wird später Ratsmitglied. Der seit etwa 1422 als Unterschreiber tätige Johann Molsdorf war alleiniger Schreiber von 1431 bis 1438. Daran anschließend war Hermann Kappus aus Mühlhausen Unterschreiber und ab 1441 Johann Eisenhart, Domherr zu Naumburg und Baccalaureus des geistlichen Rechts, Oberschreiber. Letzterer verließ 1452 nach seiner Wahl zum Dekan in Naumburg die Stadt Mühlhausen. Sein Nachfolger als protonotarius wurde der Mühlhäuser Geistliche Magister Johann Wolfhagen, der in Erfurt studiert und einen Abschluss in Theologie erworben hatte. Bei seinem Tod 1459 hinterließ er die Kanzlei „in ziemlicher Unordnung". Zu seinem Nachfolger wurde 1460–1486 der Magister der „Freien Künste" Heinrich Raven als *Publikums notarius imperial Autoritäten*. Dieser besorgte die schriftlichen Arbeiten der Kämmerei bis 1473 allein. Dann finden sich Hinweise auf den *„scriptor camerariae"* und *„publicus notarius"* Johann Hufeland, der bis 1490 tätig war. Kurzfristig wird 1490 Martin Kelner als Protonotar genannt. Zweiter Schreiber in Mühlhausen war von 1476 bis 1479/80 der Kleriker Jakob Engelbert von Grevenstein, protonotarius Molhusensis. Sein Nachfolger wurde der Magister Heinrich Rone. Der Oberste Schreiber Heinrich Raven hatte die Aufsicht über beide Schreibstuben, vertrat die Stadt aber vor allem in auswärtigen Angelegenheiten und Verhandlungen. Eine klare Abgrenzung der Zuständigkeiten der Schreiber und Notarii gab es bis Mitte des 16. Jahrhunderts nicht. 1490 wird der Magister Heinrich Konemund aus Mühlhausen oberster Schreiber und Kammerschreiber, gefolgt 1498 von Johannes Schade. Insgesamt weisen im 15. Jahrhundert sechs der Oberschreiber eine akademische Ausbildung auf. Obwohl die Stadtverfassung es nicht vorsah, dass Angehörige der Geschlechter der Stadt mit dem Amt des Schreibers betraut wurden, stammten neun von 17 Schreibern aus bekannten Familien der Stadt.[443] Damit wird deutlich, dass die Bezeichnung „Schreiber" nicht zu einer Unter-

---

441 Isenmann, 2014, S. 419 f.
442 Grundmann, 1958, S. 60; Ennen, Edith: Stadt und Schule in ihrem wechselseitigen Verhältnis vornehmlich im Mittelalter. In: Carl Haase (HG): Die Stadt des Mittelalters, Teilbd. 3: Wirtschaft und Gesellschaft, Darmstadt 1973, S. 461.
443 Kleeberg, 1909, S. 419–449; Schmitt, Ludwig Erich: Untersuchungen zu Entstehung und Struktur der „Neuhochdeutschen Schriftsprache", 1, Sprachgebiete des Thüringisch-Obersächsischen im Spätmittelalter. Die Geschäftssprache von 1300 bis 1500, Köln/Graz 1966, S. 168–175; Kruppe, Michael: Die Türkenhilfe der Reichsstädte Nordhausen und Mühlhausen in der Zeit von Maximilian I. bis Rudolf II. (1493–1612) – Ein Beitrag zur Steuer- und Finanzgeschichte im Spätmittelalter und der Frühen Neuzeit, Göttingen 2012, S. 72–74.

schätzung der Bedeutung dieses städtischen Dienstamtes führen sollte.[444] Der Oberste Schreiber oder Pronotar war häufig mit der Leitung der Stadtkanzlei betraut und erhielt eine hohe Vergütung sowie sonstige Vorteile wie Steuerbefreiung, Befreiung vom Wach- und Militärdienst, die Erlaubnis zur Nebentätigkeit, Reisekosten und Naturalleistungen.[445] Bei der Besetzung des Amtes gab es unterschiedliche Vorgehensweisen. Für einen einheitlichen Stil der Dokumentation war es hilfreich, wenn das Schreiberamt innerhalb der Stadt und familiär weitergegeben wurde.[446] Da der Schreiber auf Grund seiner Tätigkeit tiefgreifende Einblicke in die Stadtverwaltung und die Entscheidungsprozesse gewann, was ihm wahrscheinlich vielfach einen gewissen Einfluss verschaffte, wurden auch auswärtige Schreiber verpflichtet, die von persönlichen Bindungen und Parteiungen frei waren. Nachteil dieser Lösung war ein wechselhafter Geschäfts- und Sprachstil dieser Schreiber. Stadtschreiber scheinen im Mittelalter Angehörige einer gefragten, mobilen Berufsgruppe gewesen zu sein. Insbesondere die Stadtschreiber mit akademischer Ausbildung hatten nach dem Ausscheiden aus einer Stadtkanzlei gute Aussichten, andere hohe Ämter zu übernehmen.[447]

3.5.3. Mühlhäuser Kämmereiregister

Das Archiv der Stadt Mühlhausen in Thüringen weist eine besonders gute Überlieferungssituation auf. Lediglich bei einem Brand im Jahre 1367 in der Kanzlei selbst kam es vermutlich zu größeren Schäden an Dokumenten, während bei großen Stadtbränden wie in

---

444 Zum Einfluss der Stadtschreiber auf die Ratspolitik und Stadtschreiber als mögliche Vorläufer der Berufsbürgermeister s. STEINBERG, Sigfrid H.: Die Goslaer Stadtschreiber und ihr Einfluß auf die Ratspolitik bis zum Anfang des 15. Jahrhunderts, Goslar 1933, S. 8–10; s.a. KÜHNLE, Nina: Wir, Vogt, Richter und Gemeinde. Städtewesen, städtische Führungsgruppen und Landesherrschaft im spätmittelalterlichen Württemberg (1250–1534), Ostfildern 2017, S. 86; MERSIOWSKY, Mark: Städtisches Urkundenwesen und Schriftgut in Westfalen vor 1500. In: Walter PREVENIER, Thérèse de HEMPTINNE (HG): La diplomatique urbaine en Europe au moyen âge. Actes du congrès de la Commission internationale de Diplomatique, Gand, 25–29 août 1998, Leuven 2000b, S. 351 f.
445 WRIEDT, Klaus: Bürgertum und Studium in Norddeutschland im Spätmittelalter. In: Johannes FRIED (HG): Schulen und Studium im sozialen Wandel des hohen und späten Mittelalters, Sigmaringen 1986, S. 492; s.a. VOLK, Otto: Stadt und Schule im mittelalterlichen Marburg. In: Erhart DETTMERING, Rudolf GRENZ (HG): Marburger Geschichte. Rückblick auf die Stadtgeschichte in Einzelbeiträgen, Marburg 1980, S. 207 f.
446 PAJCIC, Kathrin: Frauenstimmen in der spätmittelalterlichen Stadt? Testamente von Frauen aus Lüneburg, Hamburg und Wien als soziale Kommunikation, Würzburg 2013, S. 164 f.; zu den Amtszeiten der Schreiber in Göttingen s.a. HOHEISEL, Peter: Die Göttinger Stadtschreiber bis zur Reformation. Einfluß, Sozialprofil, Amtsaufgaben, Göttingen 1998, S. 21–25.
447 ISENMANN, 2014, S. 419–427.

den Jahren 1422, 1487, 1689 und 1707 wohl keine Verluste eingetreten sind.[448] Eine Übersicht der in Mühlhausen erhaltenen städtischen Dokumente gibt Kleeberg.[449] Kämmereiregister existieren seit 1380 auf Pergamentbogen, die bis 1405 eine zusammenfassende Darstellung des Rechnungsjahres enthalten.[450] Ab 1407 bis zum Ende der Reichsunmittelbarkeit 1802 werden Rechnungen in Papierbänden geführt. Während die Bände von 1407/08 nur Einnahmen und 1409/10 nur Ausgaben verzeichnen, werden ab 1417 Einnahmen *(Recepta)*, Ausgaben *(Distributa)* und Steuern *(Census)* stets in dieser Reihenfolge geführt. Für das 15. Jahrhundert beschreibt Kleeberg Halbjahreseinträge von jeweils 30–40 Blättern und den Übergang zu Jahresrechnungen ab 1527.[451] Es sind insgesamt 276 Kämmereiregister aus der Zeit als Reichsstadt erhalten. Detailliertere Rechnungsaufstellungen sind nach v. Kauffungen für die Jahre bzw. Jahresabschnitte 1407, 1409–1410, 1417–1419, 1419–1420, 1428–1430, 1442–1446, 1450–1452, 1456, 1459–1461 und weiter bis 1802 vorhanden. Diese bestehen aus gebundenen Papierblättern.[452] In der vorliegenden Studie wurden das Kämmereiregister von 1456 als einzeln stehendes Rechnungsbuch mit einer Rechnungsperiode sowie das Kämmereiregister von 1460/61 mit zwei Rechnungsperioden als hauptsächliche Untersuchungsgegenstände verwendet.

---

448 BRINKMANN, Ernst: Gelegenheitsfunde im Mühlhäuser Archiv. In: Mühlhäuser Gbll., 32, 1933, S. 101 f.; zu den Stadtbränden s.a. BADER, W.: Die grossen Brände in Mühlhausen, Mühlhausen i.Th., 1912.
449 KLEEBERG, 1909, S. 479–490, s.a. BEYERLE, Konrad: Die deutschen Stadtbücher. In: Deutsche Geschichtsblätter. Monatsschrift zur Förderung der landesgeschichtlichen Forschung, 11, 1910, S. 173 f.; GÜNTHER, Gerhard, LÖSCHE, Dietrich: Das Stadtarchiv Mühlhausen und seine Bestände, Mühlhausen in Thür. 1965, S. 90.
450 Die Kämmereirechnungen von 1407 und 1409, Mühlhausen 1928/1929, S. 119.
451 KLEEBERG, 1909, S. 486.
452 Die älteste Kämmereirechnung der Kaiserlich freien Reichsstadt Mühlhausen i.Thür. vom Jahre 1407, 1904/1905, S. 35; die Angaben des Stadtarchivs in Mühlhausen führen einen davon leicht abweichenden Bestand mit 1451–1453, 1456, 1460, 1460–1461, 1461–1464, 1466–1468, 1467–1468, 1471–1473, 1483–1486, 1491–1497 und weiter auf. Eine Übersicht des Bestandes geben die Tabellen 23 und 24 im Anhang.

3.6. Das Kämmereiregister von Mühlhausen in Thüringen von 1456

3.6.1. Das Dokument

3.6.1.1. Materialität

Zur grundlegenden Bearbeitung in der vorliegenden Untersuchung wurde das Kämmereiregister von 1456 ausgewählt.[453] Das Kämmereiregister besteht aus einer Lage mit 48 Papierblättern sowie einem Pergamentblatt (fol. 26) in gebundener Form mit einer Gesamtstärke von ca. 10 mm.[454] Die regulären Papierbogen (Doppelblätter) weisen eine Höhe von ca. 300 mm und eine Breite von ca. 423 mm (Kanzleiformat) auf.[455] In der Lagenmitte bei fol. 32v./33r. wurde im oberen und unteren Viertel eine symmetrische Fadenbindung mit vier Löchern angebracht, die erneuert worden ist. Das Papier dieser Blätter zeigt etwa 10 Siebstege/cm, die horizontal verlaufen. Alle 18 regulären Doppelblätter zeigen ein Ochsenkopf-Wasserzeichen (Tab. 17 im Anhang). Varianten dieses Wasserzeichens weisen auf verschiedene Chargen oder Zwillingsgautschen bei der Herstellung des Papiers hin (s. Abb. 114–117 im Anhang, Wasserzeichen Ochsenkopf, A–D). Das Papier ist von cremeweißer Farbe, fester Beschaffenheit und hartem Klang. Die Papierdicke beträgt 0,208±0,017 mm.[456] Die Papierkanten haben einen unregelmäßigen, an den Ecken meist abgerundeten Verlauf und scheinen nicht nachträglich beschnitten worden zu sein. Eine Linierung oder Randeinteilung liegt nicht vor.

Zur Bearbeitung lag das Dokument im Original und in digitaler Form als hochaufgelöster Scan von insgesamt 53 Einzeldateien (jpg, 0001 bis 0053) mit einer durchschnittlichen Größe von ca. neun Megabyte (9 MB) vor.

Die einzelnen Bilddateien zeigen neben dem Deckblatt (fol. 1r.) und seiner Rückseite (fol. 1v.) sowie der Rückseite des letzten Blattes (fol. 49v.), die einzeln abgebildet sind, jeweils links eine Verso- und rechts eine Recto-Ansicht eines Blattes. Eine Ausnahme ergibt sich bei den Bilddateien 0027/29, die eine Unregelmäßigkeit wiedergeben, bei der fol. 26 als Teilblatt (r/v) seitenvertauscht eingebunden ist.

Das Deckblatt trägt links unten einen Aufkleber des Stadtarchivs Mühlhausen i. Thür. mit der Aufschrift „Alte Signatur MPO 7a", „Neue Signatur 2000/9". Links oben ist die

---

[453] Das betreffende Kämmereiregister wird im Stadtarchiv Mühlhausen aufbewahrt und findet sich unter der Signatur: StadtA Mühlhausen, Kämmereiregister 1456, 2000/9.
[454] Alle angegebenen Papiermaße in Höhe x Breite in mm, zu Papierformaten s.a. BRIQUET, Bd. 1, 1968, S. 7; WEISS, 1962, S. 47–57; SCHULTZ, 2018, S. 542.
[455] SCHULTZ, 2018, S. 111.
[456] Bestimmung nach SCHULTZ, 2018, S. 545.

Signatur handschriftlich wiederholt: „MPO Nr 7ª". Ebenfalls auf der linken Seite befindet sich im oberen Drittel ein runder Stempel des Stadtarchivs. In der Mitte des Blattes ist in großen arabischen Ziffern die Jahreszahl 1456 angebracht. Das erste Blatt des Manuskripts ist in der rechten oberen Ecke mit A (in Tinte) und der arabischen Ziffer 1 (in Bleistift) gekennzeichnet. Diese Angabe ist wahrscheinlich in späterer Zeit erfolgt, ebenso wie die fortlaufende, in Bleistift ausgeführte Foliierung der Recto-Seiten der folgenden Blätter und Teilblätter mit arabischen Zahlzeichen. Fol. 3 trägt auch verso eine Seitenbezeichnung „4 RS" links oben, die nicht dem Schema der übrigen Nummerierung folgt. Fol. 4 ist ein lose eingelegter, schmaler Papierstreifen von ca. 30x155 mm, der recto die Seitennummer trägt und verso unbeschriftet ist. Es ist in manchen Fällen nicht nachvollziehbar, ob es sich bei diesen Blattfragmenten um nachträglich eingeheftete Notizen oder Teile ursprünglich kompletter Blätter handelt. Fol. 5 ist ein eingebundenes Blatt von ca. 208x187 mm, das zum Bundsteg hin schräg angeschnitten ist. Die Schrift auf dem Blatt verläuft in zwei Spalten. Fol. 7, 12, 13, 14 sind reguläre Blätter, deren Gegenseiten bis auf Reststege abgeschnitten wurden. Auf fol. 11 wurden, möglicherweise zu späterer Zeit, drei Zettel aufgeklebt: fol. 8 (ca. 110x108 mm) mit einer deutlich feineren Papierstruktur von ca. 12–13 Siebdrähten/cm und einem angeschnittenen, inkompletten Ochsenkopf-Wasserzeichen, fol. 9 (unregelmäßig, ca. 40x56 mm) aus gröberem Papier von ca. 8 Ripplinien/cm und einem Wasserzeichenfragment sowie fol. 10 (ca. 110x140 mm). Fol. 14 (ca. 208x185 mm, schräg zum Bundsteg zugeschnitten) und fol. 16 (ca. 216x210 mm) sind relativ große Teilblätter, die an den Rändern, wie es scheint, beschnitten wurden. Bei fol. 17 handelt es sich um ein reguläres Blatt. Danach ist ein schmaler, recto beschrifteter Streifen Papier (ca. 49x205 mm) mit der Nummer 18 auf fol. 19 aufgeklebt. Fol. 19 ist wieder ein reguläres Blatt; fol. 20 und 21 sind beidseitig beschriebene Teilblätter von ca. 125x180 bzw. 130x180 mm. Fol. 22–25 stellen reguläre und beidseitig beschriebene Blätter dar. Bei fol. 26 ist die Irregularität eines am oberen Rand seitenverkehrt eingebundenen Pergamentblattes (ca. 125x120 mm) zu bemerken. Fol. 27–36 folgen dem regulären Muster beidseitig beschriebener Blätter. Fol. 37 ist ein eingeheftetes Teilblatt (ca. 165x200–210 mm). Fol. 38–44 sind reguläre, beidseitig beschriebene Blätter. Zwischen fol. 39v. und fol. 40r. erscheint der Gegensteg des Pergamentblattes (ca. 120x62–70 mm), der auf der recto-Seite beschrieben ist. Die Informationen dieses außerhalb der Nummerierung liegenden Stückes gehören eindeutig zu fol. 40r. Die folgenden Blätter sind regulär, jedoch nur dann mit einer Foliierung versehen, wenn sie beschriftet sind. Fol. 45 und 46 sind nur recto beschrieben (zur Lagenanalyse s. Abb. 2, zu den Wasserzeichen Tab. 17 im Anhang).

Bei der Beschriftung des Papiers wurde ein linker Rand/Bundsteg von ca. 25–50 mm eingehalten. Der Kopfsteg beträgt 20–30 mm. Am rechten Rand und unten wird das Papier bei der Beschriftung bei Bedarf vollständig benutzt. Die Schrift ist in hell- bis dunkel-

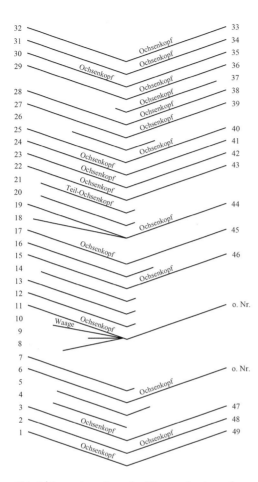

Abb. 2 | Lagendarstellung des Kämmereiregisters der Stadt Mühlhausen von 1456 mit Folio-Nummerierung und Angabe der Wasserzeichen (fol. 8, 9, 10 und 18 sind eingeklebte Zettel; eingeschobene Blätter: fol. 4, 5, 20, 21, 37).

brauner Tinte ausgeführt. Zeitliche Unterschiede bei den Eintragungen können an der unterschiedlichen Tintenfarbe ausgemacht werden, z.B. innerhalb der Buchungsabschnitte, während die Überschriften der Abschnitte homogen erscheinen.[457] Bei der Betrachtung der verschiedenen Buchungsabschnitte fällt auf, dass diesen Überschriften mit großzügigen Freiräumen vorgegeben wurden, die für Buchungen vorgesehen waren. Das „Vorschreiben" eines Rechnungsbuches mit großzügigen Freiräumen unter den Rubrikentiteln war auch in anderen Städten bekannt.[458] Allerdings wurden in der Praxis diese freien Stellen durchaus unterschiedlich gefüllt. Teilweise erfolgten gar keine Buchungen unter einem Titel, in anderen Fällen wurde die Schriftgröße und der Zeilenabstand verringert, um die zahlreichen Buchungen noch unter ihrem Buchungsabschnitt unterbringen zu können. Dies ist ein klarer Hinweis auf eine vorgefertigte Struktur, bei der auch das Schriftbild der Überschriften durchgängig homogen erscheint, während die Einträge der Buchungstexte variierten.

Es wurde keine komplette Transkription des Dokuments vorgenommen, sondern es wurden die wesentlichen Punkte aus dem Kämmereiregister unter Weglassung der meisten Detailaufzählungen aufgeführt. Die Wiedergabe von Zahlenwerten und Text versucht weitgehend, der räumlichen Anordnung im Original zu entsprechen. Groß- und Kleinschreibung folgt soweit möglich dem Original. Bei Problemen der Unterscheidung von Majuskel und Minuskel wird

---

457 Zu Tinte s.a. BACHMANN, 2011, S. 32–39.
458 LANDOLT, 2004, S. 81.

im Zweifelsfall die im 15. Jahrhundert überwiegend vorherrschende Kleinschreibung gewählt.[459] Die handschriftlichen Buchstaben *u* und *v* wurden nach ihrem Lautwert ausgeglichen; ſ und *s* wurde einheitlich durch s wiedergegeben. Römische Ziffern wurden durch arabische ersetzt. Die Angabe arabischer Zahlzeichen im Original wird kenntlich gemacht. Bei der Transkription lateinischer Abkürzungen wurden Cappelli, Grun und Schuler verwendet.[460] Leider konnten im Kämmereiregister von 1456 keine Angaben mit Währungsverhältnissen ausgemacht werden, die denen des Zettels im Register von 1409/10 entsprechen.

3.6.1.2. Schriftbild – Die Gotische Urkundenschrift

Das Schriftbild des Kämmereiregisters von Mühlhausen stellt sich als gotische Urkundenkursive des 15. Jahrhunderts dar, in der relativ kleine, gedrungene und schräg nach rechts geneigte Buchstaben verwendet werden. Dies wird insbesondere beim langen *s* deutlich. Zahlreiche Buchstaben zeigen kursive Verbindungen, wie *h*, *k* und das *d* über die Oberlängenschleife.[461] Klar erkennbar ist die Tendenz zur Hervorhebung des einleitenden Buchstabens mit einer Auflösung in Gitterform, das *D* und das *I* mit Unterlänge, letzteres mit seiner aus dem 13. Jahrhundert übernommenen Rundung (s. Abb. 3).[462]

3.6.1.3. Schriftsprache

Die Eintragungen sind auf den meisten Blättern des Kämmereiregisters in lateinischer Sprache abgefasst. Zwar hatte ab etwa Mitte des 14. Jahrhunderts die Volkssprache bereits breiten Raum gewonnen. In den oberdeutschen Städten war bereits früh eine Übernahme der deutschen Sprache in die Rechnungsbücher erfolgt.[463] In der Stadt Köln beruhte im 15. Jahrhundert das gesamte innerstädtische Schriftwesen auf der deutschen Sprache.[464] Kanzleien anderer

---

459 Die Rechnungsbücher der Stadt Luxemburg, H. 6: 1467–1473, 2012, S. 12 f.; Die Rechnungsbücher der Stadt Luxemburg, H. 8: 1478–1480, 2014, S. 18 f.
460 CAPPELLI, Adriano: Lexicon abbreviaturarum. Dizionario di abbreviature latine et italiane, 7. Ausg., Mailand 2016; GRUN, Paul Arnold: Schlüssel zu alten und neuen Abkürzungen, Limburg/Lahn 1966, S. 177–230; SCHULER, Peter-Johannes: Historisches Abkürzungslexikon, Stuttgart 2009, S. 289–360.
461 BECK, Friedrich, BECK, Lorenz Friedrich: Die Lateinische Schrift. Schriftzeugnisse aus dem deutschen Sprachgebiet vom Mittelalter bis zur Gegenwart, Köln 2007, S. 46–48. Zur Entwicklung der gotischen Schriftarten s.a. CROUS, Ernst, KIRCHNER, Joachim: Die gotischen Schriftarten, 2. Aufl., Braunschweig 1970.
462 HEINEMEYER, 1962, S. 136 f.; LEESCH, Wolfgang: Art. Kursive. In: Severin CORSTEN (HG): Lexikon des gesamten Buchwesens, 2. Bd., Stuttgart 1995, S. 371–372.
463 LANDOLT, 2004, S. 81.
464 GROTEN, Manfred: Erfindung und Tradierung einer städtischen Schriftsprache im spätmittelalterlichen Köln. Rahmenbedingungen und Akteure. In: Anna KARIN, Silvia ULIVI, Claudia WICH-REIF (HG): Regiolekt, Funktiolekt, Idiolekt. Die Stadt und ihre Sprachen, Göttingen 2014, S. 20.

fol. 43v. Walburgis

fol. 24r. Penthecostes

fol. 24r. Bonifatii

fol. 24r. Kilianii

fol. 2v. Margarete

fol. 24r. Arnolfi

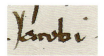
fol. 12r. Jacobi

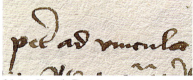
fol. 24r. Vincula Petri

fol. 2v. Decollationis Johannis

fol. 24r. Egidii

fol. 24r. Mathei

fol. 24r. vigilia Luce

fol. 2v. Symonis et Jude

fol. 2v. Martini

fol. 2v. tertia postquam

fol. 24r. Domenica postquam

Abb. 3 | Beispiele für kirchliche Feiertage und Heiligengedenktage, die im Kämmereiregister von Mühlhausen 1456 (StadtA Mühlhausen, Kämmereiregister 1456, 2000/9) für die Datierung von Buchungen verwendet wurden, sowie Beispiele für den damit kombinierten Gebrauch von *postquam* (Aufnahmen Miller, 10./11.12.2018).

Städte behielten aber Latein als Fachsprache bei ihren Aufzeichnungen weiterhin vielfach bei.[465] Für Mühlhausen wird ein erstes Auftreten der Volkssprache für 1314 berichtet.[466] Das Latein der Kämmereirechnungen ist dabei deutlich verschieden vom Wortschatz, den komplizierten Satzkonstruktionen und manchmal auch der Grammatik des klassischen Lateins und orientierte sich an den sprachlichen Fähigkeiten der mit diesen Dokumenten befassten Personen. Verschiedentlich wurden deutsche Begriffe zur Vereinfachung der Verständigung in lateinische Sätze übernommen und Namen latinisiert.[467] Auf einigen Blättern aber finden sich Einträge in deutscher Sprache, die sich den ostmitteldeutschen Schreibsprachen zuordnen lassen.[468] Es handelt sich dabei um die Seiten fol. 3v., 4r., 15v., 16rv., 19–21rv., 22r., 30v., 47v., 48r. Damit betreffen die Eintragungen in deutscher Sprache knapp ein Drittel der Seiten.

3.6.2. Recepta

Fol. 1r.
Die Aufzeichnungen des Kämmereiregisters beginnen auf diesem Blatt in der Mitte oben mit der Abkürzung *yhus* mit einem Überstrich, die in ähnlicher Weise die meisten Hauptkapitel (s.a. fol. 12r.) anführt. Ähnlich wie IHS steht dies für „Jesus", wohl im Sinne einer christlichen Eröffnungsformel oder Chrismons.[469] Solche Eröffnungsformulierungen wurden auch in anderen städtischen Kämmereiregistern verwendet, wie in Bern mit † *Ihs* † *Maria* † und in Hildesheim mit „*Patrem invocamus, qui celum et terram condidit*" oder auch „*… qui terram fecit et condidit celos*".[470] Die Überschrift dieses Blattes weist aus, dass im Fol-

---

465 STEINFÜHRER, 2007, S. 167.
466 HERRMANN, 2006, S. 449.
467 Mittelalterliche Stadtrechnungen im historischen Prozess. Die älteste Duisburger Überlieferung (1348–1449), 2007, S. 42 f.
468 BECK, Wolfgang: Grenzen und Möglichkeiten einer Corpuserstellung deutscher Literatur des Mittelalters in Thüringen. In: Luise CZAJKOWSKI, Corinna HOFFMAN, Hans Ulrich SCHMID (HG): Ostmitteldeutsche Schreibsprachen im Spätmittelalter, Berlin 2007, S. 155–157.
469 Das Christus-Monogramm IHS (Jesus – Hominum – Salvator) geht auf Sankt Bernhardin von Siena Anfang des 15. Jahrhunderts zurück, s. SCHÄFER, Joachim: Ökumenisches Heiligenlexikon. Leben und Wirken von mehr als 3.500 Personen der Kirchengeschichte, Stuttgart 2004, Eintrag Bernhardin von Siena; s.a. KLAUSER und MEYER, 1962, S. 51; JÖCKLE, Clemens: Das große Heiligenlexikon, Erlangen 1995, S. 75 f.; HEIM, Franz Joseph: Vollständiges Heiligen-Lexikon, Bd. 1, A–D, Hildesheim 1975 (Nachdruck d. Ausg. 1858), S. 450.
470 CHMEL, Joseph: Geschichte Kaiser Friedrichs IV. und seines Sohnes Maximilian I., 1. Bd. Geschichte Kaiser Friedrichs IV. vor seiner Königswahl, Hamburg 1840, S. 589; IBERG, Johannes: Eine Zeichenkünstlerin Olympias? In: Archiv für Geschichte der Medizin, 2, Leipzig 1909, 6, S. 430 f., Stadtrechnungen von Bern vom 1454/I und 1492/II, 1910, S. 1; Urkundenbuch der Stadt Hildesheim, Bd. 6. Hildesheimsche Stadtrechnungen 1416–1450, 1896, S. 729, 762.

genden die *Recepta*, die Einnahmen, aufgeführt werden, die durch die beiden Kämmerer *Fredericus de Northusen* und *Bertold Falken* sowie *eos socios* verbucht wurden, wobei es sich bei letzteren um die anderen zehn der insgesamt zwölf Kammerherren handeln dürfte, die seit 1401 in Mühlhausen als Führungsstruktur existierten.[471] Beide Herren wurden auch zu Beginn des Copialbuches der Stadt Mühlhausen genannt, das im Jahre 1454 beginnt und bis 1458 geführt wurde.[472] Sie finden sich auch als *proconsules* im Notulbuch der Stadt für 1454. In einer Stiftungsurkunde des Jahres 1455 wird *Fredericus de Northusen* als Ratsmeister *(magistri consulu)* benannt.[473] Bertold Falke erscheint im selben Zeitraum in Zusammenhang mit einem Rentengeschäft.[474] Der Bericht ist datiert auf das Jahr 1456 und den Sonntag Exaudi, dem 6. nach Ostern und einen Sonntag vor Pfingsten (der 9. Mai 1456). Zu Exaudi fand der erste der drei Jahrmärkte der Stadt statt. Neben Martini war Exaudi einer der beiden üblichen Termine zur Steuerzahlung. Gegen Ende des Kämmereiregisters auf fol. 47v. findet sich ein Hinweis auf Martini (11. November).

Am Zeilenbeginn stehen in der Regel bei Gruppenüberschriften mit einer Buchung die Abkürzungen *ps* (das p mit Kürzungsschrift im Schaft), bei denen es sich wahrscheinlich um Approbationszeichen aus einer internen Kontrolle handelt.[475] In anderen Kämmereiregistern wie z.B. 1451–1453 und 1460 wird das Zeichen häufig mit *pse* angegeben. Es dürfte sich dabei um den Vermerk *per se* handeln, der eine eigenhändige Kontrolle bestätigt. Ein ähnliches Zeichen findet sich auch auf verschiedenen von Kaiser Maximilian paraphierten Dokumenten.[476] Andere weniger wahrscheinliche Interpretationen für das Zeichen *ps* sind *praesentatum* oder *praesentibus* (eingegangen, vorgelegt, genehmigt, vorhanden) oder *persolvit* (bezahlt).[477] Das Zeichen fehlt bei den Überschriften, die nicht mit einem Buchungseintrag versehen sind. In den Kämmereibüchern wird das Zeichen *ps* stets isoliert verwendet; es kann daher nicht nachgewiesen werden, wer die Kontrolle konkret vollzogen hat, auch wenn

---

471 Die Kämmereirechnungen von 1407 und 1409, Mühlhausen 1928/1929, S. 121 f.
472 StadtA Mühlhausen, Copialbuch 1454–1459, 10-W 1-8, Nr. 7.
473 Pergamenturkunde StadtA Mühlhausen 0/995.
474 Raths-Obligationen wegen wiederverkäuflicher Zinsen 1408-59, Signatur 10-E8, 5, fol. 100 (210x280 mm, mit Wasserzeichen Ochsenkopf).
475 WEISS, 2002, S. 34.
476 LACKNER, Christian: Maximilian und die Universität Wien. In: Katharina KASKA (HG): Kaiser Maximilian I. Ein großer Habsburger, Wien 2019, S. 53; ÖNB, Sammlung von Handschriften, Urkunden des Jahres 1508, Ser. n. 9604, fol. 10, fol. 40 (s.a. MAZAL, Otto, HILMAR, Rosemary: Katalog der Abendländischen Handschriften der Österreichischen Nationalbibliothek „Series Nova" 5/2, Cod. Ser. N. 4801–4851 und Ser. N. 9249–9999, Register, Wien 1997, S. 211); zum Kürzungswesen s.a. BECK, Friedrich: II. Schrift. In: Friedrich BECK, Eckart HENNING (HG): Die archivalischen Quellen. Mit einer Einführung in die historischen Hilfswissenschaften, 3. Aufl., Köln 2003, S. 199–201.

es naheliegt, diese bei den Kämmerern zu vermuten. An verschiedenen Stellen gibt es auch persönliche Handzeichen, die bestimmte Buchungen, z.B. mit Einfügungen, betreffen. Ein Beispiel dafür ist das Kürzel *nō*, das mit hoher Wahrscheinlichkeit Fredericus de Northusen zugeordnet werden kann (s. fol. 2rv., 15v.). Es findet sich auch im Kämmereiregister von 1453 (fol. 53rv.), in dem Northusen ebenfalls Kämmerer war. Ein weiteres Zeichen ähnelt einem f mit daruntergesetzter Zackenlinie (fol. 3v., 5r., 13v., 14r., 15v., 16r., 23v., 38r.). Möglicherweise steht es für Berthold Falke. Ein weiteres, nicht zuzuordnendes Zeichen besteht aus drei Punkten mit Bogenlinie darunter (fol. 3v., 5r., 15v., 19v., 23v., 31v., 32r.). Auch diese Zeichen können bereits im Jahr 1453 beobachtet werden.

Die Darstellung beginnt mit dem Kassenstand: *In Cammera: 2.786 sex* (sexagena, Schock Groschen).[478] Vergleichbare Angaben finden sich z.B. in den Göttinger Kämmereirechnungen unter der Bezeichnung „*Von den alten Kämmerern*".[479] Konkrete Hinweise auf Korrekturen, die auf Grund einer durch ein Approbationszeichen belegten Kontrolle erfolgt sind, konnten nicht festgestellt werden. In der Regel wurden Korrekturen dem Schriftbild nach durch denselben Schreiber vorgenommen.

Bei dieser Angabe handelt es sich üblicherweise um den Übertrag des Kassenstandes aus dem vorangegangenen Rechnungszeitraum. Da im konkreten Fall das vorangehende Rechnungsbuch nicht überliefert ist, kann der Wert nicht nachvollzogen werde. Für andere Jahrgänge lässt sich die Korrektheit der Überträge jedoch feststellen. Es werden verschiedenste Einnahmen verzeichnet, die nach heutigen Definitionen sowohl privatwirtschaftlicher als auch öffentlich-rechtlicher Art waren, wenn auch die Übergänge fließend sein konnten.[480] An Einnahmen werden aufgeführt (die folgende Übersicht gibt nur einen annähernden Rahmen):

---

477 CHASSANT, Alphonse Antoine Louis: Dictionnaire des abréviations latines et francaises usitées dans les inscriptions lapidaires et métalliques, les manuscrits et les chartes du Moyen Âge, Nachdr. der 5. Aufl., Hildesheim 1965, S. 74; GRUN, 1966, S. 211; SCHULER, 2009, S. 339.

478 BERGHAUS, Peter: Eintrag „Groschen". In: Robert-Henri BAUTIER (HG): Lexikon des Mittelalters IV, München 1989, Sp. 1726–1727; SUHLE, Arthur: Eintrag „Schock Groschen". In: Friedrich von SCHRÖTTER (HG): Wörterbuch der Münzkunde, 2. Aufl., Berlin 1979, S. 606; s.a. ARNOLD, Thomas: Der Hohlpfennigfund von Mühlhausen (1990) – verborgen um 1430 – Spiegelbild des Thüringer Kleingeldumlaufs, Mühlhausen 2007.

479 NEITZERT, Dieter: Göttingens Wirtschaft, an Beispielen des 15. und 16. Jahrhunderts. In: Dietrich DENECKE, Helga-Maria KÜHN (HG): Göttingen. Geschichte einer Universitätsstadt, Bd. 1, Göttingen 1987, S. 306 f.

480 KREIL, 1967, S. 137.

3.6.2.1. Allgemeine Einnahmen aus Steuern, Abgaben und Bußgeldern

De Angaria libre	45 sex	allgemeine Pachtabgaben.
De Cammera libre	16 sex 7 gr	Lagergebühren.
De communi libra	32 sex	Wiegegebühren der Stadtwaage.[481]
De signis pannorum	33½ sex	das Signum war eine vom Rat ausgestellte Bescheinigung, ähnlich einer Steuerbanderole, hier vermutlich im Rahmen der Tuchschau.[482]
De excessibus	41 sex 48 gr	Bußgelder.
Item 122 sex *Summa*	163 sex 48 gr	

In einer weiteren Zeile sind aufgeführt:
De schulteto   81½ sex   Dabei handelt es sich vermutlich um Gerichtsgebühren, die vom Schultheißen abgeführt wurden, wie es vergleichsweise von Groth für den Schultheißen von Mühlhausen und Dorla (s.u. fol. 1v.) beschrieben wird.[483]

Die Einnahmen setzen sich auf den weiteren Blättern fort:

Fol. 1v.

De theodomo cunctatis…		mit einer Reihe von Einzelposten,
die insgesamt	156 sex	ergeben.
De sculteto in Dorla, Summa	31 sex	vom Schultheißen in Dorla.
De magistris censuis Summa	162 sex	von den Steuereinnehmern.
De signis molendarium		ebenfalls mit einer bedeutenden Zahl von Einzelposten mit der Summe von
	190 sex	für Mahl- oder Mühlenbescheinigungen.

Fol. 2r.

De censu ramificum		keine Einträge.
De censu pistorum Summa	14 sex -4 gr	Gewerbesteuer der Bäcker.
De censu cerdonis et sutoris	18 sex	Gewerbesteuer der Gerber und Schuster.

---

481 Zu Wiegegebühren s.a. POETHE, 1985, S. 74.
482 Die Kämmereirechnungen von 1407 und 1409, Mühlhausen 1928/1929, S. 121.
483 Die Kämmereirechnungen von 1407 und 1409, Mühlhausen 1928/1929, S. 128 f.

3. Die Stadt Mühlhausen in Thüringen   119

De cellariis diversis Summa   5½ sex   hierunter werden mehrere kleinere Beträge im Zusammenhang mit Zahlungsterminen genannt, die namentlich genannte Kellermeister wie *Hans Frank* zu entrichten hatten.

De modus vini et cerevisie   6 sex   möglicherweise eine Eichgebühr bei Wein- und Bierausschank.

De annualibus fori Summa   14 sex 26½ gr   Jahrmarktsteuer (diese wurde an den Jahrmärkten zu Exaudi im Mai/Juni, Kiliani im Juli und Michaelis Ende September bis Mitte Oktober erhoben).[484]

Fol. 2v.

De censu institorum	1 sex 48 gr	Gewerbesteuer der Krämer.
De vice dominis	3 sex	
De subeo masiloquii	3 sex 4 gr	
De signis lanificum	17 sex	Gewerbesteuer der Leinweber.
Stetegel	9 sex 45 gr	ein Eintrag von 7 sex ist durchgestrichen
De equis venditis		kein Eintrag zu Pferdeverkauf.
De feno et grummit		Einnahmen für Heu und Grummet, nicht vermerkt.
De prostibulo	3 sex	Einnahmen aus Prostitution. Ein *Prostibulum* oder *Muhmenhaus* und die bescheidenen Steuern daraus wurden z.B. auch für Pegau[485] und Hall[486] (Schwäbisch Hall) berichtet.

Fol. 3r.

De modus salis	2 sex	s. modus vini.
De fimo	32 gr	Einnahme aus Düngerverkauf.
Von deme entephule		Posten ohne Eintrag, vermerkt in Deutsch.
De censibus der Spettern		Auflistung von über 20 Namen mit
	54 sex 40 gr	als Gesamtsumme.

---

484 Zur Genauigkeit der Rechenhaftigkeit wird auf das entsprechende Kapitel 3.6.5. verwiesen.
485 Pegauer Stadtrechnungen des 14./15. Jahrhunderts, 1912, S. 44, 94.
486 KREIL, 1967, S. 160; s.a. BACHMANN, Bd. 1, 2011, S. 203 und Die Butzbacher Stadtrechnungen im Spätmittelalter 1371–1419, Bd. 2: Edition, 2011, S. 36.

3.6.2.2. Einnahmen nach Bürgerrecht
Fol. 3v.

De iure civili   Steuer für Neubürger.[487] Zu diesem Posten gibt es eine große Anzahl an zugeordneten Namen mit als *Dt* (*dedit*, er gab) gekennzeichneten Summen. Insgesamt gibt es hierzu 28 Buchungen.[488] Vermerke einer erfolgten Zahlung waren in Rechnungsbüchern schon früh üblich, wie z.B. in den Stadtrechnungen von Osnabrück im Jahr 1383 mit *sic persolutus est,* was noch von einem Zahlungsdatum gefolgt sein kann: *Petri et Pauli computatione.*[489]

3.6.2.3. Einnahmen aus Geldanleihen (in Rentenform)

De pecunia accomodata: Für verschiedene Privatpersonen mit Namens- und Ortsangaben sind der Empfang *(recepimus)* von Beträgen über 90, von 63, 60, 77 und der dazu gehörigen Summe von 200 Gulden, sowie 128, 96, 180, 200 und 20 Gulden *(in auro* oder *flor)*, mit der Summe von 624 Gulden, aufgeführt.[490] Bei Groth werden solche Einträge im Jahr 1409 als Kreditaufnahmen durch die Stadt im Rahmen des damals wegen des Zinsverbotes üblichen Verfahrens des Geldkaufes interpretiert.[491] Auch das wären „Einnahmen" für die Stadt. *Recepimus* kann aber auch für „zurückerhalten" stehen, d.h. die Rückzahlung eines durch die Stadt gewährten Kredites. An einer Stelle zeigt das Wort *restat*, dass eine Summe nicht vollständig bezahlt wurde. Beispiele solcher Berechnungen finden sich auch im vorliegenden Untersuchungsobjekt. Groth wies darauf hin, dass in den Kämmereirechnungen von Mühlhausen in den Jahren nach 1417 im Anschluss an die gewöhnlichen Ausgaben der Titel *census* nach Städten geordnet alle Zinszahlungen an zahlreiche Gläubiger aufführt.[492] Im vorliegenden Kämmereibuch von 1456 dürfte es sich dabei um die Einträge unter den Ausgaben ab fol. 36r., *censi erffurden* handeln.[493]

Fol. 4r.
Dieses Blatt besteht aus einem schmalen eingehefteten Papierstreifen, der einen Quittungsvermerk in deutscher Sprache trägt: *„Ich Seppart ... habe emphangen 3 hundert schock und 42 schock von dem Rad von Mühlhausen ... nach Jacobi".* Der Eintrag findet sich relativ früh nach

---

487 KAISER, Beate: Mühlhäuser Neubürger im 15. und 16. Jahrhundert (Mühlhäuser Beiträge. Sonderheft 1), Mühlhausen 1979, S. VII.
488 PENNDORF, 1966, S. 11 (im Gegensatz zu *tenetur*, er schuldet).
489 Stadtrechnungen von Osnabrück aus dem 13. und 14. Jahrhundert, 1890, S. 103 f.
490 SCHRÖTTER, Friedrich von: Eintrag „Gulden". In: Friedrich von SCHRÖTTER (HG): Wörterbuch der Münzkunde, 2. Aufl., Berlin 1970, S. 245–246.
491 Die Kämmereirechnungen von 1407 und 1409, Mühlhausen 1928/1929, S. 130.
492 Die Kämmereirechnungen von 1407 und 1409, Mühlhausen 1928/1929, S. 165.
493 Zum unterschiedlichen Vokabular der lateinischen und deutschen Ausdrücke im Zusammenhang mit Zahlungen dieser Art, wie census, redditus, gült, schultgelt, ungelt, etc. s. KUCHENBUCH, 2012, S. 498 f.

Beginn der Kämmereirechnung, was dafür spricht, dass „nach Jacobi" das Zahlungsziel für die Rückzahlung eines Kredites darstellt, zumal der Streifen gegenüber den Einnahmen aus Geldanleihen (fol. 3v.) angebracht wurde. Es wäre auch möglich, dass der Streifen nachträglich nicht entsprechend seiner Datierung in die Kämmereirechnung eingebunden wurde.

Fol. 4v. ist nicht beschriftet. Man kann die Gegenseite des eingehefteten Streifens erkennen.

Fol. 5r.
Der Schriftträger ist auch bei dieser Seite ein vermutlich eingestecktes Blatt, dessen Maße etwas kleiner als das Format der originalen Blätter sind. Zum Binderand hin ist das Blatt leicht abgeschrägt und vermeidet dadurch die Bindung des Heftes. Das deutet darauf hin, dass es nachträglich eingebracht wurde. Das Blatt ist durch exakte, feine Striche in zwei Spalten mit Rändern geteilt. In diesen Spalten sind in enger Schrift über 30 Namen, einmal mit einer Berufsbezeichnung *(balneator)*, aufgeführt und mit dem Vermerk *dt (dedit)* mit einem Geldbetrag angegeben. Dabei handelt es sich durchweg um kleinere Beträge von 1–15 Schock bzw. wenigen Groschen. Als Beispiel soll hier die erste Zeile der linken Spalte dienen: *Curt Migaut dedit 15 gr* (eingefügt) *die Jacobi*.

Die Gesamtsumme wird in der rechten Spalte unten mit 81 sex 32 gr angegeben.

Fol. 5v. ist nicht beschriftet und zeigt das Gegenstück des eingehefteten Blattes.

Fol. 6r.
Dieses Blatt weist fünf Rechnungsposten auf, die mit weitem Abstand über die Seite verteilt eingegeben sind:

De vino gallico		kein Eintrag zu französischen Weinen.
De elsatico	145 sex 42 gr	Der Rat hatte sich das Verkaufsmonopol für Elsässer Wein vorbehalten[494]
De brexatura	429 sex	Einnahmen aus der Brausteuer.
Item 4 sex dt Kasenstengel		
De diebus venditis		kein Eintrag.
De ligno Rysch, summa	94½ sex	Einnahmen aus Holzverkauf.[495]
De ligno hart	31 sex	Einnahmen aus Hartholzverkauf.

---

[494] Elsässer Wein war als qualitativ besonders hochwertig bekannt und wurde entsprechend teuer gehandelt, s. HERBORN, Wolfgang, MILITZER, Klaus: Der Kölner Weinhandel. Seine sozialen und politischen Auswirkungen im ausgehenden 14. Jahrhundert, Sigmaringen 1980, S. 38; BEMMANN, 1915, S. 21.

[495] Bei Rysch handelt es sich möglicherweise um Reisig, da im Kämmereiregister von 1471 der Begriff de ligno Rießich in ähnlicher Weise auftaucht (StadtA Mühlhausen, Kämmereiregister 1471–1473, 2000/15, fol. 41v.).

3.6.2.4. Einnahmen aus Abgaben für Immobilien

Fol. 6v. steht unter der Überschrift *de collatione bonorum*. Diese Bezeichnung wird in Mühlhausen erstmals im Jahr 1419 als *de bonorum immobilium collatione* verwendet und stellt daher eine Abgabe auf Immobilienvermögen dar.[496] Es sind zahlreiche Namen mit den entrichteten Summen aufgeführt, meist auch mit dem Vermerk *de domo* oder *de agris*, was vermutlich auf die unterschiedliche Beschaffenheit und Besteuerung der Immobilien eingeht. Am Ende des Blattes wird als Gesamtsumme 64 sex 56 gr genannt. Die Eintragungen setzen sich auf fol. 7r. fort, das in zwei exakte Spalten getrennt ist. Die linke Spalte zeigt 34 Buchungen für 31 Personen. In der rechten Spalte sind 32 Personen mit 37 Buchungen aufgeführt. Bei fünf Namen wurden maximal drei Buchungen zu verschiedenen Terminen oder Vorgängen vermerkt. Ein mehrfach genannter Termin ist Kiliani (8. Juli). Eine Gesamtsumme fehlt hier.

3.6.2.5. Einnahmen aus Verbrauchsteuern

Fol. 7v. ist im oberen Drittel einspaltig, im unteren Teil wieder zweispaltig beschrieben.

De cens(u) vini: Für rund 40 Namen und 51 Buchungen sind kleinere Beträge als bezahlt aufgeführt. An dieser Stelle findet sich die mit *d* für *denarium* abgekürzte Währungseinheit Pfennig. Die Steuerzahlung wird teilweise mit Mengenangaben des Weines in *eymern* angegeben, womit eine Überprüfung der angegebenen Gesamtsumme nicht möglich war. Als Gesamtsumme wird der Betrag von 7 sex 50 gr genannt, was der Geringfügigkeit der einzelnen Beträge entspricht. Im Gegensatz zur Brausteuer spielte die Steuer auf Weinhandel keine bedeutende Rolle für die Stadt. Dies entspricht dem berichteten Rückgang des Weinhandels im 15. Jahrhundert aufgrund der Zunahme des Konsums an billigerem und möglicherweise auch wohlschmeckenderem Bier.[497] Das Braurecht mit den damit verbundenen Einnahmen war für die Bürgerfamilien von wirtschaftlicher Bedeutung und führte zu entsprechenden Abgaben an die Stadt.[498] Ein vergleichbarer Eintrag findet sich im Kämmereiregister von 1407 als Weinausschanksteuer. Dabei wurde präzisiert, dass es sich um Wein aus der Gegend von Mühlhausen handelte *terrestris hic propinati*. Für fremde Weine, wie z.B. aus dem Elsass, galten andere Bestimmungen. Für den Weinausschank wurden *signa* ausgestellt, die als Beleg galten.[499] Ein solcher Vermerk fehlt im Dokument von 1456.

---

496 StadtA Mühlhausen, Kämmereiregister 1419–1420, 2000/5, fol. 6r. Groth (Die Kämmereirechnungen von 1407 und 1409, Mühlhausen 1928/1929, S. 124) erwähnt in seiner Edition eine ähnlich lautende Abgabe „*census de bonorum venditorum immobilium*" im Sinne einer Grunderwerbssteuer. Dies unterscheidet sich klar von der hier genannten Abgabe, die regelmäßig und von zahlreichen Bürgern erhoben wurde und dadurch nicht an den Verkauf von Immobilien gebunden sein konnte.
497 HERBORN und MILITZER, 1980, S. 5.
498 UITZ, Erika: Die Frau in der mittelalterlichen Stadt, Stuttgart 1988, S. 59.
499 Die Kämmereirechnungen von 1407 und 1409, Mühlhausen 1928/1929, S. 127.

Fol. 8r.
Auf einem kleinen, nachträglich eingebrachten Zettel sind die Einnahmen *de fru^ta de libra*, was für *frumenta* – Getreide – und eine entsprechende Abgabe stehen dürfte. Es sind in 14 Zeilen zehn Namen, darunter zwei Frauen, teilweise doppelt mit Abgaben auf bestimmte Summen aufgeführt, z.B. 2 gr pro 32 gr, oder mit einer Maßangabe: 4 mal pro 4 sex. Dabei steht *mal* für Malter oder Malder, im vorliegenden Dokument *maldoa*. Ein Mühlhäuser Malter betrug 4 Scheffel oder 16 Metzen. Es gibt keine Hinweise auf die Berufe der genannten Personen. Die Gesamtsumme der Einnahmen auf dem Blatt ist mit 20 sex 30½ gr ausgewiesen.

Fol. 8v. ist unbeschriftet und zeigt lediglich die Gegenseite des eingehefteten Zettels.[500]

Fol. 9 und fol. 10 sind zwei übereinander eingeheftete Teilblätter: Ein größerer quadratischer Zettel (fol. 10) von etwa zwei Dritteln der Heftbreite oben und darunter ein kleinerer, nach unten spitz zulaufender Zettel (fol. 9). Die Papierbeschaffenheit dieser Zettel unterscheidet sich in ihrer Struktur deutlich vom regulären Papier der Kämmereirechnung.

Auf dem oberen Zettel sind in Fortsetzung zu fol. 8r. Zahlungslistungen von 15 Personen in Bezug auf Naturalien aufgeführt, z.B. 10 Malter pro 5 sex 20 gr, oder *Hans Rudolff i (1) malden p(ro) xxxii (32) gr*. Eine Gesamtsumme wird auf diesem Zettel nicht genannt.

Auf dem kleinen unteren Zettel sind weitere drei Zahlungen für ein anderes Gut aufgeführt, davon eine mit einem Scheffel pro 32 gr. Die nächste Zeile mit einer Zahlung ist durchgestrichen. Die angegebene Summe beträgt 3 sex 44 gr. Nach diesen Angaben beträgt die Abgabe zwei Schock pro Malter.

Fol. 10v.
Die Gegenseite des größeren eingebundenen Zettels trägt einen einzigen Vermerk: *Item portavit* 26 sex 8 gr *3a p Iubilate*.

3.6.2.6. Einnahmen aus Verkäufen
Fol. 11r.
De frumento ordeo et humulo: Einnahmen aus Gerste und Hopfen. Die Entrichtung mehrerer Beträge durch verschiedene Personen oder Orte *(Kermsted)* wird mit *Summa* 78 sex 8 gr aufgeführt.[501]

---

500 Entsprechende Buchungen finden sich auch für die Stadt Rothenburg, s. OHLAU, 1965, S. 144 f.
501 Zur Verbuchung von Naturalabgaben s.a. KREIL, 1967, S. 40.

Es folgen drei Zeilen beginnend mit *Recepta de frumento vendito de libra*, von denen etwa die Hälfte durchgestrichen ist. Es wird die Summe von 24 sex 10 gr *portavit* erwähnt.

De Armis: Ganz knapp unter die vorangegangenen Zeilen gesetzt wurde die Überschrift, die sich auf Waffen bezieht. Der Posten weist insgesamt Einnahmen von 7 sex 50 gr aus, wobei an mehrerer Stellen unter dem Eintrag pilum (Wurfspieß) je 1 sex 10–12 gr pro Spieß verzeichnet werden. Jedoch ist nicht klar, ob es sich dabei um eine Zahlung für die Waffe selbst oder um eine Abgabe handelt.

De Equis venditis: Für Pferdeverkäufe sind im Zusammenhang mit zwei Namen als Gesamtsumme 9 sex 9 gr genannt. Unten auf dem Blatt finden sich noch drei Zeilen, die letzte davon durchgestrichen, mit einer Zahlung zu Mathei von 3 sex für eine Mühle.

Fol. 11v.
Dieses letzte Blatt der Einnahmen führt noch eine Gruppe Zahlungen ... *de octo* und ... *de monetariis* mit drei Teilbeträgen an: 19 sex 46 gr, 137 sex 43 gr, 12½ sex 2 gr.

3.6.2.7. Übersicht der Einnahmen
Die Aufstellung der Gesamtsummen aller Einnahmen nennt:

Summa totis recepti	5.692 Schock 42½ Groschen.
Summa exact(i)onum	2.281 Schock 3 Groschen, dabei handelt es sich um die gesondert geführte Vermögenssteuer, die eine wichtige Einnahmequelle der Stadt war.[502]
Summa totius recepti cum *mart. et lar*	7.973 Schock 47½ Groschen (nachträglich verbessert).

Diese Eintragungen sind mit breiterer Feder und dunklerer Tinte als die vorangegangenen Buchungen ausgeführt, was für die Ausführung zu einem späteren Zeitpunkt spricht.

Lar war die Wohn- oder Herdsteuer und wurde üblicherweise seit 1401 nicht mehr im Detail im Kämmereiregister geführt, sondern war gemeinsam mit der Vermögenssteuer Bestandteil des „Geschoßbuches".[503] Diese Loslösung der Steuerverwaltung aus der städtischen Kanzlei mit der schrittweisen Bildung eines eigenen Steueramtes war nach Kirchgässner ein wichtiger Schritt bei der Entwicklung des städtischen Rechnungswesens.[504]

---

[502] VETTER, 1910, S. 27, die Summen finden sich entsprechend auch bei Vetter; s.a. MATHEUS, Michael: Trier am Ende des Mittelalters. Studien zur Sozial-, Wirtschafts- und Verfassungsgeschichte der Stadt Trier vom 14. bis 16. Jahrhundert, Trier 1984, S. 170: *„exactio, que vulgariter dicitur ungelt"*.
[503] Die Kämmereirechnungen von 1407 und 1409, Mühlhausen 1928/1929, S. 123.
[504] KIRCHGÄSSNER, 1965, S. 97.

Die im Kämmereibuch aufgeführte Gesamtsumme entspricht der Summe der angegebenen Teilsummen.

Insgesamt finden sich auf fol. 1 bis fol. 11 401 Buchungseinträge und 24 Summenangaben, von denen bei 20 die Herkunft aus der Zusammenfassung aus 272 Buchungswerten nachvollziehbar ist (durchschnittlich 13,6 pro Summenbildung). Da von den 22 Seiten der elf Blätter drei vollständig unbeschrieben sind, ergibt sich für die Einnahmen eine durchschnittliche Anzahl von rund 21 Buchungen pro Seite.

3.6.3. Distributa

Fol. 12r.
Auf diesem Blatt beginnen die Aufzeichnungen zu den Ausgaben der Stadt, die sich bis fol. 41v. fortsetzen. Wie auf fol. 1r. werden die beiden Kämmerer *Fredericus de Northusen* und *Bertold Falken et eos socios* genannt, sowie das Jahr 1456 und der Termin Exaudi. Die Überschrift *Distributa* ist mit einem besonders groß als Initiale ausgeführten *D* zur Kenntlichmachung eines neuen Abschnittes gestaltet. Gebuchte Ausgaben wurden in der Regel mit einem vorangestellten *pro*, seltener mit einem *Ad* gekennzeichnet. Dem *dt* für *dedit* bei den Einnahmen entspricht das *rt* für *recepit* bei den Ausgaben. Die Ausgaben betreffen:

3.6.3.1. Ausgaben für Rathaus und Personal

Ad pretorium	zahlreiche Ausgaben für das Rathaus.
pro hospite	gemeint ist hier nicht der Gast, sondern die Kosten für den Rathausverwalter.
pro ancilla	Ausgaben für eine Magd.
pro magistro libre	Aufwendungen für einen Meister, vermutlich in städtischem Dienst.

Die Seite macht den Eindruck, dass die Buchungsüberschriften in gleichmäßigem Abstand vorgegeben waren, die Zahl der Buchungen dann unterschiedlich war und damit bei den Ausgaben für das Rathaus mit zahlreichen Vorgängen den Platz vollständig füllte, während für Dienstboten nur wenige und für die beiden anderen Posten fast keine Einträge vorgenommen wurden.

Diese Aufzählung setzt sich auf der Rückseite des Blattes fort:

Fol. 12v.

pro notaria	für Schreiber, nur ein Eintrag von 2 sex.
pro prothonotario	für den obersten Schreiber, mehrere Einträge, der erste über 15 sex.

| *pro subnotario* | für den Sekretär, ein Eintrag von 5 sex. |
| *pro magistratis litium* | ohne Eintrag. |

Darunter wird die Gesamtsumme genannt: 53 sex 51 gr.

Fol. 13r.

| *pro compositionibus* | es wird nicht klar, für welche Gestaltungen hier diverse Kosten aufgeführt werden. |
| *pro avena* | Ausgaben für Hafer. |

Fol. 13v.
Auf diesem Blatt werden vor allem Kosten im Zusammenhang mit dem Marstall verbucht:

pro medico equorum	Aufwendungen für den Pferdearzt.
pro marstabulo	Der namentlich genannte Hildebrando Kalhard ist möglicherweise einer der Marstallmeister. Es gibt unter diesem Punkt eine Vielzahl von Eintragungen mit Beträgen und Terminen.
p(ro) famulo marstabuli	Zahlungen im Zusammenhang mit dem Marstall-Gehilfen.
Ad purgandum	Für das Reinigen, zwei Einträge.

Die unten in der Mitte der Seite aufgeführte Summe von nur 3 sex lässt vermuten, dass es sich nicht um die Summe der auf dem Blatt vermerkten Kosten handeln kann, sondern möglicherweise um eine Nettorechnung.

Fol. 14r.
Es sind auf einem kleineren eingefügten Blatt unter der Überschrift *pro pratis*, d.h. für die Wiesen, Ausgaben unter verschiedenen Ortsnamen verzeichnet, wie z.B. Poppenrode und Dorla (ohne Eintrag).

Fol. 14v. führt auf sechs Zeilen Ausgaben für Pferde *pro equis* in einer Gesamthöhe von 68 sex 40 gr an.

| Fol. 15r. *pro famulis* | Ausgaben für zwei Gehilfen. Ob es sich bei den genannten Namen um die der *famuli* oder deren Meister handelt, ist nicht ersichtlich. |

Weitere Ausgaben *pro Dretaciis* werden mit einer Gesamtsumme von 57 sex genannt. Bei der Analyse der Rechengenauigkeit stellte sich heraus, dass diese Summe auch die Ausgaben von fol. 15v. *pro comuni fabrica* mit einer Fülle von Buchungen enthielt, bei denen es sich um die Bauaktivitäten der Stadt handeln dürfte.

Fol. 16r.
Hierbei handelt es sich um ein eingefügtes Teilblatt von etwa drei Vierteln der eigentlichen Größe mit Eintragungen in deutscher Sprache unter anderem zu *Tagelon*, die sich sich auf fol. 16v. fortsetzen. Die angegebene Summe von 85 sex 40 gr kann nicht zugeordnet werden. Darunter findet sich ein Eintrag von 9 sex *vor dy leddern eymere*, sowie Buchungen unter der Überschrift *Vor Fenster*.

Fol. 17r. weist zwei Gruppen von Buchungen aus:
pro fabris Ausgaben für Handwerker (Schmiede), zusammen 35 sex 18 gr.

pro Carpentariis Ausgaben für Zimmerleute in Höhe von gesamt 66 Schock. Hier ist offensichtlich diese später durchgestrichene Summe korrekt und nicht der Korrekturwert von 33 sex.

Fol. 17v. wurde versehen mit einer zweizeiligen Buchung *pro Currifax* (eine Buchung für Wagner), sowie einer längeren Aufstellung unter der Überschrift *pro edificio ante portam asinorum. p(ro) lapides* ohne eine abschließende Summenangabe, mit den Aufwendungen für Steine zum Bau dieses Gebäudes.[505]

Fol. 18r. besteht nur aus einem ganz schmalen eingehefteten Streifen, der einige Zeilen trägt, die vermutlich in Fortsetzung von fol. 17v. stehen. Die Rückseite dieses Streifens fol. 18v. ist nicht beschrieben.

Fol. 19r. weist Ausgaben für *Tagelon* aus. Eine weitere Aufstellung unter dem Titel *Gescheere* wird mit einer nicht ganz korrekten Gesamtsumme von 124 sex 27 gr. angegeben.

---

505 Zur Einrichtung von Rubriken, z.B. für Baumaßnahmen in Kämmereiregistern, s.a. JÜNEMANN, Joachim: Die Göttinger Herrschaft auf der Burg Jühnde im Spiegel der Göttinger Kämmerei-Rechnungen 1486–1566. In: Göttinger Jahrbuch, 9, 1961, S. 67.

Fol. 19v. ist eng beschrieben. Die obere Hälfte steht unter der Überschrift: *Von deme slege vor deme … uynsters thore* mit der Summe von 24 sex. Darunter sind Ausgaben *uff den blobach* verzeichnet.

Fol. 20r. ist ein eingeheftetes Teilblatt, das oben eine kurze, durchgestrichene Notiz trägt, darunter der Vermerk: *Suma uff dy schun von zuymmerln* 100 sex 1 gr. Die Rückseite (fol. 20v.) trägt verschiedene kleinere Einträge unter der Überschrift *Dy schun von fleybeyin*.

Fol. 21r. ist ein Teilblatt mit größtenteils durchgestrichenen Einträgen. Die Rückseite (fol. 21v.) weist eine Zeile mit Ausgaben für *Meister Iocroff* aus.

Fol. 22r. steht unter der Überschrift *Uff den Steynbruch*, mit sechs Buchungszeilen.

Fol. 22v.
Dieses Blatt zeigt Ausgaben für die Bewachung und Verteidigung der Stadt:
pro vigilibus in Cunctate et teneribus: Für die Wachen in Einsatzbereitschaft und in der Verteidigung.
Auf der linken Seite des Blattes sind in acht Vierergruppen Namen von Wachen mit den entsprechenden Zahlungen (häufig 21 gr) verzeichnet. Auf der rechten Seite sind vier Tore der Stadt mit jeweils einem Namen, bei dem es sich um den Befehlshaber für das Tor handeln dürfte, mit den zugehörigen Zahlungen zu finden: *valva germariensis, valva bolsenden*(sis), *valva erffurdensis* und *Nova porta*.[506]

Fol. 23r.
Auf diesem Blatt wurden verschieden Ausgaben unter Überschriften wie *Pro tractatoribus karitas* und *Venite Adoremus* eingetragen. Die Gesamtsumme beträgt 27 sex 6 gr.

Fol. 23v. enthält Ausgaben für Landboten *pro nunctiis* mit einer langen Aufzählung auf der linken Seite des Blattes. Auf der rechten Seite sind Ausgaben für *Erngeld* und sieben Zeilen mit Ausgaben für auswärtige Boten, *nunctiis extraneis* angegeben. Die Gesamtsumme beträgt 12 sex 28 gr. Der Einsatz von Boten stellte ein wesentliches Kommunikationsmittel dar. Für die Stadt Hamburg gibt es zum Einsatz der Boten und Läufer *(cursoribus)* Zahlen aus dem letzten Drittel des 15. Jahrhunderts, mit denen die Verbindungen der Stadt und die dabei

---

[506] Die Angaben zur Verteidigung der Stadt zeigen deutliche Parallelen zu denen der Reichsstadt Rothenburg o. T., s. OHLAU, 1965, S. 98–119.

oft beträchtlichen zurückgelegten Entfernungen sowie die Entlohnung der Boten nachvollzogen werden können.[507]

Fol. 24r.
Unter der Überschrift *pro Armigeris et Sagittariis* erfolgten keine Eintragungen, auch die Position *pro Capitaneo* blieb frei.[508]

Darunter beginnt eine lange Aufzählung von Namen mit zwei Nennungen auf diesem Blatt, die sich mit je vier Namen auf fol. 24v., fol. 25r. und fol. 25v. fortsetzt.

Fol. 26 ist ein kleiner Zettel mit Falten, der schräg eingeheftet ist, sodass nicht alle Eintragungen vollständig lesbar sind. Es sind zehn Namen und Zahlungen aufgelistet. Die Rückseite ist unbeschriftet. Auf fol. 27r. und fol. 27v. sowie fol. 28r. setzen sich die Aufzählungen von je vier Namen fort.

Fol. 28v.
Mit *Herman Oygerede* wird ein weiterer Name aufgeführt. Der nächste Buchungsposten betrifft *pro obedientia et visione equos. Caritas*. Die Gesamtsumme am Ende des Blattes beträgt 319 sex 20 gr. Beachtenswert ist, dass der Wert von 319 Schock über eine solch hohe Zahl von Buchungseinträgen richtig berechnet wurde.

Fol. 29r. steht unter der Überschrift *pro wartmannis* und listet unter Ortsnamen jeweils kleinere Buchungsposten auf, die sich auf den folgenden Blättern fol. 29v. und fol. 30r. fortsetzen und oben auf fol. 30v. mit einem letzten Eintrag und der Summe 43 sex 57 gr enden.

Fol. 31v. enthält Aufwendungen für Geschenke: *propina consulatus* von insgesamt 33 sex 17 gr. Diesen Einträgen folgen (auch auf fol. 32r.) verschiedene Posten für Ausgaben mit der Bezeichnung *pro expensis* bzw. *pro pretio*.

Fol. 32v.
In causis spiritualibus	27 sex 39 gr.
pro fistulatoribus …	für den Pfeifer mit einer Gesamtsumme von 9 sex 56 gr.
pro lateratore	für Ziegelmacher mit verschiedenen kleineren Buchungen.

---

507 BRAUNSCHWEIG, 2014, S. 147–171.
508 Unter *sagittarii* sind alle mit einer Schusswaffe wie Armbrust oder Feuerwaffe ausgerüsteten Bewaffneten zu verstehen, s. HAVEMANN, 1857, S. 215.

Fol. 33r.
pro restituorum laterum mit einer Gesamtsumme von 23 sex 4 gr.
Ad plarita 40 sex 50 gr.

Fol. 33v.
pro rebus dependitis für kleinere Ausgaben.
pro magistratis balistarum für den Armbrustmacher des Magistrats.[509]
pro nutrite für Ernährung.

Fol. 34r.
pro bodellis für die Gerichtsboten finden sich zu zwei Zahlungsterminen (*Caritas* und *Venite Adoremus*) jeweils 1 bzw. 5 Buchungen.
Pro messe frumento et ligno, *pro lugero* und *pro panibus captuorum* sind weitere Buchungspunkte dieser Seite. Die am Ende genannte Summe von 24 sex stellt eine Zusammenfassung der Buchungen auf dieser Seite zusammen mit den Ausgaben für die *suspensori* auf fol. 34v. dar.

Fol. 34v.
Ad sartaginem Ausgaben für den Kessel, gemeint ist wahrscheinlich ein im Besitz der Stadt befindlicher Braukessel für das Bierbrauen (14 sex). Ein weiterer Buchungsabschnitt enthält Ausgaben unter anderem für Tagelohn in Höhe von 56 Groschen.

Die darunter genannte Summe bezieht sich auf beide Buchungsabschnitte und ist mit 1 sex 11 gr nicht ganz korrekt berechnet.
Suspensori Unter der Überschrift Henker finden sich zahlreiche Einträge.

Eine Gesamtsumme der Ausgaben fehlt. Die Einzeleinträge können in Groschenhöhe sein, die meisten bewegen sich zwischen einem und zwanzig Schock und lassen erkennen, dass Mühlhausen sich die Dienste der Henker etwas kosten ließ und 1456 einen oder mehrere Henker selbst beschäftigte, während 1407/09 Kosten für den Henker aus Nordhausen verbucht waren.[510]

---

509 Unter *balsistario* ist ursprünglich der Armbrustmacher, später allgemein der Büchsenmeister zu verstehen, s. FOLTZ, 1912, S. 21; HAVEMANN, 1857, S. 215.
510 Die Kämmereirechnungen von 1407 und 1409, Mühlhausen 1928/1929, S. 137.

3.6.3.2. Zahlungen für auswärtige Kapitalaufnahmen
Fol. 35r.

pro reemptionibus für Rückkäufe oder Zinszahlungen für Wiederkaufsgülten wird in drei Buchungszeilen eine beträchtliche Summe von insgesamt 2.541½ fl genannt. *Distributio panni estualis* mit einer Anzahl von Buchungen, die sich auf die Verteilung von Tuch für Kleidung bezieht. Anders als der Titel aussagt, betrifft dies auch Winterkleidung *pannis yemalis* mit Kosten von insgesamt 10 sex 4 gr.

Fol. 35v. trägt die Überschrift *Summa totius distrubuti* aber keinen Eintrag. Offensichtlich war diese Stelle dafür vorbereitet, aber nicht ausgefüllt worden. Die Summe aller Ausgaben wird später auf fol. 45r. angegeben. In der rechten oberen Ecke finden sich Notizen kleiner Beträge, die aber nicht in Relation zu der Gesamtsumme der Ausgaben stehen.

Fol. 36r.
Auf dieser Seite beginnen die nach Städten geordneten auswärtigen Aufwendungen der Stadt Mühlhausen für den Schuldendienst in Form von Rentenzahlungen. Dem Wort *Census* kommt hier nicht die Bedeutung von „Zins" zu, sondern es wird im mittelalterlichen Sinne als Abgabe verstanden und vermeidet damit eine rechtliche Einordnung als Kapitalzins, auch wenn es diesem im heutigen Sinne weitgehend entspricht.[511] Es beginnt mit *census Erffurden*, wo auf 18 Zeilen, von denen eine durchgestrichen ist, Namen, Beträge und Zahlungstermine genannt werden. Als Gesamtsumme werden am Ende der Seite nach Verbesserung 300 sex 45 gr genannt. Die Buchungen dieser Seite wurden bei der Beurteilung der Rechengenauigkeit nicht eingeschlossen, da nicht alle Werte klar lesbar waren und Groschen und Guldenwerte ohne Umrechnungskurs genannt waren.

Die Aufzählung setzt sich für *Northusen* auf fol. 36v. und fol. 37r. (kleines eingeheftetes Teilblatt) fort, mit der Gesamtsumme von 555 sex 36½ gr.

Die Struktur der Buchungseinträge für diese Zahlungen folgt einem allgemeinen Schema, bei dem vor oder nach *Item* meist zunächst der Name des Empfangsberechtigten genannt wird, dann die Summe und das Zahlungsziel, z.B. sehr häufig *de te(rmin)o wal(burgis)*. Danach folgt die Empfangsbuchung mit *Re(cepi)t* und gelegentlich die Abkürzung *p s*, bei der es sich um *per se* handeln könnte, um auszudrücken, dass der Zahlungsberechtigte selbst den Betrag entgegengenommen hat.[512] Eine ähnliche Bedeutung hätte *praesentatum*,

---
511 Die Kämmereirechnungen von 1407 und 1409, Mühlhausen 1928/1929, S. 125.
512 Diese Übertragung wurde bei der Edition der Augsburger Baumeisterbücher verwendet, s. Digitale Edition der Augsburger Baumeisterbücher, hg. von Jörg ROGGE, unter informationswissenschaftlicher

wie die Abkürzung nach Grun aufgelöst werden kann. Eine alternative Interpretation für *p s* ist *persolvit*, um die Zahlung des Betrages zu bestätigen.[513] Eine gleichartige Ausführung von *p s* wird auch bei den Einnahmen als Approbationszeichen am Rand des Manuskriptes verwendet. In seltenen Fällen kann nach Recepit ein anderer Empfänger genannt werden, der möglicherweise für den verhinderten Empfänger die Zahlung entgegennahm (z.B. fol. 36r. *Albrechte Haybom vi sex de te(rmin)o Jacobi Re(cepi)t Karsten Himmelbarth …*). Daran schließt sich in der Regel das Datum der erfolgten Zahlung an (z.B. fol. 42r.: *Re(cepi)t in die Petri et Pauli, Re(cepi)t p s Do(menica) p(ost)q(quam) Kiliani*).

Fol. 37v. ist nicht beschriftet.

Fol. 38r. listet die Zahlungen an Empfänger in *Eschewege* und *Helgenstad* (Heiligenstadt) auf, ohne Nennung einer Summe.
Die folgenden Blätter weisen Einträge für jeweils vier bis sechs Ortschaften auf:

Fol. 38v.: *Thuderstad* (Duderstadt), *Aldendorf* (Altendorf), *Gottingen* (Göttingen), *Anrode*, *Drefferte* (Treffurt).

Fol. 39r.: *Lippoldesbergk, Cella, Suntra, Porta, Folkolderode* (Volkenroda, kein Eintrag), *Slatheim* (Schlotheim).

Fol. 39v.: *Heringen* (kein Eintrag), *Sunderßhusen* (Sondershausen), *Frangkenhusen* (kein Eintrag), *Ysennache* (Eisenach), *Dorla*. Es sind keine Summen für diese Städte angegeben. Ein kleiner, am oberen Rand eingehefteter Zettel ist nicht foliiert und weist die Summe 200 *und* 11 *guld* aus. Ein zweiter Eintrag lautet *Holtzhusen* 10 *guld*. Seine Rückseite ist nicht beschriftet. Der Vergleich mit den Eintragungen auf fol. 40r. zeigt, dass dieser gesonderte Zettel eindeutig zu diesen Eintragungen gehört, die Zahlungen an Frankfurter Bürger verbucht und deren Summe auf dem Zettel extra vermerkt ist.

Fol. 40r.
Auf diesem Blatt sind die Orte *Spangenberg* und *Elrich* mit der Summe von 1030½ sex aufgeführt, gefolgt von *Nobilibus de Bodungen* (ohne Eintrag).

Mitarbeit von Radoslav PETKOV, Michael HAFT, Christiane DRESSLER und Torsten SCHRADE; URL: https://augsburger-baumeisterbuecher.de/ (letzter Zugriff: 04.05.2023).
513 GRUN, 1966, S. 211.

In der unteren Hälfte des Blattes sind unter der Überschrift *Frangfurt* neun Zeilen mit Einträgen von Summen in Gulden, zugeordnet zu Personen zu finden:[514]

D. Nicolao Haldungen	10 *guld*	die rechts davon ausgewiesene Summe
Johanni Moniß	13 *guld*	ist korrekt mit 211 Gulden angegeben.
Johanni Rinkenberge	10 *guld*	
Gipele von Holtzhusen	52 *guld*	
item demselben vo(n) seines sones wegen Curd vo(n) Holtzhusen	10 *Guld*	
Curd von Glonberge	25 *guld*	
Herman Kerker	26 *guld*	
Peter von Marburg	40 *guld*	
Heinrich Humprecht	25 *guld*[515]	

Die Buchungen auf fol. 36 bis 40r. zeigen die Verbreitung der Kreditaufnahme von Mühlhausen bei auswärtigen Kreditgebern. Dabei sind die Wohnorte der Kreditgeber meist in einem Umkreis von bis zu ca. 60 km (Luftlinie) von Mühlhausen entfernt (Göttingen, Nordhausen, Erfurt, Sondershausen). Einige Städte liegen etwas weiter entfernt wie Altendorf und Lippoldsberg. Der wichtige Rentenmarkt Frankfurt liegt mit knapp 200 km deutlich weiter entfernt.[516] Abb. 4 zeigt die geographische Lage der Wohnorte der Kreditgeber von Mühlhausen aus dem Kämmereiregister von 1456. Die konzentrischen Kreise geben die Entfernungen von 30 und 60 km Luftlinie wieder, die annähernd der maximalen täglichen Laufleistung eines Boten zu Fuß oder einem Tagesritt in dieser Zeit entsprach.[517] Im Kreis der Personen, die als

---

514 ROTHMANN, Michael: Gemeiner Nutzen auf Kredit. Der Frankfurter Rentenmarkt und sein Einzugsgebiet im Spätmittelalter. In: Harm von SEGGERN, Gerhard FOUQUET, Hans-Jörg GILOMEN (HG): Städtische Finanzwirtschaft am Übergang vom Mittelalter zur Frühen Neuzeit, Frankfurt 2007, S. 230.

515 Mehrere der Frankfurter Bürger, die hier als Gläubiger aufgeführt sind, wurden auch an anderer Stelle als Kreditgeber für die Grafen von Wertheim benannt: Johannes Monis, s. ROTHMANN, Michael: Die Frankfurter Messen im Mittelalter, Stuttgart 1998, S. 466 und ROTHMANN, 2007, S. 220, 222; Gypel von Holzhausen, S. 219, 222; Peter von Marburg, S. 220, sowie Henne Humbrecht für Nördlingen auf dem Frankfurter Rentenmarkt 1449/30, s. ROTHMANN, 2007, S. 211.

516 Zu den räumlichen Verteilungen von Kreditaufnahmen im 15. Jahrhundert s.a. GILOMEN, Hans-Jörg: Raum und Kommunikation. Zwei Kategorien in der Erforschung des städtischen Haushaltswesens vom Spätmittelalter zur frühen Neuzeit. In: Harm von SEGGERN, Gerhard FOUQUET, Hans-Jörg GILOMEN (HG): Städtische Finanzwirtschaft am Übergang vom Mittelalter zur Frühen Neuzeit, Frankfurt a. M. 2007, S. 25–74.

517 SEGGERN, Harm von: Zum Raumbezug der städtischen Finanzwirtschaft im Spätmittelalter. In: Harm von SEGGERN, Gerhard FOUQUET, Hans-Jörg GILOMEN (HG): Städtische Finanzwirtschaft am Übergang vom Mittelalter zur Frühen Neuzeit, Frankfurt a. M. 2007, S. 17 f.; Braunschweig, 2014, S. 154.

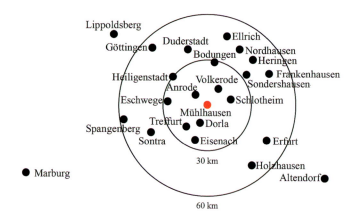

Abb. 4 | Geographische Lage der Orte mit Kreditgebern von Mühlhausen i. Th. aus dem Kämmereiregister von 1456.

Rentenankäufer und damit als Kreditgeber auftraten, waren nach einer Studie in Lübeck überwiegend Fernhandelskaufleute und Ratsherren bzw. deren Witwen vertreten.[518]

3.6.3.3. Zahlungen für Geistliche und Prediger

Fol. 40v.

Auf diesem und dem folgenden Blatt fol. 41r. sind für Mühlhausen vier bzw. fünf Buchungsposten pro Seite für Geistlichkeit *(spiritualibus)* aufgeführt: *Ad pontem, Ad sanctum Anthonium, Ad hospitale novum, Ad Ymmelnhusen, Ad sanctum Iacobum, Ad sanctum Blasium, Dominum Henrico Hymberge, Dominum Henrico Grebere, Testamenatriis d. Brunonis.*[519]

Da diese Ausgaben in der Zusammenfassung auf fol. 45r. gemeinsam mit den Rentenzahlungen von Mühlhausen aufgeführt werden, handelt es sich möglicherweise ebenfalls um Zahlungen dieser Art.

Fol. 41v. *Predicatoribus* – für die Prediger: Drei Buchungsposten sind unter diesem Titel aufgeführt: *Moribus* – für die Sitten (mit einem großen und einem kleinen M geschrieben, 19 sex), *Frater Johanni Logke* (22½ sex) und *Der Spettern* (40 sex).

---

518 BRANDT, Ahasver von: Der Lübecker Rentenmarkt von 1320–1350, Kiel 1935, S. 6–10.

519 *Ad pontem* bezieht sich wahrscheinlich auf das 1227 gegründete „Brückenkloster" S. Augustini in ponte, s. STEPHAN, 1886, S. 27.

3.6.3.4. Rentenzahlungen für Kapitalaufnahmen in Mühlhausen
Fol. 42r.–45r.
Unter der Bezeichnung *Molhusen secularibus* sind die Namen von insgesamt 38 Bürgern mit meist einer Reihe von Buchungen verzeichnet. In vielen Fällen ist eine Zahlungsfrist wie zu Jacobi (25. Juli), der Samstag nach Mariä Himmelfahrt (15. August) oder Michaelis (29. September) angegeben. Es handelt sich hierbei, wie die Zusammenfassung ausweist, um Rentenzahlungen innerhalb Mühlhausens. Die einzelnen Beträge sind sehr unterschiedlich. Sie können nur wenige Schock betragen oder über 100 Schock liegen wie bei *Hermuth Eyhard* auf fol. 43r.

3.6.3.5. Übersicht der Ausgaben
Die Ausgaben des Kämmereiregisters von 1456 sind von fol. 12r. bis fol. 45r. auf 13 regulären Doppelblättern und neun eingefügten Seiten (r./v.), d.h. insgesamt 44 Seiten verzeichnet, von denen vier keine Einträge aufweisen. Es kommen daher bei 1.212 Buchungseinträgen im Durchschnitt rund 30 Buchungen auf eine Seite. Von diesen Buchungen sind 1.020 mit 31 von insgesamt 40 Summenbildungen assoziiert. Es entfallen daher im Durchschnitt rund 33 Buchungen auf eine Summenbildung bei den Ausgaben. Dies ist deutlich höher als bei den Einnahmen, wo rund 14 Buchungen auf eine Summenbildung entfielen. Für das gesamte Kämmereiregister stehen durchschnittlich 25 Buchungen mit einer Summenbildung im Zusammenhang.

Fol. 45r.
Auf diesem Blatt werden Zusammenfassungen gegeben und damit eine Art Bilanz erstellt:

Summa censum in Molhusn	
spiritualibus et secularibus	1.124½ Schock, darunter ein Querstrich
Summa omnium censum	3.222 Schock 21½ Groschen
In Cammera	838 Schock 12 Groschen
Summa totius distributi cum Cammera	7.970 Schock 59 Groschen

An dieser Stelle ergibt sich eine Besonderheit: Die genannte Gesamtsumme von 7.970 Schock Groschen stellt nicht die Summe der darüber angeführten Untersummen dar (1.124½ + 3.222 + 838 = 5.182½). Der auf fol. 1r. genannte Eingangskassenstand *In Cammera* war abweichend von dem Gebrauch in anderen Abrechnungsperioden in Jahren mit einem Martini- und einem Exaudi-Kämmereiregister nicht in die Distributa (fol. 12r.) übertragen worden. Nimmt man den Betrag von 2.786 sex zu den 5.182½ sex erreicht man mit den Groschenbeträgen fast genau die Endsumme von 7.970 sex.

Bei dem Betrag *Summa censum in Molhusn* handelt es sich wahrscheinlich um die Summe der auf fol. 42r. bis fol. 45r. oben aufgeführten Rentenzahlungen. Die darauffolgende Summe gibt die gesamten Rentenzahlungen der Stadt mit 3.222 sex an, wobei es sich um die Summe der unter den Städtenamen auf fol. 36 bis fol. 40 aufgeführten auswärtigen Rentenzahlungen mit den entsprechenden Zahlungen in Mühlhausen handeln dürfte. Bei einer Summe der Ausgaben (einschließlich Kassenstand) von insgesamt rund 7.970 sex machte der Anteil der Aufwendungen für Rentenzahlungen mit rund 54 % den größten Anteil des gesamten Haushalts aus. Ähnliche Werte wurden von Bemmann für die Jahre zwischen 1450 und 1485 berichtet. Erst im Jahre 1496 gelang es der Stadt Mühlhausen, den Anteil auf 40 % zu senken.[520] Eine gute Übereinstimmung ergibt sich mit der *Summa totius recepti* von fol. 11v., die mit 7.973 Schock angegeben wurde. Die Kämmerer haben formal einen ausgeglichenen Haushalt erzielt. Betrachtet man jedoch Einnahmen und Ausgaben ohne die Kassenstände, so zeigt sich, dass einschließlich einer Neuverschuldung von rund 473 sex die Summe von 5.187 sex eingenommen, mit 7.132 sex aber deutlich mehr ausgegeben wurde. Ohne Neuverschuldung war daher im Haushalt von Mühlhausen ein Anteil von rund 34 % nicht über Einnahmen abgedeckt. Ähnlich angespannte Finanzverhältnisse waren zu dieser Zeit für Städte nicht ungewöhnlich, wie die Beispiele von Regensburg und Nürnberg zeigen.[521] Der Ausgleich wurde teilweise durch eine Neuverschuldung in Form von Rentenverkäufen erzielt. Die Vorgehensweise, geliehenes Geld als reguläre Einnahme und die Zahlung von Zinsen oder die Rückzahlung von Kapitalschulden als reguläre Ausgaben zu verbuchen, war im Mittelalter allgemein üblich.[522] Innerstädtische Rentenverträge scheinen überwiegend in Schock Groschen getätigt worden zu sein. Bei den auswärtigen Kreditaufnahmen wie zum Beispiel bei den mit Frankfurter Bürgern abgeschlossenen Verträgen wurde in Goldgulden gerechnet, was bei Inflation und der relativen Stabilität der Goldwährung ein nicht unerhebliches Kursrisiko bedeuten konnte, wie die Entwicklung in Göttingen Ende des 15. Jahrhunderts zeigt.[523] Nicht zuverlässig zu beurteilen ist dabei die Rolle der Kassenstände, die als Abbau der Rücklage interpretiert werden könnte.

Die Buchungseinträge zeigen ausschließlich ordentliche Ausgaben, das heißt mehr oder weniger regelmäßig wiederkehrende Zahlungen auf. Im vorliegenden Rechnungsjahr wurden

---

520 BEMMANN, 1915, S. 20 f.
521 BRAUN, Nikolaus: Das Finanzwesen der Reichstadt Regensburg im Spätmittelalter. In: Martin ANGERER, Heinrich WANDERWITZ (HG): Regensburg im Mittelalter. Bd. 1, Regensburg 1995, S. 107, 115; FUHRMANN, Bernd: Die Rentenverkäufe der Reichsstadt Nürnberg vom Beginn der Überlieferung bis zur Mitte des 16. Jahrhunderts. In: Mitteilungen des Vereins für Geschichte der Stadt Nürnberg, 98, 2011, S. 169.
522 NEITZERT, 1987, S. 301.
523 NEITZERT, 1987, S. 300, 312 f.

keine außerordentlichen Ausgaben wie zum Beispiel für größere Erwerbsgeschäfte oder Baumaßnahmen getätigt.[524]

Bei den auf fol. 45r. genannten Zahlen dürfte es sich um eine Art der „Kleinen Rechnung" handeln, wie sie im Göttinger Kämmereiregister als Zusammenfassung von Rubriken der Hauptrechnung separat ausgewiesen wurde und die als Basis für die Entlastung des Kämmerers diente.[525]

Fol. 45v. ist unbeschriftet, zeigt aber den Teil eines eingebundenen Blattes, das auf fol. 45r. nicht zu sehen ist und bei dem es sich vermutlich um den eingebundenen Steg von fol. 44r. handelt. Dieser Zettel ist nicht beschrieben.

Fol. 46r. *De equis Dominorum:* Hier werden die beiden Herren *Herman Toppelstein* und *Bertold Falke* erwähnt, denen ein Pferd zur Verfügung gestellt worden war. Für Falke als Kämmerer dürfte das im Rahmen seiner Dienstaufgaben erfolgt sein.

Fol. 46v. und fol. 47r. sind unbeschrieben.

3.6.3.6. Listen einer Reichssteuer
Fol. 47v.–49v.

Diese Blätter tragen ein mehrspaltiges Namensverzeichnis mit insgesamt 201 Namen (ein Name wurde ausgestrichen und nicht mitgezählt), die fast in allen Fällen von dem römischen Zahlzeichen 1 oder 2 (vermutlich dafür, dass die Abgabe entrichtet wurde) gefolgt ist. Lediglich in der rechten Spalte von fol. 48r. finden sich erstmals verschiedene Beispiele für die Verwendung arabischer Zahlzeichen.[526] Die zweizeilige Überschrift macht deutlich, dass es sich um ein Steuerverzeichnis der Stadt für eine Abgabe an das Reich handelt: *Das Risch gaben der Stad by den Kemmerhern Fritzssche von Northusen und Bertolde Falken Anno Dominis Lvi (56) Martini.*[527] Im Gegensatz zum Beginn des Kämmereiregisters, wo *Fredericu(s)* verwendet wurde, wird hier der Vornamen Friedrich in einer deutschen Form angeführt. Interessant ist die Nennung von *Martini*, da für das Jahr 1456 kein Martini-Kämmereiregister

---

524 KREIL, 1967, S. 128 f.
525 DOLLE, Josef: Zu der Theorie einer „spätmittelalterlichen Agrarkrise". Eine kritische Untersuchung am Beispiel des Altkreises Göttingen. In: Göttinger Jahrbuch, 42, 1994, S. 70.
526 StadtA Mühlhausen, Kämmereiregister 1456, 2000/9, fol. 48r.
527 FEGER, Otto: Vergleichende Betrachtungen zur Finanzgeschichte von Konstanz und Basel. In: Finances et comptabilité urbaines du XIIIe au XVIe siècle. Colloque International, Blankenberge 6-9-IX-1962, Actes, Collection Histoire Pro civitatis, Série in-8°, n. 7, Brüssel 1964, S. 222 f.

vorliegt. Dies kann als weiterer Hinweis darauf gewertet werden, dass für das Jahr 1456 nur ein Kämmereiregister angelegt wurde. Martini als üblicher Steuertermin spricht für eine Steuerliste. Fol. 48v. steht unter der Überschrift *In civitate in der Hartt*. Eine Person ist durchgestrichen, die meisten der 46 Namen sind mit einem Strich versehen. Fol. 49r., überschrieben *In der Hard*, weist in drei Spalten Namen von fünf Orten auf: *Bolstete* (Bollstedt) mit neun Namen, *Windeberg* mit sechs Namen (ein weiterer durchgestrichen), in der mittleren Spalte 24 Namen unter *Graba westen* (West-Grabe) und acht Namen unter *Amra* (Ammern). Die rechte Spalte enthält die Ortsnamen *Graba* (Grabe) mit sieben Namen (ein weiterer ist durchgestrichen) und *Ostengraba* (Ostgrabe) mit acht Namen. Diese Liste setzt sich auf der letzten Seite des Kämmereiregisters fol. 49v. fort, mit den Orten *Keyserßhain* (Kaisershagen) und *Saluelt* (Salfeld) mit jeweils zwei verzeichneten Namen.[528]

Die Auflistung von Namen stellt in verschiedener Hinsicht eine interessante Information dar. Zu dieser Zeit war die Entstehung der Familiennamen noch im Gange und die Namen konnten Aufschluss geben über berufliche Tätigkeiten oder die örtliche Herkunft von Personen. Auf die Bedeutung von Namenslisten in Rechnungsbüchern für die Onomastik wurde von Moulin hingewiesen.[529] Im Kämmereiregister werden überwiegend mehrgliedrige Namentypen verwendet, wobei das Erstglied, der Vorname, häufig in der latinisierten Form mit Endung auf -us vorkommt. Das Zweitglied kann aus der Berufsbezeichnung entstanden sein, wie z.B. bei *balneator*, *schriber*, *smed*. Eher selten treten Namen mit Verwandtschafts- oder Abstammungsverhältnissen auf wie bei *Claus Ditmar* oder *Eyhard Rodolff*. Häufiger ist die Verwendung eines Vornamens mit der Präposition *de* und einem Toponym, wie z.B. bei *Fridericus de Northusen* oder *Johenn de Homburg*.[530] Namensnennungen können bei der zeitlichen Zuordnung von Dokumenten hilfreich sein, bei denen diese in Frage steht.[531] Im vorliegenden Fall ist es auch möglich, einen Vergleich mit den Namenslisten aus den Aufstellungen von Groth zu ziehen.[532]

---

528 GROTH, 1927/28, S. 170.
529 MOULIN, 2016, S. 116.
530 ŠRÁMEK, Rudolf: Rechnungsbücher der Stadt Brünn aus den Jahren 1343–1365 als namenkundliche Quelle. In: Friedhelm DEBUS (HG): Stadtbücher als namenkundliche Quelle, Stuttgart 2000, S. 251–257; zur hohen Varianz der Schreibformen von Eigennamen s.a. S. 248.
531 Pegauer Stadtrechnungen des 14./15. Jahrhunderts, 1912, S. 5, 10.
532 Familien- und Personennamen aus dem XIV. Jahrhundert. Ein Beitrag zur Geschichte der Mühlhäuser Familien, hrsg. v. Hugo GROTH. In: Mühlhäuser Gbll., 21, 1920/1921, S. 1–32; GROTH, 1921/22, ebenda, 22, 1921/1922, S. 1–32; GROTH, 1924/25, ebenda, 25/26, 1924/1926, S. 152–229.

3.6.4. Datierung und Verteilung der Buchungstermine

Bei einem hohen Anteil der Buchungen konnten Angaben zur Datierung nachvollzogen werden. Genannt wurden insgesamt 43 kirchliche Feiertage und Heiligengedenktage in einer Vielzahl von Zuordnungen.[533] Angaben zu Wochentagen fanden sich entweder indirekt durch die Benennung von Kirchenfesten, die einem Wochentag zugeordnet sind oder direkt wie z.B. auf fol. 2r. mit *sabbato pq Kiliani* oder auf fol. 4r., einem kleinen eingefügten Zettel, mit *uff Dienstag nach Jacobi* in deutscher Sprache. Seltener fanden sich Angaben wie *do ante Johannis* (fol. 15r.) oder die Angabe *octava* wie bei *do octava Assumptionis* (z.B. fol. 27v.).[534] Die von Groth für die Jahre 1407, 1409 und 1410 in den Kämmereiregistern von Mühlhausen beschriebenen Wochentagszuordnungen mit lateinischen Abkürzungen wie *p.f. (post festum)*, *d.Sb.a. (dies Sabbato ante)* etc. wurden in der Kämmereirechnung von 1456 nicht beobachtet.[535]

Eine genaue Bestimmung des Buchungsdatums war bei 152 Buchungen der Einnahmen und 978 Buchungen der Ausgaben möglich. Die Zuordnung im Manuskript erfolgte entweder direkt durch Nennung des Kirchensonntages (z.B. *Iudica*) oder Heiligengedenktages *(do für domenica, z.B. do Jacobi)* und häufig mit der Präzisierung *in die, in festo* (bei rund 24 % der Buchungen), *(in) termino*[536] oder durch Zählungshinweise wie *postquam (pq), domenica (do) pq* oder *sabbato pq, do octava, octava, vigilia, tertia (3a)*, als *3ᵃ pq* oder *3ᵃ ante*. Seltener wurden Hinweise auf andere Wochentage wie *dies lune, Fritag* (drei Nennungen) oder *Dinstag* (eine Nennung) verwendet. Bevorzugte Datierungsvorgabe bei annähernd 50 % aller Buchungen ist *postquam*, während *ante* nur selten Verwendung findet. Eine Übersicht der häufigen im Kämmereiregister verwendeten Datierungen zeigt Tabelle 1.

---

533 Zu kirchlichen Feiertagen und Heiligengedenktagen s. GRUBER, Gregor Max: Lehrsystem einer allgemeinen Diplomatik worinn alle nur möglichen politischen, kirchlichen und astronomischen Urkundendatums theoretisch und praktisch abgehandelt, und in einem Supplementband als den dritten oder letzten Theil seines diplomatischen Werkes für Oesterreich und Deutschland zusammengefaßt worden sind, Wien 1784, S. 145–228.

534 Die Zuordnung von Datierungen erfolgte nach GROTEFEND, 2007, s.a. URL: bilder.manuscripta-mediaevalia.de/gaeste//grotefend/grotefend.htm (letzter Zugriff: 04.05.2023); URL: https://www.umrechnung.org/ewiger-kalender/ewiger-jahreskalender-jahr.php (letzter Zugriff: 10.05.2023); LIETZMANN, Hans: Zeitrechnung der römischen Kaiserzeit, des Mittelalters und der Neuzeit für die Jahre 1–2000 n. Chr., Berlin 1984.

535 Die Kämmereirechnungen von 1407 und 1409, 1928/1929, S. 161 f.

536 Zu Datumsangaben in den Kämmereiregistern von Mühlhausen s. a.: Die Kämmereirechnungen von 1407 und 1409, Mühlhausen 1928/1929, S. 155, 161 f.

Kirchenfest oder Heiligengedenktag	Termin	Recepta	Distributa
Purificationis Marie	02.02.	0	2
Iudica	14.03.	0	2
Walpurgis	01.05.	4	19
Vocem iocunditatis	02.05.	0	13
Exaudi	09.05.	1	30
Pentecostes	16.05.	5	39
Coelestini	19.05.	21	55
Karitas	22.05.	0	4
Trinitatis	23.05.	1	35
Bonifatii	05.06.	5	23
Viti	15.06.	5	39
Johannis	24.06.	4	58
Petri et Pauli	29.06.	1	13
Visitationis Marie	02.07.	3	22
Udalrici	04.07.	1	18
Kiliani	08.07.	5	35
Arnolfi	18.07.	8	19
Margarete	20.07.	4	16
Magdalene	22.07.	0	12
Jacobi	25.07.	4	30
Anne	26.07.	0	1
Vincula Petri, Petri ad Vincula	01.08.	4	31
Laurentii	10.08.	2	19
Assumptionis beate Marie virginis	15.08.	2	43
Bartholomei	24.08.	1	2
Johannis decollatio	29.08.	2	24
Egidii	01.09.	2	22
Gregorii	03.09.	0	2
Nativitatis Marie	08.09.	2	27
Exaltacionem Sanctis Crucis	14.09.	2	61
Venite adoremus	18.09.	0	11
Mathei	21.09.	3	24
Michaelis	29.09.	17	60
Dyonisii	09.10.	0	2

Calixti	14.10.	1	13
Luce	18.10.	8	25
Severini	22.10.	8	28
Symonis et Jude	28.10.	4	11
Omnium Sanctorum	01.11.	20	38
Martini	11.11.	3	8
Nicolai	06.12.	0	1
Exaltationis Johannis	27.12.	0	39

Tabelle 1 | Häufigkeit der Nennung von kirchlichen Feiertagen und Heiligengedenktagen bei den Einnahmen (recepta) und Ausgaben (distributa) im Kämmereiregister von Mühlhausen 1456.

Bei den Einnahmen konnten bei 153 Buchungen Datierungen erhoben werden. Buchungsdatierungen von Einnahmen fanden sich von Walpurgis (1. Mai) bis Martini (11. November). Abb. 5 zeigt die Verteilung dieser Buchungsdaten. Von Ende Dezember bis Ende April wurden in der Kämmereirechnung von 1456 keine Einnahmen verbucht. Die am häufigsten genannten Buchungstermine waren Coelestini mit 21 Buchungen, Omnium Sanctorum mit 20 und Michaelis mit 17 Buchungen.

Bei den Ausgaben war ein weit höherer Anteil der Buchungen mit einer Datierung versehen. Ausgaben wurden von Purificationis Marie (2. Februar) bis Exaltationis Johannis (27. Dezember) gebucht. Bei 976 Buchungen waren Zuordnungen zu Kirchenfesten oder Heiligengedenktagen gegeben (s. Tab. 1). Zuordnungen zu Michaelis bei 60 Buchungen und Coelestini bei 55 Buchungen kamen wie bei den Einnahmen häufig vor; daneben wurden als häufige Zuordnungen noch Exaltationem Sancti crucis bei 61 Buchungen und Johannis bei 58 Buchungen genannt. Die Zuordnung der kirchlichen Feiertage und Heiligengedenktage erfolgte nach Standardwerken.[537]

---

537 GROTEFEND, 2007; KELLER, Hiltgart L.: Reclams Lexikon der Heiligen und biblischen Gestalten. Legende und Darstellung in der bildenden Kunst, Stuttgart 2001.

Bezug	n	%
direkte Nennung	200	19,1
in die	37	3,5
in festo	8	0,8
die lune	5	0,5
domenica	140	13,4
domenica ante	42	4,0
domenica octava	22	2,1
domenica postquam	302	28,8
domenica vigilia	35	3,3
octava	3	0,3
postquam	120	11,5
sabbato postquam	27	2,6
tertia postquam	86	8,2
vigilia	20	1,9

Tabelle 2 | Zuordnung der Buchungen zu Kalenderdaten unter Verwendung von Kirchenfesten oder Heiligengedenktagen sowie verschiedenen Zählungshinweisen bei Buchungen mit Datierungen im Kämmereiregister von 1456. Die Beteiligung des Begriffes domenica bei 541 (51,7 %) von 1047 Zuordnungen von Buchungen zeigt die Bedeutung des Sonntages als Orientierung für Buchungen.

Die Verteilung der Buchungsaktivitäten im Verlauf des Jahres zeigen Abb. 5 und Abb. 6. Der Beginn des Kämmereiregisters wurde mit Exaudi (9. Mai) 1456 angegeben. Bei den Recepta stellt dies praktisch den Beginn der Buchungen dar; lediglich vier Buchungen zu Walpurgis (1. Mai) liegen knapp vor diesem Datum. Bei den Ausgaben wurden verschiedene Buchungen vor Exaudi (36 Buchungen) vorgenommen (jeweils zwei am 2. Februar und 14. März sowie 19 Buchungen zu Walpurgis und 13 Buchungen zu Vocem iocunditatis am 2. Mai). Die beiden letzteren Termine liegen zeitlich so nahe am offiziellen Buchungsbeginn, dass sie vermutlich als regulär in diesem zeitlichen Ablauf gesehen werden können. Bei den vier Buchungen zu Beginn des Jahres kann zwar nicht ausgeschlossen werden, dass sie Buchungen des Folgejahres 1457 darstellen. Da aber kein weiteres Kämmereiregister für 1456 bekannt ist und in ähnlichen Fällen (s. 1460) bei Buchungen in das Folgejahr die Buchführer mit entsprechenden Vermerken auf ein abweichendes Buchungsjahr hingewiesen haben, wurde in diesem Fall von Buchungen im Jahr 1456 ausgegangen. Eine Ausnahme stellen bei den Ausgaben drei Buchungen zum 2. Januar dar, die durch ihren Bezug *(do pq)* zu einem im Jahr 1456 gelegenen Heiligengedenktag eindeutig in das Jahr 1457 gehörig sind.

3. Die Stadt Mühlhausen in Thüringen   143

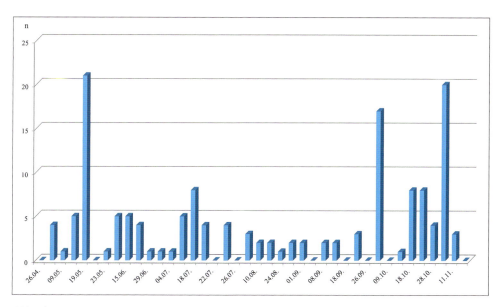

Abb. 5 | Verteilung der Buchungstermine der Einnahmen in der Kämmereirechnung von 1456 (153 Buchungen). Angegeben sind die Häufigkeiten der aufgeführten kirchlichen Festtage und Heiligengedenktage ohne Berücksichtigung der Angaben zu den Wochentagen danach (z.B. postquam), was zu einer leichten Clusterbildung der Termine mit einer nur geringen Unschärfe führt, die zu einer größeren Klarheit der Darstellung beiträgt. Die Abszisse entspricht lediglich annähernd dem Kalenderverlauf.

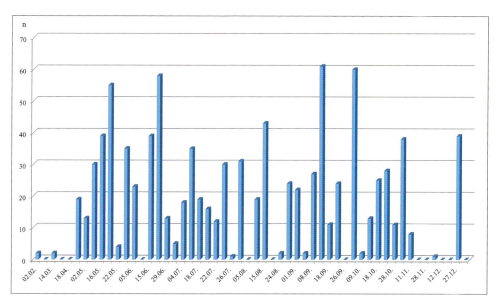

Abb. 6 | Verteilung der Buchungstermine der Ausgaben in der Kämmereirechnung von 1456 (976 Buchungen). Darstellung der Daten wie in Abb. 5.

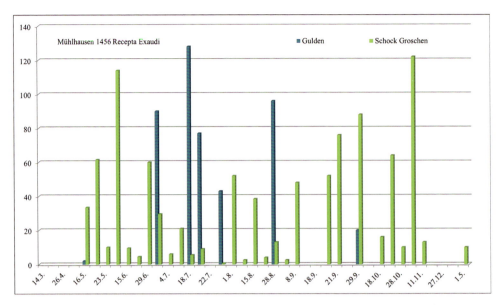

Abb. 7 | Höhe der verbuchten Einnahmen mit Buchungsdatum im Kämmereiregister von 1456. Angegeben ist der Buchungsbetrag in Gulden oder Schock Groschen, letztere beinhalten die Groschenbeträge bis zu einem halben Schock Groschen (30 Groschen). Angegeben sind die Häufigkeiten der aufgeführten kirchlichen Fest- oder Heiligengedenktage ohne Berücksichtigung von Vor- oder Nachdatierungen mit der erwähnten Clusterbildung zur besseren Übersichtlichkeit. Die Abszisse entspricht lediglich annähernd dem Kalenderverlauf.

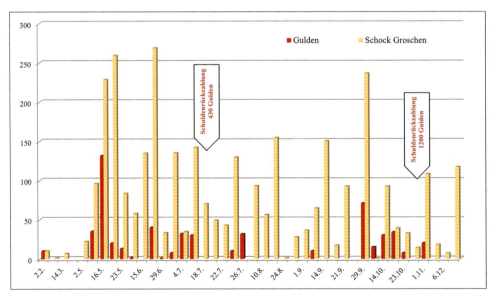

Abb. 8 | Höhe der verbuchten Ausgaben mit Buchungsdatum im Kämmereiregister 1456 von Mühlhausen. Darstellung der Daten wie in Abb. 7. Die beiden Pfeile zeigen die Buchung der Rückzahlungen von zwei Krediten zu Arnolfi und Symonis et Jude. Die Rückzahlung eines weiteren hohen Kredites war undatiert.

Die Höhe der Einnahmen in Abhängigkeit vom Buchungsdatum zeigt Abb. 7. Die ersten datierten Buchungen finden sich zu Pentecostes (16. Mai im Jahre 1456) kurz nach dem offiziellen Beginn des Registers zu Exaudi eine Woche vorher. Bei den Beträgen in Schock Groschen sind 74,1 % einem Buchungsdatum zugeordnet, während es bei den Groschenbeträgen nur rund 29 % sind. Bei den Gulden sind zahlreiche hohe Beträge nicht datiert; insgesamt 36,2 % der Eintragungen in Gulden sind datiert. In den Monaten Mai und Juni sowie im September bis November wurden überwiegend Groschen verbucht; die Buchungen in Gulden zeigen einen Schwerpunkt in den Monaten Juli und August. Eine Übersicht der Ausgaben gibt Abb. 8.

3.6.4.1. Buchungseinträge nach Wochentagen

Für die Untersuchungen der Buchungen nach Wochentagen wurden alle lesbaren Angaben der Wochentage sowie die direkt aufgeführten kirchlichen Feiertage und Heiligengedenktage bezogen auf die Wochentage des Jahres 1456 berücksichtigt. Abb. 9 stellt die prozentuale Verteilung der Buchungen auf die Wochentage dar. Bei Einnahmen und Ausgaben zeigte sich eine niedrige Frequenz von Buchungen an Werktagen, mit einer etwas selteneren Verwendung des Freitages. Es ist eine klare Präferenz des Sonntages als Buchungstag zu bemerken. Es bestanden keine signifikanten Unterschiede zwischen den Verteilungen der Einnahmen und Ausgaben. Bei Tagen mit einer hohen Buchungsfrequenz, die keine Sonntage waren, handelt es sich um bedeutende kirchliche Feiertage oder um Heiligengedenktage, denen traditionell Bedeutungen wie zum Beispiel die Abhaltung von Messen zugeordnet waren, wie zu Michaelis. Berücksichtigt man dies, kommt der Bedeutung des Sonntages als Buchungstag in Mühlhausen noch höheres Gewicht zu.

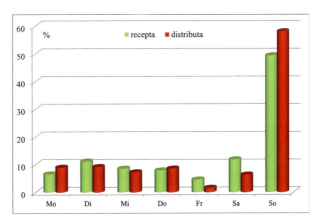

Abb. 9 | Prozentuale Verteilung der Buchungen in der Kämmereirechnung von 1456 auf die Wochentage.

3.6.5. Genauigkeit der Rechenhaftigkeit

Das Kämmereiregister von 1456 zeigte auf 88 Manuskriptseiten mit Einträgen insgesamt 80 Streichungen und Korrekturen. Bezogen auf die Zahl der Buchungen waren dies 4,7 % bei den Ein- und 5,0 % bei den Ausgaben. Auf Grund der vorgefertigten Struktur des Registers und diesem relativ hohen Anteil an Korrekturen kann davon ausgegangen werden, dass die Führung des Kämmereiregisters direkt, d.h. ohne ein vorheriges Konzept erfolgt ist.

Die Untersuchung der Rechengenauigkeit im Kämmereiregister von 1456 war durch verschiedene Faktoren erschwert:[538]

- Da das Kammereiregister keine Reinschrift nach Konzept darstellt, ergaben sich bei der Erfassung der Zahlenwerte an verschiedenen Stellen Probleme mit deren Transkription, z.B. durch Streichungen, Überschreibungen oder durch zunehmend dichtgedrängtes Schreiben in vorab eingetragenen Buchungsabschnitten.
- Das Kämmereiregister zeigt keine regelmäßig auftretenden Summenbildungen, z.B. pro Seite, sondern es werden vielfach auch Zahlenwerte von Kapiteln in Summen zusammengefasst, die sich über mehrere Seiten erstrecken.
- Zusammenfassungen von Buchungen treten nicht nur ausschließlich über oder nach einer Summenbildung auf, sondern es ist möglich, dass Summen sowohl Zahlenwerte über als auch unter der Summenangabe betreffen.
- Verschiedentlich wurden Zahlenwerte offensichtlich nach Erstellung einer Summe in den entsprechenden Buchungsabschnitt nachgetragen, ohne dass in jedem Fall die Summe geändert wurde. In ähnlicher Weise konnten Streichungen erfolgen, ohne dass dies Einfluss auf die Summe hatte.
- Summen konnten nachträglich korrigiert werden, wie in dem Beispiel auf fol. 34v., wo die Summe des 2. Buchungsabschnittes zunächst richtig mit 56 Groschen berechnet und dann gestrichen wurde, da die Buchung des 1. Abschnittes nun miteinbezogen wurde.
- Halbe Einheiten, wie zum Beispiel ½ Schock, können auch als 30 Groschen in die niedrigere Einheit rückübertragen werden (fol. 18v.).
- Das Kämmereiregister wurde überwiegend in der Rechenwährung Groschen bzw. Schock Groschen geführt. An verschiedenen Stellen wurden Buchungen auch in anderen Währungen wie z.B. Gulden angegeben, ohne dass Umrechnungskurse genannt wurden.[539]

---

538 Zur Rechengenauigkeit siehe: Lux, Thomas: Essener Stadtrechnungen des 14. und 15. Jahrhunderts. Analyse und Edition, Essen 1993, S. 173–176.

539 Für Dresden wurde im Jahre 1424 ein Verhältnis von 20 Groschen pro Gulden angegeben: Heiermann, 2006, S. 169; s.a. Spangenberg, 1908, S. 392 f. zur Inflation des märkischen Silbergroschens gegenüber dem relativ stabilen Gulden: 1440 26/27 Groschen, 1463 30 Groschen und 1471 33 Groschen pro Gulden.

- Buchungen (in der Regel nach einem *Item*) können auch Wiederholungen von Beträgen mit dem Zahlungsziel oder dem Zeitpunkt der Zahlung *(recepit)* enthalten, ohne dass dies eine gesonderte Buchung darstellt. Vergleichbare Beispiele finden sich in den Augsburger Baumeisterbüchern, wo Kombinationen gleicher Beträge in unterschiedlichen Zeilen untereinander vorkommen, von denen jeweils der erste mit *Item* und der zweite mit *Recepit* gekennzeichnet ist, womit der Erhalt, der Zeitpunkt und gegebenenfalls auch der Empfänger einer Zahlung dokumentiert wird.[540]

Für die Mehrzahl der regulären Seiten des Kämmereiregisters von 1456 ist es trotz diesen Schwierigkeiten gelungen, die Zahlenwerte mit einer Zuverlässigkeit zu erfassen, die eine Beurteilung der Rechengenauigkeit ermöglicht. Nicht berücksichtigt wurden eingefügte Zettel mit Notizcharakter (fol. 4, 8, 9, 10, 18, 20, 21, 26), mit Ausnahme von fol. 37r., der mit seinen Eintragungen und der Summe klar im Zusammenhang mit der regulären Seite fol. 36v. steht, sowie reguläre Seiten mit Aufzählungscharakter (fol. 6r.), ohne Summenbildung (fol. 46r.), mit gemischter Angabe von Geld- und Naturalwerten (fol. 7v.) oder mit eingeschränkter Lesbarkeit (fol. 36r.). Aufgeführt werden Gulden, Schock Groschen und Groschen. Die seltenen Angaben mit Denaren wurden vernachlässigt, da sie auch im Kämmereiregister nicht bei den Summenbildungen berücksichtigt wurden. Die in römischen Zahlzeichen vorliegenden Buchungswerte wurden als arabische Zahlenwerte in Excel-Tabellen übertragen, um eine digitale Auswertung möglich zu machen. Die zu einer Summe gehörigen Werte wurden durch eine farbliche Absetzung des Hintergrundes deutlich gemacht. Der Beginn von Buchungsabschnitten ist am Rand durch das Zeichen * gekennzeichnet (Tab. 22 im Anhang).

Viele Summenbildungen des Kämmereiregisters betreffen kleine bis mittlere Zahlen von Buchungen, die in thematischen Abschnitten zusammengefasst sind (z.B. fol. 1v.), die mit einer Summe abgeschlossen werden. Darunter kann auch fol. 40r. mit der korrekten Summe der Rentenzahlungen in Gulden für Frankfurter Bürger eingeordnet werden.

Weitere Buchungsabschnitte umfassen zwei Seiten, wobei die Summe auf der zweiten Seite am Ende der Zahlenwerte (s. fol. 12r./v., fol. 17v./19r. mit eingeschobenen Zetteln dazwischen, fol. 22v./23r., fol. 36v./37r.) oder vor dem Ende der zugehörigen Zahlenwerte (s. fol. 6v./7r.), oder auf der ersten Seite (s. fol. 15r./v.) erscheinen kann.

---

540 BMB 62, z.B. fol. 23v., Zeile 2/3 und 5/6, bearbeitet von Stefan GRATHOFF (25.02.2018), in: Digitale Edition der Augsburger Baumeisterbücher, hg. von Jörg ROGGE, unter informationswissenschaftlicher Mitarbeit von Radoslav PETKOV, Michael HAFT, Christiane DRESSLER und Torsten SCHRADE. Permalink: https://lod.academy/bmb/id/bmb-bm-04wm/1 (letzter Zugriff: 04.05.2023).

Eine Besonderheit stellen die Summenbildungen über mehr als zwei Seiten dar wie zum Buchungsabschnitt der Ausgaben für Bewaffnete und Bogenschützen, der von fol. 24r. bis fol. 28v. auf insgesamt acht regulären Seiten 200 Buchungen in einer mit nur 3½ gr abweichenden Gesamtsumme annähernd korrekt erfasst wurden. Völlig korrekt wurde die Summe der über vier Seiten verlaufenden Ausgaben *pro wartmannis* von fol. 29r.–30v. berechnet. Rentenzahlungen wurden ebenfalls über mehrere Seiten gebucht und die Summe von fol. 38r.–40r. hierzu war ebenfalls korrekt. Eine weitere Summenbildung für fol. 40v.–45r. erstreckte sich über zehn Seiten und 118 Buchungen mit dem korrekten Ergebnis von 1.124½ Schock.

Manche Buchungen sind korrekt, wenn man möglicherweise später erfolgte Buchungsnachträge nicht berücksichtigt wie bei der zweiten Summe auf fol. 11v. Folgende Fehler konnten auftreten:

- Einfache Rechenfehler, meist kombiniert mit Übertragungsfehlern zwischen Währungseinheiten (gr und sex) wie auf fol. 11r., wo von 80 gr korrekt 30 Groschen als ½ Schock übertragen, bei den Werten für Schock aber falsch zu 7 anstelle von 8 Schock addiert wurden. Analog verlief der Fehler im nächsten Buchungsabschnitt mit dem Übertrag von 1½ sex. Einen deutlichen Hinweis darauf, dass Übertragungsfehler zwischen Währungseinheiten eine bedeutende Fehlerquelle sind, gibt die Beobachtung, dass sämtliche acht Summenbildungen aus Schock Groschen allein sowie eine einzelne Summenbildung aus Gulden korrekt erfolgt sind. Eine weitere Möglichkeit könnte darin gesehen werden, dass es sich hierbei im Vergleich zum einfachen Groschen um wesentliche Beträge gehandelt hat, die vielleicht mit höherer Sorgfalt behandelt wurden.
- Korrekturfehler wie auf fol. 13r., wo 38 sex auf 18 (durch Streichung von *xxx* mit Überschreibung durch *x*) statt auf 28 sex korrigiert wurden.
- Fehler bei der Niederschrift, wie bei fol. 31v. mit 17 statt 37 gr, wo möglicherweise zwei römische Zahlzeichen *xx* nicht notiert wurden. In einigen Fällen kann vermutet werden, dass bei dem Ergebnis der Summenbildung gerundet wurde und kleinste Groschenbeträge wegfielen (s. fol. 34r., wo sechs restliche Groschen nicht aufgeführt wurden, und die Summe auf fol. 45r., in der Zahlenwerte ab fol. 40v. zusammengefasst und 29½ Groschen als ½ Schock Groschen in eine Gesamtsumme von über 1.000 Schock übertragen wurden). Selten sind Summenbildungen nicht nachvollziehbar, wie auf dem eingefügten Zettel fol. 16r./v.

Die Auswertung der Darstellung in Tab. 22 im Anhang zeigt, dass von insgesamt 54 Summenbildungen 23 (42,6 %) insgesamt oder teilweise fehlerhaft waren. Bei den Einnahmen lag dieser Anteil mit 5 (21,7 %) von 23 Summenbildungen deutlich niedriger als bei den Ausgaben, wo 18 (58,1 %) von 31 Summen Mängel aufwiesen. Ebenfalls gering war der

Fehleranteil in den Census-Listen, wo von vier Summenbildungen nur eine (25 %) geringe Fehler aufwies, obwohl diese Summen über zahlreiche Seiten und insgesamt 231 Buchungsposten geführt wurden. Im Hinblick auf die Summenbildungen in Kombination der beiden meistverwandten Rechnungseinheiten (Groschen und Schock Groschen) zeigten sich Fehler der berechneten Summen bei Groschen und Schock Groschen in sieben Fällen, nur bei Schock Groschen in vier Fällen und mit zwölf Fällen am häufigsten wurden Fehler allein bei Groschen beobachtet. Bei Buchungen ohne Überträge, d.h. bei Summenbildungen allein aus Gulden (vier Summen) oder alleine aus Schock Groschen (acht Summen) waren keine Fehler zu beobachten, was als Hinweis auf die Fehlergeneigtheit der Umrechnung gewertet werden kann.[541] Schwankungen von Wechselkursen spielen hier keine Rolle, da sich Schock Groschen unabhängig vom Wert des Groschens darstellt und keine Umrechnungen von Groschen in Gulden stattfanden.

Ein weiterer Aspekt zur Genauigkeit der Rechenhaftigkeit wird bei der Übertragung von Kassenständen von einem Rechnungsabschnitt zum nächsten und den dabei erfolgenden Summenbildungen deutlich. Im Kämmereiregister von 1456 werden solche Überträge der unter „*In Cammera*" angegebenen Summen nicht explizit vorgenommen, dennoch geht der Eingangswert offensichtlich in die Abschlussrechnung ein. In vielen Fällen kann jedoch eine Übertragung des Kassenstandes über mehrere Rechnungsbücher verfolgt werden, die in der Regel exakt erfolgt. Summenbildungen am Ende von Rechnungsabschnitten konnten zunächst nicht nachvollzogen werden, da die Endsummen nicht erreicht wurden. Erst unter Einbeziehung des oft mehrere Seiten zuvor angegebenen Übertrages konnte ein korrektes Ergebnis erzielt werden. Beispiele geben die nachfolgenden Abbildungen. Im Jahr 1445 wird der Kassenstand in die Summe der Ausgaben einbezogen und der Betrag dann im nachfolgenden Rechnungsbuch mit Beginn zu *Vocem* 1446 ausgewiesen (Abb. 10).

1459 lässt sich derselbe Vorgang bei den Ausgaben des Martini-Rechnungsbuches feststellen; der Übertrag erfolgt in das Rechnungsbuch mit Beginn zu Exaudi des Jahres 1460 mit Einbeziehung in die Summe aller Einkünfte, wobei geringfügige Rechenfehler auftraten (Abb. 11).

---

541 Zum Zusammenhang mit uneinheitlichen Rechenwährungen und Fehlern bei Summenbildungen s.a. WÜRZ, Simone: Methoden der Digital Humanities in der Bearbeitung und Erforschung mittelalterlicher Rechnungsbücher. Möglichkeiten und Grenzen am Beispiel der digitalen Edition der Augsburger Stadtrechnungsbücher. In: Stefan PÄTZOLD, Marcus STUMPF (HG): Mittelalterliche und frühneuzeitliche Rechnungen als Quellen der landesgeschichtlichen Forschung, Münster 2016a, S. 108.

150 II. SCHRIFTLICHKEIT UND RECHNUNGSWESEN

1445	martini	fol. 292v.	3927 sex 41 gr	Summa totis distributi	Übertrag
			2757 sex 22 gr	In camera	
		Σ	6685 sex 3 gr	Summa distributi cum camera	
1446	vocem	fol. 294r.	2757 sex 22 gr	In camera	

Abb. 10 | Kämmereiregister von Mühlhausen von 1445 und 1446 (2000/7) mit der korrekten Summenbildung (grün markiert) aus den Einnahmen und dem Kassenstand auf fol. 292v. und dem Übertrag des Kassenstandes des Martini-Rechnungsbuches 1445 in den Kassenstand des nachfolgenden Vocem-Rechnungsbuches von 1446.

1459	martini	fol. 34v.	1654 sex 53 gr	Summa omnis censui	Übertrag
			2790 sex 24 gr	Summa communis distributi	
			1629 sex 23 gr	In camera	
		Σ	4419 sex 47 gr	Summa totius distributi cum camera facit	
1460	exaudi	fol. 36r.	1629 sex 23 gr	In camera	
		fol. 43r.	1369 sex 7,5 gr	Summa communis recepti	
			1913 sex 35 gr	Camera Antiqua	
			2151 sex 22 gr	Summa Exactionum	
		Σ	5444 sex 2,5 gr	Summa totius recepti	

Abb. 11 | Kämmereiregister von Mühlhausen von 1459/60 (2000/10) mit dem Übertrag des Kassenstandes aus dem Martini-Rechnungsbuch in den Kassenstand des nachfolgenden Exaudi-Rechnungsbuches. Die Summenbildung des Übertrages gemeinsam mit den Ausgaben ist korrekt; bei den Einnahmen ergibt sich sowohl bei den Groschen (2,5 statt 4,5 gr, rot markiert) als auch bei den Schock Groschen (5.444 statt 5.434 sex) eine kleine Differenz (korrekte Zahlenwerte grün markiert).

1460	exaudi	fol. 72r.	1747 sex 37,5 gr	In Camera	
	martini	fol. 1ar.	1747 sex 37,5 gr	In Camera	Übertrag
		fol. 6r.	1307 sex 41 gr	Summa totis Recepti	
			2142 sex 9,5 gr	Summa Exactionum	
		Σ	5197 sex 16 gr	Summa totius Recepti	

Abb. 12 | Kämmereiregister von Mühlhausen von 1460 (2000/10 und 11) mit dem Übertrag des Kassenstandes aus dem Exaudi-Rechnungsbuch in den Kassenstand des nachfolgenden Martini-Rechnungsbuches und der korrekten Summenbildung (grün markiert) aus diesem Übertrag auf fol. 1ar. zusammen mit den Einnahmensummen auf fol. 6r.

Den Übertrag von Exaudi 1460 zu Martini 1460 zeigt Abb. 12. Den entsprechenden Vorgang für Bücher im Jahre 1462/63 und 1483/84 zeigen die Abb. 13 und 14.

1462	martini	fol. 112v.	3166 sex 45 gr	Summa communis Distributi cum censibus facit	Übertrag
			1222 sex 3 gr	In Camera	
		Σ	4388 sex 48 gr	Summa totius Distributi cum camera facit	
1463	exaudi	fol. 117r.	1222 sex 3 gr	In Camera	
		fol. 122v.	3020 sex 15 gr	Summa Totis Recepti	
			2366 sex 13 gr	Summa Exactionum	
		Σ	6608 sex 31 gr	Summa Totius Recepti	

Abb. 13 | Kämmereiregister von Mühlhausen von 1462/63 (2000/12) mit Übertrag aus dem Martini-Rechnungsbuch in das nachfolgende Exaudi-Rechnungsbuch. Die korrekten Summenbildungen sind grün markiert.

1483	martini	fol. 29v.	1475 sex 13 gr	Camera	
1484	exaudi	fol. 32r.	1475 sex 13 gr	Camera	
		fol. 38v.	4106 sex 54 gr	Summa Communis Recepti	Übertrag
			2529 sex 25 gr	Summa Exactionum	
		Σ	8111 sex 32 gr	Summa summarum totis recepti	

Abb. 14 | Kämmereiregister von Mühlhausen von 1483/84 (2000/16) mit dem Übertrag des Kassenstandes aus dem Martini-Rechnungsbuch in den Kassenstand des nachfolgenden Exaudi-Rechnungsbuches. Die Summenbildung des Übertrages gemeinsam mit den Einnahmen auf fol. 38v. sind korrekt (grün markiert).

Eine andere Möglichkeit, die Übertragung des Kassenstandes zu dokumentieren, bestand darin, wie in Nürnberg einen versiegelten „Rechenbrief" mit der *Summa* zu Beginn des Finanzjahres zu übergeben, um einen Beleg über die vorhandenen Aktiva zu haben.[542]

Kleeberg merkte in seiner 1909 publizierten Betrachtung der Kämmereirechnungen von Mühlhausen an, dass es für die Genauigkeit der Buchführung spreche, dass bei Auszahlungen an Überbringer auch diese und nicht nur die eigentlichen Empfänger vermerkt wurden.

---

542 SANDER, 1902, S. 287–297.

Er kommt ebenfalls zu dem Schluss, dass die Bücher kontinuierlich geführt wurden. Eine weitere Beobachtung war, dass die angegebenen Summenbildungen häufig nicht mit den Einzelposten übereinstimmten. Dies wurde als Fehlen konsequenter kaufmännischer Buchführung und als Indiz einer großen Selbständigkeit der Stadtschreiber interpretiert, da eine genaue Kontrolle anscheinend nicht vorhanden war, die diese Fehler hätte bemerken müssen. Es wurde daraus geschlossen, dass sich die Kontrolle auf die Summierung der Hauptposten beschränkt habe. Eine betrügerische Absicht wird ausgeschlossen, denn *„derartige Fehler kommen so häufig vor, dass dann alle Stadtschreiber betrogen haben müßten"*. Kleeberg hebt bei dieser Diskussion stark auf die Funktion der Stadtschreiber ab, die nach seiner Aussage in einigen Fällen den Kämmerern gleichgestellt waren.[543]

Die Genauigkeit der Rechenhaftigkeit kann auch in den edierten Osnabrücker Stadtrechnungen von 1459–1519 beurteilt werden, bei der von der Herausgeberin bereits Angaben zur Korrektheit der einzelnen Summenbildungen gemacht wurden.[544] Im Zeitraum von 1459 bis 1489 gab es in diesen Rechnungsbüchern noch keine Seitensummen, die erst ab 1492 systematisch als *summa lateris* eingeführt wurden und damit die Anzahl der Summenbildungen deutlich erhöhten, aber deren Komplexität senkten. Diese beiden Zeitperioden wurden daher getrennt betrachtet. Von 39 Summenbildungen der Ausgaben im Zeitraum von 1459 bis 1491 waren 15 fehlerhaft (38,5 %), was in der Größenordnung der in Mühlhausen beobachteten Fehlerquote liegt. Zu den Einnahmen kann für diesen Zeitraum wegen fehlender Daten keine Aussage getroffen werden. In der Zeitperiode von 1490 bis 1519 wiesen von 277 Summenbildungen bei den Ausgaben 46 Fehler auf (16,7 %). Bei den Ausgaben gibt es nur für das Jahr 1519 Werte, wobei von 14 Summen eine fehlerhaft war. Dies kann allenfalls in der Tendenz als Bestätigung der Beobachtung einer höheren Rechengenauigkeit bei den Einnahmen anzeigen.

Die Genauigkeit, mit der spätmittelalterliche Rechnungsbücher geführt wurden, wurde häufig mit einiger Skepsis betrachtet. Karl Bücher äußert dazu, dass *„ein Gefühl für den Werth genauer Zahlenfeststellungen"* nur selten bestünde und stellt fest: *„Denn ordentlich rechnen konnten im Mittelalter auch die gebildetsten Menschen nicht, und in der That stimmen grössere Summen, wenn man sie nachrechnet, fast nie genau"*.[545] Auch Stieda bezeichnet das mittelalterliche Rechnungswesen als *„schwerfällig und wenig exakt"*, macht für die Ungenauigkeiten aber die Währungssysteme, den Gebrauch der römischen Zahlzeichen und der lateinischen Sprache verantwortlich.[546]

---

543 KLEEBERG, 1909, S. 429 f.
544 EBERHARDT, 1996, S. 266–508.
545 BÜCHER, 1896, S. 4, 6.
546 STIEDA, 1899, S. 5; s.a. BRUNNER, 1929, S. 71.

Das Rechnungsbuch von Hermannstadt aus dem Jahr 1497, das in einer Edition vorliegt, wird zwar in lateinischer Sprache, aber nach den editoriellen Angaben mit arabischen Zahlzeichen geführt. Es weist zahlreiche Summenbildungen mit durchschnittlich acht Additionsposten (SAW 3,6; Bereich 2–18 Buchungen) auf, die höchstens zwei Währungseinheiten (*flor.* und *den.*) enthalten, die in einem einfachen dezimalen Verhältnis zueinander stehen (1 *flor.* = 100 *den.*). Von 70 Summenbildungen waren 66 (94,3 %) korrekt, davon entfielen 47 auf Berechnungen mit beiden Währungen. Bei einigen Summenberechnungen gab es Anmerkungen zu nachträglich gebuchten Beträgen, die nicht in den Summen enthalten waren: Diese Summenbildungen wurden nicht in die Betrachtung der Rechengenauigkeit eingeschlossen. Das Beispiel macht deutlich, dass Berechnungen mit arabischen Zahlzeichen mit einem höheren Grad an Zuverlässigkeit geführt werden konnten als mit Zahlenangaben in römischen Zahlzeichen.[547]

Fouquet geht in seiner Betrachtung davon aus, dass die Rechnungsführer des Mittelalters durchaus rechnen konnten, aber durch verschiedene Eigenheiten bei der Buchhaltung- und Verwaltungstätigkeit anders rechneten, was besonders das Fehlen der Kasseneinheit und die Anwendung mehr zweckmäßiger denn prinzipieller Vorgehensweisen bei der Buchführung betraf, die dem ökonomischen Verständnis der Zeit entsprachen.[548] Die wenigen Untersuchungen zur Genauigkeit der Rechenhaftigkeit im Mittelalter zeigen widersprüchliche Ergebnisse, die einmal von erstaunlicher Genauigkeit, zum anderen aber von Fehlerquoten um 85 % berichten.[549]

In den Aachener Stadtrechnungen, die ebenfalls in Form einer Edition vorliegen, wurden durch den Herausgeber bei den Einnahmen des Jahres 1456 über 31 Seiten nur drei Rechenfehler festgestellt. Die Endsumme von 1668m 4s 5d war nur um 1m 1d geringer als das korrekte Ergebnis. Die relativ einfach strukturierte Rechenhaftigkeit in diesem Buch kann damit als vergleichsweise genau gelten.[550] Hobohm berichtete für die Quedlinburger Rechnungsbücher von 1459–1509 ebenfalls von einer relativ hohen Rechengenauigkeit mit nur geringen Fehlbeträgen.[551] Die über 13 Wochenrechnungen mit jeweils einer Summe geführte Baumeisterrechnung von Aachen aus dem Jahre 1455/56 zeigt auf 38 Seiten insgesamt 13 inkorrekte Summenbildungen oder Umrechnungen; auch dies erscheint relativ genau.[552]

---

547 Rechnungen aus dem Archiv der Stadt Hermannstadt und der sächsischen Nation, 1. Bd. von c. 1380–1516, 1880, S. 228–258; fehlerhafte Summen auf S. 235 f., 243, 245 f., 247.
548 FOUQUET, 2000b, S. 101–104.
549 Z.B. KIRCHGÄSSNER, 1977, S. 30.
550 Die Aachener Stadtrechnungen des 15. Jahrhunderts, 2004, S. 349–359.
551 HOBOHM, 1912, S. 17.
552 Die Aachener Stadtrechnungen des 15. Jahrhunderts, 2004, S. 329–348.

Für die Soester Einnahmen an Bürgergeld wurden für eine Reihe von Jahren ab 1421 deutliche Diskrepanzen bei der Verbuchung berichtet und der Verdacht möglicher Verruntreuung der Fehlbeträge in einer Periode politischer Instabilität der Stadt vermutet.[553]

In einer Untersuchung der Rechengenauigkeit von mittelalterlichen Kirchenrechnungen aus Wesel stellte Reitemeier zum Teil erhebliche Abweichungen fest, wobei in der Mehrzahl der Fälle die Kontensummen bis zu 20 % geringer ausfielen als nach der Addition der Einzelwerte zu erwarten gewesen wäre. Kirchenbücher sind von ihrer Struktur her und vom Modus der Rechnungslegung vor dem Rat mit Stadtrechnungen vergleichbar. Als Faktoren für die Ungenauigkeiten wurden die fehlende Berücksichtigung der Schwankungen von Währungskursen, die Probleme bei der Verbuchung von Naturaleinkünften, das Verfahren der Gegenrechnung, die mangelhafte Übertragung von Buchungen aus Notizzetteln sowie das Zusammenziehen von Buchungen genannt, die eine Kontrolle der Einträge erschwerten. Ein grundlegendes Problem war die fehlende Trennung zwischen privaten Mitteln und denen der öffentlichen Kasse in deren Rahmen zum Beispiel private Gewinne der Rechnungsführenden aus Währungsumrechnungen im Rahmen der Kassentätigkeit toleriert wurden. Fehlende Transparenz und Ungenauigkeiten bei der Rechnungslegung können auch im Zusammenhang mit den komplexen politischen Verhältnissen mittelalterlicher Städte gesehen werden.[554]

Die Feststellung, Kämmereibücher seien von Stadtschreibern nachlässig geführt worden, sind kritisch zu betrachten. Bereits Girgensohn wies darauf hin, dass die Nicht-Einhaltung von Terminen bei Zahlungen gang und gäbe war und es eine auffällig große Anzahl von Stundungen gab, die die vorangelegte Ordnung der Abrechnung störten, ebenso wie Posten, die nicht zur Kenntnis des Kammerschreibers gelangten. Eine weitere Komplikation ist die Darstellung von aufgenommenen Schulden als Einnahmen.[555]

3.6.6. Rechnen mit negativen Zahlen

3.6.6.1. Verwendung negativer Zahlen im Kämmereiregister von 1456

Bei der Untersuchung der Rechenhaftigkeit im Kämmereiregister von 1456 stellte sich heraus, dass in seltenen Fällen offensichtlich Negativzahlen verwendet wurden.

Ein einfaches Beispiel hierfür ist die erste Summenbildung auf fol. 2r. oben, bei der 13 Schock und 8 Groschen mit 46 gr addiert wurden: Das Ergebnis von 14 sex 4 gr erscheint

---

553 ROTHERT, Hermann: Das älteste Bürgerbuch der Stadt Soest 1302–1449, Münster 1958, S. 20 f.
554 REITEMEIER, Arnd: Pfarrkirchen in der Stadt des späten Mittelalters: Politik, Wirtschaft und Verwaltung, Stuttgart 2005, S. 72–88.
555 Die ältesten Berliner Kämmereirechnungen 1504–1508, 1929, S. X.

3. Die Stadt Mühlhausen in Thüringen   155

a) fol. 2r: Negativbetrag von 4 gr

b) fol. 2v: Negativbetrag von 15 gr

c) fol. 2v: Summe zu b) ohne Negativbetrag

d) fol. 7v: negativer Denarbetrag

e) fol. 31v: negativer Denarbetrag

f) fol. 35r: negativer Denarbetrag

g) fol. 42r: negativer Denarbetrag

h) fol. 33r: Negativbetrag von 18gr

i) fol. 43v: Negativbetrag von 6½gr

j) fol. 7v: negatives Volumenmaß

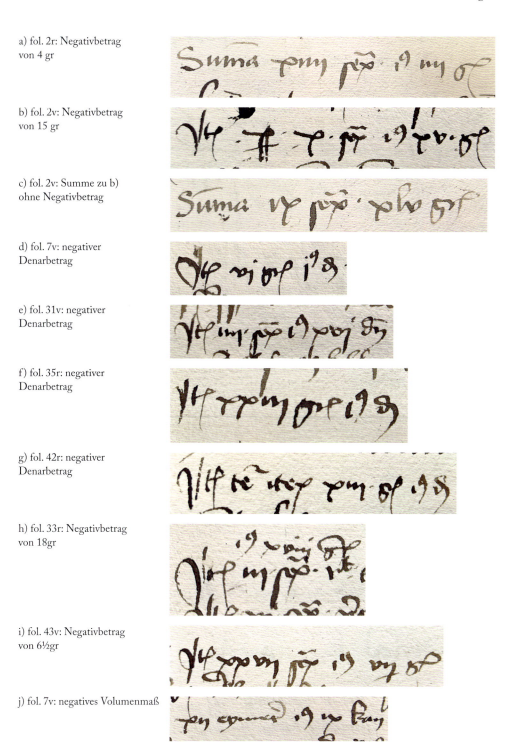

Abb. 15 | Beispiele der Verwendung negativer Zahlen im Kämmereiregister von 1456 von Mühlhausen i.Th. (StadtA Mühlhausen, Kämmereiregister 1456, 2000/9; Aufnahmen Miller, 10./11.12.2018).

zunächst unrichtig, wird aber durch das vorgestellte Zeichen i^9 verständlich, das die 4 Groschen als Negativwert ausweist.[556] 60 Groschen hätten ein Schock ergeben, was knapp verfehlt wurde. Dennoch wurde das Ergebnis für die Rechnungseinheit Schock gewissermaßen aufgerundet um eins auf 14 erhöht und der Fehlbetrag an Groschen negativ mit i^9 *iiii* ausgewiesen. Meist scheint eine solche Rundung das Ziel der Verwendung negativer Zahlenwerte gewesen zu sein (Abb. 15 a). Es findet sich aber auch ein gegenteiliges Beispiel: Beim Buchungspunkt Stetegelt auf fol. 2v. wird ein Schock-Betrag gerundet mit *10 sex i^9 15 gr* aufgeführt, die darunter stehende Summa stellt den Wert aber positiv als *9 sex 45 gr* dar (Abb. 15 b, c).[557] Die Feststellung, der mittelalterliche Mensch habe weder große, gebrochene noch insbesondere negative Zahlen geliebt, muss mit Zurückhaltung betrachtet werden.[558] Es fanden Auf- und Abrundungen statt und dies konnte auch mit Hilfe des Einsatzes negativer Zahlen geschehen.[559]

Negativzahlen erscheinen insgesamt an zwölf Stellen im Kämmereiregister von 1456. Der Abzug von einem oder mehreren Pfennigen (d) von Groschenbeträgen wurde in den Summenbildungen nicht berücksichtigt und scheint nur Notizcharakter gehabt zu haben (Abb. 15 d–g). Andere summenbeeinflussende Negativzahlen waren auf fol. 33r., *ad plarita*, 1. Zeile, auf fol. 36r., 11. Zeile und auf fol. 43v., Buchungsabschnitt *Koler*, 1. Zeile, zu finden. Die Verwendung des Negativzeichens kann auch bei Volumenmaßen wie *eymern* (fol. 7v. Zeile 2, Abb. 15 j) oder anderen Einheiten beobachtet werden (fol. 36v., 6. Zeile von unten). Bei fol. 19r., letzte Zeile, ist nicht klar, ob der genannte Betrag noch als zur Summe gehörig zu betrachten ist oder nicht, da die Addition in jedem Fall ein unrichtiges Ergebnis liefert.

3.6.6.2. Verwendung negativer Zahlen in anderen Rechnungsbüchern

Erste Ansätze zur Verwendung von Zahlenwerten mit negativem Vorzeichen finden sich schon zum Ende des 13. Jahrhunderts, z.B. in einer Baurechnung der Stadt Koblenz von 1276 und 1295 in Tiroler Rechnungsbüchern, z.B. mit *m 100 minus lb 7* oder *lb 7 minus g 2*.[560] Die Nähe zum italienischen Raum mit seinen früh entwickelten Buchungspraktiken

---

556 GRUN, 1966, S. 196; DEMANDT, 2006, S. 295.
557 StadtA Mühlhausen, Kämmereiregister 1456, 2000/9.
558 BERGER, Christian-Paul: Wie genau ist Oswald von Wolkensteins Neumond-Kalender? Eine Anleitung zur Benützung des Computus ecclesiasticus in Klein 28 (in der Fassung nach Hs. A). In: Der Schlern. Südtiroler Monatsschrift für Heimatkunde und Heimatpflege, 69, 1995, S. 21.
559 Zum Rechnen mit negativen Zahlen s.a. Kapitel Rechenhaftigkeit.
560 Der Koblenzer Mauerbau, Rechnungen 1276–1289, 1888; Die älteren Tiroler Rechnungsbücher (IC. 278, IC. 279 und Belagerung von Weineck). Analyse und Edition, 1998, S. 116 f.; Die älteren Tiroler Rechnungsbücher (IC. 280). Analyse und Edition, 2008, S. 53.

wurde als möglicher Impulsgeber für die Rechnungen im Tiroler Raum diskutiert.[561] Tiroler Hofrechnungen von 1303 verwenden ebenfalls schon verschiedentlich *minus* oder *min.* für abzuziehende Beträge.[562] Ein Breslauer Rechnungsbuch weist 1309 eine Einnahme von *300 marcis minus 15 marcis* auf.[563] In den Lüneburger Kämmereiregistern wird ab 1321 ein nachgestelltes *minus* verwendet.[564] Seltene Beispiele finden sich in den Aachener Stadtrechnungen ab 1338, die zu dieser Zeit noch als Pergamentrolle vorlagen.[565] Die Stadt Görlitz weist bei der Verbuchung der Geschosseinnahmen des Jahres 1345 das Beispiel einer doppelten Verwendung des *minus* auf: *400 mr. minus 7 mr. minus 1 sol.* auf, die bar *(promptorum)* bezahlt worden waren.[566] In den Duisburger Stadtrechnungen wird erstmals 1351/52 in der Rundung einer Summe nachgestellt der Begriff *minus* verwendet: *Summa expositorum 5393½ cl 7 d minus*.[567] Er wird in den Jahren 1353/54 und 1356/57 vereinzelt verwendet. Bei dem erneuten Auftreten im Jahre 1400/01 hatte der Begriff sich zu „*myn*" gewandelt, der ebenfalls nur selten eingesetzt wurde.[568]

Frühe Beispiele finden sich auch im klerikalen Bereich: Die Klosterrechnung von St. Emmeran in Regensburg führt für die Abtswahlen von 1358 eine Buchung für Elsässer Wein, die das Minus sowohl bei der Menge als auch beim Betrag verwendet: „*Item pro una urna minus 5 cyphis vini alsatici 6 s minus 3 d*".[569] In den Jahresrechnungen von Basel finden sich in den ältesten erhaltenen Jahrgängen ab 1360 Beispiele der Verwendung von *minus* und *et*, wobei minus zu Rundungszwecken eingesetzt wird.[570] Von 1364 gibt es im Lübecker

---

561 HAIDACHER, 1993, S. 25.
562 Amtsrechnungen über die fürstlichen Gefälle in der Grafschaft Tirol v. den Jahren 1303 bis 1330, 1842, z.B. S. 143.
563 BEYER, Otto: Schuldenwesen der Stadt Breslau im 14. und 15. Jahrhundert mit besonderer Berücksichtigung der Verschuldung durch Rentenverkauf. In: Zeitschrift des Vereins für Geschichte (und Alterthum) Schlesiens, 35, 1901, S. 74.
564 REINECKE, 1908, S. 163.
565 Aachener Stadtrechnungen aus dem 14. Jahrhundert, 1866, z.B. S. 130.
566 Die ältesten Görlitzer Ratsrechnungen bis 1419, 1905–1910, S. 1.
567 Mittelalterliche Stadtrechnungen im historischen Prozess. Die älteste Duisburger Überlieferung (1348–1449), 2007, S. 169, 175, 186.
568 Mittelalterliche Stadtrechnungen im historischen Prozess. Die älteste Duisburger Überlieferung (1348–1449), 2007, S. 303, 321, 322, 340, 346, 348, 363, 387, 794.
569 ROSENBECK, Hans Paul: Die St. Emmeramer Abtswahlen von 1358 im Spiegel der Klosterrechnungen. In: Franz A. KARG (HG): Regensburg und Ostbayern, Kallmünz 1991, S. 68 f.
570 Der Stadthaushalt Basels im ausgehenden Mittelalter. Die Jahresrechnungen 1360–1535, 1. Bd. Die Einnahmen, 1909, S. 1; Der Stadthaushalt Basels im ausgehenden Mittelalter. Die Jahresrechnungen 1360–1535, 2. Bd. Die Ausgaben 1360–1490, 1910, S. 1.

Niederstadtbuch eine Buchung über *400 mr minus 12½ mr Lub*.[571] In den Butzbacher Stadtrechnungen wird von 1371 an gelegentlich mit negativen Zahlenwerten gearbeitet, die meist mit *minus (dedit 19lb. minus 4s.)*, in einem Einzelfall aber auch mit *mynner (4 pond mynner 1gr)* gekennzeichnet wurden.[572] Die Stadthagener Stadtrechnungen verwenden ab 1378 die Begriffe *minus* und *et* bei den Jahressummen der Ausgaben, die die einzigen Summenbildungen in diesen Büchern darstellen.[573] In der Stadtrechnung von Hildesheim werden 1379 bei Buchungen und Summenbildungen entsprechend die Begriffe *unde*, sehr selten auch *minus* verwendet.[574] Eine Rechnung des Braker Amtsmannes für Bauarbeiten in der Stadt Lemgo verwendet am 20. November 1395 zweimal den Begriff minus zur Rundung von Beträgen.[575] Kaspar von Schlandersberg gebraucht in seinen Rechnungsbüchern von 1398–1399 und 1400–1402 den Begriff *minder* in ausgeschriebener Form (Abb. 16 a).

Eine weitere Form stellt die Verkürzung mit einem Kürzungshaken für „er" dar (Abb. 16 b–d).[576] Und es kommt zur Verwendung von *mi* für *minus* mit einem Kürzungsstrich und dem Kürzungszeichen „9" für „us" (Abb. 16 e). In der Fortentwicklung der Verkürzung entsteht daraus *mi9*, das man durch Abbreviatur des *m* als direkten Vorläufer von *i⁹* betrachten kann (Abb. 16 f, g).[577]

Die Augsburger Baumeisterbücher verwenden ab 1388 negative Zahlen, sowohl in der gekürzten Form *mind*(er) und als auch seltener in der Form *min*(us).[578] Im Zeitraum von 1388

---

571 Das Lübecker Niederstadtbuch (1363–1399) Teil 1: Einleitung und Edition, 2006, S. 63.
572 Die Butzbacher Stadtrechnungen im Spätmittelalter 1371–1419, Bd. 2, 2011, S. 10, 20, 22, 55, 93, 164.
573 Stadthagener Stadtrechnungen 1378–1401, 1968, S. 10, 14.
574 Urkundenbuch der Stadt Hildesheim, Bd. 5. Hildesheimsche Stadtrechnungen 1379–1414, 1893, S. 3, 22.
575 MERSIOWSKY, 1991, S. 140 f.
576 Die Kürzung „Vokal + r" war nach einem Höhepunkt im 13. Jahrhundert im 14. Jahrhundert noch relativ häufig, s. RÖMER, Jürgen: Geschichte der Kürzungen. Abbreviaturen in deutschsprachigen Texten des Mittelalters und der frühen Neuzeit, Göppingen 1997, S. 41–43.
577 RÖMER, 1997, S. 27, 44 f.; s. LAS Bozen, Rechnung 1398/99, 002, fol. 1r., 4v., 7r., 8r., 10r., Rechnung 1400/1401, 001, fol. 1r., 2r.
578 BMB 3, fol. 1r., bearbeitet von Sarah SCHRADE (25.02.2018), in: Digitale Edition der Augsburger Baumeisterbücher, hg. von Jörg ROGGE, unter informationswissenschaftlicher Mitarbeit von Radoslav PETKOV, Michael HAFT, Christiane DRESSLER und Torsten SCHRADE; Permalink: https://lod.academy/bmb/id/bmb-bm-00ok/1 (letzter Zugriff: 10.05.2023), und fol. 1v., Permalink: https://lod.academy/bmb/id/bmb-bm-00ri/1 (letzter Zugriff: 10.05.2023); zu digitalen Editionen s.a. VOGELER, Georg: Digitale Edition von Wirtschafts- und Rechnungsbüchern. In: Gudrun GLEBA, Niels PETERSEN (HG): Wirtschafts- und Rechnungsbücher des Mittelalters und der Frühen Neuzeit. Formen und Methoden der Rechnungslegung: Städte, Klöster und Kaufleute, Göttingen 2015, S. 307–328; VOGELER, Georg: The Content of Accounts and Registers in their Digital Edition. XML/TEI,

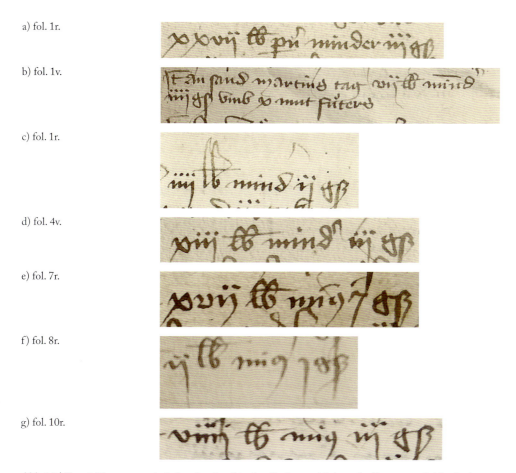

Abb. 16 | Entwicklung von „minder" und „minus" in den Rechnungsbüchern des Kaspar von Schlandersberg von 1398–1399 (a, d, e, f, g) und 1400–1402 (b, c).

bis 1463 wurde in den Baumeisterbüchern auf über 3.000 beschriebenen Seiten mit 930 Summenbildungen *minus* in seinen Verkürzungsformen in 283 Fällen auf insgesamt 191 Seiten und *minder* in seinen Verkürzungsformen in 62 Fällen auf insgesamt 55 Seiten verwendet. Bei der Betrachtung der Häufigkeit muss aber beachtet werden, dass im Jahre 1457 eine wöchentlich wiederkehrende Dauerbuchung mit dem Ausdruck *minus* in Form von *2 lb min 2 d* insgesamt 53 Buchungen ausmachte (fol. 108v.–109v.). Weit über die Hälfte

Spreadsheets, and Semantic Web Technologies. In: Jürgen SARNOWSKY (HG): Konzeptionelle Überlegungen zur Edition von Rechnungen und Amtsbüchern des späten Mittelalters, Göttingen 2016, S. 13–42; s.a. Die Augsburger Baumeisterrechnungen von 1320–1331, 1878, S. 1–220.

der Buchungen mit negativen Vorzeichen entfiel auf die Jahre 1449 bis 1457. Insgesamt stellt sich die Verwendung negativer Zahlenwerte auch in Augsburg als eher seltenes, aber in allen Jahren vorkommendes Element dar. Die weite geographische Verbreitung der Buchung mit Minuszahlen zeigt die Kämmereirechnung von Elbing aus dem Jahre 1399, in der ebenfalls negative Zahlenwerte Verwendung fanden.[579] In Wismar kommt in den Kämmereiregistern der Jahre 1326 bis 1336 der Begriff *minus* neunmal vor.[580] In den Osnabrücker Stadtrechnungen wird der Begriff *mynus* im Zeitraum von 1459 bis 1519 häufig verwendet.[581] In den Amtsrechnungen von Hunteburg aus dem Jahr 1443 wird abgekürzt *myn* verwendet.[582] Ein Beispiel der Verwendung negativer Zahlenwerte im kaufmännischen Bereich steht im Zusammenhang mit dem Weinhandel Konrad von Weinsbergs mit Lübeck: Das Rechenbuch Endris Schribers von 1425 weist an mehreren Stellen *minus*-Werte aus, bei denen es sich um Rundungen handeln dürfte.[583] Eine seltene Variante in der Anwendung von *minus* und *minder* geben die Bieler Stadtrechnungen 1390/91, 1399/1400 und 1400/1401: Meist wird hier der Ausdruck nicht vor dem abzuziehenden Betrag sondern dahinter verwendet *(xix ß iiii d minus* oder *x lib ii ß minder)*. An einigen wenigen Stellen wird aber auch die klassische Variante *(vß minus iii d)* verwendet.[584] Unter den Buchungen der Einnahmen und Ausgaben der Stadt Calbe an der Saale im Jahre 1478 war nur je einmal ein Beispiel für *minus* gegeben.[585] Seltene Beispiele der Verwendung von *myn* können ab 1467 in den Stadtrechnungen von Luxemburg beobachtet werden.[586] Ein Beispiel der Verwendung im klösterlichen Rechnungswesen gibt Gleba.[587]

Minuszahlen wurden nicht nur bei der Verbuchung von Geldwerten, wie z.B. auf Schweizer Gebiet *… viij in müntz minder ij den …*, sondern auch in vielfältiger anderer Weise verwendet: wie *minder* bei der Gewichtsbestimmung von Edelmetallen, z.B. 1503:

---

579 Zu den Elbinger Kämmerei-Rechnungen, hrsg. v. Max TÖPPEN. In: Altpreußische Monatsschrift, 9, 1872 (Preußische Provinzial-Blätter 75), S. 375 f.
580 Kämmerei-Register der Stadt Wismar aus den Jahren 1326–1336, 1864, S. 89, 92, 95, 97, 102, 106, 107.
581 EBERHARDT, 1996, S. 268–507.
582 VOGTHERR, 1985, S. 69.
583 AMMANN, Hektor: Untersuchungen zur Wirtschaftsgeschichte des Oberrheinraumes I. Konrad von Weinsbergs Geschäft mit Elsässer Wein nach Lübeck im Jahre 1426. In: Zeitschrift für die Geschichte des Oberrheins, N.F., 69, 1960, S. 484 f., 492, 496.
584 Die drei ältesten Bieler Stadtrechnungen, 1937, S. 309, 313, 315.
585 Die ältesten Stadtrechnungen der Stadt Calbe, 1902, S. 130, 139.
586 Die Rechnungsbücher der Stadt Luxemburg, H. 6: 1467–1473, 2012, S. 23, 24, 38, 115.
587 GLEBA, 2016b, S. 59: „1 Goldgulden weniger 6 Denar".

viii lott minder iii gran oder *xv lott minder i quintlin und i gran*.[588] In Breuberg z.B. von 1409/10 als Angabe für eine Aufenthaltsdauer ... *funff wochen mynner tzwen tage*.[589] Aus der Bauzeit des spätgotischen Chores des Freiburger Münsters ab dem Jahr 1471 ist die Verwendung des Ausdruckes „*minder*" in Baurechnungen belegt, z.B. für die Gewichtsangabe *10 centner minder 2 pfund bley*.[590] Für Lebensmittel findet sich ein Beispiel in den Amtsrechnungen des Bistums Basel der Jahre 1470 bis 1473 mit *Item 2 quartier kaeß minder 2 lb*.[591]

3.6.6.3. Verwendung negativer Zahlen in anderen Kämmereiregistern Mühlhausens

Die Verwendung des Negativzeichens i^9 ist in den Kämmereiregistern von Mühlhausen nicht auf das Rechnungsjahr 1456 und dessen Schreiber beschränkt. Im ersten erhaltenen Kämmereiregister von 1407 war das Minuszeichen noch nicht nachweisbar.[592] Der früheste Einsatz einer negativen Zahl in den Kämmereiregistern von Mühlhausen ist für die Jahre 1409–1410 auf einem lose beigefügten Zettel zu beobachten.[593]

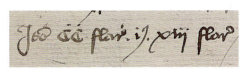

Abb. 17 | Frühe Darstellung des Kürzungszeichens für minus in Mühlhausen 1409/10 fol. 29a (StadtA Mühlhausen, Kämmereiregister 1409–1410, 2000/3; Aufnahme Miller, 10.12.2018).

Die Anwendung des Minuszeichens bleibt in den Jahren 1417/18 mit 14 Beispielen und mit 22 Beispielen 1419 relativ selten. Etwas häufiger mit 40 Anwendungen fand sich das Minuszeichen in den Kämmereiregistern von 1428–1439. In der Zeitperiode 1442–1446 konnten 22 und in den Registern von 1451–1453 14 Anwendungen gefunden werden. Im Jahre 1460 können sechs Stellen mit Negativzahlen belegt werden. 1460/61 fanden sich fünf Beispiele, 16 in den Jahren 1461–1464, acht in den Jahren 1466–1468 und in den Registern von 1467–1468 zehn Anwendungen von Minuszahlen. Die Jahre 1471–1473, 1483–1486 und

---

588 Die Urkunden der Belagerung und Schlacht von Murten, bearb. v. Gottlieb Friedrich OCHSENBEIN, Freiburg 1876, S. 557; Amtliche Sammlung der eltern eidgenössischen Abschiede, Bd. 3, Abth. 2: Die eidgenössischen Abschiede aus dem Zeitraume von 1500 bis 1520, bearb. v. Anton Philipp SEGESSER, Lucern 1869, S. 199 f.
589 WACKERFUSS, 1991, S. 184, s.a. S. 303: *minner 3 tage*.
590 FLUM, Thomas: Der spätgotische Chor des Freiburger Münsters. Baugeschichte und Baugestalt, Berlin 2001, S. 136, 145, 150, 154.
591 Amtsrechnungen des Bistums Basel im späten Mittelalter. Die Jahre 1470–1472/73, 1998, S. 243.
592 StadtA Mühlhausen, Kämmereiregister 1407, 2000/2.
593 StadtA Mühlhausen, Kämmereiregister 1409–1410, 2000/3, fol. 29ar.

1492–1496 zeigen mit elf, drei und acht Beispielen ebenfalls nur eine geringe Frequenz im Gebrauch negativer Zahlen.[594] Deutlich häufiger angewandt wurde das Minuszeichen in den Jahren 1497–1502 mit 49 Beispielen.[595] Setzt man die Verwendung negativer Zahlen in den Kämmereiregistern des 15. Jahrhunderts mit 228 Beispielen in Relation zum Gesamtumfang der Buchungstätigkeit von rund 62.000 Buchungen, so ist diese mit knapp 0,4 % dennoch als seltenes Ereignis zu bewerten. Es gibt jedoch auch Beispiele von Rechnungsbüchern aus der Mitte des 15. Jahrhunderts wie die von Herzog Albrecht VI. von Österreich ohne den Gebrauch negativer Zahlen.[596]

Erwähnenswert erscheint in diesem Zusammenhang, dass kurz vor dieser Zeit der Leipziger Magister Johannes Widmann in seinen Algebravorlesungen an der Universität Leipzig um 1480 die Plus- und Minuszeichen entwickelte, wobei davon ausgegangen wird, dass das „+" aus dem t des lateinischen *et* und das Minuszeichen aus einer immer weiter reduzierten Schreibweise des minus entstanden ist.[597] Die Verwendung dieser Zeichen erlangte jedoch zunächst noch keine allgemeine Verbreitung. Noch rund 100 Jahre später verwendeten Nuñez und Bombelli stattdessen p und m.[598]

In diesen Jahren gegen Ende des 15. Jahrhunderts verstärkt sich auch die Anwendung der arabischen Zahlzeichen, die vor allem bei Summenbildungen kombiniert mit römischen

---

594 StadtA Mühlhausen: Kämmereiregister 1417–1419, 2000/4, fol. 3v., 4r., 53rv., 62rv., 63r., 65r., 78r., 79r., 92r., 115v., 121r; Kämmereiregister 1419–1420, 2000/5, fol. 3v., 4v., 9v., 34v., 38v., 45r., 73r., 75r., 81r., 83v., 89r., 90v., 91r., 93r., 104r; Kämmereiregister 1428–1430, 2000/6, fol. 1v., 3r., 13r., 14r., 15r., 22v., 24r., 24v., 25r., 31r., 40r., 48r., 49v., 50r., 52r., 54v., 59r., 60r., 61r., 66v., 67v., 68v., 70v., 74r., 74v., 76v., 77r., 83r., 84r., 85r; Kämmereiregister 1442–1446, 2000/7, fol. 121v., 126r., 132r., 142r., 163r., 172rv., 173v., 199v., 203v., 211r., 221r., 241r., 254r., 258r., 269r; Kämmereiregister 1451–1453, 2000/8, fol. 19v., 20r., 60r., 82v., 88r., 94r., 97v., 101v., 120v; Kämmereiregister 1460, 2000/10, fol. 4r., 11v., 33v., 44v., 55v; Kämmereiregister 1460–1461, 2000/11, fol. 31r., 42r., 58r., 71v., 77v; Kämmereiregister 1461–1464, 2000/12, fol. 52v., 56r., 69r., 78r., 96v., 113v., 114r., 196v., 198r; Kämmereiregister 1466–1468, 2000/13, fol. 28r., 41r., 52v., 57r., 64r., 71r., 73r; Kämmereiregister 1467–1468, 2000/14, fol. 7v., 27r., 45r., 47r., 49v., 68r., 74r; Kämmereiregister 1471–1473, 2000/15, fol. 29r., 30r., 52v., 63r., 64r., 78r., 96r., 130r., 131r., 137v; Kämmereiregister 1483–1486, 2000/16, fol. 16v., 126v., 150v; Kämmereiregister 1492–1497, 2000/17, fol. 96v., 130r., 142v., 154rv., 222r., 235r.
595 StadtA Mühlhausen, Kämmereiregister 1497–1501, 2000/18, fol. 12r., 14r., 33r., 35v., 36r., 62v., 68r., 69r., 70v., 72r., 73r., 95r., 99v., 107r., 113r., 122v., 139r., 141v., 142r., 144r., 149r., 169v., 180r., 197r., 203v., 206v., 208v., 211v., 228v., 235v., 244r., 251r., 252v., 253rv., 254r., 256r., 258r., 259v.
596 Der Fürst in der Ostschweiz. Eine Teiledition des Rechnungsbuchs von Herzog Albrecht VI. von Österreich, 2006.
597 REICH, Ulrich: Entstehung der arithmetisch-algebraischen Symbolik. In: Edith FEISTNER, Alfred HOLL (HG): Erzählen und Rechnen in der frühen Neuzeit. Interdisziplinäre Blicke auf Regensburger Rechenbücher, Berlin 2016, S. 15 f.
598 LÜNEBURG, 2008, S. 457.

Zahlzeichen eingesetzt werden. Dabei wurden bevorzugt die Beträge der Schock Groschen arabisch angegeben, die Schockbeträge aber noch römisch.[599] In einem Fall wurde auch eine rein in arabischen Zahlzeichen angegebene Summe beobachtet.[600] Auf der hinteren Umschlag-Innenseite des Kämmereiregisters von 1492–1497 wurde eine Reihe von Guldenbeträgen untereinander aufgelistet, von denen zwölf arabisch und zwei römisch geschrieben waren. Die Darstellungsweise ähnelt deutlich dem Vorgehen bei einem dezimalen Additionsverfahren. Da jedoch keine Summe vermerkt ist, handelt es sich vermutlich lediglich um eine Notiz.[601]

3.7. Kämmereiregister von Mühlhausen von 1407 bis 1486

Vergleichend zum Kämmereiregister von 1456 wurden weitere Quellen des Stadtarchivs von Mühlhausen in Thüringen herangezogen, insbesondere die Kämmereiregister verschiedener ausgewählter Jahrgänge des 15. Jahrhunderts sowie das Notulbuch von 1450 und das Copialbuch von 1454.

Tabelle 23 im Anhang gibt einen Überblick der Kämmereiregister der Stadt Mühlhausen im 15. Jahrhundert. Nicht in jedem Jahr sind Register vorhanden, was sowohl an der Erstellung als auch an der Überlieferung liegen könnte. Zum Beispiel sind für die Jahre der großen Brände der Stadt von 1422 und 1487 keine Kämmereiregister vorhanden. Ein Zusammenhang mit dem Auftreten der Pest kann ebenfalls nicht ausgeschlossen werden, wie z.B. im Zeitraum von 1431 bis 1441, für den auch keine Geschoßregister vorliegen. In anderen Jahren, von denen kein Kämmereiregister bekannt ist, existieren aber Einträge z.B. im Copialbuch für das Jahr 1455.[602] Die Tabelle weist auch die Zuordnung der Datierung des Beginns der Kämmereiregister aus. Die entsprechenden Termine lagen sowohl im Frühjahr als auch im Herbst, es sind aber nicht für jedes Jahr Register zu beiden Terminen vorhanden. Die Register vor 1417 weisen noch keine entsprechende Datierung auf. In der ersten

---

599 StadtA Mühlhausen, Kämmereiregister 1492–1497, 2000/17, fol. 251r; StadtA Mühlhausen, Kämmereiregister 1497–1501, 2000/18, fol. 6v., 20v.
600 StadtA Mühlhausen, Kämmereiregister 1492–1497, 2000/17, fol. 254r.
601 Zum Wechsel vom römischen zum arabischen Zahlensystem und zum Gebrauch negativer Zahlen s.a. Kapitel Rechenhaftigkeit.
602 Hinweise auf das Vorliegen verschiedener paralleler Rechnungsbücher unterschiedlicher dezentraler Kassen, wie sie für Mühlhausen zu späterer Zeit bekannt sind, gibt es im 15. Jahrhundert nicht, s.a. SCHLOMS, Antje: Reichsstadt unter kaiserlicher Kommission – Reichsständische Schuldentilgung in der Frühen Neuzeit. In: Michael ROTHMANN, Helge WITTMANN (HG): Reichsstadt und Geld, Petersberg 2018, S. 333.

Hälfte des 15. Jahrhunderts variierten die Termine noch zwischen Judica, Cantate, Jocunditatis und Exaudi im Frühjahr und Omnium Sanctorum, Theodorii, Martini und Lucie im Herbst. Es ist aber deutlich eine Tendenz zur Etablierung der Termine Exaudi und Martini zu bemerken, die ab 1451 ausschließlich verwendet wurden. Das Jahr 1453 ist zwar auf dem originalen Deckblatt vermerkt, aber im Inhalt nicht existent. Im Buchungsjahr 1472 ist der Herbsttermin vor dem Frühjahrstermin eingebunden. In den Jahren 1492, 1493 und im Frühjahr 1494 gibt es keine Angaben zum Beginn der Register. Die Ablegung einer Rechenschaft durch die Kammerschreiber zu einem Frühjahrs- und einem Herbsttermin wurde auch für Hildesheim mit einem Frühjahrstermin zwischen Ostern und Pfingsten und einem Herbsttermin zwischen Michaelis und Martini berichtet.[603]

3.7.1. Die Kämmereiregister Mühlhausens von 1407–1410

Das Manuskript des Jahres 1407 besteht aus 27 Papierblättern in zwei Lagen mit einem Einband aus Pergament mit der Signatur M.P.O. Nr. 1, neue Signatur 2000/2. Der Übergang zu gebundenen Heften hatte also in Mühlhausen zu dieser Zeit bereits stattgefunden.[604] Die Papierbogen (Doppelseiten) von Lage 1 haben das Format von ca. 309x448 mm, Lage 2 weist ein Format von ca. 312x440 mm auf. Lage 1 enthält fol. 1–12, Lagenmitte fol. 6/7 und Lage 2 fol. 13–27 mit der Lagenmitte bei fol. 20/21. Einzige Unregelmäßigkeit ist eine abgetrennte Seite zwischen fol. 25 und fol. 26, dem Gegensteg zu fol. 15. Die Papierdicke in der Lage 1 beträgt 0,197±0,031 mm und in der Lage 2 0,214±0,019 mm. Es liegen 7–8 Ripplinien/cm vor. An Wasserzeichen tritt der Halbmond mit einfacher Stange und Stern (z.B. fol. 2) und häufig die Glocke (z.B. fol. 21) auf (Tab. 15 und Abb. 101, 102 im Anhang).[605] Mit Ausnahme von zwei eingefügten Zetteln ist die Rechnung durchgängig in lateinischer Sprache abgefasst. Der Umschlag nennt drei Ratsmitglieder des Jahres 1407 *et eorum consortes* und gibt das Jahr und Abrechnungsdaten an: *Anno Domini MCCCC septimo circa festum Sancti Johanni Baptiste* (29. Juni 1407) *pro termino Sancti Michaelis* (29. September 1407). Der Inhalt listet überwiegend die Einnahmen *(recepta)* der städtischen Verwaltung auf. Ausgaben sind deutlich seltener vermerkt und stets durchgestrichen. Möglicherweise ist das Manuskript unvollständig.[606] Eine erste Bearbeitung des ältesten Jahrgangs 1407

---

603 Huber, 1901, S. 18.
604 Mersiowsky, 2000a, S. 341.
605 StadtA Mühlhausen, Kämmereiregister 1407, 2000/2.
606 Die älteste Kämmereirechnung der Kaiserlich freien Reichsstadt Mühlhausen i. Thür., 1904/1905, S. 33–36.

fand zu Beginn des 20. Jahrhunderts durch von Kauffungen statt.[607] In den Jahren 1928–1930 wurde diese Untersuchung wieder von Hugo Groth vergleichend mit den Rechnungen von 1409/10 aufgenommen.[608]

Die Abrechnung der Jahre 1409/10 (M.P.O. Nr. 2, neue Signatur 2000/3) hat ebenfalls einen Pergamenteinband mit Umschlag an der Hinterseite. Die in zwei Lagen gebundenen Papierbogen (Doppelseiten) mit einer Gesamtstärke von ca. 6 mm sind im Format von etwa 316x440 mm mit 7 Siebdrähten/cm. Lage 1 besteht aus einer Septernione regulärer Blätter (fol. 1–14, Lagenmitte fol. 7/8). Die Papierdicke gemessen an 14 Punkten des Bogens der Lagenmitte betrug 0,164±0,015 mm. In dieser Lage kommt als Wasserzeichen eine freie Lilie mit Beizeichen einkonturiger Stern vor (z.B. fol. 2, s. Tab. 16 und Abb. 103 im Anhang).

Lage 2 besteht aus acht Papierbogen mit den Folionummern 15–30 (Lagenmitte fol. 22/23) im Format der Doppelseiten von ca. 314x438 mm und einem zusätzlichen Zettel der Größe von ca. 184x270 mm mit einem Ochsenkopf-Wasserzeichen mit Augen und sechsblättriger Blume auf einkonturiger Stange als Oberzeichen. Die Papierdicke wurde mit 0,198±0,016 mm bestimmt. An Wasserzeichen der regulären Blätter kommt ein Kreis mit einfacher Stange und zwei Sternen vor (s. Anhang Wasserzeichen).[609] Auch hier findet sich auf dem Umschlag eine Zeitangabe: *M° CCCC° IX° et decimo*. Bemerkenswert ist die Kombination von römischen Zahlen und einem Zahlwort, die nicht einer Systematik folgt, wie sie z.B. in den englischen Pipe Rolls vorlag.[610] Da in diesem Kämmereibuch nur Ausgaben verbucht wurden, ist auch dieses möglicherweise unvollständig. Eine andere Erklärungsmöglichkeit wäre, dass sich diese ersten erhaltenen Kämmereiregister noch auf einem frühen Stadium der Verschriftlichung befanden, bei dem noch nicht durchgängig Einnahmen und Ausgaben verzeichnet wurden, sondern jeweils nur Teilaspekte. Von fol. 2r. (fol. 1r. ist ein eingeheftetes Zettel, der Währungsverhältnisse angibt) bis fol. 14v. sind die Ausgaben des ersten Rechnungsabschnittes dargestellt. Fol. 15 ist beidseitig unbeschrieben, was einen Einschnitt im Kämmereibuch darstellt. Auf fol. 16r. beginnt der zweite Buchungsabschnitt *(Distributum pro secundo termino)*. Beide Abschnitte beginnen mit den Ausgaben für Boten, das Rathaus und den Marstall, sind aber sonst in ihrem Aufbau variabel.

---

607 Die älteste Kämmereirechnung der Kaiserlich freien Reichsstadt Mühlhausen i. Thür., 1904/1905, S. 33–46.
608 Die Kämmereirechnungen von 1407 und 1409, Mühlhausen 1928/1929, S. 119–168 und von 1409/1410 (Zweiter Teil), 1929/1930, S. 133–179.
609 StadtA Mühlhausen, Kämmereiregister 1409, 2000/3.
610 Kypta, 2014, S. 67.

Hugo Groth wies in seiner Untersuchung darauf hin, dass eine Analyse der Kämmereirechnungen dadurch erschwert wird, dass ein klares Muster der Haushaltsführung fehlt. Zwar wurde versucht, ähnliche Vorgänge in der Buchhaltung zusammenzufassen, in der Praxis kam es aber zu sehr ungleichen Buchungsvorgängen und zu verschiedenen Zuordnungen gleicher Gegenstände, die eine Erfassung der Vorgänge komplizierten.[611]

3.7.2. Die Kämmereiregister Mühlhausens von 1417–1419

Dieses Kämmereiregister mit der alten Signatur MPO 3 und der neuen Signatur 2000/4 weist einen alten Einband aus vermutlich wiederverwendetem Pergament auf, das in der Mitte die Aufschrift *anno decimo septano et decimo octano* und, kaum leserlich, *et nono* trägt. Es besteht aus drei Lagen Papierbogen im Format von ca. 310x440 mm mit einer durchschnittlichen Papierdicke von 0,211±0,029 mm (Lage 1 fol. 1–59, Lagenmitte fol. 25/Reststeg; Lage 2 fol. 60–109, Lagenmitte fol. 88/89; Lage 3 fol. 110–143, Lagenmitte fol. 129/130). Abweichungen von den zu erwartenden Foliozählungen ergeben sich durch abgeschnittene Seiten (z.B. bei fol. 23 und 25) und durch eingefügte Zettel. An Wasserzeichen finden sich zwei Varianten des Ochsenkopfes mit dem Oberzeichen Blume bzw. Kreuz (s. Abb. 106 und 107 im Anhang Wasserzeichen). Die Eintragungen des Registers sind durchgängig in lateinischer Sprache gehalten.[612]

3.7.3. Die Kämmereiregister Mühlhausens von 1451–1453

Dieses Kämmereiregister mit der alten Signatur MPO 7 und der neuen Signatur 2000/8 liegt in seinem originalen Einband aus offensichtlich wiederverwendetem Pergament vor, das in großen arabischen Schriftzeichen die Jahreszahlen 1451, 1452 und 1453 zeigt. Der Aufbau des Registers mit zwei Lagen ist durch zahlreiche eingefügte Zettel unterschiedlichen Formats und verschiedene offenbar abgetrennte Seiten relativ unregelmäßig. Eine Lagenanalyse wurde daher nicht vorgenommen. Die 30 regulären Papierbogen (Doppelseiten) der Lage 1 haben ein Format von ca. 296x420 mm. Die Lagenmitte befindet sich bei fol. 45/46. Die Papierdicke beträgt in der Lage 1 0,205±0,021 mm und ist in der zweiten Lage mit 0,222±0,018 mm etwas größer. Die zehn Papierbogen der Lage 2 haben ein Format von ca. 290x408 mm. Die Lagenmitte befindet sich bei fol. 113/114. Nicht alle Blätter sind vollständig erhalten. Es finden sich insgesamt vier verschiedene Ochsenkopf-Wasserzeichen aus dieser Zeitperiode (s. Abbildungen im Anhang Wasserzeichen).

---

611 Die Kämmereirechnungen von 1407 und 1409, Mühlhausen 1928/1929, S. 119 f.
612 StadtA Mühlhausen, Kämmereiregister 1417–1419, 2000/4.

Ab fol. 1 sind census-Zahlungen im Zusammenhang mit den üblichen Orten, beginnen mit *cenus Erfurdii* zu *anno primo* aufgeführt. Auf fol. 10 werden drei Buchungen *Ad monetam anno primo Martini* verbucht mit Nennung von *Bertold Dankisdorff et Hermano Graniß*, gefolgt von zwei Notizzetteln mit der Folio-Nummerierung 10 und 11.

Auf fol. 13r. beginnen die *recepta* des Jahres 1451 durch die *camerarios Bertold de Ryse* und *Dembeche* zu *Exaudi*. Die Ausgaben durch diese Kämmerer beginnen auf fol. 22r. zu *Exaudi* und werden bis fol. 35 geführt. Zu Martini desselben Jahres hatte der Ratswechsel stattgefunden und die *camerarios* sind mit *Fredericus de Northusen* und *Bertold Falken* die aus dem Jahr 1456 bekannten Personen (*recepta* ab fol. 47r., *distributa* ab fol. 51r. bis fol. 81r.).

Das Rechnungsjahr 1452 beginnt zu Exaudi mit den *recepta* auf fol. 91r. mit einer stark verkürzten Nennung derselben *camerarios*. *Distributa* beginnen auf fol. 95v., die noch zur ersten Lage gehört, ebenfalls mit denselben Personen und zu Exaudi. Von fol. 96r. bis zum Ende der zweiten Lage des Kämmereiregisters auf fol. 125v. mit den üblichen Steuerlisten finden sich keine Hinweise auf das auf dem Umschlag erwähnte Rechnungsjahr 1453.[613]

3.7.4. Das Kämmereiregister Mühlhausens von 1460

Das Kämmereiregister von 1460 mit der alten Signatur MPO 7b^I, neue Signatur 2000/10 im Stadtarchiv von Mühlhausen besteht aus zwei relativ gleichmäßigen Lagen mit neuzeitlichem Papiereinband. Die Papierbogen (Doppelseiten) haben ein Format von ca. 315x442 mm. Das Papier zeigt ca. 11 Siebstege/cm bei einem Abstand der Kettlinien von ca. 37–40 mm. Die Papierfarbe ist ein dunkles Cremeweiß. Die recto-Seiten weisen in der rechten oberen Ecke eine später in Bleistift ausgeführte Foliierung in arabischen Zahlzeichen auf. Die reguläre Schrift ist in brauner Tinte vorgenommen worden. In Lage 1 werden die zweite Seite, die Seite zwischen fol. 8 und 9 sowie zwei Seiten zwischen fol. 26 und 27 von der ansonsten durchgehenden Foliierung übersprungen. Die Lagenmitte der Lage 1 ist bei fol. 18v./19r. mit einer erneuerten doppelten 6-Loch-Fadenbindung. In der Lagenmitte gemessen, betrug die Papierdicke in der Lage 1 $0{,}203\pm0{,}019$ mm und in der Lage 2 $0{,}203\pm0{,}015$ mm bei jeweils 14 Messpunkten. In Lage 2 ist ein Papierstreifen von ca. 22–30x190 mm als fol. 38 eingefügt. Das letzte Blatt der Lage 2 trägt keine Foliierungsnummer. Folio-Nummer 75 fehlt. Die Lagenmitte ist bei fol. 56v./57r. und mit einer an zwei Stellen verstärkten neuen doppelten Fadenbindung versehen (Abb. 62, Lagenanalyse im Anhang). Als Wasserzeichen kommt das Motiv Dreiberg im Format 27x76 mm auf jedem der Dop-

---

613 StadtA Mühlhausen, Kämmereiregister 1451–1453, 2000/8.

pelbogen in den beiden Lagen vor.⁶¹⁴ Das Wasserzeichen Dreiberg mit zweikonturiger Stange und einfachem lateinischem Kreuz mit gerundeten Kreuzbalken kommt in zwei Varianten vor, ähnlich Piccard Nr. 1879 und 1885, deren Auftreten 1454 bzw. 1456 erstmals beschrieben ist (s. Tab. 18 und Abb. 118 im Anhang).⁶¹⁵ Ansätze einer Kolumnierung sind an vergleichbaren, jedoch nicht identischen Abschnitten wie im Kämmereiregister von 1456 zu bemerken.⁶¹⁶

Die Untersuchung des Kämmereiregisters von 1460 erfolgte, um im Vergleich zum Kämmereiregister von 1456 mit nur einem Buch zu Exaudi ein Jahr zu betrachten, in dem sowohl ein Martini- als auch ein Exaudi-Buch vorkommt. Die Recepta und Distributa des Martini-Registers beginnen wie das Register von 1456 mit der Überschrift *yhus* für Jesus. Im Exaudi-Register fehlt dieser Überschrift.⁶¹⁷

Tabelle 3 gibt einen Überblick über häufige Begriffe, die als Zusatz zur Bestimmung von Tagen nach (oder seltener vor) einem der genannten Tage einzeln oder in Kombination verwendet wurden. Neben *domenica* und *sabbato* wurden Wochentage wie *dies lune* für Montag nur selten genannt. Einzelne Werktage wie *dinstag* und *fritage* waren Einzelnennungen. Bei der Betrachtung der Zahlenwerte ist zu beachten, dass insbesondere bei den Einnahmen nicht alle Buchungen datiert waren und Buchungen bei den Ausgaben zwei Zahlungsdaten aufweisen konnten.

postquam (*pq*)	494
domenica (*do*)	487
post	146
tertia (*3ᵃ*)	146
eodem (*die, anni*)	51
vigilia	41
duram	39
sabbato	27
ante	25
octava	24
die lune	9
sexta	8
secunda	5
infra	4
prima	3

Tabelle 3 | Häufig einzeln oder in Kombination verwendete Begriffe bei der Tagesdatierung und deren Frequenz im Kämmereiregister von 1460.

Das Kammereiregister von 1460 (beginnend Martini 1459) weist auf 146 Seiten, von denen 129 Einträge enthielten, insgesamt 2.056 Buchungen mit 113 Summenbildungen und 85 Streichungen auf. Davon entfielen 296 Einnahmen und 761 Ausgaben auf das Martini-Register und 273 Einnahmen und 726 Ausgaben auf das Exaudi-Register. Die Datierung von Buchungen anhand von Kirchenfesten und Heiligengedenktagen erfolgte in der bekannten Weise entweder direkt mit Nennung des Festes oder des Heiligen oder in Verbindung mit einem direkten Bezug wie *de termino, die, in die, in festo, de terminis*.

---

614 StadtA Mühlhausen, Kämmereiregister 1460, 2000/10.
615 PICCARD, Gerhard: Wasserzeichen Dreiberg, Findbuch XVI, 2 der Wasserzeichenkartei Piccard im Hauptstaatsarchiv Stuttgart (Veröffentlichungen der staatlichen Archivverwaltung Stuttgart), Stuttgart 1996, VII, S. 16, 48, 49.
616 StadtA Mühlhausen, Kämmereiregister 1460, 2000/10, fol. 6v., 7r., 14r., 14 v., 41r., 55v., 57v., 74r.–76r.
617 StadtA Mühlhausen, Kämmereiregister 1460, 2000/10, fol. 2r., 9r., 36r., 45r.

3. Die Stadt Mühlhausen in Thüringen   169

Das Ergebnis der Analyse der Buchungsdaten in diesen beiden Rechnungsabschnitten ist in Abb. 18 bis Abb. 21 dargestellt.

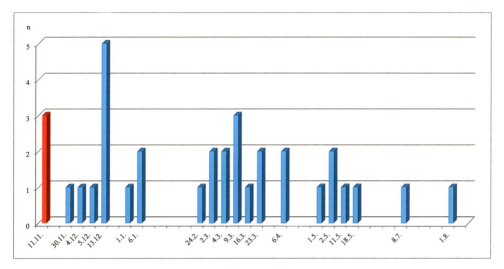

Abb. 18 | Verteilung der Buchungstermine von Einnahmen im Kämmereiregister von 1460 beginnend mit Martini 1459 (in der Grafik rot unterlegt). Angegeben sind die Häufigkeiten der aufgeführten kirchlichen Festtage und Heiligengedenktage ohne Berücksichtigung der Variation (z.B. durch postquam, tertiam, ante), was zu einer leichten Clusterbildung der Termine mit einer nur geringen Unschärfe führt, die aber zu einer größeren Klarheit der Darstellung beiträgt. Die Abszisse entspricht lediglich annähernd dem Kalenderverlauf.

Im Martini Kämmereiregister für das Jahr 1460 werden bei den Einnahmen nur 35 datierte Buchungen beginnend mit Martini 1459 getätigt. Die deutliche Mehrzahl der Einnahmen wird im Exaudi-Register verbucht.

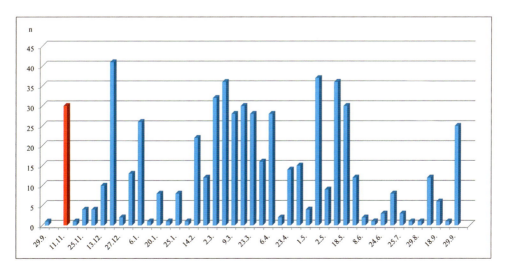

Abb. 19 | Verteilung der Buchungstermine von Ausgaben im Kämmereiregister von 1460 beginnend mit Martini 1459 (in der Grafik rot unterlegt). Angaben wie in Abb. 18.

Eine deutlich höhere Buchungsaktivität war bei den Ausgaben beginnend mit Martini 1459 feststellbar. Neben Martini selbst mit 30 Buchungen stellen die Termine zum Jahreswechsel mit Thome am 21. Dezember und Epiphanie zum 6. Januar Höhepunkte der Ausgabenverbuchung mit 41 und 26 Buchungen dar. Besonders ausgabenintensiv sind die Monate März mit 170 Buchungen und Mai mit 128 Buchungen. Das Register endet mit 25 Buchungen zu Michaelis am 29. September. Insgesamt erfasst das Martini-Register 605 datierte Buchungen (Abb. 19).

Die Mehrzahl der Buchungen von Einnahmen für das Jahr 1460 wird mit 101 Einträgen im Exaudi-Register vorgenommen. Es existieren einige Buchungen vor dem offiziellen Buchungsbeginn, die aber wie die Buchung am 1. November meist mit einem Zusatz wie *de anni predenti* versehen sind. Dies trifft auch für die Buchung für *walpurgis* des Folgejahres 1461 zu, die mit *Lxi* gekennzeichnet war. Michaelis (29. September) und Allerheiligen (1. November) stellten mit 33 bzw. 25 Buchungen die am häufigsten genannten Buchungstermine dar (Abb. 20).

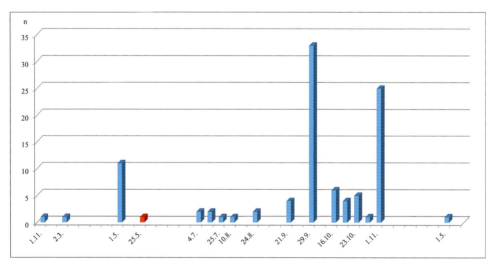

Abb. 20 | Verteilung der Buchungstermine von Einnahmen im Kämmereiregister von 1460 beginnend mit Exaudi 1460 (in der Grafik rot unterlegt). Angaben wie in Abb. 18.

Eine gewisse Buchungsaktivität vor dem offiziellen Beginn des Kämmereiregisters zu Exaudi kann auch 1460, insbesondere zu Walpurgis bemerkt werden. Insgesamt besteht im Kämmereiregister von 1460 eine deutliche Tendenz der buchführenden Personen, Buchungen, die das vorangehende oder das folgende Kalenderjahr betreffen, klar zu kennzeichnen.

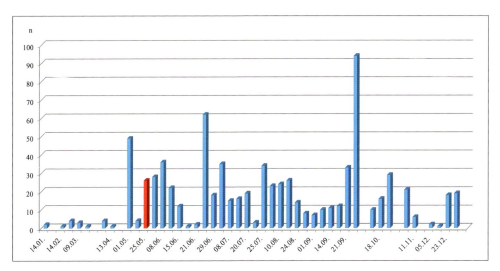

Abb. 21 | Verteilung der Buchungstermine von Ausgaben im Kämmereiregister von 1460 beginnend mit Exaudi 1460 (in der Grafik rot unterlegt). Angaben wie in Abb. 18.

Höhepunkte der Ausgabenbuchungen sind nach Walpurgis mit 49 Buchungen die Termine Johannis (24. Juni, 62 Buchungen) und Michaelis (29. September, 94 Buchungen). Insgesamt erfasst das Exaudi-Register 782 mit Buchungen assoziierte Daten (Abb. 21).

3.7.5. Das Kämmereiregister Mühlhausens von 1461

Das Kämmereiregister von 1461 mit Signatur 2000/11 im Stadtarchiv von Mühlhausen besteht aus zwei relativ gleichmäßigen Lagen mit neuzeitlichem Papiereinband. Die Papierbogen (Doppelseiten) haben ein Format von ca. 320x443 mm. Das Deckblatt fol. 1 weicht mit einer Breite von ca. 215 mm davon ab. Das Papier zeigt ca. 11 Siebstege/cm. In der Lagenmitte mit jeweils 14 Messpunkten gemessen, betrug die Papierdicke in der Lage 1 0,222±0,016 mm und wich damit deutlich von der Lage 2 ab, bei der 0,180±0,010 mm gemessen wurden. Der Abstand der Kettdrähte war ebenfalls zwischen den Lagen unterschiedlich (s. Anhang). Die recto-Seiten weisen in der rechten oberen Ecke eine Foliierung mit Bleistift in arabischen Zahlzeichen auf. Lage 1 besteht aus fol. 1 bis fol. 40 mit der Lagenmitte bei fol. 19/fol. 20. Auf fol. 1 folgt 1a und ein zwischen fol. 36 und fol. 38 eingefügter Zettel von ca. 180x62 mm ist mit fol. 37 foliiert. Lage 2 beginnt mit fol. 41 und weist zwischen fol. 46 und fol. 47 zwei Seiten ohne Folionummer auf, denen auf der Gegenseite fol. 76 und 77 entsprechen. Die Seiten ohne Beschriftung ab fol. 80 sind nicht foliiert. Die Lagenmitte der Lage 2 ist bei fol. 61v./62r. Als Wasserzeichen kommt in Lage 1 mit Ausnahme von fol. 1 mit einem Dreibergmotiv auf fast allen Blättern ein Ochsenkopfmotiv vor. In Lage 2 herrscht das Dreibergmotiv vor (s. Tab. 19 und Abb. 119, 120 im Anhang).

3.7.6. Das Kämmereiregister Mühlhausens von 1486

Das Kämmereiregister von 1486 ist Bestandteil des Dokumentes mit der alten Signatur MPO 10 und der neuen Signatur 2000/16 des Stadtarchivs von Mühlhausen i. Thür., das wie das Kämmereiregister von 1456 im Folioformat vorliegt. Es umfasst 194 Blätter in sechs Lagen und enthält die Rechnungsjahre 1483–1486. Die recto-Seiten weisen eine in Bleistift erfolgte Folio-Nummerierung in der rechten oberen Ecke in arabischen Zahlzeichen auf. Zahlreiche Seiten zeigen das Wasserzeichen Dreiberg mit einer zweikonturigen Stange und einem einfachen lateinischen Kreuz mit Einkerbungen an den Kreuzbalken (Tab. 20 Wasserzeichen im Anhang). Der Aufbau des Kämmereiregisters entspricht weitgehend dem aus dem Jahre 1456 bekannten vorgefertigten Muster von vorgegebenen Buchungsabschnitten, die nicht in jedem Falle mit Buchungen gefüllt wurden.

In Lage 1 sind ab fol. 1b die Recepta des Jahres *Lxxxtertio Martini* verzeichnet, auf die ab fol. 7 die *Distributa Martini* folgen. Zu beachten ist hier, dass im Gegensatz zum Kämmereiregister von 1456 ein Rechnungsabschnitt bei Martini beginnt, der im Jahr 1456 und, wie später ersichtlich, auch in den Jahren 1485 und 1486 nicht vorkommt. In Lage 2 (fol. 32) folgen *Recepta octagentesimo quarti Exaudi* und von fol. 39 bis fol. 64 die *Distributa Exaudi*. Lage 3 (fol. 65) enthält die *Recepta Martini* des Jahres 1484, gefolgt ab fol. 71 von den *Distributa*. Fol. 94 der Lage 4 stellt den Beginn der Recepta *Lxxxquinti Exaudi* dar; ab fol. 101 sind die *distributa anni prescripti Exaudi* bis fol. 126 verzeichnet. Lage 5 enthält ab fol. 127 die Einnahmen ab 1485 Martini und ab fol. 133 die Ausgaben. Ein Abschnitt *Exaudi* kommt nicht vor. Fol. 157 und fol. 158 enthalten Eintragungen zu *postquam Martini* 1486, die möglicherweise im Zusammenhang mit den Eintragungen zum Rechnungsjahr 1486 ab Lage 6 stehen.

Die sechste Lage enthält das Rechnungsjahr 1486 mit 17 regulären Papierbogen (Doppelseiten) mit einer Größe von ca. 320x443 mm. Das Papier einheitlicher Beschaffenheit weist ca. 10 Siebdrähte/cm und einen Abstand der Kettlinien von ca. 35 mm auf. In der Lagenmitte mit 14 Messpunkten gemessen, betrug die Papierdicke der Lage 6 0,192±0,009 mm. Mit Ausnahme des ersten und letzten Doppelblattes in der Lage zeigen alle Doppelblätter je ein Wasserzeichen des Typus Dreiberg (s. Tab. 20, Abb. 121 im Anhang). Die Lagenmitte befindet sich bei fol. 175v./176r. mit einer durch Papierunterlagen verstärkten neuzeitlichen Fadenbindung mit je zwei Löchern oben und unten.

Das Rechnungsjahr 1486 beginnt auf fol. 159r. mit der Überschrift *Recepta aput camerarios Johannes Kardenall et Johannes Czylebeyn anni Lxxxvi Exaudi*. Im Vergleich zu 1456 gab es leichte Veränderungen in der Schreibweise und im Schriftbild. Die 1456 häufig verwendete Abkürzung *ps* ist nicht mehr vorhanden, dafür wurde für die Zuordnung zu den Kammerherren *aput* oder *apud* verwendet. Aus *Cammera* wurde *Camera* und der Begriff der *Summa* wurde in vielen Fällen durch *facit* abgelöst. Erkennbar ist eine beginnende Tendenz, Buchungen untereinander zu schreiben und nicht, wie im Jahre 1456, meist hintereinander folgend zu verbuchen. Beim Schriftbild fällt zum Beispiel die stark ausgeschwungene Ausführung des Großbuchstabens D auf (s. Abb. 24).

Die Struktur der ersten sechs Eintragungen auf der ersten Seite der Einnahmen war identisch mit der des Kämmereiregisters von 1456. Die erste Zeile *Camera* (1456 *In Cammera*) enthält bemerkenswerterweise keinen Eintrag. 1456 war dort ein Kassenstand von 2.786 Gulden genannt worden. Die Einträge auf den weiteren Positionen der ersten Einnahmenseite von 1486 sind in ihrer Größenordnung vergleichbar denen des Jahres 1456. Ein Vergleich der Buchungsabschnitte in den Kämmereiregistern der beiden Jahre zeigt eine weitgehende Parallelität bei nur geringfügigen redaktionellen Unterschieden. Nicht alle Buchungsabschnitte enthalten Buchungseinträge. Im Jahr 1456 weisen 15 von 273 Buchungsüberschriften keine Einträge auf. Im Jahre 1486 war der Anteil mit 28 von 198 Buchungsabschnitten etwas höher. Dabei konnte beobachtet werden, dass Buchungsabschnitte, die 1456 nicht belegt waren wie *pro capitaneo*, im Jahre 1486 Einträge aufwiesen. Auch der umgekehrte Fall war zu bemerken, wie bei den Buchungen unter dem Titel Aldendorf.[618] Die Mehrzahl der Fälle von vorgegebenen Eintragungsfeldern ohne später erfolgte Buchung betraf jedoch Zahlungen an Personen. Die Beobachtung nicht ausgefüllter Eintragsplätze stützt die Annahme einer standardisierten Vorfertigung des Kämmereiregisters, in das Eintragungen nach Bedarf vorgenommen wurden. Diese Praxis war im Kämmereiregister von 1456 deutlich häufiger zu beobachten als in späteren Jahren.

Bis fol. 165v. wurden die Einnahmen verbucht. Es handelt sich um 300 Buchungseinträge und 20 Summenbildungen sowie zwei Streichungen. Ab fol. 166r. bis zu fol. 188v. wurden die Ausgaben ab Exaudi festgehalten und mit verschiedenen Summenbildungen und dem Kassenstand *Camera* von 2620 sex 16 gr abgeschlossen. Auf diesen Seiten wurden 669 Buchungen durchgeführt mit 49 Summenbildungen und zwei Streichungen. Bei insgesamt 969 Buchungen und 72 Summenbildungen entfallen auf die 57 beschriebenen Seiten von fol. 159r. bis 188v. (fol. 162v., 173v. und 177v. sind unbeschrieben) durchschnittlich rund 17 Buchungseinträge und rund 1,26 Summenbildungen pro Seite. Auf fol. 189r. bis fol. 192v. wurden weitere 83 Buchungen und 20 Summenbildungen eingetragen, die jedoch, da nach

---

618 StadtA Mühlhausen, Kämmereiregister 1456, 2000/9, fol. 24r., 38v. und Kämmereiregister 1486, 2000/16, fol. 179v., 182v.

174 II. SCHRIFTLICHKEIT UND RECHNUNGSWESEN

der Zusammenfassung der durch die Kämmerer eingetragen, analog zu der Steuerliste im Jahre 1456 nicht in die Gesamtbetrachtung miteinbezogen wurden.

3.7.7. Vergleich der Kämmereiregister von Mühlhausen in Thüringen

Eine Übersicht der Kämmereiregister von Mühlhausen im 15. Jahrhundert mit der Zuordnung der Datierung ihres Beginns gibt Tabelle 23 im Anhang. In Tabelle 4 sind die in den Kämmereiregistern benannten Kämmerer aufgeführt, wodurch die Amtswechsel nachvollzogen und Hinweise auf die Führung der Register erhalten werden können. Die Übersicht zeigt, dass in vielen Fällen die Kämmerer für eine Herbst- und Frühjahrsperiode im Amt waren.

StadtA	Jahr	Datum	Kämmerer – Recepta	Datum	Distributa
2000/4	1417	Theod.	k.A.	Theod.	k.A.
2000/4	1418	Cantate	Hermanus de Grußen, Hermanus de Heilingen	Cantate	idem
2000/4	1418	O.S.	Hermanus de Grußen, Hermanus de Heilingen	O.S.	idem
2000/5	1419	Judica	Theodericus de Erich, Christianus de Oigeriden	Judica	idem
2000/5	1419	Lucie	k.A.	Lucie	k.A.
2000/5	1420	Judica	Jo(hann) de Urbech, Jo(hann) de Kulstete	Judica	idem
2000/6	1428	Martini	Henricus de Erckhusen, Johenn de Homberg	Martini	idem
2000/6	1429	Vocem	Henricus de Erckhusen, Johenn de Homberg	Vocem	idem
2000/6	1430	Exaudi	Jo Cardenal	Exaudi	idem
2000/7	1442	Martini	Theod. de Urbech, Heinricus Lengefelt	Martini	idem
2000/7	1443	Exaudi	Th(eod.) de Urbech, H(einricus) Lengefelt	Exaudi	k.A.
2000/7	1443	Martini	Fr(edericus) de Northusen, Johend Femel	Martini	idem
2000/7	1444	Exaudi	Fr(edericus) de Northusen, Johend Femel	Exaudi	idem
2000/7	1444	Martini	Fr(edericus) de Northusen, Johend Femel	Martini	idem
2000/7	1445	Cantate	Fr(edericus) de Northusen, Johend Femel	Cantate	idem
2000/7	1445	Martini	Henricus Kula, Tilomanus North(usen)	Martini	idem

2000/7	1446	Cantate	Ernestus de Kulsted, Gerlanus de Aldenmolhusen	Vocem	idem
2000/8	1451	Exaudi	Bertold de Ryse, Theod(erich) Urbech	Exaudi	idem
2000/8	1451	Martini	Fredericus de Northusen, Bertold Falken	Martini	idem
2000/8	1452	Exaudi	Fredericus de Northusen et socios	Exaudi	k.A.
2000/9	1456	Exaudi	Fredericus de Northusen, Bertold Falken	Exaudi	idem
2000/10	1459	Martini	Johann de Urbech, Conradus Sybolt	Martini	idem
2000/10	1460	Exaudi	Johann de Urbech, Conradus Sybolt	Exaudi	idem
2000/11	1460	Martini	Tilomen de Northusen, Apelonem Engelbrecht	Martini	idem
2000/11	1461	Exaudi	Hermanus Toppelsteyn, Apelonem Engelbrecht	Exaudi	idem
2000/12	1461	Martini	Ernestus de Kulstete, Henricus Horchen	Martini	idem
2000/12	1462	Exaudi	Ernestus de Kulstete, Henricus Horchen	Exaudi	idem
2000/12	1462	Martini	Hermanus de Kulstete, Johannes Kenernhusen	Martini	idem
2000/12	1463	Exaudi	Hermanus de Kulstete, Johannes Kenernhusen	Exaudi	idem
2000/12	1463	Martini	Johann de Urbech, Conradus Sibolt	Martini	idem
2000/12	1464	Exaudi	Johann de Urbech, Conradus Sibolt	Exaudi	idem
2000/13	1466	Martini	Hermanus de Rieß, Johannes Kenernhusen	Martini	idem
2000/13	1467	Exaudi	Hermanus de Rieß, Johannes Kenernhusen	Exaudi	idem
2000/14	1467	Martini	Johann de Urbech, Conradus Sibolt	Martini	idem
2000/14	1468	Exaudi	Johann de Urbech, Conradus Sibolt	Exaudi	idem
2000/15	1471	Martini	Theodericus Ymmenroth, Conradus Sibolt	Martini	idem
2000/15	1471	Exaudi	Theodericus Ymmenroth, Conradus Sibolt	Exaudi	idem
2000/15	1472	Martini	Henricus Bomgarten, Albertus Engelbrecht	Martini	idem

2000/15	1472	Exaudi	Henricus Bomgarten, Albertus Engelbrecht	Exaudi	idem
2000/15	1473	Martini	Johannes Kardenal, Henricus Rothe	Martini	idem
2000/16	1483	Martini	Theodericus de Immenrot, Heinrich Immemeyer	Martini	idem
2000/16	1484	Exaudi	Theodericus de Immenrod, Heinrich Immemeyer	Exaudi	idem
2000/16	1484	Martini	Theodericus de Immenrod, Heinrich Immemeyer	Martini	idem
2000/16	1485	Exaudi	Henricus Bomgarte, Johannes Ladewig	Exaudi	idem
2000/16	1485	Martini	Johannes Kardenall, Johannes Czylebeyn	Martini	idem
2000/16	1486	Exaudi	Johannes Kardenall, Johannes Czylebeyn	Exaudi	idem
2000/17	1492		k.A.		k.A.
2000/17	1493		k.A.		k.A.
2000/17	1494	Martini	Georin Grussen, Heinricus Engelbrecht	Martini	idem
2000/17	1495	Exaudi	Georin Grussen, Heinricus Engelbrecht	Exaudi	k.A.
2000/17	1495	Martini	Ernestus de Kulstet, Hermanus Swob	Martini	idem
2000/17	1496	Exaudi	Ernestus de Kulstet, Hermanus Swob	Exaudi	idem
2000/17	1496	Martini	Ernestus de Kulstet, Hermanus Swob	Martini	idem
2000/17	1497	Exaudi	Henricus Bomgarte et consortes		k.A.
2000/18	1497	Martini	k.A.	Martini	k.A.
2000/18	1498	Exaudi	Hermanus Hofweg, Danielem Helmstorff	Exaudi	idem
2000/18	1498	Martini	Georin Grussen, Nicolaus Volkenant	Martini	idem
2000/18	1499	Exaudi	Georin Grussen, Nicolaus Volkenant	Exaudi	idem
2000/18	1499	Martini	Ernestus de Kulstet, Herrmanus Swob	Martini	idem
2000/18	1500	Exaudi	Ernestus de Kulstet, Herrmanus Swob	Exaudi	idem
2000/18	1500	Martini	Bertold Sygolt, Hermanus Babist	Martini	idem

| 2000/18 | 1501 | Exaudi | Bertold Sygolt, Hermanus Babist | Exaudi | idem |
| 2000/18 | 1501 | Martini | Georin Grussen, Conradus Rockenfuß | * | |

* Keine Angabe zum Termin; es könnte sich auch um das Jahr 1502 handeln.

Tabelle 4 | Verzeichnis der in den Kämmereiregistern der Stadt Mühlhausen genannten Kämmerer von 1417 bis 1501. Angegeben sind die Signaturen des Stadtarchivs Mühlhausen (StadtA), der Beginn der Rechnungsführung zu den Frühjahrs- (Judica, Cantate, Vocem iocunditatis, Exaudi) und Herbstterminen (Omnium Sanctorum O.S., Theodericus, Martini, Lucie) jeweils für die Einnahmen (Recepta) und Ausgaben (Distributa), wobei bis auf die Fälle mit fehlender Angabe (k.A.) die Kämmerer bei den Distributa mit denen der Recepta übereinstimmen (idem). Für das Jahr 1501 wird auf fol. 254 ein Martini-Termin ohne Angaben zu Einnahmen oder Ausgaben genannt. Dies wiederholt sich auf fol. 259v; kurz danach bricht das Buch ab.

Es gibt jedoch etliche Fälle, in denen Kämmerer wie Fredericus von Northusen für mehrere Perioden oder auch mit Unterbrechungen wiederholt diese Position innehatten. Ein Beispiel dafür ist Johann de Urbech in den Jahren 1459/60, 1463/64 und 1467/68. Dabei wurde die von den Statuten vorgesehene Karenzzeit für eine erneute Besetzung eines Amtes eingehalten, was aber offensichtlich nicht immer strikt durchgeführt wurde. Ein vergleichbares Vorgehen bei der Ämterbesetzung wurde auch in Lüneburg beobachtet.[619] Auch eine Weitergabe innerhalb der Familie kann aus den Nachnamen vermutet werden, wie z.B. bei Ernestus und Hermanus von Kulstete. Die Schreibweise der Namen war Variationen unterworfen wie bei Sibolt oder Sybolt und Rieß oder Ryes. Insgesamt konnten für das 15. Jahrhundert 47 Kämmerer namentlich erfasst werden. Eine Vielzahl der Kämmerer entstammte bekannten Geschlechtern, die seit Generationen als Nobiles (z.B. Aldenmolhusen, Erich, Grußen, Heiligen, Lengefelt, Kenernhusen, Northusen) oder Cives (Kula, Kulstete, Oigeriden, Swob, Toppelsteyn, Urbeche) in Mühlhausen ansässig waren.[620] Die von Schmitt berichtete Funktion des ehemaligen Stadtschreibers Gunther Pucker als Kämmerer im Jahr 1444 konnte in den Kämmereiregistern nicht nachvollzogen werden.[621]

Beim Vergleich des Kämmereiregisters von 1456 mit den ältesten erhaltenen und mit Detailangaben versehenen Registern von 1407 und 1409/10 ist zu beachten, dass 1407 nur Einnahmen, 1409/10 in einem Register mit zweigeteilter Rechnungsführung nur Ausgaben geführt wurden. Die Abrechnungstermine für die frühen Jahre sind nicht klar. Nach Groth

---

619 RANFT, 1987, S. 261.
620 Urkundenbuch der ehemals freien Reichsstadt Mühlhausen in Thüringen, 1874, S. 563–585.
621 SCHMITT, 1966, S. 171.

gab es für 1407 die beiden Geschoßtermine Walpurgis (1. Mai) und Michaelis (29. September); Buchungen finden sich vom 14. Februar 1407 bis zum 3. Februar 1408. Der erste Buchungsabschnitt für 1409/10 beginnt nach Groth am 18. Dezember 1409 und reicht bis zum 11. Juli 1410. Der Beginn des zweiten Rechnungsabschnitts ist im Text mit *circa diem Sancti Jacobi* (25. Juli) erwähnt, wobei Buchungen bis zum 24. Dezember vorkommen. Ein Zusammenhang mit den Amtswechseln von Rat und Bürgermeistern, die damals am Vorabend von Martini (10. November) neu besetzt wurden, ist hier nicht unmittelbar zu erkennen.[622] Das Kämmereiregister von 1456 begann offiziell mit dem Termin Exaudi (09. Mai 1456) und führte zunächst die Einnahmen der Stadt auf. Danach wurden die Ausgaben verbucht und schließlich endete das Kämmereiregister mit einer Steuerliste mit dem Termin Martini (11. November). Dieser Termin könnte in einem Zusammenhang mit der Erstattung der Rechnung durch die Kämmerer gegenüber dem Rat acht Tage vor Martini und der Neubesetzung der Ratsämter am Vorabend von Martini stehen.[623]

Von den 27 Blättern mit ihren 54 Seiten der Darstellung der Einnahmen des Jahres 1407 enthalten 39 Seiten schriftliche Einträge, auf 33 Seiten sind Buchungsvorgänge vermerkt, 15 Seiten sind leer. Insgesamt findet sich im Jahre 1407 die Zahl von 125 Buchungen und 32 Summenbildungen, bei denen es sich in der Regel um unbedeutende Zwischensummen handelt. Im Durchschnitt finden sich damit nur knapp vier Buchungen und rund eine Summe pro Seite. Das ist weniger als ein Drittel der Buchungsvorgänge des Jahres 1456, wo die Einnahmen mit 401 Buchungsvorgängen und 25 Summenbildungen auf nur 13 regulären beschriebenen Seiten dargestellt wurden. Geht man davon aus, dass das Exaudi-Kämmereiregister von 1456 nicht ein gesamtes Jahr abbildet, fällt der Vergleich noch deutlicher aus. Verändert hat sich in dem knappen halben Jahrhundert die Zahl der verbuchten Steuereinnahmen, besonderes bei *de iure civili* und *censu vini*, (Tab. 5). Die Immobilienabgabe *de collatione bonorum* wies von 1419 bis 1456 eine leichte Steigerung auf. Dabei ist der große Brand von 1422 mit zu berücksichtigen. Die Steigerung der Buchungen im Jahr 1460 ist auf die Existenz von zwei Rechnungsperioden zurückzuführen.

---

622 Die Kämmereirechnungen von 1407 und 1409, Mühlhausen 1928/1929, S. 121 f.
623 BEMMANN, 1915, S. 21.
624 StadtA Mühlhausen, Kämmereiregister 1407, 2000/2, fol. 1r; 1419, 2000/5, fol. 2r.;1456, 2000/9, fol. 1v.; 1460, 2000/10, fol. 2v., 36v.
625 StadtA Mühlhausen, Kämmereiregister 1407, 2000/2, fol. 18r.; 1419, 2000/5, fol. 5r.; 1456, 2000/9, fol. 3v.; 1460, 2000/10, fol. 4v., 40r.; 1486, 2000/16, fol. 162r.
626 StadtA Mühlhausen, Kämmereiregister 1407, 2000/2, fol. 17r.; 1419, 2000/5, fol. 5r.; 1456, 2000/9, fol. 7v.; 1460, 2000/10, fol. 7r., 41rv.; 1486, 2000/16, fol. 164rv.
627 StadtA Mühlhausen, Kämmereiregister 1419, 2000/5, fol. 6r.; 1456, 2000/9, fol. 6v.–7r.; 1460, 2000/10, fol. 5r.–6r., 42rv.;1486, 2000/16, fol. 163rv.

Buchungstitel	1407	1419	1456	1460	1486
De signis molendarium	3	11	8	15	– [624]
De iure civili	1	15	28	36	48 [625]
De censu vini	10	31	51	224	107 [626]
De collatione bonorum	–	96	119	196	66 [627]

Tabelle 5 | Buchungsvorgänge in den Kämmereiregistern von Mühlhausen von 1407, 1419, 1456, 1460 und 1486 (1456 und 1486 enthalten nur den Exaudi-Teil, 1460 weist einen Exaudi- und Martini-Abschnitt auf).

Andere Einnahmen der Stadt, die 1407 noch eine Rolle gespielt haben, finden sich 1456 oder 1486 nicht mehr. Das betrifft besonders die Steuern und Abgaben der seit 1220 in Mühlhausen nachweisbaren Juden, die 1407 an zwei Stellen mit *de pacto Judeorum* und beträchtlichen Zahlungen in Gulden angegeben sind (fol. 12 und 23) sowie *de Synagoga* mit einer Buchung (Blatt 15). Bemerkenswert ist an dieser Stelle, dass auf fol. 23r. auf einem beiliegenden Zettel mit Beschriftung in deutscher Sprache die Zahlenangaben ausgeschrieben sind „... *David het gegeben drei guldin ... Musse von Northus. achte guldin ...*" während in den sonstigen Texten Zahlen üblicherweise durchgängig mit römischen Zahlzeichen dargestellt werden.[628] Dieser Zettel könnte eine Notiz von anderer Hand sein, was die für das Rechnungsjahr 1407 untypische Abweichung von der sonst üblichen Buchungsweise erklären könnte. Bei den acht namentlich genannten Personen handelt es sich vermutlich um die Repräsentanten der jüdischen Familien in Mühlhausen, deren Zahl für 1406 mit sechs, 1418 mit 18 angegeben wurde. 1442 stellte Friedrich III. nach seiner Krönung zum König im Rahmen der Judensteuer Forderungen, denen die Mühlhäuser Juden nicht nachkommen konnten und sie wurden daraufhin in Acht und Bann getan. Dagegen erhob die Stadt Einspruch, da die Finanzleistungen der Juden der Stadt überschrieben worden seien. Zu dieser Zeit gab es daher noch einen jüdischen Bevölkerungsanteil in Mühlhausen.[629] 1443 bezahlte die Stadt auf heftigen Druck Friedrichs 600 Gulden Krönungssteuer, die in Form einer Anleihe aufgenommen worden waren und von sieben Mühlhäuser Juden und deren Bürgen zu

---

628 Die Kämmereirechnungen von 1407 und 1409, Mühlhausen 1928/1929, S. 143–144; LIESENBERG, Carsten: Zur Geschichte der Juden in Mühlhausen und Nordthüringen und die Mühlhäuser Synagoge, Mühlhausen 1998, S. 10.
629 ISENMANN, Eberhard: Reichsfinanzen und Reichssteuern im 15. Jahrhundert. In: Zeitschrift für historische Forschung, 7, 1980, S. 28 f.; s.a. ISENMANN, Eberhard: Steuern und Abgaben. In: Arye MAIMON, Mordechai BREUER, Yacov GUGGENHEIM (HG): Germania Judaica III, 1350–1519, Tübingen 2003b, S. 2216.

zwei Terminen zurückbezahlt wurden. Zu seiner Kaiserkrönung 1453 forderte Friedrich III. sogar 1.000 Gulden, die die Stadt mit Hinweis auf die geringe Zahl der Juden nicht aufbringen wollte, da 1452 viele Juden nach einem Pogrom Mühlhausen verlassen hatten. Die Zahlung erfolgte dann im Jahr 1454. 1456 gibt es keine Buchungen über Judensteuern.[630] Das Beispiel Frankfurt verdeutlicht, dass die Judensteuer über einen langen Zeitraum einen stabilen Faktor der Stadtfinanzen darstellen konnte, wie eine Untersuchung von Bücher zeigte.[631] Andere Zahlungen wie die Gebühren für Mühlenbescheinigungen können 1486 nicht mehr festgestellt werden; möglicherweise wurden sie anders verbucht. Es gibt auch Beispiele für den Rückgang von Buchungszahlen wie bei den Steuerzahlungen der *Spettern*, wo 1456 27 Buchungen erfolgten, 1486 jedoch nur noch sechs.[632]

Die für 1409/10 aufgeführten Ausgaben gliederten sich, wie oben erwähnt, in zwei Rechnungsabschnitte. Im ersten Abschnitt wurden auf 26 von 28 Seiten (fol. 8 ist auf beiden Seiten ohne Eintrag) 792 Eintragungen, d.h. rund 30 Eintragungen durchschnittlich pro Seite vorgenommen. Insgesamt erfolgten 29 Summenbildungen. Der zweite Rechnungsabschnitt umfasst 25 beschriebene Seiten und einen zusätzlich eingehefteten Zettel mit insgesamt 585 Buchungsvorgängen und einer deutlich höheren Frequenz an Zwischensummen, sodass im Ganzen 59 Summenbildungen beobachtet werden können. Die Darstellung der Ausgaben von 1409/10 ist also deutlich weniger strukturiert als die entsprechenden Angaben von 1456. Zum Vergleich der Ausgaben wurde wegen der gleichförmigen Struktur der beiden Rechnungsabschnitte 1409/10 deren Durchschnittswert herangezogen, um Vergleichbarkeit mit dem als Halbjahresrechnung vermuteten Register von 1456 herzustellen.

Vergleicht man die durchschnittlichen Ausgaben von 1409/10 mit denen des Jahres 1456, so zeigt sich eine Steigerung der Buchungsvorgänge im Jahr 1456 mit 1.212 Buchungen um rund 50 %. Beim Vergleich der Anzahl an Buchungen in einzelnen Ausgabengruppen beim Personal, wie den Boten (45 1409/10 zu 43 1456), den bewaffneten Kräften (131 zu 154) und den Wachen (45 zu 43), kann man aber eine Stabilität beobachten, die sich wahrscheinlich aus im Wesentlichen unveränderten Verhältnissen der Stadt in diesem Zeitraum erklärt.

Eine weitere größere Ausgabengruppe des Jahres 1409/10 mit durchschnittlich 55 Buchungsvorgängen erscheint 1456 in deutlich reduzierter Form. Die Ausgaben für Bekleidung

---

630 WEISSENBORN, Franziska: Mühlhausen i. Th. und das Reich, Breslau 1911, S. 27–29; SCHWIERZ, Israel: Zeugnisse jüdischer Vergangenheit in Thüringen, Erfurt 2007, S. 180.
631 ROSEN, Josef: Mittelalterliche Jahresrechnungen der Stadt Frankfurt aus zwei Jahrhunderten. In: Archiv für Frankfurts Geschichte und Kunst, 59, 1985, S. 101.
632 StadtA Mühlhausen, Kämmereiregister 1456, 2000/9, fol. 3r., 1486, 2000/16, fol. 161v.

(pro vestitu hyemali et estuali) bzw. Ausgaben für die Zuweisung von Tuchen machen nur noch 15 Buchungen aus, die namentlich zugewiesen sind. Möglich erscheint, dass mittlerweile ein Teil der Naturalleistungen in direkte Zahlungen umgewandelt wurde.

Die Gesamtentwicklung der Buchungstätigkeit im Verlauf des 15. Jahrhunderts zeigen die folgenden Abbildungen. Es gibt deutlich mehr Angaben zu den Frühjahrsterminen (Abb. 22) im Vergleich zu den Herbstterminen (Abb. 23), wobei nicht nachweisbar ist, ob ein für ein bestimmtes Rechnungsjahr nicht vorhandenes Kämmereiregister fehlt oder nicht angelegt worden ist. Für die Bücher zu beiden Terminen lässt sich bei den Ausgaben ein klarer Trend zur Verringerung der Buchungszahlen feststellen. Die Buchungszahlen der Einnahmen sind mit Ausnahme des Jahres 1429, wo ein ungewöhnlicher Höhepunkt der Buchungsaktivität feststellbar war, deutlich homogener und bei den Frühjahrsterminen ist ein leichter Trend zu höheren Buchungszahlen festzustellen.

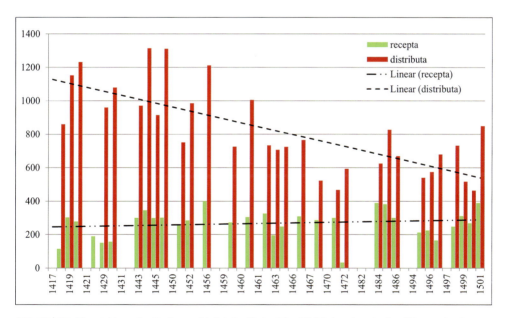

Abb. 22 | Die Entwicklung der Buchungstätigkeit im Verlauf des 15. Jahrhunderts in den Kämmereiregistern von Mühlhausen zu den Frühjahrsterminen. Die schwarzen Linien geben den Trend (Excel-Funktion) an.

Dieser Trend kann bei den Herbstterminen nicht unmittelbar beobachtet werden. Dies ist jedoch ausschließlich auf den Einfluss des Wertes von 1429 zurückzuführen. Betrachtet man den Trend auf Basis eines Durchschnittswertes für dieses Jahr, entspricht der Trend dem der Frühjahrestermine. Auslöser für diese Veränderungen scheint vor allem die häufigere Zusammenfassung von Buchungen bei den Ausgaben zu sein. Bei den Einnahmen ist eine

Tendenz zur Erschließung zusätzlicher Zahlungsquellen zu erkennen. Bei der Auswertung der Buchungen und Summenbildungen (Tab. 24 im Anhang) in den Kämmereiregistern der Stadt Mühlhausen im 15. Jahrhundert ergaben sich für die jeweiligen Rechenschaftstermine folgende Zahlen: Zu den Frühjahrsterminen wurden insgesamt 8.554 Buchungen für Einnahmen (267,3±82,9; MW±SAW) mit 566 Summenbildungen (17,7±4,1) und 25.481 Buchungen für Ausgaben (822,0±248,8) mit 1.186 Summenbildungen (38,3±13,0) getätigt. Zu den Herbstterminen wurden 7.898 Einnahmen (272,3±199,8) mit 402 Summenbildungen (13,9±6,8) und 20.060 Ausgaben (771,5±281,5) mit 934 Summenbildungen (35,9±11) verbucht. Die durchschnittlichen Buchungszahlen pro Summenbildung waren im Frühjahr 15,1 bei den Einnahmen und 21,5 bei den Ausgaben und im Herbst 19,6 bei den Einnahmen und 21,4 bei den Ausgaben weitgehend ähnlich.

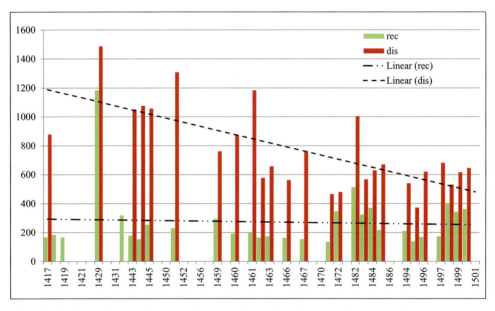

Abb. 23 | Die Entwicklung der Buchungstätigkeit im Verlauf des 15. Jahrhunderts in den Kämmereiregistern von Mühlhausen zu den Herbstterminen (Angaben wie in Abb. 22).

Buchungstitel	1456	1460	1486
Census Erffurden	18	9	4
Census Northusen	36	27	14
Census Eschewege	18	14	9
Census Heiligenstat	20	15	6

Tabelle 6 | Buchungsvorgänge zum städtischen Schuldenwesen in den Kämmereiregistern von Mühlhausen von 1456, 1460 und 1486.

Insgesamt ist bei den Ausgaben eine rückläufige Entwicklung der Buchungsposten zu bemerken, die als Tendenz zur Zusammenfassung erklärt werden kann und möglicherweise auch in einem Wandel der Darstellung einzelner Buchungsposten begründet ist. Zum Beispiel reduzierte sich die Buchungszahl für *sagittariis* von 224 im Jahre 1456 auf 97 im Jahre 1486; die Buchungen für *warthmannis* sanken von 142 auf zehn.[633] Eine ähnliche Tendenz kann für die Wachen *(pro vigilibus)* festgestellt werden, die 1456 mit 37 Buchungen und 1486 mit 14 Buchungen vermerkt wurden.[634] Bei den Henkern sinkt die Zahl der Buchungen von 27 im Jahre 1456 auf zwei im Jahre 1486.[635] Dagegen ist 1486 neu ein Turmwächter für St. Blasius bezahlt worden.[636] Keine auffallenden Unterschiede zeigten die Buchungszahlen für Boten.[637] Bemerkenswert sind die Veränderungen im Schuldenwesen der Städte, das durchgängig eine deutliche Reduzierung der Buchungseinträge erkennen lässt (Tab. 6). Nicht in allen Fällen entsprach die geringere Zahl von Buchungen einem geringeren Finanzvolumen. Beim Nordhauser Census betrug die Summe von 36 Buchungen 555 Schock Groschen, 1486 waren es für 14 Buchungen 878 Schock Groschen.

Sowohl bei den Einnahmen wie bei den Ausgaben zeigte sich von 1456 bis 1486 eine deutliche Steigerung. Nur geringe Unterschiede bestanden bei der Vermögenssteuer (2.281 sex 1456, 2.660 sex 1486).[638] Der Kassenstand zum Schluss der Rechnungslegung wurde 1456 mit 838 sex und 1486 mit 2.620 sex angegeben.[639]

---

633 StadtA Mühlhausen, Kämmereiregister 1456, 2000/9, fol. 24r.–25v.; 1486, 2000/16, fol. 171r.
634 StadtA Mühlhausen, Kämmereiregister 1456, 2000/9, fol. 22v.; 1486, 2000/16, fol. 169v.
635 StadtA Mühlhausen, Kämmereiregister 1456, 2000/9, fol. 34v.; 1486, 2000/16, fol. 179r.
636 StadtA Mühlhausen, Kämmereiregister 1486, 2000/16, fol. 169v.
637 StadtA Mühlhausen, Kämmereiregister 1456, 2000/9, fol. 23v.; 1486, 2000/16, fol. 170v.
638 StadtA Mühlhausen, Kämmereiregister 1456, 2000/9, fol. 11v.; 1486, 2000/16, fol. 165v.
639 StadtA Mühlhausen, Kämmereiregister 1456, 2000/9, fol. 45r.; 1486, 2000/16, fol. 188v.

Zwischen den Kämmereiregistern des frühen 15. Jahrhundert und den Registern aus der zweiten Hälfte des Jahrhunderts wie denen von 1456 und 1486 in Mühlhausen sind bei Einnahmen wie Ausgaben deutliche Unterschiede festzustellen: Die klar hervortretende Strukturierung und vor allem die Zusammenfassung der Einnahmen und Ausgaben im Ansatz einer Bilanzierung zeigen eine Weiterentwicklung der Schriftlichkeit in diesem städtischen Bereich.

3.8. Weitere städtische Aufzeichnungen Mühlhausens

Für einen noch tiefergehenden Einblick in die Ämterbesetzung der Stadt wurden ergänzend die Notul- und Copialbücher ausgewertet. Für das Notulbuch von 1450 und die Copialbücher von 1454–1459 und von 1460, die mit den eingehender untersuchten Kämmereiregistern parallel geführt wurden, sind deren Struktur im Anhang (1.1.9.–11.) aufgeführt. Die Bezeichnung Notulbuch ist unter den Amtsbüchern relativ selten. In der Übersicht von Beyerle wird der Begriff lediglich für Mühlhausen genannt.[640] Copialbücher dienten der Abschrift von Urkunden, um diese übersichtlich und leichter zur Verfügung zu stellen. In Mühlhausen wurden dort seit 1382 auch Abschriften des Textes der ausgehenden Briefe eingetragen.[641]

Die Ergebnisse der Auswertung dieser Bücher im Vergleich zu den Kämmereiregistern sind in Tabelle 25 im Anhang dargestellt, in der neben den Kämmerern auch die in den Notul- und Copialbüchern als *consules* oder *proconsules* bezeichneten Ratsmitglieder aufgeführt sind. Es kann davon ausgegangen werden, dass es sich dabei um die Benennung der Ratsmeister handelt.[642] Eine wiederholte Besetzung derselben Position kann auch hier häufig beobachtet werden, wie im Notulbuch von Mühlhausen für Albertus Engelbrecht für die Jahre 1451, 1460 und 1471 sowie im Copialbuch für 1463, 1471 und 1475 deutlich wird. 1472 und 1473 hat er die Kämmererfunktion inne. Heinricus Lengefelt war Kämmerer in den Jahren 1442 und 1443 und wird als Ratsmeister in den Notulbüchern der Jahre 1444, 1448, 1452, 1453, 1456, 1461 und 1464 aufgeführt. In all diesen Jahren, sowie zusätzlich

---

640 BEYERLE, 1910, S. 174, 189.
641 HEYDENREICH, Eduard: Die Kopialbücher des Archives der Stadt Mühlhausen. In: Mühlhäuser Gbll., 1, 1900/01, S. 89 f.; BEYERLE, 1910, S. 174; KLAUSER und MEYER, 1962, S. 139; KLOOSTERHUIS, 2003, S. 70.
642 STOTZ, Peter: Handbuch zur lateinischen Sprache des Mittelalters. 2. Bd., Bedeutungswandel und Wortbildung, München 2000, S. 46 f.: Ursprünglich wurde *consul* im Sinne von „Ratsherr" verwendet. Ab dem 13. Jahrhundert wird *proconsul* als Bezeichnung für den Bürgermeister in deutschen Städten gebräuchlich.

für 1449 und 1470 wird er auch im Copialbuch genannt. Fredericus de Nordhausen und Bertold Falke werden gemeinsam in den Notulbüchern der Jahre 1438, 1442, 1446, 1450, 1454 und 1457 und in den Copialbüchern von 1442, 1446, 1450, 1451, 1454 aufgeführt. Die beiden Herren haben ab Martini 1451 und Exaudi 1452 sowie 1456 die Kämmererfunktion inne. Die ursprünglich von den Statuten vorgesehene Karenzzeit für eine Wiederbesetzung wurde in manchen Fällen eingehalten, wie z.B. bei Apelone Engelbrecht, der im Copialbuch in den Jahren 1459, 1463, 1467 und 1471, in den letzteren drei Jahren gemeinsam mit J. Cardenal als Ratsmeister genannt wurde. In vielen Fällen scheint die Regel jedoch im 15. Jahrhundert nicht strikt befolgt worden zu sein (z.B. E. de Kulstete und H. Kula in den Jahren 1444, 1446 und 1447 nach dem Notulbuch).

Häufige Wechsel mit Wiederholungen zwischen den Ämtern gehörten zur Regel in den städtischen Verwaltungsämtern. In Regensburg bestanden ähnliche Regeln für eine halbjährliche bis jährliche Amtszeit der vom Rat gewählten Kämmerer, es gibt aber auch die erstaunliche Ausnahme des 1429 gewählten Kämmerers, der 20 Jahre im Amt war.[643]

Vergleicht man die Namen und Daten der Tabelle 25 im Anhang mit den von Groth für 1370–1441 und von Brinkmann ab 1441 angegebenen Namen der Ratsmeister (Tab. 7), können diese in den Copial- und Notulbüchern für die angegebene Zeitperiode fast deckungsgleich wiedergefunden werden. Der für 1454 bei Brinkmann berichtete Tod von Bertold Falke kann sich erst später ereignet haben, da er 1456 noch als Kämmerer und 1457 im Notulbuch als Ratsmeister aufgeführt wird. H. Kula soll nur bis 1447 aktiv gewesen sein, wird aber 1454 noch im Copial- und 1456 und 1458 im Notulbuch benannt. Die Aufstellung zeigt, dass in der Regel die Funktion des Ratsmeisters von der des Kämmerers getrennt war, denn Kämmerer, die nicht in anderen Jahren Ratsmeister waren, fehlen in der Aufstellung von Brinkmann, z.B. G. de Aldenmolhusen (1446), H. Bomgarten (1472/73) und N. Volkenant (1498/99).[644]

---

643 KROPAČ, Ingo H., BOTZEM, Susanne: Verfassung und Verwaltung der Reichsstadt Regensburg von 1245 bis zur kaiserlichen Regimentsordnung von 1514. In: Martin ANGERER, Heinrich WANDERWITZ (HG): Regensburg im Mittelalter, Regensburg 1995, S. 100.
644 BRINKMANN, 1933, S. 101 f.; GROTH, Hugo: Die Mühlhäuser Ratsmeister von 1370–1441. In: Mühlhäuser Gbll., 38/39, 1940, S. 309–319.

1406–1435	H. v. Ershausen		1443–1459	E. v. Küllstedt	Z
1407–1420	H. v. Greußen		1444–1452	B. von Ryß	Z
1412–1425	G. Vorczin		1444–1464	H. von Lengefeld	G
1412–1429	J. Küllstedt		1451–1475	A. Engelbrecht	G
1414–1419	H. v. Heilingen		1456–1468	J. v. Urbach	Z
1419	E. Rote		1458–1478	K. Sibold	G
1421–1438	H. v. Tonna		1461–1465	H. Rodemann	Z
1427–1422	H. Braunschweig		1462–1486	D. Immenrod	Z
1423–1424	Ap. Hermund		1463–1487	J. Kordenayl	Z
1425–1434	Ap. Horche		1468–1484	H. Rothe	G
1427–1432	H. Duderstadt		1469–1481	H. v. Ryß	Z
1427–1432	Kr. v. Eigenrieden		1469–1473	K. Lengefeld	G
1428–1441	J. Femel		1472	H. v. Urbach	Z
1430–1459	F. v. Nordhausen		1476–1484	H. v. Küllstedt	Z
1432–1453	B. v. Reiß		1477–1489	K Herwig	G
1435–1448	H. Keula		1479–1487	J. Kemstedt	G
1437–1466	J. Kefferhausen		1482–1494	J. Zilbein	G
1438–1455	B. Falke		1485	D. Toppelstein	Z
1439–1460	J. Küllstedt		1488–1504	D. Helmsdorf	G
1441–1457	D. v. Urbach	Z	1489	J. Baldinrot	Z
1441–1465	J. Kefferhausen	G	1491	J. Rockenfuß	G
1442–1454	B. Falke	G	1493–1501	H. Schwab	G
1442–1458	F. von Nordhausen	Z	1493–1509	G. Greußen	Z
1443–1447	H. Kula	G	1498	H. Engelbrecht	G

Tabelle 7 | Ratsmeister von Mühlhausen i. Th. im 15. Jahrhundert nach Groth und Brinkmann.[645] (Die angepasste deutsche Schreibweise der Namen wurde von den Autoren übernommen, z.B. Theodoricus de Urbech als Dietrich von Urbach. In den Daten von Brinkmann: G=Ratsmeister aus den Geschlechtern, Z=Ratsmeister aus den Zünften.) Durch die unterschiedlichen Erfassungszeiträume ergeben sich Überschneidungen bei Nordhausen, Reiß/Ryß, Keula/Kula, Keffershausen, Falke und Küllstedt. Die aufgeführten Zeitspannen geben sowohl die Zeit im sitzenden als auch im ruhenden Rat wieder.

---

645 GROTH, 1940, S. 309–319 (Anfangsjahre 1406–1439); BRINKMANN, 1933, S. 101 f. (Anfangsjahre 1441–1498).

3.8.1. Entwicklung der Schrift in den Kämmereiregistern und anderen städtischen Aufzeichnungen Mühlhausens

Die aus dem frühen 15. Jahrhundert erhaltenen Kämmereiregister, Notul- und Kopialbücher sind in gotischer Urkundenkursive ausgeführt. Besonders die Überschriften zeigen noch deutliche Ähnlichkeiten mit der Schriftform der Textura und damit eine Anlehnung an liturgische Texte.[646] Diese strengere Schriftform mit schärferen Brechungen bleibt, vermutlich zur Hervorhebung, für Überschriften z.B. in den Notulbüchern bis in die zweite Hälfte des 15. Jahrhunderts erhalten. Veränderungen zeigen sich z.B. beim zunehmenden Einsatz von Initialen und bei der unterschiedlichen Ausgestaltung des ersten Buchstabens, z.B. bei dem den Einnahmen vorangestellten „*De*" (Abb. 24).

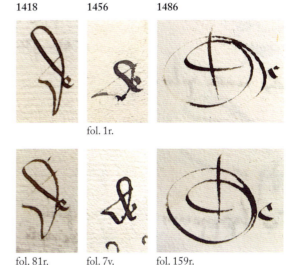

Abb. 24 | Entwicklung der gotischen Urkundenschrift in den Kämmereiregistern von Mühlhausen i.Th. mit Beispielen von 1418, 1456 und 1486. Zunächst mit Hervorhebung des einleitenden Buchstabens „D" mit Auflösung in Gitterform bis zur mehrfach geschwungenen Ausschmückung (StadtA Mühlhausen, 2000/4, 2000/9, 2000/16; Aufnahmen Miller, 10./11.12.2018).

3.8.2. Die Geschoßregister Mühlhausens

Bei einer Betrachtung der Bevölkerungsverhältnisse Mühlhausens hat Arno Vetter die 40 erhaltenen Geschoßregister aus der Zeit von 1418/19 bis 1552/53 ausgewertet. Diese Bücher führen die steuerpflichtigen Bürger systematisch nach Straßen und Plätzen in regelmäßig derselben Reihenfolge auf, an der nach Katastrophenfällen wie dem großen Brand von 1422

---

646 KAPR, Albert: Schriftkunst. Geschichte, Anatomie und Schönheit der lateinischen Buchstaben, München 1983, S. 61.

festgehalten wurde, indem Lücken für die zerstörten Häuser gelassen wurden.[647] Dabei wurden zuerst die innere Stadt, dann die fünf Vorstädte, die Spirituales (die Geistlichkeit der Ordensgemeinschaften) als Steuerzahler und in späterer Zeit auch die Nichtbürger aufgeführt. Der Steuerbetrag wurde stets in Groschen angegeben und bezog sich auf das gesamte Vermögen des Steuerpflichtigen, von dem ein fester Prozentsatz abzuführen war. Veränderungen der Vermögenslage waren der Kämmerei anzuzeigen. Die Geschoßbücher wurden zum ersten von meist zwei Fälligkeitsterminen zu Martini angelegt, der mögliche zweite Termin war Exaudi. Es gab zahlreiche Jahre, an denen nur der eine von beiden Terminen für die Erhebung der Steuer genutzt wurde. Die Höhe der Abgabe exakt zu bestimmen ist wegen der schwankenden Wertverhältnisse der Edelmetalle und der Reingehalte schwierig. Vetter errechnete etwa 0,3 bis 0,45 %, was im Bereich der Abgabenhöhe anderer Städte wie Hamburg oder Lübeck zu dieser Zeit stand. Es gab aber auch Städte, die deutlich höhere Geschoße forderten, wie Frankfurt 1475 mit 1,4 % oder Braunschweig 1388 mit 2,2 %. Bereits 1418 hatte Mühlhausen mit über 2.713 Schock aus dem Geschoß die größte einzelne Einnahmequelle. 1456 war der Anteil dieser Steuerart an den Steuereinnahmen mit rund 29 % relativ niedrig. 1442 betrug er 44 %, 1451 49 % und in den Jahren 1459 bis 1463 durchschnittlich 42 %. Aufgrund der Steuerzahlungen kam Vetter zu detaillierten Aufstellungen der Haushalte und Bewohnerzahlen in dem von ihm untersuchten Zeitraum. Anhand der exakten Zahlen, die Vetter zu den Gesamteinnahmen und den Ausgaben der Stadt angibt, muss man davon ausgehen, dass ihm auch die Kämmereiregister der Stadt Mühlhausen für seine Untersuchung zur Verfügung standen.[648] Die Geschoßregister von 1418/19 wurden 1928 nochmals von Groth analysiert.[649]

3.9. Vergleich der Kämmereiregister von Mühlhausen zu den Registern verschiedener Städte

In diesem Abschnitt sollen die untersuchten Kämmereiregister von Mühlhausen mit Rechnungsbüchern von Städten unterschiedlicher Größe verglichen werden, um zu einer Einschätzung der Entwicklung der Schriftlichkeit in diesem Bereich zu kommen. Die Einteilung der Größe der Städte folgt den Vorgaben von Ennen, die auch auf die Schwierigkeiten bei der Abschätzung von Einwohnerzahlen anhand der Quellen hinwies.[650] Diese

---

647 Zu Straßenbezeichnungen s.a. HIERSEMANN, Jens: Mühlhäuser Straßennamen damals und heute, 2. Aufl., Bad Langensalza 2009.
648 VETTER, 1910, S. 4–27.
649 GROTH, Hugo: Das Geschoßregister von 1418/19. In: Mühlhäuser Gbll., 28, 1927/28, S. 153–216.
650 ENNEN, Edith: Die europäische Stadt des Mittelalters, 4. Aufl., Göttingen 1987, S. 225.

ist vor allem darin begründet, dass eine direkte Erfassung dieser Zahlen im Mittelalter nicht üblich war, sodass nur eine indirekte Abschätzung durch andere Daten bleibt.[651] Die Problematik quantitativ korrekter Zahlenangaben in spätmittelalterlichen Quellen und deren Interpretation wurde von Bücher bereits 1886 ausführlich diskutiert.[652] Die Grundlagen der Analyse demographischer Eigenschaften der mittelalterlichen Gesellschaft beschreibt Herlihy.[653]

Bei der Analyse des Kämmereiregisters von Mühlhausen aus dem Jahr 1456 sind die Anmerkungen von Poethe von Bedeutung, dass nicht alle der Kämmereiregister vollständig erhalten sind, sondern in manchen Jahren nur Halbjahresrechnungen vorliegen. In der zweiten Hälfte des 15. Jahrhunderts folgte der Beginn der Abrechnung dem Amtsantritt des Rates zu Martini. Der zweite Rechnungsabschnitt begann dann zu Exaudi.[654] Die Abstimmung der Führung des Kämmereiregisters mit der jährlichen Wahlperiode des Rates ist von Rüthen bekannt, wo Beginn und Ende mit dem zweiten Sonntag nach Galli um den Anfang November festgelegt waren.[655] Die Stadtrechnungen von Wesel wurden über einen Zeitraum von rund 100 Jahren mit einem an Reminiscere beginnenden Rechnungsjahr geführt.[656] Das Rechnungsjahr von Cloppenburg lief 1474/75 von Michaelis zu Michaelis.[657] Girgensohn zitiert als „Große Rechnung" die einmal im Jahr zur Ablösung des Rates stattfindende Abrechnung, die 1442 in Berlin auf Walpurgis festgelegt wurde, für 1505 aber im Oktober beschrieben wird. Handwerkerrechnungen wurden häufig um den Dionysiustag (9. Oktober) terminiert und Zahlungsverpflichtungen häufig von Ostern bis Michaelis festgelegt.[658] Am Beispiel von Einbeck wird die Möglichkeit einer vierteljährlichen Abrechnung *(computatio prima bis quarta)* ebenso wie in Greifswald mit einer Zusammenfassung der Einnahmen zu

---

651 JOHANSEN, Paul, von zur MÜHLEN, Heinz: Deutsch und Undeutsch im mittelalterlichen und frühneuzeitlichen Reval, Köln 1973, S. 86.
652 BÜCHER, 1886, S. 4.
653 HERLIHY, 1987, S. 1–7.
654 POETHE, Lothar: Die Mühlhäuser Kämmereirechnungen des 15. und beginnenden 16. Jahrhunderts als wirtschaftsgeschichtliche Quelle. In: Archiv und Geschichtsforschung. Kolloquium anlässlich des 25jährigen Berufsjubiläums von Gerhard Günther am 29. Februar 1984, hrsg. vom Kreisarchiv Mühlhausen, 1985, S. 71.
655 SOMMER, Friedhelm: Die Erschließung der Rüthener Kämmereiregister. In: Archivpflege in Westfalen und Lippe, 30, 1989, S. 29.
656 Regesten zur politischen Geschichte des Niederrhein I: Stadtrechnungen von Wesel, Bd. 1, 1349 1375, bearb. v. Friedrich GORISSEN, Bonn 1963, S. 11.
657 LÜBBING, Hermann: Aus dem Cloppenburger Rechnungsbuch von 1474/75. In: Oldenburger Jahrbuch, 37, 1933, S. 70.
658 Die ältesten Berliner Kämmereirechnungen 1504–1508, 1929, S. VIII–IX.

Weihnachten, Ostern, Johannis und Michaelis deutlich.[659] Es erscheint daher möglich, dass das vorliegende Manuskript nur den zweiten Rechnungsabschnitt des Jahres 1456 darstellt, wenn auch verschiedene Buchungen auf den Zeitraum des ersten Rechnungsabschnittes zwischen Martini und Exaudi verweisen. Für Vergleiche des untersuchten Kämmereiregisters mit anderen Registern war daher die Möglichkeit eines Halbjahresregisters in Mühlhausen mit einzubeziehen. Es wurden deshalb, wenn möglich, prozentuale Angaben verwendet. Auf die Schwierigkeiten bei der Auswertung von Stadtrechnungen durch den Wechsel von halbjährlicher und jährlicher Rechnungsführung und eine möglicherweise lückenhafte Überlieferung hat Landolt am Beispiel von Schaffhausen hingewiesen.[660]

Zur Verfügung standen Auswertungen der Rechnungsbücher der Kleinstädte Rinteln, Lübben, Pegau in Sachsen als einer Kleinstadt in regionaler Nähe zu Mühlhausen, Marburg und Reval als kleinere Städte mittlerer Größe, Riga und Münster in Westfalen als Städte mittlerer Größe sowie Hamburg als Großstadt der damaligen Zeit.[661] Informationen über Einzelbuchungsvorgänge lagen mit Ausnahme von Marburg für diese Städte vor und wurden in einem weiteren Schritt analysiert.

3.9.1. Rinteln

Rinteln wurde 1238 erstmals als *civitas* erwähnt, hatte seit 1239 Stadtrechte und war bereits 1257 befestigt.[662] Rinteln war um 1540 eine Kleinstadt mit rund 300 Häusern und geschätzt etwa 1.500 Einwohnern.[663] Es sind neun Kämmereirechnungen aus der Mitte des 15. Jahrhunderts erhalten und als Edition herausgegeben.[664] Die Rechnungen wurden überwiegend in deutscher Sprache geführt. Es handelt es sich um ein reines Register, das zwar eine Fülle von Buchungseinträgen aufweist, aber keinen Ansatz zur zusammenfassenden Summenbil-

---

659 AUMANN, Stefan: Einbecks älteste erhaltene Kämmereirechnung von 1494. In: Einbecker Jahrbuch, 43, 1994, S. 80–83; FENGLER, 1936, S. 27 f.
660 LANDOLT, Oliver: Der Finanzhaushalt der Stadt Schaffhausen im Spätmittelalter. In: Sébastien GUEX, Martin KÖRNER und Jakob TÄNNER (HG): Staatsfinanzierung und Sozialkonflikte (14.–20. Jahrhundert), Zürich 1994, S. 42.
661 Zur Problematik im Zusammenhang mit quantitativen Vergleichen im Bereich der öffentlichen Finanzen des Spätmittelalters siehe: FOUQUET und DIRLMEIER, 1988a, S. 175–178.
662 MAACK, Walter: Die Rintelner Statuten des 14.–16. Jahrhunderts, Rinteln 1970, S. 1.
663 Dr. Meyer, Stadtarchiv Rinteln, persönliche Mitteilung vom 29.04.2015; 1747 wird die Bevölkerungszahl mit 2.240 in 356 Häusern angegeben, s. SPRENGER, Michael: Bürgerhäuser und Adelshöfe in Rinteln. Bau- und sozialgeschichtliche Untersuchungen zu frühneuzeitlichen Hausformen im mittleren Weserraum, Marburg 1995, S. 36.
664 Rintelner Kämmereiregister aus dem 15. Jahrhundert, 1971, S. 119–146.

dung oder einer Bilanzierung zeigt. Es war daher auf einen Vergleich der Rechenhaftigkeit mit dem Kämmereiregister von Mühlhausen verzichtet und das Register nur für den quantitativen Aspekt und die Datierungen herangezogen worden. Der Beginn der Rechnungsperiode und der Ratswechsel fielen in Rinteln mit Epiphanias annähernd auf den Beginn des Kalenderjahres. Etwa ein Drittel der Buchungen zeigt eine Festtagsdatierung, die, sofern nicht eine direkte Wochentagsangabe erfolgte, die Bestimmung des Wochentages ermöglichte. Diese Analyse war für die Jahre 1431, 1441–1444, 1450, 1452, 1466 und 1483 möglich. Übereinstimmend zeigte sich mit durchschnittlich 27,3 % der Buchungen eine deutliche Bevorzugung des Sonntags als Buchungstag, während die anderen Wochentage im Durchschnitt bei 12,1±1,3 % lagen (Abb. 25).

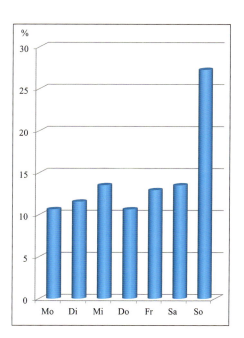

Abb. 25 | Verteilung der Buchungen auf die Wochentage in den Kämmereiregistern von Rinteln der Jahre 1431, 1441–1444, 1450, 1452, 1466 und 1483.

3.9.2. Pegau in Sachsen

Von Pegau wurde 1912 eine Serie von etwa 40 Stadtrechnungen aus dem 15. Jahrhundert untersucht, die zu dieser Zeit im königlichen Hauptstaatsarchiv in Dresden vorhanden waren. Mehrere Bände datieren fortlaufend von 1450 bis 1455, sowie aus späteren Jahren. Es handelt sich um Papierhefte, die in Pergament eingebunden sind.[665] Überschriften sind

---

665 Pegauer Stadtrechnungen des 14./15. Jahrhunderts, 1912, S. 7–9.

in lateinischer Sprache gehalten, während Einträge in Lateinisch oder Deutsch erfolgten, wobei die älteren Rechnungsbücher überwiegend Latein, die gegen Ende des 15. Jahrhunderts überwiegend Deutsch verwenden. Teilweise wurden Slawismen angewandt, was eine Besonderheit der Pegauer Rechnungsbücher darstellt. Die im Kämmereiregister von Mühlhausen zu beobachtende Tendenz des Vorgebens von Überschriften für Buchungsabschnitte zu Beginn des Abrechnungszeitraumes ist auch in Pegau zu bemerken und wurde dort im Laufe der Zeit verbessert. Blieben zu Beginn des beschriebenen Zeitraums viele Blätter unbeschrieben, so kam man mit zunehmender Erfahrung zu einer gleichmäßigeren Füllung des Heftes. Die Zusammenfassung von gleichartigen Buchungsvorgängen unter Rubriken war besonders für die Einnahmen ausgeprägt. Bei den Ausgaben herrschte dagegen für die meisten Themen ein bunter Wechsel vor. Lediglich einige prägnante Ausgaben wie *distributa vini* oder *distributa servorum* werden gesondert aufgeführt. Erst gegen Ende des Jahrhunderts wurden die Ausgaben ebenfalls planmäßig in Kategorien zusammengefasst und damit einer statistischen Auswertung zugänglich gemacht.[666]

Die ältesten Stadtrechnungen von Pegau weisen die Besonderheit auf, dass sie in sechs selbständige Einzelkassen untergliedert waren, die mit ihren Gebieten der Führung durch je eines der sechs Ratsmitglieder unterstellt waren. Bis 1437 wurde an dieser umständlichen Art der Rechnungsstellung festgehalten. Danach kam es zu einer Vereinfachung des Systems, indem nur zwei der Ratsmitglieder Einnahmen und Ausgaben mit einer einzigen Kasse betrieben. Es wurden aber weiterhin die Einnahmen getrennt nach ihrer Art aufgezeichnet, während die Ausgaben der verschiedenen Bereiche nun gemeinsam unter *distributa pro diversis* unsystematisch geführt wurden.[667]

Die relative Höhe des direkten (pro Kopf) Steueraufkommens von Pegau wurde von Hohlfeld kontinuierlich über das 15. Jahrhundert in Durchschnittswerten dargestellt. Es bewegte sich von rund 33 gr (1413) bis zu ca. 142 gr (1466). 1456 erreichte es einen mittleren Wert von 54 gr, um in den folgenden Jahren fortwährend zu steigen. Die Schuldenaufnahme von Pegau begann ab dem Jahre 1450 zu steigen und betrug 267 sex im Jahr 1456.[668] Beim Vergleich zwischen Mühlhausen und Pegau muss berücksichtigt werden, dass Pegau mit vermutlich weniger als 2.000 Einwohnern Mitte des 15. Jahrhunderts eine Kleinstadt darstellte, die nicht die Bedeutung von Mühlhausen als Reichsstadt hatte.[669] Dennoch erscheint Pegau unter Berücksichtigung des Unterschiedes in der Einwohnerzahl für einen solchen

---

666 Pegauer Stadtrechnungen des 14./15. Jahrhunderts, 1912, S. 16–20.
667 Pegauer Stadtrechnungen des 14./15. Jahrhunderts, 1912, S. 21–24.
668 Pegauer Stadtrechnungen des 14./15. Jahrhunderts, 1912, S. 47.
669 PETTER, 2003, S. 213.

Vergleich geeignet, da es nur etwa 130 km östlich von Mühlhausen in der Nähe von Leipzig gelegen ist. Betrachtet man einige ausgewählte Beispiele aus dem Jahr 1456 in Relation zu den Gesamteinnahmen und -ausgaben nach der Auswertung durch Hohlfeld mit den entsprechenden Buchungssummen aus Mühlhausen, so ergeben sich Werte in ähnlichen Größenordnungen für die Einnahmen aus *exaccio* mit 24 % für Pegau und fast 29 % für Mühlhausen sowie über 5 % für die Brausteuer in beiden Städten. Die Einnahmen aus der Weinsteuer waren in Pegau mit fast 19 % der Einnahmen etwa zehnmal höher als in Mühlhausen, während das Verhältnis bei den Einnahmen aus Bußgeldern umgekehrt war. Die Neuverschuldung war in Pegau mit über 24 % deutlich höher als in Mühlhausen, wo rund 6 % der Einnahmen neue Schulden darstellten.[670] In der Art der Darstellung der Vorgänge in den Kämmereien weisen die Register der beiden Städte deutliche Ähnlichkeiten auf. Unterschiede bestanden bei den Steuerterminen: In Pegau bevorzugte man die Termine Walpurgis (1. Mai) und Michaelis (29. September); in Mühlhausen waren Exaudi (1456 am 9. Mai) und Martini (11. November) üblich.

3.9.3. Lübben

Bezogen auf die Anzahl der in der Stadt besteuerten Häuser war Lübben in der Niederlausitz in der ersten Hälfte des 15. Jahrhunderts eine Kleinstadt. Von der Rechnungsführung der Stadt existieren Editionen der Rechnungsbücher von 1420–1566. Zum Vergleich herangezogen wurden Stichproben aus den Stadtrechnungen I von 1420–1432 und II von 1433–1442. Eine ausführliche Beschreibung der Handschriften mit ihrer Lagenzusammensetzung und den vorkommenden Wasserzeichen (in der Beschreibung als *Papierzeichen* bezeichnet) findet sich in der Edition. Lübben wurde für das Mittelalter als klein und wirtschaftlich wenig entwickelt und die Rechnungsführung als relativ einfach beschrieben.[671]

Die Rechnungsbücher zeigen einen einfach strukturierten Aufbau mit einer Einteilung in die Geschosslisten (mit gleichbleibenden Unterpunkten) als der größten Einnahmequelle der Stadt, Zinseinnahmen, den Recepta und den Exposita. Durch die ausführliche Darstellung der Buchungseinnahmen aus dem Geschoss überwiegen die Einnahmebuchungen mit einem Anteil von knapp 78 % die Zahl der Buchungen bei den Ausgaben. Der Termin für diese Zahlungen wird meist mit Michaelis angegeben. Bei den Einnahmen und Ausgaben

---

670 Pegauer Stadtrechnungen des 14./15. Jahrhunderts, 1912, S. 43–57.
671 Urkundenbuch der Stadt Lübben, Bd. 2. Die Lübbener Stadtrechnungen des 15. und 16. Jahrhunderts, 1919, S. 3–7, 12–19.

findet sich häufig der Buchungsbeginn *Circumcisionis*. Angaben für den Ratswechsel werden nicht gemacht; allerdings finden sich Hinweise z.B. im Jahre 1427 mit *nowus preconsul* zum 1. Januar.[672] Auffallend ist das fast völlige Fehlen von Summenbildungen, die nur vereinzelt z.B. in den Jahren 1423, 1427, 1429 bis 1432 beobachtet werden können. Auf insgesamt 9.837 Buchungen entfielen nur acht Summenbildungen. Bei rund einer von 40 Buchungen konnte die Verwendung von *minus* zur Rundung von Beträgen beobachtet werden. Zahlreiche Buchungen sind, fast immer in chronologischer Reihenfolge, datiert. Dabei überwiegen Datierungen, die auf einen Sonntag *(dominica)* bezogen sind. Im Jahre 1423 betrifft dies alle Buchungen. 1442 waren 64 der 219 Buchungen datiert. Davon entfielen 42 auf einen Sonntag (66 %), sieben auf einen Montag (11 %) und sechs auf einen Samstag (9 %). Der Freitag war mit vier, Dienstag und Mittwoch mit jeweils zwei und der Donnerstag mit einer Buchung vertreten. Ähnliche Verteilungen können in anderen Jahren, z.B. 1421, beobachtet werden. Die Beispiele zeigen erneut die deutliche Bevorzugung des Sonntages für die Verbuchung von Zahlungsvorgängen in der städtischen Rechnungsführung. Würde man bei dieser Betrachtung noch weitere Feiertage wie z.B. Weihnachten einschließen (der 25. Dezember 1442 war ein Dienstag), würde das Ergebnis einer Verbuchung an Tagen ohne werktägliche Aktivitäten noch deutlicher ausfallen.

3.9.4. Marburg

Marburg war Mitte des 15. Jahrhunderts mit 3.200 Einwohnern eine kleine Mittelstadt ohne Agrarflächen mit Tuchproduktion und ausgeprägter Handelsaktivität mit einem Regionalmarkt.[673] Seit 1247/48 war in Marburg ein Schöffenkolleg bekannt und ab 1311 wurde neben den Schöffen ein Rat erwähnt.[674] Stadtrechnungen sind seit 1451 in Form von Bürgermeisterrechnungen einschließlich zahlreicher Nebenrechnungen überliefert.[675] Marburg zeigte im Vergleich zu Mühlhausen eine deutlich geringere Bandbreite an Einnahmequellen: Mitte des 15. Jahrhunderts machten die direkten Steuern rund 70 % der Steuereinnahmen Marburgs aus.[676] Verbrauchsteuern aus Wein und Bier trugen knapp 11 % bei.[677] Bei den Ausgaben waren für die Territorialstadt zunächst die Transferleistungen an den Landes-

---

672 Urkundenbuch der Stadt Lübben, Bd. 2, Die Lübbener Stadtrechnungen des 15. und 16. Jahrhunderts, 1919, S. 51.
673 FUHRMANN, 1996, S. 58.
674 FUHRMANN, 1996, S. 37 f.
675 FUHRMANN, 1996, S. 18 f.
676 FUHRMANN, 1996, S. 105.
677 FUHRMANN, 1996, S. 121.

herren zu nennen, die im Zeitraum 1451–1459 rund 45 % ausmachten. Die Zinszahlungen betrugen im selben Zeitraum nur 8,5 %.[678] Dennoch war Marburg zu dieser Zeit als relativ hoch verschuldet einzustufen, da die jährlichen Einnahmen der Stadt unter dem bekannten Kreditgesamtvolumen von 1.740 Gulden lagen. Die Stadt hatte aus diesem Grund bereits Schwierigkeiten bei der Kreditaufnahme.[679] Die Personalkosten der öffentlichen Verwaltung machten wie in vielen Städten zu dieser Zeit nur einen geringen Anteil des Stadthaushaltes aus. Sie lagen in der zweiten Hälfte des 15. Jahrhunderts unter 3 % der Ausgaben.[680] Im Gegensatz zu den Reichsstädten spielten die Ausgaben für bewaffnete Kräfte keine nennenswerte Rolle, nur selten beteiligte sich die Stadt an kostspieligen militärischen Aktionen. Die Ausgaben für Wachdienste hielten sich ebenfalls in bescheidenem Rahmen.[681]

Für das Rechnungsjahr 1456/57 liegt eine Edition der Rechnung der beiden Bürgermeister Hennen Begkers und Henchen Hessen vor.[682] Die Rechnungslegung gliedert sich in zwei Hauptabschnitte mit den *Gemeyen ußgeben* mit sieben Buchungsabschnitten und den *Innemen und ußgeben* beider Bürgermeister.

Der erste Abschnitt beginnt mit der Buchung einer Einnahme von 76 Pfund 4 Denaren ohne weitere Spezifizierung. Daran anschließend werden folgende Abschnitte aufgelistet (Tab. 8):

Nr.	Buchungsabschnitt	Buchungen	Summen	Betrag*
1	Zehrung und Kosten	52	1	63
2	Geschenkwein	21	1	19
3	Schützenwein auf die Sonntage, pauschal	1		9
4	Sonstiger Wein an die Schützen, pauschal		1	2½
5	Botenlohn	3	1	12
6	Miethpfennige (Buchungen 23.9.1456)	7	1	1½
7	Opfergeld, pauschal	1		1

* Beträge gerundet auf Pfund

Tabelle 8 | Buchungsabschnitte und Buchungen bei den Allgemeinen Ausgaben in der Städtischen Hauptrechnung Marburgs 1456/57.

---

678 FUHRMANN, 1996, S. 238–244.
679 FUHRMANN, 1996, S. 172–179.
680 FUHRMANN, 1996, S. 278–283.
681 FUHRMANN, 1996, S. 303–305, 308.
682 Quellen zur Rechtsgeschichte der Stadt Marburg, Bd. 2, 1931, S. 78–89.

Die Buchungsabschnitte 3, 4 und 7 sind nur pauschal mit einem Buchungsbetrag und ohne Buchungsdatum ausgewiesen. Die erste Buchung aus diesem Bereich ist mit 25. Juli 1456 datiert, die letzte Buchung aus diesen Abschnitten mit dem 26. Juli 1457.[683] Bei den Ausgaben für Schützenwein kann angenommen werden, dass hier eine Zusammenfassung für die gleichbleibenden und möglicherweise an allen Sonntagen des Jahres anfallenden Ausgaben vorliegt. Beim Vergleich der Summen für diesen Bereich mit den Aufwendungen für Geschenkwein und sonstigem Wein für die Schützen erscheint die Größenordnung plausibel. „Geschenkwein" oder „Schenkwein" verdeutlicht die sprachliche Beziehung zwischen „schenken" und „einschenken" und der Umfang der Buchungen und aufgewendeten Beträge hierfür zeigen die Bedeutung solcher Zuwendungen im Mittelalter. Manche Städte legten Schenkbücher an, in denen Gaben dieser Art genau festgehalten wurden. In Basel sind für 130 Jahre rund 12.000 Seiten überliefert. Weingeschenke sind wichtiger Bestandteil städtischer Rituale, in deren Rahmen die Vergabe und der Empfang genau geregelt war und den Status sowohl des Gebenden als auch des Empfangenden widerspiegelt. Das heimliche Annehmen von Geschenken war meist verboten; das heimlich empfangene Geschenk mit unerlaubter Gegenleistung, das *miet*, war als unmoralisch gekennzeichnet.[684]

Im zweiten Hauptabschnitt werden sieben pauschale Einnahmenbuchungen ohne Buchungsdatum aufgelistet mit:

Sommerbede und Weinungeld	462 Pfund
Altes Weinungeld	51 Pfund
Wegegeld und andere Gefälle	15 Pfund
Wage	20 Pfund
Schuld der alten Bürgermeister	251 Pfund
Winterbede	791 Pfund
Schirnzinse und anderes	52 Pfund

---

683 Das Rechnungsjahr in Marburg orientierte sich an der Wahlperiode der Bürgermeister, beginnend mit dem Jacobitag, VOLK, 1993, S. 39.
684 GROEBNER, Valentin: Flüssige Gaben und die Hände der Stadt. Städtische Geschenke, städtische Korruption und politische Sprache am Vorabend der Reformation. In: Klaus SCHREINER, Gabriela SIGNORI (HG): Bilder, Texte, Rituale. Wirklichkeitsbezug und Wirklichkeitskonstruktion politisch-rechtlicher Kommunikationsmedien in Stadt- und Adelsgesellschaften des späten Mittelalters, Berlin 2000, S. 19–22; SCHREINER, Klaus: Texte, Bilder, Rituale. In: Klaus SCHREINER, Gabriela SIGNORI (HG): Bilder, Texte, Rituale. Wirklichkeitsbezug und Wirklichkeitskonstruktion politisch-rechtlicher Kommunikationsmedien in Stadt- und Adelsgesellschaften des späten Mittelalters, Berlin 2000, S. 13.

Es folgen zwei pauschale Ausgaben für die *Landgräfliche Erbgülte* mit 300 *marg* entsprechend 540 Pfund und an die *Stadtbaumeister* mit 237 Pfund. Der folgende Ausgabenpunkt für die Frankfurter Herbstmesse in Höhe von rund 76 Pfund (auf der Messe wurde in Gulden bezahlt) umfasste acht Buchungen einschließlich zwei *golden* Zehrung für den Bürgermeister. Auf der Frankfurter Fastenmesse wurden bei ebenfalls acht Buchungen einschließlich der Zehrung für den Bürgermeister in Höhe von fünf *golden* rund 257 Pfund ausgegeben. Pauschale Ausgaben waren Gülte und Zinsen (8 Pfund), Wächterlohn (78 Pfund), Verschließung der Pforten (15 Pfund) und Kugeln für 19 Schützen für 9½ Pfund. Weitere 19 Buchungen über Verschiedenes wurden zu einer Summe von 110 Pfund zusammengefasst. Als nächster Punkt der Abrechnung mit dem Datum 31. Oktober 1456 wurden Ausgaben für Löhne, Amtskleider und Neujahrsverehrungen mit 15 Buchungen, aber ohne Summenbildung (ca. 103 Pfund) aufgeführt. Unter dem Titel *Defectus* wurden 5 Rückbuchungen ohne Datum gelistet, meist für Brau-Ungeld für nicht erfolgte Brauvorgänge von insgesamt 2½ Pfund. Die letzten beiden Buchungsabschnitte betrafen Sonderausgaben wegen des Brandes des Rathauses (sieben Buchungen ohne Datum, rund 9 Pfund) und Kosten für Wegesanierung in Höhe von rund 11 Pfund.

Die Gesamteinnahmen beliefen sich nach dem Abschluss der Rechnung auf rund 1.643 Pfund und die Ausgaben auf rund 1.517 Pfund. Der Differenzbetrag war nach einer Korrektur (Rezess vom 7. November 1457) von den alten Bürgermeistern wie im oben aufgeführten Beispiel als Einnahme zu erstatten. Die Gesamtzahl der Buchungen betrug 163. Leider gibt die Edition durch Küch keinen Hinweis auf die originale Seiteneinteilung und -zahl, womit eine Abschätzung der durchschnittlichen Buchungsanzahl pro Seite nicht möglich war.

3.9.5. Reval

Die Hafenstadt Reval (heute die estnische Hauptstadt Tallinn) war im 15. Jahrhundert wichtig für den Handel der Hanse mit Russland. Ab 1312 gab es in Reval das *Wittschopbuch* mit Aufzeichnungen über verschiedenste Vorgänge; Aufzeichnungen in der Art eines Kämmereibuches wurden seit 1363 mit Unterbrechungen geführt.[685] Ab 1409 gab es ein Verzeichnis der eingeschworenen Bürger, das „Bürger-Eydt-Buch".[686] Kämmerer sowie andere Amts-

---

685 Die Kämmereibücher der Stadt Reval aus dem 15. Jahrhundert sind als Teil des Revaler Stadtarchivs im staatlichen Archivlager Göttingen erhalten (Signatur A d 15) und wurden herausgegeben durch Reinhard VOGELSANG, 1976, 1983.
686 Das Revaler Bürgerbuch 1409–1624, hrsg. v. Otto GREIFFENHAGEN, Reval 1932, S. VII; POECK, 2003, S. 256 f.

träger des Rates, die für verschiedene Untergliederungen einzelner Kassenbereiche wie Schoß, Münze oder Mühlen zuständig waren, sind in Reval ab 1340 nachweisbar. Bereits im 14. Jahrhundert wurde mit einer speziellen Form der wöchentlichen Eintragung, in der Regel am Samstag, begonnen. Das System wies einen bedeutenden Nachteil auf: Eine Sachgliederung war nicht möglich, die Vorgänge wurden aber an verschiedenen Stellen durch die Anbringung von Randzeichen überschaubarer gemacht. Ein weiterer Nachteil für die Auswertung besteht darin, dass das Kämmereibuch von Reval eine Reinschrift darstellt, in der zum Beispiel verschiedene Ausgaben offensichtlich bereits als Summe eingetragen wurden.

Zum Vergleich mit Mühlhausen wurde das Kämmereibuch von 1455 herangezogen, für das eine Bearbeitung vorlag.[687] Das Kämmereibuch von 1455 beginnt mit den Einträgen des *Sabbato ante Epiphanie domini* (4. Januar 1455) und endet *Des dinxdages vor Nativitatis Christi* (Dienstag, 23. Dezember 1455).[688] Es stimmt daher annähernd mit dem Kalenderjahr überein und folgt nicht dem Wechsel bei den Ratsämtern, die ursprünglich zu Michaelis und später zu Thomae stattfanden. In Reval bestand wie in Riga seit dem 13. Jahrhundert ein Verfassungsmodell mit Kooptation von freigewordenen Ratspositionen durch die Ratsmitglieder selbst mit lebenslanger Amtsträgerschaft.[689] Die Buchführung in Reval verwendete seit 1369 ein mit Einnahmen und Ausgaben vermischtes Kämmereibuch und diente daher vermutlich nur der Memorisierung der Vorgänge und nicht deren rechnerischer Bearbeitung.[690] Geführt wurde das Buch, mit Ausnahme weniger lateinischer Ausdrücke in den Überschriften, in deutscher Sprache. Die hauptsächlich verwendete Währung war die Mark Rigisch (mR) entsprechend 4 Ferding (Vierding, im Manuskript *ferd.* abgekürzt), 36 Schilling und 144 Artige. Ein Rheinischer Gulden entsprach um 1457 1⅔ Mark Rigisch.[691] Vogelsang errechnet aus den Aufzeichnungen für das Jahr 1455 unter Ausschluss des Pfundzolls, für den kein Verwendungszweck bekannt war, Gesamteinnahmen in Höhe von 5.319 mR (3.191 guld oder 1.275 sex), von denen aber nur 4.563 mR im Kämmereibuch als Einträge nachweisbar sind. Möglicherweise handelt es sich hier um die Berücksichtigung des alten Kassenstandes. Bei den Ausgaben in Höhe von 5.367 mR (3.220 guld oder 1.280 sex) werden 5.025 mR verbucht.

---

687 Kämmereibuch der Stadt Reval, 1976a, S. 1–14.
688 Kämmereibuch der Stadt Reval 1432–1463, Halbbd. 2: Nr. 770–1190, 1976b, S. 501–525.
689 CZAJA, Roman: Das Patriziat in den livländischen und preußischen Städten. Eine vergleichende Analyse. In: Ilgvars MISĀNS, Horst WERNICKE (HG): Riga und der Ostseeraum. Von der Gründung bis in die frühe Neuzeit, Marburg 2005, S. 213.
690 Das Revaler Kämmereibuch von 1376 bis 1380, 1992, S. 188.
691 Kämmereibuch der Stadt Reval, 1976a, S. 13.

Bei den Einnahmen entfiel ein hoher Anteil von über 27 % auf den Gewinn der Münze, der wahrscheinlich Schwankungen in den verschiedenen Jahren ausgesetzt war. Rund 26 % entfielen auf die erst im Vorjahr zur Finanzierung des Bauvorhabens einer Mauer am Langen Domberg etablierte Verbrauchsteuer (Akzise) auf Bier. Die Schoßsteuer erbrachte rund 21 % und die Abgabe der Mühlen rund 19 % der Einnahmen. Bei den Ausgaben war der schon erwähnte Mauerbau am Domberg der wichtigste Posten mit über 50 % der aufgewandten Mittel. Besonders hoch wegen der Bezahlung von Schuldverpflichtungen waren 1455 auch die Kosten für Gesandtschaften mit rund 18 % der Aufwendungen. Knapp 8 % der Ausgaben waren Lohnkosten, 6 % für Kriegswesen, nur 7,5 % für Renten und Pachtzahlungen und knapp 9 % für Festlichkeiten.[692] Der Umfang des Kämmereibuchs von Reval aus dem Jahre 1455 ist sowohl vom Finanzvolumen als auch den Buchungen her deutlich kleiner als das praktisch zur gleichen Zeit entstandene Kämmereiregister von Mühlhausen aus dem Jahr 1456. Das erscheint beim Vergleich der Städte plausibel, da Reval als Stadt mit rund 5.000 Einwohnern zu dieser Zeit zum Kreis der kleineren Mittelstädte gerechnet wurde und an der Peripherie lag, während Mühlhausen eine der größeren Mittelstädte Mitteldeutschlands darstellte.[693] Das Mühlhäuser Kämmereiregister erweist sich hinsichtlich der Schriftlichkeit als weiter entwickelt, da es entgegen den Aufzeichnungen aus Reval auch Zusammenfassungen, Summenbildungen und einen Ansatz zur Bilanzierung enthält.

Ein besonderer Aspekt der Kämmereibücher der Stadt Reval im 15. Jahrhundert ist deren geschlossene Überlieferung über einen Zeitraum von rund 70 Jahren von 1433 bis 1506 ohne erkennbaren Datenverlust, wie er zum Beispiel für Hamburg bekannt ist. Der Jahrgang 1507 ist nicht mehr komplett erhalten. Zur Beurteilung der Frage der langfristigen quantitativen Entwicklung der städtischen Buchführung wurden diese Jahrgänge anhand der Editionen durch Vogelsang ausgewertet. Dabei zeigte sich eine mit rund 378 Buchungen pro Jahr (SAW 67,6) relativ gleichmäßige Anzahl von Buchungen (Tab. 51 im Anhang). Durch die Zuordnung der Buchungen zu den Kalendermonaten, die sich ebenfalls jeweils als relativ stabil darstellten, konnte eine Darstellung der durchschnittlichen Buchungsaktivität während des Jahres erfolgen (Abb. 26). Die höchste Anzahl von Buchungen wurde regelmäßig im Mai und Oktober beobachtet; eine geringere Buchungsaktivität herrschte im Frühjahr von Januar bis März und von Juli bis September.[694]

---

692 Kämmereibuch der Stadt Reval, 1976a, S. 1–13.
693 Isenmann, 2014, S. 62.
694 Kämmereibuch der Stadt Reval, 1976a, b; Kämmereibuch der Stadt Reval 1463–1507, Halbbd. 1, Nr. 1191–1990, 1983a; Kämmereibuch der Stadt Reval 1463–1507, Halbbd. 2: Nr. 1991–2754, 1983b.

Die Buchungen der Kämmereibücher von Reval waren in datierten Buchungsabschnitten zusammengefasst. Insgesamt gab es in den Jahren von 1433 bis 1506 pro Jahr durchschnittlich 36,9 datierte Buchungsabschnitte (16–62, SAW 9,53). Bezieht man diese auf Wochentage, so entfielen 90 % der Buchungsabschnitte auf den Sonnabend, gefolgt vom Freitag mit 5 %. Die restlichen Wochentage waren mit 0,6 % (Dienstag) bis 1,3 % (Sonntag) erheblich weniger frequent benannt. Es fällt auf, dass in den Jahren 1464–1481 ausschließlich Buchungen auf Sonnabende datiert wurden. Dies traf auch für zwei spätere Jahre zu (1484 und 1490). Abb. 26 zeigt die Prozentsätze der Anteile von Buchungen am Samstag in den verschiedenen Jahren.

In den Kämmereibüchern von Reval war der Gebrauch von Zahlen mit negativem Vorzeichen, wie z.B. *min* oder *myn* für *minder* geläufig.[695]

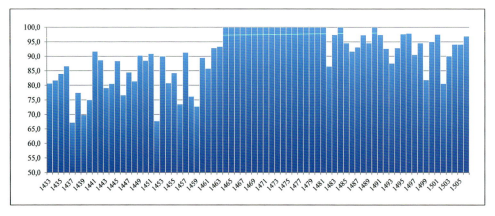

Abb. 26 | Anteil der Buchungen (%) in den Kämmereibüchern von Reval, die zwischen 1433 und 1505 auf einen Samstag datiert wurden.

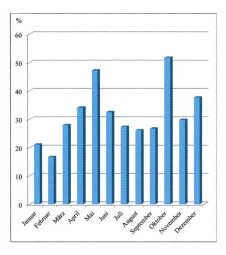

Abb. 27 | Durchschnittliche Anzahl von Buchungen pro Kalendermonat der Jahre 1433–1506. Daten s. Tabelle 51 im Anhang.

---

695 Kämmereibuch der Stadt Reval 1463–1507, 1983a, Nr. 62, 279.

3.9.6. Riga

Riga war Sitz der Erzbischöfe von Riga und seit dem 13. Jahrhundert eine bedeutende Handelsstadt der Hanse. Der Rat von Riga wurde 1225 erstmals erwähnt. Die Einwohnerzahl wurde für Anfang bis Mitte des 15. Jahrhunderts auf etwa 8.000 geschätzt, was Riga in den Rang einer größeren Mittelstadt einordnet.[696]

Von den Kämmereiunterlagen der Stadt Riga sind die Jahrgänge 1348–1361 und 1405–1474 erhalten. Sie waren längere Zeit in Privatbesitz und gelangten dann in das dortige Stadtarchiv. Die Bücher enthalten die Ausgaben der Stadt in diesen Jahren. Nur in wenigen Fällen sind Einnahmen registriert. Es wurde vermutet, dass für Einnahmen gesonderte Bücher verwendet wurden, die nicht erhalten sind. Es liegt eine komplette Edition der Kämmereiregister aus dem Jahr 1909 vor.[697] Die Eintragungen des 14. Jahrhunderts sind in lateinischer, die des 15. Jahrhunderts durchgängig in deutscher Sprache. Die Register von 1405–1474 liegen in einem gebundenen Band von 156 Blättern mit 312 Seiten vor.

Das Rechnungsjahr 1456/57 besteht aus fünf Seiten (226–230) und beginnt ähnlich wie das Kämmereiregister von Mühlhausen: *„Anno etc. LVI^{ten} vpp Michaelis do worden to kemerere gesettet van dem rade her Wenmer Harman vnd her Steffen vam Sande vund hebben vtgeuen dit nageschreuen gelt"*. Dadurch wird deutlich, dass der Ratswechsel und der Rechnungsbeginn an Michaelis vollzogen wurden. Eine Datierung von Buchungen findet nur selten statt. Die Gesamtausgaben des Rechnungsjahres betrugen 3.705 Mark (ca. 2.223 guld), von denen mit 854 mR oder 23 % der größte Teil auf Lohnkosten, meist für Handwerker, entfiel. Rentenzahlungen wie *liffrenthe, liefrenthe, lieffgedingk* oder *renthe* machten rund 18 % der Ausgaben aus, auf Warenkäufe – meist von Baumaterial aber auch von Pergament und Papier – entfielen 16 % der Ausgaben. Bewirtung, Getränke und Gesandtschaften schlugen mit 9 % zu Buche.

3.9.7. Münster in Westfalen

Münster wies Mitte des 15. Jahrhunderts etwas über 10.000 Einwohner auf und war damit etwas größer als Mühlhausen, aber in einer vergleichbaren Kategorie.[698] In Münster sind trotz großer Zerstörungen Kämmereirechnungen aus dieser Zeit erhalten, wie die von 1448/49, mit einer zweigeteilten Festlegung des Zeitraumes der Abrechnung von *Dominica*

---

696 BENNINGHOVEN, Friedrich: Rigas Entstehung und der frühhansische Kaufmann, Hamburg 1961, S. 99.
697 Kämmerei Register der Stadt Riga. 1348–1361 und 1405–1474, 2. Bd., 1913.
698 ENNEN, 1987, S. 227.

Invocavit (11. Februar 1448) bis *festum sancte Katharine Virginis* (25. November) und im zweiten Teil von diesem Datum wieder bis Invocavit 1449. Einzelbuchungen waren mit Ausnahme einiger regelmäßig wiederkehrender Zahlungen nicht datiert. Eine Wochentagsanalyse konnte daher nicht vorgenommen werden. Wie in Mühlhausen waren auch in Münster zwei Kämmerer für die Verwaltung von Einnahmen und Ausgaben zuständig. Sprachlich macht sich in diesem Kämmereibuch die Nähe zu den Niederlanden bemerkbar. Die verwendete Währung war überwiegend die Mark (mar).

Neben zahlreichen Unter- und Zwischensummen werden in den beiden Rechnungsabschnitten *(rekenscappen)* des Jahres jeweils *summa summarum omnium receptorum* und *summa summarum omnium expositarum* angegeben. Die gesamten Einnahmen im ersten und zweiten Rechnungsabschnitt betrugen 5.789 mar, die Ausgaben 5.474 mar mit einer positiven Bilanz in beiden Abschnitten und einem positiven Gesamtergebnis von rund 315 Mark. Die Darstellung erscheint hier strukturierter und klarer nachvollziehbar als in Mühlhausen. Rechnet man die Mark-Beträge in Relation zu Schock Groschen oder Gulden (nach den Angaben im Manuskript entsprach eine Mark etwa 0,9 Gulden), dann entsprach das Gesamtvolumen nur etwa einem Drittel der Exaudi-Rechnung von Mühlhausen.[699] Zum Ende der Rechnungslegung erfolgte noch eine Aufstellung der Schulden: *Dee schult dee de stad to jair sculdich bleff* mit der interessanten Erläuterung, wie es zu den Ausgaben von 3.847 mar gekommen war, die durch Kredit finanziert wurden: *van des heers wegen*, wobei es sich um kriegerische Auseinandersetzungen im Rahmen der Soester Fehde handelte. Weiter wurde ausgeführt, dass von dieser Schuld im Laufe des Jahres 1888 mar bezahlt wurden und *men noch schuldich blyfft van der vorgen. schult Summa 1958 mar.*[700] Im Gegensatz dazu wurde im Kämmereiregister von Mühlhausen keine Begründung für die Aufnahme von Schulden gegeben.

3.9.8. Hamburg

Hamburg war in der zweiten Hälfte des 15. Jahrhunderts mit rund 14.000 bis 16.000 Einwohnern eine bedeutende Stadt, die der lübischen Währungsunion angehörte.[701] Kämmereirechnungen sind für verschiedene Serien von Rechnungsjahren erhalten, die in Editionen

---

699 Die Kämmereirechnungen der Stadt Münster über die Jahre 1447, 1448 und 1458, 1960, S. 21–57.
700 Die Kämmereirechnungen der Stadt Münster, 1960, S. 57.
701 FOUQUET und DIRLMEIER, 1988a, S. 179; WITTHÖFT, Harald: Über den lübischen und andere norddeutsche Münzfüße nach metrologischen Sach- und Schriftzeugnissen des 12. bis 14. Jahrhunderts. In: ZVLGA, 69, 1989, S. 75–120; KUHN, Dominik: Die lübische Währungsunion. In: Michael ROTHMANN, Helge WITTMANN (HG): Reichsstadt und Geld, Petersberg 2018, S. 135–137.

vorliegen.⁷⁰² Vom gesamten Bestand an Kämmereirechnungen zwischen 1350 und 1560 sollen die Jahre 1370–1387, 1461–1481 und 1522–1560 vollständig erhalten sein.⁷⁰³ Für den Zeitabschnitt vor 1370 ist dies mit Ausnahme des ersten Jahres 1350, in dem 528 Einnahmen und 656 Ausgaben verbucht wurden, nicht der Fall und direkt aus der geringen Anzahl von durchschnittlich nur rund 27 Buchungen für Einnahmen und rund 95 Buchungen für Ausgaben abzulesen (s. Tab. 50 im Anhang). Eine Schwierigkeit bei der Beurteilung der Buchungseinträge besteht allerdings darin, dass Koppmann bei der Wiedergabe Zusammenfassungen vorgenommen hat.⁷⁰⁴ Für den Zeitabschnitt 1370–1387 wurden durch Nirrnheim entsprechende Nachträge veröffentlicht, die eine zuverlässige Gesamtschau ermöglichen.⁷⁰⁵ Tabelle 50 gibt die zusammengefasste Anzahl der Buchungsvorgänge wieder. Die Mittelwerte der Buchungen liegen bei den Einnahmen bei 464±64 Buchungen und bei den Ausgaben bei 512±74 Buchungen pro Jahr. Damit stellt sich die Anzahl der Buchungen in dieser Zeitperiode als bemerkenswert homogen dar.

Von 1355 bis 1372 finden sich sehr selten Beispiele für die Verwendung von Zahlen mit negativem Vorzeichen (insgesamt vier von 2.660 Buchungen).⁷⁰⁶ In den Jahren von 1388 bis 1460 wurden durchschnittlich pro Jahr nur rund zehn Einnahmen und 21 Ausgaben verbucht, was auf einen Datenverlust hinweist. Bei der Untersuchung im Jahre 1873 lagen die Originale für den Zeitraum von 1461 bis 1470 in Form von zwei Codices vor, von denen je einer die Einnahmen und Ausgaben enthielt. Die Einnahmen jedes Jahres waren auf einem Faszikel von fünf oder sechs gebundenen Doppelblättern, die der Ausgaben von sieben oder neun Doppelblättern aufgeführt.⁷⁰⁷ Der Zeitabschnitt 1461–1481, bei dem von einer kompletten Überlieferung ausgegangen werden kann, stellte sich mit einem Mittelwert von 416±26 Buchungen bei den Einnahmen und 743±71 Buchungen pro Jahr bei den Ausgaben ebenfalls als sehr homogen dar. Für den Zeitraum 1482–1517 war die Quellenlage zunächst unsicher, da davon ausgegangen wurde, dass die originalen Codices IX und XIII bei einem Brand im Jahre 1842 vernichtet worden seien. Dies war jedoch nicht der Fall und so wurde von Koppmann ein ergänzender vierter Band herausgegeben, dessen Daten zu

---

702 Kämmereirechnungen der Stadt Hamburg 1350–1400, 1869; Kämmereirechnungen der Stadt Hamburg 1401–1470, 1873; Kämmereirechnungen der Stadt Hamburg 1471–1470, 1878; Kämmereirechnungen der Stadt Hamburg 1482–1500, 1880; s.a. POTTHOFF, 1911, S. 1–85.
703 FOUQUET, 1990, S. 46.
704 Kämmereirechnungen der Stadt Hamburg 1350–1400, 1939, S. XI.
705 Kämmereirechnungen der Stadt Hamburg 1350–1400, 1939, S. 3–72.
706 Kämmereirechnungen der Stadt Hamburg 1350–1400, 1869, S. 45, 57, 68, 129.
707 Kämmereirechnungen der Stadt Hamburg 1401–1470, 1873, S. VIII.

denen von Band 3 zur Ergänzung hinzugefügt werden müssen.[708] Für den Zeitabschnitt von 1461 bis 1500 ergaben sich dabei Durchschnittswerte von 386±55 Buchungen für die Einnahmen und 705±77 Buchungen für die Ausgaben pro Jahr. Zu beachten ist jedoch dabei die vereinfachende zusammenfassende Darstellungsweise von Koppmann, die nicht die tatsächliche Anzahl von Buchungsvorgängen wiedergibt. Dies macht sich besonders bei den Einnahmen bemerkbar, wie der Vergleich der (zusammengefassten) Daten nach Koppmann mit den durch die Nachträge von Nirrnheim ergänzten Werten zeigt. Im Durchschnitt der Jahre von 1370 bis 1387 ergab sich bei den Einnahmen eine Steigerung der Buchungszahlen auf über das Doppelte, während sie bei den Ausgaben lediglich um wenige Prozent anstieg.[709]

Eine Datierung von Buchungen wurde in Hamburg nur selten und offensichtlich immer dann vorgenommen, wenn der Datierung besondere Bedeutung zukam, wie z.B. bei Buchungsnachträgen *(pecuniam infra scriptam)*, bei denen bis zu 30 % datiert wurden, bei Ausgaben für *Dominis nostris* im Jahre 1370, wo 34 Buchungen datiert waren oder bei Baumaßnahmen, die häufiger datiert waren. Insgesamt war aber der Anteil datierter Buchungen gering. Er betrug neben zahlreichen Jahren ohne datierte Buchungen für Beispiele in den Jahren: 1350 für die recepta (exposita) 2,1 % (5,6 %), 1370 8,6 % (7,6 %), 1461 0 % (1,4 %), 1462 0 % (2,4 %). In den Jahren 1461 bis 1464 waren es vor allem Ausgaben *pro speciebus ad pretorium*, die datiert wurden. Im Jahre 1486 waren 1,8 % der Einnahmen und 3,6 % der Ausgaben datiert.[710] Da das Rechnungsjahr 1456 im Vergleich zum Kämmereiregister von Mühlhausen nicht zur Verfügung stand, wurde vergleichend das Rechnungsjahr 1461 herangezogen: Die Rechnung beginnt für die beiden Teile der Einnahmen und Ausgaben mit der Nennung des Jahres und der beiden *camerarii Iohannes Gherwer* und *Paridum Lutken*. Ratswechsel und Rechnungsbeginn fielen auf *Kathedra Petri*. Bei den Einnahmen entfiel der größte Anteil der eingenommenen rund 13.900 ₤ mit über 33 % auf Steuern wie *collectione civitatis* (nach Pfarreien aufgelistet) und rund 15 % auf *pecunia super censum* sowie zahlreiche kleinere Buchungsposten. Bei den Ausgaben wurde keine Gesamtsumme angegeben. Bei Addition der Einzelsummen ergibt sich eine Summe von rund 13.430 ₤.[711] Dieser Wert entspricht annähernd dem in der Grafik bei Fouquet et al.[712] Von diesen Ausgaben wurden rund 44 % für den Schuldendienst gemacht, etwa 15 % für Baumaßnahmen mit

---

708 Kämmereirechnungen der Stadt Hamburg 1471–1500, 1878; Kämmereirechnungen der Stadt Hamburg 1482–1500, 1880, S. V f., S. 1–465.
709 Kämmereirechnungen der Stadt Hamburg 1350–1400, 1939.
710 Eine Analyse der Buchungsdaten im Jahresverlauf und der Wochentage wurden auf Grund dieser Datenlage nicht vorgenommen.
711 Kämmereirechnungen der Stadt Hamburg 1401–1470, 1873, S. 104–136.
712 Fouquet et al., 1990, S. 55.

diversen Buchungen. Lohnkosten spielten auch in Hamburg mit unter 10 % der Zahlungen keine bedeutende Rolle. Wie in größeren Städten üblich, wurden auch in Hamburg Ausgaben für Reisen der Ratsherren und deren Anwälten verbucht. Sie betrugen etwa 4 % der Ausgaben. Bei der Betrachtung der Kämmereibücher muss berücksichtigt werden, dass in der Großstadt Hamburg diese zwar die oberste städtische Rechnungsführung darstellten, es aber daneben noch verschiedene städtische Ratsämter mit eigenständiger Buchführung gab und daher auch hier eine fiskalische Kasseneinheit fehlte. Dies betraf insbesondere die Münze sowie das Mühlen- und das Weinamt.[713]

3.9.9. Struktur der städtischen Finanzen

Der Verkauf von Renten stellte im Spätmittelalter trotz des kirchlichen Wucherverbotes ein wesentliches Finanzinstrument dar, das in manchen Städten bis zu 50 % der Haushaltseinnahmen ausmachte.[714] Der Anteil war jedoch abhängig von der Ausgabenseite und konnte starke Schwankungen aufweisen.[715] Wie allgemein verbreitet und wie regelmäßig die Aufnahme von Anleihen durch Stadtverwaltungen war, zeigt das Beispiel Basel, wo im gesamten 15. Jahrhundert in jedem Jahr entsprechende Verträge geschlossen wurden.[716] Die Großstadt Nürnberg finanzierte 1440 über 50 % ihres Haushaltes durch solche Rentenaufnahmen.[717] Bei einem überschlägigen Vergleich der Verwendung der Finanzmittel in den betrachteten Städten zeigt sich, dass die Größe der Städte annähernd mit dem Umfang der Zinszahlun-

---

713 FOUQUET et al. 1990, S. 46 f.
714 DENZEL, Markus A.: Das Problem des Wuchers im bargeldlosen Verkehr des späten Mittelalters – Theorie und Wirklichkeit. In: Petra SCHULTE, Peter HESSE (HG): Reichtum im späten Mittelalter. Politische Theorie – Ethische Norm – Soziale Akzeptanz, Stuttgart 2015, S. 95–114; GILOMEN, Hans-Jörg: Christlicher Glaube und Ökonomie des Kredits im Spätmittelalter. In: Gerhard FOUQUET, Sven RABELER (HG): Ökonomische Glaubensfragen. Strukturen und Praktiken jüdischen und christlichen Kleinkredits im Spätmittelalter, Stuttgart 2018, S. 121–159; ROTHMANN, Michael: Reichsstadt und Geld – Einführende Bemerkungen. In: Michael ROTHMANN, Helge WITTMANN (HG): Reichsstadt und Geld, Petersberg 2018, S. 9; EBERHARDT, 1996, S. 45.
715 FUHRMANN, Bernd: Der rat aber war zu rat mer ewigs gelts zu verkauffen – Das kommunale Kreditwesen Nürnbergs im 15. Jahrhundert. In: Hans-Jörg GILOMEN, Gerhard FOUQUET (HG): Städtische Finanzwirtschaft am Übergang vom Mittelalter zur Frühen Neuzeit, Stuttgart 2007, S. 141–143.
716 HARMS, Bernhard: Münz- und Geldpolitik der Stadt Basel im Mittelalter, ZgS, 23, 1907, S. 34; zur Verschuldung von Städten s.a. ROTHMANN, 1998, S. 424; ROTHMANN, 2007, S. 183–186; GILOMEN, Hans-Jörg: Anleihen und Steuern in der Finanzwirtschaft spätmittelalterlicher Städte, Option bei drohendem Dissens. In: Sébastien GUEX, Martin KÖRNER und Jakob TÄNNER (HG): Staatsfinanzierung und Sozialkonflikte (14.–20. Jahrhundert), Zürich 1994, S. 137 f.
717 SANDER, 1902, S. 309.

gen korreliert: Kleine Städte wie Marburg oder Reval blieben unter 10 % der Ausgaben oder wie Pegau mit rund 13 % knapp darüber, Riga wandte 18 % auf, Hamburg 44 % und Mühlhausen über 50 %. Erhebliche Schwankungen bestehen bei den Ausgaben für Krieg, Verteidigung und Bewachung, vor allem im Zusammenhang mit aktiven militärischen Aktionen. Im Durchschnitt lagen die Ausgaben aber in der Regel unter dem Schuldendienst und bewegten sich bei den von Fouquet untersuchten Städten zwischen etwa 3 und 16 % der Gesamtausgaben.[718] Allgemein niedrig scheinen die Ausgaben der Städte für anderes Personal im Rahmen der städtischen Ausgaben gewesen zu sein. Sie liegen in der Regel unter 10 % des Ausgabenvolumens, im Falle von Reval als einziger Ausnahme bei 18 %. Ebenfalls gleichförmig niedrig waren die Kosten für die im Zusammenhang mit administrativen Aufgaben anfallenden Verzehraufwendungen inklusive des notwendigen „Trunkes" der städtischen Funktionsträger, die im Durchschnitt zwischen 5 und 10 % lagen.

Es war aber gängige Praxis, solche Ausgaben wie die Verköstigung des Rates oder Trinkgelder aus einem Sonderfonds zu bestreiten, der von Sander „Agiofonds" bezeichnet wurde, in den Kassenüberschüsse zum Beispiel aus Wechselgewinnen flossen, die nicht der regulären Kasse zugeführt und im Rechnungsbuch verzeichnet wurden. So findet sich im Nürnberger Register von 1431: *„Nota: Und dazu haben die Losunger ... ausgegeben dieses Jahr 800 £, das in die Rechnung nicht gekommen ist"*. Solche Praktiken konnten bewirken, dass der Kassenstand deutlich von der Summe der Einnahmen, Ausgaben und Aktiva abweichen konnte. Die Nürnberger Losunger pflegten am Ende des Rechnungsjahres der Stadt ein „Geschenk" in Form eines größeren Geldbetrages zu machen. Damit wurde in gewisser Weise ausgeglichen, dass die Losunger Zahlungen in Gold empfingen, es aber gerne vermieden, solche in Gold zu leisten, sondern auf Silber auswichen und damit einen Kursvorteil zu ihren Gunsten hatten.[719] Hinweise auf verdeckte Transaktionen finden sich in Nürnberg auch in den Rechnungsbüchern durch die Vermerke *„als der Rat wohl weiß"* oder *„als die älteren Herren wohl wissen"*.[720] Als Gedächtnisstütze für Vorgänge außerhalb der Stadtrechnung gab es in verschiedenen Städten gesonderte Aufzeichnungen.[721] In Nürnberg war dies das ab 1430 ge-

---

718 FOUQUET, Gerhard: Die Finanzierung von Krieg und Verteidigung in oberdeutschen Städten des späten Mittelalters. In: Bernhard KIRCHGÄSSNER, Günter SCHOLTZ (HG): Stadt und Krieg, Sigmaringen 1989, S. 76–82.
719 SANDER, 1902, S. 326–329, s.a. 403–405.
720 SANDER, 1902, S. 299.
721 PITZ, Ernst: Schrift- und Aktenwesen der städtischen Verwaltung im Spätmittelalter. Köln – Nürnberg – Lübeck. Beitrag zur vergleichenden Städteforschung und zur spätmittelalterlichen Aktenkunde. In: Erich KUPHAL (HG): Mitteilungen aus dem Stadtarchiv Köln, Köln 1959, S. 457.

führte „*rote Buch mitt den Thüren*", das zwischen den Doppeltüren der Losungsstube hing und später etwas frei mit „*liber cum Januis*" bezeichnet wurde.[722]

Für Mühlhausen waren solche Vorgänge nicht nachweisbar.

3.10. Quantitative Aspekte der Entwicklung städtischer Rechnungsbücher

Die Entwicklung von Schriftlichkeit und Rechenhaftigkeit findet sich auch in quantitativen Aspekten der Aufzeichnungen in Rechnungsbüchern. An kaufmännischen Büchern des 14. Jahrhunderts der Hanse wurde gezeigt, dass nicht mehr als 150–200 Vorgänge pro Jahr vermerkt wurden. Zu Beginn des 15. Jahrhunderts sind in den Rechnungsbüchern des Kaufmanns Veckinchusen für ein Jahr etwa 39 Seiten mit rund 600 Einträgen beschrieben. Die in ihrer Entwicklung bereits weiter fortgeschrittenen italienischen Rechnungsbücher verwalteten zur gleichen Zeit bereits ein Mehrfaches an Buchungsvorgängen.[723] Auf diese unterschiedliche Entwicklung wurde bereits oben eingegangen. Ein Vergleich zwischen kaufmännischer und kommunaler Rechnungsführung scheint aus heutiger Sicht nur unter Einschränkungen möglich. Im Mittelalter wurde aber in beiden Bereichen nach einem ähnlichen, privatwirtschaftlichen Prinzip verfahren, nach dem kein Unterschied zwischen dem Kaufmann und dem Kämmerer bestand: Beiden wurden Werte entweder von Gesellschaftern oder der Stadt anvertraut, für die sie als Schuldner oder Gläubiger unmittelbar in der Verantwortung standen.[724]

Die Gesamtzahl von über 1.600 Einträgen im Exaudi-Kämmereiregister von Mühlhausen im Jahre 1456 zeigt, dass es sich hier um das Produkt einer bereits weit entwickelten Schriftlichkeit im Zusammenhang mit kommunaler Rechnungsführung handelt. Dies gilt besonders für den Fall, dass es sich nur um einen von zwei jährlichen Rechnungsabschnitten handelt, wofür verschiedene Hinweise vorliegen. Die Möglichkeit eines weiteren, nicht mehr vorliegenden Halbjahresregisters muss bei der Durchführung quantitativer Vergleiche berücksichtigt werden. Dennoch muss festgestellt werden, dass viele Informationen, die sich bei einer Rechnungsprüfung aus heutiger Sicht als essentiell darstellen, den Eintragungen nicht unmittelbar entnommen werden können. Das betrifft insbesondere die Möglichkeit einer statistischen Auswertung mit Hinweisen, welche Beträge für welche Ausgabengruppe aufgewendet wurden. Diese Informationen sind auch in Mühlhausen häufig nicht direkt im Detail erkennbar. Möglicherweise entsprach dies der Intention der Kämmerer.

---

722 Sander, 1902, S. 329 f.
723 Arlinghaus, 2002, S. 248 f.
724 Pitz, 1959, S. 457.

Für die Stadt Lübben wurde das Rechnungsjahr 1440 beispielhaft ausgewählt. Für dieses Jahr finden sich auf 26 beschriebenen Seiten 618 Buchungen. Die Einnahmen machen davon den größten Anteil aus, da insbesondere die Entrichtung des Geschosses zahlreiche Buchungen erfordert hat. Aus diesen Angaben wurde die Einwohnerzahl geschätzt. Summenbildungen finden sich in Lübben nur selten; im Jahr 1440 wurde nur eine Summe bei den Ausgaben beobachtet.

Das Register des Jahres 1450 der Stadt Rinteln zeigt auf 26 beschriebenen Seiten 696 Buchungsvorgänge, d.h. rund 27 Buchungen pro Seite. Davon entfallen auf die ausführlich dargestellten Einnahmen *(Recepta to ersten)* allein 22 Seiten und 654 Buchungen, d.h. rund 30 Einträge pro Seite, während die deutlich kürzer dargestellten Ausgaben *(Exposita van Wyntergulde*, bzw. *Exposita van Somer gulde)* nur vier Seiten ausmachen, davon die Seiten 25 und 26 mit 20 bzw. 14 Einträgen. Die Seiten 27 und 28 haben nur neun Einträge.[725] Es wurde vermutet, dass die Darstellung der Ausgaben auf diesen Seiten nicht komplett vorliegt.[726] Dieses Kammereiregister verfügt über keine Ansätze zur zusammenfassenden Summenbildung oder einer Bilanzierung.

Für die Stadt Pegau standen keine detaillierten Stadtrechnungen aus einem vergleichbaren Jahrgang zur Verfügung. Der vorhandene, vollständig publizierte Jahrgang 1399 zeigt auf 66 beschriebenen Seiten einschließlich umfangreicher Steuerlisten auf fol. 45a, fol. 46 und fol. 63 rund 1.400 Einträge meist in tabellarischer Form beginnend mit „Item".[727] Pro Seite ergeben sich rund 21 Einträge. Summenbildungen erfolgen sehr spärlich, nur auf zehn Seiten kommt ein Summeneintrag vor. Die Strukturierung der Abrechnung mit Hilfe von Zusammenfassungen und der Bildung von Summen war 1399 in Pegau noch nicht entwickelt. Die Zahl der Buchungen liegt aber in ihrer Größenordnung vergleichbar zu der des – möglicherweise eine Halbjahresrechnung darstellenden – Kämmereiregisters von Mühlhausen.

Das Kämmereibuch der Stadt Reval von 1454 zeigt in seiner Wochenauflistung von *f.194* bis *f.205* mit jeweils zwei Seiten insgesamt 495 Buchungen mit durchschnittlich rund 23 Einträgen pro Seite. Es handelt sich hier um reine Auflistungen des „Item"-Typs denen jegliche Zusammenfassung oder Summenbildung fehlt.[728]

Die Eintragungen im Kämmereibuch der Stadt Riga des Jahres 1456/57 erfolgten als einfache Auflistung, wobei jede Seite mit einer Summenbildung abschließt: *Summa in desser*

---

725 Rintelner Kämmereiregister aus dem 15. Jahrhundert, 1971, S. 119–146.
726 Rintelner Kämmereiregister aus dem 15. Jahrhundert, 1971, S. 9.
727 Pegauer Stadtrechnungen des 14./15. Jahrhunderts, 1912, S. 135–174.
728 Kämmereibuch der Stadt Reval, 1976, S. 501–525.

ziiden 277½ mark. 4 sz. 1 scherff. Auch hier war die verwendete Währung die Mark Rigisch (mR). Das Rechnungsjahr umfasst in homogener Weise 115 Eintragungen auf fünf Seiten (durchschnittlich 23 Eintragungen pro Seite) mit je einer Summe und einer Gesamtbilanz der Ausgaben:

> *Summa in all 3705 mark. 3 ferd. 1 scherff.*
> *Des blyuet ymne sacke 167 mark. 1 ferd. 5½ scherff.*
> *Summa summarum allir utgifte 3873 mark. 5½ scherff.*

Eine Zusammenfassung gleichartiger Ausgaben fand nicht statt und die Reihenfolge der Eintragungen folgte offensichtlich den Auszahlungen aus der Kasse.[729] Die vergleichsweise geringe Zahl an Buchungsvorgängen in Riga wird verständlich dadurch, dass nur Ausgaben aufgelistet sind. Bei dieser Betrachtungsweise entfallen die zahlreichen Einzelbuchungen individueller Steuereinnahmen.

Münster weist in seiner Kämmereirechnung des Rechnungsjahres 1448/49 etwas über 1200 Buchungen und 80 Summenbildungen auf, denen jedoch eine Seitenzuordnung fehlt.[730]

Für Hamburg wurde zum Vergleich der vollständig erhaltene Jahrgang 1461 herangezogen. Die Hamburger Kämmereirechnung von 1461 weist bei den Einnahmen 366 und bei den Ausgaben 640 Buchungsvorgänge auf. Eine Beurteilung der Summenbildungen ist nicht zuverlässig möglich, da bei der Wiedergabe des Textes nach Bearbeitung durch Koppmann nach dessen Beschreibung Summen und Datumsangaben teilweise unterdrückt wurden.[731] Bei verschiedenen Buchungsvorgängen wurden Zahlenwerte vorangestellt, bei denen eine Summenbildung vermutet, aber auf Grund der Werte nicht belegt werden kann. Explizit als Summa ausgewiesene Werte finden sich in vier Fällen bei den Einnahmen sowie am Ende die Gesamtsumme der Einnahmen von 13.898 £, die noch weiter aufgegliedert wird.[732] Der Aufbau der Ausgaben entspricht dem der Einnahmen und zeigt nur eine Summenbildung. Die meisten Einträge sind mit 245 Buchungen für Zinszahlungen vermerkt. Wie bei den Einnahmen deutet der Aufbau der Darstellung der Ausgaben auf eine Reinschrift nach Konzept hin.[733] Bei einer überschlägigen Betrachtung der aufgeführten Ausgaben scheinen die Ausgaben im Bereich der Einnahmen gewesen zu sein. Dies bestätigt auch die Analyse von Fouquet et al.[734] Hamburg zeigt eine Rechnungsführung, die von

---

729 Kämmereiregister der Stadt Riga, 1909, S. 226, 230, 268–271.
730 Die Kämmereirechnungen der Stadt Münster, 1960, S. 21–57.
731 Die Kämmereirechnungen der Stadt Hamburg, 1873, S. VI.
732 Die Kämmereirechnungen der Stadt Hamburg, 1873, S. 113.
733 Die Kämmereirechnungen der Stadt Hamburg, 1873, S. 136.
734 FOUQUET et al., 1990, S. 46–55.

ihrem Umfang her der Größe der Stadt entspricht, wenn auch noch auf einem relativ einfachen Niveau ohne Bildung einer Bilanz.

Bei der Betrachtung des quantitativen Aspekts der Rechnungsbücher zeigte sich, dass für die betrachteten Beispiele die absolute Zahl der Einträge kein geeignetes Kriterium für die Zuordnung des Entwicklungsstandes der Schriftlichkeit darstellt. Unter Berücksichtigung der unterschiedlichen Gegebenheiten bewegen sich die Zahlenwerte der Beispiele im Betrachtungszeitraum in einem annähernd vergleichbaren Rahmen (Tab. 9).

Bemerkenswert ist dennoch, dass Mühlhausen die höchste Zahl an Buchungsvorgängen aufweist. Es handelt sich dabei um die Buchungen, die im Kämmereiregister Exaudi des Jahres 1456 bis zur Zusammenfassung auf fol. 45r. stehen. Die auf fol. 47v. bis fol. 48v. aufgeführten Namen der Steuerliste wurden nicht eingeschlossen. Diese Vorgehensweise wurde auch bei den anderen Kämmereiregistern beibehalten. Für 1460 waren zwei Kämmereiregister (Martini und Exaudi) vorhanden, die vergleichbare Buchungszahlen enthielten. Betrachtet man in Mühlhausen das spätere Jahr 1486, so zeigt sich bei den Einnahmen mit 300 eine etwas geringere Zahl von Buchungen. Dieser Unterschied ist im Wesentlichen auf die 1486 nicht mehr auftauchenden Buchungsseiten mit zahlreichen Zahlungen von verschiedenen Personen zurückzuführen, die 1456 noch einzeln aufgeführt wurden (Tab. 7).[735]

Deutliche Unterschiede gibt es bei der Zahl der Summenbildungen und damit insgesamt beim Organisationsgrad der städtischen Buchführung. Frühe Beispiele wie die Kleinstädte Lübben und Pegau zeigen noch keine nennenswerten Ansätze zur Zusammenfassung von Vorgängen und keinerlei Bilanzierung. Reval und Rinteln verharren ebenfalls noch in dem Stadium reiner Auflistung ohne weiterführende Organisation. Mit zunehmender Größe der Städte verschiebt sich das Verhältnis zwischen Einnahmen und Ausgaben von einem Übergewicht der Einnahmen zu einem Überwiegen der verbuchten Ausgaben, woran auch die Auslagerung von Steuerlisten mit zahlreichen verzeichneten Namen Anteil hat.

Das Kämmereidokument der Ausgaben von Riga 1456 besitzt ebenfalls rein auflistenden Charakter ohne innere Organisation, zeigt aber eine Summenbildung für jede Seite und eine Gesamtsumme der Ausgaben, sowie den Kassenstand am Ende des Rechnungsjahres. Der Umfang der Dokumentation entspricht aber nicht dem Standard einer größeren Stadt zu dieser Zeit. Die Kämmereirechnung von Münster des Jahres 1448 weist dagegen bereits einen hohen Grad an Strukturierung und zusammenfassender Darstellung auf, der wie in Mühlhausen die Stufe der Darstellung von Gesamtvorgängen erreicht.

---

735 StadtA Mühlhausen, Kämmereiregister 1456, 2000/9, fol. 5r., 7r.

Stadt	Jahr	Einwohner	Buchungen (gesamt)	Buchungen pro Seite	Buchungen Einnahmen	Buchungen Ausgaben	Summenbildungen
Lübben⁺	1440	1.300	618	24	478	140	1
Rinteln	1450	1.500	696	27	654	42	-
Pegau	1399	2.000	~1400	21			10
Marburg	1456/7	3.200	163	n.a.	8	155	10
Reval	1454	5.000	495	23			-
Riga	1456/7	8.000	115	3	115	-	8
Mühlhausen*	1456	7.200	1613	21	401	1212	64
Mühlhausen	1460	7.200	2056	16	569	1487	113
Münster	1448/9	10.000	1214	n.a.			80
Hamburg	1461	14.000	1006	19**	366	640	6

⁺ nach der Anzahl der rund 220 Haushalte aus den Geschosslisten geschätzte Einwohnerzahl.[736]

* Die Angaben von Mühlhausen 1456 basieren auf dem Exaudi-Kämmereiregister. Das Rechnungsjahr 1460 bestand aus einem Martini und einem Exaudi-Kämmereiregister.

** Eine Wiedergabe der originalen Seiteneinteilung liegt nicht vor. Die Berechnung erfolgte nach der von Koppmann angegebenen Gesamtzahl der Seiten für das Rechnungsjahr.[737]

n.a. nicht angegeben.

Tabelle 9 | Vergleich der Kämmereiregister verschiedener Städte des Spätmittelalters

3.11. Entwicklung von Schriftlichkeit anhand der städtischen Kämmereiregister

Bei der Betrachtung der Entwicklung städtischer Finanzverwaltung lassen sich zwei Stufen erkennen, die in Abhängigkeit von gesellschaftlichen Entwicklungen stehen.

Erster Schritt dieser Entwicklung ist die vollständige oder teilweise Loslösung von der königlichen oder bischöflichen Stadtherrschaft und die Entstehung einer Ratsstruktur, die zum Ziel hatte, gesicherte, eigenbestimmte Rechtsverhältnisse zu schaffen.[738]

---

[736] HIRSCHMANN, Frank G.: Die Stadt im Mittelalter, 2. Aufl., Berlin 2016, S. 87 f.; MAUERSBERG, Hans: Wirtschafts- und Sozialgeschichte zentraleuropäischer Städte in neuerer Zeit. Dargestellt an den Beispielen von Basel, Frankfurt a.M., Hamburg, Hannover und München, Göttingen 1960, S. 25, 30, 51, 57; ENDRES, Rudolf: Zur Einwohnerzahl und Bevölkerungsstruktur Nürnbergs im 15./16. Jahrhundert. In: Mitteilungen des Vereins für Geschichte der Stadt Nürnberg, 57, 1970, S. 247.

[737] Kämmereirechnungen der Stadt Hamburg, 1873, S. VIII.

[738] PITZ, 1959, S. 440–450.

Der Rat schuf einen Bedarf an Aufzeichnungen, der zunächst mit einem allgemeinen Dokument zur Memorierung von Vorgängen verwirklicht wurde, das empirischer Natur war und noch nicht dem Ziel einer objektiven Verwaltung folgte.[739] Sie entsprachen damit noch dem ursprünglichen Modell kaufmännischer Rechnungsführung des Mittelalters.[740] In dieser ersten Stufe wurde in den städtischen Amtsbüchern alles vermerkt, was den schriftkundigen Bürgern aus dem Bereich des Rechts, der Wirtschaft und der Finanzen als aufzeichnenswert erschien. Beispiele hierfür sind das Ratsbuch von Lübeck der Jahre 1258–1323 mit Eintragungen über Bürgerschaft, Baumaßnahmen, Rechnungen und Pachtverhältnisse. Ähnliches ist für Kiel und Greifswald für einen vergleichbaren Zeitraum bekannt. Das älteste Stadtbuch von Stralsund führt zum Eingang explizit aus: *„Iste dicitur liber civitatis, in quo conscribi solent omia, que aguntur coram consulibus"*.[741] Viele dieser frühen Formen der Verschriftlichung gehörten zum Typus der Listen, die eine der ältesten Formen der schriftlichen Bearbeitung darstellten und nicht die gesprochene Sprache abbildeten.[742] Den frühen Formen der Rechnungslegung des 13. Jahrhunderts fehlte charakteristischerweise vor allem die Bildung von Summen, sei es auf den einzelnen Seiten oder am Ende, und sie wiesen keine Bilanzbildung auf.[743]

Eine derartige Organisationsform konnte aber nur so lange Bestand haben, wie eine kleine übersichtliche Struktur mit wenigen Vorgängen zu verwalten war. Sobald ein Bereich eine beständige, meist hauptamtliche Betreuung benötigte, wurde er als Spezialfunktion aus der Kompetenz der Bürgermeister verlagert. Die erste Funktion, die davon betroffen war, stellte in der Regel das Finanzwesen dar: Die Ämter des Rentmeisters, Losungers oder Kämmerers wurden kurz nach den Bürgermeistern als Funktion bekannt.[744] Diese schufen für ihren Bereich eigene, nur dem Finanzwesen gewidmete Aufzeichnungen, die aber zunächst nicht in jedem Fall öffentlich waren. Der „Geheime Rat" von Nürnberg, der den alleinigen Zugang zu den Rechnungsdaten hatte, mag als weiteres Beispiel dafür dienen. Wenn überhaupt eine Kontrolle erfolgte, so lief diese mündlich „Wort für Wort"[745] strikt intern und

---

739 SOMBART, 1987a, S. 299.
740 ARLINGHAUS, Franz-Josef: Account Books. In: Josef ARLINGHAUS, Marcus OSTERMANN, Oliver PLESSOW, Gudrun TSCHERPEL (HG): Transforming the Medieval World. Uses of Pragmatic Literacy in the Middle Ages, Turnhout 2006, S. 59.
741 PATZE, 1970, S. 54 f.
742 KYPTA, 2014, S. 24.
743 BECKER, 1995, S. 122.
744 PITZ, 1959, S. 451.
745 KIRCHGÄSSNER, Bernhard: Studien zur Geschichte des kommunalen Rechnungswesens der Reichsstädte Südwestdeutschlands vom 13. bis zum 16. Jahrhundert. In: Josef WYSOCKI, Walter BERNHARDT, Hans-Peter de LONGUEVILLE (HG): Wirtschaft, Finanzen, Gesellschaft. Ausgewählte Aufsätze, Sigmaringen 1988, S. 6.

ohne öffentliche Beteiligung ab.⁷⁴⁶ Auch für Esslingen ist die Prüfung der Bücher „von Wort zu Wort" in Gegenwart des ganzen Rates belegt.⁷⁴⁷ Der mündliche Vortrag der schriftlich niedergelegten Aufzeichnungen steht an der Nahtstelle von der oralen Tradition zur Schriftlichkeit. Die Präsentation des Inhaltes war dabei noch abhängig von der Person des Vortragenden und ihrer Ausstrahlung, die die Interpretation beeinflussen konnte.⁷⁴⁸ Allgemein war der Gebrauch von Schriftlichkeit im Mittelalter weit mehr als heute von mündlicher Präsentation geprägt, wie die verschiedenen Formen der Vorlesung belegen.⁷⁴⁹

3.11.1. Schriftlichkeit und Sprache

Ursprünglich wurden die städtischen Aufzeichnungen in aller Regel in der universalen Schriftsprache des Mittelalters, in Latein, geführt. Für die Praxis stellte dies in den städtischen Verwaltungen mit der zunehmenden Ausweitung der Aufzeichnungen eine Komplikation dar, denn nicht alle Ratsmitglieder verfügten über hinreichende Kenntnisse dieser „Amtssprache" und diese war auch nicht allen Vorgängen entsprechend angepasst (s. Kap. 3.6.1.3.). Ein Wechsel zur Volkssprache in der städtischen Verwaltung fand in Aachen bereits 1338 und ohne Übergangsphase statt; lediglich im Bereich der Gerichtsbarkeit blieb Latein noch für rund 15 Jahre erhalten.⁷⁵⁰ In den Kämmereiaufzeichnungen der meisten Städte war der Wechsel ab etwa 1400 zu bemerken: Hildesheim (Ende 14. Jahrhundert), Riga (1400), Hall (1412), Köln (1420), Lübeck (Mitte 15. Jahrhundert), Pegau (Ende 15. Jahrhundert).⁷⁵¹ Die zum Vergleich herangezogenen Kämmereiregister von Reval (1455), Münster (1448) und Nürnberg (1440) hatten den Wechsel zu dieser Zeit schon im Wesentlichen vollzogen, nur Standardbezeichnungen wie *summa summarum* wurden noch in lateinischer Sprache angegeben. Die erste in deutscher Sprache erstellte Urkunde aus Mühlhausen stammt zwar aus dem Jahr 1314.⁷⁵² Mühlhausen befand sich jedoch auch 1456 offen-

---

746 BECKER, 1995, S. 141 f.
747 KIRCHGÄSSNER, 1965, S. 100.
748 SCHLIEBEN-LANGE, Brigitte: Für eine Geschichte von Schriftlichkeit und Mündlichkeit. In: LiLi, 47, 1982, S. 114.
749 HONEMANN, Volker: Funktionen des Buches in Mittelalter und früher Neuzeit. In: Armin BURKHARDT, Hugo STEGER, Herbert Ernst WIEGAND (HG): Medienwissenschaft. Ein Handbuch zur Sprach- und Kommunikationswissenschaft, 15.1., Berlin 1999, S. 545; s.a. CLANCHY, 1979, S. 215: *„reading was still primarily oral rather than visual"*.
750 HERRMANN, 2006, S. 258 f.
751 KREIL, 1967, S. 38.
752 MERKEL, 1973, S. 35.

sichtlich mit weniger als einem Drittel der Eintragungen in der Volkssprache noch am Beginn des Umbruches von Latein nach Deutsch, der sehr langsam zu verlaufen schien, da auch das Kämmereiregister von 1486 noch unverändert überwiegend in lateinischer Sprache geführt wurde.[753] Hamburg behielt Latein sogar bis 1562 als Schriftsprache bei.[754] Obwohl der Gebrauch italienischer Fachbezeichnungen in deutschen Handelskreisen verbreitet war, ist bei den Begriffen wie *anno, summa, summa summarum* zu vermuten, dass diese aus dem lateinischen Sprachgebrauch verblieben sind.[755]

3.11.2. Weiterentwicklung der Komplexität

Der zweite Schritt bei der Entwicklung der städtischen Schriftlichkeit im Mittelalter war der gesellschaftliche Druck von Gruppen wie den Zünften oder anderer, nicht den patrizischen Kreisen angehörender Bürger, zu einer Transparenz im Umgang mit den öffentlichen Finanzen. Beispiele hierfür gab es zahlreich, wie in Brügge, Hamburg, München oder Zürich. Zwar hatte es schon vorher zum Beispiel in Frankreich Verfügungen der Krone bezüglich einer Offenlegung städtischer Finanzen gegeben, diese waren aber wohl mehrheitlich wirkungslos geblieben. Eine Rechnungslegung mit weitergehender öffentlicher Kontrolle bedeutete auch einen höheren Anspruch an die Verschriftlichung und Archivierung.[756] Daraus entwickelte sich der Grundsatz „Eine Behörde – ein Buch", der für das Aktenwesen bestimmend wurde.[757] Die Verschriftlichung war Folge der umfänglichen inneren Autonomie der städtischen Verwaltungen.[758] Im Rechnungswesen konnte sich eine weitere Spezialisierung von eigenständig mit Einnahmen oder Ausgaben befassten Ratsämtern entwickeln, die zunächst nicht miteinander in Verbindung standen und gesonderte Rechnungen führten. Die Vermehrung solcher Sonderhaushalte und die zunehmenden Schwierigkeiten, diese getrennt zu einem Ausgleich zu bringen, führten zu einer Aufnahme der Teilhaushalte in eine Gesamtstadtrechnung.[759] Diese enthielt häufig auch weitere Details wie die Auflistung der Steuerpflichtigen der Bürgerschaft im betreffenden Rechnungsjahr.[760]

---

753 StadtA Mühlhausen, Kämmereiregister 1486, 2000/16.
754 STIEDA, 1899, S. 5; MITTAG, Hans: Die Struktur des Haushalts der Stadt Hamburg im Mittelalter, Leipzig 1914, S. 21.
755 YAMEY, Basil Selig: The use of Italian words in bookkeeping: Germany, 1400–1800. In: Further essays on the history of accounting, New York 1982, S. 1.
756 BECKER, 1995, S. 142–148.
757 PITZ, 1959, S. 405.
758 SCHMIEDER, 2012, S. 101.
759 PITZ, 1959, S. 451.
760 PATZE, 1970, S. 56.

Die Entwicklung von städtischen Kämmereiregistern zeigt, dass in frühen Stadien zunächst nicht alle Bereiche des Rechnungswesens Eingang in eine Dokumentation finden. Das Mühlhäuser Kämmereiregister von 1407 zeigt nur Einnahmen, die der Jahre 1409/10 nur die Ausgaben. Eine ähnliche Beobachtung wurde für die Duisburger Stadtrechnungen gezeigt, die zunächst nur Ausgaben verbuchten. Erst in einer weiteren Entwicklungsstufe wurde die Dokumentation vervollständigt und gegliedert und schließlich durch Summen ergänzt. Die letzte Stufe dieser Entwicklung (im Fall von Duisburg nach fast einem Jahrhundert erreicht) wurde als Emanzipation aus der Oralität bezeichnet. Dabei wurde die assistierende Funktion des Rechnungstextes beim mündlichen Rechenschaftsbericht erweitert zu einem dokumentierten Rechenschaftsbericht im Sinne einer Finanzbuchhaltung. Diese machte auch nach dem Bericht die Übereinstimmung der Vorgänge mit dem Kassenstand durch eine Zusammenfassung der Einzelbuchungen in Einnahmen und Ausgaben und der Gegenüberstellung dieser Bereiche in einer Bilanzierung nachprüfbar.[761] Besonders in großen Städten führte der Umfang der Verwaltungstätigkeit zu einer Unterteilung der Register und Kassen, die nicht in jedem Fall in einer Endabrechnung für den Rat ersichtlich zusammengeführt wurden. Dies macht die Beurteilung der Buchführung auch aus der heutigen Betrachtung schwierig. In Städten mittlerer Größe wie Mühlhausen oder Göttingen fand dagegen noch eine relativ geordnete Zusammenfassung der wesentlichen Haushaltsvorgänge statt, die in Relation zum Dokumentationsaufwand stand, dennoch aber Auslagerungen in Spezialkassen nicht ausschloss.[762]

In einem übergeordneten Sinn stand die Entwicklung von Schriftlichkeit im Kontext der vielfältigen gesellschaftlichen Veränderungen, die dem Verschriftlichungsprozess eine wesentliche Bedeutung verliehen haben.[763]

Moderne Bilanzen erfüllen verschiedene Aufgaben: Sie ermöglichen eine Kontrolle, insbesondere durch Außenstehende, sie stellen eine Rechtfertigung der Handelnden dar, sie sind in rechtlicher Hinsicht beweiskräftig und sie dienen als Basis für künftige wirtschaftliche Entscheidungen.[764] Die Erfüllung dieser Aufgaben hat sich bei den mittelalterlichen städtischen Kämmereiregistern erst langsam funktional entwickelt, wirkt aber bis heute fort.

---

761 Mittelalterliche Stadtrechnungen im historischen Prozess. Die älteste Duisburger Überlieferung (1348–1449), 2007, S. 22–24.
762 BUTT, 2015, S. 90 f.
763 KELLER, Hagen: Vorschrift, Mitschrift, Nachschrift: Instrumente des Willens zu vernunftgemäßem Handeln und guter Regierung in den italienischen Kommunen des Duecento. In: Hagen KELLER, Christel MEIER, Thomas SCHARFF (HG): Schriftlichkeit und Lebenspraxis im Mittelalter. Erfassen, Bewahren, Verändern, München 1999, S. 26.
764 Mittelalterliche Stadtrechnungen im historischen Prozess. Die älteste Duisburger Überlieferung (1348–1449), 2007, S. 22.

Die Kämmereiregister von Mühlhausen in Thüringen zeigen Aspekte dieser Entwicklung, die in der vorliegenden Studie vom Beginn bis zur Mitte des 15. Jahrhunderts und im Vergleich mit der Buchführung anderer mittelalterlicher Städte untersucht werden konnten. Die Evolution der städtischen Schriftlichkeit zeigt sich in Mühlhausen nicht nur in der beträchtlichen Steigerung der Anzahl einzelner Buchungsvorgänge, sondern insbesondere an der zunehmenden Strukturierung in dem Versuch, Gleichartiges im Rechnungswesen miteinander zu vereinen und mit Hilfe von Summenbildungen für Einnahmen wie Ausgaben überschaubar zu machen. In dieser Hinsicht hatte Mühlhausen 1456 bereits eine vergleichbar hohe Entwicklungsstufe erreicht.

III. DIE ENTWICKLUNG ADELIGER SCHRIFTLICHKEIT UND RECHENHAFTIGKEIT

1. Adelige Schriftlichkeit

Schriftlichkeit im Rahmen von Verwaltungsvorgängen entwickelte sich im Bereich des Adels, einer Bezeichnung, die erst im 15. Jahrhundert Verwendung fand, etwas später als im städtischen Bereich.[765] Die Kultur des mittelalterlichen Adels war in besonderer Weise von der mündlich tradierten Erinnerung geprägt.[766] Eine Ursache dafür kann in der Bevorzugung mündlicher Vereinbarungen zwischen Adeligen unter Einbeziehung von Zeugen gesehen werden, die als Träger der Beweiskraft genügten. Die Nachteile solcher Verträge lagen zum einen in der Zuverlässigkeit der Zeugen bei komplizierten Sachverhalten und zum anderen in der fehlenden Sicherung einer Kontinuität im Falle des Ablebens der Zeugen bei längerfristig geltenden Abmachungen. Demgegenüber stand die Fähigkeit von Adeligen, Ansprüche gegebenenfalls auch mit Waffengewalt zu vertreten. Eine Veränderung trat mit der sich durchsetzenden Siegelurkunde ein, die zunehmend auch beim Adel Verwendung fand. Mit der Verschriftlichung bot sich die Möglichkeit, die Zeugen zu benennen und aufzuzeichnen.[767] Ein Ansteigen der Zahl durch Landesherren ausgestellter Urkunden ist im 13. Jahrhundert festzustellen. Erste Kanzleien als Instrument zur schriftlichen Verwaltung von Herrschaft wurden im 12. Jahrhundert zuerst bei den Landgrafen von Thüringen (1218), dem Markgrafen von Meißen (1235), Heinrich dem Löwen (Herzog von Sachsen und Bayern) und den Herzögen von Österreich etabliert. Den Schwerpunkt der Aufgaben dieser Kanzleien stellte zunächst immer noch die Erstellung von Urkunden vor allem zur Verwaltung territorialen Besitzes dar. Voraussetzung hierfür war das Rechtsverständnis für schriftlich fixierte Ansprüche auf definierte Güter und Liegenschaften.

---

765 MORSEL, Joseph: Die Erfindung des Adels. Zur Soziogenese des Adels am Ende des Mittelalters – das Beispiel Frankens. In: Otto Gerhard OEXLE, Werner PARAVICINI (HG): Nobilitas. Funktion und Repräsentation des Adels in Alteuropa, Göttingen 1997, S. 325–327.
766 RÖSENER, Werner: Aspekte adliger Erinnerungskultur im Mittelalter. In: Günter OESTERLE (HG): Erinnerung, Gedächtnis, Wissen. Studien zur kulturwissenschaftlichen Gedächtnisforschung, Göttingen 2005, S. 405 f.
767 ZEHETMAYER, 2010, S. 14 f., 53–61, 76.

Schriftliche Zeugnisse der Verwaltungstätigkeit in herrschaftlichem Auftrag waren vor allem Amtsbücher, deren älteste Form das Urbar oder Salbuch lange vor der Entstehung der Kanzleien darstellte, das zur Verzeichnung von Grundbesitz und daraus herrührenden Zins- sowie anderen Rechtsansprüchen verwendet wurde. Im geistlichen Bereich war es schon im 9. Jahrhundert bekannt. Gegen Ende des 12. Jahrhunderts gab es weltliche Beispiele, zunächst in gemischter Form wie den „*Libri diversorum formarum et contractuum*" in Würzburg. Ein hoher Stellenwert kam auch der Dokumentation von Lehensverhältnissen zu, die schon zu Beginn des 14. Jahrhunderts in Lehensbüchern *(libri feudorum)* niedergelegt wurde und oft mit Angaben zu Zinsleistungen verbunden war. Später entwickelten sich weitere nach Gebieten spezifisch getrennte Amtsbücher wie die *libri spiritualium* zu geistlichen Angelegenheiten oder die Verzeichnisse von Bestallungen und Dienstverhältnissen, den *libri officiorum*. Auch Erbregister sind in der Form von Amtsbüchern bekannt. Bei den weltlichen Fürsten stellt das „*Landbuch der Mark Brandenburg*" Karls IV. von 1375 ein besonders detailliertes Beispiel dar; 1387 wurde das *Registrum dominorum marchionum Missensium* der Wettiner mit allen Besitzverhältnissen erstellt.[768]

Weitere Schriftprodukte von Kanzleien waren die Register, in denen alle ausgestellten Urkunden vollständig oder regestenartig verzeichnet wurden. Diese Art der schriftlichen Dokumentation war vor allem in königlichen Kanzleien von Bedeutung. Das Gegenstück zum Register war das Kopiar, in dem alle eingegangenen Urkunden für Verwaltungszwecke kopiert wurden, worauf das rechtlich relevante Original sicher verwahrt werden konnte. Kopialbücher fanden ab dem 14. Jahrhundert, auch in Verbindung mit Registern als langfristig angelegtes Verwaltungsinstrument für den Umgang mit externem Schriftmaterial Verwendung. Zu den internen Dokumenten zählten Rechnungen als Kontrollinstrument, das seine Anfänge im 13. Jahrhundert hat und breitere Anwendung im 15. Jahrhundert erreichte. Negativ auf die Überlieferung von Rechnungsmaterial wirkte sich aus, dass dieses nach der im Rezess erfolgten Prüfung durch die Herrschaft vernichtet werden konnte oder, im Falle wertvollen Pergaments, einer neuen Verwendung zugeführt wurde. Neben Amtsbüchern, Registern, Kopiaren und Rechnungen sowie zunehmend auch Steuerverzeichnissen und Steuerbüchern und Inventarien entstanden in verschiedenen Kanzleien diverse Hilfsdokumente, die lokalen Bedürfnissen angepasst waren. Zum Ende des Mittelalters kam es zu einem verwaltungstechnischen Strukturwandel, der von den Amtsbüchern, Registern und Kopiaren hin zu sach- oder personenbezogenen Akten führte, in denen die gesamten externen wie internen Schriftstücke zusammengeführt wurden.[769]

---

[768] PATZE, Hans: Die Herrschaftspraxis der deutschen Landesherren während des späten Mittelalters. In: Hans PATZE, Peter JOHANEK, Ernst SCHUBERT, Matthias WERNER (HG): Ausgewählte Aufsätze, Vorträge und Forschungen, 50, Stuttgart 2002, S. 81–85; s.a. ANDERMANN, 2007a, S. 37–43.
[769] ANDERMANN, 2007a, S. 41–45.

Schreiber an den Höfen waren ursprünglich überwiegend schreibkundige Kleriker, die bei Bedarf eingesetzt wurden. In Anpassung an den steigenden Bedarf wurde diese Aufgabe zunehmend als Position in die Ämterhierarchie eingefügt, was zu einer Erhöhung der Kontinuität bei der Schrifterstellung führte.[770] Schriftkenntnisse auf Seiten der adligen Auftraggeber waren zu dieser Zeit eher selten. Erst im 15. Jahrhundert setzten sich entsprechende Kenntnisse in den Herrscherfamilien, ihrem engeren Kreis und bei den Funktionsträgern in den höfischen Strukturen durch. Als Beispiel kann Maximilian I. genannt werden, der 1497 eine Urkunde vollständig eigenhändig in deutscher Sprache abfasste.[771] Die schulische Ausbildung adeliger Kinder erfolgte überwiegend innerhalb der Adelskreise, z.B. durch Kleriker oder Pfarrherren. Der Schwerpunkt bei den Knaben lag auf einer höfisch und militärisch ausgerichteten Erziehung, die oftmals schon früh zu einem Aufenthalt bei Verwandten oder an einem fürstlichen Hof führte.[772] Einen Hinweis auf die Ausweitung von Schriftlichkeit auf breiterer Basis an den Höfen gibt im 16. Jahrhundert die neue Vorgehensweise, die Hofordnung nicht mehr regelmäßig vorzulesen, sondern als Schriftstück öffentlich auszuhängen. Die Anordnung Landgraf Philipps von Hessen, ein schriftkundiger Pförtner solle nach der Einführung von Kostgeld mit einem „*register*" und „*verzeichnus*" prüfen, wer zum Empfang der Hofspeisung berechtigt sei, macht das Vordringen von Schriftkenntnissen auch im niedrigen Hofdienst deutlich.[773] Neben den Verwaltungsaufgaben und der Organisation der oft umfänglichen Haushaltung gewannen andere Bereiche wie die politischen Kontakte, die Repräsentation, die Tradierung der Hofgeschichte sowie kulturelle Belange an Bedeutung. Gesandte erhielten schriftliche Instruktionen und schickten im Gegenzug schriftliche Berichte über ihre Tätigkeit. Hofangehörige sandten Reiseberichte oder Berichte über Feste, an denen sie teilgenommen hatten. Der Regulierungsbedarf im zeremoniellen Rahmen weitete sich aus und verlangte ebenfalls nach schriftlicher Niederlegung. Gleichzeitig stieg der Bedarf an Kontrolle solcher Regelungen, aber insbesondere der Bedarf wirtschaftlicher Kontrolle. Dadurch

---

770 SPÄLTER, Otto: Frühe Etappen der Zollern auf dem Weg zur Territorialherrschaft in Franken. Die allmähliche Entwicklung der Schriftlichkeit und der Landesorganisation bei den Burggrafen von Nürnberg zwischen 1235 und 1332, Neustadt an der Aisch 2005, S. 612 f.
771 LACKNER, Christian: Einführung. In: Claudia FELLER, Christian LACKNER (HG): Manu propria. Vom eigenhändigen Schreiben der Mächtigen (13.–15. Jahrhundert), Wien 2016, S. 10, 17.
772 MERSIOWSKY, Mark: Adlige Sozialisation im spätmittelalterlichen Süddeutschland. In: Horst CARL, Sönke LORENZ (HG): Gelungene Anpassung? Adelige Antworten auf gesellschaftliche Wandlungsvorgänge vom 14. bis zum 16. Jahrhundert, Ostfildern 2005, S. 122–138.
773 NOLTE, 2007, S. 12; zu Hofordnungen und deren Funktion als höfische „Konsumentenlisten" s.a. BOJCOV, Michail A.: Sitten und Verhaltensformen am Innsbrucker Hof des 15. Jahrhunderts im Spiegel der Hofordnungen. In: Holger KRUSE, Werner PARAVICINI (HG): Höfe und Hofordnungen 1200–1600, Sigmaringen 1999, S. 244–247.

veränderte sich der Charakter der reinen „Urkundenkanzlei" mehr und mehr zu einer Kanzlei mit Verwaltungsstruktur, die sich später in Spezialgebiete aufspalten konnte, in der Schriftlichkeit beim Kämmerer oder dem Hofmeister angesiedelt war. Ihren Höhepunkt fand diese Entwicklung in Kanzleiordnungen, wie der für das Erzstift Köln aus dem Jahre 1469.[774]

Für den niederen Adel stellen Urkunden in Adelsarchiven die ersten Zeugnisse von Schriftlichkeit dar, bei denen es sich in der Regel um herrschaftliche Ausfertigungen handelt. Andermann führt dafür eine Reihe von Beispielen an, die mit dem Jahr 1224 beginnt und in der Folge Namen zahlreicher bekannter Adelsfamilien und den Beginn derer Archive aufzählt. Durch diese Beispiele wird die Zunahme der Aufbewahrung schriftlich dokumentierter Rechte insbesondere seit Beginn des 14. Jahrhunderts gezeigt, die die steigende Bedeutung solcher Urkunden belegt.[775] Einen wichtigen Aspekt bei der pragmatischen Anwendung von Schrift stellte beim Adel die Regelung von Erbschaftsangelegenheiten zum Beispiel bei absehbaren Erbteilungen für den Grundbesitz und mobilen Besitzstand sowie die vertragliche Vereinbarung von Vormundschaftsverhältnissen und deren Kontrolle dar. Der Finanzaufwand im Zusammenhang mit adeligem Wohn- und Bauverhalten fand seinen Niederschlag in der entsprechenden Rechnungsführung.[776] Die Schriftlichkeit in der Güterverwaltung des niedrigen Adels scheint von ihrem Umfang her im späten Mittelalter derjenigen des Hochadels durchaus vergleichbar gewesen zu sein.[777] Fehlende Kenntnisse der lateinischen Sprache und die Verweltlichung der ursprünglich klerikalen Ausbildung von Laien führten dabei zu einer zunehmenden Verwendung einer deutschen Geschäftssprache.[778]

2. Adeliges Rechnungswesen

Rechnungen des Mittelalters haben die Eigenschaft, nicht für die Öffentlichkeit bestimmt gewesen zu sein; sie wurden vielmehr nur für einen ausgewählten Kreis von Personen erstellt. Durch diese Beschränkung erhielten sie ein besonderes Maß an Authentizität, durch die sie in einen engen Bezug zu den Vorgängen gestellt werden können. Dies gilt in besonderer

---

[774] ANDERMANN, 2007a, S. 37–39; NOLTE, 2007, S. 16 f.
[775] ANDERMANN, 2007b, S. 232–234.
[776] FELLER, 2015a, S. 387 f.
[777] ANDERMANN, Kurt: Grundherrschaften des spätmittelalterlichen Niederadels in Südwestdeutschland. Zur Frage der Gewichtung von Geld- und Naturaleinkünften. In: Blätter für deutsche Landesgeschichte, 127, 1991, S. 148 f.
[778] MERKEL, 1973, S. 7–9.

Weise für die Rechnungen des Adels, die meist nur auf eine Einzelperson als Rezipienten ausgerichtet waren. Dennoch sind die Haushaltsführung des Adels und dessen Verhältnis zum Geld traditionell mit Klischees behaftet, die in der repräsentativen Außendarstellung von Herrschaftspositionen begründet sind, die als Verschwendungssucht interpretiert wurde, aber in ihrer Zeit durchaus funktionalen Wert aufwies.[779] *„Adel steht von jeher im Ruch wirtschaftlichen Unvermögens"* und stellt damit einen Gegensatz zum wirtschaftlich erfolgreichen Bürgertum dar. Rationales Verhalten stellte sich insbesondere in der höfischen Gesellschaft des Adels anders als in der kaufmännisch-bürgerlichen Gesellschaft dar. Rationalität im adeligen Sinne zielte auf Status und Prestige und konnte damit im bürgerlichen Sinne irrational, da nicht wirtschaftlich gewinnorientiert, erscheinen.[780] Dennoch bestand ein gemeinsamer Trend zur formalen Rationalität im Sinne langfristig angelegter Kalkulation der zu erreichenden Ziele, die in dieser *„Rechenhaftigkeit"* auch zu einer *„Berechenbarkeit"* des Handelns führte.[781]

Die Sonderstellung des Adels mit eigenen Wertvorstellungen und spezifischem Sozialverhalten blieb langfristig erhalten, wie bei Repräsentation und Konsum, aber auch bei ablehnenden Verhaltensstrukturen, wie den von Nipperdey genannten Beispielen des *„Nicht-Argumentierens"*, des *„Nicht-Weglaufens"* und der *„Nicht-Rechenhaftigkeit (im Alltagsumgang)"* des Adels in der Klassengesellschaft des Kaiserreiches.[782] Eine ähnliche Beschreibung wurde auch für das Mittelalter vorgenommen, wo z.B. von einem Desinteresse der Ritterschaft für Schriftlichkeit ausgegangen wurde. Sablonier warnte aber besonders für das 15. Jahrhundert zur Vorsicht bei der Annahme, der adelige Lebensstil sei allgemein mehr noch vom *„Nicht-Rechnen-Wollen"* als vom *„Nicht-Rechnen-Müssen"* gekennzeichnet.[783] Wirtschaftlicher Druck auf den Adel entstand im Mittelalter durch mehrere Faktoren: Die gewaltsame Erhaltung oder Vermehrung von Besitz kam zunehmend außer Gebrauch und das Bevölkerungswachstum und die damit verbundene gestiegene Mobilität führten zu einer Neustrukturierung der Grundherrschaft. Es entstanden mehr wirtschaftlich selbständige Einzelbauern und Teile der Bevölkerung wanderten in die Städte ab, was zusammen mit

---

779 ROTHMANN, 2000, S. 43–45.
780 ELIAS, Norbert: Die höfische Gesellschaft. Untersuchungen zur Soziologie des Königtums und der höfischen Aristokratie mit einer Einleitung. Soziologie und Geschichtswissenschaft, 4. Aufl., Darmstadt 1979, S. 141 f.
781 BOGNER, Artur: Zivilisation und Rationalisierung. Die Zivilisationstheorien Max Webers, Norbert Elias' und der Frankfurter Schule im Vergleich, Bielefeld 1986, S. 52 f.
782 NIPPERDEY, Thomas: Deutsche Geschichte 1866–1918, Bd.1, Arbeitswelt und Bürgergeist, München 1994, S. 418.
783 SABLONIER, Roger: Zur wirtschaftlichen Situation des Adels im Spätmittelalter. In: Adelige Sachkultur des Spätmittelalters, Wien 1982, S. 17.

dem Vordringen der Geldwirtschaft dem Aufkommen einer *„wirtschaftsorientierten Rechenhaftigkeit"* Vorschub leistete.[784]

Für den Hochadel begründete die zunehmende Bedeutung der Geldwirtschaft im Hinblick auf Lehen und Ministerialen die Notwendigkeit, im Rahmen der Entstehung von Landesherrschaften die überlassenen Ressourcen wieder stärker an sich zu binden. Bei einer Reiseherrschaft war es möglich gewesen, Naturalabgaben direkt vor Ort einzufordern und zu konsumieren. Mit zunehmender Zentralisierung der Herrschaftsstrukturen hätte die Beibehaltung dieser Ressourcen einen größeren Organisationsaufwand bedeutet, dessen Funktionalität im Verhältnis zu selbstwirtschaftenden Lehensträgern schwierig durchzusetzen war. Daher kam es beginnend mit dem 13. Jahrhundert zur Etablierung von Funktionsträgern, die Rechenschaft abzulegen hatten, was zu einer schriftlich fixierten, territorial organisierten Rechnungslegung und damit letztlich zu einer Verwaltungsstruktur führte. Im 14. Jahrhundert war die territoriale Rechnung als Kontrollinstrument für die Amtsträger etabliert. Der nächste Schritt in dieser Entwicklung war die Festsetzung von regelhaften Abrechnungsperioden. Eine durch Vorschriften regulierte Rechnungslegung kam Mitte des 15. Jahrhunderts zunehmend in Gebrauch und bereitete eine Planung und Budgetierung vor.[785]

Die Führung schriftlicher Rechnungen bei der Verwaltung des Reichsgutes wird schon für die Stauferzeit angenommen. Erste Beispiele von Rechnungen sind aus dem frühen 13. Jahrhundert erhalten.[786] Ein frühes Beispiel für Rechenhaftigkeit im adeligen Bereich stellt das zwischen 1373 und 1375 geschaffene Landbuch Karls IV. dar, das sich – für den Adel dieser Zeit noch untypisch – mit Rechentabellen und einem Verzeichnis mit arabischen Zahlen „auf der Höhe der Schriftlichkeit und der Rechenhaftigkeit der Zeit" präsentierte.[787] Weitere früh entstandene adelige Rechnungen sind zum Beispiel das Vormerk- und Rechnungsbuch des Otto von Liechtenstein-Murau von 1327–1333, die Hofhaltsrechnung der Gräfin Margarete von Ravensberg von 1346, die Haushaltungsrechnung der Burggrafen

---

784 FRIED, Johannes: Die Formierung Europas 840–1046, München 1991, S. 38.
785 KÜHNEL, Harry: Mobile Menschen in „quasistatischer" Gesellschaft. In: Harry KÜHNEL (HG): Alltag im Spätmittelalter, Graz 1984, S. 114; EWERT, Ulf Christian: Langfristige Struktur und kurzfristige Dynamik: Eine Längsschnittuntersuchung der Einnahmen der burgundischen recette générale de toutes les finances (1383–1476). In: Harm von SEGGERN, Gerhard FOUQUET (HG): Adel und Zahl. Studien zum adligen Rechnen und Haushalten in Spätmittelalter und früher Neuzeit, Ubstadt-Weiher 2000, S. 165; MERSIOWSKY, 2008a, S. 175–177, 186, 189.
786 KÜHN, Hans-Joachim: Mittelalterliche Rechnungen als Quelle für die materielle Alltagskultur. In: Michael KOCH (HG): Archäologietage Otzenhausen, Bd. 2, Nonnweiler 2016, S. 257.
787 SCHUBERT, Ernst: Fürstliche Herrschaft und Territorium im späten Mittelalter, München 1996, S. 19.

von Drachenfels, die Rechnungsbücher der Grafen von Wertheim-Breuberg, die Rechnungsbücher der Herren von Schlandersberg in Tirol, die Hofhaltungsrechnung des Bergischen Herzoghofes und die Quellen aus dem Herrschaftsbereich des Konrad von Weinsberg, die bei einer weit entwickelten Schriftlichkeit das direkte Eingreifen des Adeligen mit einer ausgeprägten Rechenhaftigkeit in die Verwaltung seiner Güter demonstrieren.[788] Der sehr modern erscheinende Ausdruck des Verbuchens findet sich bereits ab 1411/12 wiederholt in Rechnungsbüchern der Grafschaft Hohenberg, z.B. mit „So ist desselben jars verbuwen an …".[789] Er findet sich auch in einer Überschrift der Breubergschen Rechnungsbücher im Jahre 1465 (fol. 19v.): *„Diß hernach geschriben ist verbuwet worden die zeyt biß uff kathedra Petri."*[790] In adeligen Rechnungsbüchern besteht der allgemeine Gebrauch der römischen Zahlzeichen und die nur seltene Verwendung von Zahlwörtern oder der arabischen Zahlzeichen relativ lange fort, im Beispiel der Oberlahnsteiner Rechnungen bis zum Ende des Mittelalters.[791]

Die Sichtweise eines generell wirtschaftlich inaktiven Adels kann bei genauerer Betrachtung nicht bestätigt werden.[792] Wirtschaftliche Aktivitäten Adeliger sind an zahlreichen Beispielen belegbar, wie beim Weinanbau und Weinhandel durch die Burggrafen von Drachenfels, die Grafen von Katzenelnbogen oder durch Konrad von Weinsberg, beim Betrieb von Steinbrüchen durch Godart von Drachenfels, beim Abbau von Erzen durch die Grafen von Manscheid, beim Getreidehandel durch Heinrich von Barmstedt oder beim überregionalen Viehhandel mit Schweinen oder Mastochsen.[793] Herrschaftliches Handeln setzt eine

---

788 Das Vormerk- und Rechnungsbuch Ottos III. von Liechtenstein-Murau (1327–1333), 1972, S. 45–124; Eine Hofhaltsrechnung der Gräfin Margarete von Ravensberg aus dem Jahre [1346], 1919, S. 36–45; Die ältesten Haushaltsrechnungen der Burggrafen von Drachenfels, 1892, S. 1–95; Die ältesten Rechnungsbücher der Herren von Schlandersberg, 1881, S. 553–614; s.a. das Kapitel „Die Herren von Schlandersberg", WISPLINGHOFF, 1980, S. 21–46; WACKERFUSS, 1991, FUHRMANN, 2004, S. 25 f.
789 Quellen zur Verwaltungs- und Wirtschaftsgeschichte der Grafschaft Hohenberg. Vom Übergang an Österreich (1381) bis zum Ende der Reichsstädtischen Pfandschaft (1454), bearb. v. Karl Otto MÜLLER, Teil 1 (Württembergische Geschichtsquellen 24), Stuttgart 1953, S. 326, s.a. S. 293, 317, 329.
790 WACKERFUSS, 1991, S. 326.
791 Die Rechnungen der mainzischen Verwaltung in Oberlahnstein im Spätmittelalter, 1990, S. XLVII.
792 ANDERMANN, Kurt: Adel und finanzielle Mobilität im späten Mittelalter. In: Horst CARL, Sönke LORENZ (HG): Gelungene Anpassung? Adelige Antworten auf gesellschaftliche Wandlungsvorgänge vom 14. bis zum 16. Jahrhundert; zweites Symposion „Adel, Ritter, Reichsritterschaft vom Hochmittelalter bis zum modernen Verfassungsstaat", Ostfildern 2005, S. 13–26.
793 BÜNZ, Enno: Adlige Unternehmer? Wirtschaftliche Aktivitäten von Grafen und Herren im späten Mittelalter. In: Kurt ANDERMANN, Clemens JOOS (HG): Grafen und Herren in Südwestdeutschland vom 12. bis ins 17. Jahrhundert, Epfendorf 2006, S. 46–54.

wirtschaftliche Basis und damit eine Kapitalverwaltung voraus, die geeignet ist, diese zu sichern und zu vermehren. Dies führte auch im Bereich des Adels zu einer Verstärkung des Rechnungswesens im Spätmittelalter.[794]

Irsigler zeigt am Beispiel des „financier gentilhomme", dass der Adel im Spätmittelalter sich durchaus mit ausgeprägter Rationalität seiner finanziellen Belange annahm.[795] Beispiele wie die Genannten zeigen, dass auch der niedrige Adel zum Teil hohe Summen aufbringen und verleihen konnte, wie Oswald von Wolkenstein, der 1418 Summen von 600 Dukaten oder 1.000 Gulden an den Hochadel verlieh, ähnlich wie Kaspar von Schlandersberg, der an König Sigmund 2.000 Gulden als Kredit vergab.[796] Andererseits hatte Oswald 1401 selbst einen vergleichsweise bescheidenen Kredit aufgenommen. Er muss also in der Zwischenzeit zu Vermögen gekommen sein.[797] Die rationale Wirtschaftsführung adeliger Besitztümer war häufig dadurch erschwert, dass es sich um Landbesitz handelte, der weitflächig gestreut sein konnte und durch die Koexistenz von Geldwirtschaft mit Naturabgaben eine effiziente Buchführung erschwerte.[798] Diese Situation erforderte gerade beim Adel eine gut organisierte Buchführung und ein zuverlässiges Archivwesen.[799] Die Überlieferung von zunächst fragmentarischen Rechnungsquellen beginnt im deutschsprachigen Raum ab dem 13. Jahrhundert um sich im Verlauf des 14. Jahrhunderts zu verdichten. Erst im 15. Jahrhundert folgen Beispiele flächendeckender „verdichteter schriftlicher Rechenhaftigkeit".[800] Insgesamt hat die Überlieferung adeliger Rechnungen bis in das ausgehende Mittelalter einen geringen Umfang.

Regierende Adelshäuser übten ihre Herrschaft ursprünglich nicht von einer festen Residenz aus. Der Fürst besuchte sukzessive die unter seiner Herrschaft stehenden Bereiche und verbrauchte deren Einnahmen. Allerdings wurden die örtlich anfallenden Aufgaben

---

794 ROTHMANN, 2000, S. 43.
795 IRSIGLER, Franz: Adelige Wirtschaftsführung im Spätmittelalter. Erträge und Investitionen im Drachenfelser Ländchen 1458–1463. In: Jürgen SCHNEIDER (HG): Wirtschaftskräfte und Wirtschaftswege, Festschrift für Hermann Kellenbenz (Beiträge zur Wirtschaftsgeschichte 4), Bd. 1, Mittelmeer und Kontinent, Stuttgart 1978, S. 456; s.a. IRSIGLER, Franz: Die Wirtschaftsführung der Burggrafen von Drachenfels im Spätmittelalter. In: Bonner Geschichtsblätter, 34, 1982, S. 87–89.
796 SCHWOB, Anton, SCHWOB, Ute Monika: Mit Pauken und Trompeten. Zu einem überraschenden Fund im Rechnungsbuch Oswalds von Wolkenstein aus dem Jahre 1418. In: André SNYDER, Claudia BARTHOLEMY-TEUSCH, Barbara FLEITH, René WETZEL (HG): Ist mir getroumet mîn leben? Vom Träumen und Anderssein. Göppingen 1998, S. 142 f.; Die Urkunden Kaiser Sigmunds (1410–1437), verz. v. Wilhelm ALTMANN, 2 Bde. Innsbruck 1896–1900 (Regesta Imperii XI/I), S. 35, Nr. 604.
797 Die Lebenszeugnisse des Oswald von Wolkenstein, Edition und Kommentar, Bd. 1, 1382–1419, Nr. 1–92, hrsg. v. Anton SCHWOB, Wien 1999, Nr. 7.
798 POWIS, Jonathan: Der Adel, Paderborn 1986, S. 47.
799 ROTHMANN, 2000, S. 45.
800 FOUQUET, 2000, S. 10–14.

häufig und entsprechend der Vorstellung des Fürsten einem Rentmeister übertragen, ohne dass diesem Verfügungsgewalt zustand.[801] Die Kontrolle von Einnahmen und Ausgaben stellte bei dieser Reiseherrschaft eine besondere Schwierigkeit dar.[802] Am Beispiel des Wettinischen Hofes lässt sich aufzeigen, dass zu Beginn der Rechnungsführung Aufzeichnungen über den Aufwand im Rahmen der Reiseherrschaft standen und diese Rechnungen prägend für die spätere regelmäßige Rechnungsführung des Hofes an einem festen Standort waren. Von den Reisen der Markgrafen von Meissen existiert ein erstes Beispiel einer Aufzeichnung bereits aus dem Jahre 1330 von einer Reise nach Tirol, das sich auf die Kosten dieser Reise beschränkte. Die späteren Aufzeichnungen tragen bereits einschlägige Bezeichnungen wie das *Reisebuch 1386*, in dem nicht nur die Ausgaben einer bestimmten Reise, sondern die Kosten der gesamten Hofhaltung während der Reiseherrschaft über das Land verzeichnet wurden. Damit zeigt sich der Übergang bei der Rechnungsführung von der Erfassung einzelner Sonderereignisse zu den gesamten Aufwendungen des Hofes. Bis 1449 wurden in den wettinischen Rechnungen Tagessummen bestimmt und bei jedem Wechsel des Aufenthaltsortes *(„Lagerwechsel")* eine Zwischenbilanz, *Rezess* genannt, angefertigt. Danach wurde auf die Zwischenbilanz verzichtet und wöchentliche und vierteljährliche Zwischenrechnungen und eine Endabrechnung erstellt. Zu einer Trennung der regulären Hofhaltsrechnung von den Aufzeichnungen über Reisekosten kam es erst in der zweiten Hälfte des 15. Jahrhunderts. Die Folge war eine Rechnungsführung am jeweiligen Aufenthaltsort und eine Hofrechnung am festen Residenzort, häufig als *Küchenbuch* bezeichnet, die die jeweiligen Ausgaben festhielten. Verfasser und Rechnungsführer konnten der Küchenmeister oder der Kammerschreiber sein. Die Nennung des Ortes bei den täglichen Eintragungen wurde auch beibehalten, als keine häufigen Ortswechsel mehr vorgenommen wurden. Die ursprünglich als wesentlich erachtete Anwesenheit des Fürsten trat zu dieser Zeit hinter der des Hofes zurück. Das Hauptbuch verblieb am Hofe; wenn der Fürst reiste, führte man ein Reisebuch. Die Ordnung innerhalb der Tagesrechnungen war festgelegt. Sie begann mit den Küchenausgaben *(coquina)* und setzte sich fort mit den Vorräten *(exclusis)*, Futtermitteln

---

801 DROEGE, Georg: Spätmittelalterliche Staatsfinanzen in Westdeutschland. In: Hermann KELLENBENZ (HG): Öffentliche Finanzen und privates Kapital im späten Mittelalter und in der ersten Hälfte des 19. Jahrhunderts, Stuttgart 1971, S. 5; zu Rentmeister s.a. WILLOWEIT, Dietmar: Die Entwicklung und Verwaltung der spätmittelalterlichen Landesherrschaft. In: Kurt G. A. JESERICH, Hans POHL, Georg-Christoph von UNRUH (HG): Deutsche Verwaltungsgeschichte, Bd. 1, Vom Spätmittelalter bis zum Ende des Reiches, Stuttgart 1983, S. 102 f.
802 PRESS, Volker: Finanzielle Grundlagen territorialer Verwaltung um 1500 (14.–17. Jahrhundert). In: Gerhard DILCHER (HG): Die Verwaltung und ihre Ressourcen. Untersuchungen zu ihrer Wechselwirkung, Berlin 1991, S. 9 f.

(pabulum) und den *extras*, wie zum Beispiel Kosten für Botengänge, Beherbergung von Gästen und Hufbeschlag, aber auch Kosten für spezielle Ankäufe für den Kurfürsten.[803]

Die Küchen- oder Hofhaltsbücher verzeichneten daher außer bei den *extras* nur Ausgaben des täglichen Verbrauches. Die besonderen Ausgaben fanden als erste Eingang in die Rechnungsführung des Kammeramtes, die Kammeramtsrechnungen, zu deren Beginn auch die Einnahmen (nicht stets vollständig) verbucht wurden. Diese sind in Kursachsen ab den sechziger Jahren des 15. Jahrhunderts nachweisbar und entwickelten sich zu einer Art „Hauptbuch", das mit wenigen Ausnahmen alle Bereiche der Verwaltung umfasste und auch die Abrechnung des Küchenmeisters mit einbezog.[804] Der Begriff des „Buchhalters" wurde von König Maximilian in der von ihm am 13. Februar 1498 erlassenen Schatzkammerordnung geprägt, in der Anordnungen für den Buchhalter festgelegt wurden, der unter anderem zur Aufgabe hatte, *„aufschreiben alles und iglichs einnehmen und ausgebens".*[805] Diese Anordnungen wurden 1514 durch Instruktionen ergänzt, die z.B. vorsahen, dass der Buchhalter *„... was das seie, so von unsern wegen an usern hof empfangen und ausgeben wurdet, ... in ordenliche puecher und register aigentlich und mit vleis einschreiben ... damit wir solichs alles zu einer jeden zeit, so unser notturft erfordert, bei ime gruntlichen zu finden wissen".*[806] Die Begriffe Buchhaltung und Buchführung werden umgangssprachlich meist synonym verwendet. Es gibt jedoch einen Bedeutungsunterschied: Die Buchführung beschreibt Bewegungen von Werten, wogegen Buchhaltung die Organisationseinheit darstellt, die diese Tätigkeit ausübt.[807]

3. Die Landgrafen von Hessen

Die Geschichte der Landgrafen von Hessen beginnt mit dem Aussterben des thüringischen Hauses der Ludowinger fränkischen Ursprungs in der männlichen Linie im Jahre 1247. Die Ludowinger hatten den Bereich Hessens durch Erbfall erhalten und durch Generationen wurden jüngere Söhne der Landgrafen mit diesem Gebiet abgefunden, darunter Heinrich

---

803 STREICH, 1989, S. 305 f.; zur Reise des Markgrafen Friedrich von Meissen s.a. LIPPERT, Woldemar: Ein Besuch Markgraf Friedrichs von Meißen beim Kaiser. Beitrag zum Itinerar Ludwigs 1330. In: Mitteilungen des Instituts für Österreichische Geschichtsforschung, 13, 1892, S. 598–601.
804 STREICH, 1989, S. 318–324.
805 Die österreichische Zentralverwaltung. 1. Abt.: Von Maximilian I. bis zur Vereinigung der österreichischen und böhmschen Hofkanzlei (1749). 2. Bd. Aktenstücke 1491–1681, hrsg. v. Thomas FELLNER, Wien 1907, Nr. 45–47.
806 Die österreichische Zentralverwaltung. 1. Abt., 2. Bd., 1907, Nr. 1.
807 MEYERHEIM, Hugo: Psychotechnik der Buchführung, Berlin 1927, S. 1.

Raspe II. und III., die den Titel Graf von Hessen führten.[808] Das Erbe der Dynastie wurde nun geteilt, wobei Thüringen an die Wettiner ging. Hessen spielte zu dieser Zeit keine bedeutende Rolle in der deutschen oder europäischen Politik und konnte als „Nebenland" Thüringens betrachtet werden.[809] Auf dieses kleinere Gebiet erhoben Herzog Heinrich II. von Brabant und nach dessen frühem Tod 1248 seine Gemahlin Sophie, als Tochter des ludowingischen Landgrafen Ludwig IV. von Thüringen geborene Landgräfin von Thüringen, Ansprüche für ihren minderjährigen Sohn Heinrich (1244–1308). In der knapp 150 Jahre später aufgezeichneten Landeschronik von Hessen des Wigand Gerstenberg von Frankenberg wurde dies so dargestellt: *„Deß quam die hertzogynne von Brabant, frauwe Sophia, unde brachte erin soen mit er, der dan zu der czyt 3 jar alt was. … Unde so nam frauwe Sophia das lant yn von erß soenß wegen. Unde du wart dußer junge herczog von Brabant auch genant das kynt zu Hessen.*"[810] Nach dem Tod seines Vaters verblieb „das Kind von Hessen" mit seiner Mutter, die zumindest zeitweise als *„domina Hassiae"* auftrat, in Marburg. Von Bedeutung zur Durchsetzung der Ansprüche auf Hessen war ebenso, dass Sophie nicht nur die Tochter des Landgrafen, sondern auch die *„filia beatae Elisabeth"* der 1231 in Marburg verstorbenen und vier Jahre später dort kanonisierten heiligen Elisabeth war, die über Jahrhunderte Symbolkraft für die Selbständigkeit Hessens hatte. Das neu gebildete Gebiet Hessen stellte im Gegensatz zum Reichsfürstentum Thüringen zunächst nur als Grafschaft ohne Reichsbezug eine fragile Struktur dar.[811] Diese musste sich für fast ein halbes Jahrhundert gegenüber Ansprüchen des anderen Präsumtiverben, Heinrich des Erlauchten von Meißen, und der Erzbischöfe von Mainz behaupten sowie in einer Vielzahl von Auseinandersetzungen mit dem niedrigen Adel zu dessen Einbindung in einem komplexen Herrschaftsgefüge im Rahmen der Landesherrschaft bewäh-

---

808 PHILIPPI, Hans: Das Haus Hessen. Ein europäisches Fürstengeschlecht, Kassel 1983, S. 23–25. Zur Entstehung des Namens Hessen s.a. BACH, Adolf: Chatti-Hassi. Zur Deutung des Namens der Hessen. In: Hessisches Jahrbuch für Landesgeschichte, 4, 1954, S. 1–20.
809 MORAW, Peter: Die Rolle der Landgrafschaft Hessen in der deutschen Geschichte. In: Mitteilungen des Oberhessischen Geschichtsvereins Gießen, Ser. NF, 75, 1990, S. 7 f.
810 Landeschronik von Thüringen und Hessen bis 1247 und von Hessen seit 1247. In: Die Chroniken des Wigand Gerstenberg von Frankenberg, bearb. v. Hermann DIEMAR (Veröffentlichungen der Historischen Kommission für Hessen und Waldeck, Chroniken von Hessen und Waldeck, Bd. 7,1), Marburg 1909, S. 213.
811 MORAW, 1990, S. 3–20; PHILIPPI, 1983, S. 29; STOBBE, Reimer: Sophie von Brabant und Anna von Mecklenburg. Zwei Frauen in Schlüsselstellungen für die Geschichte der Landgrafschaft Hessen und des hessischen Adels im Mittelalter. In: Walter HEINEMEYER (HG): Hundert Jahre Historische Kommission für Hessen 1897–1997, Marburg 1997, S. 59–64; PUPPEL, Pauline: Die Regentin. Vormundschaftliche Herrschaft in Hessen 1500–1700, Frankfurt 2004, S. 148–150.

ren.⁸¹² Im Frieden von Langsdorf wurde Sophie und ihrem Sohn die Grafschaft Hessen *"comitia sive Lantgerichte Hassie"* zugestanden, jedoch unter Lehnshoheit des Mainzer Erzbischofs. 1264 kam es zum Friedensschluss mit Markgraf Heinrich von Meißen unter Verzicht auf Thüringen aber mit dem Zugewinn von Städten. Heinrich I. übernahm Ende 1264 von seiner Mutter die Herrschaft über Hessen und wurde schließlich 1292 zum Landgrafen und Reichsfürsten erhoben und mit dem Reichsgut Burg Boyneburg und der Stadt Eschwege beliehen.⁸¹³

In einem ersten Ansatz zur Einigung mit dem Erzstift Mainz in Form eines Landfriedens im Jahre 1274 wurden von Heinrich die betroffenen Gebiete mit *"Hassia"* und *"in terminis nostris superioribus"* benannt. Dem entsprachen das Gebiet von Niederhessen mit Kassel und die damals noch nicht als Hessen bezeichnete Region Oberhessens mit Marburg. Erst bei der gegen Ende seiner Regierungszeit durch Heinrich I. verfügten Teilung seiner Lande kam es zu der in einer späteren Zeugenaussage zitierten Trennung in *"das Nyderlande zu Hessen"* und *"das Oberlandt zu Hessen"*. Damit kam es zu einer Ausdehnung des Begriffes Hessen auf die oberen Gebiete an der Lahn. Beide Landesteile waren zu dieser Zeit noch durch die Grafschaft Ziegenhain getrennt.⁸¹⁴ Das Siegel Heinrichs zeigt ihn ab 1271 auf der Vorderseite als *"lantgravius terre Hassie dominus"* mit dem territorialen Anspruch des Dominus Hassie und dem dynastisch begründeten Status des Landgrafen. Die Rückseite weist mit *"filius nate beate Elisabeth"* über seine Mutter als *"filia beate Elisabeth"* auf seine fürstliche Abstammung hin.⁸¹⁵ Nach der Teilung bei gleichzeitiger Erhaltung des gemein-

---

812 REINLE, Christine: Die mühsame Etablierung einer „neuen" Herrschaft: Die Landgrafen von Hessen im Ringen mit dem hessischen Adel. In: Julia EULENSTEIN, Christine REINLE, Michael ROTHMANN (HG): Fehdeführung im spätmittelalterlichen Reich. Zwischen adeliger Handlungslogik und territorialer Verdichtung, Affaltarbach 2013, S. 103–109; s.a. JENDORFF, Alexander, WUNDER, Heide: Adel in Hessen vom 15. bis zum 20. Jahrhundert – Probleme und Perspektiven der Forschung. In: Eckart CONZE, Alexander JENDORFF, Heide WUNDER (HG): Adel in Hessen: Herrschaft, Selbstverständnis und Lebensführung vom 15. bis ins 20. Jahrhundert, Marburg 2010, S. 14 f.

813 GUNDLACH, Franz: Die hessischen Zentralbehörden von 1247 bis 1604, 1. Bd.: Darstellung (Veröffentlichungen der Historischen Kommission für Hessen und Waldeck 16), Marburg 1931, S. XIX; HEINEMEYER, Karl: Die Erhebung Landgraf Heinrichs I. von Hessen zum Reichsfürsten (1292). In: Walter HEINEMEYER (HG): Hundert Jahre Historische Kommission für Hessen 1897–1997, Marburg 1997, S. 104–112.

814 SCHWIND, Fred: Stamm – Territorium – Land. Kontinuität u. Wandel im Namen „Hessen". In: Fred SCHWIND, Ursula BRAASCH-SCHWERSMANN (HG): Burg, Dorf, Kloster, Stadt. Beiträge zur hessischen Landesgeschichte und zur mittelalterlichen Verfassungsgeschichte. Ausgewählte Aufsätze von Fred Schwind. Festgabe zu seinem 70. Geburtstag, Marburg 1999, S. 168 f.

815 MORAW, Peter: 1292 und die Folgen. Dynastie und Territorium im hessischen und deutschen Spätmittelalter. In: Blätter für deutsche Landesgeschichte, 129, 1993, S. 45; s.a. HEINEMEYER, Karl: Geistliche und weltliche Kräfte im Ringen um den Aufbau der Landesherrschaft in Hessen. In: Ingrid BAUMGÄRTNER, Winfried SCHICH (HG): Nordhessen im Mittelalter. Probleme von Identität und überregionaler Integration (Veröffentlichungen der Historischen Kommission für Hessen 64), Marburg 2001, S. 69.

samen Besitzrechtes (Mutschar) erhielt beim Tod des Vaters Heinrich I. der Sohn Landgraf Johann das Reichslehen Niederhessen mit Kassel in Oberhessen und der Sohn Landgraf Otto das Gebiet von Oberhessen mit Marburg. Johann starb aber bereits Anfang 1311 bei einer Pestepidemie. Damit wurden von 1311 bis zu seinem Tod 1328 beide Teile Hessens von Otto I. regiert.

Im Jahre 1320 bestellte er seinen ältesten Sohn Heinrich II. („der Eiserne") zum Mitregenten, der nach dem Tod seines Vaters 1328 bis 1376 Landgraf war und die Landgrafschaft sichern und erweitern konnte. Heinrich II. überlebte seinen Sohn Otto, der ab 1340 Mitregent war, um zehn Jahre und so ging die Regentschaft auf seinen Neffen Hermann über, den Sohn des abgefundenen Sohnes (Ludwig der Junker) des verstorbenen Landgrafen Johann.

Auf Hermann folgte bei dessen Tod 1413 sein minderjähriger Sohn Ludwig I. („der Friedfertige"), der nach einer Zeit unter der Vormundschaft unter Beteiligung der Ritterschaft von Mai 1417 bis zu seinem Tod im Januar 1458 Landgraf war und in dieser Zeit die Verbindung der beiden Landesteile durch die Eingliederung der Grafschaft Ziegenhain erreichen konnte. Er bereitete auch die bedeutende familiäre Verbindung mit den Grafen von Katzenelnbogen vor.[816] Eine Bedingung der „Katzenelnbogener Heirat" zwischen Anna, der Erbin des Grafen Philipp von Katzenelnbogen, mit Heinrich III., dem Sohn des Landgrafen Ludwigs I., war die Zusicherung einer Trennung des Fürstentums Hessen, um diesem eine angemessene Herrschaft zu sichern. Mit dieser Verbindung wurde eine wesentliche Vergrößerung Hessens vorbereitet, die strategische wie auch durch Zolleinnahmen erhebliche finanzielle Bedeutung haben sollte.[817] Damit folgte auf Ludwig I. eine erneute Periode der Landesteilung mit Landgraf Ludwig II. in Niederhessen mit Sitz in Kassel und dem Seniorat der Familie mit der Führung des Majestätssiegels.

Seinem Bruder Landgraf Heinrich III. kam Oberhessen mit dem Regierungssitz in Marburg zu. Letzterer setzte zur Führung seiner Geschäfte 1462 den Hofmeister Hans von

---

816 GUNDLACH, 1931, S. XIX; PHILIPPI, 1983, S. 32–58; FUHS, Maria: Hermann IV. von Hessen. Erzbischof von Köln 1480–1508, Köln 1995, S. 217; zur Grafschaft Ziegenhain s.a. STOBBE, 1997, S. 74.
817 DEMANDT, Karl E.: Die Grafen von Katzenelnbogen und ihr Erbe. In: Hessisches Jahrbuch für Landesgeschichte, 29, 1979, S. 1 f., 34 f., s.a. REUTZEL, 2002, S. 37–40; zur territorialen Entwicklung der Landgrafschaft Hessen s.a. HESSE, Christian: Amtsträger der Fürsten im spätmittelalterlichen Reich. Die Funktionseliten der lokalen Verwaltung in Bayern-Landshut, Hessen, Sachsen und Württemberg 1350–1515, Göttingen 2005, S. 57–62.
818 FUHS, 1995, S. 232; NUHN, Johannes: Nohii Chronicon Hassiacum c. not. Cui titulus in MSto erat: Hessische Chronic von C. Julio Caesare Sieben und viertzig Jahr vor Christi geburt an, bis auf das Jahr Christi 1520. Colligiert und beschrieben durch Johann Nohen von Hirschfeld. In: Heinrich Christian SENCKENBERG: Selecta Iuris et Historiarum V, Fasciculus III., Francofurti a Moenum 1739, S. 387 f.

Dörnberg ein. 1479 erhielt er den Titel seines Schwiegervaters, des Grafen zu Katzenelnbogen und Dietz. Heinrich III. war gegen Ende seiner Regierungszeit schwer erkrankt.
Möglicherweise handelte es sich um den „Aussatz". Er verfasste in dieser Situation ein Testament, das genaue Regelungen einer vormundschaftlichen Regierungsführung für seinen
noch minderjährigen Sohn traf. Bei seinem Tod im Januar 1483 folgte ihm sein Sohn Wilhelm III. der Jüngere wie vorgesehen unter der Vormundschaft seines Onkels Hermann
nach. Die Vormundschaft endete 1489. Der junge Landgraf überließ die Regierungsgeschäfte weitgehend dem Hofmeister Hans von Dörnberg und widmete sich vor allem der
Jagd. Bereits 1493 hatte er einen schweren Reitunfall und wies eine angegriffene Gesundheit
auf. Darauf deutet der Hinweis eines Chronisten zu seinem frühen Unfalltod: *„und starb
alsobald, dann er was auch ohne das ungesund"*.[818] Wie bei seinen Cousins wurde bei ihm über
eine venerische Erkrankung spekuliert. Er verunglückte, noch kinderlos, am 14. Februar
1500 und verstarb drei Tage später. Der Zeitgenosse Wiegand Gerstenberg schreibt in seiner
Chronik „… *do starp lantgrave Wilhelm der junger zu Russchenberg, alß er uff der wiltjaget was,
unde starp sunder libeserbin, uff den 17. tag februarii, alß er 28½ jar alt was. Unde fil das lant uff
sinen vettern, lantgraven Wilhelmen den mittler.* "[819] Eine spätere Chronik gibt weitere Details:
*„Dieser Landgraf ist zwar ein freundlicher Herr gewesen, aber … wegen deß übermessigen jagens
in der regierung nachlessig. Darob es sich dan begeben, daß er endlich auff einer jagt beim Rauss-
chenberge, in dem er mit dem pferde über ein hauffen gegangen, den halß gebrochen. Demnach er
dann ohne erben hingestorben …* ".[820] Eine Übersicht der Stammtafel des Hauses Hessen gibt
Abb. 28. Eine frühe Kartendarstellung Oberhessens zeigt Abb. 29.

Da in Niederhessen beim Tod Ludwigs II. dessen Söhne Wilhelm I. der Ältere und Wilhelm II. der Mittlere minderjährig waren, standen diese bis 1483 bzw. 1485 unter Vormundschaft. Damit gab es in Hessen 1483 drei Landgrafen mit dem Namen Wilhelm, die sich 1487
in Oberkaufungen auf eine Erbeinung verständigten.[821] Eine bildliche Darstellung der drei
Landgrafen Wilhelm I., II. und III. gab Wilhelm Dilich in der 1608 erschienenen *Hessischen
Chronica*.[822] Damit zeigte sich die Dynastie in ihrer sechsten Generation als gefestigt und ent-

---

819 Landeschronik von Thüringen und Hessen, Marburg 1909, S. 315.
820 DILICH, Wilhelm: Hessische Chronica, Cassel 1608, fol. 266v.
821 GUNDLACH, 1931, S. XIX; PHILIPPI, 1983, S. 32–58.
822 DILICH, 1608, fol. 269v.
823 MORAW, Peter: Das Heiratsverhalten im hessischen Landgrafenhaus ca. 1300 bis ca. 1500 – auch vergleichend
    betrachtet. In: Walter HEINEMEYER (HG): Hundert Jahre Historische Kommission für Hessen 1897–
    1997, Marburg 1997, S. 132 f.; zur Festigung der Landesherrschaft gegenüber einem starken Adel s.a.
    REINLE, Christine: Zur sozialen und politischen Lage des Niederadels in der Landgrafschaft Hessen im
    15. Jahrhundert. In: Eckart CONZE, Alexander JENDORFF, Heide WUNDER (HG): Adel in Hessen. Herr-
    schaft, Selbstverständnis und Lebensführung vom 15. bis ins 20. Jahrhundert, Marburg 2010, S. 57, 85.

wickelte sich auch auf Reichsebene als Bündnispartner weiter, was sich auch in der Heiratspolitik niederschlug.[823] Wilhelm I. der Ältere und Wilhelm II. der Mittlere übten bis 1493 gemeinsam die Regierungsgeschäfte Niederhessens in Kassel aus. Danach wurde Wilhelm I. bis zu seinem Tode 1515 wegen Geisteskrankheit entmündigt. Wilhelm II. wurde dadurch Landgraf in ganz Niederhessen und nach dem Tod Wilhelms III. 1500 auch Landgraf in Oberhessen und Graf zu Katzenelnbogen und Dietz. Er verstarb im Juli 1509 in geistiger Zerrüttung. Als Ursache wurde wie bei seinem älteren Bruder eine Syphilis-Erkrankung vermutet, was aber in seinem Fall nicht dem typischen Verlauf dieser Erkrankung entspricht. Auf ihn folgte sein Sohn Philipp („der Großmütige"), der nach einer Periode umstrittener Vormundschaft von 1518 bis 1567 ganz Hessen regierte und die Landgrafschaft zu hoher Bedeutung brachte.[824] Obwohl das Haus Hessen im 14. und 15. Jahrhundert mehrfach vom Aussterben bedroht war, konnte es mit zahlreichen fürstlichen und gräflichen Familien Bindungen eingehen und besteht bis heute fort.[825]

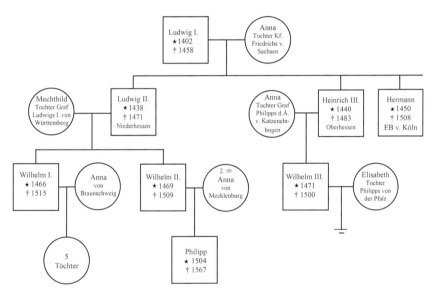

Abb. 28 | Stammtafel des Hauses Hessen im 15. Jahrhundert mit Oberhessen auf der rechten Seite. Hermann von Hessen, Erzbischof von Köln, war bis 1489 Vormund des Landgrafen Wilhelm III.

---

824 GUNDLACH, 1931, S. XIX; BATTENBERG, Friedrich: Reichskämmerer Konrad von Weinsberg und die Falkensteiner Erbschaft. Die Prozesse am Reichshofgericht, am Hofgericht Rottweil und am königlichen Kammergericht 1420–1447. In: Archiv für hessische Geschichte und Altertumskunde NF, 35, 1977, S. 100; PHILIPPI, 1983, S. 32–58; WERNER, Tanja von: „Ehre und Gedechnis". Fama und Memoria der Landgrafen von Hessen, Marburg 2013, S. 164–195; zu den Erkrankungen der Landgrafen s.a. NOLTE, Cordula: Der kranke Fürst. Vergleichende Beobachtungen zu Dynastie- und Herrschaftskrisen um 1500, ausgehend von den Landgrafen von Hessen. In: Zeitschrift für historische Forschung, 27,1, 2000, S. 1–8.

825 PHILIPPI, 1983, S. 168–175.

Abb. 29 | „Hassia superior" aus: Pierre d'Avity, Neuwe Archontologia Cosmica. Beschreibung aller Käyserthumben, Koenigreichen und Republicken der gantzen Welt, die keinen Höhern erkennen (Frankfurt am Main: Matthäus Merian 1638) (Originalgröße der Grafik ca. 286x193 mm, Blattgröße ca. 345x260 mm).

Zum Adel in Hessen im Spätmittelalter zählten neben dem regierenden Fürstenhaus zahlreiche Reichsgrafen und verschiedene Gruppierungen des Niederadels wie landsässiger Adel, die Reichsritter und der reichsstädtische patrizische Adel Frankfurts.[826]

3.1. Die mittelalterlichen Rechnungen der Landgrafen von Hessen

Das Rechnungswesen der Landgrafen von Hessen entwickelte sich im Zuge einer beginnenden Zentralisierung bereits im 14. Jahrhundert mit einem ältesten Salbuch aus dem Jahre 1374.[827] Die Einführung einer zentralen Finanzbehörde kann in der Landgrafschaft Hessen für das frühe 15. Jahrhundert angenommen werden, da ab 1413 Kammerschreiberrechnungen überliefert sind. Der Begriff der Kammer bezog sich einerseits auf das Kabinett des

---

826 Jendorff und Wunder, 2010, S. 14 f.
827 Rothmann, 2000, S. 47.

Landgrafen mit Dienern, die für vertrauliche Angelegenheiten zuständig waren, andererseits auf eine Lager- und Vorratshaltung in einer Kammer als Aufbewahrungsort. Zunehmend wurde jedoch unter der landgräflichen Kammer die zentrale Finanzverwaltung verstanden, die sich aus der Kanzlei als eigenständige Finanzbehörde entwickelte. Sie diente als Kasse der Zentralverwaltung, an der die finanziellen Aktivitäten der verschiedenen Behörden gebündelt wurden. Die Kammer agierte als Staatskasse im direkten Auftrag für den Landgrafen als dem Inhaber der Finanzhoheit oder der von ihm delegierten Räte und war für die Durchführung der Anweisungen und die entsprechende Dokumentation im Kammerregister zuständig. Als Kassenführer hat der Kammerschreiber keine selbständige Verfügung über die von ihm verwalteten Finanzmittel, sondern wird im Auftrage tätig. Solche Aufträge konnten schriftlich oder mündlich erfolgen und wurden häufig mit dem Vorgang dokumentiert. Kammerschreiber waren ursprünglich überwiegend geistlichen Standes; unterstützt wurden sie von Schreibern und Kammerknechten.[828] Die Position des Kammerschreibers wurde mit Siegfried Schunter 1441 erstmals erwähnt.[829] Einen Anschub zur Neuorganisation des Rechnungswesens und dessen kontinuierlicher Führung bedeuteten die territorialen Zugewinne der Landgrafschaft durch die Grafschaft Ziegenhain 1450 und Katzenelnbogen 1479. Eine exakte Rechnungsführung und Inventarisierung war auch bei der Landesteilung in Ober- und Niederhessen von großer Bedeutung.[830] Die Kontrolle der Rechnungsführung lag beim Landgrafen selbst, zusammen mit dem Hofmeister und dem Kammerschreiber sowie gegebenenfalls einzelnen nach Bedarf beigezogenen Räten, die zu Beginn des Jahres die verschiedenen Bereiche prüften.[831] Die Rechnungstechnik basierte auf der für das mittelalterliche Rechnungswesen typischen Gegenrechnung, wenn sich auch schon Ansätze zu neuen Verfahren zeigten, wie die Nennung von Bruttoerträgen und Voranschlägen.[832]

Die Verwaltung Oberhessens unterlag in der zweiten Hälfte des 15. Jahrhunderts insbesondere durch die oben erwähnten Gebietserweiterungen mit hochentwickelter Finanz-

---

828 ZIMMERMANN, Ludwig: Die Zentralverwaltung Oberhessens unter dem Hofmeister Hans von Dörnberg (Veröffentlichungen der Historischen Kommission für Hessen, Quellen und Forschungen zur hessischen Geschichte 28), Darmstadt 1974, S. 166–171.
829 HESSE, Göttingen 2005, S. 111.
830 ROTHMANN, 2000, S. 47 f.; zum Anfall der Grafschaft Katzenelnbogen s.a. BOEHN, Otto von: Anna von Nassau. Herzogin von Braunschweig-Lüneburg. Ein Fürstenleben am Vorabend der Reformation. In: Niedersächsisches Jahrbuch für Landesgeschichte, 29, 1957, S. 37–45; DEMANDT, Karl Ernst: Rheinfels und andere Katzenelnbogener Burgen als Residenzen, Verwaltungszentren und Festungen 1350–1650, Darmstadt 1990, S. 145–153.
831 ROTHMANN, 2000, S. 75.
832 ROTHMANN, 2000, S. 77.

struktur grundlegenden Veränderungen, die eine zentrale Verwaltung der Rechnungsführung der lokalen Ämter anstrebte und zu einem Strukturwechsel von chronologischer zu thematischer Aufzeichnung führte.[833]

Die aus dem Mittelalter stammenden Rechnungen der Landgrafschaft Hessen liegen als Aktenbestände in selbständigen Rechnungsabteilungen zusammengefasst im Staatsarchiv Marburg vor. Sie wurden von Demandt in einem Repertorium bearbeitet, das die spätmittelalterliche Periode von 1357 bis 1517 umfasst.[834] Das Jahr 1517 stellte mit dem Beginn der Regierungszeit Philipps des Großmütigen für Hessen den Ausgangspunkt für einen langsamen Umbruch zum modernen Territorialstaat dar.

Die aus der Mitte des 14. Jahrhunderts stammenden ältesten Marburger Rechnungen liegen noch als Rotuli vor, ab 1375 weisen sie Buchform auf, zunächst in Großfolio, dann in Quart. Im 15. Jahrhundert setzt sich dann Schmalfolio als Format weitgehend durch. Diese Rechnungsbändchen wurden in nummerierten Kartons aufbewahrt. Die Nummer des Kartons wird stets vor der Nummer der Rechnung genannt. Im Bestand sind die Rechnungen in die Gruppen A mit den Rechnungen der Zentralverwaltung und B mit den Rechnungen der lokalen Verwaltung getrennt. Das Repertorium fasst 2.064 Rechnungsbücher und Bände mit Belegen der Landgrafschaft Hessen im Mittelalter sowie der Grafschaften Ziegenhain und Katzenelnbogen zusammen. Davon betreffen 415 die Zentral- und 1649 die Lokalverwaltung.[835]

Rechnungen der hessischen Zentralbehörden wurden im Wesentlichen von Kammerschreibern, dem Kammermeister, dem Hofmeister und dem Münzmeister sowie der Katzenelnbogener Verwaltung erstellt. Im Archiv sind sie in vier Abteilungen gegliedert:
- Althessen bis 1458 (dem Tod Ludwig I. des Älteren),
- Katzenelnbogen bis zum Ende der Selbständigkeit 1479,
- Oberhessen für Hessen-Marburg von 1458–1500,
- Niederhessen für Hessen-Kassel von 1458–1500 und Gesamthessen von 1500 bis 1517.[836]

---

833 HESSE, Christian: Zwischen Reform und Beschränkung. Die Hofordnungen der Landgrafschaft Hessen aus dem beginnenden 16. Jahrhundert. In: Holger KRUSE, Werner PARAVICINI (HG): Höfe und Hofordnungen 1200–1600, Sigmaringen 1999, S. 339.

834 Repertorien des Staatsarchivs Marburg. Abteilung I. Die mittelalterlichen Rechnungen der Landgrafschaft Hessen (bis zum Jahre 1517), 1965; zu Karl Demandt s. MENK, Gerhard: Landesgeschichte, Archivwesen und Politik. Der hessische Landeshistoriker und Archivar Karl Ernst Demandt (1909–1990), Marburg 2009.

835 Repertorien des Staatsarchivs Marburg, 1965, S. I–III.

836 Das Schriftgut der landgräflich-hessischen Kanzlei im Mittelalter (vor 1517), Verzeichnis der Bestände. Teil 2: Rechnungen und Rechnungsbelege, Bd. 1, 1969, S. 4–5.

Die Gruppen werden in der Regel durch die Rechnungen der Kammerschreiber eröffnet.[837]

Bei den unter B–Lokalverwaltung aufgeführten Rechnungen wurden die Orte in alphabetischer Reihenfolge aufgelistet und die Herkunft in Klammern hinter dem Ortsnamen angegeben. Dabei sind Rechnungen eingeteilt nach Inventaren, allgemeine Rechnungen (wie die der Schultheißen, Rentmeister etc.), Spezialrechnungen (wie Bau- oder Kriegsrechnungen), Register (wie Wein- oder Zinsregistern) und Belege.[838]

Von den Kammerschreiberrechnungen aus Oberhessen sind die Jahre 1476/77 (2/1), 1477/78 (2/2), 1478/79 (2/3), ein Fragment von 1479 (2/4), 1480 (2/5), ein Fragment von 1483 (2/5a), 1485 (2/6), 1486 (2/7), 1497 (2/8) und 1499/1500 (2/9) erhalten. Die landgräfliche Hochzeitsrechnung von 1498 wurde nicht in die Betrachtung einbezogen, da aus diesem Jahr keine Kammerschreiberrechnung überliefert ist.[839] Zur vergleichenden Untersuchung standen auch die Hofmeisterrechnungen 1485/86 (10/1), 1497 (10/10), 1499 (10/13 und 10/14) zur Verfügung. Zu den in den Kammerschreiber- und Hofmeisterrechnungen genannten Personen mit amtlichen Funktionen bestehen zahlreiche Querverweise bei Demandt.[840]

Die Kammerschreiberrechnungen und die Hofmeisterrechnung aus dieser Zeitperiode stammen weitgehend aus der Hand des Kammerschreibers Johannes Fleck. Das Schriftbild entspricht mit den kursiv nach rechts geführten Buchstaben *f* und *s*, den breiten, rechtsgeschwungenen Schlingen der Oberlängen der Buchstaben *b, h* und *l*, dem Gegenschwung bei *d* und *v* sowie den breit ausgeführten Buchstaben *m, n* und *u* dem einer „Oberrheinischen Bastarda" des 15. Jahrhunderts.[841]

Die verschiedenen erhaltenen Rechnungsbücher aus Oberhessen werden zur Übersicht des Bestandes im Folgenden dargestellt.

---

837 Repertorien des Staatsarchivs Marburg, 1965, S. IV.
838 Repertorien des Staatsarchivs Marburg, 1965, S. VI.
839 Repertorien des Staatsarchivs Marburg, 1965, S. 3.
840 DEMANDT, Marburg 1981a; DEMANDT, Karl E.: Der Personenstaat der Landgrafschaft Hessen im Mittelalter. Ein „Staatshandbuch" Hessens vom Ende des 12. bis zum Anfang des 16. Jahrhunderts. Zweiter Teil, Marburg 1981b.
841 CROUS und KIRCHNER, 1970, S. 19 f., Abb. 31–33; KAPR, 1983, S. 61–63; mit „littera bastarda" wurden schon im Mittelalter Entwicklungen der gotischen Kursive bezeichnet, die zur besseren Lesbarkeit eine sorgfältigere Ausführung in Anlehnung an die Buchschrift zeigten, s. FRENZ, Thomas: Art. Bastarda. In: Severin CORSTEN (HG): Lexikon des gesamten Buchwesens, 1. Bd., Stuttgart 1987, S. 254.

3.2. Die spätmittelalterlichen Rechnungen von Oberhessen

3.2.1. Die Marburger Kammerschreiberrechnung 1476/77

Die Marburger Kammerschreiberrechnung 1476/77 (2/1) ist ein Schmalfolioband mit Pergamentumschlag, der u.a. mit *Marpurg* und dem Jahr 1476 in arabischen Ziffern beschriftet ist. Er besteht aus sieben Lagen (Abb. 67 im Anhang). Das Papier weist verschiedentlich als Wasserzeichen einen Anker sowie je einmal den Buchstaben P und einen Dreiberg auf (Tab. 26 und Abb. 127–129 im Anhang).[842]

Auf fol. 2r. wird der Beginn der Rechnungsführung mit Montag nach Bartholomei und der Name des Kammerschreibers Johannes Flegken genannt.[843] Ab fol. 4 bis fol. 21r. wird die *Uffnome* verbucht; es folgen einige Leerseiten und ab fol. 23r. bis fol. 81v. ist die *Ußgiifft* des Jahres 1476 dargestellt. Von fol. 88r. bis fol. 97r. sind Buchungen des Jahres 1477 aufgeführt; die restlichen Seiten sind unbeschrieben.[844] Für das Jahr 1476 wurden 146 Einnahmen mit 38 Summenbildungen auf 27 bzw. 28 Seiten verbucht, was 5,4 Buchungen bei den Einnahmen und 6,3 Buchungsvorgängen bei den Ausgaben und etwas mehr als eine Summenbildung pro Seite (1,4 bzw. 1,1) entspricht. Für das Jahr 1477 waren es lediglich acht Einnahmebuchungen auf einer Seite mit einer Summenbildung sowie 121 Buchungen von Ausgaben auf 14 Seiten (8,6/Seite) mit 14 Summenbildungen. Es wurden drei Streichungen beobachtet.

3.2.2. Die Marburger Kammerschreiberrechnung 1477/78

Ein Großteil der Buchungen des Jahres 1477 findet sich in der Marburger Kammerschreiberrechnung 1477/78 (2/2), die ebenfalls im Schmalfolioformat von ca. 296x111 mm vorliegt und einen Pergamenteinband aufweist. Das Rechnungsbuch besteht aus neun Lagen mit insgesamt 119 Blättern (unter Mitzählung zahlreicher eingehefteter Zettel: fol. 9 37x108 mm; fol. 15 111x105 mm; fol. 16 160x110 mm; fol. 25 25x100 mm; fol. 29 60x110 mm; fol. 37

---

842 PICCARD, Gerhard: Wasserzeichen, Die Wasserzeichenkartei Piccard im Hauptstaatsarchiv Stuttgart (Veröffentlichungen der staatlichen Archivverwaltung Stuttgart), Wasserzeichen Anker, Findbuch VI, I, Stuttgart 1978.
843 Zu Kammerschreiber Johannes Fleck wird auf die Erläuterungen bei der Kammerschreiberrechnung 1486 verwiesen.
844 HStA Marburg, Marburger Kammerschreiberrechnung 1476/77, Rechnungen I, 2/1; für diese Kammerschreiberrechnung finden sich Verweise zu Personen bei DEMANDT, 1981a, b unter den Nr. 20, 103, 174, 494, 590, 632, 933, 971, 1045, 1054, 1177, 1224, 1367, 1473, 1474, 1517, 1532, 1624, 1727, 1791, 1802, 1822, 1895, 2121, 2247, 2468, 2677, 2679, 2774, 2809, 2905, 3263, 3285, 3293, 3361, 3388.

55x110 mm; fol. 46 45x96 mm; fol. 51 35x80 mm; fol. 62 30x81 mm; fol. 65 30x72 mm; fol. 62 30x81 mm; fol. 73 147x110 mm; fol. 76 150x110 mm; fol. 85 50x90 mm; fol. 94 27x88 mm; fol. 101 27x71 mm; fol. 115 88x112 mm; fol. 117 83x60 mm; fol. 118 36x77 mm, s. Abb. 70 Lagenanalyse im Anhang). Fol. 1 ist der Pergamenteinband, fol. 2 das vordere Deckblatt. Die Wasserzeichen sind im Anhang in Tabelle 27 aufgeführt (s.a. Abb. 130–135 im Anhang). Die Einträge folgen dem üblichen Muster mit Seitensummen, wie es auch im Rechnungsjahr 1486 beobachtet wurde. Auf fol. 2r. bis fol. 19v. ist die *uffnome* verbucht. Fol. 20r. bis 22v. sind leer. Ab fol. 23r. ist die *ußgiifft vor myn gnedigen hern* dargestellt, bei dem es sich um den Landgrafen Hermann handelt, wie die Einführung auf fol. 2r. deutlich macht. Hier wird wieder der Kammerschreiber *Johannes Flegken* genannt. Die Abrechnung in diesem Band beginnt *uff mittwochin nach Bartholomei* (22. August 1477). Die Ausgaben enden mit den Buchungen für Manngeld auf fol. 71v.; die Seiten von fol. 74r. bis 80v. sind unbeschriftet. Die Einnahmen des Jahres 1478 sind von fol. 81r. bis 83v. verzeichnet; fol. 84 bis 87 sind leer. Die Ausgaben beginnen auf fol. 88r. und erstrecken sich bis fol. 116r.[845]

Für das Jahr 1477 wurden 131 Einnahmen mit 25 Summenbildungen auf 22 Seiten beobachtet, entsprechend 8,6 Buchungen und 1,1 Summenbildungen pro Seite. Bei den Ausgaben wurden 419 Buchungsvorgänge mit 38 Summenbildungen auf 71 Seiten registriert. Dies entspricht rund sechs Buchungen und 0,5 Summenbildungen pro Seite.

Im Jahr 1478 konnten 27 Buchungen und vier Summenbildungen bei den Einnahmen auf vier Seiten festgestellt werden (6,7 Buchungen/Seite). Bei den Ausgaben waren es 514 Buchungsvorgänge auf 47 Seiten (10,7/Seite) und 47 Summenbildungen (0,98/Seite). In der Kammerschreiberrechnung des Jahres 1478 wurde eine Streichung beobachtet.

3.2.3. Die Marburger Kammerschreiberrechnung 1478/79

Die Marburger Kammerschreiberrechnung 1478/79 (2/3) weist keinen Pergamenteinband mehr auf, sondern ist wie die der folgenden Jahre mit einem Papiereinband versehen. Die Folionummern 1 und 2 schließen die Lagen ein. Die beiden Blätter sind am Ende zusammengebunden als fol. 71. Die Papierstruktur dieser beiden Bögen ist mit ca. 8 Siebstegen/cm und 40 mm Abstand der Kettdrähte etwas gröber als für die anderen Papierbögen, die ca. 11 Rippdrähte/cm und einen Abstand der Kettdrähte von ca. 35 mm für die Lagen 1–3

---

845 HStA Marburg, Marburger Kammerschreiberrechnung 1478/79, Rechnungen I, 2/2; für diese Kammerschreiberrechnung finden sich Verweise zu Personen bei DEMANDT, 1981a, b unter den Nr. 20, 174, 210, 316, 474, 494, 731, 1054, 1062, 1279, 1419, 1727, 1732, 1802, 2118, 2249, 2469, 2676, 2677, 2722, 2767, 3158, 3245, 3297, 3361, 3362, 3377.

und ca. 38 mm für die Lage 4 aufweisen. Die Papierstärke beträgt für fol. 1 und 2 ca. 0,235±0,013 mm, für die Lagen 1–3 durchschnittlich 0,179±0,013 mm und für die Lage 4 durchschnittlich 0,208±0,210 mm. Das Dokument im Schmalfolioformat weist vier Lagen mit insgesamt 70 Seiten auf (Abb. 71 im Anhang).[846] In den ersten drei Lagen wurde Papier mit dem Wasserzeichen des freien Buchstabens P in seiner gotischen Form mit gespaltenem Schaftende verwendet. In Lage 4 ist auf fünf Bogen das Motiv Dreiberg mit den Beizeichen einer zweikonturigen Stange und einem Dreiblatt vorhanden. Auf fol. 1 befindet sich als Wasserzeichen ein Reichsapfel mit zweikonturigem Kreuz (Tab. 28 und Abb. 136–139 im Anhang).

Auf fol. 2 sind der Kammerschreiber Johannes Flegke und der Landgraf Hermann sowie der Rechnungsbeginn *uff donerstag nach Bartholomei* (27. August 1478) genannt. Die Umrechnungskurse sind 24 Albus für einen Gulden und 14 Heller für einen Albus.[847] Aus den Oberlahnsteiner Rechnungen ermittelte Volk für den Zeitraum von 1470 bis 1490 eine Münzrelation von 1 fl = 24 alb = 288 hl.[848]

Der Übergang von 1478 nach 1479 ist in dieser Kammerschreiberrechnung nicht eindeutig gekennzeichnet. Nach Demandt wurde eine Buchung auf fol. 54v. am 18. Februar 1478 getätigt, als Hans von Boyneburg ein Fuder Wein als Hochzeitsgeschenk vom Landgrafen im Wert von 13½ fl erhielt. Mit weiteren in Demandt gesicherten Buchungen lässt sich, annähernd fortlaufende Buchungen vorausgesetzt, der Jahreswechsel zwischen fol. 47v. und fol. 54v. annehmen.[849] Ein möglicher Beginn bietet sich auf fol. 50 mit einer neuen Lage an. Es kann aber nicht ausgeschlossen werden, dass das Blatt mit Angabe des neuen Jahres fehlt oder durch einen der eingefügten Zettel ersetzt wurde. Der eingefügte Zettel fol. 34 führt Ausgaben in Zusammenhang mit einem Ritt „*myn gnedigen Junkers*" nach Marburg am Mittwoch nach Jubilate „*Anno 14 Lxxnono*" (24. April 1479) auf. Möglicherweise ist dieser Zettel nicht im richtigen Zeitablauf eingebunden worden. Unter den Einnahmen sind 101 Buchungen (rund 5/Seite) und 19 Summenbildungen auf 20 Seiten eingetragen; bei den Ausgaben sind es 272 Buchungen (5,2 pro Seite) und 51 Summenbildungen auf 52 Seiten.

---

846 HStA Marburg, Marburger Kammerschreiberrechnung 1478/79, Rechnungen I, 2/3; für diese Kammerschreiberrechnung finden sich Verweise zu Personen bei DEMANDT, 1981a, b unter den Nr. 280, 1053, 1420, 1481, 2025, 2120, 2223, 2249, 3245, 3361, 3377.

847 Hierzu s. SUHLE, Arthur: Eintrag „Heller". In: Friedrich von SCHRÖTTER (HG): Wörterbuch der Münzkunde, 2. Aufl., Berlin 1970, S. 259–261; SUHLE, Arthur: Eintrag „Albus". In: Friedrich von SCHRÖTTER (HG): Wörterbuch der Münzkunde, 2. Aufl., Berlin 1970, S. 18–20; WALD, Otto: Die Münzen der Landgrafen von Hessen. Eine landes- und münzgeschichtliche Betrachtung. In: Mitteilungen des Geschichts- und Museumsvereins Alsfeld, 14,2, 1990, S. 41–80; METZ, Rainer: Geld, Währung und Preisentwicklung. Der Niederrheinraum im europäischen Vergleich 1350–1800, Frankfurt am Main 1990, S. 24.

848 Die Rechnungen der mainzischen Verwaltung in Oberlahnstein im Spätmittelalter, 1990, S. 742, 750.

849 DEMANDT, 1981a, Nr. 280, s.a. Nr. 2025.

3.2.4. Die Marburger Kammerschreiberrechnung 1479

Das Jahr 1479 setzt sich in dem Fragment der Marburger Kammerschreiberrechnung 1479 (2/4) fort, die lediglich aus drei regulären Doppelseiten im Format von ca. 300 mm Höhe und 222 mm Breite sowie einem zwischen fol. 4 und 6 eingefügten Zettel fol. 5 (ca. 225x195 mm) besteht (Lagenanalyse Abb. 73 im Anhang). Auf fol. 4 und 5 finden sich zwei unterschiedliche Wasserzeichen (Buchstabe P, Tab. 29 sowie Abb. 140 und 141 im Anhang). Fol. 5v. bis 7v. sind unbeschriftet. Die 34 Buchungen und fünf Seitensummen listen Ausgaben des Jahres 1479 auf.[850]

3.2.5. Die Marburger Kammerschreiberrechnung 1480/81

Die Kammerschreiberrechnung von 1480/81 (2/5) besteht aus sieben Lagen, von denen die letzte mit fol. 59–66 mit 295x110 mm vom Papierformat der vorderen sechs Lagen mit 312x110 mm etwas abweicht und die auch eine andere Beschaffenheit des Papiers aufweist (12 Rippdrähte/cm in Lage 6 gegenüber ca. 11 Rippdrähte/cm in den anderen Lagen; Abb. 75, 76 im Anhang). Die Papierstärke beträgt durchschnittlich 0,174±0,019 mm. In den Lagen 1–5 kommt ausschließlich das Wasserzeichen Dreiberg vor; auf fol. 61 der Lage 6 kann der Buchstabe P und auf fol. 63 eine Lilie beobachtet werden (Tab. 30 und Abb. 142, 143 im Anhang). Das beschädigte Deckblatt fol. 1 weist das Dokument als ein Register der Ausgaben beginnend am Freitag nach *Decollationis Johannis Baptiste* (1. September 1480) aus. Die Tintenfarbe ist dunkelbraun. Darunter findet sich in arabischen Ziffern die Jahresangabe 1480/81. Anders als im Titel angegeben, beginnen die Aufzeichnungen nach eingehefteten Zetteln auf fol. 3r. mit Einnahmen, die sich bis fol. 9r. fortsetzen. Nach Seiten ohne Einträge werden ab fol. 15r. die Ausgaben verzeichnet, immer wieder unterbrochen von Seiten ohne Einträge (fol. 17v., 18–19r., 27v.–30v., 40v.–44v., 49r., 55v.). Der reguläre Teil wird beendet mit den Ausgaben für Botenlohn auf fol. 56r.–57r. Auffällig an den Eintragungen bis zu diesem Zeitpunkt ist das Fehlen von Seiten-Summenbildungen. Ab fol. 59r. beginnt die Lage in kleinerem Format (Datumsangabe *montagh nach Michaelis anno Lxxxprimo*), in der bis fol. 65 Ausgaben für Lohnkosten aufgeführt werden. Dabei fällt auf, dass in diesem Teil keine „Item"-Auflistung erfolgt, sondern die Namensnennung vorherrscht.[851] Es gibt

---

850 HStA Marburg, Marburger Kammerschreiberrechnung 1480/81, Rechnungen I, 2/4; für diese Kammerschreiberrechnung finden sich Verweise zu Personen bei DEMANDT, 1981a, b unter den Nr. 1054, 3199.

851 HStA Marburg, Marburger Kammerschreiberrechnung 1480/81, Rechnungen I, 2/5; für diese Kammerschreiberrechnung finden sich Verweise zu Personen bei DEMANDT, 1981a, b unter den Nr. 1002, 1388, 2109, 2837, 3411.

36 Buchungseinträge (4,5/Seite) und nur zwei Summenbildungen auf acht Seiten sowie drei Streichungen bei den Einnahmen. Besonders gering ist mit drei die Anzahl der Summenbildungen bei den Ausgaben über 72 Seiten (0,04/Seite); die Buchungen von Ausgaben betragen 376 (5,2/Seite). Dabei wurden zwölf Korrekturen oder Streichungen beobachtet.

3.2.6. Die Marburger Kammerschreiberrechnung 1483 (Fragment)

Bei der Kammerschreiberrechnung 1483 (2/5a) handelt es sich um ein Fragment, das lediglich aus zwei Seiten aus einem Bogen Papier besteht und rund 20 Buchungen enthält.[852]

3.2.7. Die Marburger Kammerschreiberrechnung 1485

Die Marburger Kammerschreiberrechnung 1485 (2/6) ist ein Dokument im Schmalfolioformat, das aus 90 Blättern in sieben Lagen besteht. Zu Beginn stehen zwei reguläre Sexternionen; es folgen zwei Septernionen, in die jeweils ein Einzelblatt (fol. 26, ein durch unregelmäßigen Abriss verkleinertes Blatt von ca. 120–130x70 mm, bzw. fol. 40, ein Zettel von ca. 70x190 mm) eingebunden wurde. Fol. 27 wurde von unten auf eine Höhe von ca. 160 mm gekürzt. Die fünfte Lage ist eine Quinione mit einem eingebundenen Einzelblatt, gefolgt von einer Septernione mit einem kleinen Zettel von ca. 75x65 mm als fol. 77 und einer Quinione (Abb. 77 im Anhang). Der Abstand der Kettdrähte beträgt 23 mm (21 mm bei fol. 67), mit ca. 10 Rippdrähten/cm. Die Papierstärke beträgt durchschnittlich 0,159±0,010mm. Die Blätter zeigen recto eine neuzeitliche Foliierung mit Bleistift in der rechten unteren Ecke beginnend auf der Umschlagseite. Zahlreiche Bogen enthalten Wasserzeichen. Dabei tritt bis auf fol. 67 mit einem Buchstaben P in seiner gotischen Form ausschließlich das Wasserzeichen Krug mit einfachem Deckel, einkonturigem Kreuz und einzelnem, doppelkonturigem Henkel auf 20 Bogen auf (Tab. 31 und Abb. 144 im Anhang). Das Deckblatt trägt die Aufschrift *Regystrum der Statthalder anno domini Lxxxquinto …* . Der darunter stehende Vermerk, dass es sich um das Register der Statthalter zu Marburg handle und die Jahresangabe in arabischen Zahlzeichen 1484 wurden nachträglich durchgestrichen. Die Tintenfarbe ist dunkelbraun bis schwarz.

Auf fol. 2 beginnt die Verbuchung der Einnahmen. Die erste Buchung mit der Angabe *uff sonnabend nach dem achzenden* bezieht sich auf den 18. Tag nach Weihnachten (Mittwoch, den 12. Januar 1485) und damit auf Samstag, den 15. Januar (s. Kap. I 4.5.4.). Die zweite Buchung *sonnabent nach Sebastiani* betrifft Samstag, den 22. Januar 1485. In der ersten Buchung

---

852 HStA Marburg, Marburger Kammerschreiberrechnung 1483, Rechnungen I, 2/5a.

wird der Umrechnungskurs von 24 Albus für einen Gulden genannt. Die dritte Buchung bezieht sich mit *Montag Inventionis Sancti crucis* (dem 3. Mai) auf das Jahr 1484. Dadurch könnte der Hinweis auf das Jahr 1484 auf dem Deckblatt bedingt sein. Fol. 7v.–11v. und fol. 16v.–24v. sind unbeschriftet, auf fol. 25r. beginnen die Ausgaben, die sich bis fol. 72v. fortsetzen.[853] Die Struktur der Aufzeichnungen ist ähnlich der Kammerschreiberrechnung 1486, ein wesentlicher Unterschied ist jedoch, dass keine Seitensummen gebildet wurden. Die Darstellung erscheint im Gegensatz zur Kammerschreiberrechnung des folgenden Jahres 1486 nicht nach einem vorgefertigten Konzept erstellt zu sein, was Unterschiede im Schriftbild und zum Beispiel eine nicht einheitliche Verwendung des „*Item*" in ausgeschriebener und abgekürzter Version andeuten. Ungewöhnlich ist auch die Verwendung eines „*sonnabint pq*" anstelle des ansonsten verwendeten „*nach*", die durch eine andere Schreiberhand erklärbar wäre und zeigt, dass Kammerschreiber Fleck nicht in jedem Fall selbst die Eintragungen vornahm.[854]

Von den Buchungseinträgen sind bei den Einnahmen 47 Buchungen mit und 20 ohne Datierung aufgeführt; vier Buchungen sind gestrichen. Bei den Ausgaben sind es 158 Posten mit und 274 ohne Datierung; 21 Buchungen wurden gestrichen. Das entspricht 5,8 Buchungen pro Seite bei den Ausgaben und 3,9 Buchungen pro Seite bei den Einnahmen. Die Mehrzahl der Buchungen mit Datierung (67 %) verweist direkt auf einen Wochentag. Rund 11 % beziehen sich auf einen der Sonntage im Kirchenjahr. 39 der Buchungen waren Kirchenfesten ohne weitere Angabe eines Wochentages zugeordnet. Der am häufigsten gebuchte Wochentag war mit 37,1 % bei den Ausgaben und 25,5 % bei den Einnahmen der Dienstag.

Die Kammerschreiberrechnung 1486 (2/7) wird später ausführlich untersucht (s. Kap. 3.3.).

3.2.8. Die Marburger Kammerschreiberrechnung 1497

Die Marburger Kammerschreiberrechnung 1497 (2/8) hat das Format 320x110 mm und besteht aus sechs regulären Papierbogen mit einer erneuerten 4-Loch-Bindung, zwischen die verschiedene Zettel eingebunden sind, die in die neuzeitliche Foliierung einbezogen wurden (fol. 2 misst 160x110 mm und hat auf der Gegenseite als fol. 16 176x110 mm. Die anderen Zettel haben nur kleine Gegenstege ohne Folionummern: fol. 4 42x203 mm, fol. 5 68x202 mm, fol. 6 60x148 mm, fol. 7 178x161 mm, fol. 9 49x80 mm, Abb. 80 im Anhang.) Das Dokument liegt in restaurierter Form vor, wodurch verschiedene Parameter nicht mehr

---

853 HStA Marburg, Marburger Kammerschreiberrechnung 1485, Rechnungen I, 2/6; für diese Kammerschreiberrechnung finden sich Verweise zu Personen bei DEMANDT, 1981a, b unter den Nr. 32, 41, 690, 1185, 1224, 2152, 2434, 2572, 2640, 2665, 2815, 3123, 3211, 3344, 3361.

854 Pq für *postquam*; HStA Marburg, Marburger Kammerschreiberrechnung 1485, Rechnungen I, 2/6, fol. 44v.

erhoben werden konnten. Der Abstand der Kettdrähte beträgt ca. 30 mm mit ca. 11 Rippdrähten/cm. Die Seiten zeigen recto am unteren rechten Rand eine Bleistiftfoliierung. An Wasserzeichen findet man den Ochsenkopf mit dem Beizeichen des Tau (fol. 1, fol. 11) sowie den Dreiberg (fol. 10, fol. 14, Tab. 33 im Anhang).[855] Die Kammerschreiberrechnung enthält 127 Buchungen auf 13 Seiten. Summenbildungen wurden nicht beobachtet. Streichungen bzw. Korrekturen kamen in acht Fällen vor. Eine deutliche Trennung zwischen Einnahmen und Ausgaben besteht nicht.

3.2.9. Die Marburger Kammerschreiberrechnung 1499/1500

Die Marburger Kammerschreiberrechnung 1499/1500 (2/9) ist ein Dokument im Schmalfolioformat von ca. 320x110 mm, das aus 13 regulären Papierbogen (sieben in Lage 1 und sechs in Lage 2) mit zahlreichen eingesteckten oder eingebundenen Zetteln oder Teilblättern besteht, die in die Foliierung miteinbezogen sind. Lage 2 ist zwischen die Seiten 24 und 41 der ersten Lage eingebunden. Drei Zettel sind den beiden ineinander eingebundenen Lagen vorgesteckt: ein unregelmäßiges Seitenfragment von maximal 140 mm Höhe und insgesamt 20 mm Breite, dessen Vorderteil fol. 1 und dessen hinterer Teil fol. 42 darstellt. Fol. 2 misst 110x191 mm, fol. 3 ca. 150x150 mm (unregelmäßig). Weitere Teilblätter sind fol. 6 (150x60 mm), fol. 9 (33x80 mm), fol. 11 (110x105 mm), fol. 12 (206x107 mm), fol. 15 (160x30 mm), fol. 27 (210x75 mm), fol. 29 (111x115 mm), fol. 30 (100x40 mm). Das Manuskript endet mit dem vorgelegten Blatt fol. 42 (Abb. 81, 82 im Anhang). Demandt verweist auf 2/9 Bl. 44. Dieses ist zum heutigen Stande nicht vorhanden.[856] Die Papierstärke beträgt durchschnittlich 0,178±0,001 mm; der Abstand der Kettdrähte beträgt ca. 32 mm. Die Seiten zeigen recto am unteren rechten Rand eine neuzeitliche Bleistiftfoliierung. An Wasserzeichen findet man zwei verschiedene Versionen des Ochsenkopfes mit dem Beizeichen des Tau sowie auf fol. 41 eine Lilie (Tab. 34 und Abb. 154–156 im Anhang).[857] Der Teil mit den Einnahmen enthält 132

---

855 HStA Marburg, Marburger Kammerschreiberrechnung 1497, Rechnungen I, 2/8; für diese Kammerschreiberrechnung finden sich Verweise zu Personen bei DEMANDT, 1981a, b unter den Nr. 716, 1417, 1572, 1809, 2329, 2515, 2517, 2675, 2767, 2803, 3261, 3327; zur Symbolik des Tau s. SCHREINER, Klaus: Heilige Buchstaben, Texte und Bücher, die schützen, heilen und helfen. Formen und Funktionen mittelalterlicher Schriftmagie. In: Erika GERBER, Konrad EHRLICH, Jan-Dirk MÜLLER (HG): Materialität und Medialität von Schrift, Bielefeld 2002, S. 74–81.
856 DEMANDT, 1981a, Nr. 696, Fn 13.
857 HStA Marburg, Marburger Kammerschreiberrechnung 1499/1500, Rechnungen I, 2/9; für diese Kammerschreiberrechnung finden sich Verweise zu Personen bei DEMANDT, 1981a, b unter den Nr. 696, 3052, 3304 (alle bezogen auf 1499).

	Nr.	Jahr	B	B/Seite	B/S	Summen	S/Seite	Korr	%
Einnahmen	2_1	1476	146	5,41	3,84	38	1,36		
	2_1	1477	8	8,00	8,00	1	1,00		
	2_2	1477	131	5,95	5,24	25	1,14		
	2_2	1478	27	6,75	6,75	4	1,00		
	2_3	1478/79	101	5,05	5,32	19	0,95		
	2_5	1480/81	36	4,50	18,00	2	0,25	3	8,33
	2_6	1485	67	3,94		0	4	5,97	
	2_7	1486	181	5,02	5,17	35	0,92	1	0,55
	2_8	1497	15	7,50		0		2	13,3
	2_9	1499	132	6,00	9,43	14	0,64	18	13,64
	Gesamt		844	*5,31	*6,12	138	0,97	28	3,32

	Nr.	Jahr	B	B/Seite	B/S	Summen	S/Seite	Korr	%
Ausgaben	2_1	1476	576	6,33	5,49	105	1,13	3	0,52
	2_1	1477	121	8,64	8,64	14	1,00		
	2_2	1477	419	5,90	11,03	38	0,54	1	0,24
	2_2	1478	514	10,71	10,94	47	0,98	1	0,19
	2_3	1478/79	272	5,23	5,33	51	0,98	6	2,21
	2_4	1479	34	4,86	6,80	5	0,71		
	2_5	1480/81	376	5,22		3	0,04	12	3,19
	2_6	1485	432	5,76		0	21	4,86	
	2_7	1486	830	7,03	7,09	117	0,98	5	0,60
	2_8	1497	112	10,18		0	6	5,36	
	2_9	1499	91	9,10		0	2	2,20	
	Gesamt		3777	*6,64	*9,94	380	0,92	46	1,22

* Ohne Berücksichtigung der Jahre ohne Summenbildungen.

Tabelle 10 | Einnahmen und Ausgaben mit Buchungen (B), Summenbildungen (S) und Streichungen (Korr) in den hessischen Kammerschreiberrechnungen von 1476–1499, mit Angabe der Buchungen und Summenbildungen pro Seite, den Buchungen pro Summenbildungen sowie dem Anteil der Streichungen (%) an den Buchungseinträgen.

Buchungen auf 22 Seiten (6/Seite) und 14 Summenbildungen (0,6/Seite) sowie 18 Streichungen und Korrekturen. Bei den Einnahmen liegen 91 Buchungen (9,1/Seite) und zwei Streichungen auf zehn Seiten vor. Tabelle 10 gibt einen Überblick über die Anzahl der Buchungen, Summenbildungen und Streichungen in den verschiedenen Kammerschreiberrechnungen. Ein Vergleich der Buchungszahlen für Einnahmen und Ausgaben der Kammerschreiberrechnungen ist in Abb. 30 dargestellt. Die bereits erwähnte Sonderstellung der letzten Kammerschreiberrechnung vor dem Unfalltod Wilhelms III. wird an der geringen Anzahl von Buchungen und der besonders niedrigen Anzahl von Buchungen für Ausgaben deutlich. Eine durchgehende Tendenz bei der Entwicklung der Buchungsaktivitäten ist nicht erkennbar. Vergleicht man die Zahl der Buchungen pro Seite des Rechnungsbuches, so zeigt sich eine relative Stabilität mit Buchungszahlen von durchschnittlich 5,3 Buchungen pro Seite bei den Einnahmen und rund 6,6 Buchungen pro Seite für die Ausgaben. Offensichtlich hat der Kammerschreiber die wenigen Buchungen des Jahres 1499/1500 auf wenige Seiten konzentriert (Abb. 30).

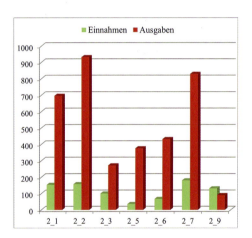 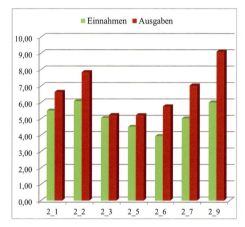

Abb. 30 | Vergleich der Anzahl der Buchungen für Einnahmen und Ausgaben in den Kammerschreiberrechnungen Oberhessens (ausgewählt wurden die Rechnungen mit nennenswerter Buchungsaktivität).

Abb. 31 | Vergleich der Anzahl der Buchungen pro Seite für Einnahmen und Ausgaben in den Kammerschreiberrechnungen Oberhessens (ausgewählt wurden die Rechnungen mit nennenswerter Buchungsaktivität).

3.2.10. Die Vormundschaftsrechnung für Landgraf Wilhelm den Jüngeren 1485

Die Vormundschaftsrechnung für Landgraf Wilhelm den Jüngeren (zu Marburg) 1485 (5/6) wurde durch den Kammerschreiber zu Marburg unter der Ägide des Erzbischofs Hermann von Köln, dem Vormund des Landgrafen, verfasst. Das Dokument liegt ebenfalls im Schmalfolioformat vor und besteht aus sieben Lagen mit insgesamt 90 Blättern. Das vordere Deckblatt ist stark beschädigt. Die Blätter tragen recto eine später angebrachte Foliierung mit Bleistift in arabischen Zahlzeichen in der rechten oberen Ecke beginnend mit 2 bei der ersten Lage, die mit zehn Doppelbogen ungewöhnlich stark ist.[858] Danach besteht das Dokument aus vier regelmäßigen Sexternionen, gefolgt von zwei Quinionen. Nach der Chroust'schen Lagenformel stellt es sich mit $X^{21} + 4VI^{69} + 2V^{90}$ dar. Das verwendete Papier weist Abstände der Kettdrähte von 24–32 mm mit ca. 11 Rippdrähten/cm auf. Die Papierstärke beträgt durchschnittlich 0,165±0,014 mm. Wasserzeichen finden sich auf 23 Doppelbögen. Am häufigsten vertreten ist das Motiv Krug (zwölf Blätter), die übrigen Wasserzeichen entfallen auf verschiedene Versionen des gotischen Buchstaben P (Tab. 39 und Abb. 91 und Abb. 166–170 im Anhang).

Fol. 2 als Deckblatt der ersten Lage trägt die Aufschrift *Anno Lxxxquito*. Die Tintenfarbe stellt sich braun dar. Der einführende Text auf fol. 3 führt wie in der Kammerschreiberrechnung von 1486 die beteiligten Personen von Hofmeister Dörnberg bis zum Kammerschreiber Fleck in derselben Reihenfolge auf und nennt dann den Kurfürsten und Erzbischof Hermann von Köln als Vormund des Landgrafen Wilhelm. Der Beginn des *Regysters* wird mit dem *Sonnabend nach Dreikönig* 1485 (8. Januar) und das Ende mit demselben Tag im folgenden Jahr (7. Januar 1486) angegeben. Von Fol. 4r. bis fol. 21r. sind die Einnahmen verzeichnet; auf fol. 21v. wird die Gesamtsumme der Einnahmen *summa summarum* mit 12.730 fl, 20 alb, 4 hl angegeben. Von fol. 22r. bis 67v. werden die Ausgaben aufgeführt; auf fol. 68r. wird als Gesamtsumme der Ausgaben 10.766½ fl, 15 alb, 3 hl aufgeführt. Auf fol. 70r. beginnen die Ausgaben für die Frankfurter Fastenmesse und auf fol. 80r. die der Herbstmesse.[859] Diese beiden Teile nehmen die beiden Quinionen am Ende des Dokumentes ein und könnten auch separat eingebunden worden sein. Der Aufbau der Vormundschaftsrechnung entspricht weitgehend dem der Kammerschreiberrechnung von 1486. Jede Seite mit Buchungen weist hier eine Summenbildung auf.

3.2.11. Die Rechnung des Rentmeisters zu Ziegenhain 1486

Die Rechnung „Rentmeister zu Ziegenhain" 1486 (119/3) besteht aus fünf Lagen im Schmalfolioformat (295x110 mm) mit 60 Seiten und einer doppelten Umschlagseite, die auf der Vorderseite nicht aufgeschnitten ist. Die Lagen 1–3 sowie die Lagen 4 und 5 sind zusammengebunden. Die durchschnittliche Papierstärke beträgt 0,169±0,016 mm. Fol. 66

---

858 HStA Marburg, Vormundschaftsrechnung für Landgraf Wilhelm d.J. 1485, Rechnungen I, 5/6; für diese Rechnung finden sich Verweise zu Personen bei DEMANDT, 1981a, b unter den Nr. 41, 638, 715, 1151, 1198, 1833, 3332.
859 Zu den Einkaufsrechnungen der Landgrafen von Hessen s. ROTHMANN, 1998, S. 500–505.

ist ein auf fol. 67 aufgeklebter Brief (215x210 mm). Der Beginn *uff Freitag nach Esto Mihi* (10. Februar 1486) und der Rentmeister Hans Hentze als Verfasser sind auf dem Deckblatt ausgewiesen. Die Folio-Nummerierung beginnt auf diesem Blatt mit der Zahl 64.[860] 27 Doppelblätter zeigen Wasserzeichen. Neben fünf Blättern mit dem auch in Marburg beobachteten Wasserzeichen P und einem Blatt mit dem Krugmotiv treten verschiedene andere Wasserzeichen auf: Ein Lilienkelch kommt auf 17 Blättern vor und ein Pokal mit vierblättriger Blume auf vier Blättern (Tab. 40 und Abb. 171–174 im Anhang).

3.2.12. Die Rechnung des Rentmeisters zu Frankenberg 1486

Die Rechnung des Rentmeisters zu Frankenberg 1486 (48/5) im Schmalfolio-Format von ca. 290x105 mm besteht aus einer einzelnen Quaternione von Papier-Doppelbogen.[861] Auf fol. 4r. findet sich ein Wasserzeichen P mit gespaltenem Schaft ohne Querstrich mit Dorn am Bogenende und einer vierblättrigen Blume ohne Stempel als Beizeichen. Ein weiteres Wasserzeichen P mit gespaltenem Schaft ohne Dorn am Bogenende, Bogen hinter dem Schaft und zweikonturigem Kreuz als Beizeichen konnte auf fol. 6r. beobachtet werden (Abb. 175 und 176 im Anhang). Die Rechnung wird in deutscher Sprache geführt, zeigt aber eine Präferenz für Abkürzungen und Datierungen in lateinischer Sprache, wie z.B. *3ᵃ pq* für *tertia postquam*.

3.3. Die Marburger Kammerschreiberrechnung 1486

3.3.1. Die Materialität des Dokuments

Die Marburger Kammerschreiberrechnung mit Frankfurter Messen 1486 (2/7) ist ein Dokument im Schmalfolioformat von ca. 295 mm Höhe und 107–110 mm Breite.[862] Es besteht aus zehn Lagen von drei bis sieben Doppelblättern Papier entsprechend sechs bis 14 Folia sowie einigen eingehefteten Zetteln oder Papierstreifen, die teilweise in die Folio-Nummerierung einbezogen wurden. Das Einheften von Papierzetteln oder Streifen mit zusätzlichen Informa-

---

860 HStA Marburg, Rentmeister zu Ziegenhain 1486, Rechnungen I, 119/3; für diese Rechnung finden sich Verweise zu Personen bei DEMANDT, 1981a, b unter den Nr. 683, 1457, 3309.
861 HStA Marburg, Rentmeister zu Frankenberg 1486, Rechnungen I, 48/5.
862 HStA Marburg, Marburger Kammerschreiberrechnung mit Frankfurter Messeregistern 1486, Rechnungen I, 2/7; für diese Kammerschreiberrechnung finden sich Verweise zu Personen bei DEMANDT, 1981a, b unter den Nr. 13, 84, 153, 157, 344, 420, 519, 740, 940, 1356, 1711, 1833, 1834, 1902, 1903, 2515, 2640, 2645, 2789, 2798, 2812, 2831. 2850, 3123, 3285, 3301, 3343, 3344.

tionen sowie von Quittungen oder Briefen ist eine bei Rechnungsbüchern häufige Erscheinung.[863] Eine Übersicht der Lagenstruktur ist in Abb. 32 dargestellt. Lage 1 und 10 sind Septernionen von sieben Doppelblättern, bei Lage 1 ist ein Zettel von ca. 30 mm Höhe zusätzlich eingebunden (fol. 7a/8). Die Lagen 2–7 basieren auf Sexternionen, in den Lagen 3 (fol. 32, ca. 110x90 mm), 4 (fol. 52, ca. 22x90 mm), 6 (fol. 67, ca. 32x138 mm) und 7 (fol. 89, ca. 146x104 mm) finden sich eingeheftete Zettel, die sämtlich deutlich kleiner sind als das Originalformat. Das zentrale Blatt der Lage 7 hat eine Seitenbreite von nur ca. 90 mm (fol. 84/85). Lage 8 besteht nur aus drei Doppelblättern (Ternio), was durch ihre Position als letzte Lage der Kammerschreiberrechnung vor den Messerechnungen erklärt werden könnte. Lage 9 zeigt fünf Doppelblätter und einem eingehefteten Zettel.[864] Die Gesamtstärke des Rechnungsbuches beträgt ca. 20 mm. Das Dokument zeigt daher in seinem Basis-Aufbau die Struktur von Sexternionen mit Lagen zu sechs Doppelblättern mit verschiedenen Variationen wie der Verstärkung um ein Doppelblatt zu Beginn und Ende und der Verwendung einer halben Lage (Abb. 32).

Die regulären Eintragungen erscheinen in sehr dunkelbrauner bis schwarzer Tinte ausgeführt. Die Recto-Seiten weisen bis fol. 7 oben und unten rechts eine übereinstimmende, nachträglich mit Bleistift aufgebrachte Folio-Nummerierung in arabischen Zahlen auf. Ein eingefügter schmaler Streifen wurde mit 7a (oben) und 8 (unten) gekennzeichnet, was für die folgenden Seiten eine unterschiedliche Nummerierung auslöste, die bis fol. 15, d.h. bis zum Ende der ersten Lage beibehalten wurde. Ab der zweiten Lage beginnend mit fol. 16 bis zum Ende bei fol. 122 ist nur noch die Nummerierung unten rechts vorhanden. Eine Besonderheit findet sich in der Kammerschreiberrechnung von 1486 in Bezug auf die Lagen: Am Ende bzw. Anfang der Lagen 3–8 steht am unteren Rand nahe dem Bindefalz eine zweistellige Ziffer in arabischen Zahlzeichen, beginnend mit *29* bei Lage 4, *39* bei Lage 5, *49* bei Lage 6, *59* bei Lage 7 und endend mit *69* am Ende der Lage 8.[865] Am Ende der Lage 3 auf fol. 40v. steht keine Zahl, sondern das Wort *prima*. Diese Eintragungen sind in Tinte ausgeführt, wobei die Zifferformen mit der Entstehungszeit der Kammerschreiberrechnung kompatibel sind. Eine spätere Hinzufügung kann aber nicht ausgeschlossen werden. Möglicherweise handelt es sich hier um eine ursprüngliche Nummerierung der Lagen, wobei die erste Zahl die Nummerierung und die zweite Ziffer 9 kein Zahlzeichen, sondern ein Verbindungszeichen darstellt.[866] Auf den anderen Lagen fehlen solche Angaben. Mit Aus-

---

863 STOLZ, 1957, S. 13.
864 Zu Lagen s. SCHNEIDER, Karin: Paläographie und Handschriftenkunde für Germanisten. Eine Einführung, 3. Aufl., Berlin 2014, S. 120 f.
865 HStA Marburg, Rechnungen I, 2/7, fol. 40v., 41r., 53v., 54r., 65v., 66r., 78v., 79r., 91v., 92r., 97v.
866 CAPPELLI, 2016, S. XXIV.

nahme dieser Zahlen finden sich in den Kammerschreiberrechnungen keine Angaben in arabischen Zahlzeichen, wenn man von der gelegentlichen Aufführung von Jahreszahlen auf den Titelseiten absieht, die aber vermutlich neuzeitlichen Ursprungs sind, da die arabischen Zifferformen sich hier deutlich neuzeitlich darstellen.[867] Die Kammerschreiberrechnung hat einen neuen Einband aus Karton sowie eine neue Fadenbindung mit vier Löchern erhalten. Das Schreibmaterial ist geschöpftes Papier, auf dem vier bis fünf vertikale Abdrücke der Kettdrähte der Schöpfform sichtbar sind. Für die Lagen 1–8 und 10 beträgt die durchschnittliche Papierstärke (60 Messwerte an unrestaurierten Blättern) 0,160±0,01mm mit 10–11 Rippdrähten/cm. Die Blätter der Lage 9 mit der Frankfurter Fastenmesse hatten eine deutlich höhere durchschnittliche Papierstärke von 0,200±0,009mm (6 Messwerte) mit 9 Rippdrähten/cm.

Auf 29 der Doppelseiten sind Wasserzeichen vorhanden (s. Tab. 32 und Abb. 145–153 im Anhang). Das am häufigsten anzutreffende Wasserzeichen ist nach der Klassifizierung von Piccard aus der Motivgruppe Buchstaben/Ziffern der freie Buchstabe P in seiner gotischen Form mit gespaltenem Schaftende ohne Schnörkel, mit dem Beizeichen der vierblättrigen Blume ohne Stempel, ohne weiteres Beizeichen. Von diesem Buchstaben kommen verschiedene Varianten vor, von denen sieben Typen in der Kammerschreiberrechnung von 1486 vertreten sind: Mit neun Papierbogen (fol. 33, 42, 44, 45, 57, 59, 109, 119, 121) am häufigsten fand sich das P mit Querstrich vor dem Schaft und mit Dorn am Bogenende (ähnlich Piccard XIII, Nr. 73, Utrecht 1485, Abb. 150 im Anhang).[868] Die Jahreszahl gibt dabei das erste Jahr mit einer Zuordnung dieses Wasserzeichens an.

Das P ohne Querstrich mit Dorn am Bogenende (ähnlich Piccard IX, Nr. 742, Geroldseck 1477, Abb. 149 im Anhang) wurde auf sechs Bogen gefunden (fol. 80, 81, 83, 94, 99, 100)[869], auf vier Bogen (fol. 17, 20, 29, 93) fand sich ein weiterer Typus des P ohne Querstrich mit Dorn (ähnlich Piccard DE4500-PO-110992, Poppelsdorf 1485, Abb. 146 im Anhang)[870] und auf drei Bogen ein weiteres Beispiel des P mit Querstrich vor dem Schaft und Dorn am Bogenende (fol. 41, 55, 115) (ähnlich Piccard XIII, Nr. 81, Freiburg 1488, Abb. 148 im Anhang).[871] Die Variante des P mit Querstrich ohne Dorn (ähnlich Piccard XII, Nr. 25,

---

867 S. zum Vergleich DEMANDT, 2006, S. 296.
868 PICCARD, Gerhard: Wasserzeichen Buchstabe P, Findbuch IV, Teil 1–3 der Wasserzeichenkartei Piccard im Hauptstaatsarchiv Stuttgart (Veröffentlichungen der staatlichen Archivverwaltung Stuttgart), Stuttgart 1977, Findbuch IV, 1, S. 122; IV, 3, S. 168.
869 PICCARD, 1977, Findbuch IV, 1, S. 86; IV, 3, S. 56.
870 Piccard-Online Referenznummer DE4500-PO-110992.
871 PICCARD, 1977, Findbuch IV, 1, S. 112; IV, 3, S. 205.

3. Die Landgrafen von Hessen   249

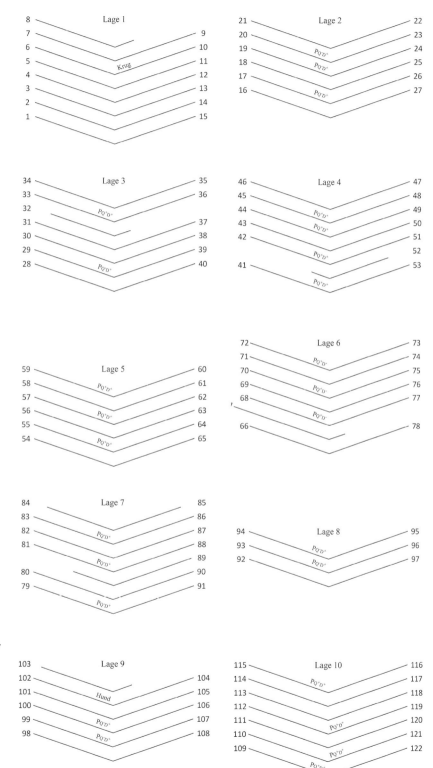

Abb. 32 | Darstellung der 10 Lagen der Kammerschreiberrechnung von 1486 mit Folio-Nummerierung und Angabe der Wasserzeichen (eingeschobene Seiten: fol. 8, 31, 52, 67, 89 und 103).

Mecheln 1485) kam auf zwei Bogen vor (fol. 70, 72, Abb. 147 im Anhang)[872]. Zwei weitere Varianten waren nur je einmal vertreten: P mit Querstrich ohne Dorn (fol. 68) (ähnlich Piccard XII, Nr. 100, Culemborg 1485, Abb. 151 im Anhang)[873] und P ohne Querstrich mit Dorn (fol. 19) (ähnlich Piccard VIII, Nr. 127, Brüssel 1482, Abb. 145 im Anhang).[874] Mit Ausnahme des Typus Piccard XIII, Nr. 81 von 1488 und Piccard VIII, Nr. 127 von 1489 wurden alle hier beschriebenen Wasserzeichen erstmals vor 1486 beobachtet.

Auf einem Bogen kommt aus der Motivgruppe Realien/Gefäße das Wasserzeichen Krug mit einfachem Deckel, zweikonturigem Henkel, einem mit Doppellinien versehenem Bauch und Deckel und einkonturigem Kreuz vor (fol. 10) (ähnlich Briquet Pot Nr. 12482 von 1474, mit dem Unterschied von Doppellinien).[875] Nach Briquet handelt es sich dabei um ein Mitglied großer und variantenreicher Familien von Wasserzeichen, das einen Zinnkrug mit einem Henkel darstellt und überwiegend in Frankreich verbreitet war.[876] Ebenfalls auf einem einzelnen Bogen (fol. 102) wurde aus der Motivgruppe Fauna/Vierfüßer die Figur Hund als ganze freie Figur um 90° gedreht ohne Beizeichen mit Halsband ohne Ring festgestellt (ähnlich Piccard VII, Nr. 1281, Abb. 153 im Anhang).[877]

Sämtliche der in der Kammerschreiberrechnung angetroffenen Wasserzeichen waren zwischen zwei Kettdrähten befestigt. Der Abstand der Kettdrähte variiert in den verschiedenen Lagen von 23–32 mm. Die Verteilung der Wasserzeichen ist in der Lagenanalyse dargestellt. In keiner der Lagen weisen alle Bogen ein Wasserzeichen auf. Nur in zwei der zehn Lagen zeigen die Bogen mit Wasserzeichen einheitlich dasselbe Wasserzeichen (Lage 1 und 6). Basierend auf den Zuordnungen nach Piccard entsprechen die verwendeten Papiere dem Entstehungszeitraum der Kammerschreiberrechnung. Für die Oberlahnsteiner Zollschreiberrechnungen konnte Volk den Wechsel in der Herkunft der meist auf der Frankfurter Messe eingekauften Papiere im Verlauf des 15. Jahrhunderts zeigen, der von Italien nach Nordfrankreich und ab den sechziger Jahren auch nach Südfrankreich stattfand.[878]

---

872 PICCARD, 1977, Findbuch IV, 1, S. 105; IV, 3, S. 166.
873 PICCARD, 1977, Findbuch IV, 1, S. 106; IV, 3, S. 170.
874 PICCARD, 1977, Findbuch IV, 1, S. 75; IV, 2, S. 278.
875 BRIQUET, Charles-Moïse: Les filigranes. Dictionnaire historique des marques du papier dès leur apparition vers 1282 jusqu'en 1600, Bd. 4: Watermark illustrations: nos. 7878–16112, Allan H. STEVENSON (HG): A facs. of the 1907 ed. with suppl. material, Amsterdam 1968.
876 BRIQUET, Charles-Moïse: Les filigranes. Dictionnaire historique des marques du papier dès leur apparition vers 1282 jusqu'en 1600, Bd. 2: Original Text (L–Z), Allan H. STEVENSON (HG): A facs. of the 1907 ed. with suppl. material, Amsterdam 1968, S. 624.
877 PICCARD, Gerhard: Wasserzeichen Verschiedene Vierfüßler, Findbuch XV, 3 der Wasserzeichenkartei Piccard im Hauptstaatsarchiv Stuttgart (Veröffentlichungen der staatlichen Archivverwaltung Stuttgart), Stuttgart 1987, VII Nr. 1281, S. 28, 238.
878 VOLK, Otto: Studien zum Schriftgut der mittelrheinischen Zölle im späten Mittelalter. In: Archiv für Diplomatik, 44, 1998, S. 104.

Die Eintragungen in der Kammerschreiberrechnung auf den regulären gebundenen Seiten folgen einem regelmäßigen Muster, bei denen Überschriften und Buchungstexte Kopfstege von ca. 13 mm, Bundstege von ca. 21 mm und Außenstege von ca. 23 mm einhalten. Die Buchungstexte beginnen mit einem als Ordnungselement verwendeten *Item*, das stets relativ knapp am rechten Rand beginnt. Häufig wird das erste *Item* eines Buchungsabschnittes mit einem oben spitz zulaufenden „*I*" ausgeführt wird, während die nachfolgenden *Item* bis zum Ende des Buchungsabschnittes mit einem weichen, geschwungenen „*I*" geschrieben werden (Abb. 33). Der Buchungstext schließt sich mit hängendem Einzug daran an.

Der Schriftspiegel der gesamten Eintragungen stellt sich daher fast linksbündig mit Kopfstegen und einem rechten Bund- bzw. Außensteg dar. Der Fußsteg ist bei unterschiedlicher Zahl der Buchungen variabel. Die Zahl der Zeilen variiert bei den Einnahmen von 2 bis 37 mit einem Mittelwert von 18,8 Zeilen pro Seite (SAW 7,1) und von 1 bis 40 bei den Ausgaben mit einem Mittelwert von 26,8 Zeilen pro Seite (SAW 6,4). Die Zahl der Zeilen pro Buchung war im Durchschnitt mit annähernd 4 bei Einnahmen und Ausgaben ähnlich.[879]

Die Schriftsprache ist Neuhochdeutsch mit verschiedenen Ähnlichkeiten zu thüringisch-ostmitteldeutschen Schreibgewohnheiten, wie z.B. das in vielen Nebensilben auftretende *i* statt *e (empfangin, ußgegebin, selbigin, Sonnabint)* sowie *cz* oder *zc* anstelle von *z (Erczbischof, Cziegenhain, Zcoll)*.[880]

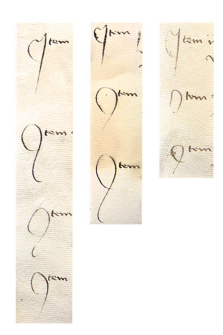

Abb. 33 | Ordnungselement *Item*: Ein *Item* pro Buchung, Absetzung des ersten *Item* eines Buchungsabschnittes, das mit einem oben spitz zulaufenden „*I*" ausgeführt wird, während die nachfolgenden *Item* bis zum nächsten Buchungsabschnitt mit einem weichen, geschwungenen „*I*" geschrieben werden (HStA Marburg, Marburger Kammerschreiberrechnung mit Frankfurter Messeregistern 1486, Rechnungen I, 2/7, fol. 29v. links, fol. 30r., fol. 21v. rechts; Aufnahmen Miller, 21.02.2019).

---

879 Zu Schriftspiegel s.a. RÖMER, Jürgen: Kürzungen in deutschsprachigen Texten. Ein Beispiel aus Schifenberg (14. Jahrhundert). In: Peter RÜCK (HG): Mabillons Spur. Zweiundzwanzig Miszellen aus dem Fachgebiet für Historische Hilfswissenschaften der Philipps-Universität Marburg. Zum 80. Geburtstag von Walter Heinemeyer, Marburg 1992, S. 136.

880 EGGERS, Hans: Deutsche Sprachgeschichte, Bd. 2, Das Frühneuhochdeutsche und das Neuhochdeutsche, Reinbek bei Hamburg 1986, S. 66.

3.3.2. Rechnungsbeginn

Lage 1 mit fol. 1–15 war beschädigt und wurde restauriert. Das Deckblatt fol. 1r. zeigt fünf Buchungen und die Jahreszahl 1486 in römischen Zahlzeichen, jedoch im Unterschied zu den meisten folgenden Seiten keine Summenbildung. Den eigentlichen Beginn des Rechnungsbuches stellt fol. 2r. mit einführenden Erläuterungen dar, die wegen ihrer Bedeutung transkribiert aufgeführt werden:

Item in diesem nachgeschriebenen Register findet man Innome und ußgiifft als wir benannten nemlich Hans von Doerngenberg Hofemeister Johann Schengke zu Sweinsberg marschalgk Volprecht zu Sweinsberg amptmann zu Rinfels Joh[hannes] Steyn Canzeler und Statthalder und Johannes Flegke Camersreiber von wegen des einwurdygsten Ingot Vaters Fürsten und Hern Hern Hermane Erczbischof zu Colne und Curfurste [unleserlich] unsers gnedigsten lieben Hern alß furemunder seiner fürstlichen gnaden vettern[881] *deß hochgeborenen Fürsten und Hern Hern Wilhelms Lantgraven zu Hessen, Graven zu Katzenelnbogin zu Dietz zu Cziegenhain und zu Nidde unsereß gnedigen Lieben Heren ingenommen und auch widder ußgegebin ham und ist solch register angefangen uf summa sint nach der heyligen Drei Konigtage anno dm millesimoquatrigentesimo octuagesimo sexto und besloßen worden uf den gute sonnabent sind anderen Jare dernach als man schrieb nach Cristus geburt Anno Domini Millesimoquadrigentesimo octuagentesimoseptimo und ist yeder guld vor xxxi albus angeslagin und gegeben worden und xiiii heller vor eynen albus gegebin.*

Die Kammerschreiberrechnung führt damit die im Jahre 1486 wesentlichen Akteure des Geschehens an der Spitze der landgräflichen Verwaltung auf, von denen Hofmeister, Marschall, Amtmann und Kanzler Mitglieder des Rates im engeren Sinne waren.[882] In der Reihenfolge, in der sie genannt werden, sind dies:

- Hofmeister Hans von Dörnberg. Der 1427 geborene Hans von Dörnberg war seit 1456 Amtmann in Ziegenhain und ist 1462 erstmals als Hofmeister im Dienst des Landgrafen Heinrichs III., des Vaters von Wilhelm III. nachweisbar. Er gewann in den folgenden

---

881 FRANZ, 2005, S. 36.
882 KRIEB, Steffen: Hessen, Landgrafschaft, Landgrafen von. In: Werner PARAVICINI (HG): Höfe und Residenzen im spätmittelalterlichen Reich 1: Ein dynastisch-topographisches Handbuch, Teilbd. 1, Dynastien und Höfe, Ostfildern 2003, S. 808 f.; nach GUNDLACH, 1931, S. 28 zählte auch der Küchenmeister zum Rat, dieser tritt aber weder in der Kammer- noch in der Hofmeisterrechnung in Erscheinung.

Jahren eine zentrale führende Stellung in Oberhessen („der heimliche Landgraf"), die er bis zum Ende des Jahrhunderts innehatte.[883] In dieser Zeit betrieb er zahlreiche innere Reformen und konnte auch im Äußeren die Stellung Hessens festigen. Neben den Interessen des Landgrafen scheint er stets auch sein eigenes Interesse verfolgt zu haben. *„Man mußte seine Freundschaft kaufen und wer am meisten gab, war am liebsten, aber nur solange, bis der nächste mehr schenkte."*[884] Die Vorgehensweise Dörnbergs kann aber auch unter dem Aspekt der „Patronage" betrachtet werden, die im Spätmittelalter eine Funktionsform fürstlicher Herrschaftsausübung und Administration darstellte und in einem auf Personengruppen beruhenden System akzeptiert war.[885] Er hatte seine Stellung bis zum Ende der Regentschaft von Wilhelm III. inne, begab sich aber unter dessen Nachfolger in das Reichsgebiet, um sich Ermittlungen wegen Untreue zu entziehen, da er im Rahmen von ähnlichen Ermittlungen gegen den abgesetzten Kammerschreiber Johannes Fleck ebenfalls in Verdacht geraten war. Ein geplanter Prozess, in dem weitere Punkte wie Hochverrat, Falschmünzerei und Rechtsbeugung im Raum standen, fand nicht statt. Bei diesem Vorgehen gegen von Dörnberg ist aber zu berücksichtigen, dass es eine erhebliche Verschuldung der Landgrafen gegenüber von Dörnberg sowie dessen Bruder und Vettern gab, deren Rückzahlung durch dessen Sturz fraglich wurde. Nach dem Tode von Dörnbergs im Exil leisteten dessen Erben im Jahre 1506 Ausgleichszahlungen in Höhe von 5.500 Gulden an Landgraf Wilhelm II.[886] Dörnberg hatte zahlreiche Familienverbindungen mit wichtigen Familien und war mit Schenck zu Schweinsberg verschwägert. Aus diesen Beziehungen heraus hatte er westlichen Anteil an der Organisation der Staatsschulden, deren Kapital überwiegend von Familien der Ritterschaft stammte.[887]

---

883 PHILIPPI, 1983, S. 47; KRIEB, Steffen: Hof und Residenzen der Landgrafen von Hessen im späten Mittelalter. In: Mitteilungen des Oberhessischen Geschichtsvereins Gießen, 87, 2002, S. 63; SCHEEPERS, Rajah: Regentin per Staatsstreich? Landgräfin Anna von Hessen (1485–1525), Königstein 2007, S. 55.
884 FUHS, 1995, S. 223.
885 FOUQUET, Gerhard: Haushalt und Hof, Stift und Adel. Bischof und Domkapitel zu Speyer um 1400. In: Thomas L. ZOTZ (HG): Fürstenhöfe und ihre Außenwelt. Aspekte gesellschaftlicher und kultureller Identität im deutschen Spätmittelalter, Würzburg 2004, S. 231; s.a. RABELER, Sven: Vertrauen und Gunst. Klientelismus am spätmittelalterlichen Hof. In: Jan HIRSCHBIEGEL, Werner PARAVICINI (HG): Der Fall des Günstlings. Hofparteien in Europa vom 13. bis zum 17. Jahrhundert, Ostfildern 2004, S. 41–63; MORAW, Peter: Organisation und Funktion von Verwaltung im ausgehenden Mittelalter (ca. 1350–1500). In: K. G. A. JESERICH, Hans POHL, Georg-Christoph von UNRUH (HG): Deutsche Verwaltungsgeschichte, Bd. 1, Vom Spätmittelalter bis zum Ende des Reiches, Stuttgart 1983, S. 29.
886 DEMANDT, 1981a, Nr. 501 (Hans von Dörnberg); s.a. GUNDLACH, Franz: Die hessischen Zentralbehörden von 1247 bis 1604, 3. Bd.: Dienerbuch (Veröffentlichungen der Historischen Kommission für Hessen und Waldeck 16), Marburg 1930, S. 325; GUNDLACH, 1931, S. 51–53; s.a. 6.1.
887 ZIMMERMANN, 1974, S. 269 f.

- Marschall Johann Schenck zu Schweinsberg der Jüngere. Als erfahrener Kriegsmann wurde Schenck 1473 Marschall des Landgrafen Heinrich III. und behielt diese Position auch nach dessen Tod bis zum Jahr 1499.[888] Am 27. November 1499 wurde er auf seine Bitte von Landgraf Wilhelm III. aus dem Marschallamt entlassen und für vier Jahre zum Rat ernannt.[889]
- Amtmann zu Rheinfels Volprecht zu Schweinsberg. Auch Volprecht begann seine Laufbahn Anfang der 70er Jahre, zunächst als Rat, dann als Haushofmeister. Nach dem Tod Heinrich III. wird er zu einem der Statthalter Oberhessens für den Erzbischof von Köln, der für den noch unmündigen Erben, seinen Vetter Wilhelm III., die Vormundschaft hat.[890]
- Kanzler und Statthalter Johannes Stein. Der Geistliche Stein war zunächst Küchenschreiber Heinrichs III. und kam 1471 in die Funktion des Kanzlers, die 1479 in eine eher unübliche Bestallung auf Lebenszeit mit umfangreicher Absicherung mündet. Er stand in engen Verbindungen zu Hofmeister von Dörnberg. Er übte die Funktion des Kanzlers bis 1489 aus und wurde dann zum Rat und Diener auf Lebenszeit ernannt. Im Dokument wird nur Stein als Statthalter bezeichnet, obwohl auch die drei zuvor genannten Personen zu dieser Zeit eine solche Funktion innehatten. Stein stirbt gegen Ende der Regierungszeit Wilhelms III.[891]
- Kammerschreiber Johannes Fleck. Erste Tätigkeiten als Schreiber sind für Fleck in Spangenberg als Rentschreiber und als Führer der Kriegskostenrechnung Hessens im Reichskrieg gegen Burgund nachweisbar. Ab 1476 wird er als Kammerschreiber zu Marburg genannt. Er hat diese Stellung bis 1500 inne. Über diesen langen Zeitraum ist er für die Erstellung der Kammerschreiberrechnungen sowie der Hofmeisterrechnungen zuständig. Es gibt in diesem Zusammenhang keine Hinweise auf eine eigenständige Schriftlichkeit der Landgrafen, wie sie z.B. für den Baseler Fürstbischof Johannes von Venningen bekannt ist. Da Wilhelm III. bei Übernahme des Amtes wegen seines jugendlichen Alters unter Vormundschaft stand, ist naheliegend, dass die Rechnungsführung deligiert war. Zu Zeiten seiner eigenverantwortlichen Regierungsführung wurde über sein geringes Interesse an den Amtsgeschäften berichtet, da er sich vorwiegend der Jagd widmete. Die Karriere von Johannes Fleck als Kammerschreiber fand nach dem plötzlichen Tod des Landgrafen ein unrühmliches Ende wegen Veruntreuung.[892] Fleck wurde bei der Rechnungslegung

---

888 DEMANDT, 1981b, Nr. 2636; s.a. GUNDLACH, 1930, S. 233, 326.
889 ZIMMERMANN, 1974, S. 326–328.
890 DEMANDT, 1981b, Nr. 2642; s.a. GUNDLACH, 1930, S. 235.
891 DEMANDT, 1981b, Nr. 2937; s.a. GUNDLACH, 1930, S. 326, GUNDLACH, 1931, S. 57 f.
892 DEMANDT, 1981a, Nr. 696; s.a. GUNDLACH, 1930, S. 330, im Original Papierdefekt bei „sreiber".

für das Jahr 1500 der Manipulation der Rechnung durch Herausreißen einzelner Seiten überführt und floh auf das Gebiet des Erzbischofs von Mainz.[893]

- Kurfürst Erzbischof Hermann von Köln, dritter Sohn Ludwigs I., Onkel Wilhelms III., dessen Vormund er vom 13. Januar 1483 bis zum 6. Mai 1489 wird.[894] Die Einsetzung von Hermann 1473 als Verweser des Erzstiftes Köln und später seine Wahl zum Erzbischof 1480 hatten die Beziehungen des Hauses Hessen zum Königtum erneuert.[895] Dies macht die Bestellung zum Vormund verständlich. Das Testament Heinrichs III. bestellten neben seinem Bruder Hermann auch Hans von Dörnberg, Johann Schenk zu Schweinsberg, Volpert Schenk zu Schweinsberg zu Rheinfels und Johann Stein zu Vormündern. Diese Aufgabe wurde aber nur von Erzbischof Hermann angenommen, der den anderen vier genannten Personen dann am 25. Januar 1483 als Statthaltern die Amtsgeschäfte in Oberhessen übertrug *(„Hans von Dornberg, Johann und Volpart Schencken und Johannes Stein in unserm abwesen fur unser anwalden und stathalder gesatzt …"),* die jährlich zur Fastenzeit Rechnung zu legen hatten.[896] Hermann reiste unmittelbar nach der Todesnachricht nach Marburg und übernahm schon am 25. Januar 1483 die Vormundschaft. Die Situation stellte sich für ihn günstig dar, da er dem Landgrafen erhebliche Mittel schuldete, deren Zurückzahlung er nun regulieren konnte.[897]
- Wilhelm III. der Jüngere, Landgraf zu Hessen, Graf zu Katzenelnbogen, zu Dietz, zu Ziegenhain und zu Nidda. Wilhelm war im Jahr der Erstellung der Kammerschreiberrechnung erst 15 Jahre alt und stand entsprechend den Vorgaben seines 1483 verstorbenen Vaters Heinrich III. bis 1489 unter der Vormundschaft seines Onkels, des Erzbischofs von Köln. Die Regierungszeit unter Vormundschaft begann 1483 mit einer ausführlichen Inventarisierung der vorhandenen Vermögenswerte in Form des als Testament des Landgrafen Heinrich III. bezeichneten Dokumentes.[898] Wilhelm III. verunglückt im Februar 1500 tödlich.[899]

---

893 GUNDLACH, 1930, 68 f., s.a. Kapitel: Der Aspekt der Veruntreuung im Rahmen der Rechnungsführung.
894 FRANZ, Eckhart G.: Das Haus Hessen. Eine europäische Familie, Stuttgart 2005, S. 33, 36. Wilhelm III. wurde bei seiner Mündigkeit am 06.05.1489 aus der Vormundschaft seines Onkels entlassen, s. Landgrafen-Regesten online Nr. 8301; URL: https://www.lagis-hessen.de/de/subjects/idrec/sn/lgr/id/8301 (letzter Zugriff: 6.10.2015).
895 FUHS, 1995, S. 217–221.
896 GUNDLACH, Franz: Die hessischen Zentralbehörden von 1247 bis 1604, 2. Bd.: Urkunden und Akten (Veröffentlichungen der Historischen Kommission für Hessen und Waldeck 16), Marburg 1932, Nr. 12; s.a. Regest 8301 wie oben; BABENDERERDE, Cornell: Sterben, Tod, Begräbnis und liturgisches Gedächtnis bei weltlichen Reichsfürsten des Spätmittelalters, Ostfildern 2006, S. 47.
897 FUHS, 1995, S. 217.
898 HHStA Wiesbaden 170 II, 1483 Testament des Landgrafen Heinrich III. von Hessen.
899 GUNDLACH, 1930, S. XIX; s.a. PHILIPPI, 1983, S. 49 f.

Die Kammerschreiberrechnung betrifft wie angegeben die Einnahmen und Ausgaben unter der Vormundschaft des Erzbischofs von Köln für den noch minderjährigen Landgrafen. Sie wurde begonnen nach dem Dreikönigstag (Freitag, 6. Januar) 1486 und wurde abgeschlossen am Sonnabend (Dreikönigstag) des nachfolgenden Jahres 1487, beide Jahre in voller lateinischer wörtlicher Benennung. Daran anschließend wird der Umrechnungskurs von 31 Albus für einen Gulden und von 14 Hellern für einen Albus angegeben.

3.3.3. Die Einnahmen

Von fol. 3r. bis fol. 22v. der Lagen 1 und 2 sind die Einnahmen der Landgrafen dargestellt. Fol. 2v., 5v., 8v. und 20v. enthalten keine Einträge, ebenso wie die letzten Seiten der Lage 2, fol. 23r. bis fol. 27v. Das entspricht 14 von 54 Seiten. Fol. 1v. und 2r. enthalten Text aber keine Buchungen.

Bei den 38 Seiten mit 181 Buchungen entfallen im Schnitt rund 4,76 Buchungen auf eine Seite mit insgesamt 35 Summenbildungen, d.h. fast jede Seite weist eine Summenbildung auf. Bei Betrachtung nur der wesentlichen Buchungen in Gulden, betrug die kleinste verbuchte Summe 30 fl (fol. 17r.), die größte Summe wurde mit 3.782 fl mit insgesamt sechs Zahlungseingängen eingetragen, darunter insbesondere 1.000 Gulden *empfangen von dem Rade zu Erffurt* und 2.000 Gulden aus Grünberg (fol. 4r.). Fünf Buchungssummen (14,7 %) lagen über 1.000 fl. Im Durchschnitt entfallen auf eine Buchungssumme 438 fl. Eine Übersicht der Buchungen und Teilsummen ist in Tabelle 41 im Anhang dargestellt. Im folgenden Text sind die auf den Seiten auftretenden Buchungsdaten von oben beginnend dargestellt und auf das Jahr 1486 bezogen. Eine Analyse der Buchungstermine erfolgt in einem gesonderten Kapitel.

3.3.3.1. Allgemeine Einnahmen (auch aus Kreditaufnahmen)

Fol. 3r.   steht unter der Überschrift *Gemaine uf nome*, womit wahrscheinlich allgemeine Einnahmen bezeichnet wurden.[900] Die Seite enthält fünf Buchungsabschnitte mit Buchungsdaten vom 19. Juni, 7. April, 7. April, 24. Juli und 26. Mai. Die fünfte (unterste) Buchung auf der Seite lautet *Item 130 gulden empfangen von Nyclaß dem zcollschrieber zu Gernßhaim*.[901] Die *Summa* der Seite wurde mit 176 Gulden, 10½ Albus, 3 Heller ausgewiesen, wobei die Summe der Gulden nicht korrekt berech-

---

[900] Die Buchung sämtlicher Kreditaufnahmen im Haushalt der Stadt Hall unter diesem Buchungsabschnitt ist belegt durch: KREIL, 1967, S. 39.
[901] DEMANDT, 1981a, Nr. 1711.

3. Die Landgrafen von Hessen 257

net wurde und 174 Gulden betragen sollte. Zur Genauigkeit der Rechenhaftigkeit wird auf Kapitel 3.3.5. verwiesen.

Fol. 3v. Zahlungen dieser Art setzen sich fort mit 300 fl *uf die zeit empfangen von Katzenelnbogen*, womit möglicherweise das vorangegangene Datum des 26. Mai gemeint war. Zwei weitere Buchungen erfolgten *von dem Rade zu Aldendorff* mit drei Datumsangaben vom 27. Juni, 11. November und 1. Mai. Die beiden untersten Buchungen sind mit 11. September und 12. September datiert. Die Buchung vom 11. September betrifft 4 Gulden *verteidigsgelde*, die von dem Juden Meyer entrichtet wurden.[902]

Fol. 4r. Die Seite beginnt mit drei datierten Zahlungen, zwei kleineren Beträgen von 10 fl durch *Den von Stußenbach* (Stausebach) am 27. Oktober, 12 fl 13½ alb von *Sant Gewer* (St. Goar) am 14. September und schließlich eine Zahlung von 150 Gulden durch *Jacobe dem Kelner zu Rinfels* am 15. Dezember. Zu letzterer Buchung existiert ein Beleg, mit dem der *Camerschrieber Johannes Flegke* den Empfang der 150 Gulden aus dem Verkauf von Korn quittiert.[903]

Darauf folgen Zahlungen ohne eine Datierung durch Städte und Einzelpersonen: *Rade zu Frangfurt, Rade zu Erffurt, Fronhusen, von eyn frauwin von Wettin, Anthoni meister zu Grunbergk*. Bei diesen Buchungen dürfte es sich um Kreditaufnahmen gehandelt haben. Nachzuweisen ist dies für die 2.000 Gulden, die der Präzeptor des Antoniterhauses zu Grünberg, Jakob Ebelson, dem Erzbischof von Köln als Vormund des Landgrafen Wilhelm III. mit Zustimmung der Statthalter gegen wiederkäufliche Überlassung des „*kleinen und großen Zehnt in Dorf und Feld zu Leihgestern*" leiht.[904] Da dieser Zehnt zum Witwenvermögen der Mutter des Landgrafen gehörte, wurde diesem auferlegt, seiner Mutter den Ausfall zu erstatten und bei Einlösung der Verpfändung wieder ihrem Vermögen zuzuführen. Diese Bestimmungen wurden in einem Vertrag vom 31. Juli 1486 festgelegt, der eine vierteljährliche Kündigung vor Walpurgis vorsah.[905] Die Buchungen auf dieser Seite stellen mit angegebenen 3.782 Gulden (korrekt gerechnet 3982 fl) die höchsten Einnahmen in der Kammerschreiberrechnung dar.

---

902 S.a. Quellen zur Geschichte der Juden im Hessischen Staatsarchiv Marburg 1267–1600, Bd. 1, bearb. v. Uta KRÜGER-LÖWENSTEIN, Wiesbaden 1989, Nr. 435.
903 HStA Marburg, Rechnungen I, 89/7 15.12.1486 Quittung Fleck (gefalteter Papierzettel ca. 198x82–96 mm).
904 DEMANDT, 1981a, Nr. 519.
905 Staatsarchiv Darmstadt, A 3 Leihgestern; Landgrafen-Regesten online Nr. 10307; URL: http://www.lagis-hessen.de/de/subjects/idrec/sn/lgr/id/10307 (letzter Zugriff: 17.02.2014).

Fol. 4v. führt auch allgemeine oder anonyme Zahlungen auf, wie von *eynem von Wettin*, *eynem manne von Melnauw* (Mellnau) oder mehrfach von den *mennern von* mit der Nennung von Orten: *Redenhusen*, (Reidenhausen), *Stußenbach* (Stausebach), *Limbach*. Die zweite Buchung von oben ist von besonderem Interesse, da sie mit *Item 50 gulden empfangen von dem Rade zu Molhusen* die Verbindung zwischen den exemplarischen Rechnungen der Landgrafen von Hessen und der Stadt Mühlhausen aufzeigt.

Fol. 5r. enthält drei Buchungen, davon zwei von Kellnern. Die des *Kelners zu Butzpach* von 60 fl ist auf *Stephani tagk* (26. Dezember) datiert.

Fol. 5v. enthält keine Einträge und stellt damit vermutlich auch einen Einschnitt bei der Darstellung der Einnahmen dar.

Die Reihenfolge der Einträge auf den einzelnen Seiten in diesem Abschnitt folgt nicht chronologisch den Terminen der verschiedenen Zahlungen.

3.3.3.2. Einnahmen aus den Ämtern

Ab fol. 6r. werden Einnahmen aus den Ämtern *(Uffnahme uß den empten)* mit der Nennung einzelner Orte und Personen und Zahlungsdaten aufgeführt. Diese Daten sind klar nach Orten gegliedert und die Einträge wurden strukturiert vorgenommen. Entweder wurde jedem Ort eine einzelne Seite zugewiesen oder die Einträge waren durch Leerräume getrennt:

Fol. 6r. *Nidda* (*Rentmeister*, Buchungsdaten 30.01. und 12.09.)

Fol. 6v. *Schotten* (2 Buchungen, davon eine am 12.09.) und *Ulrichstein* (*Rentmeister*, 12.09.)

Fol. 7r. *Romerode* (*Rentmeister Crystian zu Budingen*, 09.07., 24.08., 12.09.)

Fol. 7v. *Burken* (*Schultheis*, 2 Buchungen, Datum nicht lesbar) mit lat. Vermerk *eodem die*. *Russchenbergk* (*Rentmeister Wernher*, 13.06.)

In der Mitte der Lage 1 ist zwischen fol. 7v. und fol. 9r. ein schmaler Zettel von ca. 30 mm Breite eingeheftet, der die Summe von 5.819 fl, 11 alb, 1 hl ausweist. Addiert man die Summen der vorstehenden Seiten der Einnahmen, so ergibt sich mit 5.638 fl, 133½ alb eine Summe, die etwas von dieser Angabe abweicht.

Fol. 9r. *Rosenthal* (*Schultheis*, 13.06.) und
Battenbergk (*rentmeister Wedekinde*, 14.06. und 09.07.) fortgesetzt.

Für diesen Abschnitt der Buchungen ist für jede einzelne Seite ein chronologischer Ablauf der Einträge von oben nach unten feststellbar.

Fol. 9v. *Wettin* (*Rentmeister*, 14.06., 10.06., 08.07.)

Fol. 10r. *Blangkstein* (*Rentmeister*, 13.06., 04.04., 08.07., 30.07., 07.09.)

Fol. 10v. *Butzpach* (*Kelner*, 29.03., 12.09.)
Vacha (18.04.)

Fol. 11r. *Schonstein* (*Rentmeister Johannes Herdagen*, 14.05., halbe Seite leer)

Fol. 11v. *Aldenwylnau* (Altweilnau) (*Kelner*, 12.09.)
Darmstatt (*Hannes Milschopnin*, 12.09.)
Dietz (*Conan Inkil*, 12.09.)
Fol. 12r. *Dußeldorf* (*Andreas Romcken*, 14.02.)
Benßheim (*Niclas von Bubisheim*, 14.02.)
Limpurgk (*kelner Jacobe Regkil*, 18.02.)
Fol. 12v. *Hoenstein* (*Johannes Kesten, Lantschreiber zu Hoenstein*, 13.05.)
Hademar (*kelner*, 13.03., 26.08.)
Fol. 13r. *Rechenbergk* (*kelner Herman Ludewige*, 14.03.)
Bernbach (*kelner Cristian*, 15.03., 12.09.)

3.3.3.3. Zolleinnahmen

Fol. 13v. *Bopart* (*hern Thomas Dorne margepfenigk zu Bopart*, 14.03., 15.09.)
Rinfels (*empfangen von Sant Gewer Zcolschreiber*, 15.03.)
Fol. 14r. *Margephennigk zu Meincze* (*Johann von Carben*, 04.03., 12.09.)
Fol. 14v. *Zcol zu Sant gewer* (St. Goar bei Rheinfels, 22.03., 29.05., 15.09., 13.12.).[906]
Fol. 15r. *Gernßheim der Zcoll* (17.03., 26.05.) Für die fünfte bis siebte Buchung gibt es einen Beleg, der die Öffnung der Zollkiste zu Gernsheim im Beisein des Kammerschreibers, des Landschreibers und weiterer Personen am 26. Mai 1486 bestätigt. Es wurden 214 fl *an golde* (Rhein)-Zoll, 104 fl 6½ alb 5 hl an Karrenzoll verbucht (hier gibt es Diskrepanzen: Im Originalbeleg stehen *hundert fünffzehen guld* und die Transkription des Belegs durch Demandt erwähnt 114 fl). Es wird angegeben, dass von dieser Summe 18 fl in Gold vorlagen *und das andere in albus*. Die in der Kammerschreiberrechnung aufgeführten *naßauwschen thornosen* (Turnosen) sind ebenfalls im Beleg erwähnt, wenn auch mit einem leicht unterschiedlichen Betrag.[907] Bei diesen Turnosen handelte es sich um Anteile verwalteter Zollanteile.[908]
Fol. 15v. *Gernßheim der Zcol* (wiederholt, mit nur einem l) (19.12., zweimal gefolgt von *uf Die selbige zeit*, offensichtlich die Fortsetzung der vorangegangenen Seite).

---

906 Das Katzenelnbogener Rheinzollerbe 1479–1584, Bd. 1, Der Zoll zu St. Goar 1480–1538, bearb. v. Karl Ernst DEMANDT, Wiesbaden 1978, Nr. 17. Ein hoher Anteil der Erträge aus dem Rheinzoll bestand aus Goldgulden, weil es Pflicht für die Schiffer war, volle Guldenbeträge in Gold zu entrichten („güldener Rheinzoll").

907 HStA Marburg, Rechnungen I, 50/28, Öffnung der Zollkiste zu Gernsheim 26.05.1486 (Papierdokument ca. 213x175 mm, oberer Rand wellenförmig beschnitten, ohne Siegel); s.a. Das Schriftgut der landgräflich-hessischen Kanzlei im Mittelalter (vor 1517), Verzeichnis der Bestände. Teil 2: Rechnungen und Rechnungsbelege, Bd. 3, 1970, Nr. 1716 (Rechnung I 50/28).

908 VOLK, 1998, S. 98. Zur Entwicklung der Zolltarife am Rhein und der „Tornosenrechnung" s.a. MAULHARDT, 1980, S. 133 f.

Fol. 16r. steht unter der Überschrift: *Uffnome an Lant Zcollen* für

Trysa (13.05. und 17.10.)

Eysdorff (22.05. und 10.10.). Im Zusammenhang mit dieser Zollzahlung wird Hennchen von Treysa genannt.[909]

Alsfelt (unbestimmtes Datum)

Fol. 16v. *Hoenstein* (*uß dem zcollkastl zu Hoenstein, uf Sontagk nach Mauritii*).[910] *D e y d o r ff* (zcol), sowie drei weitere Buchungen *von dem zcolle*, zwei datiert *uf Iacobi* (25.07.)

3.3.3.4. Einnahmen aus Schlagschatz und Ungeld

Fol. 17r. Unter der Überschrift *Ufnahme an Slegeschatz* zu *Marpurgk* werden ohne Datierung sieben Zahlungen der Bäcker, Fleischhauer, Schmiede, Lohgerber, Leinweber, Schuhmacher und Wollweber verbucht. Ebenso wie auf den folgenden Seiten beziehen sich diese Buchungen auf *punt* und nicht auf Gulden, werden aber nach der Summenbildung auf jeder Seite in Gulden umgerechnet. Unter „Schlagschatz" ist hier eine Abgabe zu verstehen, die von den Zünften zu entrichten war.[911] Eine weit gebräuchlichere Bedeutung des Begriffes Schlagschatz ist der Münzgewinn des Münzherrn in Bezug auf den Edelmetall-Feingehalt oder eine Abgabe beim Edelmetallkauf.[912]

Fol. 18v. bis 20r. Auf diesen Seiten werden Zahlungen von Ungeld verbucht, die meist begleitet sind von Angaben zu den betreffenden *Fudern wins* und den abgabepflichtigen Personen. In der Regel ergibt sich aus den Aufzeichnungen ein Ungeld von 4 punt pro Fuder Wein. Verschiedene Personen wurden mehrfach genannt. Auf Fol. 21r. wird Weinungeld von Kirchhain auch über das vorangegangene Jahr erwähnt mit dem Vermerk: *abgezeichnet nemlich anno Lxxxv und sexto* erwähnt. Buchungsdaten: Fol. 18v.: 29.09. und 14.09., fol. 19v.: 28.12., fol. 21r.: *mitwochin nach Cruari*.

3.3.3.5. Einnahmen aus der Mai- und Herbstbede

Fol. 21v. *Meybede empfangen von: Mosschede* (Moischt), *den von Kaldern* (Caldern), *Eysdorf* (dabei könnte es sich um das bei den Bedeeinahmen von 1476 genannte Ebsdorf handeln)[913], *den von wymar* (Weimar a.d. Lahn), *den von Lare* (Lohra), *Cappel* (Kappel).

---

909 Kammerknecht Henne von Treysa, s. DEMANDT, 1981a, Nr. 41.
910 Zur Datierung von Mauricii oder Mauritii s. Quellen zur Rechtsgeschichte der Stadt Marburg, Bd. 2, 1931, S. 339.
911 ZIMMERMANN, 1974, S. 341; s.a. STEINFÜHRER, Henning: Die Leipziger Ratsbücher 1466–1500, Forschung und Edition, Leipzig 2003, S. LXII zu Schlägeschatz als spezifisch in Leipzig erhobene Ausschanksteuer.
912 HARMS, 1907, S. 180.
913 GUNDLACH, 1931, S. 68.

Fol. 22r. bei der *Herbstbede* sind die Buchungen in einer etwas anderen Reihenfolge registriert: von *den von Kaldern, Mosschede, den von Wymar, den von Lare, Cassel*. Mit 73½ fl 9 alb und 87 fl 12 alb unterscheiden sich die Gesamtsummen nur gering, wenn auch die Herbstbede wie für Mecklenburg als „große oder Herbst-Bede" beschrieben, einen höheren Betrag aufwies.[914]

Fol. 22v. weist „summa summarum" 15.512 fl 12 alb und 5 hl als Gesamtergebnis aus. Die Gesamtsumme aus allen in Tabelle 41 aufgeführten Teilsummen ergab mit 15.312½ fl, 11 alb, 5 hl eine etwas kleinere Gesamtsumme. Der Rest der Seiten bis zum Ende der Lage 2 enthält keine Einträge.[915]

Eine klare Chronologie der Buchungseinträge ist für den Abschnitt ab fol. 9v. im Gegensatz zu den Rückzahlungen davor nicht durchgängig feststellbar. Für einige Seiten ist dies gegeben, für andere nicht und manche wären kompatibel mit einer chronologischen Eintragung, wenn man von vorbereiteten, sukzessiv ergänzten Buchungsabschnitten auf einer Seite ausginge. Letzteres kann durch das einheitliche Schriftbild der Seiten ausgeschlossen werden.

3.3.3.6. Übersicht der Einnahmen

Der Einnahmenteil der Kammerschreiberrechnung von 1486 schließt auf fol. 22v. mit einer zusammenfassenden Summe von *15512 Gulden 12 albus und 5 heller* ab. Eine weitergehende Aufschlüsselung der Einnahmen außer den angegebenen Seitensummen erfolgte nicht. Die Analyse des Zahlenmaterials der Einnahmen zeigt sechs Hauptabschnitte mit folgendem Inhalt:

Allgemeine Einnahmen (gemeine Aufnahme)	4647½ fl	13 alb	2 hl[916]
Einnahmen aus Dienstgeld und Ämtern	4997½ fl	½ alb	3 hl[917]
Zolleinnahmen, einschl. Landzoll	5361½ fl	2½ alb	2 hl[918]
Einnahmen aus dem Schlagschatz zu Marburg	30 fl	8 alb	0 hl[919]
Einnahmen aus Ungeld (Wein)	614 fl	12 alb	1 hl[920]
Mai- und Herbstbede	161 fl	5½ alb	4 hl[921]

---

914 SCHMIDT, Roderich: Das historische Pommern. Personen – Orte – Ereignisse, Köln 2007, S. 569.
915 HStA Marburg, Marburger Kammerschreiberrechnung mit Frankfurter Messeregistern 1486, Rechnungen I, 2/7, fol. 1–22.
916 HStA Marburg, Marburger Kammerschreiberrechnung 1486, 2/7, fol. 3r.–5r.
917 HStA Marburg, Marburger Kammerschreiberrechnung 1486, 2/7, fol. 6r.–13r.
918 HStA Marburg, Marburger Kammerschreiberrechnung 1486, 2/7, fol. 13v.–16v.
919 HStA Marburg, Marburger Kammerschreiberrechnung 1486, 2/7, fol. 17r.
920 HStA Marburg, Marburger Kammerschreiberrechnung 1486, 2/7, fol. 17v.–21r.
921 HStA Marburg, Marburger Kammerschreiberrechnung 1486, 2/7, fol. 21v.–22r.

Die Einnahmen des landgräflichen Haushalts waren damit durch mehrere Gruppen beträchtlicher regelmäßiger Einnahmen gesichert. Eine geographische Übersicht der Einnahmen gibt Abb. 34. Eine Detailansicht Oberhessens aus dem Jahre 1603 zeigt Abb. 35. An erster Stelle standen die Einnahmen aus Zöllen, die sich für das Haus Hessen durch die Eingliederung der Grafschaft Katzenelnbogen mit ihren Einkünften aus dem Rheinzoll und Zoll von Gernsheim, Mainz, Bacharach, Kaub, St. Goar, Boppard, Braubach, Rhens, Oberlahnstein, Rolandseck, Linz, Bonn, Düsseldorf und Lobith erheblich verbessert hatten.[922]

Auch für andere herrschaftliche Einkünfte spielten Zölle eine wesentliche Rolle: Man kann davon ausgehen, dass die Einnahmen aus dem Rheinzoll zu Oberlahnstein die Steuereinnahmen aller rund 30 Städte des Erzbistums Mainz zusammen übertrafen.[923]

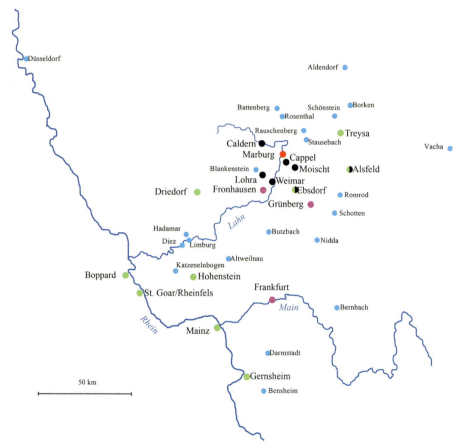

Abb. 34 | Herkunft der Einnahmen in der Kammerschreiberrechnung von 1486 (● Bede, ● Zoll, ● Zahlungen von Rentmeistern, Kellnern etc., ● Kreditaufnahmen, Marburg ist mit ● dargestellt). Nicht angegeben sind Kredite aus Wettin und Erfurt.

---

922 VOLK, 1998, S. 90; MAULHARDT, 1980, S. 9, 129.
923 Die Rechnungen der mainzischen Verwaltung in Oberlahnstein im Spätmittelalter, 1990, S. XXVII.

Vergleichbar hohe Einnahmen aus Regalien wurden auch für andere Landesherrschaften berichtet.[924] Zahlungen durch einen Zollschreiber finden sich ebenfalls unter den allgemeinen Einnahmen, sind dort aber nicht als Zoll vermerkt. Ob die Zuordnung zu den einzelnen Hauptabschnitten immer eingehalten wurde, kann nicht stets sicher nachvollzogen werden, scheint aber im Wesentlichen korrekt vorgenommen worden zu sein.

Name 1486			
Aldendorff	Altendorf	*Lare*	Lohra
Aldenwylnau	Altweilnau	*Limbach*	Limbach
Alsfelt	Alsfeld	*Limpurgk*	Limburg
Battenberk	Battenberg	*Marpurk*	Marburg
Bernbach	Bernbach	*Meincze*	Mainz
Benßheim	Bensheim	*Melnau*	Mellnau
Blangkstein	Blankenstein	*Molhusen*	Mühlhausen
Burken	Borken	*Mosschede*	Moischt
Butzpach	Butzbach	*Nidda*	Nidda
Kaldern	Caldern	*Rechenberk*	Rechenberg
Cappel	Kappel	*Redenhusen*	Reidenhausen
Darmstatt	Darmstadt	*Rinfels*	Rheinfels
Deydorff	Dierdorf	*Romerode*	Romrod
Dietz	Diez	*Rosenthal*	Rosental
Dußeldorf	Düsseldorf	*Russchenbergk*	Rauschenberg
Erffurt	Erfurt	*Sant Gewer*	Sankt Goar
Eysdorff	Ebsdorf ?	*Schonstein*	Schönstein
Frangfurt	Frankfurt	*Schotten*	Schotten
Fronhusen	Fronhausen	*Stußenbach*	Stausebach
Gernßhaim	Gernsheim	*Trysa*	Treysa
Grunbergk	Grünberg	*Ulrichstein*	Ulrichstein
Hademar	Hadamar	*Vacha*	Vacha
Hoenstein	Hohenstein	*Wettin*	Wettin
Katzenelnbogen	Katzenelnbogen	*Wymar*	Weimar Lahn

Tabelle 11 | In der Kammerschreiberrechnung von 1486 bei den Einnahmen genannte Städte.

---

924 DROEGE, 1971, S. 11.

Bei den an zweiter Stelle stehenden Einnahmen aus Dienstgeld der Rentmeister, Kellner und der Ämter aus verschiedenen Orten zeigte sich, dass diese Verpflichtungen flächendeckend in der Landgrafschaft bestanden (Tab. 11) und regelmäßig erfüllt wurden, oft zu einem Termin im Frühjahr und besonders häufig im September oder zu beiden Terminen. Die Zahlungen wurden durch Kellner (9 Nennungen), Rentmeister (8) oder seltener durch Schultheißen (2) oder Amtmann (1) geleistet.[925] Bei den allgemeinen Einnahmen handelte es sich zumindest zu wesentlichen Teilen um einmalige Zahlungen in Form von Kreditaufnahmen, wie im Falle der 2.000 Gulden aus Grünberg. Einen geringeren, aber zweifellos dauerhaften Anteil an den Einnahmen machten das Ungeld aus der Besteuerung der Weintransporte, Schlagschatz und die grundsteuerähnliche Bede aus.[926] Ein Vergleich mit der Struktur der Einnahmen im Jahre 1476 zeigt eine weitgehende Übereinstimmung der verschiedenen Hauptabschnitte bei den Buchungen. Bei den Einnahmen durch Zahlungen aus Orten hat sich in der Kammerschreiberberechnung von 1486 lediglich die Anzahl der genannten Ortschaften vermehrt.[927] Für einen adeligen Haushalt kann die Situation des Landgrafen von Hessen mit vergleichsweise geringer Kreditaufnahme als sehr solide beurteilt werden. Andere Beispiele aus dem Adel zeigen schwierige wirtschaftliche Verhältnisse, wie die des Konrad von Weinsberg, dessen Kreditaufnahme in den Jahren zwischen 1423 und 1446 durchschnittlich rund 49 % der Einnahmen ausmachte und der im Schnitt rund 78 % der Ausgaben für den Schuldendienst aufwandte.[928]

Die oben aufgeführte Zahlung durch den Rat von Mühlhausen könnte auf einem der zahlreichen Schutzverträge beruhen, die Mühlhausen zu seiner Absicherung wechselnd mit Landesfürsten schloss, wie zum Beispiel am 5. März 1447 mit Ludwig I. von Hessen und am 1. Mai 1451 mit Heinrich von Braunschweig. Nach dem Tod Herzog Wilhelms III. von Thüringen 1482 ging das Land an dessen Söhne Ernst (Kurfürst von Sachsen) und Albert. Mühlhausen war gezwungen, sich am 7. Januar 1483 unter die Schutzherrschaft Sachsens zu stellen.[929] Dies war mit einer jährlichen Abgabe von 400 Gulden und der Auflage von

---

925 Zu den verschiedenen Amtsbezeichnungen s. HESSE, 2005.
926 Zu Bede als Landessteuer s. WILLOWEIT, 1983, S. 74.
927 GUNDLACH, 1931, S. 68 f.
928 FUHRMANN, Bernd: Konrad von Weinsberg. Facetten eines adligen Lebens in der ersten Hälfte des 15. Jahrhunderts, Herne 2010, S. 114.
929 GEBSER, Wilhelm: Bündnisse, Schutz- und Dienstverträge der Städte Erfurt, Mühlhausen, Nordhausen, Göttingen 1909, S. 27, 30; s.a. STREICH, Brigitte: Die Wettiner, ihre Bündnisse und ihre Territorialpolitik in der zweiten Hälfte des 15. Jahrhunderts. In: Andreas TACKE (HG): Kontinuität und Zäsur. Ernst von Wettin und Albrecht von Brandenburg, Göttingen 2005, S. 28; MÜLLER, Thomas T.: Ein ehrbarer Rat, entlaufene Mönche und streitbare Weiber. Zu den reformatorischen Bestrebungen in der Reichsstadt Mühlhausen in Thüringen bis zum Jahr 1525. In: Joachim EMIG, Volker LEPPIN, Uwe SCHIRMER (HG): Vor- und Frühreformation in thüringischen Städten (1470–1525/30), Köln 2013, S. 144.

Heeresfolge verbunden.⁹³⁰ Günstiger war der Vertrag mit Landgraf Wilhelm dem Mittleren von Niederhessen vom 16. August 1496, der die Stadt Mühlhausen gegen Zahlung von 100 fl jährlich für die nächsten zehn Jahre unter seinen Schutz nahm.⁹³¹

Abb. 35 | „Hassiae descriptio" von Peter Bertius, *Tabularum Geographicarum Contractarum*, Amsterdam 1603.

3.3.4. Die Ausgaben

Mit Beginn der Lage 3 werden ab fol. 28r. Ausgaben verbucht. Diese nehmen den wesentlichen Teil des Rechnungsbuches ein. Der Ausgabenteil besteht aus insgesamt sechs Lagen und 140 Seiten, von denen 119 Buchungen und drei weitere Eintragungen aufweisen.

---

930 LUDOLPHY, Ingetraut: Friedrich der Weise: Kurfürst von Sachsen 1463–1525, Leipzig 2006, S. 248 f.
931 Regesten der Landgrafen von Hessen. Zweiter Bd.: Regesten der landgräflichen Kopiare (Veröffentlichungen der Historischen Kommission für Hessen 6), bearb. v. Karl E. DEMANDT, Marburg 1990, Erster Teil, Nr. 1065; zur territorialen Entwicklung Hessens s.a. PLETSCH, Alfred: Einheit in der Vielfalt – Vielfalt in der Einheit – Hessen aus geographischer Sicht. In: Walter HEINEMEYER (HG): Hundert Jahre Historische Kommission für Hessen 1897–1997, Marburg 1997, S. 9–11; s.a. NEBELSIECK, Heinrich: Reformationsgeschichte der Stadt Mühlhausen i.Th. In: Zeitschrift des Vereins für Kirchengeschichte in der Provinz Sachsen, 1, 1904, S. 63 f.

117 der 119 der Seiten mit Buchungen enthalten eine (einzige) Summenbildung. Die Gesamtzahl der Buchungen beträgt 830; damit entfallen im Durchschnitt sieben Buchungen auf eine Seite. Bei den Buchungssummen überwiegen kleine Beträge bis zu 12 Gulden. Nur 10 % der Summen liegen über 100 fl; 2,6 % betreffen Beträge über 1000 fl. Die Strukturierung der Verbuchung unter den einzelnen Punkten der Ausgaben ist teilweise relativ unspezifisch gehalten.

3.3.4.1. Gemeyne ußgiifft – Allgemeine Ausgaben

Unter dieser Überschrift sind Buchungen zu verschiedensten Ausgaben zusammengefasst, wobei keine durchgehend thematische Gliederung nachvollziehbar ist. Fol. 28r. beginnt mit der Buchung von 12 fl an die Hofmeisterin Anna von Windhausen *„der Winthuse"*.[932] Unter den Buchungen der folgenden Seiten finden sich besonders Ausgaben für Stoffe, Bekleidung und Schuhe, wie z.B. *„1,5 fl swartztuch mynem gnedigen hern zu eynem mantel"*, 11 Ellen Weißfuttertuch, rotes Garn für Quasten, 1,5 fl für schwarzes Tuch für Hosen des Landgrafen sowie eine Zahlung an den Hutmacher für acht rote Hüte für den Landgrafen *„und seiner Gnaden Knaben"*.[933] Eine Zusammenstellung diverser Ausgaben an den Schuhmacher für etwas mehr als 2fl, aber ohne Summenbildung, befindet sich auf dem eingeschobenen Zettel (fol. 32r.): *„Item myn gnedigen her 1 par lerssen* (Reithosen oder Stiefel) *und ain koller vor 21 reder albus, Item 4 par knaben lerssen und [unleserlich] 1 koller so eyn par vor 18 reder albus, Item Ludwig 1 koller vor 3 albus, Item dem Schulmeystrer eyn par lerssen und eyn par schue myt doppeln soln vor 24 reder albus, Item Hanß Snyder 1 par schue hoch und stargk vor 6 reder albus, Item Wybbelhennchen knecht 1 par starker holzn schu vor 5 reder albus."*[934]

Auf einer Seite davor wird eine Zahlung von 146 fl an Ludwig zum Paradies für Reisekosten und ein Pferd verbucht.[935] Eine weitere Buchung von 46½ fl wurde für den zweiten Hofmeister Hermann Hun von Ellershausen für eine Reise gemeinsam mit dem Marschall zum *„Kayserlichen tage"* nach Frankfurt notiert.[936] Da an späterer Stelle die Ausgaben für

---

[932] DEMANDT, 1981b, Nr. 3388.
[933] HStA Marburg, Marburger Kammerschreiberrechnung 1486, 2/7, fol. 28rv., 29r.
[934] HStA Marburg, Marburger Kammerschreiberrechnung 1486, 2/7, fol. 32r; DEMANDT 1981b, Nr. 3332; zu Räderalbus (reder albus) s. METZ, 1990, S. 44 f.
[935] DEMANDT, 1981a, Nr. 2223.
[936] HStA Marburg, Marburger Kammerschreiberrechnung 1486, 2/7, fol. 30v; s.a. DEMANDT, 1981a, Nr. 1371; GUNDLACH, 1931, S. 55 f. (Hermann Hun v. E. wird ab 1480 als zweiter Hofmeister genannt, möglicherweise wurde diese zusätzliche Position im Zuge der Eingliederung von Katzenelnbogen geschaffen; er wird auch als „Prinzenhofmeister und Erzieher" benannt); s. VOLK, Otto: Wigand Gerstenberg, Landgraf Wilhelm III. und Hans von Dörnberg. In: Ursula BRAASCH-SCHWERSMANN, Axel HALLE (HG): Wigand Gerstenberg von Frankenberg 1457–1522. Die Bilder aus seinen Chroniken, Thüringen und Hessen, Stadt Frankenberg, Marburg 2007, S. 17.

dieses Großereignis breiten Raum einnehmen, ist die Auflistung der Kosten an dieser Stelle ungewöhnlich. Weitere Reisekosten, unter anderem für den Kanzler mit vier Pferden und einem Knecht sowie dem „*vettern*" für eine Reise nach Rüsselsheim, finden sich drei Seiten später.[937]

Vor und nach dieser Seite mit Reisekosten werden Arbeitslöhne notiert. Mehrere Buchungen betreffen Arbeiten auf dem Schloss für Handwerker und Knechte für jeweils 15 Tage.[938] Es folgen Arbeiten von Meister Johann dem Polen zu Ziegenhain, Gelder für Hufbeschlag und die Bezahlung von bis zu 79 Arbeitstagen, die im vergangenen Sommer oder Winter in der Kanzlei geleistet wurden, sowie vereinzelt die Bezahlung von Sachleistungen.[939]

Der wesentliche (dritte) Buchungsvorgang der nächsten Seite war eine Zahlung von 1.000 Gulden an den Markgrafen von Baden. Im der Kammerschreiberrechnung ist diese Zahlung mit dem Vermerk „*uf die gute zeit*" eingetragen, womit vermutlich die Pünktlichkeit der Rückzahlung gemeint war. Zu dieser Rückzahlung gibt es eine Urkunde des Markgrafen von Baden vom 17. März 1486 mit genauen Regelungen für die Rückzahlung.[940] Die erste und zweite Buchung auf dieser Seite standen mit dieser Rückzahlung im Zusammenhang: Zuerst wurden 1½ fl für Verzehr des Kammerschreibers an drei Tagen zu Frankfurt erstattet, als dieser sich dort aufhielt, um die Zahlung an den Markgrafen vorzubereiten. Dazu musste er *siebenzig* von diesen Gulden, die in alten Hellern vorlagen und aus dem Karrenzoll zu Gernsheim stammten, in Gulden wechseln. In der nächsten Buchung sind dazu 20 Albus *zu ufgelde* aufgeführt, die für diese Transaktion zum Kurs von zwei alten Hellern pro Gulden gezahlt wurden. In der Vormundschaftsrechnung von 1485 findet sich die entsprechende Zahlung von 1.000 Gulden an den Markgrafen von Baden im Abrechnungsteil der Frankfurter Fastenmesse.[941] Die letzte Buchung auf dieser Seite bezieht sich auf 20 alb Weißtuch *den Jungfern unter die Harraß zu futtern*.[942] Dies ist ein weiteres Beispiel für die oft willkürliche erscheinende Zusammenstellung der Buchungen.

---

937 HStA Marburg, Marburger Kammerschreiberrechnung 1486, 2/7, fol. 33v.
938 HStA Marburg, Marburger Kammerschreiberrechnung 1486, 2/7, fol. 33r.
939 HStA Marburg, Marburger Kammerschreiberrechnung1486, 2/7, fol. 34r.–35v.; s.a. Johann der Pole bei DEMANDT, 1981a, Nr. 1457.
940 HStA Marburg, Urk. 1, Nr. 1793, 17. März 1486.
941 HStA Marburg, Vormundschaftsrechnung für Landgraf Wilhelm d.J. 1485, Rechnungen I, 5/6, fol. 75v.
942 HStA Marburg, Marburger Kammerschreiberrechnung 1486, 2/7, fol. 36r; Harras (grober Wollstoff), s. BOSHOF, Heidrun E.: Fest und Alltag in einem spätmittelalterlichen Damenstift. Das Reichsstift Obermünster in Regensburg im Spiegel seiner Rechnungen. In: Paul MAI, Karl HAUSBERGER (HG): Reichsstift Obermünster in Regensburg einst und heute, Regensburg 2008, S. 237.

Auf den nächsten Seiten werden unter anderem der Lohn für zahlreiche Arbeitsleistungen verbucht: *Abelonunge … der Stynmetzen* mit sieben Buchungen für je 15 Tage Arbeit[943] und *Abelonunge der tageloner uf dem sloße zu Marpurg von Visitationis Marie an byß Vincula Petri*, mit neun folgenden Buchungen über 23 Tage, *den Tag 1 thorns*.[944] Bemerkenswert ist, dass diese Arbeitsleistungen mit einem Groschen (turnois) entgolten wurden. Der nächste Abschnitt zur Entlohnung für Arbeitsleistung mit der Überschrift *Abelonunge der steynmetzen von sonnabent nach Viti an byß uf sonnabent nach Vincula Petri* zählt neun Buchungen für zwölf bis 28 Arbeitstage auf, mit einem zwischen 3 Albus und einem Groschen pro Tag wechselnden Lohn.[945]

Die folgenden Zahlungen werden an *Johannes Swanden*, den Schultheißen zu Kirchhain geleistet.[946] Hintergrund war ein Aufenthalt des Marschalls Johannes Schenck, Sittich von Berlepsch, Apel von Grüßen, dem Amtmann von Rheinfels Volprecht Schenck zu Schweinsberg, Dr. Ludewig und anderen bei der Regelung strittiger Grenzfragen zwischen Hessen und Mainz im August 1486.[947] Der Verzehr der Herren schlug mit annähernd 30 Gulden zu Buche.[948]

Unter den Buchungen der folgenden Seite finden sich Zahlungen an den Tuchmeister zu Weißenfeld, den Rentmeister zu Ziegenhain und für eine Beförderungspanne der damaligen Zeit: „*8 alb mynem Knechte alß er hindere mir blyb zu Frangfurt mit eym lamen perde uf Bartolomei alß ich zu Gernßheim was gewest und zu Gerauw*".[949]

Nach diversen Ausgaben, u.a. 2 fl an Paulus Cabil für 23 Ellen Weißtuch und 2 fl an Hanse Sattler für einen Sattel, folgt wieder eine Serie von sieben Buchungen für „*Abelonunge der menner uf dem sloße uf freitagk Michaelis tag von sonabent nach Vincula an*" (5. August bis 29. September) über 29 bis 34 Arbeitstage und einen Lohn von 3 alb pro Tag. Unter einer weiteren Teilüberschrift *Uff Die selbige zeit* folgen neun weitere derartige Buchungen über meist 33½ Tage Arbeitsleistung mit Nennung verschiedener Empfänger sowie zwei andere Buchungen, davon eine für Paulus den Boten.[950]

Die nächste Überschrift betrifft Ausgaben der Kanzlei mit neun Buchungen über geringfügige Beträge von insgesamt rund 3½ fl meist für Arbeitsleistungen, z.B. für eine defekte Türe der Kanzlei.[951]

---

943 HStA Marburg, Marburger Kammerschreiberrechnung 1486, 2/7, fol. 37r.
944 HStA Marburg, Marburger Kammerschreiberrechnung 1486, 2/7, fol. 38v., 39r.
945 HStA Marburg, Marburger Kammerschreiberrechnung 1486, 2/7, fol. 39v.
946 DEMANDT, 1981b, Nr. 2812.
947 DEMANDT, 1981b, Nr. 2223.
948 HStA Marburg, Marburger Kammerschreiberrechnung 1486, 2/7, fol. 40r.
949 HStA Marburg, Marburger Kammerschreiberrechnung 1486, 2/7, fol. 40v.
950 HStA Marburg, Marburger Kammerschreiberrechnung 1486, 2/7, fol. 40v.–43r.
951 HStA Marburg, Marburger Kammerschreiberrechnung 1486, 2/7, fol. 43r.–43v.

Auf fol. 44r. erscheinen ohne neue Überschrift erneut allgemeine, nicht der Kanzlei zuzuordnende Ausgaben wie z.B. für Ausgaben im Zusammenhang mit dem Einsatz des Apel von Grüssen in Geroldseck.[952] Daran anschließend findet sich ein Abschnitt von neun Buchungen über Arbeitsleistungen für das Treiben von Ochsen nach Hohenstein sowie das Hüten dieser Ochsen für einen Zeitraum von vier bis sechs Wochen und einigen Tagen.[953] Diese Buchungen über insgesamt rund 22 Gulden stehen wahrscheinlich im Zusammenhang mit dem Ochsenankauf durch den Rentschreiber.[954] Eine Verteilung der Ochsen auf die verschiedenen Ämter, wie von Zimmermann beschrieben, kann anhand der Kammerschreiberrechnung nicht belegt werde, da alleine der Ort Hohenstein erwähnt wurde.[955]

Buchungen für Arbeitsleistung setzen sich auf den nächsten drei Seiten fort: *Abelonung der menner uf dem Sloße uf Sonabent Sant Gallen abent*, mit 16 Buchungen über 16 Tage, z.B. an Paulus von Wettin und Hans von Rosental, und von fünf Buchungen über fünf Arbeitstage.[956]

Unter der Überschrift *Hunegke* (Hauneck) werden auf der nächsten Seite zwei Zahlungen an *Crystofeln*, den Zentgrafen zu Neukirchen für Arbeiten verbucht, die im letzten Winter geleistet wurden.[957] Ähnliche Zahlungen finden sich auf der unteren Hälfte der Seite für den Ort Friedewald. Insgesamt werden rund 124 Gulden verbucht und eine korrekte Gesamtsumme ausgewiesen.[958] Die Buchungen für diese beiden Orte setzen sich auf der Folgeseite fort mit vier Buchungen für Steinmetzarbeiten und Lohn für Fuhrknechte von Ziegenhain zu 73½, 261, 51 und 73 Gulden. Während die kleinen Heller- und Albusbeträge korrekt addiert sind, wird die Endsumme mit 258½ fl angegeben, d.h. es werden exakt 200 Gulden zu wenig ausgewiesen.[959]

Arbeitslöhne werden auch unter der Überschrift *Wulkersdorff* (Jagdschloss Wolkersdorff) mit sechs Einträgen auf fol. 47v. und drei Einträgen auf fol. 48r. mit insgesamt rund 71 fl verbucht.[960]

Die folgenden Buchungen auf fol. 48r. bis fol. 49r. unten betreffen Ausgaben für roten, grauen und schwarzen Zwillich sowie Schneiderkosten, Zehrung des Küchenschreibers,

---

952 DEMANDT, 1981a, Nr. 940.
953 HStA Marburg, Marburger Kammerschreiberrechnung 1486, 2/7, fol. 44r.–44v.
954 HStA Marburg, Marburger Kammerschreiberrechnung 1486, 2/7, fol. 55v.
955 ZIMMERMANN, 1974, S. 283.
956 HStA Marburg, Marburger Kammerschreiberrechnung 1486, 2/7, fol. 45r.–46r.
957 Zum Wiederaufbau der zerstörten Burg Hunecke durch den Landgrafen s. NEUBER, Harald: Beiträge zur Geschichte der Burg Hauneck im Spätmittelalter. In: Zeitschrift des Vereins für Hessische Geschichte und Landeskunde, 103, 1998, S. 30 f.
958 DEMANDT, 1981a, Nr. 1597; HStA Marburg, Marburger Kammerschreiberrechnung 1486, 2/7, fol. 46v.
959 HStA Marburg, Marburger Kammerschreiberrechnung 1486, 2/7, fol. 47r.
960 HStA Marburg, Marburger Kammerschreiberrechnung 1486, 2/7, fol. 47v.–48r.

Weißfuttertuch, Hosen und Schuhe.[961] Die ersten drei Buchungen der folgenden Seite sind Reisekosten, danach zwei Buchungen für den Hofmeister mit 46 Gulden. Die letzten beiden Buchungen dieser Seite und die gesamte nachfolgende Seite sowie vier Buchungen auf fol. 50v. betreffen wieder Arbeitslöhne.[962] Daran schließen sich vier Zahlungen an Amtspersonen in St. Goar an, darunter der Vogt und der Zollschreiber Dietrich von Weimar und weitere allgemeine Ausgaben.[963]

Fol. 51v. nimmt mit seinen Buchungen eine Sonderstellung ein. Die obersten Buchungen sind durch Beschädigung nicht vollständig lesbar. Die erste Buchung über 35 Gulden betraf den Markgrafen Albrecht von Brandenburg. Die zweite Buchung über 218 Gulden, *„getham zu den Gulden als myn gnediger here Der Koniglichen maiestat gelegen …"*, könnte im Zusammenhang mit der späteren Buchung betreffend die „königliche Angelegenheit" stehen (s.u.). Es folgt eine Zahlung über 38 Gulden an den Rentmeister von Ziegenhain, *„den polen zu geleit"*. In der vierten Buchung schickt der Hofmeister für Kosten von 95 Gulden gen Friedewald und Hauneck. Dabei wurde zur Datumsangabe von Mittwoch nach Ostern ausnahmsweise die Jahreszahl 86 mit angegeben. Danach folgt eine kleine Buchung von 9 fl für ein Pferd, um *myne gnedigen frauwen* in einem Wagen nach Gießen zu fahren.

Die bedeutendste Buchung dieser Seite erfolgte mit 2.100 Gulden *als myn gnediger here auch der koniglichen angelegenhait*. Dabei dürfte es sich um Zahlungen handeln, zu denen der Landgraf im Zusammenhang mit dem Reichstag in Frankfurt und der Königswahl, z.B. für die Aufrechterhaltung seiner Lehen, verpflichtet war. Zu Beginn des Jahres 1486 hatte es Vereinbarungen zwischen Erzherzog Maximilian und dem Vormund des Landgrafen, dem Erzbischof Hermann von Köln, gegeben, nach der Maximilian nach seiner Wahl zum König die Bestätigung der Privilegien des Erzbischofs, den Verzicht auf burgundische Ansprüche in Bezug auf Köln, die Unterstützung des Erzbischofs in Konflikten sowie die Leitung der Reichskanzlei für Italien zusicherte. Es wird vermutet, dass es in diesem Zusammenhang auch eine mündliche Zusage zur Belehnung Wilhelms III. gab, die der Erzbischof seit längerem angestrebt hatte. Interessant ist in diesem Zusammenhang ein Geldgeschenk in der beträchtlichen Höhe von 3.333½ rheinischen Gulden durch Maximilian an den Statthalter des Erzbischofs in Hessen, den Hofmeister Hans Dörnberg, in dem man eine Vermittlungsprovision sehen kann.[964] Vor diesem Hintergrund wird verständlich, dass 1486 der Wahleid

---

961 HStA Marburg, Marburger Kammerschreiberrechnung 1486, 2/7, fol. 48r.–49r.
962 HStA Marburg, Marburger Kammerschreiberrechnung 1486, 2/7, fol. 49v.–51r.
963 DEMANDT, 1981b, Nr. 3269.
964 WOLF, Susanne: Die Doppelregierung Kaiser Friedrichs III. und König Maximilians (1486–1493), Köln 2005, S. 108 f.

der Kurfürsten eine Veränderung erfuhr, indem ein aus der Goldenen Bulle stammender Satz entfiel, der jegliche Vorteilsnahme der Kurfürsten im Zusammenhang mit der Wahl ausschließen sollte.[965] König Maximilian stellte am 10. April 1486 zu Aachen eine Urkunde aus, in der er Wilhelm III. die katzenelnbogischen Lehen für den Fall zusichert, dass er zur königlichen Regierung gelangt.[966] Dies erfolgte im Dissens mit Kaiser Friedrich III., dessen Missfallen durch eine Zahlung von 4.000 fl durch den Erzbischof von Köln ausgeglichen werden sollte.[967] Kurz danach, am 6. Mai 1486 bestellt Maximilian den *Landgrave von Hessen* zum Hofdiener mit einer jährlichen Summe von 2.000 Gulden in Gold als Sold und Kostgeld.[968] Eine weitere Zahlung in Höhe von 2.682 Gulden an König Maximilian wird an anderer Stelle berichtet, als der Onkel und Vormund des Landgrafen Erzbischof Hermann von Köln diese Summe aus seinem Schatz im Kammergewölbe von Marburg am 17. Juni 1486 entnehmen lässt.[969]

In der letzten Buchung dieser Seite werden 500 Gulden notiert, die dem *Lantschenk gen Gerauw* geschickt wurden. Insgesamt wurden auf dieser Seite Buchungen von annähernd 2.800 Gulden vorgenommen.[970]

An dieser Stelle ist ein schmaler Papierstreifen eingebunden mit dem Vermerk: *Hier gehen der hoffe ußgiifft an.*[971]

3.3.4.2. *der hoffe ußgiifft* – Hofausgaben

Die erste der folgenden Buchungen über eine Kalklieferung auf das Schloss Marburg wurde gestrichen. Die daran anschließenden Buchungen betreffen überwiegend Reisekosten, meist Abrechnungen für die Kosten eines Pferdes bei der Begleitung des Landgrafen und Verzehr auf Reisen (für insgesamt 137 fl). Hier findet sich auch eine Buchung über vier Gulden Verzehr des Hofmeisters und Marschalls in Heidelberg im Januar, deren Unterbringungskosten im Zusammenhang mit dem Reichstagsbesuch später aufgeführt werden, was die Trennung von Buchungen für denselben Verwendungszweck zeigt. Dazwischen findet sich je eine Zahlung für Manngeld, Löhne und eine Buchung für Kalk, der auf das Schloss geliefert

---

965 WOLF, 2005, S. 113.
966 HStA Marburg, Urk. 1, Nr. 73, 10. April 1486.
967 WOLF, 2005, S. 126.
968 HStA Marburg, Urk. 1, Nr. 74, 06. Mai 1486.
969 SAUER, Wilhelm: Bericht über die Entnahme des Betrages von 2682 Gulden aus dem im Kammergewölbe zu Marburg hinterlegten Schatze des Erzbischofs Hermann von Köln und Zahlung dieses Betrages an König Maximilian, 1486 Juni 17. In: Korrespondenzblatt der Westdeutschen Zeitschrift für Geschichte und Kunst, 13, 1894, Sp. 130–132.
970 HStA Marburg, Marburger Kammerschreiberrechnung 1486, 2/7, fol. 51v.
971 HStA Marburg, Marburger Kammerschreiberrechnung 1486, 2/7, fol. 52r.

wurde. Die letzten vier Buchungen betreffen Pferdekäufe für 253 fl, unter anderem einen falben Hengst für 100 fl.[972]

Fol. 55r. listet verschieden allgemeine Ausgaben auf, darunter Tucheinkäufe, Arbeitslohn, 15 fl für den Zimmermannsmeister Johann von Herborn[973] und 31 fl für ein Studienstipendium des Peter von Treisbach[974] in Heidelberg. Von Treisbach wurde am 24. Januar 1487 in Heidelberg unter dem Rektorat von Martin Rencz von Wiesensteig immatrikuliert.[975] Auf der Rückseite betrifft die erste Buchung die Zahlung von 220 fl an Junker Gerlach zu Isenburg für das Kirchspiel Meudt[976], weitere Zahlungen betreffen den Kauf roten Marburger Tuches, 71 fl für Pferde und *Hundret gulden* für Dienergeld an Hermann Schenck zu Schweinsberg.[977] Die letzte Buchung der Seite notiert 25 fl Verzehr der Statthalter.[978]

3.3.4.2.1. Ochsenankauf

Die vorletzte Buchung von fol. 55v. ist außergewöhnlich, da sie den Ankauf von 171 Ochsen für 787 fl durch den Rentschreiber entsprechend einem Durchschnittspreis von rund 11 fl pro Ochsen dokumentiert. Weitere Ausgaben für Lebensmittel sind nicht belegt. Die besondere Bedeutung der Ausgaben für Ochsen ist auch für die Rechnungsführung des Baseler Bischof von Venningen belegt, obwohl es sich um deutlich kleinere Stückzahlen handelte.[979]

Der Ankauf von Schlachtvieh war insbesondere für die Bevorratung für den Winter ab dem 15. Jahrhundert ein üblicher Vorgang. Die zunehmende Siedlungsgröße und Verstädterung bedingte im Reichsgebiet Versorgungsprobleme bei Schlachtvieh, die nicht durch die Produktion im Umland gedeckt werden konnten, zum Beispiel durch die Belegung von landwirtschaftlichen Flächen für den Anbau von Pflanzen zur Textilproduktion oder für die Versorgung der zahlreichen Pferde. Einen Hinweis auf einen transkontinentalen Ochsenhandel gibt es vom Nürnberger Reichstag von 1358, wo der Trieb von *„vele groszir ossen"* belegt ist. Der schon im 8. Jahrhundert erwähnte Name von Ochsenfurt am Main könnte aber auch auf früher bestehende Ochsentransporte hinweisen. Konrad von Weinsberg ließ sich 1422 für 1.000 in Ungarn zu erstehenden *„oschern rindervichs"* freies und sicheres Geleit für das Begleitpersonal wie „Ochsenkapitäne" und Knechte sowie das Recht auf zollfreien

---

972 HStA Marburg, Marburger Kammerschreiberrechnung 1486, 2/7, fol. 53r.–54v.
973 DEMANDT, 1981a, Nr. 1179, s.a. 47v., 50r.
974 GUNDLACH, 1930, S. 271; s.a. DEMANDT, 1981, Nr. 3057.
975 Die Matrikel der Universität Heidelberg, Erster Theil 1386–1553, bearb. u. hrsg. v. Gustav TOEPKE, Heidelberg 1884, S. 385.
976 DEMANDT, 1981a, Nr. 1419.
977 GUNDLACH, 1930, S. 232; DEMANDT, 1981b, Nr. 2634.
978 HStA Marburg, Marburger Kammerschreiberrechnung 1486, 2/7, fol. 55r.–55v.
979 HIRSCH, 2004, S. 210.

Durchtrieb von den betroffenen Ländern zusichern. Letztlich wurden aber vermutlich wegen Finanzierungsproblemen nur 284 Ochsen von Gran der Donau entlang nach Bingen getrieben. Ochsen waren für den Handel über größere Distanzen geeignet, während Stiere nicht in Mengen getrieben werden konnten und Kühe durch die Milchproduktion zu viel Substanz auf den Transporten verloren. Ungarische Rinder waren eine der bevorzugten Handelsrassen, weil sie den Strapazen der Transporte gewachsen waren.[980] Es gab aber auch den Import dänischer Ochsen, die im Gegensatz zu den ungarischen Weideochsen überwiegend stallgemästet waren, nicht nur in die norddeutschen Städte, sondern auch in das Rheinland. Der wesentliche Teil des Ochsenhandels entfiel auf den Herbst.[981] Für das Anlegen einer Bevorratung gab es in vielen Städten beim Viehkauf ein Vorkaufsrecht der Bürger zur Hausschlachtung gegenüber den Fleischern.[982] Köln stellte im 15. und 16. Jahrhundert mit 5.000 bis 7.000 umgesetzten Tieren ein Zentrum des internationalen Ochsenhandels dar.[983] Köln war Ziel wichtiger Ochsendriften mit Verteilerfunktion und vor allem auf friesische Mastochsen mit einem besonders hohen Schlachtgewicht ausgerichtet. Es wurden aber auch ungarische, polnische, dänische und Ochsen andere Herkunft gehandelt.[984] In großen adeligen Haushaltungen hatte der Verbrauch an Rindfleisch einen herausragenden Stellenwert.[985] Der Bedarf des hessischen Hofes wurde zu späterer Zeit überwiegend auf den Märkten in Bremen, Frankfurt und Hannover gedeckt.[986]

---

980 STROMER, Wolfgang von: Zur Organisation des transkontinentalen Ochsen- und Textilhandels im Spätmittelalter. Der Ochsenhandel des Reichserbkämmerers Konrad von Weinsberg anno 1422. In: Ekkehard WESTERMANN (HG): Internationaler Ochsenhandel (1350–1750). Akten des 7th International Economic History Congress Edinburgh 1978, Stuttgart 1979, S. 171–182; s.a. GREULE, Albrecht: Zur Sprache der Bickenbacher Rechnungsbücher 1423–1425. In: Klaus MATZEL, Hans-Gert ROLOFF (HG): Festschrift für Herbert Kolb zu seinem 65. Geburtstag, Bern 1989, S. 154, zur mundartlichen Veränderung des Begriffes „Ochse".
981 PETERSEN, Erling Ladewig: Production and Trade in Oxen 1450–1750: Denmark. In: Ekkehard WESTERMANN (HG): Internationaler Ochsenhandel (1350–1750). Akten des 7th International Economic History Congress Edinburgh 1978, Stuttgart 1979, S. 137–139.
982 LERNER, Franz: Die Bedeutung des internationalen Ochsenhandels für die Fleischversorgung deutscher Städte im Spätmittelalter und der frühen Neuzeit. In: Ekkehard WESTERMANN (HG): Internationaler Ochsenhandel (1350–1750). Akten des 7th International Economic History Congress Edinburgh 1978, Stuttgart 1979, S. 197–217, S. 199.
983 IRSIGLER, 1982, S. 94.
984 IRSIGLER, Franz: Zum Kölner Viehhandel und Viehmarkt im Spätmittelalter. In: Ekkehard WESTERMANN (HG): Internationaler Ochsenhandel (1350–1750). Akten des 7th International Economic History Congress Edinburgh 1978, Stuttgart 1979, S. 221 f., 225 f., s.a. LERNER, 1979, S. 210.
985 WOOLGAR, Christopher Michael: The great household in late medieval England, New Haven 1999, S. 133 f.
986 REUTZEL, Erik: Das Finanzgebaren des Landgrafen Moritz von Hessen-Kassel im Spiegel der überlieferten Messevoranschläge, Frankfurt 2002, S. 420–423.

3.3.4.2.2. Pferdekosten

Neben dem transkontinentalen Ochsenhandel war bei dem großen Bedarf an Pferden der überregionale Pferdehandel von besonderer Bedeutung. Insbesondere Pferde dänischer und flandrischer Herkunft wurden über Lübeck sowie Deventer und Groningen gehandelt.[987] Die folgenden beiden Seiten betreffen solche Kosten der Pferdebeschaffung und ihres Unterhalts. Unter diesen Buchungen ist eine über 54 fl für einen Schimmel des Hofmeisters enthalten, der eine besondere Geschichte hat. Es wird vermerkt, dass der Hofmeister dieses Pferd dem Kanzler abgekauft hatte, es ihm aber verstorben war. Die aufgewendete Kaufsumme wurde ersetzt.[988] Auf diese Buchung wird an späterer Stelle noch Bezug genommen.

3.3.4.2.3. Ußgiifft an Diner gelde

Von fol. 57r. an sind auf fünf Seiten Ausgaben an Dienergeld und Löhnen aufgeführt. Das Dienergeld variiert dabei von 1½ bis 35½ Gulden, die Löhne für ein Jahr von 1 bis 18 Gulden. An der Spitze dieser Zahlungen stehen der Amtmann Volprecht Schenck zu Schweinsberg mit 50 Gulden sowie der Kanzler und Ebert Schenck zu Schweinsberg mit jeweils 35½ fl 1½ alb, Godert von Linsingen erhält 9 fl 9 alb, der Türwächter Heiderich 3½ fl.[989] Löhne sind in einigen Fällen mit gesondertem Schuhegeld angegeben. Die kleinste Zahlung mit 1 fl *vor ein ganz yar loin* erhielt der Diener Liebensteiner.[990] Die Gesamtausgaben für Dienerlohn betrugen 449 fl 8 alb 1 hl. Die nachfolgende Seite fol. 59v. enthält keine Einträge, was für einen neuen Abschnitt spricht.

Dieser umfasst zwei Seiten und beginnt auf fol. 60r. mit der Überschrift:

3.3.4.2.4. Ußgiifft an mangelde und burglehne

Manngeld stellte hier eine Art der Schutzdienstvergütung dar.[991] Die Burglehenverleihung als Verwertung von Herrschaftsrechten war eine im 14. und 15. Jahrhundert in Hessen oft geübte Art der Zahlungsverpflichtung zwischen dem Landgrafen und dem Burgmann, der gegen den Empfang bestimmter Einkünfte dem Landesherren die Öffnung der Burg und seinen Dienst und Beistand zusicherte. Dies erfolgte häufig im Rahmen von Verpfändungen.[992] Die erste

---

987 NEITZERT, Dieter: Pferdebedarf und Pferdeeinkauf im 15. Jahrhundert am Beispiel der Stadt Göttingen. In: Niedersächsisches Jahrbuch für Landesgeschichte, 55, 1983, S. 369, 377.
988 HStA Marburg, Marburger Kammerschreiberrechnung 1486, 2/7, fol. 56r.–56v.
989 GUNDLACH, 1930, S. 153, 231, DEMANDT, 1981b, Nr. 2625.
990 HStA Marburg, Marburger Kammerschreiberrechnung 1486, 2/7, fol. 57r.–59r.
991 MIHM und MIHM, 2007, S. 56 f.
992 BITSCH, Horst: Die Verpfändungen der Landgrafen von Hessen während des späten Mittelalters, Göttingen 1974, S. 7, 122 f.

der Buchungen zu Manngeld ist wegen ihrer Höhe bemerkenswert. Es wurden 76 fl 13 alb an Ebert von Wittgenstein (Ebert von Sayn Graf zu Wittgenstein[993]) bezahlt. Die weiteren fünf Buchungen über Manngeld betrugen im Durchschnitt 11,1±4,5 Gulden. Sechs Buchungen über Burglehne betrugen im Durchschnitt 4,6±2,6 Gulden. Drei der Buchungen enthielten keine Zuordnung zu einem der Begriffe.[994] Davon ging eine Zahlung von 6½ fl 12½ alb an den Marschall Johann Schenck und seinen Vater, Johann Schenck den Älteren und eine Weitere über 15 fl 15 alb an Johann von Hatzfeld.[995] Für von Hatzfeld gibt es zwei weitere Buchungen über Manngeld. Vermutlich stehen diese Zahlungen im Zusammenhang mit einer gesiegelten Quittung über 24 fl für die Jahre 1485 und 1486 vom 11. November 1486.[996] Ebenfalls mit einer gesiegelten Quittung, datiert auf den 14. November 1486, belegt ist die Zahlung von Manngeld an Philipp von Viermünden.[997] Johann und Phillip Rode erhielten 6½ fl 12½ alb Burglehne. Über den Empfang einer Zahlung von Burglehne gibt es ein gesiegeltes Dokument von Johan Rode vom 11. November 1486.[998] Insgesamt betrugen die Ausgaben für Manngeld und Burglehne rund 195 Gulden. Eine von Denhart von Selbach um dieselbe Zeit (13. November 1486) quittierte Summe von *tzehen guld mangelts* wurde nicht an dieser Stelle verbucht.[999] Die von Graf Gerhard von Sayn am 8. Februar 1486 quittierte Zahlung über 40 fl Manngeld wurde an dieser Stelle ebenfalls nicht verbucht.[1000]

Auf fol. 61r. beginnt das nächste Abrechnungskapitel zu Pferden und Pferdeschaden, worunter auch der Unterhalt der Pferde verstanden werden kann.[1001] Es werden elf Buchungen jeweils mit Empfänger und Datum über eine Gesamtsumme von knapp 250 Gulden verbucht.[1002] Als Beispiele seien angeführt: *Fritsch Henne dem Jegermeister 7 fl 7 alb* für ein

---

993 Gundlach, 1930, S. 301.
994 HStA Marburg, Marburger Kammerschreiberrechnung 1486, 2/7, fol. 60r.–60v.
995 Gundlach 1930, S. 89; Demandt, 1981a, Nr. 1054; eine Quittung von Hatzfelds über empfangenes Manngeld wird bei Demandt, 1970, Nr. 1723, S. 425 (Rechnung I 4/4) beschrieben.
996 HStA Marburg, Rechnungen I, 4/4, Der von Hatzfeld Quit(ung) 11.11.1486 (gefalteter Papierbrief mit geprägtem Siegel).
997 HStA Marburg, Rechnungen I, 4/4, Philipps von Viermünden Quit(ung) 14.11.1486 (gefalteter Papierbrief mit geprägtem Siegel); s.a. Demandt, 1981b, Nr. 3149.
998 HStA Marburg, Rechnungen I, 4/4, Der Roden Quit(ung) 11.11.1486 (gefalteter Papierbrief mit beschädigtem Wachssiegel).
999 HStA Marburg, Rechnungen I, 4/4, Selbach 14.11.1486 (gefalteter Papierbrief von ca. 215x135 mm mit geprägtem Siegel).
1000 Das Schriftgut der landgräflich-hessischen Kanzlei im Mittelalter (vor 1517), 1970, Nr. 1713, S. 419.
1001 Leibetseder, Mathis: Pferde und Hoflager. Beobachtungen zu Tier und Mensch im fürstlichen Repräsentationsbetrieb um 1500. In: Archiv für Kulturgeschichte, 97, 2015, S. 323.
1002 HStA Marburg, Marburger Kammerschreiberrechnung 1486, 2/7, fol. 61r.–61v.

Pferd, 40 fl für einen Schimmel *starp yme zu Marpurg* und 43 Gulden, die an den Kanzler für einen verendeten „Grauen" bezahlt wurden.[1003] Bei letzterem handelt es sich um das von Johann von Brubeck im Vorjahr gelieferte Pferd, für das dieser 31 Gulden (bzw. ein Pferd im Gegenwert von 31 fl) ersetzt bekam, nachdem es auf einem Kriegszug gegen Klaus von Drachenfels *verdorben* wurde.[1004] Der Ersatz von Pferden, die bei kriegerischen Unternehmungen ums Leben kamen, war gängige Praxis. Es wurden sogar routinemäßig Schätzungen der Pferde vor deren Einsatz durchgeführt, um im Schadensfalle eine objektive Grundlage für den Ersatz zu haben. Ein Reitpferd konnte den Preis von zwei Dutzend Arbeitspferden ausmachen, ein Kriegspferd sogar viele hundert gewöhnliche Pferde aufwiegen.[1005] Dieselbe Buchung findet sich in der Hofmeisterrechnung.[1006] Der Vorgang ist auch noch an einer weiteren Stelle dokumentiert, wonach das Pferd durch den Hofmeister am 16. Mai 1486 ersetzt wurde.[1007] Bemerkenswert an diesem Vorgang ist, dass dasselbe Pferd zweimal ersetzt wurde und dabei unterschiedliche Summen eingegeben wurden. Es wird aus den Buchungen nicht klar, ob es sich bei dem kleineren Betrag um eine (teilweise) Weitergabe einer Ersatzleistung aus der Hofkasse handelte. Gegen einen betrügerischen Vorgang spricht, dass die Buchung aus ihrem Text eindeutig nachvollziehbar war und bei einer Kontrolle feststellbar gewesen wäre. Aus diesen und ähnlichen Stellen kann geschlossen werden, dass besondere Pferde, vor allem solche von ungewöhnlicher Farbe wie Schimmel, Graue oder Falben besondere Wertschätzung genossen und etwa doppelt so hoch bewertet wurden wie gewöhnliche Pferde.[1008] In der Kammerschreiberrechnung des Vorjahres 1485 war ebenfalls eine Buchung für einen „schemil" in Höhe von 45 Gulden vorgenommen worden.[1009] Der Durchschnittspreis der hier aufgeführten Pferde ohne diese beiden Sonderfälle betrug 20,9±8,6 Gulden.

1003 DEMANDT, 1981a, Nr. 740.
1004 HStA Marburg, Marburger Kammerschreiberrechnung 1486, 2/7, fol. 54v.
1005 CLAUSS, Martin: Waffe und Opfer – Pferde in mittelalterlichen Kriegen. In: Rainer PÖPPINGHEGE (HG): Tiere im Krieg. Von der Antike bis zur Gegenwart, Paderborn 2009, S. 51, 53, 61; zum Einsatz von Pferden s.a. FLECKENSTEIN, Josef: Vom Rittertum im Mittelalter. Perspektiven und Probleme, Goldbach 1997, S. 78.
1006 HStA Marburg, Marburger Hofmeisterrechnung 1485/86, Rechnungen I, 10/1, fol. 10v.
1007 HStA Marburg, Rechnungen I, 4/4, Johann von Brubeck 27.05.1486 (gefalteter Papierbrief von ca. 224x160 mm mit geprägtem Siegel; s.a. DEMANDT, 1981a, Nr. 357. (DEMANDT, Schriftgut, 2, S. 421/423 Nr. 1717 Regest 4292); Johann von Brubeck wird vom Landgrafen für unterschiedliche Aufgaben eingesetzt, wie z.B. am 3.11.1486 zu einer Streitschlichtung, s. Hessische Urkunden. Aus dem Großherzoglich Hessischen Haus- und Staatsarchive, Bd. 4 (Die Urkunden von 1400 bis 1500 enthaltend), hrsg. v. Ludwig BAUR, Darmstadt 1866, Nr. 252.
1008 LEIBETSEDER, 2015, S. 320.
1009 HStA Marburg, Marburger Kammerschreiberrechnung 1485, Rechnungen I, 2/6, fol. 62r.

3.3.4.3. Ausgaben in Zusammenhang mit der Teilnahme am Reichstag 1486

Die folgenden Blätter fol. 62r. bis fol. 65v. (das Ende der Papierlage 5) enthalten keine Eintragungen. Mit dem Anfang der nächsten Papierlage und fol. 66r. beginnt ein neuer wesentlicher Abschnitt der Kammerschreiberrechnung, der die Ausgaben im Zusammenhang mit dem Besuch des Reichstags durch den Landgrafen Anfang 1486 verbucht.[1010] Es kann davon ausgegangen werden, dass die Einteilung der Kammerschreiberrechnung bewusst auf die gesonderte Abrechnung dieses Großereignisses ausgerichtet wurde und deshalb für die davor liegenden Teile ausreichend Platz gelassen wurde, der schließlich nicht benötigt wurde. Eine andere Möglichkeit wäre das spätere Einbinden dieser Papierlage (6), wofür es aber weder von der Papierbeschaffenheit noch vom Schriftbild Hinweise gibt. Die Einleitung zu diesem Abschnitt lautet:

„Dieß nach geschribn ist zu Frangfurt ußgebn als myn gnediger lieber here zum Kaiserlichen tage gen Frangfurt geridden ist und uf Sonnabint inder lesten fasnacht Dar komen und uf Dinstag nach dem Sontag Oculi von Dannen geridden und sint zu sammen xxiiii nacht".[1011]

Eindeutig festgelegt werden kann das Ende des Aufenthaltes des Landgrafen in Frankfurt auf Dienstag, den 28. Februar. Widersprüchlich sind die Angaben zum Beginn. Da Ostern im Jahre 1486 auf den 26. März fiel, lag der Aschermittwoch auf dem 15. Februar und der Sonnabend der Fastnachtswoche wäre damit der 18. Februar. Dies wird an späterer Stelle des Manuskriptes bestätigt, wo vermerkt wurde, dass der Landgraf selbst am 18. Februar in Frankfurt eingetroffen sei. Dies stimmt jedoch nicht mit der erwähnten Aufenthaltsdauer von 24 Tagen überein. Demnach wäre die Ankunft auf Sonnabend den 4. Februar zu legen.[1012] Eine frühere Ankunftszeit als der 18. Februar ist wahrscheinlich, weil in zeitgenössischen Berichten über den Reichstag zu Frankfurt die Anwesenheit des Landgrafen verschiedentlich belegbar ist, wie in Dokumenten der Reichstagsakten bereits für den 20. Januar 1486: *„Ks. Frederich röm Ks … in eygener person und mit eym behabt diese nachgeschreben Ff. und Hh. … Landgf. Wilhelm, Landgf. Heynrichs sone zu Marpurg".*[1013] An anderer Stelle

---

1010 Zum Hintergrund des Reichstages und der Königswahl s. WIESFLECKER, Hermann: Kaiser Maximilian I. Das Reich, Österreich und Europa an der Wende zur Neuzeit, Bd. 1, Jugend, burgundisches Erbe und römisches Königtum bis zur Alleinherrschaft, 1459–1493, München 1971, S. 186–194; ROGGE, Jörg: Die deutschen Könige im Mittelalter. Wahl und Krönung, Darmstadt 2006, S. 86–90.
1011 HStA Marburg, Marburger Kammerschreiberrechnung 1486, 2/7, fol. 66r.
1012 HStA Marburg, Marburger Kammerschreiberrechnung 1486, 2/7, fol. 66r.; zur Ankunft s. fol. 72r.
1013 Deutsche Reichstagsakten unter Maximilian I. Bd. 1: Reichstag zu Frankfurt 1486, Teil II, bearb. v. Heinz ANGERMEIER unter Mitwirkung von Reinhard SEYBOTH (Deutsche Reichstagsakten, Mittlere Reihe 1), Göttingen 1989, Nr. 911, S. 890 f.; s.a. Quellen zur Geschichte Maximilians I. und seiner Zeit, hrsg. v. Inge WIESFLECKER-FRIEDHUBER, Darmstadt 1996, S. 41 f.

datiert auf den 14. Februar 1486: *„H. Herman, EB. zu Collen, des hl. röm. Richs erzkanzler in Ytalia und Kf., hat myt em gehabt dise Gff. und Hh. Landgf. Wilhelm, … Landgf. Heynrichs sone zu Marpurg"*. An späterer Stelle: *„Landgf. Wilhelm, Landgf. Heynrichs sun, hat gehabt eyn hübsche zuge, 200 pferd"*.[1014] Diese Anzahl wird in der Goldenen Bulle als Obergrenze für die Anzahl berittener Begleiter der Kurfürsten bei einem Wahltag in Frankfurt festgelegt und offensichtlich auch aus Prestigegründen auch wahrgenommen.[1015] Demnach ist davon auszugehen, dass sich der Landgraf Wilhelm III. bereits vor dem 18. Februar 1486 in Frankfurt durchgehend oder in Intervallen aufgehalten hat. Ein Fehlen des Landgrafen beim Einzug seines Zuges von 200 Pferden am 14. Februar 1486 ist nicht plausibel. Zum Vergleich kann erwähnt werden, dass Kaiser Friedrich III. und Erzherzog Maximilian Ende Januar mit 1.500 Pferden in Frankfurt eingezogen waren.[1016] Die Gesamtzahl der zum Reichstag in Frankfurt 1486 untergebrachten Pferde wird von Beckmann mit 3.141 berechnet, die in 262 Stallungen von Gasthäusern oder von Privatpersonen eingestellt wurden. Die höchste Zahl wird mit 95 Pferden *„Im Nuremberger hoiffe"* aufgeführt, was dadurch verständlich wird, dass dort Kaiser Friedrich III. untergebracht war.[1017] Auch vom 1495 abgehaltenen Wormser Reichstag wird vom Gefolge des Landgrafen Wilhelm von Hessen berichtet: *„der hat ungeferlich bey 200 gerust pferden gehabt, haben grau rock und sust swarz gefurt"*.[1018] Das gestalterische Szenarium des Einzuges von Reichsfürsten sah, wie für den Aachener Krönungstag von 1486 beschrieben, farbliche Regelungen für deren Gefolgschaften vor, wie zum Beispiel Rot für den Tross des Erzbischofs von Köln und Grün für Pfalzgraf Philipp.[1019] Ebenso

---

1014 Deutsche Reichstagsakten, Bd. 1, Teil II, 1989, Nr. 910, S. 884, 886.
1015 LEIBETSEDER, 2015, S. 317; zum Einzug des Kaisers in einer Reichsstadt s.a. NIEDERSTÄTTER, Alois: Königseinritt und -gastung in der spätmittelalterlichen Reichsstadt. In: Detlef ALTENBURG, Jörg JARNUT, Hans-Hugo STEINHOFF (HG): Feste und Feiern im Mittelalter, Sigmaringen 1991, S. 491–500; zur Begrenzung der Zahl von Gefolgsleuten in England bereits 1390 s. POWIS, 1986, S. 75.
1016 HOLLEGGER, Manfred: Maximilian I. (1459–1519). Herrscher und Mensch einer Zeitenwende, Stuttgart 2005, S. 63.
1017 Beckmann, GUSTAV: Das mittelalterliche Frankfurt a. M. als Schauplatz von Reichs- und Wahltagen. In: Archiv für Frankfurts Geschichte und Kunst, 21, 1889, S. 31–42, Tab. IV. Die – zumindest kurzfristige – hohe Anzahl von Pferden stellte nicht nur durch deren Unterbringung und Versorgung eine beträchtliche logistische Herausforderung für die Stadt dar, sondern auch die Entsorgung von mindestens rund 63 Tonnen oder 100 m³ Pferdemist täglich (s. Landwirtschaftliches Wochenblatt, 22, 2019).
1018 SELZER, Stephan: Überlegungen zur Optik des Reichstags. Kleidung und Heraldik fürstlicher Besucher auf spätmittelalterlichen Reichsversammlungen. In: Jörg PELTZER, Gerald SCHWEDLER, Paul TÖBELMANN (HG): Politische Versammlungen und ihre Rituale. Repräsentationsformen und Entscheidungsprozesse des Reichs und der Kirche im späten Mittelalter, Ostfildern 2009, S. 252; s.a. SCHREINER, 2000, S. 6.
1019 SELZER, 2009, S. 252.

genau geregelt war der gesamte szenische Ablauf mit den Vorbereitungen, der Einholung, dem Einzug, dem Umzug, dem Offertorium und der Einherbergung und dem sich anschließenden Aufenthalt des Fürsten.[1020]

Die buchungstechnische Erfassung gliedert sich in mehrere Abschnitte, die Quittungen genannt werden.[1021] Der erste beginnt mit *Zum ersten quitunge uf montagk nach Esto Mihi* (6. Februar 1486) und betrifft Stallmiete für Pferde und Schlafgeld für diejenigen, die gen Rüsselsheim befohlen waren, auf der Basis von 12 alten Hellern pro Pferd. Die Mehrzahl der Buchungen betrifft nur eine Nacht. Nur einige Buchungen erfolgen für zwei Nächte. Nur die zweite Buchung weist sechs Nächte für drei Pferde für Herrn Löwenstein von Löwenstein aus, als er mit dem Hofmeister vor dem Landgrafen eingetroffen war, was man als Hinweis auf eine vorausgeschickte Delegation werten kann. Der Abschnitt enthält 64 Buchungen, vier auf fol. 66r., je elf Buchungen auf fol. 66v. bis fol. 69r., die so gleichmäßig eingetragen sind, dass man von einer Reinschrift ausgehen kann. Fol. 69v. trägt zehn und fol. 70r. zum Abschluss sechs Buchungen.[1022] Dazwischen geheftet ist ein sehr schmaler Papierstreifen, der offensichtlich von anderer Hand beschrieben ist und drei Buchungen über insgesamt 16 Gulden aufweist, bei denen ein Zusammenhang mit der fortlaufenden Rechnung nicht auszumachen ist. Ohne Berücksichtigung dieser 16 Gulden wurden in diesem Buchungsabschnitt 24 Gulden verbucht. Sechs der Buchungen betreffen Kosten in Höhe von 57 alb, die nicht unmittelbar mit der Unterbringung von Pferden zu tun haben. Der Abschnitt weist in seinen Buchungen Einträge über 164 Pferde über 77 Nächte (mit einer möglichen Unschärfe der Zusammenstellungen wegen der häufigen Verwendung der Ausdrücke *uf zelber perd zelbe nacht*) (z.B. fol. 68v.), die insgesamt der Unterbringung von 214 „Pferdenächten" entsprechen.

Neben wenigen allgemeinen Buchungen wie z.B. für die Wagenknechte von Ziegenhain sind die Begleiter des Landgrafen, für die Aufwendungen gemacht werden, in zahlreichen Fällen namentlich benannt und anhand der Literatur zuzuordnen (Tab. 12).

Der nächste Abschnitt der Buchungen betreffend den Reichstag zu Frankfurt beginnt auf fol. 71v.: *Quitunge uf Donerstag morgen nach Esto Mihi uf drii nacht …* (9. Februar 1486). In 17 Buchungen auf zwei Seiten wird die Unterbringung von 33 Pferden für in der Regel drei Nächte verzeichnet; nur die letzte Buchung, die mit vier die höchste Anzahl an Pferden

---

1020 SCHENK, Gerrit Jasper: Zeremoniell und Politik. Herrschereinzüge im spätmittelalterlichen Reich, Köln 2003, S. 282–402.
1021 Die ursprüngliche Form der Quittung als meist gesiegeltes Einzeldokument ist von ihrer Typologie her älter einzustufen als die Rechnung (s. VOLK, 1998, S. 124). Durch die Bezeichnung soll möglicherweise die Beweisfunktion der Rechnungsführung unterstrichen werden.
1022 HStA Marburg, Marburger Kammerschreiberrechnung 1486, 2/7, fol. 66r.–70r.

aufweist, ist mit vier Nächten angegeben.[1023] Die pro Nacht erstatteten Beträge waren unterschiedlich hoch, wurden aber stets gleichbleibend verbucht: Drei Nächte für ein Pferd wurden mit 2,5 alb abgerechnet, drei Nächte für zwei Pferde ergaben 9 alb, drei Nächte für drei Pferde 13,5 alb und vier Nächte für vier Pferde 24 alb. Dies zeigt eine deutlich schlechtere Erstattung für das Einzelpferd mit (rechnerisch) 0,83 alb pro Pferd und Nacht, während die Buchungen für mehrere Pferde exakt 1½ alb pro Pferd und Nacht ausweisen. Insgesamt wurden in diesem Abschnitt 100 Nächte zur Unterbringung von Pferden verbucht.

Name	Folio	Demandt	Gundlach
Johann von Löwenstein	66r., 74r.	1903	158
(Eitel) Löwenstein von Löwenstein	66r., 74r.	1902	158
Sittich von Berlepsch	66r., 74r.	157	18
Caspar von Berlepsch	66r., 74r.	153	17
Philipp Schenck	66v., 74r.	2640	
Johann von Breidenbach	66v., 70r., 74r.	344	34
Apel von Grüßen	66v.	940	80
Johann Schwerzel	68r.	2831	250
Gottschalk von Liederbach	68v.	1833	152
Werner von Uttershausen	68v., 75v.	3123	278
Volprecht Halbschenck	68v.	2645	
Thomas von Widdersheim	68v.	3344	
Hermann d.J. vom Hohenweisel	68v.	1277	366
Genand von Schwalbach	68v.	2798	247
Johann von Liederbach	68v.	1834	
Friedrich von Dauernheim	69r.	420	
Wilhelm Hose	69r., 89r.	1356	
Bartholomäus aus der Fuldischen Mark	69r.	84	
Craft, Schutzbar genannt Milchling	69v.	2789	175
Valentin von Dernbach	69v.	433	42
Johannes Senger	69v.	2850	251

Tabelle 12 | Zuordnung der Begleiter des Landgrafen anhand der Literatur (Demandt 1981a, b[1024]; Gundlach 1930[1025]).

1023 IIStA Marburg, Marburger Kammerschreiberrechnung 1486, 2/7, fol. 70v.–71r.
1024 DEMANDT, 1981a, b, angegeben sind die Nummern, unter denen die Personen aufgeführt sind.
1025 GUNDLACH, 1930, angegeben sind Seitenzahlen.

Der nächste Buchungsabschnitt, der sich auf denselben Donnerstag bezieht, beginnt mit dem Hinweis, dass mit dem Wirt bezüglich der Stallmiete ein Preis von 9 alten Hellern pro Pferd und pro Nacht für die Zeit des Aufenthaltes des Landgrafen in Frankfurt vereinbart worden sei (Tabelle 12).

Die daran anschließende erste Serie von Buchungen fällt allerdings aus dem direkten Rahmen des Reichstagsbesuches, da sie eine Reise des Hofmeisters nach Heidelberg ab Dienstag, den 17. Januar, zum Gegenstand hat, die dieser mit einem Tross von insgesamt 21 Pferden unternahm. Die darauffolgenden Buchungen betreffen drei Pferde und jeweils den nächsten Wochentag bis Sonntag, den 22. Januar. Für jedes Pferd wurde 1 alb 1 hl pro Tag bezahlt.[1026] Auf der nächsten Seite erhält derselbe Empfänger eine Woche später für Sonntag und Montag, den 29. bzw. 30. Januar je 3 alb 3 hl. Für den Dienstag wird eine Zahlung für 23 Pferde an den Wirt verbucht, als der Hofmeister wieder aus Heidelberg zurückgekommen war, die am Mittwoch, dem 1. Februar, wiederholt wird, bevor am Donnerstag für 20 Pferde (*perde und hossen,* erstmals sind hier auch Hengste erwähnt) und am Freitag wieder für 23 Pferde gebucht wird. Es handelte sich damit um eine Reise des Hofmeisters, die eine Lücke von einer Woche ohne Buchung aufweist und deren Anlass nicht genannt wurde. Ein Zusammenhang mit dem Reichstag in Frankfurt ist hier nicht unmittelbar zu erkennen, obwohl die Buchungen unter diesem Obertitel stehen. Insgesamt wurden für diese Reise eine Gesamtsumme von 4 Gulden 9 Albus bezahlt. Der Verzehr auf dieser Reise wurde bereits unter den allgemeinen Ausgaben auf fol. 53v. mit 4 Gulden verbucht.

Es schließt sich der Hinweis an, dass der Landgraf auf *Sonnabend nach Purificationis Marie* (18. Februar 1486) nach Frankfurt gekommen sei und am selben Abend 23½ Albus, einen Heller für 21 Pferde als Stallmiete bezahlt wurden.[1027] Darauf folgen auf der nächsten Seite vier Zahlungen an den Wirt, die in keinem erkennbaren Zusammenhang mit den anderen Buchungen stehen und ohne Namensnennung aufgeführt wurden. Sie betreffen die Zeitperiode vom 5. bis 8. Februar mit zehn bis 21 Pferden.[1028] Eine Übersicht der Aufenthalte der landgräflichen Delegation und des Landgrafen im Zusammenhang mit dem Reichstag in Frankfurt 1486 gibt Abb. 36. Das Beispiel zeigt, dass Buchungen zu den Kosten von Unterbringung und Verköstigung sowohl von Personen als auch von Pferden geeignet sind, ein Bewegungsmuster erstellen.

1026 HStA Marburg, Marburger Kammerschreiberrechnung 1486, 2/7, fol. 71v.
1027 HStA Marburg, Marburger Kammerschreiberrechnung 1486, 2/7, fol. 72r.
1028 HStA Marburg, Marburger Kammerschreiberrechnung 1486, 2/7, fol. 72v.

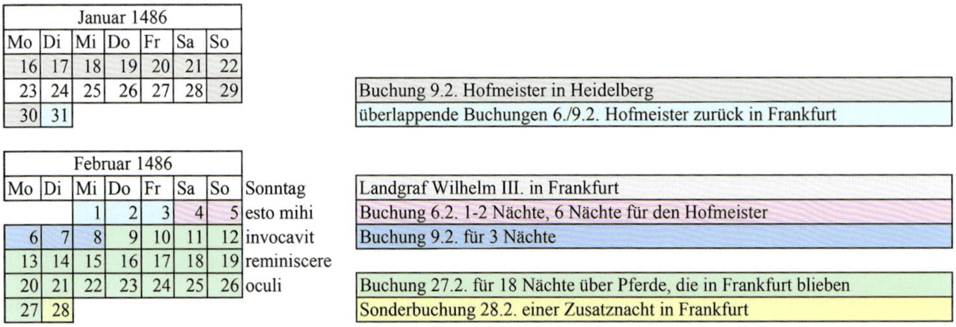

Abb. 36 | Übersicht der Buchungen in der Kammerschreiberrechnung von 1486 im Zusammenhang mit den Aufenthalten der landgräflichen Delegation und des Landgrafen Wilhelm III. zum Reichstag in Frankfurt.

Auf fol. 73r. beginnt ein neuer Quittungsabschnitt für Stallmiete, die am Montag nach Oculi (27. Februar) bezahlt wurde für 18 Nächte, d.h. für den Zeitabschnitt nach der Bezahlung am 9. Februar, für diejenigen, denen es zustand, ihre Pferde zu Frankfurt zu behalten, sowie Schlafgeld für die Zahl der in Frankfurt verbrachten Nächte. Die folgenden fünf Seiten verzeichnen 33 Buchungen, davon 31 über 18 Nächte Schlafgeld, je einmal 15, zwölf, acht, sechs, drei Nächte und zweimal zwei Nächte Schlafgeld.[1029] Diese Angabe zeigt die starke Personalpräsenz der landgräflichen Delegation zu Frankfurt. Die Zahl der Pferde wurde jedoch deutlich reduziert. Die Rücksendung von Pferden selbst bei einer relativ kurzen Aufenthaltsdauer aus Kostengründen war gängige Praxis, wie auch die Ausgabenrechnung über eine Badereise der Anna von Weinsberg belegt.[1030] Neben dem Kanzler Johann Stein, der sein Pferd für 22 Tage vor Ort hatte, gab es nur drei hier aufgeführte Personen, die Stallmiete für zwei Pferde für 18 Tage erhielten: Marschall Johann Schenck, der zweite Hofmeister Hermann Hun von Ellershausen sowie Gernand von Schwalbach.[1031] Diese Regelung spricht für den hohen Rang der betreffenden Personen. Die einem Funktionsträger zugeordnete Zahl von Pferden war ebenfalls ein Hinweis auf die Bedeutung der Stellung in einem höfischen System, dessen Mobilität auf dem Pferd als Transportmittel beruhte.[1032]

1029 HStA Marburg, Marburger Kammerschreiberrechnung 1486, 2/7, fol. 73r.–75r.
1030 SCHULTE, Ingrid: Die Badereise der Anna von Weinsberg. Ein Dokument adliger Lebensführung im 15. Jahrhundert. In: Parvula Munuscula. Festgabe für Franz Irsigler zum 40. Geburtstag, Bielefeld 1981, S. 34.
1031 GUNDLACH, 1930, S. 247; DEMANDT, 1981b, Nr. 2798, diese Stelle dort nicht zitiert.
1032 MORAW, 1983, S. 33; BUTZ, Reinhardt: Die Stellung der wettinischen Hofräte nach Ausweis der Hofordnungen des ausgehenden Mittelalters. In: Holger KRUSE, Werner PARAVICINI (HG): Höfe und Hofordnungen 1200–1600, Sigmaringen 1999, S. 326, 333.

Für eine strikte Einhaltung von Vorgaben spricht auch der Vermerk *mit wyßen des marschalke* als Gottschalk von Liederbach seinen Knaben acht Tage bei sich behalten hatte. Henne Jude erhält neben 6½ alb für die üblichen 18 Nächte Schlafgeld weitere 11 alb für die Zeit *als er krangk lag*. Die Gesamtausgaben in diesem Abschnitt betrugen rund 14 Gulden.

Der nächste Buchungsabschnitt von nur einer Seite zeigt, dass der Landgraf *montag nach Oculi* (27. Februar 1486) … *zu nacht dere blybn sint,* und daher diese Übernachtung mit Schlafgeld und Stallmiete quittiert wurde.[1033] Es scheinen aber nur eine begrenzte Anzahl von Personen mit dem Landgrafen für diese zusätzliche Nacht in Frankfurt geblieben zu sein. Zwölf werden namentlich erwähnt, sowie der Kanzler mit einer weiteren Person und ein Knecht. Die Gesamtkosten blieben mit 11½ Albus im bescheidenen Rahmen.

Die Überschrift des folgenden Buchungsabschnittes kündigt die Abrechnung von Unterkunft und Stallmiete mit dem Wirt an: *„Gerechnet mit dem wirte umb sine stalmide Donerstag nach Esto Mihi an byß uf Dinstag morgin nach Oculi alß myn gnediger here von Dan fur."* Damit umfasst diese Buchung denselben Zeitabschnitt wie die Buchung vom 27. Februar, die für 18 Tage erfolgte, d.h. ab dem 10. Februar 1486, und die Sonderbuchung für den 28. Februar 1486. In den hier aufgelisteten Buchungen werden verschiedentlich die Pferde des Landgrafen aufgeführt beginnend mit der Nacht vom 9. auf den 10. Februar: (I. Buchung) *9 Pferde der sint mynes gnedigen Hern 4 gewest,* sowie zwei Botenpferde. Diese Buchung wiederholt sich für Freitag (mit zwei Pferden des Kellners zu Butzbach), Samstag und Sonntag. Am Montag (13. Februar) sind es nur drei Pferde des Landgrafen, am Dienstag sinkt die Gesamtzahl der Pferde auf sieben und es werden keine Pferde des Landgrafen erwähnt.[1034] Die Buchungen setzen sich auf den folgenden beiden Seiten fort mit sieben Pferden am Mittwoch, einer nicht genau zu bestimmenden Anzahl von Pferden am Donnerstag (der Buchungssumme würden zwölf Pferde entsprechen), dann wieder für neun Pferde am Freitag und Sonnabend. Danach sinkt die Zahl am Sonntag auf acht und am Montag, dem 20. Februar auf fünf Pferde. Es folgen Dienstag sieben Pferde, Mittwoch zwölf Pferde (als Knechte von Ziegenhain mit dem Herrn von Nassau nach Butzbach unterwegs waren) und Donnerstag sechs Pferde. Am Freitag wird dem Wirt mit einem Gulden eine ungewöhnlich hohe Summe für Stallmiete ohne Nennung der Anzahl der Pferde bezahlt *als die Knechte von Butzbach widderkamen.* Sonnabend werden acht Pferde mit 9 alb verbucht mit dem Vermerk, dass der Statthalter jemanden nachgeschickt hätte. Dieselbe Summe wird von Sonntag bis jeweils Dienstag, den 28. Februar verbucht, den Tag, an dem der *gnädig Here von Dan gefarn*. Es schließen sich zwei weitere Buchungen an, die nicht an den Wirt

---

1033 HStA Marburg, Marburger Kammerschreiberrechnung 1486, 2/7, fol. 75v.
1034 HStA Marburg, Marburger Kammerschreiberrechnung 1486, 2/7, fol. 76r.

gingen.¹⁰³⁵ Auch wenn ab dem 13. Februar die Pferde des Landgrafen nicht explizit erwähnt sind, ist es doch wahrscheinlich, dass der wesentliche Inhalt dieses Buchungsabschnittes die Kosten für dessen persönliche Pferde und die der engsten Begleitung ist. Die Daten dieses Abschnittes stehen in einer gewissen, bereits diskutierten Diskrepanz zu der Angabe auf fol. 72v., der Landgraf sei am 18. Februar 1486 in Frankfurt angekommen, während hier bereits am 10. Februar für die landgräflichen Pferde Kosten verbucht wurden.

Der auf fol. 77v. beginnende Buchungsabschnitt ist mit *Ußgiefft Den speluden und Sprengern* den Kosten der Unterhaltung der Reichstagteilnehmer gewidmet. Die Kammerschreiberrechnung weist eine Kostenbeteiligung an den Musikern und Gauklern verschiedener hochgestellter Persönlichkeiten aus: Trompeter, Gaukler *(machethorn)* und Lautenschläger des Markgraf Albrecht von Brandenburg, den Trompetern des Erzbischofs von Trier und des Kaisers, den Geigern *(gÿgern)*, Lautenspielern und Trompetern des Erzbischofs von Köln, König Maximilians Trompetern, Pfeiffern und Paukern, sowie des Königs Trompeter und Harfenspieler mit Begleitung, des Pfalzgrafen Trompeter, Pfeiffer und Lautenschläger und schließlich Pauker und Gaukler des Grafen Philip von Nassau.¹⁰³⁶ Auch ein Musiker des Landgrafen Wilhelm des Jüngeren wird genannt: Der Trompeter Heinrich Heintze.¹⁰³⁷ Es werden auch Kosten für die Herolde des Markgrafen und des Erzbischofs von Köln sowie die Knechte des Kaisers aufgeführt, die als Boten eingesetzt waren. Die Aufwendungen hatten insgesamt die beachtliche Höhe von rund 66 Gulden.¹⁰³⁸ Dabei kann noch ein anderer Aspekt bei solchen Ausgaben eine Rolle gespielt haben. Fürsten auf Reisen hatten Repräsentationspflichten, verteilten aber auch Geschenke und gaben Almosen. Die Grenze zwischen einer angemessenen Entlohnung und einer mildtätigen Versorgung kann nicht genau gezogen werden, wenn es um mittelalterliche Darbietungen zur Unterhaltung geht. Als Beispiele mögen der festangestellte Herold, aber auch der kleinwüchsige Hofnarr auf der einen Seite und der verkrüppelte ambulante Gaukler oder Sänger auf der anderen Seite dienen.¹⁰³⁹ Viele Spielleute

---

1035 HStA Marburg, Marburger Kammerschreiberrechnung 1486, 2/7, fol. 76v.–77r.
1036 HEINRICH, Gert: Albrecht Achilles. In: Robert AUTY (HG): Lexikon des Mittelalters, Bd. 1, München 1980, Sp. 317–8, Albrecht Achilles von Brandenburg nahm, bereits schwer erkrankt, am Reichstag zu Frankfurt teil und verstarb dort am 11. März 1486.
1037 DEMANDT, 1981a, Nr. 1106; dort Fußnote 5: machethorn.
1038 HStA Marburg, Marburger Kammerschreiberrechnung 1486, 2/7, fol. 77v.–78r; s.a. DEMANDT, 1981a, Nr. 1106 (5) wonach diese Ausgaben, allerdings in einer Höhe von 86 fl 9 Alb in Rechnung I des Marburger Kammerschreibers verbucht wurden. Genaue Angaben dazu fehlen; zum Repräsentationsaufwand s.a. RANFT, Andreas: Adel, Hof und Residenz im späten Mittelalter. In: Archiv für Kulturgeschichte, 89, 2007, S. 64.
1039 BOOCKMANN, Hartmut: Spielleute und Gaugler in den Rechnungen des Deutschordens-Hochmeisters. In: Detlef ALTENBURG, Jörg JARNUT, Hans-Hugo STEINHOF (HG): Feste und Feiern im Mittelalter. Paderborner Symposion des Mediävistenverbandes, Sigmaringen 1991, S. 218.

konnten den mobilen Randgruppen des Mittelalters zugeordnet werden, die nicht dauerhaft im Dienst und Schutz einer bestimmten Obrigkeit standen.[1040] Es gab Versuche, dies zu reglementieren, indem die adeligen oder geistlichen Herren aufgefordert wurden, Spielleute angemessen zu besolden, um zu verhindern, dass diese andere besuchen und belästigen. Lohn konnte sowohl in Form von Geld, aber auch als Sachleistung („Ehrengabe"), als Auslösung von Pfändern in Herbergen (*„gages"*, von daher abgeleitet die *„Gage"*) oder als prestigeträchtiges Empfehlungsschreiben gewährt werden.[1041]

Mit dieser Seite endet die Zusammenstellung der Ausgaben für den Besuch des Reichstags in Frankfurt. Die letzte Seite der sechsten Lage behandelt wieder *Gemeyne ußgiifft* mit allgemeinen Ausgaben für z.B. Schneider und Schuster.[1042]

3.3.4.4. Ausgaben für Gäste

Die siebte Lage der Kammerschreiberrechnung beginnt mit fol. 79r. mit einem Buchungsabschnitt mit den Ausgaben für Quartierkosten von Gästen. Für Herzog Heinrich von Braunschweig, der mit 29 Pferden angereist war, werden der *Wernnerschen vor uß quitunge* etwas mehr als 22 Gulden bezahlt. Für diese Ausgaben ist ein Futter- und Zehrungszettel bekannt.[1043] Ein wesentlicher Bestandteil dieser Ausgaben sind die Kosten für Hafer, „das Benzin des Mittelalters".[1044] Für die Gefolgschaft des Herzogs mit 13 Pferden werden zusätzlich 26 alb bezahlt. Weitere Ausgaben betreffen u.a. Kosten für die Unterbringung weiterer Pferde, für Hafer und Wein, wobei mehrmals der Name der „*Wernnerschen*" erwähnt wird, bei der es sich um eine Wirtin gehandelt haben dürfte. Die Gesamtkosten für den ersten Abschnitt betrugen rund 34 fl. Im unteren Drittel von fol. 79v. wird mit einer neuen Überschrift mit der Buchung für die Kosten des nächsten Gastes, Landgrafen Wilhelm des Jüngeren von Kassel begonnen.[1045] Verbucht werden Kosten für Stallmiete, Hufbeschlag, Mahlzeiten, Wein, Brot und Käse über insgesamt knapp 5 Gulden.[1046]

1040 HARTUNG, Wolfgang: Die Spielleute. Eine Randgruppe in der Gesellschaft des Mittelalters, Wiesbaden 1982, S. 4.
1041 HARTUNG, Wolfgang: Die Spielleute im Mittelalter. Gaukler, Dichter, Musikanten, Düsseldorf 2003, S. 248–257; HARTUNG, 1982, S. 73–79.
1042 HStA Marburg, Marburger Kammerschreiberrechnung 1486, 2/7, fol. 78v.
1043 Das Schriftgut der landgräflich-hessischen Kanzlei im Mittelalter, Teil 2, Bd. 2, S. 423, Nr. 1718 (Regest Nr. 4293); dieses Dokument ist erhalten: HStA Marburg, Rechnungen I, 5/21 (Zehrungszettel des Aufenthalts von Herzog Heinrich von Braunschweig in Marburg am 3. Juli 1486, fol. 1).
1044 MERSIOWSKY, Mark: Das Stadthaus im Rahmen der spätmittelalterlichen adligen Wirtschaft. In: Der Adel in der Stadt des Mittelalters und der frühen Neuzeit, Marburg 1996a, S. 207.
1045 HStA Marburg, Marburger Kammerschreiberrechnung 1486, 2/7, fol. 79r.–79v.
1046 HStA Marburg, Marburger Kammerschreiberrechnung 1486, 2/7, fol. 79v.–80r.

Im nächsten längeren Abschnitt folgen Kosten ähnlicher Art, beginnend mit Herzog Ernst von Sachsen am 18. April 1486 für eine Nacht, jedoch mit einer größeren Anzahl von insgesamt 61 Buchungen über insgesamt rund 23½ Gulden. Genannt werden nachfolgend unter anderem der *Rentschreiber*, *Doctor Stengil*, *Doctor Pistorius* und der *Dechant von Magdeburg*, ohne dass jedoch nachvollzogen werden kann, ob diese Buchungen alle dem Besuch des Herzogs zugeordnet werden können.[1047]

Ein neuer Buchungsabschnitt beginnt in der Mitte der Seite unter der Überschrift: *Quitunge Herzoge albrechts von Sachsen uff Montag nach Vocem iocunditatis uf eyne nacht.*

Der Landgraf hatte also beide Herzöge von Sachsen zu Gast. Zieht man die Höhe der Aufwendungen als Maßstab heran, so scheint Herzog Albrecht die größere Aufmerksamkeit zu Teil geworden sein. Erneut war es aber bei den verschiedenen nachfolgenden Buchungen für Stallmiete, Mahlzeiten, Kosten für Wein und Bier nicht in jedem Fall möglich, einen eindeutigen Bezug zur vorstehenden Überschrift herzustellen. Es erscheint wahrscheinlich, dass der Bischof von Meißen zum Gefolge des Herzogs gehörte. Für dessen Pferde erhielt der Marburger Bürger und Gastwirt Daniel zum Schwan zweimal Stallmiete. Der Gasthof der Familie Schwan wurde von der Landgräflichen Familie und dem Hof umfangreich frequentiert und zur Unterbringung von Gästen genutzt.[1048] Die darauffolgende Buchung betrifft entsprechende Ausgaben für die nassauischen Geleitknechte, 22 Maß Wein und drei Mahlzeiten am Abend für dieselben. Da der Bischof in der Herberge blieb, erhielt Daniel zum Schwan 2 Gulden für 31 Mahlzeiten für diesen und seine Knechte, Fußknechte und Wagenknechte, sowie 16 alb für Hufbeschlag. Die beiden letzten Buchungen des Abschnittes auf fol. 85v. betreffen die Kosten des Beschlags des Hengstes von Herzog Albrecht und die Aufwendungen an Stallmiete, Mahlzeiten und Wein für dessen *Doctor*, was zeigt, dass dieser Abschnitt mit hoher Wahrscheinlichkeit insgesamt die Kosten des Aufenthaltes des Herzogs darstellt, die mit rund 66 Gulden verbucht wurden.[1049]

Der folgende Buchungsabschnitt, der auf einer neuen Seite beginnt, behandelt die Aufwendungen, die im Zusammenhang mit einem Besuch Landgraf Wilhelms von Kassel (hier genannt der Jüngere) stehen, als er Freitag nach Viti (16. Juni 1486) auf dem Rückweg von einem Aufenthalt beim Erzbischof von Köln und *uß dem bade von Empz* für eine Nacht Station machte.[1050]

1047 HStA Marburg, Marburger Kammerschreiberrechnung 1486, 2/7, fol. 80v.–83r.
1048 KLOERSS, Ingrid: Aufstieg und Fall der Marburger Familie Schwan in der Frühen Neuzeit. In: Zeitschrift des Vereins für Hessische Geschichte, 116, 2011, S. 43 f.; DEMANDT, 1981b, Nr. 2811.
1049 HStA Marburg, Marburger Kammerschreiberrechnung 1486, 2/7, fol. 83v –85v.
1050 Es dürfte sich um Bad Ems handeln.

Die Buchungen entsprechen dem gewohnten Muster mit den Kosten für Stallmiete, Mahlzeiten und Trunk, die der *Wernnerschen* ausbezahlt wurden. Interessant ist an dieser Stelle, dass von der Gesamtzahl der 16 abgerechneten Pferde acht als *mynes gnedigen hern gewest* bezeichnet wurden und weitere sechs Pferde namentlich benannten Gefolgsleuten zugeordnet wurden: Caspar von Buchenau[1051], Hermann Trott, Heinrich von Baumbach[1052] mit je zwei Pferden. Die Abrechnung gibt an dieser Stelle ein anschauliches Beispiel für die mittelalterlichen Gepflogenheiten bei Besuchen in Adelskreisen. Bei der Ankunft der Gäste, der Rechnung nach sechs Personen, gab es eine *collation als sie kommen waren*, später eine *malzit uf den abint* und 11 Maß Wein und nach Eintreffen des gastgebenden Landgrafen erneut eine *collation* und 16 Maß Bier. Die folgenden drei Buchungen betreffen die Bestellung von Speisen und 3 Maß Bier für Sonnabendmittag und -abend durch die Frauen von Ziegenhain, was einen Besuch der Gäste dort vermuten lässt. Daran anschließend wird die Unterbringung und 5 Metzen Hafer für fünf Pferde von Reinhard d. Ä. von Boyneburg[1053] für Freitag verbucht, einschließlich sechs Mahlzeiten am Mittag mit anschließenden 3 Maß Wein, drei Abendessen einschließlich *slaftrang* sowie am Sonnabendmorgen *morginsoppen*. Offensichtlich steht die Unterbringung Reinhards im Zusammenhang mit dem Besuch des Herzogs. Die Gesamtkosten für diesen Besuch betrugen rund 4½ Gulden.[1054]

Auf fol. 87r. beginnt ein neuer „Quittungs"-abschnitt, der Ausgaben für *meyne gnedigen frauwen von Katzenelnbogin* (hier stand zuvor *Nassauw*, was gelöscht wurde). Es werden Kosten für die Unterbringung der Damen bei der *Wernnerschen* sowie für die Hofmeisterin der Landgräfin, Anna von Windhausen, und Caspar von Weiters verbucht.[1055] Weitere Buchungen betrafen eine Übernachtung des Herrn von Nassau mit 20 Pferden (mit dem Vermerk, dass dies vom Küchenschreiber aufgezeichnet wurde) und für Boten des Pfalzgrafen und anderer Personen an den Wirt Daniel zum Schwan. Der Gesamtbetrag der Buchungen über einen Zeitraum vom 4. Mai bis zum 14. August belief sich auf etwas mehr als 26½ Gulden. Die Zeitspanne der Eintragungen lässt vermuten, dass sich nicht alle Einträge auf die Überschrift beziehen.[1056]

Der nächste Buchungsabschnitt betrifft Ausgaben für Herrn Paulus von Breitbach, der am 8. Mai 1486 mit 19 Pferden Stallmiete in Anspruch nahm, sowie 37 Mahlzeiten und 33 Maß

1051 GUNDLACH, 1931, S. 38.
1052 DEMANDT, 1981b, Nr. 3068, Nr. 91.
1053 DEMANDT, 1981b, Nr. 303; 3285.
1054 HStA Marburg, Marburger Kammerschreiberrechnung 1486, 2/7, fol. 86r.–86v.
1055 DEMANDT, 1981b, Nr. 3388.
1056 HStA Marburg, Marburger Kammerschreiberrechnung 1486, 2/7, fol. 87r.

Wein konsumierte. Es schließen sich weitere Buchungen über Stallmiete, Wein, Verpflegung, Hafer und ein lahmes Pferd an, das zurückgelassen wurde, für insgesamt 7½ Gulden auf dieser Seite.[1057] Auf den nächsten drei regulären Seiten folgen zahlreiche Buchungen über Pferdekosten und Mahlzeiten für verschiedene Personen und Boten, unter anderem den Herrn von Nassau mit 26 Pferden. Häufiger Empfänger war erneut „*die Wernnersche*". Die Einträge betreffen einen Zeitraum vom 31. August bis 14. November und Kosten in Höhe von rund 43 Gulden.[1058]

Auf einem eingehefteten Blatt von ca. 110x150 mm stehen mit einer Klammer und dem Vermerk *perd* versehen unter der Überschrift *nachgeschriebene Knechte sind gequit worden* die Namen von elf Personen und einer zugehörigen Anzahl von Pferden. Genannt werden unter anderem der bereits bekannte Wilhelm Hose, Hentze (Heinrich) Ackermann, Johannes Westerburg und Junker Henne.[1059] Buchungen sind auf diesem Blatt nicht vorhanden, die Rückseite ist ohne Einträge. Auf diese Liste wird nachfolgend Bezug genommen.

Die folgende *Quitunge* betrifft Ausgaben *der selbigen Knechte*, die für fünf Nächte am 14. November 1486 verbucht wurden. Die Bezeichnung „Knecht" muss hier im erweiterten Sinne gesehen werden, da auch höhergestellte Persönlichkeiten im Dienst des Landgrafen aufgeführt werden. Die erste Buchung betrifft Johann Westfäling,[1060] einen Knecht des oben erwähnten von Westerburg mit drei Pferden, gefolgt z.B. von Heinrich von Herzberg mit zwei Pferden, Lorenz dem Landknecht von Romerod[1061] und Heinrich Ackermanns Knaben. Möglicherweise enden an dieser Stelle die Buchungen für die „Knechte".[1062]

In der nächsten Buchung wird für Hermann Schenck[1063] notiert, dass für dessen Ausgaben bei der Wernnerschen 1 Gulden 8 Albus bezahlt wurden. Ähnliche Buchungen erfolgten für einen Amtmann auf der Durchreise und den Herrn von Nassau mit 22 Pferden. Johann und Philip von Weitershausen[1064] erhielten Hufbeschlag bezahlt und Johann von Löwenstein in deren Begleitung verschiedene Leistungen in zwei Buchungen.[1065]

1057 HStA Marburg, Marburger Kammerschreiberrechnung 1486, 2/7, fol. 87v.
1058 HStA Marburg, Marburger Kammerschreiberrechnung 1486, 2/7, fol. 88r., 88v., 90r.
1059 HStA Marburg, Marburger Kammerschreiberrechnung 1486, 2/7, fol. 89r., s.a. DEMANDT, 1981, Nr. 1356; 3; 3320; 1480.
1060 DEMANDT, 1981b, Nr. 3322.
1061 DEMANDT, 1981b, Nr. 2927: Lorenz Sputel.
1062 HStA Marburg, Marburger Kammerschreiberrechnung 1486, 2/7, fol. 90v.
1063 DEMANDT, 1981b, Nr. 2634.
1064 DEMANDT, 1981b, Nr. 3293.
1065 HStA Marburg, Marburger Kammerschreiberrechnung 1486, 2/7, fol. 90v.–91r.

Auf der folgenden Seite werden unter anderem Buchungen zur *ußlosung myner frauwen von Nassauw* bei der *Wernnerschen* vorgenommen. Zahlungen an diese erfolgten auch für *Zerung* für den Marschall. Die letzte Buchung dieses Abschnittes betrifft Wirtshaus- und Pferdeunterbringungskosten bei Daniel zum Schwan.[1066]

3.3.4.5. Botenlöhne

Der letzte Buchungsabschnitt von fol. 93r. bis fol. 94v. behandelt Botenlöhne *(Uβgiift an Bodden lone)*. Es wird eine Reihe von Orten im Zusammenhang mit Botentätigkeit erwähnt, unter anderem Altendorf, Blankenstein, Bonn, Darmstadt, Frankfurt, Gießen, Köln, Wittgenstein, Wettin. Die Buchungsdaten der insgesamt 25 Buchungen beginnen im Januar 1486 und enden nach nur geringen Inkonsistenzen im kalendarischen Ablauf am 6. Januar 1487 und umfassen rund 15½ Gulden.

3.3.4.6. Übersicht und Analyse der Ausgaben

Die Kammerschreiberrechnung von 1486 gibt für die Ausgaben lediglich eine zusammenfassende Pauschalsumme auf fol. 94v: *Summa summare alle vorangeschriebene gemyne uβgijfft bringt 9302½ gulden 2½ alb*. Auch hier ergab die Gesamtsumme aus allen in Tabelle 42 im Anhang aufgeführten Teilsummen mit 9.075,5 fl 29,5 alb, 230 hl eine etwas geringere Gesamtsumme. Es wird deutlich, dass auf der Ausgabenseite erheblich mehr Buchungen vorgenommen wurden als auf der Einnahmeseite und dass bei den Ausgaben pro Seite etwa zwei Buchungen mehr verzeichnet wurden. Die Führung der Kammerschreiberrechnung und die Darstellung der Buchungen und Buchungssummen zeigen, dass das primäre Ziel die Nachvollziehbarkeit des Erhalts und der Leistung von Zahlungen war. Eine Analyse von Daten stand insbesondere auf der Ausgabenseite nicht im Vordergrund der Buchhaltung durch den Kammerschreiber. Die Summenbildung am Ende der Seite ungeachtet der Inhalte zeigt, dass es wesentlich nur auf die Erzielung einer Gesamtsumme ankam. Auf welche Art der Ausgaben sich die Zahlungen bezogen, war offensichtlich nicht von besonderem Interesse. Die fortlaufende Führung der beiden Hauptabschnitte der Einnahmen und Ausgaben und die geringe Quote von knapp 0,6 % an Streichungen und Korrekturen (eine auf 181 Buchungen bei den Einnahmen und fünf auf 830 Buchungen bei den Ausgaben) bestärkt die Annahme der Abfassung in Reinschrift.

Die Analyse des Zahlenmaterials ergibt in einer vereinfachten Darstellung der Ausgaben folgende Aufstellung:

1066 HStA Marburg, Marburger Kammerschreiberrechnung 1486, 2/7, fol. 91v.

**Übersicht der wesentlichen Anteile der Ausgaben in
der Kammerschreiberrechnung von 1486, gerundet auf volle Gulden**

Allgemeine Ausgaben (ohne „königl. Angelegenheiten" fol. 51v.)	3.212
davon 1.000 als Rückzahlung eines Krediates an den Markgrafen	
von Baden „königliche Angelegenheiten" auf fol. 51v.	2.318
Hofausgaben	3.014
Allgemein	2.120
(darin enthalten rund 566 Arbeitslohn,	
737 für den Ankauf von 171 Ochsen,	
220 für ein Kirchspiel sowie 100 für Dienergeld)	
Dienergeld	449
Manngeld und Burglehne	195
Pferde und Pferdeschadenersatz	250
Ausgaben im Zusammenhang mit dem Reichstag 1486	120
davon:	
Unterbringungskosten	54
Spielleute	66
Weitere allgemeine Hofausgaben	236
davon Aufwendungen für Gäste:	
Herzog Wilhelm II. von Braunschweig	34
Landgraf Wilhelm von Kassel (2x)	10
Herzog Ernst von Sachsen	24
Herzog Albrecht von Sachsen	66
Katzenelnbogen, Nassau	27
Paulus von Breitbach u.a.	43
Diverse Unterbringungskosten	16
Botenlöhne	16

Eine eingehendere Analyse der Hof- und allgemeinen Ausgaben zeigt, dass zahlreiche auch kleinere Ausgaben wie Kleidung und Schuhe für den Landgrafen und dessen Begleitung akribisch aufgeführt wurden. Verschiedentlich wurde der Ankauf von Garn und Tuchen im Detail aufgeführt. Ebenso wurden der Verzehr, Unterbringungskosten und Stallmieten auf Reisen genau beziffert. Davon unabhängige Ausgaben für den Einkauf von Lebensmitteln und Getränken waren aber, abgesehen vom Ankauf von 171 Ochsen, nicht nachweisbar. Eine Möglichkeit ist, dass ein hoher Anteil des Nahrungsmittelverbrauchs durch Selbstversorgung mittels Naturalabgaben gedeckt wurde, die ein Spezifikum des adeligen Großhaushaltes darstellte.[1067] Nur der davon nicht gedeckte Bedarf vor allem an Spezialprodukten wie Gewürzen musste zugekauft werden.[1068] Vereinzelte Dokumente belegen den Transport solcher Bedarfsprodukte an den Marburger Hof.[1069] Der Verzicht einer genauen Rechnungsführung über das „*Naturalgefälle*" war möglicherweise dadurch bedingt, dass diese Naturalabgaben meist weitgehend für die Hofhaltung verbraucht wurden.[1070] Eine solche Deckung des Eigenbedarfs aus der Produktion des Domaniums wurde für die Grafschaft Katzenelnbogen beschrieben, für die z.B. Kornkäufe nicht belegt sind. Brotgetreide musste allenfalls nach Missernten zugekauft werden. Der Haferbedarf für die Pferde war allerdings ein beständiges Problem und zusätzlich war zur Mitte des 15. Jahrhunderts ein Rückgang der landwirtschaftlichen Produktion zu bemerken, der die Selbstversorgung erschwert haben dürfte. Eine Autarkie des Katzenelnbogener herrschaftlichen Haushaltes war auch wegen des Bedarfes an speziellen Verbrauchsgütern nicht gegeben, die z.B. auf der Frankfurter Messe erworben wurden.[1071]

Für die zentrale Hofhaltung in Marburg war der Rentschreiber für solche Einkäufe zuständig, der z.B. bei dem Ankauf der Ochsen als Käufer genannt wurde. Solche bedeutenden Zukäufe waren erforderlich, da der Rinderbestand in Oberhessen nicht zur Deckung des Bedarfes am Marburger Hof ausreichte und durch Importe aus Thüringen und Norddeutschland gedeckt werden musste. Zimmermann wies zur Höhe des Verbrauches auf das Marburger Küchenregister von 1487 hin, nach dem pro Woche „5 Ochsen und Kühe" verzehrt wurden.[1072] 1486 scheint der Bedarf etwas geringer gewesen zu sein, was teilwiese auch durch den Aufenthalt zahlreicher Personen des Hofes in Frankfurt beim Reichstag bedingt sein könnte. Der Rentschreiber konnte die Aufgabe durch Übergabe eines Ausgleichsfonds

---

1067 FOUQUET, Gerhard: „Wie die kuchenspise sin solle" – Essen und Trinken am Hof des Speyerer Bischofs Matthias von Rammung (1464–1478). In: Pfälzer Heimat, 39, 1988b, S. 21.
1068 Zu den Einkäufen der Hessischen Landgrafen auf den Frankfurter Messen s. ROTHMANN, 1998, S. 500–505.
1069 HStA Marburg Rechnungen I, 26/12, s.a. DEMANDT, 1970, Nr. 2538, S. 139.
1070 BOELCKE, Willi A.: Die Einkünfte Lausitzer Adelsherrschaften in Mittelalter und Neuzeit. In: Wilhelm ABEL, Knut BORCHARDT, Hermann KELLENBENZ, Wolfgang ZORN (HG): Wirtschaft, Geschichte und Wirtschaftsgeschichte, Stuttgart 1966, S. 188.
1071 MAULHARDT, 1980, S. 76, 154, 162, 170; s.a. RICHARZ, Irmintraud: Herrschaftliche Haushalte in vorindustrieller Zeit im Weserraum, Berlin 1971, S. 135; STEINBRINK, Matthias: Hof – Finanzen. Ein finanzgeschichtlicher Blick auf Hof und Residenz. In: Olaf BÖHLK (HG): Stadtgeschichte im Spannungsfeld. Bernburgs Weg zur frühneuzeitlichen Residenzstadt der Fürsten von Anhalt, Bernburg 2011, S. 10; zu Domanium, den Eigengebieten und Dominium, den nicht eigenen, aber unter eigenem Schutz stehenden Gebieten, s. DROEGE, 1971, S. 6.
1072 ZIMMERMANN, 1974, S. 282.

an den Küchenschreiber delegieren. Es erscheint daher möglich, dass solche nicht unwesentlichen Ausgaben an anderer Stelle als der Kammerschreiberrechnung geführt wurden.[1073] Das Amt des Küchenmeisters ist am hessischen Hof seit 1414 als dauernde Einrichtung beschrieben.[1074] Es tritt aber hier nicht in Erscheinung. Eine Rentschreiberrechnung ist von 1486 nicht überliefert. Zieht man die rund ein Jahrhundert früher datierten Rentmeisterrechnungen aus Marburg in der Bearbeitung von Küch zum Vergleich heran, können dort zahlreiche Ausgaben für Lebensmittel des täglichen Bedarfes in den Buchungen festgestellt werden, wie Rind- und Schweinefleisch, Schafe, Wildbret, Hühner, diverse Fischarten, Käse, Essig, Mehl, Hefe, Eier, Schmalz.[1075] Dies spricht dafür, dass der Bedarf des Hofes nicht vollständig über Naturalabgaben gedeckt wurde, sondern ein Zukauf von Lebensmitteln stattfand, der aber nur in Ausnahmefällen wie dem Ankauf einer größeren Anzahl von Ochsen 1486 in die Kammerschreiberrechnung und Hofmeisterrechnung Eingang fand. Diese Interpretation wird auch durch die Angaben von Droege gestützt, der für Kurköln beschreibt, dass die Naturalabgaben bei weitem nicht zur Deckung des Bedarfes am Hof ausreichten und deshalb Einkäufe getätigt werden mussten.[1076]

Es kann davon ausgegangen werden, dass im Gegensatz zur Rechnungsführung der Grafschaft Katzenelnbogen, in der alle Buchungsvorgänge des „ganzen Hauses" Eingang in ein zentrales Rechnungsdokument fanden, die Buchführung des hessischen Landgrafen neben der zentralen Hofhaltung weitere Bücher führte, wie möglicherweise ein Küchenbuch oder ein Buch für die Kosten militärischer Aktionen.[1077] Eine Zuständigkeit des Hofmeisters gemeinsam mit dem Küchenmeister wird auch für die Hofführung des Speyrer Bischofs Matthias von Rammug berichtet.[1078] Spezialrechnungen sind für die Rechnungsführung der Grafen von Wertheim-Breuberg z.B. mit Botenbüchern oder Schäfereirechnungen belegt.[1079] Das Beispiel des kursächsischen Hofes spricht ebenfalls für wesentliche Ausgaben durch

---

1073 ZIMMERMANN, 1974, S. 280 f.; in vergleichbarer Größenordnung von 400 Ochsen pro Jahr lag der Verbrauch am Hofe des Kurfürsten von Brandenburg Albrecht Achilles, s. KOTELMANN, 1866, S. 16.
1074 KRIEB, Steffen: Hessen, Landgrafschaft, Landgrafen von. In: Werner PARAVICINI (HG): Höfe und Residenzen im spätmittelalterlichen Reich 1: Ein dynastisch-topographisches Handbuch, Teilbd. 1, Dynastien und Höfe, Ostfildern 2003, S. 809.
1075 Ausgaberegister des Rentmeisters Heinrich von Schönstadt zu Marburg 1384–1485, Auszug, 1894, S. 46–51; Ausgaberegister des Rentmeisters Heinrich von Schönstadt zu Marburg 1387, Auszug, 1907, S. 245–273; Einnahme- und Ausgaberegister des Rentmeisters Dietrich Spede zu Marburg 1375–1377, 1916, S. 172–213.
1076 DROEGE, 1971, S. 11.
1077 MAULHARDT, 1980, S. 16.
1078 FOUQUET, 1988b, S. 14.
1079 WACKERFUSS, 1991, S. 13.

den Küchenmeister. Insgesamt ergeben die dort genannten Zahlen interessante Vergleichsmöglichkeiten. Die Gesamtausgaben der kursächsischen Kammer beliefen sich nach einem Bericht in den 70er Jahren des 15. Jahrhunderts auf über 38.000 Gulden. Davon entfielen 5.760 fl auf die Küche für Lebensmittel und Geschirr, 3.808 fl waren für den Keller (Gläser, Wein, Bier) und 1.843 fl für Brot und andere, der Speisekammer zuzuordnende Güter. Die Marstallkosten beliefen sich auf 8.624 fl und die Kosten für die Beschaffung von Pferden auf 1.312 fl. Der Verbrauch der Pferde an Hafer war ebenfalls erheblich und machte 2.421 Gulden aus, was 287 Tonnen Hafer entsprach.[1080]

Im Gegensatz dazu erfolgte in der Kammerschreiberrechnung des Hessischen Hofes zu Kassel im Jahre 1449 eine Trennung der Ausgaben nach Sachgruppen und es sind getrennte Rechnungen für diverse Ausgaben der Küche für Lebensmittel wie Fische, Hefe, Wecken und Bier vorhanden.[1081]

Die Rechnungslegung des Küchenmeisters war auch regulärer Bestandteil des Rechnungsbuches Herzog Albrechts III. von Österreich bereits zwischen 1392 und 1394.[1082]

Insgesamt stellt sich die Kammerschreiberrechnung von 1486 als ein ordentlich geführtes Dokument dar. Die durchgängig gute Lesbarkeit der Zahlenwerte ermöglichte eine Nachvollziehung und Auswertung der durchgeführten Berechnungen. Korrekturen oder Streichungen sind in der Kammerschreiberrechnung nur selten anzutreffen. Bei den Einnahmen gibt es nur auf fol. 1r. die Streichung eines offensichtlich irrtümlich eingetragenen unrichtigen Titels. Bei den Ausgaben wurden einzelne Buchungen auf fol. 50v. (3½ fl 8 alb) und fol. 53r. (18 fl) gestrichen. Kleinere Textstreichungen sind auf fol. 55r., fol. 91v. und fol. 92r. zu beobachten. Es erscheint möglich, dass es sich um eine Reinschrift nach Vorlagen handelt. Dafür spricht auch die einheitliche und fortlaufende Schreibweise ohne häufige Tinten- oder Federwechsel.[1083] Eintragungen in ein nach Buchungsarten vorbereitetes Rechnungsbuch lassen sich nicht durch Überschriften ohne folgende Buchungseintragungen sicher

---

1080 SCHIRMER, Uwe: Kursächsische Staatsfinanzen (1456–1656). Strukturen, Verfassung, Funktionseliten, Stuttgart 2006, S. 105–107, 123–130; zu fürstlichen Finanzen und Hofhaltung s.a. STEINBRINK, Matthias: Pracht und Sparsamkeit – Fürstliche Finanzen um 1500 und die Anforderungen des Hofes. In: Oliver AUGE, Gabriel ZEILINGER (HG): Fürsten an der Zeitenwende zwischen Gruppenbild und Individualität. Formen fürstlicher Selbstdarstellung und ihre Rezeption (1450–1550), Ostfildern 2009, S. 241–262.
1081 ORTH, 1979, S. 38.
1082 Ein Rechnungsbuch Herzog Albrechts III. von Österreich, 1996, S. 119 f.
1083 WEISS, 2002, S. 32: Für die päpstlichen Hauptbücher wurde bei derselben Fragestellung die Verwendung von Notizen in Form von cedulae nachgewiesen.

nachweisen, können aber durch die Existenz von Leerseiten zwischen Kapiteln und einzelnen Freistellen nicht sicher ausgeschlossen werden. Lediglich die verschiedene Abfolge z.B. der Zahlungen leistenden Städte bei der Bede könnten auf eine direkte Verbuchung hinweisen. Wahrscheinlicher aber ist, dass die Kammerschreiberrechnung von 1486 durch Übertragung von vorliegenden Daten in eine Reinschrift entstanden ist, bei der die Buchungen nach Kapiteln geordnet vorgenommen wurden, aber eine systematische Ordnung nach der chronologischen Abfolge nicht beabsichtigt war.[1084]

3.3.5. Genauigkeit der Rechenhaftigkeit

Die Beurteilbarkeit der Korrektheit der durchgeführten Berechnungen war zwar an einigen Stellen durch variable Umrechnungskurse erschwert, wie zum Beispiel bei der bei den Einnahmen von fol. 17r. bis fol. 21r. verwendeten Währungseinheit „*Punt*" (Lb), für die kein Umrechnungskurs angegeben wurde, der aber aus den Berechnungen erschließbar war (1 Lb ≙ 20 alb), oder bei den Ausgaben mit dem neuen Umrechnungskurs von „*27 alb vor 1 guld*" von fol. 66r. bis fol. 76r. anstelle von 31 alb für einen Gulden. Bemerkenswert ist, dass mit den verschiedenen Kursen vielfach korrekt gerechnet wurde, was sich auch an der Verwendung halber Einheiten zeigt: Es wurden 15½ alb (bzw. 13½ alb) für einen halben Gulden und 7 Heller für einen halben Albus oder 10 alb für ein halbes Pfund eingesetzt. Veränderungen von Wechselkursen, die im Manuskript angegeben wurden, erscheinen als Ursache für Rechenfehler unwahrscheinlich, zumal die Überprüfung solcher Fehler mit dem alternativen Wechselkurs ebenfalls zu keinem schlüssigen Ergebnis führte.

Als Beispiel für eine korrekte Berechnung kann die Summenbildung auf fol. 18r. betrachtet werden: Dort ergeben die Werte aus acht Buchungen laut der Seitensumme zunächst 234 Lb und 2 hl. Die Addition der angegebenen Buchungswerte resultierte in 19½ alb, 233 Lb, 9 hl. Um zu der genannten Seitensumme zu kommen, wurden folgende Rechenschritte unternommen: 7 hl entsprechen ½ alb, es bleiben 2 hl übrig. 19½ alb + ½ alb ergeben 20 alb, die 1 Lb entsprechen und damit zu 234 Lb und 2 hl führen. Das Endergebnis in Gulden ergibt sich aus der Umrechnung von 234 Lb zu 150 fl und 30 alb und den unveränderten 2 hl. Der Kammerschreiber zog es in diesem Fall vor, den Guldenbetrag in ganzen Zahlen zu belassen und nicht aus den 30 alb um einen halben Gulden zu erhöhen. Ein ähnliches Vorgehen zeigte sich auch bei einer inkorrekten Berechnung der Seitensumme auf fol. 17r., wo die Summe aus sieben Buchungen mit 46 Lb und 18 alb benannt wurde. Die Addition der Werte ergab aber 42½ Lb und 28 alb. Der Rechenweg war offensichtlich erneut das Bestreben, einen vollen

---

[1084] Zur Frage der Reinschriften bei den Rechnungen der hessischen Ämter s.a. ORTH, 1979, S. 41.

Betrag bei den Pfundbeträgen zu erzielen durch die Übertragung von 10 alb = ½ Lb (Rest 18 alb), was 43 Lb ergeben sollte. Nach Umrechnung in Gulden und Albus war das Ergebnis im Kämmereiregister 30 fl und 8 alb. Das richtige Ergebnis hätte 28 fl und 10 alb betragen (43x20 alb = 860 alb, +18 alb = 878 alb entsprechend 28 fl = 868 alb + 10 alb).

In der Gesamtsicht war trotz dieser Komplikationen eine Überprüfung der Genauigkeit der Summenbildungen und Umrechnungen möglich. Dazu wurden die in römischen Zahlzeichen vorliegenden Buchungswerte in Excel-Tabellen als arabische Zahlenwerte übertragen. Damit wurden in dieser digitalen Form die Daten berechenbar und die Additionsvorgänge konnten automatisch überprüft werden.[1085] Die farbige Darstellung in den Tabellen 41 und 42 im Anhang zeigt, dass von insgesamt 152 Summenbildungen 60 (39,5 %) ganz oder teilweise fehlerhaft waren (bei dieser Betrachtung wurden die wenigen Untersummen bezüglich der Pfundbeträge nicht berücksichtigt, um eine Doppelbewertung zu vermeiden, da diese regelmäßig in Gulden und Albus umgewandelt wurden). Bei den Einnahmen lag der Anteil fehlerhafter Summen mit elf (31,4 %) von 35 Summenbildungen deutlich niedriger als bei den Ausgaben, wo 49 (41,9 %) von 117 Summen Mängel aufwiesen. Da die in der Regel pro Seite des Manuskriptes erstellten Summen sich meist aus mehreren Währungseinheiten (Gulden, Albus, Heller sowie bei den Einnahmen zusätzlich auch Pfund) zusammensetzten, ist eine Betrachtung der einzelnen Untersummen möglich. Dabei waren 86 (21,6 %) von 398 Summenbildungen inkorrekt. Bei den Gulden waren dies 28 (18,7 %) von 149, beim Albus 46 (32,2 %) von 143 und bei den Hellern acht (8,2 %) von 97 Summenbildungen. Da die Anzahl der Buchungen mit Pfundbeträgen, von denen zwei von acht fehlerhaft waren (25 %), sehr gering war und einer zusätzlichen Umrechnung unterlag, kann dieser Fehleranteil nicht als vergleichbar mit den anderen Währungseinheiten gewertet werden. Der geringe Anteil von Fehlern bei der Heller-Berechnung kann dadurch erklärt werden, dass es sich um die kleinste Währungseinheit handelt, die zunächst nur eine Addition erfordert, aber keine Umrechnungsanteile von anderen Einheiten erhielt. Der höhere Fehleranteil bei Albus-Summenbildungen im Vergleich zum Gulden könnte seine Ursache auch in den schwankenden Umrechnungskursen des Albus haben. Die beobachteten Fehler können verschiedenen Ursachen zugeordnet werden:

1. Fehleinträge oder Schreibfehler wie z.B. bei fol. 14r. der Einnahmen mit 2 statt 25 alb,
2. Dezimalfehler,
3. Additionsfehler wie z.B. bei den Einnahmen in fol. 17r. mit 46 statt 43 Lb bei den Pfund-Beträgen,

---

1085 Zu digitalen Edition von Rechnungsbüchern s. WÜRZ, 2016b, S. 113; VOGELER, 2015, S. 314.

4. Übertragungsfehler wie z.B. bei den Einnahmen auf fol. 7r., wo 15½ alb korrekt in ½ fl umgerechnet, aber nicht eingetragen wurden und
5. Fehler durch Rundungen wie in fol. 93v. der Ausgaben (3 anstelle von 3½).

Gravierende Fehler sind z.B. auf fol. 4r. der Einnahmen zu bemerken, wo acht Beträge von 10 bis 2.000 Gulden zu einer Summe von 3.782 Gulden addiert wurden, die exakt 200 Gulden niedriger war als der korrekte Betrag. Insgesamt beliefen sich die Fehlbeträge bei den Einnahmen auf rund 199 Gulden was ca. 1,3 % des auf fol. 22v. genannten offiziellen Ergebnisses von *15.512 fl (12 alb und 5 hl)* ausmacht (Tab. 41).

Auch bei den Ausgaben kam es neben verschiedenen kleineren Abweichungen zu einem größeren Fehler auf fol. 51v., wo bei der Addition von acht Teilbeträgen ein Fehlbetrag von 200 Gulden entstand. Insgesamt wurden durch die Nachberechnung bei den Ausgaben Fehlbeträge von 204 Gulden, 39 Albus und 7 alten Hellern, sowie ein Überschuss von 10 Hellern (Tab. 42) festgestellt. Damit weicht das Ergebnis um rund 2,4 % von der in der Kammerschreiberrechnung genannten Endsumme von *9302½ Gulden* ab.

Die geringfügigen Abweichungen der korrigierten Endsummen von den offiziellen Ergebnissen der Kammerschreiberrechnung könnten z.B. durch Umrechnungsfaktoren bedingt sein. Interessant ist die Feststellung, dass sowohl bei Ausgaben als auch bei den Einnahmen rechnerische Fehler nachgewiesen wurden, die in den jeweiligen Endsummen zu deutlichen Fehlbeträgen hätten führen müssen. Dies war aber nicht der Fall. Ob „gegenläufige" weitere Fehler bei der Gesamtsummenbildung aus den 35 Teilsummen bei den Einnahmen und 117 Teilsummen bei den Ausgaben dafür die Ursache sind oder ob Korrekturen, zum Beispiel anhand des Kassenstandes, vorgenommen wurden, kann nicht nachvollzogen werden. Zur kaum vorhandenen Trennung persönlicher landgräflicher Ausgaben von Staatsausgaben finden sich zahlreiche Beispiele bei Zimmermann.[1086]

Die Marburger Kammerschreiberrechnungen weisen bereits eine Entwicklung zur gruppenspezifischen Anordnung auf, bei der auf der Einnahmenseite z.B. die Abgaben von Orten getrennt aufgeführt werden, oder noch eine übergeordnete Gliederung nach der Art der Abgabe, wie z.B. Bede erfolgte.[1087] Beispiele aus der Kammerschreiberrechnung von 1486

1086 ZIMMERMANN, 1974, S. 282.
1087 ZIMMERMANN, 1974, S. 174; zu Bede s.a. KOLMS, Heinz: Steuern II: Geschichte. In: Willi ALBERS et al. (HG): Handwörterbuch der Wirtschaftswissenschaft: (HdWW) 7; zugleich Neuauflage des Handwörterbuchs der Sozialwissenschaften: Sozialismus bis Technischer Fortschritt, Stuttgart 1977, S. 311.

sind die *Meybede* und die *Herbstbede*, bei denen Einnahmen aus denselben sechs Orten, allerdings in unterschiedlicher Reihung aufgeführt werden.[1088] *Meybede* und *Herbstbede* dürften den für Marburg beschriebenen Bezeichnungen Sommerbede und Winterbede entsprechen, von denen erstere den Charakter einer Vermögenssteuer hatte und vorrangig Deckung der stadtherrlichen Ansprüche diente. Die Winterbede wurde auch unter anderen Benennungen wie Geschoß personenbezogen eingetrieben.[1089]

3.3.6. Datierung der Buchungen

Die in der Kammerschreiberrechnung von 1486 aufgeführten Buchungstermine waren weitgehend einer Transkription zugänglich und konnten daher vergleichend untersucht werden. Termine wurden entweder durch die direkte Benennung von Kirchenfesten und Heiligengedenktagen oder durch deren Kombination in der Regel mit der Präposition *nach* und einer Wochentagsbezeichnung bestimmt. Bei den Einnahmen treten Buchungstermine auf 37 Seiten mit Einträgen (von insgesamt 54 Seiten) auf; davon entfallen 71 Buchungstermine auf 33 Datumsangaben.[1090] Mit neun Angaben wurde der Termin *Nativitatis Marie virginis* am 8. September am häufigsten festgestellt (Tab. 13). Die Verteilung der Termine über das Kalenderjahr zeigt Abb. 37.

Kirchenfest oder Heiligengedenktag	Termin	Einnahmen	Ausgaben
Circumcisionis	01.01.		3
Epiphanias	06.01.		1
Fabiani e Sebastiani	20.01.		10
Agnete	21.01.		1
Vincentii	22.01.		1
Conversionis Sancti Pauli	25.01.	1	12
Purificationis Marie	02.02.		7
Esto Mihi	05.02.		9
Invocavit	12.02.	3	11
Reminiscere	19.02.		7

1088 HStA Marburg, Marburger Kammerschreiberrechnung mit Frankfurter Messeregistern 1486, Rechnungen I, 2/7, fol. 21v., 22r.
1089 VERSCHAREN, Franz-Josef: Die städtische Steuerverwaltung des Mittelalters am Beispiel Marburgs. In: Hessisches Jahrbuch für Landesgeschichte, 37, 1987, S. 18.
1090 HStA Marburg, Marburger Kammerschreiberrechnung mit Frankfurter Messeregistern 1486, Rechnungen I, 2/7, fol. 1–27.

Oculi	26.02.	1	9
Letare	05.03.		3
Iudica	12.03.	6	
Palmarum	19.03.	2	
Josef	19.03.		1
Ostern	26.03.	1	2
Quasimodogeniti	02.04.	3	6
Misericordia	09.04.		4
Iubilate	16.04.	1	1
Cantate	23.04.		1
Vocem iocunditatis	30.04.		2
Walpurgis	01.05.	1	3
Assumptionis	04.05.		5
Exaudi	07.05.	2	6
Pinxten	14.05.	1	8
Trinitate, Trinitatis	21.05.	2	4
Urbani	25.05.	2	
Maximus	29.05.	1	
Bonifatii	05.06.	1	4
Anthonii	13.06.	5	1
Viti	15.06.		5
Johannis Baptiste	24.06.		1
Siebenschleffertag	27.06.	1	
Petri et Pauli	29.06.	1	1
Visitationis Marie virginis	02.07.		2
Kiliani	08.07.	3	6
Margarete	20.07.		2
Caspari	24.07.	1	3
Jacobi	25.07.	3	1
Panthaleonis	28.07.		1
Vincula Petri	01.08.		3

Laurentii	10.08.		2
Assumptionis Marie	15.08.		3
Bartholomei	24.08.	1	2
Decollatione Johannis	29.08.		3
Egidii	01.09.	1	2
Nativitatis Marie virginis	08.09.	9	2
Exaltationis Sancti crucis	14.09.	5	5
Mauritii	22.09.	1	
Michaelis	29.09.	3	3
Remigii	01.10.		1
Dionysi	09.10.		2
Gereonis	10.10.	1	
Calixti	14.10.		1
Galli	16.10.	1	5
Maria Erscheinen	18.10.		1
Simonis et Iude	28.10.	1	6
Martini	11.11.		9
Elisabeth	19.11.		2
Katherini	25.11.		2
Andree	30.11.		4
Nicolai	06.12.		1
Lucie	13.12.	5	1
Thome	21.12.		5
Cristabent	24.12.		1
Nativitatis Christi, Vynachten	25.12.		3
Stefani	26.12.	1	1
Johannes evangelisti	27.12.		1
Kindertagk	28.12.	1	

Tabelle 13 | Häufigkeit der Nennung von kirchlichen Feiertagen und Heiligengedenktagen bei den Einnahmen und Ausgaben in der Kammerschreiberrechnung von 1486

Bei den Ausgaben fanden sich Angaben zu Buchungsdaten auf 67 von 120 Seiten mit Einträgen (von insgesamt 140 Seiten); dabei entfallen 215 Buchungsdaten auf 61 verschiedene kirchliche Feste und Heiligengedenktage.[1091] Besonders frequent wurden hier zwei Termine im Januar genannt, *Sebastiani* am 20. Januar und *Conversionis Pauli* am 25. Januar mit zehn bzw. zwölf Buchungen, sowie *Invocavit* am 12. Februar mit elf Buchungen (Tab. 13). Zwei der Buchungstermine liegen mit dem 3. und 6. Januar bereits im Jahr 1487.

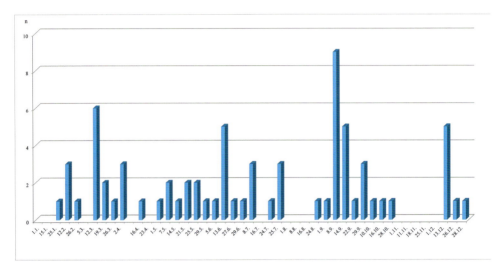

Abb. 37 | Verteilung der Buchungstermine von Einnahmen in der Kammerschreiberrechnung von 1486. Angegeben sind die Häufigkeiten der aufgeführten kirchlichen Festtage und Heiligengedenktage ohne Berücksichtigung der Angaben zu den Wochentagen danach (z.B. *dinstag nach Trinitatis*), was zu einer leichten Clusterbildung der Termine mit einer nur geringen Unschärfe führt, die zu einer größeren Klarheit der Darstellung beiträgt. Die Abszisse entspricht lediglich annähernd dem Kalenderverlauf.

Von Einzelbuchungen und der Häufung am 8. September (ein Termin, der in den Zeitraum der Frankfurter Herbstmesse fällt) abgesehen, wurden Buchungen vor allem von Mitte Juni bis Ende September getätigt. Eine geringere Buchungsaktivität fand sich im Frühjahr von Mitte Februar bis Anfang April. Eine weitere kleine Erhöhung war mit fünf Buchungen zu *Lucie* am 13. Dezember zu bemerken. Im Januar und November wurden praktisch keine Buchungen vorgenommen.

1091 HStA Marburg, Marburger Kammerschreiberrechnung mit Frankfurter Messeregistern 1486, Rechnungen I, 2/7, fol. 28–97.

Die Verteilung der Buchungen von Ausgaben über das Kalenderjahr (Abb. 38) zeigt einen ersten Höhepunkt der Buchungsaktivität von Ende Januar bis Ende Februar, der mit den Ausgaben für die Reise zum Reichstag in Frankfurt in Zusammenhang steht. Eine höhere Zahl von Buchungen findet sich dann von Anfang Mai bis Mitte Juni und dann wieder ansteigend von Mitte Juni mit dem Höhepunkt Ende Oktober/Anfang November (Martini). Im Gegensatz zu den Einnahmen sind keine größeren Zeitabschnitte ohne Buchungen zu bemerken.

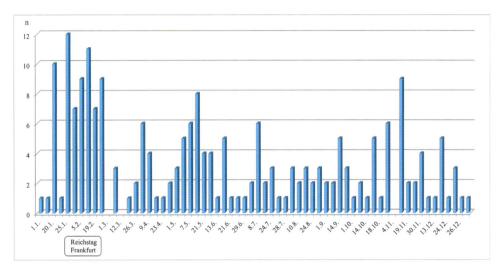

Abb. 38 | Verteilung der Buchungstermine von Ausgaben in der Kammerschreiberrechnung von 1486. Angegeben sind die Häufigkeiten der aufgeführten kirchlichen Festtage und Heiligengedenktage ohne Berücksichtigung der Angaben zu den Wochentagen danach (z.B. *dinstag nach Trinitatis*) oder (einmalig) vor, was zu einer leichten Clusterbildung der Daten mit einer nur geringen Unschärfe führt, die zu einer größeren Klarheit der Darstellung beiträgt. Die Abszisse entspricht lediglich annähernd dem Kalenderverlauf.

Auf die erhebliche Bedeutung der Kirchenfeste für die Zahlungstermine im Ablauf des Geschäftsjahres wurde bereits durch von Lehe hingewiesen. Bei der Untersuchung des Hamburgischen Schuldbuchs von 1288 war eine Häufung der Termine zur Bezahlung von Schulden zu Ostern, Michaelis, Johannis und Jacobi beobachtet worden. Kornrenten wurden zu Ostern, Johanni, Michaelis und Weihnachten ausgegeben. In der vorliegenden Studie waren Häufungen zu diesen Zahlungsterminen nicht erkennbar. Eine mögliche Ursache hierfür könnte in der verschiedenen Natur der Zahlungen liegen.[1092]

1092 LEHE, Erich von: Das Hamburgische Schuldbuch von 1288, Hamburg 1956, S. 43 f.

Betrachtet man den Verlauf der Buchungsdaten in Abhängigkeit von der Seitenzahl, so fällt auf, dass sowohl bei Einnahmen wie bei Ausgaben kein einheitlich chronologischer Ablauf zu beobachten ist. Die ersten Einnahmen auf fol. 3 sind auf den 7. April und 1. Mai datiert, aber schon auf fol. 4 sind Buchungen aus Oktober und Dezember aufgeführt. Die letzten Buchungen auf fol. 18v. und 19v. datieren von Mitte September bis Ende Dezember. Dazwischen finden sich Buchungen von Februar bis August wechselnd über alle Seiten der Einnahmen verteilt. Da Beginn und Ende der Eintragungen eindeutig auszumachen sind und nachträgliche Veränderungen am Manuskript z.B. auf Grund der Lagenstruktur ausgeschlossen werden können, spricht dies für eine diskontinuierliche Buchungspraxis mit vorgefertigter Struktur, möglicherweise nach vorangegangenen Konzepten. Der Verlauf der Datierungen auf den einzelnen Blättern ist ebenfalls nicht durchgehend kontinuierlich. Auf zwölf von 23 Seiten mit zwei oder mehr Buchungen war ein diskontinuierlicher Ablauf der Buchungsdaten feststellbar (Tab. 43 im Anhang).

Bei den Ausgaben war eine ähnliche Struktur feststellbar. Auf den ersten Seiten (fol. 28–30) finden sich Buchungsdaten vom 20. Januar bis 11. November. Buchungen vom Jahresende (11. November bis 23. Dezember) kommen auf fol. 90–92 vor. Die letzten Seiten des Manuskriptes zeigten aber wieder Buchungen über den Verlauf des ganzen Jahres mit einem annähernd kontinuierlichen Verlauf von Anfang Januar 1486 bis Januar 1487 (fol. 93–94). Auffällig ist eine Häufung von Buchungen ausschließlich aus Januar und Februar auf fol. 75v.–79v. Eine spätere Fehlsortierung dieser Blätter kann durch die Lagenstruktur weitgehend ausgeschlossen werden. Auch hier war der Verlauf der Datierungen auf den einzelnen Blättern nicht durchgehend kontinuierlich. Auf 22 von 52 Seiten mit zwei oder mehr Buchungen war ein diskontinuierlicher Ablauf der Buchungsdaten feststellbar (Tab. 43 im Anhang).

3.3.6.1. Buchungseinträge nach Wochentagen

Für die Untersuchungen der Buchungen nach Wochentagen wurden alle lesbaren Angaben der Wochentage sowie die direkt aufgeführten kirchlichen Feiertage und Heiligengedenktage bezogen auf die Wochentage des Jahres 1486 berücksichtigt. Eine Zuordnung war bei 89 Buchungen der Einnahmen und 158 Buchungen der Ausgaben möglich. Abb. 39 stellt die Verteilung der Buchungen auf die Wochentage dar.

Bei den Einnahmen (Mittelwert 12,71±8,2 Buchungen) zeigte sich ein deutlicher Höhepunkt mit 29 Buchungen an Dienstagen (Abb. 39). Diese Ergebnisse sprechen für eine Präferenz des Dienstages als Tag für Einnahmen, die jedoch nicht durch eine Bevorzugung bestimmter Kirchenfeste oder Heiligentage bedingt ist, die auf einen Dienstag fallen, sondern in der Mehrzahl der Fälle durch die Angabe *dinstagk nach* zustande kommt.

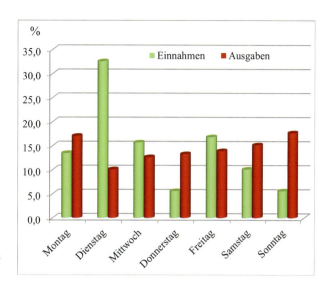

Abb. 39 | Verteilung der Buchungen in der Kammerschreiberrechnung von 1486 auf die Wochentage.

Die traditionelle Benennung des Dienstages als „*Zinstag*" unterstreicht diese Beobachtung.[1093] Die Buchungen von Ausgaben waren gleichmäßiger verteilt (Mittelwert 22,6±4,1 Buchungen) und zeigten in der Tendenz eine Ausgabenaktivität vom Dienstag an gleichmäßig ansteigend im Verlauf der Woche und über das Wochenende mit Höhepunkten am Sonntag und Montag mit 28 und 27 Buchungen. Die geringen Schwankungen bei den Ausgaben könnten z.B. durch praktische Erfordernisse der Haushaltsführung wie verstärkte Einkäufe um und nach dem Wochenende oder durch Markt- und Messeaktivitäten erklärt werden.

In den Jahren 1478/79 (230 datierte Buchungen) und 1480/81 (122 datierte Buchungen) waren die Ausgaben im Mittel von 14,3±3,7 und 14,29±3,4 Buchungen pro Wochentag ebenfalls relativ gleichmäßig verteilt. Bei den Einnahmen kann mit neun bzw. 13 Buchungen insgesamt keine Aussage getroffen werden.

3.3.6.2. Höhe der Buchungen in Abhängigkeit vom Buchungszeitpunkt

Die Analyse der Höhe der Buchungen in Abhängigkeit vom Buchungsdatum zeigt bei einer Zusammenfassung der Höhe der Buchungen nach Kalendermonaten bei den Einnahmen nur geringe Einnahmen in Januar, April, Oktober und November. Hohe Einnahmen wurden im März, Mai, Juli, September und Dezember verbucht (Abb. 40). Dabei sind inhaltliche Unterschiede zu beachten: Im März, Mai und September wurden zahlreiche Buchungen (13, 13, 24) getätigt, die zusammen zu den hohen Beträgen führten. Im Juli ist es vor allem die Kreditaufnahme bei den Antonitern in Höhe von 2.000 Gulden, die zu der beobachteten

---

1093 GÖTZINGER, 2000, S. 961.

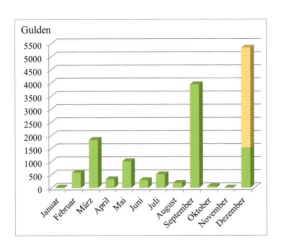

Abb. 40 | Gesamthöhe der Buchungen von Einnahmen in der Kammerschreiberrechnung von 1486 in den verschiedenen Kalendermonaten (dunkelgrüne Säulen: datierte Buchungen, gelbe Säule: nach dem 15.12. verbuchte Einnahmen, s. Anmerkung im Text).

hohen Summe führt. Ähnlich verhält es sich im Dezember, wo neun datierte Buchungen (dunkelgrün in Abb. 40) rund 1.500 Gulden ergeben und nur vier undatierte, nach dem 15. Dezember eingetragene Buchungen, mit 1.810 Gulden registriert wurden. Dabei ist allerdings Vorsicht bei der Interpretation angezeigt, da eine andere Buchung an dieser Stelle (ein Kredit von 2.000 Gulden) durch ein weiteres herangezogenes Dokument auf den 31. Juli datiert werden konnte. Es ist daher durchaus möglich, dass an dieser Stelle wichtige Buchungen von Kreditaufnahmen niedergeschrieben wurden, deren Datierung vom Kammerschreiber nicht festgehalten wurde.

Abgesehen von einigen Sonderfällen von Zahlungen, sind die vielfältigen, meist geringen Ausgaben in der Kammerschreiberrechnung von 1486 deutlich gleichmäßiger über das Jahr verteilt als die Einnahmen (Abb. 41). Die Darstellung der datierten Buchungen (rote Säulen) zeigt etwas höhere Ausgaben im Mai, die durch die Bezahlung von Steinmetzarbeiten entstanden waren. Im März war in den regulären Ausgaben eine Zahlung in Höhe von 146 fl an Dr. Ludewig für etliche Pferde enthalten. Die große im März gebuchte Summe von 1.000 Gulden betraf die Rückzahlung einer Rate des vom Markgrafen von Baden gewährten Kredits.[1094] Sieht man von den Sonderzahlungen der „königlichen Angelegenheit" und der Kreditrückzahlung sowie den Ausgaben für Baukosten ab, dann erscheint ein Ausgabehöhepunkt im Dezember zu liegen. In den Sommermonaten wurden dagegen nur geringe Ausgaben getätigt. Eine vergleichbare Tendenz wurde für die Amtsrechnungen der Ämter Boizenburg und Wittenburg für den Herzog Heinrich IV. zu Mecklenburg in den Jahren 1456–1460 beschrieben. Als Ursachen wurde vor allem die Höhe der zur Verfügung stehenden Barmittel durch Einnahmen aus Bede, Pachtzahlungen und anderen regelmäßigen Zahlungsverpflichtungen gegen Jahresende diskutiert.[1095]

[1094] HStA Marburg, Urk. 1, Nr. 1793, 17. März 1486.
[1095] WÜLFING, 1987, S. 48 f.

Eine bedeutende Zahlung von 2.100 Gulden sowie eine weitere Zahlung im Zusammenhang mit der „königlichen Angelegenheit", die im vorliegenden Dokument nicht datiert waren, wurden wegen des Reichstages in Frankfurt im Monat Februar dargestellt, in dem die Zahlungen vermutlich erfolgt waren. Bemerkenswert ist, dass im Februar selbst unter Berücksichtigung der Ausgaben in Höhe von 120 Gulden für die Unterbringung in Frankfurt und die Kosten für die dortigen Spielleute eher bescheidene Ausgaben getätigt wurden. Möglicherweise gingen die Ausgaben in Marburg in Abwesenheit des Landgrafen deutlich zurück.

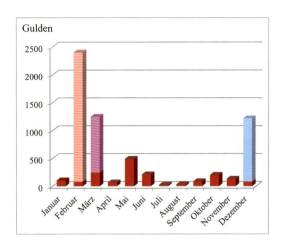

Abb. 41 | Gesamthöhe der Buchungen von Ausgaben in der Kammerschreiberrechnung von 1486 in den verschiedenen Kalendermonaten (dunkelrot: datierte Buchungen, hellrot: „königliche Angelegenheit", hellblau: undatierte Buchungen mit Zuordnung in den Dezember (fol. 55v.), magenta: Rückzahlung des Kredits des Markgrafen von Baden).

3.4. Die Marburger Hofmeisterrechnung 1485/86

Die Marburger Hofmeisterrechnung 1485/86 (StA Marburg Rechnungen I, 10/1) ist wie die Kammerschreiberrechnung ein Dokument im Schmalfolioformat von ca. 295 mm Höhe und 107–110 mm Breite.[1096] Das Deckblatt fol. 1 ist mit *Anno Domini Lxxxquinto Ußgifft und Innome des Hofmeisters / 1485 und 86 / Anno Lxxxvi^{to}* beschriftet. Die Eintragungen sind in brauner Tinte. Das Manuskript besteht aus zwei Lagen von sieben Doppelblättern Papier entsprechend je 14 Folia sowie verschiedenen eingehefteten Zetteln, Papierstreifen oder Briefen, die in die Folio-Nummerierung einbezogen wurden. In der ersten Lage, die die Hofmeisterrechnung von 1485 enthält (Abb. 42), betrifft dies zwei Zettelstreifen mit den Folionummern 6 (36x105mm) und 11 (35x40 mm). Der Text beginnt auf fol. 2r. und läuft, mit Ausnahme der nur einseitig beschrifteten beiden eingefügten Zettel gleichmäßig bis fol. 9r. Von fol. 9v. bis zum Ende der Lage bei fol. 16 sind die Seiten ohne Beschriftung.

1096 HStA Marburg, Marburger Hofmeisterrechnung 1485/86, Rechnungen I, 10/1; für diese Hofmeisterrechnung finden sich Verweise zu Personen bei DEMANDT, 1981a, b unter den Nr. 416, 828, 1174, 2308, 2572, 2831, 2841.

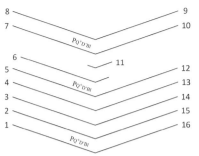

Abb. 42 | Lagenanalyse der Hofmeisterrechnung von 1485 mit zwei eingefügten Zetteln (fol. 6 und 11) und Angabe der Wasserzeichen (s.a. Tab. 35a und Abb. 157 im Anhang).

Die zweite Lage, die die Hofmeisterrechnung von 1486 enthält, weist fünf eingebundene Briefe oder Zettel auf, die jeweils nur mit kleinen Gegenstegen eingeheftet sind. Die Lagenanalyse der Hofmeisterrechnung von 1486 ist in Abb. 43 dargestellt.

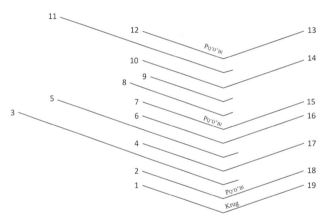

Abb. 43 | Lagenanalyse der Hofmeisterrechnung von 1486 mit zwei eingefügten Briefen (fol. 3 und 5) sowie drei weiteren eingefügten Zetteln (fol. 8, 9, 11) und Angabe der Wasserzeichen (s.a. Tab. 35b und Abb. 157–159 im Anhang).

Der Text der Hofmeisterrechnung von 1486 beginnt auf fol. 1 mit *Anno Lxxxvi^{to} Hofemeister*. Mit der Folionummer 3 ist ein großformatiger Brief eingeheftet, als fol. 5 ist ein Brief Hans von Dörnbergs im Querformat an den *Liebe Her Camerschreiber* eingefügt. Die Folionummern 8 und 9 betreffen von anderer Hand beschriftete Blätter abweichenden Formates. Von fol. 2r. an ist die *Uffnome des Hofemeisters anno Lxxxsexto* aufgeführt. Auf dieser Seite sind acht Buchungsposten mit einer korrekten Summe von 3.849 Gulden, 3 Albus und 6 Hellern aufgeführt. Die Buchungen setzen sich bis fol. 4v. (vor den Brief Dörnbergs) fort.

Auf fol. 6 beginnen die Buchungen der *Ußgiifft des Hofemeisters von demselbigen yar Lxxxsexto*. Buchungen der Ausgaben finden sich, abgesehen von den eingeschobenen Fremdseiten, bis auf fol. 13v. Die Seiten 14v. bis 18v. sind leer. Auf fol. 19r. und fol. 19v. finden sich zwei isolierte Einträge und fol. 19v. wurde gegenläufig mit Buchungsnotizen beschrieben.

Bei der Analyse der Buchungseinträge in der Hofmeisterrechnung fielen zwei Buchungen auf: Der höchste verbuchte Betrag von 2.000 fl bei den Einnahmen war ein Kredit aus Grünberg, der identisch mit der Buchung auf fol. 4r. in der Kammerschreiberrechnung von 1486 war, bei der es sich um ein Darlehen durch den Präzeptor Jakob Ebelson des dortigen Antoniterhauses handelte.[1097] Eine weitere Buchung über 54 fl fiel durch ihre Besonderheit auf, den Ersatz eines verstorbenen Schimmels für den Hofmeister, die ebenfalls in dieser Weise bereits in der Kammerschreiberrechnung bei den Ausgaben auf fol. 56v. gebucht worden war.[1098] Eine weitere Doppelbuchung betraf den von seiner Größe her ungewöhnlichen Ochsenankauf für 787 Gulden (fol. 13r.). Auch in einer der späteren Hofmeisterrechnungen von 1497 ist ein Ochsenankauf festgehalten, ohne jedoch in der Kammerschreiberrechnung desselben Jahres verbucht worden zu sein.[1099]

3.4.1. Vergleich der Hofmeister- und der Kammerschreiberrechnung von 1486

Eine eingehende Analyse der Hofmeisterrechnung zeigte, dass diese weitgehend einen Auszug oder Vorläufer der wesentlich größeren Kammerschreiberrechnung darstellt. Von den 79 Buchungen der Hofmeisterrechnung sind 69 auch in der Kammerschreiberrechnung zu finden, wobei acht von 25 Einnahmen, aber nur zwei von 55 Ausgaben nicht gegenseitig verbucht waren. Die Reihenfolge der Buchungen war, abgesehen von der Trennung in Einnahmen und Ausgaben, zerstreut, was primär die Erkennung der Duplizität erschwerte. Eine graphische Übersicht der Verteilung der Buchungen in beiden Rechnungsbüchern geben die Abb. 44 und 45. Sowohl bei den Einnahmen als auch bei den Ausgaben liegt eine komplexe Buchungsstruktur vor, bei der in der großen Mehrzahl der Fälle Buchungen zwischen drei bis vier Seiten korrespondieren. Als Beispiel kann fol. 7r. der Ausgaben der Hofmeisterrechnung dienen, die sich auf fol. 53r., fol. 53v. und fol. 56v. wiederfinden. Nur bei jeweils einer Seite der Einnahmen und Ausgaben in Hof- und Kammerschreiberrechnung von 1486 kommen parallele Buchungen beschränkt auf diese Einzelseiten vor (fol. 4r./5r. und fol. 12r./15r.).

In der Hofmeisterrechnung sind nahezu alle in der Kammerschreiberrechnung desselben Jahres wiederzufindenden Buchungen mit einem kleinen Kreuz gekennzeichnet. Einzige Ausnahme stellt die letzte Buchung auf fol. 12 über 25 fl für ein Pferd für Gottschalk von

---

1097 HStA Marburg, Marburger Hofmeisterrechnung 1485/86, Rechnungen I, 10/1, fol. 2r.
1098 HStA Marburg, Marburger Hofmeisterrechnung 1485/86, Rechnungen I, 10/1, fol. 7r.
1099 HStA Marburg, Marburger Hofmeisterrechnung 1497, Rechnungen I, 10/10, fol. 8v.

Liederbach dar, die auch auf fol. 56r. der Kammerschreiberrechnung aufgeführt wird. Bei den Einnahmen wurden von den sieben nicht gedoppelten Buchungen fünf (drei auf fol. 2v. für zwei von Johann Quade überbrachte Geldbeträge und einen Tuchkauf sowie zwei auf fol. 4v.) mit einem Namenskürzel abgezeichnet.[1100] Die Namenskürzel können als Approbationszeichen interpretiert werden.[1101] Die Kreuze stellen mit einiger Wahrscheinlichkeit einen Vermerk über die erfolgte Kopie dar.

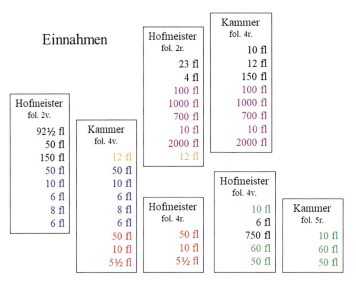

Abb. 44 | Vergleich der Buchungen der Einnahmen in der Kammerschreiberrechnung (Kammer) und der Hofmeisterrechnung (Hofmeister) von 1486 mit Angabe der Seiten (fol. r./v.). Buchungsgleichheiten sind durch die gleiche Farbgebung gekennzeichnet. Für schwarz gekennzeichnete Zahlen besteht keine Übereinstimmung (7 von 24 Einnahmen der Hofmeisterrechnung).

Der Vergleich der Ausgaben ist in Abb. 45 dargestellt:

1100 DEMANDT, 1981a, Nr. 2308.
1101 WEISS, 2002, S. 34.

3. Die Landgrafen von Hessen   309

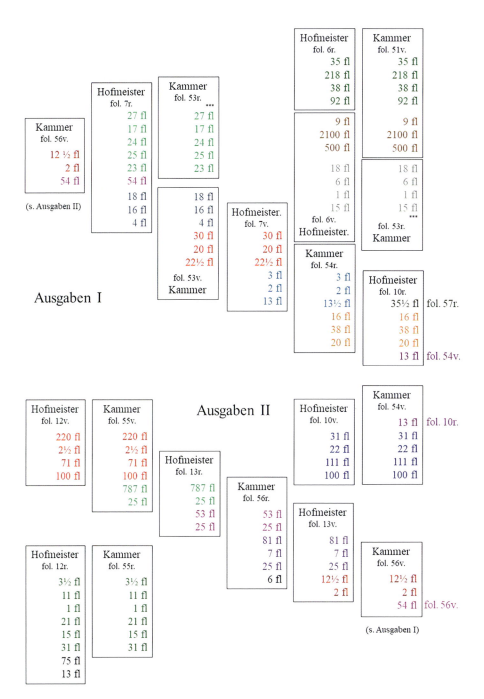

Abb. 45 | Vergleich der Buchungen der Ausgaben (I und II) in der Kammerschreiberrechnung (Kammer) und der Hofmeisterrechnung (Hofmeister) von 1486 mit Angabe der Seiten (fol. r./v.). Buchungsgleichheiten sind durch die gleiche Farbgebung gekennzeichnet. Fol. 53r. Kammer ist geteilt dargestellt; fol. 56v. Kammer wurde in I und II dargestellt. Für schwarz gekennzeichnete Zahlen besteht keine Übereinstimmung (2 von 56 Ausgaben der Hofmeisterrechnung).

3.4.2. Vergleich der Buchungen zwischen der Vormundschaftsrechnung, der Kammerschreiber- und der Hofmeisterrechnung aus dem Jahr 1485

Parallelitäten, wie sie zwischen der hessischen Kammerschreiberrechnung 1486 und der Hofmeisterrechnung dieses Jahres auftraten, wurden auch an anderer Stelle der landgräflichen Rechnungsführung beobachtet. Für das Jahr 1485 existieren drei Rechnungsbücher mit unterschiedlichen Bezeichnungen, die teilweise identische Buchungsvorgänge im selben Zeitabschnitt beinhalten: 1. das als Marburger Kammerschreiberrechnung bezeichnete Manuskript, das im Original die Überschrift *Regystrum der Statthalder* trägt und den neuzeitlichen Zusatz in Sütterlin-Schrift *„Marburger Kammerschreiberrechnung = Rechnung De 1485"* aufweist[1102], 2. das Manuskript mit dem Titel „Vormundschaftsrechnung", dessen Originaltitel auf dem äußeren Deckblatt durch Beschädigung nicht mehr lesbar ist, jedoch durch den eröffnenden Text eindeutig als *Regyster* dieses Jahres unter der Vormundschaft des Erzbischofs von Köln ausgewiesen wird[1103] und 3. die Hofmeisterrechnung.[1104]

In den beiden erstgenannten Rechnungsbüchern lassen sich im Ein- und Ausgabeteil insgesamt über 180 identische Buchungen feststellen. Unter *Gemeine Uffnome* finden sich in beiden Registern zunächst drei nicht übereinstimmende Buchungen, die dann von sieben Buchungen gefolgt werden, die in beiden Rechnungsbüchern enthalten sind. Bei einer Buchung ergeben sich leichte Abweichungen, da in der Kammerschreiberrechnung (KR) neben 17 fl weiter 12 alb genannt werden, während die Vormundschaftsrechnung (VR) lediglich 17 fl bei dieser Buchung verzeichnet. Kleinere Abweichungen dieser Art wurden mehrfach festgestellt. Insgesamt waren in diesem Abschnitt sieben Buchungen der VR und fünf Buchungen der KR nur in diesen Büchern enthalten.[1105]

Größere Unterschiede finden sich bei den Einnahmen aus den Ämtern und Städten, die nach Orten gegliedert vorliegen: Die Buchungen der KR für Nidda, Butzbach und Darmstadt finden sich auch in der VR; zahlreiche andere Orte werden aber wechselseitig nicht erwähnt. Die Einnahmen aus dem Zoll zu Rheinfels stimmen in fünf von sechs bzw. acht Buchungen in VR und KR überein. Bei den Zolleinnahmen von Gernsheim sind sechs Buchungen der VR auf fol. 13r. in der KR wiederzufinden, das weitere drei Buchungen aufweist. Auf der Verso-Seite der VR finden sich unter der Überschrift Gernsheim weitere sieben Buchungen, die nicht in der KR auftreten. Übereinstimmung besteht bei Alsfeld, Dreidorf,

---

1102 HStA Marburg, Marburger Kammerschreiberrechnung 1485, Rechnungen I, 2/6.
1103 HStA Marburg, Vormundschaftsrechnung für Landgraf Wilhelm d.J. 1485, Rechnungen I, 5/6.
1104 HStA Marburg, Marburger Hofmeisterrechnung 1485/86, Rechnungen I, 10/1.
1105 HStA Marburg, Rechnungen I, 2/6, fol. 2r.–3r.; HStA Marburg, Rechnungen I, 5/6, fol. 4r.–5r.

Eisdorf, Hohenstein und (bis auf eine Buchung) Mainz, während verschiedene Buchungsabschnitte ausschließlich in der Vormundschaftsrechnung anzutreffen sind, wie die Zolleinnahmen von Rheinfels und Treysa, der Schlagschatz und Einnahmen aus Ungeld. Keine Übereinstimmungen bestehen bei der Mai- und Herbstbede.[1106] Bei den allgemeinen Ausgaben wurden übereinstimmende Buchungen in 72 Fällen beobachtet, die meist in Clustern vorkamen.[1107]

Bei den Ausgaben für Dienergeld gab es keine übereinstimmenden Buchungen. Dabei fällt der Unterschied einer Buchung von 5 fl 13 alb Jahreslohn für den Koch Kasselmann in der VR auf, der zwei Buchungen über 6 fl und 24 alb in der KR für dieselbe Person gegenüberstehen.[1108] Bei den Ausgaben für Burglehne und Manngeld gibt es mit zwei Buchungen ebenfalls nur wenige Übereinstimmungen.[1109] Ausgaben für Pferde und Pferdeschäden wurden für 19 von 25 Buchungen der KR (an zwei Stellen) parallel mit der VR gebucht, wobei die VR mit insgesamt 54 Buchungen in diesem Abschnitt erheblich mehr Buchungen aufwies.[1110] Bei den Ausgaben gegen Quittung *(Ußgifft an quitunge)* war eine weitgehende Parallelität der Buchungen zu bemerken. Übereinstimmung bestand bei 54 Buchungen. Bei neun Buchungen der VR und 17 Buchungen der KR war keine eindeutige Übereinstimmung festzustellen, wobei dies in einigen Fällen auch durch die teilweise schlechte Lesbarkeit des KR bedingt sein könnte.[1111]

Im letzten Abschnitt der Rechnungsbücher zum Botenlohn sind elf von 15 Buchungen der beiden Rechnungen übereinstimmend.[1112] Die Hofmeisterrechnung 1485 enthält lediglich sieben Seiten mit Buchungen sowie zwei kleine eingelegte Zettel mit Summenangaben.[1113] Wie bei der Hofmeisterrechnung von 1486 findet sich die Mehrzahl der Buchungen auch dieser Rechnung an anderer Stelle. Im Jahr 1485 ist dies die als Hauptrechnung zu betrachtende „Vormundschaftsrechnung". Diese kann von ihrer Bestimmung her als Rechenschaftsbasis im Verhältnis der Statthalter mit dem Vormund des jungen Landgrafen, dem Erzbischof von Köln, gesehen werden. Betrachtet man die Vormundschaftsrechnung im Vergleich zu den beiden „Nebenrechnungen", so fällt auf, dass einige Rechnungsab-

---

1106 HStA Marburg, Rechnungen I, 2/6, fol. 5r.–16r.; HStA Marburg, Rechnungen I, 5/6, fol. 6r.–21r.
1107 HStA Marburg, Rechnungen I, 2/6, fol. 25r.–54v.; HStA Marburg, Rechnungen I, 5/6, fol. 22r.–40v.
1108 HStA Marburg, Rechnungen I, 2/6, fol. 55r.–60v.; HStA Marburg, Rechnungen I, 5/6, fol. 42r.–44v.; DEMANDT, 1981a Nr. 1532.
1109 HStA Marburg, Rechnungen I, 2/6, 64r.–65r.; HStA Marburg, Rechnungen I, 5/6, fol. 45r.–46v.
1110 HStA Marburg, Rechnungen I, 2/6, 29v., 61r.–62v.; HStA Marburg, Rechnungen I, 5/6, fol. 47r.–51v.
1111 HStA Marburg, Rechnungen I, 2/6, 66r.–73r.; HStA Marburg, Rechnungen I, 5/6, fol. 52r.–58v.
1112 HStA Marburg, Rechnungen I, 2/6, 87r.–88r.; HStA Marburg, Rechnungen I, 5/6, fol. 60r.–61r.
1113 HStA Marburg, Marburger Hofmeisterrechnung 1485/86, Rechnungen I, 10/1, fol. 2r.–5v., 7r.–9r.

schnitte, wie die Zolleinnahmen von Rheinfels (fol. 12r.), Ausgaben gegen Quittung (fol. 52–58) und Botenlöhne (fol. 60–61) ausschließlich in der Kammerschreiber- oder Statthalterrechnung gedoppelt sind, während bei den Zolleinnahmen von Gernsheim Doppelbuchungen sowohl in dieser wie in der Hofmeisterrechnung vorkommen (fol. 13r.). Bei den Allgemeinen Ausgaben und den Ausgaben für Pferdekosten und -schäden finden sich zunächst Doppelbuchungen in der Kammerschreiber- (fol. 22r.–36v; fol. 47r.–48v.) und anschließend in der Hofmeisterrechnung (fol. 37v.–40v; fol. 49r.–59r.). Einige Buchungen der Vormundschaftsrechnung finden sich in beiden Nebenrechnungen wieder, wie die Buchungen von 1.000 fl und 100 fl von Zahlungen des Rates zu Frankfurt (fol. 4). Andere Buchungen von erheblicher Höhe, wie z.B. von 2.000 fl (fol. 39v.) und 1.000 fl (fol. 41v.), wurden nicht doppelt verbucht.

Von ihrem Umfang her sind die Hofmeisterrechnungen in beiden Jahren deutlich kleiner als die jeweilige Hauptrechnung. Welche Kriterien der Auswahl von Buchungen für die als Auszug oder Vorläufer zu interpretierenden Hofmeisterrechnungen zugrunde gelegt wurden, ist nicht ersichtlich. Offensichtlich waren die Buchungen über Pferdekauf und Erstattung von Pferdeverlusten ein wichtiger Aspekt, über die der Hofmeister Unterlagen wünschte oder benötigte. Ob es sich bei diesen Transaktionen teilweise um Handelsaktivitäten des Hofmeisters mit wirtschaftlichen Eigeninteressen handelte, wie sie für Adelige am burgundischen Hof beschrieben wurden, kann nicht eindeutig belegt werden.[1114]

Sowohl die Vormundschaftsrechnung als auch die Hofmeisterrechnung des Jahres 1485 stammen aus der Hand des Kammerschreibers Fleck und entsprechen von Schriftbild und -spiegel dem von anderen Dokumenten aus seiner Hand bekannten Muster. Sie wurden wahrscheinlich als Reinschriften nach Konzept erstellt. Die Kammerschreiberrechnung von 1485 (Register der Statthalter) wurde insgesamt weit nachlässiger geführt als die beiden vorgenannten Manuskripte. Auf den ersten Seiten kann noch eine klare Übereinstimmung in der Ausführung bemerkt werden und auch die Autorenschaft des Kammerschreibers ist unzweifelhaft gegeben. Im weiteren Fortgang des Dokumentes ist jedoch zunehmend eine weniger strikte Einhaltung der gewohnten Struktur zu bemerken, bei der z.B. der hängende Einzug der jeweiligen Buchungen nach *Item* variabel ausgeführt wird. Das Schriftbild verändert sich ebenfalls und wird durch eine flüchtigere Ausführung oder eine andere Schreiberhand schwerer lesbar. Möglich erscheint, dass dieses Rechnungsbuch eine Ausfertigung

---

1114 KRUSE, Holger: Philipp der Gute, der Adel und das Geld. Zur Bedeutung des Geldes am burgundischen Hof im 15. Jahrhundert. In: Harm von SEGGERN, Gerhard FOUQUET (HG): Adel und Zahl. Studien zum adligen Rechnen und Haushalten in Spätmittelalter und früher Neuzeit, Ubstadt-Weiher 2000, S. 162 f.

zur Unterstützung der eigentlichen Rechnungsführung in der Vormundschaftsrechnung darstellt.

Gemeinsam erhaltene Kammerschreiberrechnungen und Hofmeisterrechnungen existieren auch für die Jahre 1497 und 1499 (in zwei Versionen). Sie stammen ebenfalls aus der Hand des Kammerschreiber Johannes Fleck, unterscheiden sich jedoch in der Sorgfalt der Ausführung von den Rechnungen der 1480er Jahre. Die Ursache für diese veränderte Vorgehensweise kann nicht in Veränderungen bei den beteiligten Personen gesucht werden, da sowohl in der Person des Hofmeisters als auch der des Kammerschreibers keine Veränderung eingetreten waren. Eine zweifache Ausfertigung von Rechnungsbüchern ist auch aus Münster für mehrere Jahre bekannt, was als die Anfertigung von Exemplaren für die verantwortlichen Ratsherren interpretiert wurde.[1115]

3.5. Die Marburger Hofmeisterrechnung 1497

Die Marburger Hofmeisterrechnung 1497 (StA Marburg Rechnungen I, 10/10) besteht aus einer Lage von sechs regulären Blättern im Schmalfolioformat.[1116] Die Seiten sind recto mit einer vermutlich originalen Foliierung in arabischen Zahlzeichen versehen, die wie der Text in dunkelbrauner Tinte ausgeführt wurde. Zwischen fol. 3 und fol. 4 ist ein Blatt von 110x180 mm eingefügt, das jedoch nicht in die Foliierung einbezogen wurde. Ebenso verhält es sich mit dem Zettel von 165x190 mm zwischen fol. 9 und fol. 10. Das Papier weist einen Abstand der Kettdrähte von ca. 30 mm und 10 Rippdrähte/cm auf. Die durchschnittliche Papierstärke beträgt 0,187±0,006 mm. Als Wasserzeichen konnte ein Dreiberg von 27x107 mm auf fol. 3 und fol. 4 sowie ein Herz mit Krone und ein Ochsenkopf auf dem ersten bzw. dem zweiten eingefügten Blatt beobachtet werden (Abb. 85, 86 und Tab. 36 und Abb. 160–162 im Anhang).

Die Hofmeisterrechnung enthält 138 Buchungen und 17 Streichungen auf 18 beschriebenen Seiten. Mit Ausnahme von fol. 1r. mit drei gestrichenen und nur einer Buchung sowie fol. 12v. mit ebenfalls nur einer Buchung tragen alle Seiten mit Buchungen eine Seitensumme. Dies folgt dem Modus der Rechnungsführung in Oberhessen, steht aber im Gegensatz zur Kammerschreiberrechnung desselben Jahres.

1115 EBERHARDT, 2002, S. 14.
1116 HStA Marburg, Marburger Hofmeisterrechnung 1497, Rechnungen I, 10/10; für diese Hofmeisterrechnung finden sich Verweise zu Personen bei Demandt, 1981a, b unter den Nr. 57, 437, 661, 720, 1822, 2467, 2759, 2923.

3.5.1. Vergleich der Hofmeisterrechnung und der Kammerschreiberrechnung von 1497

Der Vergleich der Hofmeisterrechnung und der Kammerschreiberrechnung von 1497 ist durch die deutlich schwierigere Lesbarkeit und unübersichtliche Struktur der beiden Rechnungen erschwert. Mögliche Übereinstimmungen ergaben sich nur für wenige der Buchungen wie die erste, vierte und sechste Buchung von 500, 150 und 60 Gulden auf fol. 1v. der Kammerschreiberrechnung mit Buchung 2 (500 fl) und 3 (150 fl) auf fol. 6v. sowie Buchung 7 (60 fl) auf fol. 8 der Hofmeisterrechnung. Eine weitere Übereinstimmung besteht bei einer Buchung von 120 fl auf fol. 8 der Kammerschreiberrechnung mit fol. 10 der Hofmeisterrechnung, jeweils an erster Stelle der Seite.[1117] Beim Vergleich fällt auf, dass ein höherer Anteil der Buchungen in der Kammerschreiberrechnung Beträge in Albus betrifft, während die Hofmeisterrechnung hauptsächlich in Gulden geführt wird.

3.6. Die Marburger Hofmeisterrechnungen von 1499

Für das Jahr 1499 liegen zwei Hofmeisterrechnungen vor, die im Marburger Hauptstaatsarchiv mit Rechnungen I, 10/13 und 10/14 gekennzeichnet sind.

Die Marburger Hofmeisterrechnung 1499 (StA Marburg Rechnungen I, 10/13) besteht aus zwei Lagen mit unterschiedlichem Papierformat.[1118] Lage 1 weist ca. 295x105 mm, Lage 2 ca. 319x110 mm auf. In Lage 1 sind nach fol. 1 zwei Zettel eingesteckt, die keine Folio-Nummerierung aufweisen (195x60 mm und 125x100 mm). Auf fol. 3 folgt fol. 3a mit 185x75 mm. Anstelle einer Folionummer 6 gibt es fol. 6a mit 156x105 mm und fol. 6b mit 145x125 mm. Lage 2 beginnt mit fol. 12a (207x143 mm). Es folgen drei reguläre Doppelblätter. Als Wasserzeichen findet sich auf drei Blättern ein Ochsenkopf-Motiv (Tab. 37 und Abb. 163, 164 im Anhang). Die Lagenanalyse der Hofmeisterrechnung von 1499 ist im Anhang abgebildet (Abb. 87, s. a. Abb. 88).

Die Hofmeisterrechnung von 1499 zeigt verschiedene vergleichsweise hohe verbuchte Beträge. Dies beginnt auf dem nach fol. 1 eingesteckten Zettel, auf dem insgesamt fast 12.000 Gulden notiert sind. Auffallend sind die Buchungen über $v^M fl\ i^9\ iiii\ fl$ (4.996 fl) mit der Nennung Herzog Friedrichs von Sachsen, $iiii^M fl$ *herzog heinrich von brunswig* (4.000 fl)

1117 HStA Marburg, Marburger Hofmeisterrechnung 1497, Rechnungen I, 10/10; HStA Marburg, Marburger Kammerschreiberrechnung 1497, Rechnungen I, 2/8.
1118 HStA Marburg, Marburger Hofmeisterrechnung 1499, Rechnungen I, 10/13; für diese Hofmeisterrechnung finden sich Verweise zu Personen bei DEMANDT, 1981a, b unter den Nr. 1045, 1484, 1654, 1807, 2517, 2877, 3340, 3392.

sowie *vi^c fl* (600 fl) mit Nennung Herzog Heinrichs von Lüneburg. Von diesen Buchungen findet sich unter *Ußgiift* der Betrag von 4.000 Gulden für Herzog Heinrich nochmals auf fol. 11r. und der Betrag von 4.996 fl auf fol. 12r. (beides reguläre Seiten, siehe Lagenanalyse) verbucht. Offensichtlich wurde der letztere Betrag dort nachgebucht, da er unter der Summa stand, die den darüber verbuchten Betrag 769½ fl korrekt wiedergab, dann aber gestrichen wurde und eine neue Gesamtsumme von 5.765½ fl unter der Buchung von 4.996 fl notiert wurde. Es erscheint denkbar, dass der irregulär gestaltete eingesteckte Zettel als Notiz für diese Buchungen gedient hat und erhalten blieb. Die Buchungen von 4.000 fl und 4.995 fl treten nochmals auf fol. 12aa auf, einer irregulären Seite, die der Lage 2 vorgebunden ist. Insgesamt umfasst die Rechnung 10/13 219 Buchungen mit 29 Summenbildungen und 24 Streichungen. Beginnend auf fol. 2v. sind links neben einem Teil der Buchungen in 10/13 Approbationszeichen zu bemerken.[1119] In vielen Fällen ist dies ein „*a*", aber auch „*c*" wird verwendet. Bei den Summen findet sich jeweils ein „*a*" in Verbindung mit der darunter gesetzten Folionummer in arabischen Zahlzeichen wie die Folio-Nummerierung.

Die zweite Hofmeisterrechnung 1499 (StA Marburg Rechnungen I, 10/14) ist vom Umfang her deutlich kleiner. Sie besteht aus 11 rechts oben mit Bleistift in arabischen Zahlzeichen foliierten Seiten im Format von ca. 292x108 mm. Davon sind vier reguläre Doppelblätter; fol. 2 und fol. 3 wurden, möglicherweise im Rahmen der Restaurierung, miteinander verbunden. Diese Kennzeichnung ist offensichtlich neuzeitlich und unterscheidet sich deutlich von der in 10/13 vorkommenden, in Tinte ausgeführten historischen Foliierung. Fol. 8 ist ein schmaler eingehefteter Papierstreifen mit kurzem Gegensteg (56x105 mm). Auf fol. 4 und fol. 6 findet sich das Wasserzeichen Lilie (Abb. 89, 90 und Tab. 38 im Anhang; Abb. 165 im Anhang Wasserzeichen).

Bei der Analyse des Inhalts stellte sich heraus, dass die überwiegende Mehrzahl der Seiten aus 10/14 seitengleich in 10/13 vorkommen, d.h., eine der beiden Versionen stellt weitgehend eine Abschrift dar. Lediglich die sechs Buchungen der *Uffnome* auf fol. 1v. und die drei Buchungen auf fol. 4r. von 10/14 (eine Buchung von fol. 2v. findet sich auch auf fol. 9r.; fol. 4v. und fol. 5rv. sind leer) kommen nicht in der Hofmeisterrechnung 10/13 vor, die vor allem gegen Ende Seiten ohne Duplikate aus 10/14 enthält (ohne Berücksichtigung der irregulären Zettel). Tabelle 14 gibt einen Überblick der korrespondierenden Seiten in den beiden Hofmeisterrechnungen von 1499 mit der Anzahl der Buchungen.

[1119] WEISS, 2002, S. 34.

10/13	Buchungen	10/14
3r.	1	1r.
4r.	10	2r.
5r.	7	6r.
5v.	8	6v.
6r.	9	7r.
6v.	10	7v.
7r.	5	9r.
7v.	5	9v.
8r.	7	10r.
8v.	6	10v.
9r.	4	3r.
9v.	3	3v.

Tabelle 14 | Vergleich der übereinstimmenden Seiten der beiden Hofmeisterrechnungen von 1499 (10/13) und (10/14) mit der Anzahl der Buchungen, die auf diesen Seiten korrespondieren. Auf fol. 2r. von 10/14 wurden zwei Buchungen von fol. 4r. (10/13) zusammengefasst.

Die deutlich homogenere Ausführung von 10/14 lässt vermuten, dass diese Version einen Auszug aus der Rechnung 10/13 darstellt. Die Buchungen wurden von der aufgeschlagenen Doppelseite v./r. in das andere Buch in gleicher Weise und Reihenfolge übertragen. Bemerkenswert ist, dass sowohl in 10/13 fol. 8v. als auch in 10/14 fol. 10v. eine gestrichene Buchung vorkommt, die in 10/14 an dritter Stelle steht, in 10/13 aber am Ende der Buchungen. Der Buchungstext ist leicht abweichend, bezieht sich aber auf den gleichen Gegenstand. Insgesamt enthält die Rechnung 10/14 86 Buchungen, 17 Summenbildungen und sechs Streichungen.

Es gibt Beispiele für eine mehrfache Ausfertigung von Rechnungsbüchern, wie den Baumeisterrechnungen von Bamberg, wo für das Jahr 1455/56 zwei Exemplare erhalten sind.[1120] Eine parallele Rechnungsführung ist auch vom wettinischen Hof bekannt, die zum Teil jedoch in abgekürzter und summarischer Form erfolgte. Es liegen Beispiele für eine Rechnungskontrolle vor, bei der fehlerhafte Einträge und Summenbildungen beanstandet wurden.[1121] Obwohl der Hofmeister formal für das Rechnungswesen zuständig war, ist Rechnungskontrolle als Hintergrund der Führung der Hofmeisterrechnung in Marburg eher unwahrscheinlich, da diese von demselben Schreiber wie die Kammerschreiberrechnung angefertigt wurde und die wechselseitige Nachvollziehbarkeit der Eintragungen erschwert

---

1120 GÖLDEL, 1991, S. 62 f.
1121 STREICH, 1989, S. 314 f.

war. Es kann auch nicht nachvollzogen werden, ob die Eintragungen der Hofmeisterrechnung in meist veränderter Reihenfolge teilweise als Vorlage der Kammerschreiberrechnung gedient haben. Ein anderes Motiv könnte in dem Prestige begründet sein, das der Schriftgutverfügung entspringt und die Wechselwirkung zwischen Schriftlichkeit und Herrschaftsstruktur aufzeigt.[1122]

3.6.1. Der Aspekt der Veruntreuung im Rahmen der Rechnungsführung

Ein Zusammenhang dieser erneuten Erstellung einer Hofmeisterrechnung mit den späteren Vorwürfen der Untreue gegen den Hofmeister von Dörnberg und den Kammerschreiber Fleck ist allerdings nicht auszuschließen, zumal bereits vor dem tödlichen Unfall des Landgrafen Anfang 1500 Hinweise auf dessen angegriffenen Gesundheitszustand vorlagen, die einen Herrschaftswechsel bei vorliegender Kinderlosigkeit erwarten ließen. Die Rechnung 10/13 trägt auf den Recto-Seiten eine in Tinte ausgeführte Foliierung. Falls diese schon zur Entstehungszeit vorhanden war, wäre es nicht möglich gewesen, Seiten unbemerkt zu entnehmen. In der Parallelrechnung 10/14 erscheint dies möglich. Vorwürfe, er habe Seiten aus seiner letzten Abrechnung entfernt, wurden gegen den Kammerschreiber Fleck erhoben. Dabei wird nicht präzisiert, um welche der von Fleck geführten Abrechnungen es sich konkret handelte. Der Kammerschreiber, der offiziell bis Mitte November 1500 im Dienst war, flüchtete sich in den Schutz der Elisabethkirche, begab sich aber nach einigen Tagen zurück in seine Wohnung und beschwor am 11. Juni 1501, Marburg nicht vor Klärung der Rechnungslegung zu verlassen. Dennoch floh er unter den Schutz des Mainzer Erzbischofs. Nach Verhandlungen verpflichtete er sich am 1. Dezember 1503 entsprechend dem Beschluss einer Schiedskommission zur Erstattung erheblicher Summen an den Landgrafen sowie der Löschung der Schuldverschreibungen einer Leibrente. Er selbst oder ersatzweise sein Sohn hatten bis zur Zahlung einer ersten Rate von 4.000 Gulden an Kathedra Petri 1504 in der Verwahrung des Erzbischofs zu verbleiben. Weitere Zahlungen in Höhe von 1.000 fl waren zum selben Termin in den Jahren 1505 und 1506 zu entrichten. Man kann davon ausgehen, dass der Kammerschreiber, vermutlich gemeinschaftlich mit dem gleichfalls geflohenen Hofmeister, beträchtliche Summen veruntreut hatte.[1123]

1122 SABLONIER, Roger: Verschriftlichung und Herrschaftspraxis: Urbariales Schriftgut im spätmittelalterlichen Gebrauch. In: Christel MEIER (HG): Pragmatische Dimensionen mittelalterlicher Schriftkultur, München 2002, S. 117.
1123 GUNDLACH, 1930, S. 68 f. Gundlach führt in Fußnote 8 aus, dass man an der noch erhaltenen Rechnung sehen könne, dass Fleck Seiten herausgerissen habe. Rechnung 10/14 liegt in restauriertem Zustand vor.

Hofmeister von Dörnberg sah sich ebenfalls bald nach dem Regierungsantritt von Wilhelm II. wegen dieser Vorwürfe gezwungen, sich nach Friedberg unter kaiserlichen Schutz zu begeben. Er wurde 1505 durch den Kanzler des Landgrafen *„vor den Rittern und der Landschaft des Fürstenthums"* angeklagt. Der Prozess machte aber wegen zahlreicher Fürsprecher und möglicherweise auch aus Furcht vor den internen Kenntnissen Dörnbergs bis zu dessen Tod keine Fortschritte. Seine Neffen wurden ebenfalls vom Landgrafen in Regress genommen und konnten durch Zahlungen und die Übergabe des Dörnbergschen Grundbesitzes in Marburg die Einstellung des Verfahrens erreichen.[1124] Dörnberg war auch langfristiger privater Geldgeber für die Stadt Marburg. Für einen von ihm gewährten Kredit sind Zinszahlungen bis 1499/1500 sowie die Rückzahlung eines weiteren Kredites über 1.000 Gulden nachweisbar. Danach fehlen bis zu Dörnbergs Tod 1506 die städtischen Hauptrechnungen, sodass nicht nachvollzogen werden kann, ob die Kredite weiter bedient oder zurückgezahlt wurden.[1125]

Die Sichtweise, dass Rechnungen (im Unterschied zu Chroniken und Urkunden) als Quellengattung das mittelalterliche Leben *„ohne jede tendenziöse oder verfälschende Absicht"* darstellen, muss zumindest so weit gefasst interpretiert werden, dass derartige Vorkommnisse eingeschlossen sind.[1126]

3.7. Adelsrechnungen im Vergleich

Zum Vergleich mit der Kammerschreiberrechnung von 1486 des Landgrafen von Hessen wurden verschiedene Adelsrechnungen herangezogen:

3.7.1. Die Rechnungen der erzbischöflichen Verwaltung in Oberlahnstein

Verschiedene Rechnungen der Verwaltung der Erzbischöfe von Mainz in Oberlahnstein aus dem 15. Jahrhundert sind erhalten und liegen in einer Edition vor. Die Rechnungen werden als sehr einheitlich auf Papier meist im Schmalfolioformat und als Reinschriften ausgeführt beschrieben. Der Mainzer Kurstaat verfügte über Kanzleien an verschiedenen Orten, wie auf der Burg Oberlahnstein, die von den Bediensteten der Zentralverwaltung

---

1124 ROMMEL, Christoph: Geschichte von Hessen, Marburg 1827, Fünftes Buch, Zweyter Abschnitt, Viertes Hauptstück, S. 83.
1125 FUHRMANN, Bernd: Die öffentliche Verschuldung der Stadt Marburg 1451–1525. In: Hessisches Jahrbuch für Landesgeschichte, 42, 1992, S. 107 f.
1126 DEMANDT, 1981a, S. XXVII; zur Benennung von Personen und den dabei möglichen Fehlern s. S. XXVIII f.

auch bei den zahlreichen Aufenthalten des Hofes genutzt wurde.[1127] Zum Vergleich mit der hessischen Kammerschreiberrechnung stellten sich die Zollschreiberrechnungen mit ihrem Ausgabenteil als geeignet dar, da sie auf Geldeinträgen basieren, einem festen Muster zusammengefasster Buchungsabschnitte folgen und zahlreiche Buchungen mit einer Wochentagsdatierung versehen sind. Im Einnahmenteil waren insgesamt nur sehr wenige Buchungen aufgeführt, die für einen Vergleich keine ausreichende Basis dargestellt hätten. Die meisten dieser Buchungen sind auf einen Mittwoch datiert. Ausgewertet wurde die Rechnung von 1461–1463 des Zollschreibers zu Oberlahnstein Johann Katzmann, der seit 1443 als Kammerschreiber und seit 1448 als Zollschreiber erwähnt war. Das Rechnungsbuch beginnt im September 1461 und endet im Juli 1463. Die Eintragungen erfolgten in deutscher Sprache und die einzelnen Buchungen wurden durch *„Item"* und jeweils eine neue Zeile abgesetzt. Die Seiten schließen mit einer Summenbildung ab, die durch *„Facit"* gekennzeichnet wurde. An einigen Stellen wurden auch Summen über Sinnabschnitte gebildet, wie z.B. auf fol. 5v. *„Facit die messe …"* oder als *„Summa"* für die Ausgaben für Botenlöhne auf fol. 78v. Im Jahr 1461 waren 178 Ausgaben datiert, im Jahr 1462 waren es 581 datierte Ausgaben und im Jahr 1463 waren 215 Ausgaben mit einer Datierung versehen.

Die Ausgaben gliedern sich in verschiedene Abschnitte mit allgemeinen Ausgaben, Ausgaben für Sold und Lohn im Zusammenhang mit kriegerischen Aktionen im Rahmen der Mainzer Bistumsfehde, Aufwendungen für *„provisien"* wie Ochsen, Kühe und Schweine, Fastenspeisen, andere Lebensmittel, Butter und Käse, Wein, Heizmaterial, Lohnzahlungen allgemeiner Art, Handwerkerleistungen und Botenlöhne.[1128] Die Verteilung der Buchungsaktivitäten für die allgemeinen Ausgaben des ersten Buchungsabschnittes mit 99 datierten Buchungen zeigten keine Unterschiede zu weiteren 25 Buchungen allgemeiner Ausgaben, die in späteren kleineren Buchungsabschnitten anzutreffen waren und wurden daher für die Auswertung zusammengefasst. Abb. 46 zeigt die Ergebnisse im Vergleich zur Rechnung des hessischen Kammerschreibers im Jahr 1486. Dabei sind deutliche Parallelen zu bemerken. Insgesamt sind die Buchungen relativ breit auf die verschiedenen Wochentage verteilt. Sowohl in Oberlahnstein als auch in Marburg sind die Tage in der Mitte der Woche mit weniger Buchungsaktivität belegt als die Tage von Freitag bis Montag. Nur sehr selten wurde unter den rund 14.000 Buchungen negative Zahlenwerte mit *minus* (33) oder der Kürzungsform *min* (3) verwendet (s.a. Kap. 3.8.1.).

1127 Die Rechnungen der mainzischen Verwaltung in Oberlahnstein im Spätmittelalter, 1990, S. XXXII–XLVI.
1128 Die Rechnungen der mainzischen Verwaltung in Oberlahnstein im Spätmittelalter, 1990, S. 170–297.

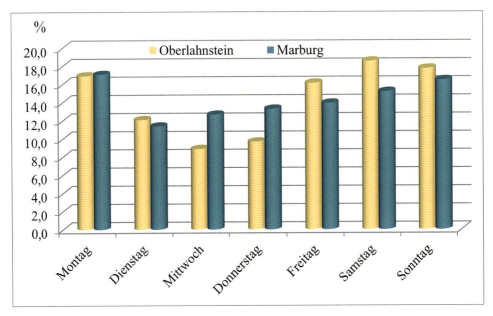

Abb. 46 | Buchungen nach Wochentagen der allgemeinen Ausgaben in der Oberlahnsteiner Rechnung von 1461–1463 (124 Buchungen) und der hessischen Kammerschreiberrechnung von 1486 (158 Buchungen).

Ein besonderer Aspekt sind die Buchungsabschnitte der Oberlahnsteiner Rechnung, die in der hessischen Kammerschreiberrechnung kein Gegenstück haben, was insbesondere den Ankauf von Lebensmitteln betrifft: Der Ankauf von Fleisch (es dürfte sich in der Regel um den Kauf lebender Tiere wie Ochsen, Kühe, Schweine und Schafe gehandelt haben) und in gleicher Weise von Fastenspeisen wie Fischen verschiedenster Arten und Stockfisch wurde bei 138 von 140 Buchungen (98,6 %) an einem Sonntag verbucht. Unter den Fastenspeisen fanden sich aber für Ostern bereits wieder Ochsen, Hammel, Dörrfleisch, Speck und andere Fleischprodukte.[1129] Von den beiden Buchungen, die nicht an Sonntagen stattfanden, betraf eine den Ankauf von drei Ochsen zu je 9 fl am Gründonnerstag und die zweite den Ankauf von Fischen an einem Montag (20. September 1462). Eine mögliche Erklärung für die Verbuchung der Viehankäufe an Sonntagen stellt die Abhaltung der entsprechenden Märkte an Sonntagen dar. Ein weiteres anschauliches Beispiel für die Möglichkeiten der Küchenführung im Hochadel sind die Verhältnisse im Hause Katzenelnbogen.[1130]

1129 Zu Fischeinkauf und Fastenspeisen s.a. FOUQUET, 1988b, S. 19.
1130 DEMANDT, 1950, S. 159.

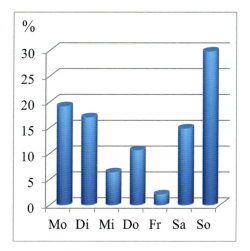
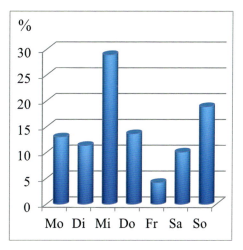

Abb. 47a | Buchungen für allgemeine Lebensmittel (Butter, Käse, Mehl, Hülsenfrüchte, Gewürze, Wein) ohne Fleisch (als Viehankauf oder in Form von Dörrfleisch) und ohne Fastenspeisen wie Frischfisch oder Stockfisch in den Oberlahnsteiner Rechnungen von 1461–1463 (47 Buchungen).[1131]

Abb. 47b | Buchungen für Sold und Lohn für Kriegsleute sowie allgemeine Lohnleistungen in den Oberlahnsteiner Rechnungen von 1461–1463 (477 Buchungen).[1132]

Bei den sonstigen Lebensmitteln, die in den obigen Aufstellungen nicht enthalten waren, wie Butter, Käse, Mehl, Hülsenfrüchte, Gewürze, Wein und das Futtermittel Hafer ergab sich eine Präferenz für den Buchungstag Sonntag mit knapp 30 % der Buchungen, aber insgesamt ein Muster eher ähnlich den allgemeinen Ausgaben mit einer schwächeren Buchungsaktivität in der Wochenmitte (Abb. 47a).

Bei Sold- und Lohnzahlungen sowie bei allgemeinen Lohnzahlungen zeigten sich die höchsten Buchungsaktivitäten mit knapp 29 % für den Mittwoch und rund 19 % für den Sonntag (Abb. 47b). Bei der Verbuchung von Handwerkerleistungen ergab sich mit rund 37 % von 62 Buchungen eine Bevorzugung des Sonntags (Abb. 48a). Bei den Botenlöhnen ist das Verhältnis der Buchungstage etwas ausgeglichener, zeigt mit rund 27 % von 84 Buchungen aber ebenfalls den höchsten Wert am Sonntag (Abb. 48b). Buchungen zu diesen Inhalten folgen mehr dem von den städtischen Ausgaben her bekannten Muster.

1131 Die Rechnungen der mainzischen Verwaltung in Oberlahnstein im Spätmittelalter, 1990, S. 222–226, 247–256.
1132 Die Rechnungen der mainzischen Verwaltung in Oberlahnstein im Spätmittelalter, 1990, S. 186–213, 263–266.

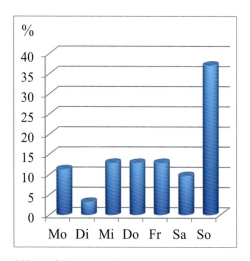 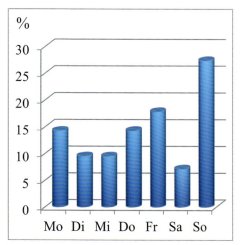

Abb. 48a | Buchungen für Handwerkerleistungen in den Oberlahnsteiner Rechnungen von 1461–1463 (62 Buchungen).[1133]

Abb. 48b | Buchungen für Botenlohn in den Oberlahnsteiner Rechnungen von 1461–1463 (84 Buchungen).[1134]

Eine weitere Oberlahnsteiner Zollschreiberrechnung des Emmerich Kronenberger vom 1. Januar 1436 bis zum 1. Januar 1437 mit insgesamt 167 datierten Buchungen wurde ebenfalls auf die Wochentagsverteilung der Buchungen der 161 Ausgaben untersucht. In dieser früheren Rechnung zeigte sich zunächst eine gewisse Präferenz für den Mittwoch, die sich jedoch als Buchungen einer Serie von Auszahlungen von 22 Zoll-Tournosenanteilen herausstellte. Unter Ausschluss dieser Gruppe ergab sich eine relativ gleichmäßige Verteilung der Buchungen auf die Wochentage mit einem Durchschnittswert von 14,3±3,3 % und dem höchsten Wert von 19,4 % am Sonntag.[1135]

3.7.2. Die Hofhaltungsrechnung des Herzogs von Jülich-Berg 1446/47

Die wirtschaftliche Lage des Herzogs Gerhard von Jülich-Berg, Graf von Ravensberg, war in der Mitte des 15. Jahrhunderts wegen lang andauernder kriegerischer Auseinandersetzungen äußerst angespannt. Mit der Führung und Finanzierung des herzoglichen Haushaltes wurde mit Johann Quad Anfang 1446 Zeit ein wohlhabender Geschäftsmann aus einem bergischen Adelsgeschlecht beauftragt. Dieser führte für das Rechnungsjahr 1446/47 auf

---

1133 Die Rechnungen der mainzischen Verwaltung in Oberlahnstein im Spätmittelalter, 1990, S. 273–287.
1134 Die Rechnungen der mainzischen Verwaltung in Oberlahnstein im Spätmittelalter, 1990, S. 290–297.
1135 Die Rechnungen der mainzischen Verwaltung in Oberlahnstein im Spätmittelalter, 1990, S. 94, 97–131.

86 eng beschriebenen Seiten Buch. Es dürfte sich um eine Reinschrift handeln, die häufig Einzelposten zusammenzog. Das Dokument gibt eine Übersicht über die herzogliche Hofhaltung mit den wesentlichen Ausgaben für das Herzogspaar und sein Gefolge. Die Gesamtausgaben machten rund 18.670 Gulden aus, wobei sich nach der Rechnungsprüfung noch weitere Ausgaben in Höhe von 633 Gulden herausstellten. Den Ausgaben standen lediglich Einnahmen in Höhe von rund 9.300 Gulden gegenüber. Ein geringer Teil davon waren Einnahmen von Ämtern und aus kleineren Verkäufen; ein wichtiger Anteil war jedoch die Kreditaufnahme bei zahlreichen Gläubigern wie dem Land Blankenburg mit 400 Gulden und den Besehern und Zollschreibern zu Düsseldorf mit 750 Gulden. Damit war weniger als die Hälfte der Ausgaben durch Einnahmen gedeckt, die zudem einen beträchtlichen Anteil von Krediten aufweisen. Der Fehlbetrag wurde gegen einen Schuldschein des Herzogs von Johann Quad übernommen.

Die Ausgaben geben unter anderem ein Bild von der regen Reisetätigkeit des Hofes, der ausgehend von Burg Bensberg über viele Stationen durch das Herzogtum Berg zog und sich unter anderem in Burg Blankenberg, Burg Beyenburg, der Grafschaft Ravensberg, Schloss Hambach und in Köln aufhielt. Dabei stellte die Stadt Köln das Zentrum für die Einkäufe des herzoglichen Hofes dar. Die Mengen angekaufter Lebensmittel waren beträchtlich: So wurden am 28. Februar 1446 *„zwölf Tonnen Heringe und 400 Stockfische"* gekauft. Noch interessanter sind aber die Angaben über feste Zeiträume, aus denen der Jahresbedarf hochgerechnet wurde: Rund 252 Tonnen Hafer, 950 Tonnen Roggen, 340 Rinder, 90.000 Liter Wein und vieles andere. Die gesamten Verpflegungskosten (einschließlich des Hafers für die Pferde) betrugen knapp 57 % der Ausgaben. Die Ausgaben für Kleidung erreichten lediglich 5 %. Angaben über die Zahl der Personen im herzoglichen Haushalt fehlen. Wisplinghoff schätzte deren Zahl im Oktober 1446 auf rund 170, was einem „den Gepflogenheiten der Zeit" entsprechenden Verbrauch von einem Quart Wein (1,5 Liter) pro Kopf entsprochen hätte. Das herzogliche Rechnungsbuch gibt aus der Darstellung Wisplinghoffs keinen Hinweis auf die Bezahlung des Hofpersonals, die offensichtlich nicht in der Buchführung Johannes Quads enthalten ist. Die dafür erforderlichen erheblichen Mittel mussten also zusätzlich zu dem bereits hoch defizitären Haushalt der Verbrauchsmittel beschafft werden.[1136]

1136 WISPLINGHOFF, 1980, S. 21–46; Vergleichbare Anteile für die Kosten zur Deckung des Bedarfes an Nahrungsmitteln gibt es aus den Rechnungen vom Hof Herzog Albrechts von Sachsen und Lüneburg aus der Hofhaltung in Celle, s. STEINBRINK, Matthias: Alltags- und Festtagskost am Hofe Herzog Albrechts von Sachsen und Lüneburg. Betrachtungen aufgrund der Celler Vogteirechnungen des 14. Jahrhunderts. In: Brigitte STREICH (HG): Stadt – Land – Schloß. Celle als Residenz, Bielefeld 2000, S. 97–104; STEINBRINK, 2000, S. 25–41.

3.7.3. Das Haushaltsbuch des Baseler Bischofs Johannes von Venningen

Das Haushaltsbuch des Baseler Bischofs Johannes von Venningen verdient besondere Beachtung, weil es vom Fürstbischof in den Jahren von 1458 bis 1478 meist persönlich geführt wurde. Neben diesem Buch bestanden noch Territorialrechnungen und ein Rezessbuch zur jährlichen Abrechnung mit den Verwaltern, wobei der Zeitraum hierfür mit Februar bis April relativ flexibel gestaltet war.[1137] Die Abrechnungsintervalle des Haushaltsbuches waren in den Jahren vor 1463 an der Jahresmitte ausgerichtet und wechselten dann auf eine annähernd mit dem Kalenderjahr übereinstimmende Rechnungsperiode. Zwei Jahre später strukturierte der Erzbischof die Rechnungsführung in eine monatliche Ordnung, wobei Buchungen innerhalb des Monats mit einer Festtagsdatierung versehen sein konnten. Zum Monatsende wurden Zwischensummen erstellt und am Jahresende Gesamtsummen für Einnahmen und Ausgaben gebildet. Die Rechengenauigkeit ist dabei eher gering. Hirsch und Fouquet führen als Beispiel das Jahr 1468 an, in dem alle Monatssummen mit Ausnahme des Januars fehlerhaft sind, was sich deutlich von der Genauigkeit der Territorialrechnungen unterscheidet, die nicht vom Bischof persönlich, sondern von seinen Amtsleuten geführt wurden. Die Autoren interpretieren dies als Resultat einer stringenteren Kontrolle, die beim Rechnungsbuch des Bischofs selbst fehlte.[1138]

Der Hang des Bischofs zur Kontrolle wird auch aus der Führung des Küchenbuches deutlich, in dem die Anwesenheit der zu verköstigenden Bediensteten registriert wurde.[1139] Das bischöfliche Haushaltsbuch gibt einen Überblick über die von diesem adeligen Landesherrn durchgeführten zahlreichen Fahrten und lang andauernden auswärtigen Aufenthalte. Diese betrafen praktisch ausschließlich seine Funktionen in drei Bereichen: Erstens bei seiner Repräsentation innerhalb des eigenen Territoriums, zweitens bei Treffen mit anderen Fürsten, Herren oder städtischen Vertretern im oberrheinischen Bereich und drittens bei Fernreisen im Zusammenhang mit seiner Eigenschaft als Reichsfürst. Reisen „privater" Art wie Bäder- oder Pilgerreisen hat der sehr kostenbewusste Bischof („Johannes de Pfenningen") nicht durchgeführt. Das Haushaltsbuch belegt, wie zwischen Reisen und den damit verbundenen Ausgaben im eigenen Territorium, wo dem Repräsentationsaufwand offensichtlich kein großes Gewicht beigelegt wurde und Reisen außerhalb der eigenen Gebiete unterschieden wurde. Üppige Trinkgelder und Geschenke bildeten dort den „adeligen" Lebensstil ab, zu dem der Fürst sich in der Außendarstellung verpflichtet sah. Allein die Aus-

---

1137 Hirsch, 2000, S. 99–104.
1138 Das Haushaltsbuch des Basler Bischofs Johannes von Venningen 1458–1478, 2009, S. XIV–XVI.
1139 Fuhrmann, Bernd: Die Rechnung der Hofschaffnei Basel 1475/76. In: Jahrbuch für Regionalgeschichte, 20, 1995/96, S. 28 f.

gaben hierfür konnten sich bis zu fast 10 % der Gesamtausgaben summieren.[1140] Standesgemäß hatte der Bischof mit einer angemessenen Zahl von Begleitern auf Reisen zu gehen. Belegt sind Reisegesellschaften mit bis zu *"30 pferden"*, deren Kosten einen hohen Anteil an den Ausgaben für Reisen ausmachte. Dabei ist allerdings zu berücksichtigen, dass die Ausgaben für Verpflegung durch zahlreiche Gastmähler gesenkt wurden. Die durchschnittlichen Kosten pro Person auf Reisen wurden relativ einheitlich mit durchschnittlich einem Viertel Gulden pro Tag angegeben. Der Anteil des Postens Reisetätigkeit an den Gesamtausgaben des bischöflichen Haushalts schwankte je nach dem Erfordernis diplomatischer Aktivität zwischen knapp 3 % und 29 % der Gesamtausgaben und war damit etwa ebenso unvorhersehbar wie die Ausgaben für Kriegsführung. Eine Sonderstellung nahm eine rund fünf Monate lange Reise über Oberitalien nach Wien 1459/60 ein, für die mit allen Nebenkosten 715 Gulden ausgegeben wurden, was 42 % der gesamten Ausgaben in diesem Wirtschaftsjahr darstellte. Standesgemäße Lebensführung wurde unterwegs auch demonstriert durch Einkäufe verschiedenster Waren, insbesondere aus dem Luxussektor, wie Seidenstoffe, englisches Tuch, Nahrungsmittel, Gewürze, Waffen als Geschenke, aber auch Reitpferde.[1141]

An diesem Beispiel wird deutlich, dass eine ausgeglichene Haushaltsführung im Bereich des Adels auf Grund einer spezifischen Prioritätensetzung häufig nicht im Vordergrund stand.[1142]

3.7.4. Die Hofhaltsrechnung der Gräfin Margarete von Ravensberg 1346

Ein besonders frühes Beispiel einer adeligen Rechnungsführung ist die auf vier Pergamentblättern erhaltene Hofhaltsrechnung der verwitweten Gräfin Margarete von Ravensberg aus dem Jahre 1346. Buchungseinträge in lateinischer Sprache mit vereinzelten deutschen Begriffen finden sich von Palmsonntag bis Michaelis, also etwa für ein Halbjahr. Sie wurden in sieben Gruppen vorgenommen. Die Buchungen beginnen mit *Item*, ausgenommen die erste Buchung einer Serie, die mit *Primo* gekennzeichnet ist. Die Textstrukturierung kann aus der fortlaufend geschriebenen Edition nicht rückerschlossen werden. Die 45 Buchungseinträge in Gruppe 1 auf dem ersten Blatt betreffen Ausgaben für kirchliche Zwecke (z.B. *pro sacerdote*). Der Sinnabschnitt wird mit einer Summe von *2 marc et 11 sol* abgeschlossen. Die allgemeinen Ausgaben *(exposita universalis)* in Gruppe 2 mit 27 Buchungen machen

---

1140 DIRLMEIER und FOUQUET, 1992, S. 113–121.
1141 DIRLMEIER und FOUQUET, 1992, S. 122–134.
1142 FOUQUET, 2000, S. 20.

11 marc. et 19 den. aus. Blatt 2 beginnt mit Ausgaben der Gruppe 3 für Küchengewürze mit insgesamt zwölf Buchungen über *21 sol*. Daran anschließend sind Einkäufe des allgemeinen Haushaltsbedarfs der Gruppe 4 mit 18 Buchungen, deren Summe unrichtig mit *22 sol. et 9 den*. angegeben wird. Auf Blatt 3 werden in Gruppe 5 die Einnahmen aus der Frühjahrsbede (12 Buchungseinträge) etwas zu niedrig mit *15 marc.* angegeben. Gruppe 6 führt die Einnahmen aus Naturalabgaben mit acht Buchungseinträgen auf. Die angegebene Gesamtsumme der Einnahmen von *24 marc.* ist nicht korrekt berechnet. Gruppe 7 auf Blatt 4 listet in zwölf Buchungen den Ankauf von Nahrungsmitteln für eine Gesamtsumme von *76 marc. et 1 sol.* auf. Insgesamt wurden Ausgaben in Höhe von rund 93 *marc.* aufgeführt, während die Einnahmen der Gräfin nicht vollständig wiedergegeben sind.[1143] Bei den wenigen durchgeführten Berechnungen sind Angaben zur Rechengenauigkeit nicht aussagekräftig; allenfalls kann das Vorkommen von mindestens drei unrichtigen Summenbildungen als Hinweis auf eine eher geringe Genauigkeit dienen. In einem Einzelfall wird zur Rundung eines Preises ein Negativbetrag mit vorgestelltem „*minus*" verwendet.

Zahlreiche Buchungen sind mit einer Festtagsdatierung versehen, wobei zur Präzisierung in der Regel außer bei *domenica post* oder *ante* keine Wochentage, sondern die Form der Zählung mit *feria* verwendet wurde. Von 79 datierten Buchungen entfallen 29 auf den Sonntag (rund 37 %). Dabei ist allerdings eine Besonderheit der Hofhaltsrechnung zu beachten: Gräfin Margarete tätigte eine außergewöhnliche Anzahl von Ausgaben für kirchliche Zwecke wie das Lesen von Messen, die sich in dieser Weise nicht in anderen Rechnungen wiederfinden lassen und vermutlich in der frommen Geisteshaltung der verwitweten Gräfin

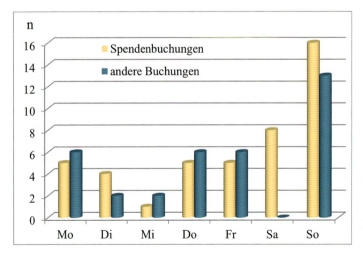

Abb. 49 | Verteilung der Buchungen in der Hofhaltungsrechnung der Gräfin Margarete von Ravensberg auf die Wochentage.

1143 Eine Hofhaltsrechnung der Gräfin Margarete von Ravensberg aus dem Jahre [1346], 1919, S. 36–45.

begründet sind. Von diesen Buchungen entfallen 16 auf einen Sonntag (zwei allein auf den Ostersonntag) und alle acht Buchungen, die auf einen Samstag datiert sind, finden sich in dieser Gruppe, einschließlich einer Buchung am Karsamstag (Abb. 49).

Andere Buchungen der Rechnung geben Aufschluss über den Einkauf von Basisbedarf an Nahrungsmitteln wie Schweinefleisch, Räucherfleisch, Butter, Hopfen, Malz und Wein sowie speziellen Küchenbedarf wie Kümmel und Senf.

3.7.5. Die Haushaltungsrechnung der Burggrafen von Drachenfels

Ein weiteres frühes Beispiel einer Adelsrechnung ist die von Korth bearbeitete, in deutscher Sprache geführte Haushaltungsrechnung der Burggrafen von Drachenfels Ende des 14. Jahrhunderts.[1144] Nach der Beschreibung handelt es sich um zwei Schmalfoliobändchen mit Pergamentumschlag mit 33 Papierblättern (Ausgaben) bzw. zehn Papierblättern (Einnahmen) mit Ochsenkopfwasserzeichen mit Stern. Die Einnahmen wurden zusammengefasst dargestellt. Sie umfassten neben Steuer- und Pachteinnahmen vor allem die Erlöse aus dem Verkauf landwirtschaftlicher Erzeugnisse, der Produktion der eigenen Weinberge und, als Besonderheit, der eigenen Steinbrüche. Der größere Teil der Haushaltsrechnungen umfasst die Ausgaben und liegt als Edition vor. Auswertungen dieser Drachenfelser Rechnungen wurden von Brungs[1145] und Irsigler vorgenommen.[1146]

Der Ausgabenteil umfasst den Zeitraum von August 1395 bis November 1398, wobei der Beginn der Rechnungsabschnitte zwischen Juli und September liegt und etwa ein Jahr beinhaltet. Lediglich der letzte Abschnitt umfasst mit Juli 1397 bis November 1398 einen größeren Zeitraum. Die Buchungen erfolgten mit Ausnahme der Datumsbegriffe und der Summenangaben in deutscher Sprache. Summenbildungen erfolgen relativ selten, meist zum Abschluss eines Rechnungsabschnittes in der Jahresmitte oder zur Zusammenfassung, z.B. mit *„Summa omnium expositorum istius cedule 2074 m"* oder *„Summatum per totum istius computacionis et vinearum que pertinent in istam computacionem 7000 m. ond 13 alb"*.[1147] Bei der Angabe von Beträgen aus zwei Währungseinheiten werden diese meist mit *ond* oder *ind* verbunden; in seltenen Fällen werden Rundungen insbesondere bei Summen mit einem nachgestellten *myn* für *mynder* für einen zu subtrahierenden Betrag gekennzeichnet.[1148]

1144 Die ältesten Haushaltsrechnungen der Burggrafen von Drachenfels, 1892, S. 1–95.
1145 Brungs, 1929, S. 9–23.
1146 Irsigler, 1978, S. 455–468; Irsigler, 1982, S. 87–116.
1147 Die ältesten Haushaltsrechnungen der Burggrafen von Drachenfels, 1892, S. 56.
1148 Die ältesten Haushaltsrechnungen der Burggrafen von Drachenfels, 1892, S. 56, 58, 61; myn für mynder ist dabei zu unterscheiden von myn im Sinne von „mein", wie z.B. bei myn herre.

Etwa die Hälfte der Buchungen weist eine Datierung nach Kirchenfesten oder Heiligengedenktagen, häufig mit Verwendung von Zusätzen wie *vigilia, post, ante, octava, feria* und deren Varianten auf. Die Verteilung der Buchungen auf die Kalendermonate zeigt eine geringere Buchungsaktivität in den Wintermonaten. Die niedrige Buchungsaktivität im Juli könnte dadurch bedingt sein, dass Buchungen vom dortigen Ende des Buchungsjahres in den August in das neue Buchungsjahr gelegt wurden. Die höchsten Buchungszahlen wurden in den Monaten August bis Oktober und April bis Juni erreicht (Abb. 50a). Eine Wochentagsanalyse der Buchungen lässt eine relativ gleichmäßige Verteilung der Buchungen auf die Wochentage mit durchschnittlich 38,9±10,8 Buchungen pro Wochentag erkennen, wobei Freitag und Samstag eine etwas höhere Buchungsfrequenz zeigen (Abb. 50b).[1149] Der Grund für unterschiedliche Buchungsaktivitäten könnte auch in der Anwesenheit der Herrschaft auf Drachenfels zu suchen sein.

Inhaltlich fällt die hohe Zahl von Buchungen für Nahrungsmittel verschiedenster Art auf: Neben Gewürzen wie *genvers* (Ingwer), *sefferoyns* (Safran), *peffers* und *mandelen, rosynen, vyghen*, wurde häufig auch Basisbedarf wie *eyer, meil, smalcz, korn, weys, specke, peterzilghe, zucker, milgh, butteren, keis* und *oyssen* zugekauft, obwohl davon ausgegangen werden kann, dass ein Teil des Bedarfes durch Naturalabgaben gedeckt werden konnte.[1150] Besonders viele Buchungen betreffen den Kauf von Fisch, *vijsch* oder *pro piscibus, herynck, schoellen, mackereil, bolghen* (Bolchen, Kabeljau, Stockfisch), *rynvijsch, plaitdisen* (Plattfisch), *buckynck*.[1151]

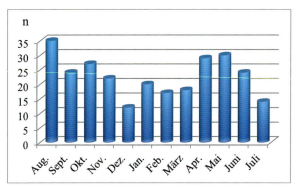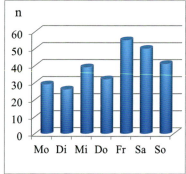

Abb. 50 | Verteilung der datierten Buchungen (n=272) der Drachenfelser Rechnungen von 1395–1398 auf die Kalendermonate (links) und auf die Wochentage (rechts).

1149 Die ältesten Haushaltsrechnungen der Burggrafen von Drachenfels, 1892, S. 3–66.
1150 Die ältesten Haushaltsrechnungen der Burggrafen von Drachenfels, 1892, S. 39, 36; IRSIGLER, 1982, S. 93.
1151 Die ältesten Haushaltsrechnungen der Burggrafen von Drachenfels, 1892, S. 29 f., 34, 38, 40, 55, 57, 100.

Bemerkenswert sind auch zahlreiche Buchungen für den Kauf von Kerzen.[1152] Andere Ausgaben betrafen das ganze Spektrum der üblichen Ausgaben wie z.B. Arbeitslöhne, den Ankauf von Haushaltsgegenständen und Material für Kleidung.[1153] Vermutlich als Sonderausgabe sind eine große Anzahl verschiedener Nägel für eine Dachreparatur zu sehen.[1154] Die genannten Beispiele weisen auf das Potential von Rechnungsbüchern für die Realienkunde hin.[1155]

Ein weiterer Bestand Drachenfelser Rechnungen aus der Mitte des 15. Jahrhundert (1458–1463) wurde von Irsigler analysiert, der neben den Einnahmen an barem Geld aus Steuereinkommen die erheblichen Naturaleinnahmen detailliert untersuchte. Diese betrafen unter anderem Weizen, Roggen, Hafer, Erbsen, Wein, Öl, Wachs und Geflügel, die zum Teil kapitalisiert wurden, wobei offensichtlich die Marktlage in Betracht gezogen wurde.[1156]

3.7.6. Die Rechnungsbücher des Konrad von Weinsberg

Der Reichserbkämmerer Konrad von Weinsberg war in seinen höfischen Aufgaben in besonderer Weise mit den Reichsfinanzen und der Verwaltung des Reichsgutes befasst. Darüber hinaus war er in vielfältiger Weise kaufmännisch tätig und zeigte an der Verwaltung seiner häufig nicht besonders gut bestellten privaten Finanzen ein ausgeprägtes Interesse, das sich in von ihm persönlich verfassten Rechnungsbüchern zeigte.[1157] Diese Rechnungsbücher aus den Jahren 1437–1439 liegen als Edition vor und wurden inhaltlich von Ammann und Fuhrmann bearbeitet.[1158] Sie wurden im Rahmen dieser Untersuchung als weiteres Beispiel für die Datierung adeliger Rechnungsbücher herangezogen. Der Aufbau der Rechnungsbücher entspricht dem allgemeinen Schema mit Einnahmen gefolgt von Ausgaben mit einer Item-Auflistung und häufig der Angabe einer Seitensumme. Die Datierung der Buchungseinträge wird nach Wochentagen und kirchlichen Feiertagen und Heiligengedenktagen vorgenommen. Im ersten Rechnungsbuch von 1437/38 waren 141 Buchungseinträge datiert (sechs Einnahmen, 135 Ausgaben). Die meisten Buchungen erfolgten mit 25,5 % am Dienstag, während die anderen Wochentage mit durchschnittlich 17,50±3,15 % der Buchungen relativ gleichmäßig bei der Buchungstätigkeit verwendet wurden (Abb. 51).

1152 Die ältesten Haushaltsrechnungen der Burggrafen von Drachenfels, 1892, S. 33.
1153 Die ältesten Haushaltsrechnungen der Burggrafen von Drachenfels, 1892, S. 33, 42.
1154 Die ältesten Haushaltsrechnungen der Burggrafen von Drachenfels, 1892, S. 49.
1155 GLEBA, 2018, S. 268 f.
1156 IRSIGLER, 1978, S. 456–461.
1157 AMMANN, 1960, S. 467; HECHBERGER, Werner: Adel im fränkisch-deutschen Mittelalter, Ostfildern 2005, S. 489 f.
1158 Conrad von WEINSBERG, des Reichs-Erbkämmerers Einnahmen- und Ausgaben-Register von 1437 und 1438, 1850; AMMANN, 1966; FUHRMANN, 2004, S. 263–290.

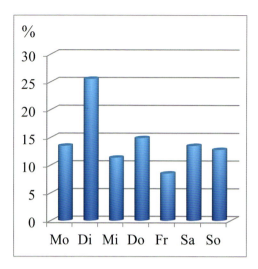

Abb. 51 | Verteilung der datierten Buchungen der Ausgaben in der Rechnung Konrad von Weinsbergs von 1437/38 auf die Wochentage.

An sieben Stellen von insgesamt rund 1.200 Buchungen wird das Kürzel m^n für *minus* verwendet. Bei den rund 30 Summenbildungen wurde es nicht beobachtet.

3.7.7. Die Rechnungsbücher der Grafen von Wertheim-Breuberg

Gegen Ende des 14. Jahrhunderts war es den Grafen von Wertheim gelungen, die Herrschaft Breuberg im Odenwald zu übernehmen. Möglicherweise im Zusammenhang mit Erbschaftsauseinandersetzungen wurde 1409 mit der Erstellung von Rechnungsbüchern begonnen, von denen 13 Jahresrechnungen in deutscher Sprache erhalten sind (1409–1419, 1426–1429, 1464/65, 1477/78, 1483/84). Die Rechnungsbücher liegen in edierter Form vor.[1159] Ihre übliche Rechnungsperiode erstreckt sich zwischen den jeweiligen Terminen für *kathedra Petri* Ende Februar.[1160] Die Rechnungen sind auf Papier im Schmalfolioformat ausgeführt und stellen wahrscheinlich Reinschriften anhand weiterer Verzeichnisse, Quittungen, Kerbhölzer und Notizen dar, was durch Hinweise im Text belegt wird *(„noch lut der Kerben")*. Nach Interpretation des Herausgebers wurden die Bücher zum Abschluss des Rechnungsjahres erstellt. Beim Aufbau der Bücher ist eine Gliederung in Sachthemen, Einnahmen und Ausgaben zu bemerken. Jede Gruppe wird mit einer Summe abgeschlossen; erstrecken sich Sachthemen über mehrere Seiten, können Gesamtsummen gebildet werden. Aus den Abbildungen der Edition lässt sich erkennen, dass z.B. in der Jahresrechnung

---

1159 WACKERFUSS, 1991, S. 176–415.
1160 WACKERFUSS, 1991, S. 11–17.

1409/10 und 1426/27 jede Buchung mit vorangestelltem *Item* in einer neuen Zeile beginnt. Bei den späteren Rechnungen von 1464/65 und 1483/84 sind die Zeilen etwas weiter abgerückt. Die Buchungen führen schematisch die Einnahmen für Korn und Hafer aus den verschiedenen Besitzungen und die entsprechenden Ausgaben an sowie die Einnahmen an Gelde (Silbergeld) und Gulden aus Zins, Zehnten, Beden und diversen Naturalien. Demgegenüber standen die Ausgaben z.B. für Löhne, Beköstigung, Kleidung, Hausrat, Burglehen und Baumaßnahmen.[1161] Es werden Seitensummen gebildet, die für Sinnabschnitte zusammengefasst werden können. Selten werden Negativbeträge mit vorgestelltem „*minner*" verwendet (0,3 % der Buchungen). Noch seltener tritt „*mynner*" oder „*minus*" auf.[1162]

Zunächst nennen die Rechnungsbücher als Zeitrahmen allgemein das Rechnungsjahr mit „*… von eim sant Peters tag an kathedra genant biz uff den andern*". Weitere Datierungen wurden in den ersten Jahren beschränkt auf erläuternde Zeitangaben, wie bei der Verbuchung von 1½ Malter Hafer an einen Knecht, der vom 8. bis 25. Juli ein Pferd zu versorgen hatte. Diese Datierungen folgen dem Muster der direkten Benennung von Kirchenfesten und Heiligengedenktagen, häufig in Kombination mit einem Wochentag.[1163] Ein erster systematischer Gebrauch der Datierung von Buchungen ist in Abschnitten über Bauarbeiten und deren Sach- und Lohnkosten in den Buchungsjahren 1414/15, 1415/16 und 1416/17 zu bemerken.[1164] Ansonsten sind auch in dieser Zeitperiode Buchungsdatierungen selten. Ein häufigerer Gebrauch von Tagesdatierungen ist im Rechnungsbuch von 1422 zu bemerken, in dem von fol. 1r.–8v. ausschließlich *atzung* und *… habern der atzung* behandelt werden und die damit im Zusammenhang stehenden Reise- oder Verbrauchsdaten.[1165] Ab 1426/27 werden Botenlöhne häufiger datiert und erneut der Futteraufwand für Pferde mit den jeweiligen Reisedaten notiert.[1166] Futteraufwand wird ab 1428/29 in der neuen Form der Wochenangabe verbucht (Abb. 52). Für den Hafer der Esel gibt es die Angaben ab der Woche *Exaudi* (3. Maiwoche) bis zu *Domine clamarum* (2. Augustwoche). Pro Woche wurden jeweils 7 *futer Haber* verbucht.[1167] Im Buchungsjahr 1429, das nur sechs Seiten mit Küchenausgaben und Ausgaben für Futtermittel umfasst, wird ausschließlich nach diesem Prinzip der Wochenrechnung vorgegangen.[1168]

1161 WACKERFUSS, 1991, S. 165–174.
1162 WACKERFUSS, 1991, S. 184, 192, 211, 287, 291/2, 297/8, 303, 306, 311, 313, 315, 318/9, 325/6, 340, 351.
1163 WACKERFUSS, 1991, S. 180.
1164 WACKERFUSS, 1991, S. 220 f., 235 f., 250.
1165 WACKERFUSS, 1991, S. 282–290.
1166 WACKERFUSS, 1991, S. 298–300, 306–308.
1167 WACKERFUSS, 1991, S. 312.
1168 WACKERFUSS, 1991, S. 313–315.

Mai 1428							Juni 1428							Juli 1428						
So	Mo	Di	Mi	Do	Fr	Sa	So	Mo	Di	Mi	Do	Fr	Sa	So	Mo	Di	Mi	Do	Fr	Sa
												Benedicta							natio mea	
							Domine in tua							exaudi Domine						
							factus est Dominus							Dominus fortitudo						
		Exaudi					respice in me							Omnes gentes						
spiritus Domini							Dominus illumi-							susscepimus Deus						

Abb. 52 | Beispiel der Wochendatierung im Rechnungsbuch von Breuberg des Abschnittes „*Der esel futerunge zu Bruberg*" (nicht dargestellt sind die Wochen *Deus adjuvat* (1.–7. August) und *Domine clamarem* (8.–14. August). Die Wochen *Benedicta* und *Dominus illuminatio mea* verlaufen monatsübergreifend.

In der Rechnung von 1464/65 wurden wieder deutlich weniger Buchungen datiert. Ab Mitte Juli vermerkt der Schreiber, dass er ein *wuchelich rechenung* begonnen habe, deren Ergebnis im ersten Vierteljahr „*an gelt verthan 13 lb 8 d*" betrug. Die verschiedenen Gruppenbezeichnungen der Buchungen, bei denen es sich überwiegend um Lebensmitteleinkäufe handelte, wurden aufgeführt, aber nicht im Detail wiedergegeben. Interessant ist der Vermerk einer Korrektur. *Juncker Hans Hewn* hatte bemängelt, dass u.a. Eier und ein Kalb nicht in der Rechnung erschienen und die Summe wurde auf 14 lb. und 11 d korrigiert. Zusammenfassungen dieser Art wurden auch für weitere Vierteljahre erstellt.[1169] Diese Vorgehensweise lässt vermuten, dass die Eintragungen in die Reinschrift des zentralen Rechnungsbuches reduziert wurden und nach der Vorgabe von Unterrechnungen oder Quittungen zusammengefasst wurden, teilweise in Wochenrechnungen, aber auch schon in Vierteljahresabschnitten.

Insgesamt gibt es in den Rechnungsbüchern der Grafen von Wertheim-Breuberg keine systematische durchgehende Datierung der Buchungen. Ausnahmen stellen die Auflistung von Reisedaten oder der Daten des Aufenthaltes von Personen *(wer hie sey gewesin)* und, falls zutreffend, ihren Pferden vor Ort dar, die vermutlich als Belege für die erfolgten Ausgaben dienten. Für Ausgaben von Futter- und Nahrungsmitteln bestand eine Tendenz zur Zusammenfassung wöchentlicher und später auch vierteljährlicher Ausgaben.

3.7.8. Die Rechnungsbücher der Herren von Schlandersberg

Zu den frühesten überlieferten Rechnungsdokumenten des niederen Adels gehören die von Emil von Ottenthal (1855–1931) bearbeiteten Rechnungsbücher der Herren von Schlan-

---

1169 WACKERFUSS, 1991, S. 323.

dersberg aus dem Vinschgau in Tirol.[1170] Emil von Ottenthals Vater war der Arzt und Tiroler Landtagsabgeordnete Franz von Ottenthal, der über seine Mutter Maria Anna Gräfin Hendl und deren Geschwister Josefa und Emanuel Vigil von Hendl 1872 zum Erben eines Teils der Liegenschaften der Familie Hendl wurde. Franz Josef Graf von Hendl war durch Heirat mit Elisabeth geb. Gräfin von Schlandersberg (1738–1813) in den Besitz der Güter der Familie Schlandersberg gekommen. Franz von Ottenthal beauftragte seinen Sohn Emil etwa ab 1880 mit der Verwaltung des ererbten „Schlosses", dem Ansitz Kasten im Vinschgau, das in seinem Archiv die Rechnungsbücher der Herren von Schlandersberg enthielt. Dadurch boten sich für den Historiker Emil von Ottenthal eine finanziell gesicherte Existenz und die Möglichkeit, diese Dokumente zur Basis von Arbeiten zur Tiroler Landesgeschichte zu machen.[1171] Das Interesse von Ottenthals bei der Auswertung der Rechnungsbücher galt dabei vorwiegend deren kulturhistorischem Aspekt.[1172] Von Ottenthal wurde später Ordinarius für Mittelalterliche Geschichte und Direktor des Institutes für Österreichische Geschichtsforschung in Wien.[1173] Das Archiv des Schlosses Kasten wurde vom Südtiroler Landesarchiv erworben.[1174]

Die Familie derer von Schlandersberg, ein Zweig des Tiroler Ministerialengeschlechts Montalban, geht auf das 12. Jahrhundert zurück und konnte im 13. Jahrhundert umfangreichen Grundbesitz im Vinschgau an sich ziehen, zu dem unter anderem die Schlösser Schlandersberg, Hochgalsaun, Kastelbell sowie weitere Liegenschaften im unteren Etsch- und oberen Inntal gehörten.[1175] Durch Kaiser Leopold I. wurde die Familie 1696

1170 Die ältesten Rechnungsbücher der Herren von Schlandersberg, 1881, S. 553–614; aus Tirol sind bereits aus dem 13. Jahrhundert Raitbücher bekannt, s.a. WÜST, Wolfgang: Rechnungsbücher und Governance: Zählen, Zahlen und Regieren in Spätmittelalter und Früher Neuzeit. In: Helmut FLACHENECKER (HG): Zahlen und Erinnerung. Von der Vielfalt der Rechnungsbücher und vergleichbarer Quellengattungen, Torún 2010, S. 226; HAIDACHER, 1993, S. 25–27.
1171 TADDEI, Elena: Franz von Ottenthal, Arzt und Tiroler Landtagsabgeordneter (1818–1899), Wien, 2010, S. 51, 53–64; s.a OTTENTHAL, Emil von, REDLICH, Oswald: Archiv-Berichte aus Tirol, Bd.II., Wien 1896, S. 4 f.; zum Begriff Ansitz s. WEINGARTNER, Josef: Tiroler Edelsitze. In: Festschrift zu Ehren Emil von Ottenthals, Innsbruck 1925, S. 294: Unbefestigter adeliger Wohnsitz in unbewehrter Lage.
1172 MERSIOWSKY, 2000a, S. 26.
1173 LICHTMANNEGGER, Susanne: Emil von Ottenthal (1855–1931). Diplomatiker in der Tradition Theodor von Sickels und Julius von Fickers. In: Karel HRUZA (HG): Österreichische Historiker 1900–1945. Lebensläufe und Karrieren in Österreich, Deutschland und der Tschechoslowakei in wissenschaftsgeschichtlichen Porträts, Wien 2008, S. 73–95.
1174 Die Lebenszeugnisse des Oswald von Wolkenstein, Edition und Kommentar, Bd. 1, 1382–1419, Nr. 1–92, S. XXVI.
1175 Die ältesten Rechnungsbücher der Herren von Schlandersberg, 1881, S. 553; s.a. HUTER, Franz: Die Herren von Schnals. In: Festschrift zu Ehren Emil von Ottenthals, Innsbruck 1925, S. 246–272, S. 255: Hochgalsaun im Besitz Swikers I. von Schnals-Galsaun aus dem Haus Montalban wurde Ende 1295 belagert und zerstört.

"mit der Zuerkennung des Ranges und Titels Grafen und Gräfinen von und zu Schlandersperg, auch Freyherrn von Annaberg, Hochgaltzaun und Casten" in den Grafenstand erhoben. Mit dem Tod von Carl Sigmund Graf von Schlandersberg erlosch 1771 die männliche Linie der Familie.[1176]

3.7.8.1. Einführung und vorangegangene Auswertungen

Das älteste von fünf erhaltenen Rechnungsbüchern aus dieser Familie betrifft den Junker Peter von Schlandersberg, der als Vetter Hans des Älteren aus der Hauptlinie der Herren von Schlandersberg seit 1366 in Schlanders ansässig war. Dieser hatte seinen Wohnsitz meist nicht auf dem Schloss Schlandersberg, sondern logierte mit einem einzigen Diener im Dorf Schlanders. Peter verfügte neben dem ihm zugefallenen Stammsitz nur über geringfügigen zerstreuten Grundbesitz und lebte als Bauernjunker in bescheidenen Verhältnissen. Sein Verwalter und Rentmeister war Heinrich Umbraser, Gutsbesitzer und Kaufmann in Schlanders. Dieser war der Verfasser des Rechnungsbuches, das vorwiegend Eintragungen zu Ausgaben des Junkers Peter *("juncher petern")* in der Zeit von 1366 bis zu dessen Verheiratung 1369 enthält. Es ist nicht mehr vollständig und besteht noch aus 54 Papierseiten mit einem Pergamenteinband. Es liegt in Auszügen ediert durch von Ottenthal vor.[1177]

Die anderen vier Rechnungsbücher stammen aus der Hauptlinie der Familie mit dem Vetter von Junker Peter, Hans dem Jüngeren von Schlandersberg. Ritter Hans war wirtschaftlich deutlich bessergestellt als sein Vetter, was auch daran kenntlich wird, dass er diesem mit Frau und einem Gefolge von 14 Personen einen Besuch abstattete. Hans der Jüngere übernahm ein Amt am herzoglichen Hof in Wien und überließ die Verwaltung der Güter seinen Söhnen. Unter seinem Sohn Sigmund begann vor Ostern 1394 ein Rechnungsbuch mit dem Eintrag *„daz ist daz püch daran geschriben stet waz ich Sygmund einnym und auzgib syder mein vater ze Wien gewesen ist"*.[1178] Es wird bis Martini 1396 geführt. Dann übernahm sein Bruder Kaspar die Verwaltung der Güter und unter ihm wurden drei weitere Rechnungsbücher für die Zeitabschnitte 1398–1399, 1399–1400 und 1400–1402 erstellt. Bei diesen Büchern handelt es sich um Papierhefte ohne Einband von 37, 16, 14 und 24 Blatt. Es liegen gruppierte Auszüge aus den Rechnungsbüchern Sigmunds und Kaspars vor.[1179] Auf eine Edition der Rechnungsbücher hatte von Ottenthal verzichtet, da eine solche Publikation *„weder für die Landesgeschichte noch für die Geschlechterkunde reichlich Ausbeute*

1176 HYE, Franz-Heinz: Das Grafenstandsdiplom der Herren von Schlandersberg. In: Der Schlern, Monatszeitschrift für Südtiroler Landeskunde, 51, 1977, S. 451–453.
1177 Die ältesten Rechnungsbücher der Herren von Schlandersberg, 1881, S. 584–594.
1178 Die ältesten Rechnungsbücher der Herren von Schlandersberg, 1881, S. 579.
1179 Die ältesten Rechnungsbücher der Herren von Schlandersberg, 1881, S. 598–614.

gewährt".[1180] Sein Untersuchungsschwerpunkt lag auf einem kulturgeschichtlichen Vergleich der Preise für Waren und Dienstleistungen.

Auch in diesen Büchern lag der Schwerpunkt der Eintragungen auf den Ausgaben; Einnahmen wurden laut Ottenthal nur in zwei Büchern vermerkt. Es handelt sich um das Rechnungsbuch des Sygmund von Schlandersberg und das Rechnungsbuch des Kaspar von Schlandersberg von 1398/99. Es überwogen die Einkünfte aus Naturalabgaben, die beträchtlich sein konnten: Allein von einem der drei überwiegend selbstbewirtschafteten Herrenhöfe Rotund wurden neben Käse, Schmalz und 22 Schafen auch 702 Mutt Korn und 35 Mutt Weizen abgegeben. Nach einer von 1410 erhaltenen Kellnerrechnung wurden in einem Jahr 500 Mutt Roggen und 400 Mutt Gerste sowie 373 Yhrn Wein aus Pfunds, einem weiteren Herrenhof, an den Familiensitz im Herrenhof Kasten bei Schloss Hochgalsaun geliefert.[1181] Die Bareinnahmen aus Zinsen, Gilten, Steuern und Zöllen waren stark schwankend von 255 Pfund Berner[1182] im Jahre 1396 bis zu 1.397 Pfund Berner 1398. Ein Grund dafür könnte darin liegen, dass es Zinspflichtigen möglich war, Naturalabgaben auch zum üblichen

---

1180 Die ältesten Rechnungsbücher der Herren von Schlandersberg, 1881, S. 567.
1181 Die ältesten Rechnungsbücher der Herren von Schlandersberg, 1881, S. 562 f.; nach OTTENTHAL, S. 568 entsprach das Meraner und Schlanderser Flüssigkeitsmaß Yhre (Mehrzahl Yhrn) bei Wein 78,92 l, 8 Yhrn ergaben 1 Fuder; s.a. ROTTLEUTHNER, Wilhelm: Die alten Localmasse und Gewichte nebst den Aichungsvorschriften bis zur Einführung des Metrischen Mass- und Gewichtssystems und der Staatsaichämter in Tirol und Vorarlberg, Innsbruck 1883, S. 53: 1 Yhre 77,81 l, 1 Fuder 622,48 l; SCHARR, Kurt: Leben an der Grenze der Dauersiedlung: Grund und Boden im „Ötztaler Gebirgsraum" (Ötztal – Schnals – Passeier) vom 13. bis zur Mitte des 19. Jahrhunderts, Innsbruck 2001, S. 166. Das Getreidehohlmaß Mutt wird für verschiedene Städte mit rund 36–42 l angegeben, z.B. Schlanders 36,88 l, Marienberg 40,95 l und das Landmutt von Landeck mit 42,46 l (ROTTLEUTHNER, 1883, S. 85 f.).
1182 Die Rechnungslegung in der Grafschaft Tirol erfolgte überwiegend auf Basis der Berner (Veroneser) Währung, bei der 1 Mark (mk) Pfennige 10 Pfund (lb) Berner Pfennigen entsprach. Das Pfund gliederte sich in 12 Groschen (gr) oder Kreuzer, entsprechend 60 Vierer oder 240 Berner Pfennigen. Daneben waren Dukaten und Rheinische Gulden im Umlauf, die Kursschwankungen aufwiesen, s. FELLER, 2010, S. 171 (im Rahmen eines Forschungsprojektes des Fonds zur Förderung der wissenschaftlichen Forschung FWF am Institut für Österreichische Geschichtsforschung in Wien mit dem Titel: Adeliges Rechnen im Spätmittelalter. Eine Untersuchung anhand von Quellen aus dem Raum Tirol, Südtirol und Trentino); s.a.: KOGLER, Ferdinand: Uebersicht über das Münzwesen Tirols bis zum Ausgang des Mittelalters, FinanzArchiv/Public Finance Analysis, 19.2, 1902, S. 133–135. Der Kreuzer hatte seinen Namen von dem auf einer Seite eingeprägten Doppel- oder Radkreuz. Er wurde ab etwa 1270 in Meran geprägt und entsprach dem Wert von 20 Bernern oder Veroneser Pfennigen, weshalb er umgangssprachlich „Zwainziger", lateinisch vigintiarius, italienisch „grossus Tirolius, Tirolino" genannt wurde. Er bestand bis zur Einführung der Kronenwährung im Jahre 1892, s. MOESER, Karl: Die Entstehung und Verbreitung des Namens „Kreuzer" für den Meraner Zwainziger-Grossus. In: Festschrift zu Ehren Emil von Ottenthals, Innsbruck 1925, S. 235.

Marktpreis als Zahlung zu leisten, woraus sich Schwankungen ergeben konnten. Neben den drei Herrenhöfen verfügte die Familie Schlandersberg über zahlreiche in dieser Weise zinspflichtige Meierhöfe.[1183] Ein komplettes Bild der Einnahmen kann nicht erstellt werden, dennoch wird deutlich, dass diese zur Deckung der Ausgaben kaum ausgereicht haben. Die Tätigkeit des Vaters am Hofe zu Wien schien mit einigem Aufwand und teuren Repräsentationsaufgaben verbunden gewesen zu sein, denn die Söhne sandten ihm erhebliche Barmittel, zum Beispiel im Jahre 1398 die Summe von 45 Mark entsprechend 450 Pfund Berner.[1184]

Im Gegensatz zu Junker Peter, der sich mit nur einem Diener bescheiden musste, gab es auf dem zentralen Herrenhof Kasten einen umfangreichen Bestand an Gesinde. Leitungsfunktion hatte der „Kellner", der der Hauswirtschaft vorstand und der Herrschaft gegenüber rechenschaftspflichtig war. Verschiedene der Bediensteten werden namentlich erwähnt, weitere Funktionen sind Schultheiß, Kaplan, Schulmeister, Bäcker, Handwerker, Fischer, Jäger, Falkner, Büchsenmacher, Wächter, kriegerisches Gefolge, Boten, Bauknechte, Feldarbeiter, Marstaller, weibliches Gesinde und nicht zuletzt ein „Narr". Ottenthal geht davon aus, dass diese Rechnungsbücher von einer Person geschrieben wurden, und vermutet, dass einer der schriftkundigen Bediensteten die Aufzeichnungen im Auftrage der Herren vorgenommen hat. Am wahrscheinlichsten erscheint ihm der Kellner; er schließt aber den Kaplan und den Schulmeister nicht aus.[1185] Die in den Rechnungsbüchern Sigmunds und Kaspars von Schlandersberg verzeichneten Ausgaben hat Ottenthal in 14 Gruppen geordnet zusammengefasst. Dabei wurden innerhalb der Gruppen die Buchungen zu einzelnen Unterbegriffen aus den verschiedenen Rechnungsbüchern zusammengestellt und nach dem Buchungsdatum aufgelistet. Zu diesen Gruppen zählen die *Preise für landwirthschaftliche Producte*, *Taglöhne*, *Tuchpreise*, *Kleidungsstücke*, *Specereiwaren mit Gewürzen und Delicatessen*, *Reisen und Fahrten der Herren von Schlandersberg*, *Botenlöhne*, *Waffen sowie Reit- und Jagdgeräthe*, *Lasten-Transporte*, *Fahrende Leute*, *Preise für gottesdienstliche Verrichtunge mit Opfergeldern und Wallfahrten*, *Ausgaben für Ärzte*, *Papier- und Schreibkosten* und schließlich *Varia*, wozu vor allem Luxusartikel zählten. Nach Darstellung des Herausgebers fanden dabei zum Beispiel bei den Reisen nicht alle Posten Berücksichtigung, was die Auswertung erschwert, da weder die Vollständigkeit der Daten noch deren originale Abfolge in den Büchern beurteilt werden kann.[1186] Für das Jahr 1401 findet sich ein Hinweis auf eine bekannte Persönlichkeit der damaligen Zeit: Kaspar von Schlandersberg gewährte am 5. März Oswald von Wolkenstein

---

1183 Die ältesten Rechnungsbücher der Herren von Schlandersberg, 1881, S. 562.
1184 Die ältesten Rechnungsbücher der Herren von Schlandersberg, 1881, S. 563.
1185 Die ältesten Rechnungsbücher der Herren von Schlandersberg, 1881, S. 582–584.
1186 Die ältesten Rechnungsbücher der Herren von Schlandersberg, 1881, S. 582–614.

einen Kredit über 8 Pfund.[1187] Nicht nachvollzogen werden kann die Einschätzung Ottenthals, dass die Hausfrauen im Hause Schlandersberg (die Ehefrauen der Brüder Sigmund und Kaspar sowie die Schwestern der Brüder) keine guten Wirtschafterinnen gewesen seien, da zum Beispiel sogar Eier und junge Hühner eingekauft werden mussten. Diese Interpretation geht davon aus, dass die Damen mit der Führung des Haushaltes betraut waren oder sich derer annahmen, was sich aus den Dokumenten so nicht ableiten lässt. Eine andere Interpretation war, dass dies den langsamen Übergang von der Natural- zur Geldwirtschaft widerspiegelt.[1188] Richarz sieht diese Einschätzungen beeinflusst durch die *„Befangenheit Ottenthals in den ökonomischen Vorstellungen seiner Zeit"*.[1189] Die Untersuchung durch von Ottenthal wurde in den vergangenen rund 130 Jahren verschiedentlich zitiert, aber nur selten und in Detailaspekten aufgegriffen oder bearbeitet.

Brockhoff führte das erste Rechnungsbuch (des Peter von Schlandersberg) von 1363–1369 aus dem Schlandersberger Bestand in seiner Betrachtung der Betriebswirtschaftslehre als Beispiel für eine ungenügende Dokumentation an, die Geld- und Naturaleinnahmen insgesamt nicht vollständig erfasste.[1190]

Die Aufnahme eines Kredites in Höhe von 40 Gulden durch Kaspar von Schlandersberg bei einem Juden wurde von Brandstätter zweimal beschrieben.[1191]

In einer Untersuchung des vom Beginn des 15. Jahrhunderts stammenden Rechnungsbuches Heinrichs von Rottenburg aus Tirol werden die Schlandersberger Rechnungen als ungedruckte Quelle aufgeführt und an mehreren Stellen auf die Publikation von Ottenthals und die Verbindungen zwischen Rottenburg und Schlandersberg verwiesen.[1192] Die Herren von Rottenburg hatten seit dem Ende des 13. Jahrhunderts die Hauptmannschaft in Kaltern im bischöflichen Auftrag inne und es finden sich in den Schlandersberger Rechnungen von 1394 und 1395 mehrere Stellen, die Verpflegungskosten bei Ritten zum Hauptmann betreffen.[1193] 1400 wird über die Kosten der Reise zu des *„haubtmans bestatnus"* berichtet.[1194]

1187 Die Lebenszeugnisse des Oswald von Wolkenstein, Edition und Kommentar, Bd. 1, 1382–1419, Nr. 1–92, Nr. 7.
1188 Die ältesten Rechnungsbücher der Herren von Schlandersberg, 1881, S. 567.
1189 RICHARZ, 1971, S. 190–192.
1190 BROCKHOFF, Klaus: Betriebswirtschaftslehre in Wissenschaft und Geschichte. Eine Skizze, 4. Aufl., Wiesbaden 2014, S. 109.
1191 BRANDSTÄTTER, Klaus: Jüdisches Leben in Tirol im Mittelalter. In: Thomas ALBRICH (HG): Jüdisches Leben im historischen Tirol, Innsbruck 2013, Anmerkungen 164 und 371; „40 tukaten und ain tukaten ze wucher". Die ältesten Rechnungsbücher der Herren von Schlandersberg, 1881, S. 563, Anmerkung 1.
1192 FELLER, 2010, S. 342, sowie S. 18, 44, 69, 153, 188.
1193 Die ältesten Rechnungsbücher der Herren von Schlandersberg, 1881, S. 604 f.; FELLER, 2010, S. 153.
1194 Die ältesten Rechnungsbücher der Herren von Schlandersberg, 1881, S. 605 f.; FELLER, 2010, S. 44.

Fuhrmann, Fouquet, Selzer und Heydenreich weisen auf die Existenz dieser frühen Rechnungsbücher hin.[1195] Mersiowsky erwähnt die Rechnungsbücher und die mit Edition in Auszügen von Ottenthals mit ihren *„für seine Zeit beispielhaften Ausführungen"* bei den Anfängen territorialer Rechnungslegungen unter den Archiven kleinerer Herrschaften für Tirol.[1196]

Die Bedeutung der vergleichbaren Behandlung rangmäßig ähnlich einzustufender Frauen im Familienverband bei deren Ausstattung wurde durch Nolte am Beispiel der Markteinkäufe von Tuch durch Sigmund von Schlandersberg aufgezeigt, der sowohl für seine Frau als auch für seine Schwester jeweils 16 Ellen Tuch zum selben Preis kaufte.[1197] Die Familie der Herren von Schlandersberg diente als Beispiel für das Zusammenleben eines größeren Familienverbandes von zwei verheirateten Brüdern, deren Ehefrauen, Kindern und Schwestern sowie zwei jüngeren unverheirateten Brüdern im Ansitz Kasten in Tirol. Interessant auch die Information aus den Rechnungsbüchern, dass für die beiden unverheirateten Schwestern Barbara und Dorothee Ausgaben für Lebensmittel während einer Kindsbettzeit angefallen waren.[1198]

Ein spezifischer Teilaspekt des Ankaufs von Tuchen wurde durch Hundsbichler et al. aufgegriffen. Die Bewertung dieser Autoren, die als *„nicht groß"* bezeichnete Darstellung der Hochzeitsvorbereitungen des Peter von Schlandersberg durch von Ottenthal sei *„nicht stichhältig"*, könnte auf der Herauslösung des Aspektes aus dem Gesamtzusammenhang herrühren, in dem die bescheidenen Lebensverhältnisse Peters von Schlandersberg deutlich wurden.[1199]

Belege im Zusammenhang mit dem Stand der Sprecher wurden von Mundschau untersucht, der auf die Gruppe 10 mit der Entlohnung der *„Fahrenden Leute"* bei von Ottenthal verweist.[1200]

[1195] FUHRMANN, 2004, S. 16; FOUQUET, 2000, S. 14; SELZER, Stephan: Sold, Beute und Budget. Zum Wirtschaften deutscher Italiensöldner des 14. Jahrhunderts. In: Harm von SEGGERN, Gerhard FOUQUET (HG): Adel und Zahl. Studien zum adligen Rechnen und Haushalten in Spätmittelalter und früher Neuzeit, Ubstadt-Weiher 2000, S. 223; HEYDENREICH, Eduard: Familiengeschichtliche Quellenkunde, Leipzig 1909, S. 340 f.

[1196] MERSIOWSKY, 1995, S. 267; MERSIOWSKY, 2000a, S. 74 f.

[1197] NOLTE, Cordula: Die Familie im Adel. Haushaltsstruktur und Wohnverhältnisse im Spätmittelalter. In: Karl-Heinz SPIESS (HG): Die Familie in der Gesellschaft des Mittelalters, Ostfildern 2009, S. 90.

[1198] NOLTE, 2009, S. 92 f., zum Aspekt von Hochzeit und Geburt in Rechnungsaufzeichnungen des Tiroler Adels s. a. FELLER, 2015b, S. 195–204.

[1199] HUNDSBICHLER, Helmut, JARITZ, Gerhard, VAVRA, Elisabeth: Stagnation? Tradition? Innovation? Die Bedeutung des Adels für die spätmittelalterliche Sachkultur. In: Adelige Sachkultur des Spätmittelalters, Wien 1982, S. 35–72; s.a. RICHARZ, 1971, S. 190–192.

[1200] MUNDSCHAU, Heinz: Sprecher als Träger der „tradition vivante" in der Gattung „Märe", Göppingen 1972, S. 26 f., 30, 44 f.

3.7.8.2. Die Dokumente

Die Rechnungsbücher liegen sämtlich im Schmalfolioformat aus Papier und ohne Einband vor. Die Schriftsprache ist Deutsch bis auf die Verwendung der lateinischen Namen mancher Kirchenfeste. Die Benennung der Wochentage zeigt regionale Merkmale *mit Mentag, Erntag, Mittchen, Phintztag, Frytag, Samptztag, Sontag*.[1201]

Das Rechnungsbuch des Sygmund von Schlandersberg von 1394–1396 hat Schmalfolioformat von ca. 297x103mm. Es besteht aus 19 Bogen starken Papiers mit ca. 8 Siebstegen/cm, die in der Lagenmitte bei fol. 19v./20r. mit einem Papierstreifen von ca. 7 mm Breite zur Verstärkung in einer 10-Loch-Bindung gebunden sind (Lagenanalyse Abb. 93 im Anhang). Nicht alle Bogen sind vollständig; die Gegenseiten von fol. 1, fol. 16 und fol. 30 bestehen nur aus einem Reststeg. Verschiedene Seiten wurden restauriert. Die durchschnittliche Papierstärke (der Blätter im Originalzustand) beträgt 0,221±0,027 mm. Die recto-Seiten tragen rechts oben eine Bleistift-Foliierung in arabischen Zahlzeichen. Fol. 7r.–9r. und fol. 32v.–37 sind ohne Eintragungen. Wasserzeichen finden sich auf zehn Seiten (Tab. 44 im Anhang). Auf fol. 9 ist ein Löwe zu sehen, bei allen anderen Wasserzeichen handelt es sich um die Glocke (Abb. 177 und 178 im Anhang).[1202]

Das Dokument 1398–1399 (v. Ottenthal „a") im Format von ca. 306x106 mm besteht aus acht Papierbogen sowie zwei Einzelseiten, die nur einen schmalen Reststeg zeigen. Die Lagenstruktur ist komplex (Abb. 95 im Anhang) und war schon zur Zeit der Untersuchung durch von Ottenthal nicht sicher nachvollziehbar: Eine Binione mit fol. 1–4 ist vor eine Ternione mit fol. 5–7 und fol. 12–14 gebunden, in die sowohl ein Einzelbogen (fol. 8/9) als auch eine Binione mit fol. 10–13 eingebunden sind.[1203] Die Papierstärke weist verschiedene Ungleichmäßigkeiten im Verlauf der einzelnen Blätter auf. Sie beträgt im Durchschnitt 0,210±0,062 mm. Am Ende folgen zwei Einzelblätter mit den schmalen Reststegen als fol. 17 und fol. 18, die eine geringere Seitenhöhe und (fol. 17) ein helleres Tintenschriftbild aufweisen. Sie wurden vermutlich irregulär eingefügt. Auf fol. 17 gibt es einen Verweis auf Sygmund von Schlandersberg. Das Papier weist ca. 9 Siebstege/cm auf. Wasserzeichen sind auf drei Bogen zu finden (Tab. 45 im Anhang), davon zweimal der konvexe Halbmond mit einkonturiger Stange und Stern und ein Ochsenkopf mit Augen und einkonturiger Stange auf Sparrenfuß und sechsstrahligem geraden Stern (Abb. 179 und 180 im Anhang). Fol. 1 trägt in schwarzer Tinte die Datumsangabe 1398–1399 sowie den Hinweis auf Ausgaben des *Casp.*

1201 EGGERS, 1986, S. 138 f.
1202 LAS Bozen, Archiv Kasten-Schlandersberg, Rechnungen, 001 (1383–1401), hier 1394–96.
1203 Die ältesten Rechnungsbücher der Herren von Schlandersberg, 1881, S. 579.

Slandersperg. Die Originaleintragungen sind in bräunlich erscheinender Tinte. Fol. 2 ist unten zu etwa einem Drittel abgerissen. Dieser Teil scheint nicht beschrieben gewesen zu sein.[1204]

Fol. 1–16 enthalten 159 Buchungen, von denen 109 eine Datierung aufweisen. Davon entfallen 83 auf das Jahr 1398 und 28 auf das Jahr 1399. Der Schwerpunkt der Buchungstätigkeit mit 59 Buchungen entfällt auf die Monate November und Dezember (z.B. Martini 11, Andree 14, Lucie 6, Thome 15, Nativitatis 8 Buchungen). Einziges bedeutendes Buchungsdatum im Frühjahr ist Elisabeth *(Elzppetn)* mit 16 Buchungen. Die Wochentagsanalyse der Einnahmen (110 Buchungen, 83 aus dem Jahr 1398, 27 aus dem Jahr 1399) zeigte keine wesentlichen Unterschiede zwischen Einnahmen und Ausgaben. Der Durchschnittswert betrug 14,3±1,9 % für die verschiedenen Wochentage mit dem höchsten Wert von 17,3 % am Sonntag.

Das Dokument 1399–1401 (v. Ottenthal „b") im Format von ca. 308x110 mm besteht aus 14 Seiten mit sechs Bogen und drei Einzelblättern, die in einer komplexen Form gebunden sind (Abb. 97 Lagenanalyse, im Anhang). Fol. 1 trägt in der üblichen Weise rechts oben die Jahresangabe in schwarzer Tinte sowie den Namen Caspar Slandersperg (abweichend von der Schreibweise „*Kaspar*" im einleitenden Satz des Dokumentes). Die recto-Seiten tragen eine Bleistift-Foliierung in arabischen Zahlzeichen. Eine Übersicht der Wasserzeichen, die sich auf sechs Seiten finden, geben Tabelle 46 und Abb. 181 und 182 im Anhang.[1205]

Das Rechnungsbuch enthält nur Ausgaben mit insgesamt 77 Buchungen, davon sechs als Wochen- oder ähnliche Buchungen. Für die Wochentagsanalyse wurden die Daten wegen ihrer Ähnlichkeit gemeinsam mit folgenden Rechnungsbüchern analysiert.

Das Rechnungsbuch von 1400–1402 des Kaspar von Schlandersberg (v. Ottenthal „c") ist ein Dokument im Schmalfolioformat von ca. 310x105mm, das auf dem Einband oben rechts in schwarzer Tinte den Datumseintrag 1400–1402 aufweist, der vermutlich ebenso wie die deutlich dünner ausgeführte Namensnennung *Caspar Slandersperg* neuzeitlicher Herkunft ist. Das dürfte auch für die arabische Eins links oben gelten, die mit Bleistift vorgenommen wurde. Dabei handelt es sich wahrscheinlich um eine Nummerierung des Buches, da die Foliierung sich in der rechten oberen Ecke der recto-Seiten findet. Die Originaleintragungen des Rechnungsbuchs sind in Tinte ausgeführt, die bräunlich erscheint.[1206] Auf dem Umschlag (fol. 1rv.), fol. 2rv. sowie fol. 3r., fol. 4r. und fol. 5r. findet sich oben in der Mitte die Zahl 14^{00} in arabischen Zahlzeichen, wobei beide Nullen hochgesetzt sind. Das Dokument besteht aus zwei aufeinander gebundenen Lagen von zwölf regulären Papierblättern. Die durchschnittliche Papierstärke beträgt 0,230±0,027 mm. Die erste Lage mit

---

1204 LAS Bozen, Archiv Kasten-Schlandersberg, Rechnungen, 002 (1393–99), hier 1394–96.
1205 LAS Bozen, Archiv Kasten-Schlandersberg, Rechnungen, 001 (1383–1401) hier 1399–1401.
1206 LAS Bozen, Archiv Kasten-Schlandersberg, Rechnungen, 003 (1400–1419), hier 1400–1402.

sechs Bogen von fol. 1 bis fol. 6 (fol. 19–23, die Gegenseite des Deckblattes trägt keine Foliierung) unterscheidet sich mit 9 Rippdrähten/cm von den Papierbogen der zweiten Lage von fol. 7–12 (fol. 13–18, die aus einer gröberen Papiersorte mit nur ca. 4,5 Rippdrähten/cm bestehen). In den Lagenmitten ist jeweils ein Papierfalz von ca. 5x5 mm zur Verstärkung der ursprünglich mit vier Löchern angebrachten Bindung vorhanden, die heute teilweise zerstört ist. Sieben Bogen tragen Wasserzeichen (s. Tab. 47 sowie Abb. 183 und 184 im Anhang). Dabei kommt die Glocke zweimal, der Ochsenkopf fünfmal vor. (Ochsenkopf mit Augen und einkonturiger hoher Stange mit Stern entsprechend der Abteilung VI von Piccard), allerdings in einer Variante, bei der die Stange beiderseits auf den gebogenen Hörnern aufsetzt. Der Grundtypus dieses Ochsenkopfs wurde erstmals 1325 in Bologna nachgewiesen. Papier mit Ochsenkopf-Wasserzeichen war weit verbreitet, vor allem in Oberitalien von 1360 bis gegen 1470; nach Süddeutschland gelangte es ab etwa 1400.[1207]

Von den 48 Seiten des Dokumentes sind auf 45 Seiten 511 Buchungen mit neun Summenbildungen vorhanden (rund 11 Buchungen/Seite). 192 der Buchungen, die ausschließlich Ausgaben betreffen, weisen eine Datierung auf, davon zehn eine Wochendatierung (z.B. *in der wochin nach Jacobi*) und sechs Buchungen eine unpräzise Datierung.

3.7.8.3. Datierungs- und Wochentagsanalysen

Für die drei Rechnungsbücher von 1398–1402 (von Ottenthal a–c) wurden Datierungs- und Wochentagsanalysen vorgenommen. Bei den Datierungen der Ausgaben fällt auf, dass eine hohe Zahl der Buchungen (69 %) Einzelbuchungen an einem Tag darstellen. Dies spricht dafür, dass Ausgaben zeitnah schriftlich festgehalten wurden (Abb. 53).

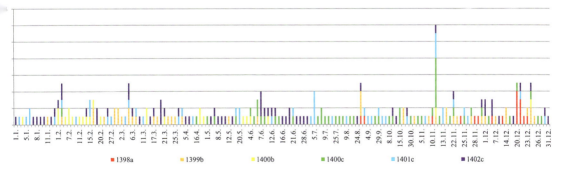

Abb. 53 | Kumulative, fortlaufende Darstellung der Buchungen der Ausgaben in den Rechnungsbüchern von 1398–1402, die die hohe Anzahl der Buchungen an Einzeltagen zeigt. Lediglich der 11. November (Martini) zeigt eine höhere Buchungsaktivität. Die Abszisse entspricht lediglich annähernd dem Kalenderverlauf.

1207 PICCARD, Gerhard: Die Ochsenkopfwasserzeichen, Findbuch II, 1 der Wasserzeichenkartei Piccard im Hauptstaatsarchiv Stuttgart (Veröffentlichungen der staatlichen Archivverwaltung Stuttgart), Stuttgart 1966, S. 26, 28, 38; SCHNEIDER, 2014, S. 112 f.

Bezogen auf Kalendermonate wurden die meisten Ausgaben im November und Dezember verbucht; weitere Monate mit höherer Buchungsaktivität waren Januar bis März und Juni (Abb. 54).

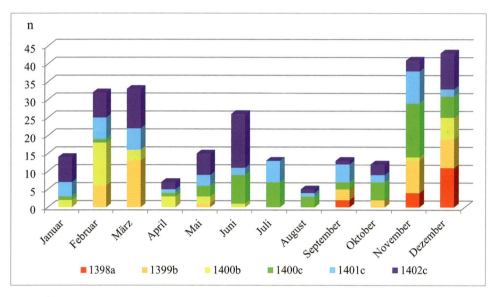

Abb. 54 | Kumulative Verteilung der Buchungen der Ausgaben der Rechnungsbücher von 1398–1402 (a–c nach v. Ottenthal) über die Kalendermonate.

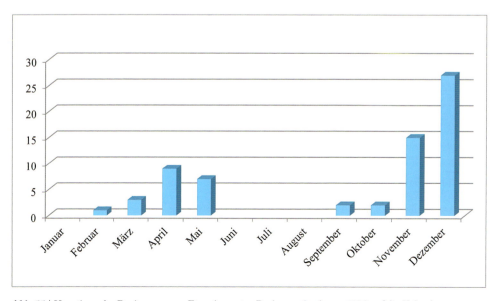

Abb. 55 | Verteilung der Buchungen von Einnahmen im Rechnungsbuch von 1398 auf die Kalendermonate.

Bei den Einnahmen betrug der Anteil der Einzelbuchungen rund 32 %. Beim Verlauf der Buchungen über das Kalenderjahr zeigt sich eine geringe Buchungsaktivität in den Monaten April und Mai sowie vom Juli bis Oktober. Annähernd zwei Drittel der im Rechnungsbuch von 1398 gebuchten Einnahmen fallen auf die Monate November und Dezember. In den Sommermonaten Juni bis August wurden keine Einnahmen verbucht (Abb. 55). Die Verteilung der Buchungen auf die Wochentage zeigt Abb. 56.

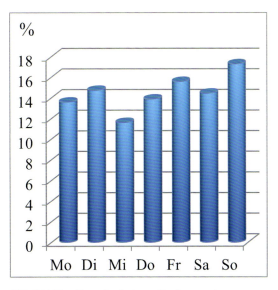

Abb. 56 | Verteilung der datierten Buchungen der Schlandersberger Rechnungsbücher von 1398–1402 (v. Ottenthal a–c) auf die Wochentage.

Neben diesen Rechnungsbüchern der Herren von Schlandersberg sind verschiedene beigeordnete Dokumente erhalten, die teilweise in die Rechnungsbücher übernommen wurden, worauf auch verwiesen wurde, z.B. in der Rechnung 1398–1399, fol. 15v.: „Kelners zedel".

Die Kellnerrechnung von 1402 besteht aus einer Lage mit zehn regulären Papierbögen, die in der Lagenmitte bei fol. 10v./11r. oben und unten mit einer 2-Loch Bindung verbunden sind, die mit je einem kleinen Pergamentstreifen verstärkt sind. Das Papier zeigt 9 Siebstege pro Zentimeter. Ein Umschlag ist nicht vorhanden. Die Vorderseite trägt in schwarzer Tinte die Jahreszahl 1402 und in Bleistift die Zahl 2, beides in arabischen Schriftzeichen, offensichtlich späterer Herkunft. Die recto-Seiten tragen rechts oben eine Bleistift-Foliierung in arabischen Zahlzeichen. Die Originaleintragungen sind in bräunlicher Tinte ausgeführt. Die durchschnittliche Papierstärke beträgt 0,183±0,013 mm. Fünf Bogen weisen Wasserzeichen auf: Skorpion, Ochsenkopf, Glocke und Ente (Tab. 48 und Abb. 185–187 im Anhang). Von den 40 Seiten sind 22 unbeschrieben. Auf den Seiten mit Rechnungseinträgen befinden sich insgesamt 176 Buchungen ohne Summenbildung, bei denen es sich überwiegend um verbuchte Zinszahlungen mit Namensnennung handelt.[1208]

1208 LAS Bozen, Archiv Kasten-Schlandersberg, Rechnungen, 003 (1400–1419), hier 1402.

Ein weiteres Dokument im Format von ca. 308x110 mm mit *Ausgaben des Kelners an Wein Kas Korn Wolle* (Vermerk späterer Zeit in schwarzer Tinte auf fol. 1 oben) trägt auf fol. 1 die Datumsangabe 1402 in schwarzer Tinte rechts oben und in Bleistift links unterhalb der Mitte die Zahl 3. Die recto-Seiten der in einer Lage gebundenen sechs regulären Bogen tragen rechts oben eine Bleistiftfoliierung in arabischen Zahlzeichen. Das Papier zeigt 9 Siebstege pro Zentimeter. Die Seiten fol. 1v.–2v., fol. 3v., fol. 4r., fol. 5v., fol. 7rv., fol. 8v.–12 enthalten keine Eintragungen. Das Wasserzeichen Glocke findet sich auf fol. 4, fol. 7 und fol. 11.

Ein mit 1383–1384 datiertes Dokument ist in einem angegriffenen Erhaltungszustand. Es könnte sich ursprünglich um eine Lage bestehend aus fünf Papierbogen gehandelt haben, bei der von drei Bogen nur eine Seite und Reststege vorhanden sind. Zwischen fol. 2 und fol. 3 ist eine Einzelseite mit Steg eingebunden. Das Papier ist sehr grober Struktur mit durchschnittlich 4,5 Siebstegen/cm. Auf fol. 5 befindet sich ein Wasserzeichen in Form einer stilisierten Flasche. Das Format beträgt ca. 293x110 mm.

Das Dokument Kod. 4 Kasten 1420 im Schmalfolioformat von ca. 307x110 mm besteht aus fünf Bogen, deren 2x2-Loch-Bindung nicht mehr vorhanden ist. Fol. 1r.–2v., fol. 5r., fol. 6v., fol. 7r. und fol. 9v. tragen keine Beschriftung. Auf fol. 1, fol. 7 und fol. 8 ist das Wasserzeichen Mohr mit Krone und Stirnband, mit Auge, ähnlich Piccard AT3800-PO-20711 (1421, Innsbruck) mit Krone (Abb. 188 im Anhang) vorhanden. Eine Foliierung oder andere neuzeitliche Eintragungen sind nicht zu bemerken.[1209]

Die Schlandersberger Rechnungsbücher stellen ein besonders frühes Beispiel für das Rechnungswesen im niederen Adel dar, das die Entwicklung in vielfältiger Weise erkennen lässt. Im ältesten, von Umbraser für Junker Peter von Schlanderberg geführten Buch finden sich Hinweise auf die althergebrachte Art der vorläufigen Dokumentation von Konsum mittels Kerbhölzern *(„an dem span gestanden ist")* und Wachstafeln *("nota in tabula cerata"),* die in größeren Abständen in das Rechnungsbuch übernommen wurde. Ein erster Versuch zur Erstellung einer Jahresrechnung misslang und führte, wie von Ottenthal erklärte, nach Durchstreichung zu einem Neuanfang. Daraus entstand eine weiträumig angelegte Rechnung, in die später Nachträge eingebracht wurden, die sich durch die Verschiedenheit der verwendeten Tinte abheben. Dennoch konnte die Chronologie der Buchungsvorgänge und deren thematische Zuordnung nicht immer eingehalten werden.[1210]

1209 LAS Bozen, Archiv Kasten-Schlandersberg, Rechnungen, 004 (1420).
1210 Die ältesten Rechnungsbücher der Herren von Schlandersberg, 1881, S. 575–578.

Die Ausführung der Schlandersberger Rechnungsbücher in deutscher Sprache schon ab der Mitte des 14. Jahrhunderts deckt sich mit der Analyse von Obermair an Urkundenmaterial, dass der Umschwung von der lateinischen zur deutschen Sprache in dieser Region ab dieser Zeit erfolgte. Die älteste in Deutsch verfasste Notariatsurkunde des Bozener Archivs ist mit 1356 datiert.[1211]

3.8. Vergleich der Rechnungsbücher des Adels

Die vergleichende Betrachtung der untersuchten Rechnungsbücher des Adels gibt Hinweise auf deren Entwicklung und den Einfluss der unterschiedlichen Rahmenbedingungen in den verschiedenen rechnungsführenden Adelsstrukturen.

Die Kammerschreiberrechnungen des hessischen Landgrafen Wilhelm III., insbesondere an dem eingehender untersuchten Beispiel aus dem Jahre 1486, stellen vom Schriftaufbau her klar strukturierte Reinschiften dar, die jeweils eine Seitensumme ausweisen. Neben der Trennung in Einnahmen und Ausgaben gibt es eine grobe Gliederung in thematische Buchungsgruppen, die jedoch, besonders auf der Ausgabenseite, teilweise wenig spezifisch sind, wie die „Hofausgaben", unter denen sich divers gemischte Ausgaben befinden. Eine Summenbildung nach Sinnabschnitten findet nicht systematisch statt. Wie die meisten der untersuchten Rechnungsbücher des Adels sind sie in deutscher Sprache gehalten.

Zahlreiche Buchungen wiesen eine Datierung auf, die es ermöglichte, die Buchungsaktivität während des Rechnungsjahres zu analysieren, das mit dem Beginn zu Dreikönig annähernd mit dem Kalenderjahr zusammenfällt. Dabei konnte auch der Einfluss von wichtigen Ereignissen wie dem Reichstag in Frankfurt mit den Reisekosten einer großen Delegation und erforderlichen „politischen" Zahlungen dargestellt werden. Der hohe Anteil von Reisekosten und von Ausgaben für Reitpferde konnte auch am Beispiel der Rechnungsführung des Baseler Bischofs von Venningen gezeigt werden. Eine Verbuchung von Aufwendungen für Lebensmittel, wie sie beispielsweise für Jülich-Berg, Drachenfels und Schlandersberg zu beobachten sind, war in der oberhessischen Kammerschreiberrechnung mit Ausnahme eines Großankaufs von Ochsen nicht gegeben. Ursache hierfür könnte eine bereits erfolgte Diversifizierung mit einem weiteren (Küchen)-Rechnungsbuch sein, das nicht erhalten ist. Beispiele für parallele Buchführungen geben die Doppelungen zahlreicher Buchungen in der Hofmeisterrechnung desselben Jahres. Trotz unterschiedlicher Funktionalitäten der Haushaltsführung ergeben sich Ähnlichkeiten mit der erzbischöflichen Rechnung aus Oberlahnstein. Beim Vergleich der Wochentage, an denen allgemeine Ausgaben

---

1211 OBERMAIR, Hannes: Bozen Süd – Bolzano Nord. Schriftlichkeit und urkundliche Überlieferung der Stadt Bozen bis 1500, Bd. 2, Regesten der kommunalen Bestände 1401–1500, Bolzano 2008, S. 13 f.

getätigt wurden, zeigte sich ein hoher Grad an Übereinstimmung mit einer etwas höheren Buchungsaktivität von Freitag bis Montag. Für Oberlahnstein konnten verschiedene Ausgabengruppen weiter differenziert werden, wie zum Beispiel für Handwerkerlohn am Sonntag und Soldleistungen mit Präferenz am Mittwoch.

Die frühen Beispiele der Dokumentation der Rechnungsführung wie der Burggrafen von Drachenfels und der Herren von Schlandersberg zeigen dagegen eine einfache Auflistung des gesamten Spektrums der vorgenommenen Buchungen, die alle Aspekte des täglichen Lebens, wie z.B. den Ankauf von Lebensmitteln, umfassen. Summenbildungen finden selten statt, wobei die Drachenfelser Rechnung in einigen Rechnungsperioden bereits die Bildung von Endsummen erkennen lässt. Die Buchungen sind relativ gleichmäßig über die Wochentage verteilt. Deutliche Unterschiede ergeben sich beim Vergleich der Buchungsaktivität über das Kalenderjahr. Für die Drachenfelser Rechnungen lässt sich der Rechnungsbeginn auf die Monate Juli bis September bestimmen. Die Buchungsaktivität erreichte im Herbst und Frühjahr ihren Höhepunkt. In Schlandersberg wiesen dagegen die Monate November und Dezember die höchste Frequenz an Buchungen bei den Ausgaben auf, gefolgt von Februar und März. Bei den Einnahmen waren November/Dezember und April/Mai die Monate mit den höchsten Buchungszahlen. Eine Ursache für diesen Unterschied könnte darin zu suchen sein, dass Drachenfels mit Steinbrüchen und Weinanbau verschiedene kommerzielle Unternehmungen betrieb, während es sich bei Schlandersberg um eine Ministerialenfamilie handelte, die keinen solchen Aktivitäten nachging. Eine andere Ursache könnte in der Frequenz der herrschaftlichen Anwesenheit zu suchen sein.

In beiden Rechnungen, besonders ausgeprägt aber in Schlandersberg, herrschen Einzelbuchungen an zahlreichen verschiedenen Tagen vor. Auch in der Rechnung des Konrad von Weinsberg gibt es zahlreiche Einzelbuchungen, die bevorzugt an relativ wenigen Heiligengedenktagen oder Kirchenfesten orientiert waren, wie das Beispiel auf Seite 20 zeigt: *Mitwüchen vor sant urbanstag, dünderstag vor sant urbanstag, fritag vor sant urbanstag, samstag sant urbanstag, Süntag nach sant urbanstag.*[1212] In den Rechnungsbüchern der Grafen von Wertheim-Breuberg kommt es schon zur regelmäßigen Bildung von Seitensummen und der Bildung von Summen über Sinnabschnitte mit einem auf Kathedra Petri festgelegten Buchungsbeginn. Im Unterschied zu den vorigen Rechnungen wurden hier häufig Wochenrechnungen erstellt und es ist eine Tendenz zur Zusammenfassung zu erkennen, die für die Anfertigung in Reinschrift nach Konzept spricht. Eine Sonderstellung unter den untersuchten adeligen Rechnungsbüchern nimmt die kleine Hofhaltungsrechnung der Gräfin von Ravensberg ein, die durch einen hohen Spendenanteil an den Ausgaben der Gräfin

---

1212 ALBRECHT, 1850, S. 14.

gekennzeichnet ist, im Unterschied zu den anderen Adelsrechnungen in Latein gehalten ist und eine Präferenz für den Sonntag als Buchungstag zeigt. Diese Rechnung ist in wenige Abschnitte mit in mehreren Fällen unrichtigen Summenbildungen gegliedert. Mersiowsky weist auf die Problematik der Unterschiedlichkeit der Rechnungen hin, die eine quantitative Auswertung adeliger Haushaltsführung nach seiner Ansicht unmöglich machen, da verschiedene Aspekte des Wirtschaftens betrachtet bzw. dokumentiert wurden. Damit ist z.B. die prozentuale Verteilung von Ausgaben gemeint, wenn keine Gesamtsicht auf den Haushalt vorliegt.[1213]

3.8.1. Anwendung negativer Zahlenwerte in den hessischen Kammerschreiber- und Hofmeisterrechnungen und anderen Adelsrechnungen

Die Verwendung negativer Zahlenwerte war in den oberhessischen Kammerschreiberrechnungen von 1476 bis 1497 nicht gebräuchlich. Erste Anwendungen des Kürzungszeichens für negative Zahlenwerte *i⁹* finden sich in der Hofmeisterrechnung von 1497.[1214] In den folgenden Hofmeisterrechnungen von 1499 sind ebenfalls vereinzelte Anwendungen zu beobachten, darunter einmal in der Form *mi⁹* (*vM guld mi⁹ iiii guld*, um den Wert 4995 Gulden auszudrücken).[1215] In der letzten oberhessischen Kammerschreiberrechnungen von 1499/1500 wurden mehrere Verwendungen nachgewiesen.[1216] Da die Position des Kammerschreibers über den gesamten Zeitraum von Johannes Fleck besetzt war, kann davon ausgegangen werden, dass dieser erst gegen Ende seiner Dienstzeit zur Kenntnis dieses Verfahrens gelangt war, das an anderer Stelle sowohl in der adeligen als auch in der städtischen Buchhaltung, wenn auch nicht häufig, gebräuchlich war. Ein seltenes Beispiel der Verwendung im Adel findet sich im Haushaltsbuch des Baseler Fürstbischofs Johannes von Venningen, der auf Seite 203 bei einer zusammenfassenden Summenbildung von Anfang Juni 1462 bis Anfang Januar 1463 zunächst bei einer Währungsumrechnung einer Summe aus Pfund, Schillingen und Pfennigen *(d)* zu einer Summe in Gulden *minus 20 d* kommt und diese dann in eine Endsumme in Gulden überträgt, die erneut den Minusbetrag von

---

1213 Mersiowsky, 1995, S. 275 f.
1214 HStA Marburg, Marburger Hofmeisterrechnung 1497, Rechnungen I, 10/10, fol. 4r., 10r.
1215 HStA Marburg, Marburger Hofmeisterrechnung 1499, Rechnungen I, 10/13, nicht foliierter Zettel nach fol. 1, fol. 4r., 6b, 8r., 10r., 12r., 12aa; HStA Marburg, Marburger Hofmeisterrechnung 1499, Rechnungen I, 10/14, fol. 2r. (2x), 9v.
1216 HStA Marburg, Marburger Kammerschreiberrechnung 1499/1500, Rechnungen I, 2/9, fol. 7r., 10r., 10v., 13r., 13v., 14v., 16v., 17r., 25r., 30v.

20 Pfennigen auswies.[1217] Von einer militärischen Aktion Venningens 1475 gegen Lisle und Blamont wird über einen Kostenvermerk im Stadtbuch von Laufen berichtet: *Item jm zug gon lin vnd blomunt xli lib. minder iiij s. iiij dn.*[1218]

Von der Verwendung negativer Zahlenwerte unabhängig betrachtet werden muss der Umgang mit Überschüssen beziehungsweise Zahlungsverpflichtungen. Ein frühes Beispiel hierfür gibt das Rechnungsbuch Herzog Albrechts III. von Österreich, dessen Gestaltung mit Zwischensummen zu Sachgruppen und Endsummen dem Idealfall einer Rechnungsführung entspricht. Bei einem Überschuss zugunsten des dem Herzog rechnungspflichtigen Rechnungslegers wurde dieser gutgeschrieben. Bei einem Fehlbetrag *(„remanencia")* war dieser unverzüglich zum Ausgleich verpflichtet. Das Ergebnis wurde in einem „Rechenbrief" quittiert.[1219]

1217 Das Haushaltsbuch des Basler Bischofs Johannes von Venningen 1458–1478, 2009, S. 165.
1218 FIALA, Friedrich: Zur Säkularfeier der Burgunderkriege, II. Theilnahme des Fürstbisthums Basel an den Burgunderkriegen. In: Anzeiger für Schweizerische Geschichte, 2, 1867, S. 207 f.
1219 Ein Rechnungsbuch Herzog Albrechts III. von Österreich. Edition und Textanalyse, 1996, S. 20 f., 118.

IV. VERGLEICHENDE ZUSAMMENFASSUNG

Städtische und adelige Schriftlichkeit und Rechenhaftigkeit des Spätmittelalters

Durch die Entwicklung von Städten im Hochmittelalter entstand für das mittelalterliche Sozialsystem eine neuartige Struktur, die sich in vielerlei Hinsicht deutlich von der herkömmlichen Ordnung und den sie repräsentierenden Gruppen abgrenzte. Mit den Städten entstanden physisch und verfassungsrechtlich abgegrenzte Räume, die einen hohen administrativen Aufwand erforderten, der sich prägend für die Struktur auswirkte und langfristig einen Prozess der „Verbürgerlichung" oder „Verstädterung" bedingte. Die Koexistenz zwischen der bürgerlichen städtischen und der feudalen ländlichen Struktur nahm hier ihren Ausgang und persistierte bis zur Entstehung der bürgerlichen Gesellschaft des 19. Jahrhunderts.[1220]

Aufzeichnungen über wirtschaftliche Vorgänge im Sinne einer Rechnungsführung entstanden ab dem späten 13. Jahrhundert sowohl in den Städten als auch im Bereich des Adels. Im Zuge dieser Entwicklung trat ein Wandel der Schriftdokumente von einer ursprünglich einfachen Gedächtnisstütze zur Grundlage und zum Nachweis für finanzielle Transaktionen ein. Bei diesen kam es auf eine genaue und zuverlässige Überlieferung der vereinbarten und tatsächlich stattgefundenen Vorgänge an. Die Eindeutigkeit und Präzision der Eintragungen waren ausschlaggebend für deren Gültigkeit, nicht allein die schriftliche Niederlegung.[1221] Dadurch entwickelte sich eine „Ausgehandelte Schriftlichkeit" im kaufmännischen und administrativen Bereich, die besonders in der italienischen Frührenaissance zu beobachten war, aber auch nördlich der Alpen äquivalente Entwicklungen zeigte. Unterschiede zwischen den Regionen sind vor allem bei der dokumentierten Datenmenge festzustellen. Beeinflusst wurde dieser Vorgang durch die Verbesserung der Möglichkeiten zur Verschriftlichung. Papier als

---

[1220] ANDERMANN, Ulrich: Ritterliche Gewalt und bürgerliche Selbstbestimmung. Untersuchungen zur Kriminalisierung und Bekämpfung spätmittelalterlichen Raubrittertums am Beispiel norddeutscher Hansestädte, Frankfurt a. M. 1991, S. 39–41.

[1221] KALA, Tiina: Das Geschriebene und das Mündliche: das lübische Recht und die alltägliche Rechtspflege im mittelalterlichen Reval. In: Albrecht CORDES (HG): Hansisches und hansestädtisches Recht, Trier 2008, S. 100.

neuer Schriftträger stand praktisch unbegrenzt zur Verfügung und die Entscheidung über die Aufbewahrung eines Schriftstückes wurde häufig erst nach dessen Erstellung getroffen. Dagegen wandelte sich der von der mittelalterlichen Kultur und Geschichte geprägte Einsatz der Schrift mit einer komplizierten Verwendung ganzer Sätze zur Aufzeichnung von Information zunächst nicht. Eine strenge chronologische Anordnung der Buchungsvorgänge war ebenfalls nicht üblich.[1222] Das hatte zu der Ansicht geführt, die Struktur mittelalterlicher Rechnungsbücher sei häufig unübersichtlich.[1223] Dabei wurde vielleicht nicht beachtet, dass oft das Prinzip vorherrschte, Buchungen zusammengehörig erscheinender Vorgänge, wie zum Beispiel die Rückzahlung eines Kredits, in zeitlichem Abstand an derselben Stelle einzutragen. Diese Vorgehensweise setzte voraus, dass Lücken gelassen wurden. Sie war damit der extensiven „Zettelwirtschaft" mit ausgelagerten Aufzeichnungen weit überlegen, hatte aber den Nachteil, relativ unflexibel zu sein. Das Freilassen von Seiten und von Platz nach Buchungen war nur bedingt möglich und so wurde bei dieser Methode die Übersichtlichkeit zwar besser, stieß aber dennoch an Grenzen.[1224] Damit wird deutlich, dass die räumliche Anordnung der geschriebenen Information von Bedeutung für deren Rezeption ist. Wie bei literarischen Texten gibt es in der schriftlichen Rechnungsführung typographische Mittel zur Strukturierung geschriebener Information wie z.B. der räumlichen Gestaltung von Seiten mit Kapitel- oder Absatzbildung, der Einfügung von Zeichen wie dem *Item* oder Hervorhebungen durch die Schriftgröße.[1225]

1. Entwicklung der Schriftlichkeit

1.1. Formale Aspekte

Die untersuchten Rechnungsbücher der Stadt Mühlhausen in Thüringen und des Landgrafen von Hessen aus der zweiten Hälfte des 15. Jahrhunderts wurden ausschließlich auf Papier als Schreibmaterial ausgeführt. Lediglich bei den Einbänden wurde in Mühlhausen gele-

---

1222 ARLINGHAUS, Franz-Josef: Die Bedeutung des Mediums „Schrift" für die unterschiedliche Entwicklung deutscher und italienischer Rechnungsbücher. In: Walter POHL, Paul HEROLD (HG): Vom Nutzen des Schreibens: soziales Gedächtnis, Herrschaft und Besitz im Mittelalter, Forschungen zur Geschichte des Mittelalters, 1, Wien 2002, S. 237–253.
1223 Die Handelsbücher des hansischen Kaufmannes Veckinchusen, hrsg. v. Michail P. LESNIKOV, Berlin 1973, S. XX.
1224 ARLINGHAUS, 2002, S. 254 f.
1225 GUMBERT, Johann Peter: Zur ‚Typographie' der geschriebenen Seite. In: Hagen KELLER, Klaus GRUBMÜLLER, Nikolaus STAUBACH (HG): Pragmatische Schriftlichkeit im Mittelalter. Erscheinungsformen und Entwicklungsstufen, München 1992, S. 283–285.

gentlich noch Pergament verwendet. Die Untersuchung der verwendeten Papiere zeigte in allen Fällen eine Übereinstimmung der zeitlichen Einordnung der Wasserzeichen mit der Entstehungszeit. Beim Format der Bücher bestanden jedoch Unterschiede: Die städtischen Rechnungsbücher wiesen in Mühlhausen Folioformat auf, während die adeligen Rechnungsbücher Hessens wie verschiedene andere der betrachteten Rechnungsbücher des Adels im Schmalfolioformat vorlagen. Das Format der Mühlhäuser Kämmereiregister entspricht zum Beispiel dem der Wiener Kammeramtsrechnungen ab 1426, die als Quartbände vorliegen.[1226] Für frühe städtische Rechnungsbücher sind ebenfalls Schmalfolioformate bekannt.

1.2. Sprache

Grundsätzliche Unterschiede bestanden bei der Sprache, in der die Eintragungen vorgenommen wurden. In Mühlhausen wurden die Buchungseinträge eher konservativ mit wenigen Ausnahmen in lateinischer Sprache verfasst. Dies ist jedoch kein spezifisches Merkmal städtischer Rechnungsbücher. Verschiedene Städte verfassten ihre Rechnungsbücher schon zu Beginn des 15. Jahrhunderts in deutscher Sprache.[1227] Weitere städtische Dokumente wie Notul- und Kopialbücher wurden auch in Mühlhausen in deutscher Sprache verfasst, wobei lediglich Standardvermerke wie Hinweise auf das Kalenderjahr oder die Verfasser in Latein gehalten wurden. Im Bereich der Rechnungsführung scheint daher, möglicherweise wegen ihrer besonderen Bedeutung, an der Verwendung des Lateinischen festgehalten worden zu sein. Der Kammerschreiber des Landgrafen bediente sich dagegen durchgängig der deutschen Sprache. Auch hier kam es zur Verwendung von allgemeinen Angaben in Latein.

Abkürzungen wurden in den deutschsprachigen Aufzeichnungen deutlich seltener verwendet als beim Gebrauch der lateinischen Sprache.[1228] Diese Beobachtung konnte in der vorliegenden Untersuchung bestätigt werden.

1.3. Struktur der Buchführung

Die städtischen Kämmereiregister von Mühlhausen und die adeligen Kammerschreiberrechnungen des Landgrafen zeigen eine Trennung zwischen den Einnahmen, die zu Beginn

---

[1226] BRUNNER, 1929, S. 66; RAUSCH, Wilhelm: Das Rechnungswesen der österreichischen Städte im ausgehenden Mittelalter unter besonderer Berücksichtigung der Städte in den österreichischen Stammlanden Nieder- und Oberösterreich. In: Marc BOONE, Walter PREVENIER (HG): Finances et comptabilité urbaines du XIIIe au XVIe siècle, Brüssel 1964, S. 187.
[1227] S. Kap. II 3.11.1. Schriftlichkeit und Sprache.
[1228] HEINEMEYER, 1962, S. 232; RÖMER, 1992, S. 138.

der Bücher aufgeführt werden und rund ein Viertel der Seiten ausmachen und den Ausgaben, die sich daran anschließen. Die Strukturierung des Inhalts beider Bereiche zeigt deutliche Unterschiede zwischen dem städtischem und dem adeligen Rechnungswesen.

1.4. Aufbau

Beim Aufbau der Kämmereiregister von Mühlhausen lässt sich eine vorgefertigte, über Jahrzehnte beibehaltene Struktur mit charakteristischem Layout und sprachlichen Stereotypen erkennen, die schon von der Anlage her auf die Zusammenfassung einzelner thematischer Abschnitte ausgerichtet war. Diese relative Konstanz der Buchungsform ist bei Kämmereibüchern schon im 15. Jahrhunderts typisch.[1229] Offensichtlich gab es Erfahrungswerte, wie viele Seiten jeweils für die verschiedenen Buchungsabschnitte vorzusehen waren.[1230] Im Unterschied zur adeligen Kammerschreiberrechnung begannen die städtischen Kämmereiregister von Mühlhausen grundsätzlich mit dem von den Kämmerern übernommenen oder aus der vorausgehenden Rechnungsperiode übernommenen Kassenstand *„In Cammera"*, dem die Einnahmen folgen. Der Kassenstand wird erneut am Ende der Ausgaben festgehalten. Sofern eine Serie von in Bezug auf das Datum aneinander anschließenden Rechnungsbüchern vorliegt, kann eine genaue Übereinstimmung der Kassenstände am Ende und zum Beginn von Rechnungsperioden festgestellt werden, wie z.B. in den Jahren 1460–1461.[1231] Zu Beginn der Einnahmen standen die allgemeinen Einnahmen aus Steuern wie Brau- und Weinsteuer oder Verbrauchsteuern und Abgaben wie die Mühlenabgabe sowie Bußgeldern, gefolgt von der Verbuchung von Geldanleihen und den Einnahmen aus städtischen Verkäufen wie Holz oder Pferden. Am Ende der Einnahmen werden die Gesamtsummen verschiedener Einnahmebereiche wie der allgemeinen Einnahmen und der Steuereinnahmen aufgeführt. Die Ausgaben wurden angeführt von den Aufwendungen im Zusammenhang mit dem Rathaus und dem Marstall, von Baukosten, Personalkosten wie Handwerkern und Tagelöhnern. Weitere Posten waren die für Verteidigung wie der Wachen, insbesondere der Stadttore, für Boten sowie für den Schuldendienst gegenüber Städten und Einzelpersonen und für Rentenzahlungen. Die Buchungen orientierten sich aber gelegentlich mehr an den äußeren Merkmalen der vorgegebenen Buchungsabschnitte als an einer möglichen Sinn-

---

1229 FOUQUET et al., 1990, S. 47.
1230 KITAJIMA, 2017, S. 68.
1231 StadtA Mühlhausen, Kämmereiregister 1460, 2000/10, fol. 72; 1460/61, 2000/11, fol. 1a, 75r.; 1461–63, 2000/12, fol. 1.

haftigkeit der Kontenführung, die eine differenzierte analytische Betrachtung bestimmter Ausgaben erlaubt hätte.[1232]

Zur Strukturierung wurden Seiten freigelassen und es gab größere Freiräume zwischen Buchungstiteln. Sogar Buchungsüberschriften mit Freiraum ohne jede Buchung kamen vor, als ob der Schreiber die Posten des vorherigen Abrechnungszeitraumes vorab schon in Erwartung einer Buchung eingetragen hätte und dann kein Vorgang erfolgt wäre.[1233] Die städtische Buchführung in Mühlhausen stellt damit ein Beispiel einfacher Übersichtsbuchführung dar, bei der weitgehend nach der Art der Vorgänge verbucht wird.[1234] Ähnliche Beobachtungen wurden auch in den Stadtrechnungen von Pegau gemacht, wo bei den ältesten Rechnungen bis zu 20 oder mehr unbeschriebene Seiten vorkommen, während sich bei den jüngeren Rechnungsbüchern eine gleichmäßigere Struktur herausbildete, die als zunehmende Erfahrung des Schreibers beim Aufbau und der Anlage seiner Dokumentation interpretiert wurde.[1235] Strukturveränderungen scheinen jedoch nicht schnell umsetzbar gewesen zu sein, wie das langjährige Mitführen unnötig gewordener Buchungsabschnitte ohne Einträge zeigt.[1236] Ein solcher Fall eines Abrechnungstitels, der über Jahrzehnte in Rechnungsbüchern mitgeführt wurde, ohne dass jemals ein Eintrag erfolgt, demonstriert das Beispiel der Hamburger Kämmereiregister mit dem Buchungsabschnitt *de fossate et ponte*, der von 1483 bis 1561 ohne Eintrag existierte.[1237] Die vorgegebene Struktur führte jedoch auch gelegentlich dazu, dass bei Vorliegen einer höheren als der erwarteten Zahl von Buchungen eine Komprimierung des Buchungstextes erforderlich wurde. Vor allem dieser Aspekt spricht für eine direkte Führung der Rechnung ohne vorheriges schriftliches Konzept. Dies wird unterstützt von der Beobachtung, dass die Überschriften eine gleichartige Ausführung in dunkler Tinte und breiterer Feder aufweisen, während bei den Buchungseinträgen unterschiedliche Tintenqualitäten mit schmalerem Federstrich verwendet wurden und das Schriftbild vor allem in seiner Größe Variationen zeigte.

Durch die Organisation des städtischen Rechnungswesens kann es nicht ausgeschlossen werden, dass manche Einträge sekundär, d.h. nach einer Ersterfassung in einer als Konzept

---

1232 Eine alternative Vorgehensweise kann bei den Weinamtsrechnungen der Stadt Hildesheim aus dem 15. Jahrhundert beobachtet werden, bei denen das Buch für Einnahmen und Ausgaben um 180 Grad gedreht wurde, s. FOUQUET et al., 1990, S. 47.
1233 StadtA Mühlhausen, Kämmereiregister 1456, 2000/9, z.B. fol. 6r., 2 von 5 symmetrisch eingetragene Überschriften sind ohne Buchungsvorgang.
1234 MEYERHEIM, 1927, S. 4.
1235 Pegauer Stadtrechnungen des 14./15. Jahrhunderts, 1912, S. 19 f.
1236 KREIL, 1967, S. 38.
1237 MITTAG, 1914, S. 20.

dienenden Vorrechnung in das Kämmereibuch übertragen wurden, das die gesamte Rechnungslegung erfasste. Die im Rechnungsjahr 1456 mit rund 5 % der Buchungen von Einnahmen und Ausgaben relativ häufig beobachteten Streichungen und Korrekturen lassen allerdings vermuten, dass es sich bei den Kämmereiregistern von Mühlhausen um direkte Eintragungen handelte.[1238] Berücksichtigen muss man dabei aber auch die Erfahrung der Schreiber bei der Abfassung der Register sowie die der Kämmerer im Hinblick auf die entsprechenden Anweisungen. Bedenkenswert ist der Hinweis auf die „Unordnung" der Kanzlei in Mühlhausen beim Tod des Protonotarius Wolfhagen im Jahre 1459. Von diesem Zustand könnte auch die Rechnungsführung von 1456 betroffen gewesen sein. Sie könnte auch die Führung nur eines Rechnungsbuches in diesem Jahr erklären.[1239] In den zum Vergleich untersuchten Kämmereiregistern von 1460 konnten aber ebenfalls über 4 % Korrekturen und Streichungen beobachtet werden. Im Kämmereiregister von 1486 finden sich bei gleichartiger Struktur des Aufbaus der Rechnung erheblich weniger Streichungen oder Korrekturen, wofür als Ursache ein Wechsel bei den mit der Rechnung betrauten Personen am wahrscheinlichsten ist. Ein Zusammenhang zwischen Rechnungskontrolle und Korrekturen konnte nicht nachgewiesen werden.

Im Gegensatz zu Mühlhausen gibt es auch im Bereich städtischer Bücher durch eine geringe Anzahl von Korrekturen und aufgrund eines gleichmäßigen Schriftbildes Hinweise auf das Vorliegen von Reinschriften, wie zum Beispiel für Bielefeld und Lüneburg, bei den Leipziger Ratsbüchern und für Wien.[1240] Vorlagen sind allerdings nur selten erhalten. Für Wien gibt es Beispiele für Vorlagen jeweils eines der beiden Kämmerer aus vier Jahren zwischen 1461 und 1479 sowie Vorlagen im Schmalfolioformat aus dem 16. Jahrhundert.[1241] In Osnabrück sind für das Rechnungsjahr 1471 die Rechnungsreinschrift im Quartformat und die Vorrechnungen im Schmalfolioformat erhalten, wobei letztere in kursiver Schrift ausgeführt sind, während die Reinschrift in Bastarda geschrieben wurde. Die Vorrechnungen folgen dem in Mühlhausen gebrauchten Schema vorgefertigter Buchungsabschnitte mit den damit einhergehenden Platzproblemen, während die Reinschrift solche Buchungen summarisch zusammenfasste. Ein weiteres Beispiel könnte das Rostocker Weinbuch aus dem

---

1238 KREIL, 1967, S. 37.
1239 KLEEBERG, 1909, S. 417–422.
1240 SANDER-BERKE, Antje: Zettelwirtschaft. Vorrechnungen, Quittungen und Lieferscheine in der spätmittelalterlichen Rechnungslegung norddeutscher Städte. In: Ellen WIDDER, Mark MERSIOWSKY, Peter JOHANEK (HG): Vestigia Monasteriensia. Westfalen – Rheinland – Niederlande, Bielefeld 1995, S. 352 f.; RANFT, 1987, S. 25; STEINFÜHRER, Henning: Die Leipziger Ratsbücher 1466–1500, Forschung und Edition, Leipzig 2003, S. XLIII.
1241 BRUNNER, 1929, S. 67; RAUSCH, 1964, S. 187.

14. Jahrhundert darstellen, bei dem die Einträge zunächst auf Zetteln erfasst und geordnet eingeklebt und erst später in das Weinbuch übernommen wurden. Eine ähnliche Vorgehensweise ist für die Hildesheimer Weinamtsrechnungen aus dem 15. Jahrhundert wahrscheinlich.[1242] Einen weiteren Hinweis für eine Reinschrift können eingefügte Zettel darstellen, deren Buchungsinhalte ebenfalls in zusammengefasster Form in der Endrechnung erscheinen. Diese sind jedoch häufig nicht erhalten.[1243] Unterschiedliche Bücher für Einnahmen und Ausgaben sind für Bamberg bekannt, die erst ab 1472 gemeinsam in mehreren Jahrgängen gebunden wurden.[1244]

Überschriften von Buchungsabschnitten folgen im Kämmereiregister von Mühlhausen keinem einheitlichen Schema. Sie können in der Zeilenmitte stehen: In diesem Fall stehen die Buchungseinträge linksbündig in der darauffolgenden Zeile. Bei linksbündigen Überschriften können Eintragungen ebenfalls auf der nächsten Zeile erfolgen. Meist aber schließen sich die Buchungseinträge unmittelbar an die thematische Überschrift an. Der Gebrauch von Initialen zur Hervorhebung einer Buchungsüberschrift findet sich 1456 nur in Ausnahmefällen wie beim D von *Distributa*; der Gebrauch verstärkt sich in den weiteren Jahren, z.B. beim D von dem den Einnahmen vorgestellten *De*. Diese Entwicklung erreicht ab 1483 mit dem doppelt bis dreifach geschwungenen D einen Höhepunkt (Abb. 24). *Item* wird stets einheitlich abgekürzt geschrieben. Generell werden Buchungen innerhalb der Buchungsabschnitte aufeinanderfolgend und ohne neue Zeile für eine jeweils neue Buchung fortlaufend eingetragen. Davon ausgenommen sind Steuerlisten, die zwei- oder dreispaltig geführt werden. Die Datierungen bilden regelmäßig das Ende einer Buchung. Summenbildungen werden häufig zentriert und etwas abgerückt vom Text der Buchungen eingetragen. Insgesamt zeigt sich eine relativ konstante Gestaltung der Raumeinteilung und des Textbildes bei einer Weiterentwicklung der gestalterischen schriftlichen Elemente.[1245]

Die Kammerschreiberrechnung des hessischen Landgrafen ist auf Grund ihrer sorgfältigen und gleichmäßigen Gestaltung als Reinschrift zu bewerten. Es erfolgt keine Nennung des Kassenstandes zu Beginn einer Rechnungsperiode. Überschriften erfolgen zentriert und

---

1242 KITAJIMA, 2017, S. 68 f.
1243 SANDER-BERKE, 1995, S. 352 f.
1244 CHANDON, Christian: Die Bamberger Stadtrechnungen im 15. und 16. Jahrhundert. Aspekte ihrer Genese und ihre Bedeutung für die Stadt- und Regionalgeschichte. In: Jahrbuch für Regionalgeschichte, 34, 2016, S. 52 f.
1245 Zur Textbildgestalt s.a. GLEBA, Gudrun: Die Ordnung im Kopf des Schreibers – Textbildgestalt als Teilaspekt der Edition mittelalterlicher Rechnungsbücher. In: Jürgen SARNOWSKY (HG): Konzeptionelle Überlegungen zur Edition von Rechnungen und Amtsbüchern des späten Mittelalters, Göttingen 2016a, S. 59.

fast ausschließlich am Seitenkopf. Nur selten enthält eine Seite zwei Überschriften (z.B. fol. 46v.) oder eine Überschrift schließt sich an Eintragungen auf einer nicht vollständig gefüllten Seite an (z.B. fol. 38v.). Die Buchungseinträge beginnen in deutlichem Unterschied zum städtischen Kämmereiregister Mühlhausens jeweils mit einer neuen Zeile und einem vorangestellten *Item* mit nachfolgendem hängendem Text. Ein weiteres Ordnungselement kann darin gesehen werden, dass häufig das erste *Item* eines Buchungsabschnittes mit einem oben spitz zulaufenden „*I*" ausgeführt wird, die weiteren bis zum Ende des Buchungsabschnittes verwendeten *Item* dagegen mit einem weichen geschwungenen „*I*" geschrieben werden (Abb. 33).[1246] Datierungen können wie in Mühlhausen ebenfalls am Buchungsende stehen, wurden aber meist nach dem Betrag und vor dem Betreff angegeben.

Jede Seite schließt mit einer durch Freiraum abgesetzten, zentrierten Seitensumme ab. Es handelt sich damit um differenzierte, nach Überschriften und Summen gegliederte Einzelbuchungsrechnungen.[1247]

Die im Kämmereiregister von Mühlhausen erstellten Summenbildungen erfolgten in thematischen Zusammenhängen (den „Sinnabschnitten" nach Mersiowsky) und konnten dabei eine hohe Anzahl von Buchungen auch über mehrere Seiten umfassen und diese mit anderen Summen in einer Art Bilanzierung zusammenfassen. Diese Art der Verbuchung entspricht dem Typ der noch wenig differenzierten Textblockrechnung, die nach Überschriften und Summen nach Absätzen gegliedert wird.[1248] Mit Ausnahme der Abschnitte mit Namensaufzählung fehlt in diesen thematischen Abschnitten, abgesehen von einem vorangestellten „*Item*", eine klare Abgrenzung der einzelnen Buchungen, zum Beispiel durch eine neue Zeile, was die Kontrolle solcher Rechnungen erheblich erschwert.[1249] Regelmäßige „Seitensummen" im eigentlichen Sinne fehlen, auch wenn diese besonders bei der Zusammenfassung großer thematischer Abschnitte mit einer hohen Anzahl von Buchungsposten für die Erstellung einer Gesamtsumme hilfreich gewesen wären. Ein alternativer Ansatz zum Umgang mit Summen kann in den Rechnungsbüchern der Stadt Luxemburg beobachtet werden, wo Summenbildungen innerhalb eines Jahres durchnummeriert werden, z.B. *P(ri)ma Som(m)a* bis *14ᵗᵉ som(ma)* im Rechnungsjahr 1455/56.[1250] Die Vorgehensweise in Mühlhausen kann dadurch erklärt werden, dass die Kontrolle der Rechnung noch in Form

---

1246 Eine etwas reichhaltigere Ausgestaltung des ersten *Item* auf einer Seite wird für die Katzenelnbogener Rechnung berichtet: Die älteste Rechnung der Obergrafschaft Katzenelnbogen aus dem Jahre 1401, 1971/72, S. 7.
1247 MERSIOWSKY, 2000a, S. 113.
1248 MERSIOWSKY, 2007, S. 535.
1249 MERSIOWSKY, 2000a, S. 340.
1250 Die Rechnungsbücher der Stadt Luxemburg, H. 4: 1453–1460, 2010, S. 68–85.

der bewährten Rechnungslegung auf dem Rechentisch im Beisein von Ratsmitgliedern vollzogen wurde, wobei die Möglichkeit des Diskurses bestand und die erzielte Summe letztlich als Ausdruck des Aushandlungsprozesses schriftlich festgehalten wurde. Der Kommunikationsvorgang folgt hier den von Sablonier beschriebenen drei Stufen der Verschriftlichung von der Erstellung über den Gebrauch des Schriftgutes bei der Kontrolle hin zur Sicherung und Tradierung des schriftlich Festgehaltenen.[1251] Diese Schritte sind sinngemäß von Clanchy übernommen, der von „*making*", „*use*" und „*preservation*" des schriftlich Festgehaltenen, der „*records*", spricht.[1252]

Die langanhaltende Stabilität dieser Art der Buchführung kann dadurch erklärt werden, dass die Rechnungskontrolle nicht nur in der Sichtung von Werten aus Rechenvorgängen bestand, sondern auf Erläuterungen angewiesen war und auf der Diskussion innerhalb des Rates basierte. Die Persistenz der römischen Zahlzeichen kann ebenfalls mit dieser Methodik erklärt werden. Bei Einsatz der Rechnungslegung waren die Nachteile der römischen gegenüber den arabischen Zahlzeichen in ihrer Zugänglichkeit zu arithmetischen Verfahren nicht spürbar und konnten so noch längere Zeit beibehalten werden.[1253]

Im Kämmereiregister sind vereinzelt Spaltenbildungen bei der Textgestaltung zu bemerken. Diese betreffen vor allem Steuerzahlungen *(collatione bonorum, censu vini)*, stehen aber noch nicht in einer pragmatischen Vorgehensweise im Zusammenhang mit einer die Rechenhaftigkeit beeinflussenden Strukturierung der Eintragungen, wie zum Beispiel im Sinne von Wertespalten zur Erleichterung von Summenbildungen, wie sie vor allem im kaufmännischen Bereich anzutreffen sind. In der Kammerschreiberrechnung des Adels fehlen solche Ansätze. Dabei muss aber bedacht werden, dass bei der Ausführung in Schmalfolio der adeligen Rechnungsbücher im Vergleich zur städtischen Ausführung im Folioformat nur die Hälfte der Breite zur Verfügung stand. Deshalb war dort strukturbedingt eine höhere Übersichtlichkeit gegeben, die den Kammerschreiber möglicherweise von einer Kolumnierung abhielt.

Die Kammerschreiberrechnung von 1486 aus Hessen stellt sich im Vergleich als ein innerhalb der beiden Hauptabschnitte der Einnahmen und Ausgaben durchgehend erstelltes Dokument mit einem homogenen Schriftbild dar. Abgesehen von leichten Verfärbungen durch Wasserschäden an einigen Stellen erscheinen Überschriften und Buchungseinträge in gleichartiger Tintenqualität ausgeführt. Die Nennung eines Kassenstandes erfolgt nicht. Es gibt keine Hinweise auf eine vorgefertigte Struktur mit später erfolgten Eintragungen;

1251 S\ablonier, 1997, S. 77.
1252 C\lanchy, 1979.
1253 M\ersiowsky, 2000a, S. 342 f.

lediglich nach den Einnahmen und Ausgaben sind Leerseiten vorhanden. Die Einnahmen werden in der Regel mit Nennung eines Ortes aufgeführt, wobei entweder ein Funktionsträger wie Rentmeister, Schultheiß, Kellner, Zollschreiber, Landschreiber oder der Rat einer Stadt oder eine Einzelperson genannt wurden. Es sind nur geringe Ansätze zu einer thematischen Gliederung wie zum Beispiel nach Ungeld, Schlagschatz oder Zoll zu erkennen. Die einzigen regelmäßig wiederkehrenden Zusammenfassungen betreffen die Mai- und Herbstbede verschiedener Städte, deren Reihenfolge in den Kammerschreiberrechnungen verschiedener Jahre jedoch variabel war. Am Ende der Einnahmen wird eine pauschale Gesamtsumme der Beträge der Buchungen angegeben.[1254] Bei den Ausgaben sind ebenfalls Kapitel wie Diener- oder Manngeld oder Burglehne vorhanden, die in ihrer Struktur weitgehend eingehalten wurden. Bei anderen Kapiteln wie den Hofausgaben oder den allgemeinen Ausgaben wurden aber verschiedenste Ausgaben gemischt verbucht, was eine strukturelle Erfassung deutlich erschwerte. Zusätzlich ist zu bemerken, dass die Abfolge der Buchungen auf den einzelnen Seiten nicht immer chronologisch war. Die Ausgaben werden ebenfalls mit einer globalen Gesamtsumme *summa summare* abgeschlossen.[1255] Die Darstellungsform der Kammerschreiberrechnung ist durch die Abgrenzung der einzelnen Buchungen durch einen jeweils neuen Absatz mit vorangestelltem „*Item*" und dem Einzug der folgenden Zeilen relativ klar, jedoch trägt die ohne Rücksicht auf die Sinnabschnitte durchgeführte Bildung von Seitensummen nicht zur Verbesserung der Möglichkeiten zu einer umfassenden Analyse bei. Aus der fortlaufenden Erstellung der Kammerschreiberrechnung und der geringen Anzahl von Streichungen und Korrekturen von knapp 0,6 % bei Einnahmen und Ausgaben kann vermutet werden, dass die Kammerschreiberrechnung eine Reinschrift nach Konzept darstellte.[1256] Möglicherweise ist dies aber auch Ausdruck fehlender Kontrolle oder einer Toleranz gegenüber Rechenfehlern.

Die Kammerschreiberrechnung für den Landgrafen von Hessen war in erster Linie eine einfache Dokumentation, die keine analytischen Absichten verfolgte. Am Ende der Einträge jeder Seite wurde eine Seitensumme gebildet. Diese Summenbildungen erfolgten jedoch ohne erkennbare Strategie zur Erzielung von Informationen über thematische Teilabschnitte, die in Einzelfällen eher zufällig auf Grund der Seiteneinteilung gewonnen wurde, wie bei den Einkünften aus Beden. Eine hohe Genauigkeit im Detail ohne das Bestreben nach Exaktheit im gesamten Überblick wurde auch für die Hunteburger Rechnungsbücher aus

---

[1254] HStA Marburg, Marburger Kammerschreiberrechnung mit Frankfurter Messeregistern 1486, Rechnungen I, 2/7, fol. 22v.

[1255] HStA Marburg, Marburger Kammerschreiberrechnung mit Frankfurter Messeregistern 1486, Rechnungen I, 2/7, fol. 94v.

[1256] Mersiowsky, 2000a, S. 84 f.

dem 15. Jahrhundert als typisch beschrieben.[1257] Die Summenbildung pro Seite schien überwiegend bei der Gewinnung einer Gesamtsumme bei Einnahmen und Ausgaben hilfreich gewesen zu sein. Die Seitensumme entspricht der von Mersiowsky im Zusammenhang mit dem Übergang vom Rotulus zur Heftform beschriebenen neueren Form der Verbuchung, ohne jedoch dabei systematisch Sinnabschnitte zusammenzufassen. Die „Seitenorientierung" war noch nicht Ausdruck einer neuen Rechnungsgeneration und der Folgeschritt des Auswurfes der Einzelposten neben dem Textblock war in den landgräflichen Kammerschreiberrechnungen noch nicht erfolgt.[1258] Mit der Zusammenfassung aller Einnahmen und Ausgaben in jeweils einer Gesamtsumme zeigten die hessischen Kammerschreiberrechnungen jedoch schon einen ersten Schritt zu einem Überblick der Finanzsituation, der z.B. im persönlichen Haushaltsbuch des Fürstbischofs von Basel noch weitgehend fehlte.[1259]

Die Beobachtungen an den untersuchten Rechnungsbüchern lassen die Interpretation zu, dass die städtische und adelige Rechnungsführung Intentionen mit unterschiedlichen Schwerpunkten folgte. In der Stadt kam es wegen häufiger Wechsel der beauftragten Personen auf eine ordnungsgemäße Kassenübergabe an, die durch die hervorgehobene Angabe des Kassenstandes zu Beginn und Ende der Rechnungsperiode ermöglicht und gesichert wurde. In der hessischen Kammerschreiberrechnung bestand dazu vermutlich keine Notwendigkeit, da der Kammerschreiber langfristig tätig war und der Landgraf die alleinige Verfügung der Mittel innehatte. Die Verbuchung von Einnahmen und Ausgaben schien eher dokumentarischen Charakters gewesen zu sein, um möglicherweise Zahlungen im Sinne einer Quittierung nachvollziehen zu können (für höhere Beträge wurden auch gesondert Belege ausgestellt), was sich auch in der Benennung von Buchungsabschnitten als „quitunge" widerspiegelt. Weitergehende Einblicke erlauben die Kammerschreiberrechnungen nicht unmittelbar. Diese können nur – wie in der vorliegenden Untersuchung – durch die Auswertung der einzelnen Buchungen erzielt werden. Im Gegensatz dazu zeigt die städtische Rechnungsführung von Mühlhausen bereits einen Ansatz zu einem gegliederten Überblick bei Einnahmen und Ausgaben vorzunehmen, der vermutlich im Zusammenhang mit der Rechnungslegung im Rat stand.

Bei der vergleichenden Betrachtung der städtischen Rechnungsbücher Mühlhausens und der adeligen Rechnungsführung der Landgrafen von Hessen ist zu beachten, dass strukturelle Unterschiede in der Basis und der Führung städtischer und adeliger Etats bestehen. Neben Parallelen beim Inhalt der Bücher werden auch Unterschiede deutlich, die in dieser Verschiedenheit des städtischen und adeligen Haushaltes begründet sind. Die Rechnungsführung der hessischen

---

1257 VOGTHERR, 1985, S. 48.
1258 MERSIOWSKY, 2007, S. 535.
1259 WEISSEN, 2000, S. 147 f.

Kammerschreiberrechnung war in ihrem Charakter deutlicher territorial geprägt. Neben den höfischen Belangen wurden auch die des gesamten Herrschaftsgebietes erfasst. Dies wird durch die Dokumentation der Amtsstrukturen in diesem Gebiet deutlich, die zwar noch nicht in der Lage war, eine finanzielle Gesamtanalyse zu geben, wohl aber der Einzelkontrolle dienen konnte.[1260] Die Schaffung von Ämtern und deren Besetzung mit Amtsträgern, die Stellvertretungsfunktion innehatten, erforderte die Erstattung von Rechenschaft durch die Amtsinhaber gegenüber dem Dienstherrn. Diese wurde durch das schriftliche Rechnungswesen möglich.[1261]

Das Mühlhäuser Kämmereiregister war mehr auf die Belange der städtischen Organisation ausgerichtet. Zwar hatte Mühlhausen sein Territorium im 14. Jahrhundert deutlich vergrößert und hatte knapp 20 Dörfer unter seinem Einfluss. Diese verfügten jedoch über einen gewissen Grad der Eigenverwaltung und wurden meist nur über ihre steuerlichen Abgaben in den Registern erfasst.[1262] Die Buchungen mit Außencharakter bezogen sich auf Steuerzahlungen sowie die Aufnahme oder Zurückzahlung von Krediten. Aus dem Inhalt des städtischen Kämmereiregisters kann geschlossen werden, dass es sich um ein alleinstehendes Dokument handelt, in dem sämtliche die Kämmerei betreffenden Vorgänge zumindest in ihren Ergebnissen festgehalten wurden.

Auf der Einnahmenseite wurde in Oberhessen ein wesentlicher Anteil durch Zolleinnahmen gesichert, während der städtische Haushalt Mühlhausens stärker auf Vermögens- und Verbrauchsteuern basierte. Daneben spielten in beiden Systemen Kreditaufnahmen eine nicht unwesentliche Rolle. Bei den Ausgaben sind für den Adel spezifische Zahlungen im Zusammenhang mit herrschaftsorientierten Vorgehensweisen wie im konkreten Beispiel eine hohe Zahlung im Rahmen der „königlichen Angelegenheit" oder Ausgaben im Zusammenhang mit dem Besuch des Reichstags und der Wahl eines neuen Königs im Jahre 1486 zu bemerken, stellen aber in der Regel außergewöhnliche Ausgaben dar, die vermutlich durch Kredite finanziert wurden. Dem vergleichbar wären in der Stadt Ausgaben, die beim Besuch von Herrschern oder der Abhaltung von herrschaftsassoziierten Treffen entstehen.

Andere Unterschiede könnten durch die Führung gesonderter Bücher z.B. für die Küche durch einen Küchenschreiber[1263] oder spezielle Ausgaben wie für die Kosten für Militär- und Wachpersonal oder kriegerische Auseinandersetzungen begründet sein. Die Kammerschrei-

---

1260 Zur Entwicklung territorialer Rechnungen s. MERSIOWSKY, 2000a, S. 130–134.
1261 MERSIOWSKY, 2007, S. 531.
1262 STEINERT, Raimund: Das Territorium der Reichsstadt Mühlhausen i. Th. Forschungen zur Erwerbung, Verwaltung und Verfassung der Mühlhäuser Dörfer, Leipzig 1910, S. 9–11; KETTNER, 1917, S. 64–73.
1263 Ein Küchenschreiber ist mit Hermann Twern für das Jahr 1484, nicht jedoch für 1486 belegt, s. GUNDLACH, 1930, S. 326.

berrechnung stellte nicht das einzige Rechnungsdokument am Hofe des Landgrafen dar. Dies zeigt sich schon durch die Hofmeisterrechnung, auch wenn diese im Jahre 1486 überwiegend einen Auszug oder Vorläufer der Kammerschreiberrechnung darstellt. Dem Hofmeister kam nach Gundlach eine führende Stellung im Finanzwesen zu, die sich in ihrer Kontrollfunktion möglicherweise in der Hofmeisterrechnung manifestierte.[1264] Das weitgehende Fehlen von Ausgaben für Nahrungsmittel kann als ein Hinweis auf die Existenz z.B. eines Küchenschreiberbuches gewertet werden, das im konkreten Fall nicht überliefert ist. Ausnahmen stellten der Großankauf von Ochsen und die Aufwendungen zur Betreuung von Gästen dar. Der Kauf von Ochsen als Schlachtvieh scheint von solcher Bedeutung gewesen zu sein, dass er 1486 und 1497 sowohl in der Kammerschreiberrechnung als auch in der Hofmeisterrechnung verbucht wurde.

Für die Stadt Mühlhausen bestand durch das Fehlen einer der Hofhaltung entsprechenden Struktur kein Bedarf für derartige Buchungen mit Ausnahme der nötigen Versorgung z.B. der Ratsherren mit Mahlzeiten und Trunk. Für Hamburg sind neben diesen Ausgaben auch regelmäßig solche für Reisen der Ratsmitglieder belegt.[1265] Ein weiterer Hinweis ist das Fehlen von Ausgaben für militärische Zwecke in der hessischen Kammerschreiberrechnung, wenn man von einzelnen Buchungen absieht, wie zum Beispiel dem Schadensersatz für ein Pferd, das im Rahmen einer kriegerischen Auseinandersetzung zu Tode gekommen war.[1266] Ausgaben für die Verteidigung waren dagegen in Mühlhausen wie in anderen Städten traditionell Bestandteil des Kämmereiregisters. Den Gebrauch von spezifizierten Rechnungsbüchern im adeligen Bereich zeigen auch die Instruktionen an den Buchhalter Kaiser Maximilians I., wo entsprechend das *curialpuech* und das *kriegspuech* erwähnt sind.[1267]

2. Rechenhaftigkeit

2.1. Strukturelle Aspekte

Ein für die Untersuchung der Rechenhaftigkeit wichtiger Unterschied zwischen der Kammerschreiberrechnung des hessischen Landgrafen und der städtischen Kämmereirechnung von Mühlhausen ist die Benennung von Währungsverhältnissen. Auf der einleitenden Seite der Kammerschreiberrechnung werden die wesentlichen verwendeten Vergleichskurse für

---

1264 GUNDLACH, 1931, S. 27.
1265 Kämmereirechnungen der Stadt Hamburg 1350–1400, 1869, S. CVII–CIX.
1266 Die Existenz einer Kriegskostenrechnung wird für die Beteiligung Hessens am Reichskrieg gegen Burgund 1474/1475 berichtet, DEMANDT, 1981a, Nr. 696; GUNDLACH, 1930, S. 68.
1267 Die österreichische Zentralverwaltung. 1. Abt., 1907, Nr. 9, 10.

Gulden, Albus und Heller zueinander angegeben. Bei Veränderungen werden diese im Verlauf der Rechnungsführung benannt. Auf den wenigen Seiten der Einnahmen (fol. 17–20), auf denen mit Pfund eine weitere Währung genannt wird, wird jeweils direkt eine Umrechnung in Gulden und Albus vorgenommen *("bringen die punde xxx guldn und viii albus")*.[1268] Im Kämmereiregister Mühlhausens fehlen dagegen entsprechende Angaben. Allerdings ist das Verhältnis der meistverwendeten Groschen und Schock Groschen (= 60 gr) unmittelbar gegeben und in den Rechnungen nachvollziehbar. Das Verhältnis zum Gulden, der in der Regel eigenständig geführt wurde, wurde aber nicht benannt.[1269] Selten wurden Kleinbeträge auch in Denaren (Pfennigen) angegeben. Diese erschienen aber wohl nur zur Vollständigkeit und wurden in Summenberechnungen nicht gesondert berücksichtigt.

Strukturelle Ähnlichkeiten lassen sich bei den Abrechnungen zum wichtigsten Personentransportmittel der damaligen Zeit, dem Pferd, erkennen. In der hessischen Kammerschreiberrechnung nehmen die Buchungsposten und -beträge für Pferdekosten, Pferdeersatz, Stallmiete, Hafer und Hufbeschlag oder ersatzweise Zahlung für die Haltung von Pferden durch die Bediensteten selbst regelmäßig einen wichtigen Platz ein. Diese Kosten wurden personenbezogen und mit Begründung abgerechnet. Im städtischen Kämmereiregister werden ebenso Kosten für den Marstall, den Pferdearzt und die von den Söldnern selbst zu haltenden Pferde abgerechnet. Die Praxis, Kosten für Pferde teilweise auf die Allgemeinheit zu übertragen, ist auch aus anderen Städten bekannt. Stadthagen hatte hierfür sogar ein „Pferdebuch", in dem die Zuschüsse *vor perde holdent* und *rhidegelt* festgehalten wurden.[1270] In Göttingen machten die Kosten für Pferdeankäufe oder -beleihungen während des 15. Jahrhunderts rund 4,4 % der städtischen Ausgaben aus. Die Spanne der Preise betrug für die meisten der Ankäufe 21–40 Gulden, wobei der niedrigste Preis bei 11 Gulden und der höchste Preis bei 60 Gulden pro Pferd lag.[1271] Dieses Preisniveau entspricht den Angaben im Kämmereiregister des hessischen Landgrafen. Beim Botendienst ergaben sich ebenfalls Ähnlichkeiten.

Es zeigen sich Unterschiede bei Repräsentationsaufwendungen wie den beträchtlichen Ausgaben des Landgrafen für Spielleute auf dem Frankfurter Reichstag, die mit 60 Gulden

---

[1268] HStA Marburg, Marburger Kammerschreiberrechnung mit Frankfurter Messeregistern 1486, Mittelalterliche Rechnungen I, 2/7, fol. 17r.

[1269] Zur Größenordnung: In Kursachsen wurde Mitte des 15. Jahrhunderts ein Verhältnis von 1 Gulden = 20 Groschen angegeben, s. SCHIRMER, 2006, S. 49; für die Bischöfliche Rechnungswährung in Basel in der zweiten Hälfte des 15. Jahrhunderts wurde ein Verhältnis von 1 Gulden = 23 Schilling = 276 Pfennige genannt, s. Das Haushaltsbuch des Basler Bischofs Johannes von Venningen 1458–1478, 2009, S. XXI.

[1270] Stadthagener Stadtrechnungen 1378–1401, 1968, S. 274.

[1271] NEITZERT, 1983, S. 371.

höher waren als die Kosten für die Unterbringung der Delegation. Dabei ist aber zu beachten, dass es sich um ein außerordentliches Ereignis gehandelt hat, das nicht in jedem Jahr stattfand.

Die Stadt Mühlhausen weist im Kämmereiregister von 1456 dagegen nur den vergleichbar geringen Betrag von 9 Schock Groschen für einen Pfeifer aus. Zwar hatten auch Städte in der Regel einen festen Bestand an Spielleuten.[1272] Mühlhausen scheint hierbei bescheidenen Aufwand getrieben zu haben. Um Aufdringlichkeiten von Spielleuten gegenüber den Bürgern zu verhindern, erließen Städte neben einer Begrenzung der Teilnehmerzahl bei Festen häufig Restriktionen, die Einschränkungen der Anzahl der Spielleute, deren Honorar oder deren öffentliches Auftreten sowie Verbote der Beschäftigung auswärtiger Musiker und Gaukler betrafen. Besonders strenge Auflagen konnten für Vaganten und fahrende Musikanten gelten, die wie in Worms keinen Einlass in die Stadt erhielten.[1273]

2.2. Zahlenangaben, Rechenverfahren

Die Zahlenangaben wurden im städtischen wie adeligen Bereich mit römischen Zahlzeichen vorgenommen. Für die Kammerschreiberrechnungen des Landgrafen von Hessen trifft dies im Betrachtungszeitraum für die Rechnungsführung praktisch ausnahmslos zu. Lediglich die wenigen Zahlenangaben ohne sichere Datierung zu Beginn und Ende einiger Lagen waren in arabischen Zahlzeichen ausgeführt. Bei den städtischen Kämmereiregistern gibt es erste Beispiele der Verwendung arabischer Zahlzeichen bereits im Jahre 1456. Zum Ende des 15. Jahrhunderts nehmen diese Beispiele zu, wobei zunächst eine gemischte Verwendung festgestellt werden konnte, bis schließlich auch komplette Rechnungsdaten in arabischen Zahlzeichen auftraten.

Deutliche Unterschiede gibt es auch bei den mathematischen Verfahren der Buchführung. Die adeligen Kammerschreiberrechnungen werden bis zum Ende des 15. Jahrhunderts ausnahmslos mit positiven Zahlen geführt. In den Kämmereiregistern von Mühlhausen kann dagegen schon 1409/10 der Gebrauch von negativen Zahlen nachgewiesen werden. Dieser diente überwiegend dazu, Rundungen von Beträgen unter Beibehaltung der Genauigkeit zu ermöglichen. Die Frequenz des Gebrauchs von Negativzahlen war zwar vermutlich auch von der Person des Buchführers abhängig, nahm aber im Verlauf des 15. Jahrhunderts zu.

1272 HARTUNG, 1982, S. 77.
1273 HARTUNG, 2003, S. 221–223.

Für die beschriebenen Unterschiede kommen verschiedene Ursachen in Frage. Die Verantwortlichkeiten für das Rechnungswesen in der Stadt und bei Hofe waren unterschiedlich organisiert. Die Kämmerer als Verantwortliche für das Rechnungswesen im städtischen Bereich unterlagen in der Regel einem festgelegten Wechsel, der Neuerungen Vorschub leisten konnte. Neben den Kammerherren für die Kämmereirechnung betraf dies parallel in Mühlhausen auch die anderen innerhalb des Rates vergebenen städtischen Ämter wie das des Ratsmeisters, was an den Einträgen im Copial- und Notulbuch in jährlichem Rhythmus ersichtlich wird. Ein wiederholter Einsatz war möglich und vielleicht wegen der begrenzten Zahl der dafür geeigneten Personen auch notwendig.

Die Funktion des Kämmerers war jedoch fast immer getrennt von der des Ratsmeisters. Lediglich im Jahr 1418 waren H. de Heilingen, 1420 J. de Kulstete, 1464 und 1468 J. de Urbech und 1486 J. Czillebeyn als Kämmerer und sowohl im Notul- als auch im Copialbuch als Ratsmeister genannt. Eine generelle Erklärung hierfür ist nicht ersichtlich.[1274] Es gibt verschiedene Ereignisse, die als Ursache für ein solches abweichendes Vorgehen bei der Besetzung öffentlicher Ämter diskutiert werden können: Ob die groß angelegte Ketzerverfolgung durch die Inquisition im Jahr 1420 die Besetzung von Ämtern betroffen haben könnte, ist nicht belegt.[1275] Im Jahr 1463/64 wird ein erneutes Auftreten der Pest in Thüringen berichtet, das in Erfurt, Mühlhausen und Nordhausen hohe Opferzahlen forderte.[1276] Eine Auswirkung der Seuche auch in Mühlhausen erscheint möglich. Die für das Jahr 1486 berichtete weite Verbreitung der Erkrankung *Scharbock* (Skorbut) erscheint als Ursache eher unwahrscheinlich.[1277]

Vergleichbare Strukturen und Wechsel finden sich zum Beispiel auch in der Stadt Hall, wo ursprünglich zweijährige Amtszeiten festgelegt waren. Allerdings kam es auch dort zu

---

1274 Nach der Aufstellung der Ratsmeister bei Groth erscheint es möglich, dass im Jahre 1418 und 1420 die beiden Ämter des Ratsmeisters und Kämmerers zusammenfielen, s. GROTH, 1940, S. 312–316.

1275 Die Kosten für die Gefangenschaft und Hinrichtung „*Hereticis pro supplicio ad cruces*" wurde im Kämmereiregister von 1420 mit 11 fl 45 gr angegeben, s. StadtA Mühlhausen, Kämmereiregister 1419–1420, 2000/5, fol. 94r.; BEMMANN, Rudolf: Eine Ketzerverfolgung im Gebiet der Reichsstadt Mühlhausen in Thür. im Jahre 1420. In: Zeitschrift des Vereins für Kirchengeschichte in der Provinz Sachsen, 7, 1910a, S. 131–133, 136; WILDE, Manfred: Die Zauberei- und Hexenprozesse in Kursachsen, Köln 2003, S. 102; WÜRTH, Ingrid: Geißler in Thüringen. Die Entstehung einer spätmittelalterlichen Häresie, Berlin 2012, S. 352.

1276 GÜNTHER, Gerhard: Mühlhausen in Thüringen. 1200 Jahre Geschichte der Thomas-Müntzer-Stadt, Leipzig 1975, S. 39; LESSER, Friedrich C.: Historische Nachrichten von der freyen Stadt Nordhausen, Frankfurt 1740, S. 427; JORDAN, 2001, S. 135.

1277 JORDAN, 2001, S. 149; MANDRY, Julia: Armenfürsorge, Hospitäler und Bettel in Thüringen in Spätmittelalter und Reformation (1300–1600), Köln 2018, S. 180.

Ausnahmen und einem versetzten Amtswechsel mit jährlichem Wechsel eines Funktionsträgers. Dadurch wurde eine zuverlässigere Weiterführung der Amtsgeschäfte gesichert.[1278] Ein solches Modell kam auch in Köln ab 1437 zum Tragen, nachdem vorher im Prinzip eine lebenslange Amtsführung der dort als Rentmeister bezeichneten Rechnungsführer bestand.[1279]

In der städtischen Führungsstruktur des Rates war kaufmännisches Wissen vorhanden, das sich vor allem im Fernhandel im ständigen Erfahrungsaustausch bewegte. Es ist daher anzunehmen, dass neue Verfahrensweisen der Buchführung hierdurch rasch bekannt wurden und zur Anwendung gelangten. Denkbar ist für die Stadt Mühlhausen auch ein Informationsfluss aus der Universitätsstadt Leipzig, in der um 1480 der Magister Johannes Widmann Algebra lehrte und die Zeichen für Plus und Minus entwickelte. 1489 gab er ein Rechenbuch mit dem Titel „*Behend und hübsch Rechnung*" heraus.[1280] Dennoch ist festzuhalten, dass dieses kaufmännische Wissen nicht die relativ einfache Grundstruktur der städtischen Rechnungsführung zum Beispiel in Richtung einer doppelten Buchführung beeinflusst hat. Möglicherweise waren die Wechselwirkungen im Zuge der Rechnungslegung verantwortlich dafür, dass der städtische Haushalt nicht vorrangig in Bezug auf Genauigkeit und Wirtschaftlichkeit geführt wurde, sondern sich pragmatisch politischen Erfordernissen anpasste, für die eine hochentwickelte Buchführung nicht erforderlich war.[1281]

Die Positionen der Verwaltungsämter im Bereich des Adels unterlagen nicht den eher strikten Vorgaben der Städte. Ein Beispiel hierfür ist Johannes Stoffer, der langjährige Schreiber von Konrad von Weinsberg, dem schließlich ein *siechhußlin* als Altersversorgung zugewiesen wurde.[1282] Das Beispiel des Johannes Fleck zeigt ebenfalls, über welch lange Zeiträume Funktionen mit denselben Personen besetzt sein konnten: Er wurde 1474 erstmals als Kammerschreiber erwähnt und musste sein Amt erst im Jahre 1500 aufgeben. Eine vergleichbare Situation lag auch bei Hans von Dörnberg als Hofmeister ab 1462 und Johann Schenck zu Schweinsberg dem Jüngeren als Marschall ab 1473 vor, die ebenfalls bis zum Ende des Jahrhunderts im Amt waren. Johannes Stein übte die Funktion des Kanzlers von 1471 bis 1489 aus. In Hessen bestand in der zweiten Hälfte des 15. Jahrhunderts eine besondere Konstellation bei der langfristigen Besetzung der Hofämter, die durch die Vernet-

---

1278 KREIL, 1967, S. 31.
1279 KNIPPING, 1897, S. X.
1280 REICH, 2016, S. 15 f.; HOOCK, Jochen, JEANNIN, Pierre: Ars mercatoria. Handbücher und Traktate für den Gebrauch des Kaufmanns 1470–1820. Eine analytische Bibliographie, Bd. 1: 1470–1600, Paderborn 1991, S. 279.
1281 FOUQUET et al., 1990, S. 48.
1282 FUHRMANN, 2004, S. 78.

zung von Hans von Dörnberg als zentraler Person mit den wesentlichen Familien und durch die Organisation der Staatsverschuldung mit diesen verständlich wird. Sie endete erst mit dem Unfalltod Wilhelms III. und den Ermittlungen wegen Untreue gegen Dörnberg und Fleck.[1283] Dennoch bleibt festzuhalten, dass eine deutlich längere und nicht mit einem Automatismus des Amtswechsels belegte Besetzung der mit dem Rechnungswesen betrauten Personen im adeligen Rechnungswesen üblich war. Es kann davon ausgegangen werden, dass eine solche personelle Konstanz sich auch in einer eher konservativen, wenigen Änderungen bei der Buchungspraxis unterliegenden Vorgehensweise niederschlug.

Unterschiede bestanden auch bei der Kontrolle des Rechnungswesens. Die Rechnungslegung der städtischen Kämmerer erfolgte, wenngleich häufig unter Ausschluss der Öffentlichkeit, gegenüber dem Rat als Vertreter der Bürgerschaft. Sie stellte damit auch eine Rechtfertigung über die Amtsführung dar, die einer schriftlichen Niederlegung bedurfte. Oftmals war es der Druck aus der Bürgerschaft, der in den Städten eine dokumentierte Kontrolle des Rechnungswesens hervorrief. Die strukturierte Form der städtischen Buchhaltung am Beispiel Mühlhausens konnte gegenüber dieser Kontrolle nicht nur Informationen zum Kassenstand, sondern auch zu den verschiedenen Gruppen an Einnahmen und Ausgaben geben. Die der städtischen Rechnung zugrunde liegende Kontrolle war jedoch nicht deren einzige Funktion, wie vor allem in der Rechnungslegung im Rat zum Ausdruck kam. Hier waren Routine und Ritual eng benachbart: Die Rechnung stellte ein Herrschaftswissen dar, das die oftmals aus nur wenigen Geschlechtern stammenden (geheimen) Ratsherren in hierarchischer und sozial strikt eingegrenzter Weise als Arkanum zu bewahren versuchten. Die ratsgelenkten städtischen Finanzen entwickelten in Folge von Konflikten und Unruhen durch Verschriftlichungsschübe eine Balance zwischen dem Geheimhaltung erfordernden Herrschaftsanspruch der „aristokratisierenden" Ratseliten und dem nach kommunikativer Transparenz verlangenden Gemeinwohl. Diese Transparenz konnte jedoch trotz zunehmender Verschriftlichung häufig auch auf Grund der pragmatischen Konstruktion der Rechnungsführung, z.B. durch das System der Gegenrechnung und die Existenz mündlich ausgehandelter Absprachen, nicht vollständig erreicht werden.[1284] Dennoch existieren in den untersuchten Beispielen städtischer Rechnungsführung zahlreiche Hinweise auf eine dokumentierte innere Kontrolle in Form von Approbationszeichen wie dem Vermerk *„per se"*, bei dem wahrscheinlich ist, dass es sich um einen Sichtvermerk für eine persönlich erfolgte Kontrolle durch einen der Kämmerer handelt.

1283 Zu Dörnberg s. DEMANDT, 1981a, Nr. 501.
1284 FOUQUET, Gerhard: „Reichsstadt und Geld" – eine Zusammenfassung. In: Michael ROTHMANN, Helge WITTMANN (HG): Reichsstadt und Geld, Petersberg 2018, S. 376–379; zum ritualisierten Charakter von Rechnungsbüchern s.a. MOULIN, 2016, S. 116.

Im Gegensatz zum städtischen war das höfische Rechnungswesen ganz auf die Person des Fürsten ausgerichtet, auch wenn im konkreten Fall des Landgrafen von Hessen im Untersuchungszeitraum die Einschränkung der Vormundschaft gemacht werden muss.[1285] Für Karl den Kühnen, Herzog von Burgund, berichtet Olivier de la Marche aus dieser Zeit: *„… et ne se cloent nulz comptes sans luy ou sans son sceu. Il signe de sa main tous appointements de tous dons; il signe tous comptes et tous rolles."*[1286] Die mangelhafte Übersichtlichkeit bei den Ausgaben der Kammerschreiberrechnung sowie der beigeordneten Hofmeisterrechnung am Marburger Hof ist vermutlich dieser Konstellation zuzuordnen, in der die Anordnung des Fürsten allein Maßgabe für Handlungen ist. Hinweise auf eine Rechnungslegung vergleichbar derjenigen im Rat der Stadt oder eine „Rechnungsabhör", wie sie für eine deutlich frühere Rechnung des Markgrafen Wilhelm I. von Meißen berichtet wurde, gibt es für die landgräfliche Rechnungsführung nicht.[1287] Ebenso fehlen Hinweise auf eine individuelle Kontrolle durch den Landgrafen selbst, was im konkreten Fall in dessen Person begründet sein könnte. In der Regel gibt es auch keine allgemeinen Approbationszeichen, die z.B. einem Funktionsträger wie dem Hofmeister zu Kontrollzwecken gedient haben könnten. Lediglich bei den parallelen Einträgen in Hofmeister- und Kammerschreiberrechnungen sind solche Zeichen bei identischen Buchungen zu beobachten. Ein Interesse, einmal getätigte Ausgaben in analytischer Weise gesammelt zu betrachten, scheint nicht vorhanden gewesen zu sein. Man beschränkte sich vielmehr auf die simple Erstellung einer Summe pro Seite, die zwar eine Gesamtübersicht über Einnahmen und Ausgaben ermöglichte, für viele Bereiche aber keinen Aufschluss über die Gesamthöhe in einzelnen Bereichen gab oder Tendenzen aufzeigen konnte. Eine wirksame Kontrolle der Buchführung war in diesem Zustand nur eingeschränkt möglich und bot damit Missbrauchsmöglichkeiten, die offensichtlich auch genutzt wurden. Am Beispiel der sächsischen und brandenburgischen Amtsrechnungen wurde darauf hingewiesen, dass Abrechnungsfehler in der Regel zu Ungunsten des Landesherrn ausfielen.[1288] Eine im Ansatz umfassende Statistik der staatlichen hessischen Verwaltungsbelange wurde genau 100 Jahre später unter Landgraf Wilhelm IV. ausgearbeitet.[1289] Dieses auch als „Staatshandbuch" bezeichnete Werk umfasste neben einer Hofordnung 18 Kapitel, in denen in „Anschlägen" genannte Tabellen Durchschnittswerte aus in der Regel sechs Jahren umfassenden Intervallen

---

1285 BAMBERGER, 1923, S. 195–197; FOUQUET, 2000, S. 3.
1286 Mémoires d'Olivier de La Marche, maître d'hôtel et capitaine des gardes de Charles le Téméraire, Bd. 4, hrsg. v. Henri BEAUNE und Jean D'ARBAUMONT, Paris 1888, S. 10.
1287 ERMISCH, 1897, S. 3.
1288 BAMBERGER, 1923, S. 213.
1289 ZIMMERMANN, Ludwig: Der ökonomische Staat Landgraf Wilhelms IV. Nach den Handschriften, Marburg 1934.

gewonnen wurden.[1290] Es gab aber auch schon zur Zeit des Landgrafen Wilhelm III. das Beispiel einer Hofhaltung, in der deutliches Interesse an einer genauen Kontrolle der Zahlungsvorgänge bestand. Die Haushaltsordnung im Gedenkbuch des Ludwig von Eyb dem Älteren empfiehlt ein Rechnungswesen für Brandenburg, das eine Planung für alle Jahre ermöglichen sollte und zum Beispiel Kostenvoranschläge für Reisen im Dienste des Markgrafen mit einer nach Reiseziel differenzierten Kostenerstattung vorsah, die durchaus dem Anspruch einer modernen öffentlichen Verwaltungsregelung entsprach.[1291]

2.3. Genauigkeit der Rechenhaftigkeit

Die Prüfung der Genauigkeit der Rechenhaftigkeit war im Rechnungswesen der Stadt Mühlhausen wegen der Komplexität der Buchführung und der teilweise eingeschränkten Lesbarkeit schwieriger als bei der adeligen Kammerschreiberrechnung aus Hessen. Der Vergleich der Korrektheit der Summenbildungen zwischen den Rechnungsbüchern zeigt zunächst mit 39,5 % in der Kammerschreiberrechnung und 42,6 % beim Kämmereiregister einen vergleichbar relativ hohen Anteil von ganz oder – bei Summen, die aus mehreren Währungsbestandteilen zusammengesetzt waren – teilweise fehlerhaften Additionen. Dieser Anteil war wieder in beiden Bereichen bei den Einnahmen deutlich geringer als bei den Ausgaben (31,4 % und 21,7 % bei den Einnahmen bzw. 41,9 % und 58,1 % bei den Ausgaben). Vermutlich auf Grund der komplexeren Umrechnung mit sich verändernden Kursen bei Gulden, Albus und Hellern in Hessen gegenüber der vergleichsweise einfachen Umrechnung zwischen Groschen und Schock Groschen war in der Kammerschreiberrechnung die kleinste Währungseinheit Heller am geringsten von Fehlern betroffen, während Summen in Albus und in Gulden höhere Fehlerquoten aufwiesen. In Mühlhausen dagegen wurden Fehler bevorzugt in der kleinsten Währungseinheit Groschen festgestellt. Bei Buchungen ohne Erfordernis eines Übertrages zwischen Wechseleinheiten wurden wenige Fehler gemacht. Auf die Problematik der Umrechnung sowohl von Währungseinheiten als auch bei der Verbuchung von Naturalwerten und deren Einfluss auf die Rechengenauigkeit wurde bereits von Rechter hingewiesen.[1292] Zum Vergleich der Rechengenauigkeit kann jedoch

---

1290 ZIMMERMANN, Ludwig: Landgraf Wilhelms IV. Ökonomischer Staat von Hessen. In: Leo SANTIFALLER (HG): Festschrift Albert Brackmann, Weimar 1931, S. 582–590.

1291 KRIEB, 2000, S. 88; Aus dem Gedenkbuch des Ritters Ludwig des Älteren von Eyb, Hofmeister und Rath des Markgrafen Albrecht Achilles von Ansbach, hrsg. v. Christian MEYER, Ansbach 1890, S. XIII–XVI.

1292 RECHTER, Gerhard: Das Verhältnis der Reichsstädte Windsheim und Rothenburg ob der Tauber zum niederen Adel ihrer Umgebung im Spätmittelalter. In: Jahrbuch für fränkische Landesforschung, 41, 1981, S. 54.

nicht allein der Prozentsatz korrekter Summenbildungen herangezogen werden, da diese auch wesentlich von der Komplexität des Rechenvorganges beeinflusst wird. In der Kammerschreiberrechnung, die praktisch jede Seite mit einer Summenbildung abschließt, kommen im Durchschnitt rund neun Buchungen pro Summe, während im Kämmereiregister durchschnittlich rund 25 Buchungen pro Summenbildung erfasst werden. Die Spitzenwerte pro Summe betragen 24 in der Adelsrechnung und 207 in der städtischen Rechnung. Unterschiede gab es auch zwischen den Buchungszahlen pro Summe bei Einnahmen und Ausgaben: Rund 14 Buchungen pro Summenbildung bei den Einnahmen und rund 30 Buchungen im Durchschnitt bei den Ausgaben in Mühlhausen und rund 7,5 bzw. zehn Buchungen pro Summenbildung bei den Einnahmen bzw. Ausgaben in der Kammerschreiberrechnung, die sich damit als erheblich einfacher vom Rechenaufwand her darstellt. Tabelle 22 im Anhang zeigt, dass in Mühlhausen Summenbildungen oft über mehrere Seiten hinweg oder unter Einbeziehung verschiedener Buchungsabschnitte erfolgten. Summen wurden, anders als in der Kammerschreiberrechnung, nicht immer am Ende der zu addierenden Zahlen aufgeführt, sondern konnten sowohl dazwischen oder vorangestellt sein. Sowohl in der Kammerschreiberrechnung des Landgrafen als auch im Kämmereiregister der Stadt Mühlhausen gibt es deutliche Probleme mit der Rechengenauigkeit. Dennoch lässt sich in der städtischen Rechnungsführung an vielen Stellen eine hohe Zuverlässigkeit der Additionen, auch unter Einbeziehung negativer Zahlenwerte, nachvollziehen. Diese Beobachtung deckt sich mit der von Kreil, der bei der Untersuchung von 21 Jahrgängen der Stadtrechnungen von Hall nur gelegentlich auf kleinere Umrechnungsfehler und fehlerhafte Additionen und einen einzigen größeren Fehler gestoßen war.[1293] Beiden untersuchten Rechnungslegungen, der städtischen wie der des Adels, liegt das System der römischen Zahlzeichen zugrunde. Es kann davon ausgegangen werden, dass das Rechnungswesen dadurch bereits eine Grundtendenz der Fehleranfälligkeit aufwies, die in Systemen, die auf den arabischen Zahlzeichen beruhten, nicht gegeben war. Die Ergebnisse der mit arabischen Zahlen geführten Hermannstädter Rechnung von 1497 mit deutlich höherer Rechengenauigkeit sprechen dafür, dass das angewandte Zahlensystem Auswirkungen auf die Genauigkeit von Rechenvorgängen hat und damit zumindest teilweise ursächlich für fehlerhafte Resultate ist.

Bei der Betrachtung der Genauigkeit der Rechenhaftigkeit muss die Möglichkeit in Betracht gezogen werden, dass Rechnungsvorgänge als inkorrekt eingestuft werden, weil auf Grund der verschiedenen, in diesem Kapitel genannten Schwierigkeiten der originäre Aufbau des Rechnungsvorganges nicht mehr eindeutig festgestellt werden kann. Bei der Analyse

---

[1293] Kreil, 1967, S. 41.

von Rechnungsbüchern sind Auslesefehler nicht auszuschließen, die die scheinbare Rationalität und Objektivität der Zahlen beeinflussen.[1294] Es kann aber nicht davon ausgegangen werden, dass z.B. Stadtrechnungen absichtlich fehlerhaft geführt wurden; wahrscheinlich stand die Nachvollziehbarkeit vor der rechnerischen Korrektheit.[1295]

2.4. Rechnungsperiode

In Mühlhausen war es in vielen Jahren die übliche Praxis, zwei Kämmereiregister mit dem Rechnungsbeginn jeweils zu einem Frühjahrs- und Herbsttermin anzulegen. In einzelnen Jahren liegt nur ein Kämmereiregister vor oder es ist nur eines der Register erhalten. Buchungen können zwischen diesen Registern überlappend vorgenommen werden. Die Buchungsdaten eines Kämmereiregisters überspannen im Allgemeinen rund acht Monate, wobei gegebenenfalls auf Buchungen im Vorjahr oder Buchungen des kommenden Jahres hingewiesen wird. Ab der Mitte des 15. Jahrhunderts festigten sich Exaudi und Martini als übliche Termine.

Die landgräfliche Kammerschreiberrechnung wurde im Gegensatz dazu stets in einer einzigen jährlichen Ausgabe geführt. Der Beginn lag zunächst an einem Sommertermin wie Bartholomei, ab 1485 wurde der Buchungsbeginn um den Dreikönigstag gelegt, womit die Buchungsperiode annähernd dem Kalenderjahr entsprach.

2.5. Datierung

Bei der Datierung von Buchungen zeigen sich deutliche Unterschiede in der Vorgehensweise zwischen den als Beispiele verwendeten landgräflichen und den städtischen Rechnungsbüchern. In der Kammerschreiberrechnung werden neben der direkten Benennung von Kirchenfesten und Heiligengedenktagen in der Regel zur Festlegung von Buchungsterminen die Bezeichnungen der Wochentage (Montag, Dinstag, Mittwochin, Donerstag, Freitag, Sonnabent) in der Form „Wochentag *nach*" verwendet, wie z.B. *dinstag nach Trinitate*. Nur in einem Einzelfall wurde die Verwendung von „*vor*" beobachtet. Im Kämmereiregister der Stadt Mühlhausen wird dagegen mit Ausnahme von Sonntag oder Samstag nur selten die Bezeichnung des Wochentages verwendet. Dies gilt vor allem für die Kämmereiregister in der zweiten Hälfte des 15. Jahrhunderts; im Kämmereiregister von 1419/20 finden sich zahlreiche Beispiele der Verwendung des Wochentages in Kombination mit einem Kirchenfest,

---

1294 Fouquet, 2000, S. 20.
1295 Schultheiss, 1959, S. 165–168.

wie z.B. *die mercurii pq Kiliani*.[1296] Möglich erscheint, dass solche Unterschiede auch in den Personen begründet sind, die als Schriftführer agieren. Verweise auf Tage nach einem Kirchenfest in Form des *postquam* in seiner freien Form oder kombiniert mit Zahlenangaben wie *tertia* oder *ocatva* (dem 3. oder 8. Tag danach) kommen auch im Kämmereiregister von Mühlhausen vor, vielfach wird aber auf *domenica postquam* verwiesen. Datierungen mit Verweis auf ein vor dem betreffenden Kirchenfest liegenden Termin *(ante, vigilia)* kommen deutlich häufiger vor als in der Adelsrechnung. Betrachtet man die Verteilung der Buchungen auf die verschiedenen Wochentage im Kämmereiregister von Mühlhausen, so wird die besondere Bedeutung des Sonntages als Buchungstag sowohl bei den Ausgaben mit rund 58 % als auch bei den Einnahmen mit knapp unter 50 % deutlich. Für die Einnahmen spielt auch der Sonnabend mit 12 % der Buchungen eine Rolle. Bei den Ausgaben folgen Montag und Dienstag mit knapp 10 % der Buchungen. Die übrigen Wochentage sind mit 7 bis 8 % der Buchungen vertreten; einzige Ausnahme stellt der Freitag für die Ausgaben mit knapp 2 % der Buchungen dar. In der Kleinstadt Rinteln war eine ähnliche Bevorzugung des Sonntages für Buchungen zu bemerken. Vergleicht man dieses Buchungsverhalten mit dem der Stadt Reval im 15. Jahrhundert, so zeigt sich auch dort (ohne Differenzierung in Einnahmen und Ausgaben) die überwiegende Bevorzugung eines Wochentages für die Buchungseinträge: Über 90 % der Buchungen entfallen auf den Sonnabend, gefolgt vom Freitag mit rund 5 %. In den Jahren 1464 bis 1481 wurden die Buchungen ausschließlich auf den Sonnabend datiert.[1297] In der Stadtrechnung von Bern wird explizit auf die Vorgehensweise mit wöchentlichen Buchungen am Samstag verwiesen: *... die ungeltere alle samstag des verlouffnen halben jares gewert hant und von wuchen ze wuchen hie nach geschriben stat.*

Eine Zusammenfassung dieser wöchentlichen Einnahmen wird dem Rechnungsbuch vorangestellt.[1298] Die Buchführung der Stadt Köln kann Hinweise auf die Entstehung einer Buchführungspraxis geben, die eine Bevorzugung bestimmter Wochentage erklärt. Dort bestand eine zentrale Rentkammer, der gegen Ende des 14. Jahrhunderts wegen der Ausweitung der Ausgaben weitere folgten. Die ursprüngliche *camera reddituaria* wurde zur Unterscheidung *Mittwochskammer* genannt; daneben wurde zur Verwaltung der Akzisen eine *Samstagskammer* eingerichtet, die jeweils am Samstag ihre Einnahmen an die Hauptkasse übertrug. Mit dem Ansteigen der Verschuldung wurde der *Samstagskammer* der Schuldendienst übertragen. 1417 wurde die erneut eingeführte Akzise auf den Weinausschank

---

1296 StadtA Mühlhausen, Kämmereiregister 1419/1420, 2000/5, fol. 39r.
1297 Kämmereibuch der Stadt Reval 1432–1463, Halbbd. 1, Nr. 1–769, 1976a; Kämmereibuch der Stadt Reval 1432–1463, Halbbd. 2: Nr. 770–1190, 1976b; Kämmereibuch der Stadt Reval 1463–1507, Halbbd. 1, Nr. 1191–1990, 1983a.
1298 Stadtrechnungen von Bern vom 1454/I und 1492/II, 1910, S. 1, 21.

einer dritten Kammer, der *Freitagskammer*, übertragen, die im Raum der Samstagskammer untergebracht war und deren Erträge zur Deckung der beiden anderen Kassen herangezogen wurden.[1299] Hauptkammer verblieb die Mittwochskammer mit einer steinernen *capsa* für die Barbestände. In der Kammer wurden auch die in der Stadt gültigen Maße und Gewichte aufbewahrt. Die Analyse der Gesamtausgaben der Stadt Köln von 13. März 1370 bis zum 6. März 1380 zeigt, dass knapp 99 % von 580 Buchungen tatsächlich an einem Mittwoch getätigt wurden. Nur vereinzelt waren am Donnerstag (fünf Buchungen), Sonntag (zwei Buchungen) oder Dienstag (eine Buchung) getätigte Buchungen feststellbar, deren Verschiebung auf einen anderen Wochentag z.B. durch das Jahresende bedingt gewesen sein könnte.[1300] Nach der Etablierung der Samstagsrentkammer konnte bei deren Einnahmen und Ausgaben zwischen 1432 und 1513 stichprobenartig festgestellt werden, dass diese Buchungen ebenfalls nahezu vollständig auf Samstage datiert waren. Vergleichbares gilt für die nunmehr als *Mittwochsrentkammer* bezeichnete Hauptbuchführung der Stadt, bei der in den Jahren 1414 bis 1432 ebenfalls annähernd durchgängig am Mittwoch verbucht wurde.[1301] Damit ergab sich für die städtische Buchführung in Köln die Situation von festen Kassentagen, an denen Einnahmen und Ausgaben getätigt und verbucht wurden, im Sinne von Dienst- und Öffnungszeiten einer städtischen Institution. Es erscheint möglich, dass in Reval eine vergleichbare Situation mit einer Samstagskammer ohne die entsprechende Bezeichnung bestand.

Im Bereich der adeligen Rechnungsführung zeigt sich ein völlig anderes Bild: Die Ausgaben steigerten sich in der hessischen Kammerschreiberrechnung kontinuierlich von Dienstag (rund 11 % der Ausgaben) im Verlauf der Woche bis zum Sonntag, um am Montag mit rund 17 % der Ausgaben einen Höhepunkt zu erreichen. Ein ähnliches Muster ist für die allgemeinen Ausgaben auch in den Oberlahnsteiner Rechnungen der Jahre 1461–1463 zu bemerken. Im Gegensatz dazu stellt der Dienstag mit rund 33 % der Einnahmen den bevorzugten Buchungstag der Einnahmen dar. Auf die Bedeutung des Dienstages im Zusammenhang mit Zahlungen wurde bereits hingewiesen. Am Donnerstag und Sonntag werden mit 5,6 % der Buchungen nur wenige Einnahmen verbucht.

1299 Die Kölner Stadtrechnungen des Mittelalters, mit einer Darstellung der Finanzverwaltung, 1. Bd.: Die Einnahmen und die Entwicklung der Staatsschuld, 1897, S. XVI–XVIII.

1300 Die Kölner Stadtrechnungen des Mittelalters, mit einer Darstellung der Finanzverwaltung, 1. Bd.: Die Einnahmen und die Entwicklung der Staatsschuld, 1897, S. XVIII; Die Kölner Stadtrechnungen des Mittelalters, mit einer Darstellung der Finanzverwaltung, 2. Bd.: Die Ausgaben, 1898, S. 3–389.

1301 Die Kölner Stadtrechnungen des Mittelalters, mit einer Darstellung der Finanzverwaltung, 1. Bd.: Die Einnahmen und die Entwicklung der Staatsschuld, 1897, S. 136–186, 72–107.

Bei den vergleichend untersuchten adeligen Rechnungsbüchern des späten 14. Jahrhunderts zeigte sich eine relativ gleichmäßige Verteilung der Buchungen auf die Wochentage mit einer leichten Bevorzugung des Sonntages bei den Schlandersberger Rechnungen und von Freitag und Samstag bei den Drachenfelser Rechnungen. Wertheim-Breuberg aus dem 15. Jahrhundert eignet sich wegen der wochenweisen Verbuchung nicht zum Vergleich und die mit 1346 sehr frühe Rechnung von Ravensberg stellt wegen der umfangreichen Spendentätigkeit der Gräfin am Sonntag einen Sonderfall dar.

Der Vergleich zeigt einen grundlegenden Unterschied in der Vorgehensweise zur Organisation der Verbuchung von Einnahmen und Ausgaben im städtischen und adeligen Rechnungswesen. Ein Grund für die abgesehen vom Dienstag breitere Verteilung der Buchungen auf die Wochentage könnte in der Angabe der tatsächlichen Zahlungstermine liegen, die täglich fortlaufend in ein Konzept eingegeben und von dort übertragen wurden. Der Kammerschreiber des Landgrafen war hauptberuflich tätig und es ist davon auszugehen, dass er seinen Aufgaben ständig nachkam. Möglicherweise spielt es bei der Häufung von Buchungen im städtischen Bereich am Sonntag in Mühlhausen bzw. am Sonnabend in Reval eine Rolle, dass die Stadtkämmerer in der Regel diesen Aufgaben ehrenamtlich nachkamen und dabei Buchungen bevorzugt an Tagen vornahmen, an denen ihnen ihre hauptberuflichen Tätigkeiten dafür Zeit ließen. Damit könnte zum Beispiel der Unterschied zwischen Mühlhausen mit dem Sonntag als bevorzugtem Buchungstag bei einem Kämmerer und Köln mit einer Mittwochskammer und einem festbestallten Rentmeister erklärt werden. Eine weitere Möglichkeit könnte in der Bevorzugung von kirchlichen Festen an Sonntagen als Zahlungstermin oder -ziel im städtischen Bereich liegen. Feste wurden traditionell besonders im Zusammenhang mit Märkten und Messen für die Abrechnung der zahlreichen auf Kreditbasis getätigten Geschäfte genutzt.[1302]

In Bezug auf die Abrechnungszeiträume ergaben sich keine deutlichen Unterschiede zwischen der adeligen und städtischen Rechnungsführung, was vermutlich auf deren Variabilität zurückzuführen ist. In den Städten gibt es die Tendenz der Anlehnung des Abrechnungsbeginns an den Ratswechsel, wie beim Martini-Termin in Mühlhausen oder Michaelis in Riga. Hamburg vollzog Rats- und Rechnungswechsel zu Kathedra Petri. In anderen Städten waren diese Termine getrennt, wie z.B. in Reval, wo die Ratswahl zu Michaelis stattfand, der Abrechnungszeitraum aber mit Epiphanias begann und damit annähernd mit dem Kalenderjahr übereinstimmte. In Rinteln fand sowohl der Ratswechsel als auch der Abrechnungsbeginn zu Epiphanias statt. Die Stadt Lübben beginnt Einnahmen und Ausgaben

---

1302 RICKER, 1967, S. 128.

meist am 1. Januar *(Circumcisionis)*. Der genaue Termin des Ratswechsels ist nicht bekannt, es gibt aber Hinweise, dass auch dieser mit dem Jahreswechsel zusammenfiel.[1303]

In der adeligen Rechnungsführung war ein Wechsel von Funktionsträgern nicht gegeben und der Rechnungsbeginn von Personen unabhängig. In den untersuchten Beispielen waren in Oberhessen ursprünglich an Bartholomei und Decollatione Johannis orientierte Termine Ende August/Anfang September für den Beginn der Rechnungen üblich. Dies wandelte sich in der Regierungsperiode Wilhelms III. ab 1485 zu einem Termin am Jahresanfang wie Dreikönig. Für die erzbischöfliche Rechnung von Oberlahnstein waren es ebenfalls Septembertermine. Jülich-Berg führte eine Rechnungslegung im Februar durch, ähnlich wie Wertheim-Breuberg zu Kathedra Petri. Ein Beginn des Abrechnungszeitraums im Sommer ist auch bei anderen adeligen Rechnungsbüchern bekannt. Beispiele sind die Burggrafen von Drachenfels, die die Abrechnungsperiode von etwa einem Jahr im August begannen und der Fürstbischof Johannes von Venningen, bei dem ebenfalls in der zweiten Hälfte des 15. Jahrhunderts ein Übergang des Sommertermins zu einer annähernd dem Kalenderjahr entsprechenden Abrechnungsperiode beobachtet werden kann. Die Aufzeichnungen der Herren von Schlandersberg zeigten mit einem variablen Beginn noch keine klare Tendenz zu Abrechnungszeiträumen.

Die in der vorliegenden Studie untersuchten Rechnungsbücher entsprechen von ihrer Anlage her dem im deutschsprachigen Raum im 14. und 15. Jahrhundert verbreiteten Typus der empirisch aufgebauten, ersten Stufe der *„einfachen Buchhaltung"*, die deutlich später als in Italien durch eine zweite Stufe mit Anwendung der doppelten Buchführung abgelöst wurde. Die einfache Führung von Rechnungsbüchern sah zwar bereits eine Trennung von Einnahmen und Ausgaben vor, Gegenbuchungen wurden jedoch keine durchgeführt.[1304]

Übereinstimmend werden in der städtischen und in der adeligen Buchführung höhere Buchungszahlen bei den Ausgaben im Vergleich zu den Einnahmen beobachtet. In der städtischen Buchführung von Mühlhausen lässt sich über die Jahre bei den Ausgaben ein klarer Trend zu niedrigeren Buchungszahlen verfolgen, der wahrscheinlich auf die Zusammenfassung von Buchungsvorgängen zurückzuführen ist. Eine ähnliche Entwicklung kann in der adeligen Rechnungsführung nicht bemerkt werden. Möglich erscheint auch hier eine insgesamt etwas konservativere Art der Buchführung, die solche Tendenzen nicht übernimmt. Dies ist auch bei der Schriftgestaltung zu bemerken, wo der Wechsel der Kämmerer und Schreiber Trends der Schriftentwicklung erkennen lässt und Veränderungen wie den Gebrauch von *facit* anstelle von *summa* ab 1484 aufzeigt, die in dieser Weise in den Kammer-

---

1303 Urkundenbuch der Stadt Lübben, Bd. 2. Die Lübbener Stadtrechnungen des 15. und 16. Jahrhunderts, 1919, S. 51, „nowus preconsul" an *circumcisionis* 1428.
1304 RICKER, 1967, S. 116, 135 f.

schreiberrechnungen nicht ausgeführt werden.[1305] Dabei ist nicht auszuschließen, dass dieser Wechsel in Mühlhausen bereits ab 1474 erfolgt ist, da für diese Zeit keine Rechnungen vorliegen.

Ein ähnlicher Teilaspekt der Entwicklung adeliger Rechnungsführung lässt sich jedoch an den Rechnungsbüchern der Tiroler Landesherren erkennen, die aus der Zeit von 1288 bis 1350 in ihrer Zahl von 32 Bänden und ihrem Umfang im Reichsgebiet herausragend sind. Stolz zeigt in seiner Untersuchung, dass die Zahl der „Rechnungen", worunter die mit einer Summenbildung abgeschlossenen Buchungsabschnitte eines Rechnungslegers bezeichnet werden, und die Anzahl der Rechnungsbücher nach 1320 von etwa 100 pro Buch oder 50 pro Jahr bis auf rund sechs bis sieben pro Buch und Jahr abnahm. Dies wird als eine Abnahme der Intensität der Rechnungslegung interpretiert, die im Zusammenhang mit dem dynastischen Wechsel zum Haus Wittelsbach-Bayern steht. Dabei ist jedoch Vorsicht bei der Betrachtung angezeigt, da weder die Zahl der Rechnungsbücher mit ihrer sehr unterschiedlichen Anzahl von Blättern noch die Zahl der „Rechnungen" Auskunft über die tatsächliche Zahl der erfolgten Buchungen gibt und vorhandene Bücher nach 1350 nicht einbezogen wurden.[1306]

Schlusswort

In der Gesamtbetrachtung von Schriftlichkeit und Rechenhaftigkeit in den Rechnungsbüchern von Adel und Stadt werden Bereiche erkennbar, wo deutliche Unterschiede in der Entwicklung vorliegen.

An erster Stelle zu nennen ist hier die Datierung des Buchungsvorganges, der in der städtischen Buchführung bevorzugt am Sonntag, in anderen Beispielen am Samstag erfolgte, während in der adeligen Buchführung eine gleichmäßigere Verteilung der Buchungsvorgänge auf die verschiedenen Wochentage erkennbar ist, wobei in Oberhessen eine Präferenz für den Dienstag für Einnahmen deutlich wird. Der Beginn der Rechnungsperiode, der nicht generell die Dauer eines Kalenderjahres umfassen musste, war in den städtischen Rechnungsbüchern in der Regel an Ereignissen wie der Ratswahl orientiert. Die adelige Rechnungsführung war davon unabhängig und entwickelte in vielen Fällen eine annähernde Übereinstimmung der Rechnungsperiode mit dem Kalenderjahr, womit der Begriff des „Rechnungsjahres" eine Berechtigung findet, die im städtischen Bereich noch nicht gegeben war.

1305 StadtA Mühlhausen, Kämmereiregister 1483–1486, 2000/16.
1306 STOLZ, 1957, S. 8, 17.

Strukturelle Unterschiede zwischen adeligem und städtischem Rechnungswesen sind durch verschiedene Schwerpunkte bei Einnahmen und Ausgaben bedingt. Ein weiterer Unterschied, der jedoch möglicherweise keine allgemeine Tendenz darstellt, sondern für die betrachteten Beispiele spezifisch sein könnte, sind ein unterschiedliches Format der Rechnungsbücher und die direkte Verbuchung ohne Konzept in den städtischen Rechnungsbüchern gegenüber einer Reinschrift nach Notizen in der adeligen Buchführung. Dieser Unterschied in der Praxis der Verschriftlichung bedingte verschiedene Darstellungsformen, wobei eine deutlich klarere Lesbarkeit der Buchungen nach Konzept wie im adeligen Beispiel gegeben ist. Diese Vorgehensweise führte zu einer höheren Anzahl von Korrekturen und Streichungen in der direkt geführten städtischen Buchhaltung, während in der adeligen Kammerschreiberrechnung nur wenige Korrekturen vorzufinden sind. Andererseits zeigen städtische Kämmereiregister in der Regel eine klarere Strukturierung, bei der die Gruppierung thematisch verwandter Buchungen in den untersuchten Beispielen deutlich fortgeschrittener war als in den adeligen Rechnungsbüchern. Durch diese Zusammenfassungen konnte aber die Komplexität von Summenbildungen im städtischen Bereich ein wesentlich höheres Ausmaß erreichen als in der adeligen Rechnungsführung. Die Fehlerhaftigkeit der Rechnungen bewegte sich dennoch in beiden Bereichen auf einem ähnlichen Niveau. Beide waren in ähnlicher Weise beeinflusst von der durch die erforderlichen Währungsumrechnungen und den Gebrauch der römischen Zahlzeichen bedingten Fehlergeneigtheit. Durch die Bewältigung umfangreicherer Rechenoperationen und die beginnende Verwendung negativer Zahlenwerte, insbesondere zu Rundungszwecken, erscheint die städtische Rechenhaftigkeit weiter entwickelt zu sein als die des Adels, wo Berechnungen meist weniger umfangreich erfolgten und negative Zahlenwerte seltener und meist zu einem späteren Entwicklungszeitpunkt zum Einsatz kamen. Diese Tendenz könnte im städtischen Rechnungswesen durch die Teilhabe an der Erfahrung von Ratsherren bedingt sein, die durch eine kaufmännische Tätigkeit geprägt waren und sich auf dem aktuellen Wissensstand der Zeit befanden. In einem adeligen Rechnungswesen wie in dem betrachteten Beispiel von Oberhessen stellte die langfristige Ausübung der Rechnungsführung durch dieselben Personen einen wichtigen Faktor dar, der nicht geeignet erscheint, Entwicklungen zu befördern. Im Gegensatz dazu war die städtische Rechnungsführung beeinflusst von einem regelmäßigen Wechsel von Verantwortlichkeiten und einem weiter entwickelten System der Kontrolle von Vorgängen, wie er sich aus Approbationsvermerken und einer regelmäßigen Rechnungslegung erschließen lässt. In jedem Fall muss berücksichtigt werden, dass die Rechenhaftigkeit eines Buchhaltungssystems abhängig ist vom Kenntnisstand der ausführenden Personen und dem Anspruch des Kontrollorgans.

V. Ungedruckte Quellen

Hessisches Hauptstaatsarchiv Wiesbaden
170 II, 1483 Testament des Landgrafen Heinrich III. von Hessen

Landesarchiv Südtirol Bozen
Archiv Kasten-Schlandersberg (Inventur des Aktenbestandes, Bozen 1990), Rechnungen:
001 1383–1401, Rechnungsbücher, 4 Stück, Schmalfolio
002 1393–1399, Rechnungsbuch, Schmalfolio
003 1400–1419, Rechnungs- und Zinsbücher, 5 Stück, Schmalfolio
004 1420, Rechnungsbuch, Schmalfolio

Österreichische Nationalbibliothek
Urkunden des Jahres 1508, Ser. n. 9604, fol. 10, fol. 40

Staatsarchiv Marburg
Hofmeisterrechnung 1485/86, Rechnungen I, 10/1
Hofmeisterrechnung 1497, Rechnungen I, 10/10
Hofmeisterrechnung 1499, Rechnungen I, 10/13
Hofmeisterrechnung 1499/1500, Rechnungen I, 10/14
Kammerschreiberrechnung 1476/77, Rechnungen I, 2/1
Kammerschreiberrechnung 1477/78, Rechnungen I, 2/2
Kammerschreiberrechnung 1478/79, Rechnungen I, 2/3
Kammerschreiberrechnung 1479, Rechnungen I, 2/4
Kammerschreiberrechnung 1480/81, Rechnungen I, 2/5
Kammerschreiberrechnung 1483, Rechnungen I, 2/5a
Kammerschreiberrechnung 1485, Rechnungen I, 2/6
Kammerschreiberrechnung mit Frankfurter Messeregistern 1486, Rechnungen I, 2/7
Kammerschreiberrechnung 1497, Rechnungen I, 2/8
Kammerschreiberrechnung 1499/1500, Rechnungen I, 2/9
Rechnungen I, 4/4, Johann von Brubeck 27.05.1486
Rechnungen I, 4/4, von Hatzfeld Quit(ung) 11.11.1486
Rechnungen I, 4/4, Roden Quit(ung) 11.11.1486
Rechnungen I, 4/4, Philipps von Viermünden Quit(ung) 14.11.1486
Rechnungen I, 4/4, Selbach 14.11.1486
Rechnungen I, 5/21, (Zehrungszettel) 03.07.1486
Rechnungen I, 48/5, Rentmeister zu Frankenberg 1486
Rechnungen I, 119/3, Rentmeister zu Ziegenhain 1486
Rechnungen I, 50/28, Öffnung der Zollkiste zu Gernsheim 26.05.1486
Rechnungen I, 89/7, 21.01.1486
Rechnungen I, 89/7, 15.12.1486 Quittung Fleck

Urk. 1, Nr. 73, 10. April 1486
Urk. 1, Nr. 74, 06. Mai 1486
Urk. 1, Nr. 1793, 17. März 1486
Urk. 75, Nr. 73, actum Mulinhuson, 18.01.967
Vormundschaftsrechnung für Landgraf Wilhelm d.J. 1485, Rechnungen I, 5/6

Stadtarchiv Mühlhausen in Thüringen
Copialbuch der Stadt Mühlhausen in Thüringen 1417–1430, 10-W 1-8, Nr. 4
Copialbuch der Stadt Mühlhausen in Thüringen 1430–1444, 10-W 1-8, Nr. 5
Copialbuch der Stadt Mühlhausen in Thüringen 1447–1455, 10-W 1-8, Nr. 6
Copialbuch der Stadt Mühlhausen in Thüringen 1454–1459, 10-W 1-8, Nr. 7
Copialbuch der Stadt Mühlhausen in Thüringen 1460–1487, 10-W 1-8, Nr. 8
Statuten der Stadt Mühlhausen von 1351, 10/T 8c Nr. 2
Kämmereiregister 1407, 2000/2
Kämmereiregister 1409–1410, 2000/3
Kämmereiregister 1417–1419, 2000/4
Kämmereiregister 1419–1420, 2000/5
Kämmereiregister 1428–1430, 2000/6
Kämmereiregister 1442–1450, 2000/7
Kämmereiregister 1451–1453, 2000/8
Kämmereiregister 1456, 2000/9
Kämmereiregister 1460, 2000/10
Kämmereiregister 1460–1461, 2000/11
Kämmereiregister 1461–1464, 2000/12
Kämmereiregister 1466–1468, 2000/13
Kämmereiregister 1467–1468, 2000/14
Kämmereiregister 1471–1473, 2000/15
Kämmereiregister 1483–1486, 2000/16
Kämmereiregister 1492–1497, 2000/17
Kämmereiregister 1497–1501, 2000/18
Notulbuch der Stadt Mühlhausen in Thüringen 1415, 10-X 1-8, Nr. 2
Notulbuch der Stadt Mühlhausen in Thüringen 1416–1444, 10-X 1-8, Nr. 3
Notulbuch der Stadt Mühlhausen in Thüringen 1427–1432, 10-X 1-8, Nr. 4
Notulbuch der Stadt Mühlhausen in Thüringen 1432, 10-X 1-8, Nr. 5
Notulbuch der Stadt Mühlhausen in Thüringen 1441–1458, 10-X 1-8, Nr. 6
Notulbuch der Stadt Mühlhausen in Thüringen 1450–1500, 10-X 1-8, Nr. 7
Pergamenturkunde 0/995
Raths-Obligationen wegen wiederverkäuflicher Zinsen 1408–59, 10-E8, 5

VI. Gedruckte und edierte Quellen

Aachener Stadtrechnungen aus dem 14. Jahrhundert nach den Stadtarchiv-Urkunden mit Einleitung, Registern und Glossar, hrsg. v. JOSEPH LAURENT, Aachen 1866.

Alte Kämmereirechnungen (1322, 1331, 1335, 1337), hrsg. v. WILHELM REINECKE. In: Lüneburger Museumsblätter, 3, Heft 12, 1914, S. 309–337.

Amtliche Sammlung der ältern eidgenössischen Abschiede, Bd. 3, Abth. 2: Die eidgenössischen Abschiede aus dem Zeitraume von 1500 bis 1520, bearb. v. ANTON PHILIPP SEGESSER, Lucern 1869.

Amtsrechnungen des Bistums Basel im späten Mittelalter. Die Jahre 1470–1472/73, hrsg. v. BERND FUHRMANN, St. Katharinen 1998.

Amtsrechnung über die fürstlichen Gefälle in der Grafschaft Tirol vom Jahre 1297, hrsg. v. MAXIMILIAN VON FREYBERG. In: Neue Beiträge zur vaterländischen Geschichte und Topographie (Bayern), 1, 1837, S. 161–208.

Amtsrechnungen über die fürstlichen Gefälle in der Grafschaft Tirol v. den Jahren 1303 bis 1330, hrsg. v. JOSEPH CHMEL. In: JOSEPH CHMEL (HG): Der österreichische Geschichtsforscher, 2, Wien 1842, S. 133–171.

Aus dem Gedenkbuch des Ritters Ludwig des Älteren von Eyb, Hofmeister und Rath des Markgrafen Albrecht Achilles von Ansbach, hrsg. v. CHRISTIAN MEYER, Ansbach 1890.

Ausgaberegister des Rentmeisters Heinrich von Schönstadt zu Marburg 1384–1485, Auszug, bearb. v. FRIEDRICH KÜCH. In: Zeitschrift des Vereins für hessische Geschichte, 19, 1894, S. 46–51.

Ausgaberegister des Rentmeisters Heinrich von Schönstadt zu Marburg 1387, Auszug, bearb. v. FRIEDRICH KÜCH: Beiträge zur Geschichte des Landgrafen Hermann II. von Hessen. In: Zeitschrift des Vereins für hessische Geschichte, 40, 1907, S. 245–273.

Casseler Stadtrechnungen aus der Zeit von 1468 bis 1553, hrsg. v. ADOLF STÖLZEL, Kassel 1871.

Codex Falkensteinensis. Die Rechtsaufzeichnungen der Grafen von Falkenstein, bearb. v. ELISABETH NOICHL, München 1978.

Conrad von Weinsberg, des Reichs-Erbkämmerers Einnahmen- und Ausgaben-Register von 1437 und 1438, hrsg. v. JOSEF ALBRECHT, Tübingen 1850.

Das Bamberger Rechenbuch von 1483, bearb. v. EBERHARD SCHRÖDER, Berlin 1988.

Das Haushaltsbuch des Basler Bischofs Johannes von Venningen 1458–1478, hrsg. v. VOLKER HIRSCH, GERHARD FOUQUET, Basel 2009.

Das Katzenelnbogener Rheinzollerbe 1479–1584, Bd. 1: Der Zoll zu St. Goar 1480–1538, bearb. v. KARL ERNST DEMANDT, Wiesbaden 1978.

Das Lübecker Niederstadtbuch (1363–1399) Teil 1: Einleitung und Edition, bearb. v. ULRICH SIMON, Köln 2006.

Das Marienburger Tresslerbuch der Jahre 1399–1409, hrsg. v. ERICH JOACHIM, Königsberg 1896.

Das Mühlhäuser Reichsrechtsbuch aus dem Anfang des 13. Jahrhundert. Deutschlands ältestes Rechtsbuch nach den altmitteldeutschen Handschriften, hrsg. v. HERBERT MEYER, 2. Aufl. Weimar 1934.

Das Revaler Bürgerbuch 1409–1624, hrsg. v. OTTO GREIFFENHAGEN, Reval 1932.

Das Revaler Kämmereibuch von 1376 bis 1380, bearb. v. DIETER HECKMANN, ZfO, 41, 1992, S. 186–247.

Das Schriftgut der landgräflich-hessischen Kanzlei im Mittelalter (vor 1517), Verzeichnis der Bestände. Teil 2: Rechnungen und Rechnungsbelege, bearb. v. KARL E. DEMANDT, Bd. 1 (Repertorien des Hessischen Staatsarchivs Marburg), Marburg 1969.

Das Schriftgut der landgräflich-hessischen Kanzlei im Mittelalter (vor 1517), Verzeichnis der Bestände. Teil 2: Rechnungen und Rechnungsbelege, bearb. v. Karl E. Demandt, Bd. 2 (Repertorien des Hessischen Staatsarchivs Marburg), Marburg 1970.

Das Schriftgut der landgräflich-hessischen Kanzlei im Mittelalter (vor 1517), Verzeichnis der Bestände. Teil 2: Rechnungen und Rechnungsbelege, bearb. v. Karl E. Demandt, Bd. 3 (Repertorien des Hessischen Staatsarchivs Marburg), Marburg 1970.

Das Vormerk- und Rechnungsbuch Ottos III. von Liechtenstein-Murau (1327–1333), hrsg. v. Walter Brunner. In: Mitteilungen des Steiermärkischen Landesarchivs, 22, 1972, S. 45–124.

Der Fürst in der Ostschweiz. Eine Teiledition des Rechnungsbuchs von Herzog Albrecht VI. von Österreich, hrsg. v. Peter Niederhäuser. In: Peter Niederhäuser (HG): Ein „Bruderkrieg" macht Geschichte. Neue Zugänge zum Alten Zürichkrieg, Zürich 2006, S. 181–207.

Der Koblenzer Mauerbau, Rechnungen 1276–1289, hrsg. v. Max Bär (= Publikationen der Gesellschaft für Rheinische Geschichtskunde V.), Leipzig 1888.

Der österreichische Landvogt Engelhard von Weinsberg und die für ihn von Mai 1395 bis Juli 1396 geführten Abrechnungen, hrsg. v. Rolf Köhn. In: Argovia. Jahresschrift der Historischen Gesellschaft des Kantons Aargau, 106, 2, 1994, S. 1–129.

Der Stadthaushalt Basels im ausgehenden Mittelalter. Die Jahresrechnungen 1360–1535, 1. Bd. Die Einnahmen, hrsg. v. Bernhard Harms, Tübingen 1909.

Der Stadthaushalt Basels im ausgehenden Mittelalter. Die Jahresrechnungen 1360–1535, 2. Bd. Die Ausgaben 1360–1490, hrsg. v. Bernhard Harms, Tübingen 1910.

Deutsche Reichstagsakten unter Maximilian I. Bd. 1: Reichstag zu Frankfurt 1486, Teil II, bearb. v. Heinz Angermeier unter Mitwirkung von Reinhard Seyboth (= Deutsche Reichstagsakten, Mittlere Reihe 1), Göttingen 1989.

Die Aachener Stadtrechnungen des 15. Jahrhunderts, bearb. v. Thomas Kraus (= Publikationen der Gesellschaft für rheinische Geschichtskunde 72), Düsseldorf 2004.

Die älteste Rechnung der Obergrafschaft Katzenelnbogen aus dem Jahre 1401, bearb. v. Hans-Peter Lachmann. In: Archiv für hessische Geschichte und Altertumskunde NF, 31, 1971/72, S. 4–97.

Die älteren Tiroler Rechnungsbücher (IC. 278, IC. 279 und Belagerung von Weineck). Analyse und Edition, hrsg. v. Christoph Haidacher (= Tiroler Geschichtsquellen 40), Innsbruck 1998.

Die älteren Tiroler Rechnungsbücher (IC 280). Analyse und Edition, hrsg. v. Christoph Haidacher (= Tiroler Geschichtsquellen 52), Innsbruck 2008.

Die älteste Meißner Stadtrechnung vom Jahre 1460, bearb. v. Kunz von Brunn genannt von Kauffungen. In: Mitteilungen des Vereins für Geschichte der Stadt Meißen, 6, 1903, S. 269–299.

Die ältesten Berliner Kämmereirechnungen 1504–1508, hrsg. v. Joseph Girgensohn. In: Veröffentlichungen der Historischen Kommission für die Provinz Brandenburg und Reichshauptstadt Berlin 1,2: Quellen und Forschungen zur Geschichte Berlin II,1, Berlin 1929.

Die ältesten Görlitzer Ratsrechnungen bis 1419, hrsg. v. Richard Jecht. In: Codex diplomaticus Lusetiae superioris III, Görlitz 1905–1910.

Die ältesten Haushaltsrechnungen der Burggrafen von Drachenfels, hrsg. v. Leonard Korth. In: Annalen des Historischen Vereins für den Niederrhein, 54, 1892, S. 1–95.

Die älteste Kämmereirechnung der Kaiserlich freien Reichsstadt Mühlhausen i. Thür. vom Jahre 1407, hrsg. v. Kunz v. Kauffungen. In: Mühlhäuser Gbll., V. 1904/1905, S. 33–46.

Die ältesten Rechnungsbücher der Herren von Schlandersberg, hrsg. v. Emil von Ottenthal. In: Mittheilungen des Instituts für Österreichische Geschichtsforschung, 2, 1881, S. 553–614.

Die ältesten Stadtrechnungen der Stadt Calbe, hrsg. v. Gustav Hertel. In: Geschichts-Blätter für Stadt und Land Magdeburg, 37, 1902, S. 128–149.

Die auf Wachstafeln verzeichneten Raths-Kämmerei-Register vom Jahre 1426 in der kgl. Bibliothek zu Dresden, hrsg. v. Wilhelm Schäfer. In: Sachsen-Chronik, 1. Serie, Dresden 1854, S. 28–46.

Die Augsburger Baumeisterrechnungen von 1320–1331, hrsg. v. Richard Hoffmann. In: Zeitschrift des Historischen Vereins für Schwaben und Neuburg, 5, 1878, S. 1–220.

Die Bocholter Stadtrechnungen, hrsg. v. Klemens Becker (= Akten und Urkunden zur Geschichte der Stadt Bocholt, 1. Teil), Bocholt 1914.

Die Butzbacher Stadtrechnungen im Spätmittelalter. 1371–1419, Bd. 2: Edition (= Quellen und Forschungen zur hessischen Geschichte 160), hrsg. v. Bodo Bachmann, Marburg 2011.

Die drei ältesten Bieler Stadtrechnungen, hrsg. v. Emil Meyer. In: Festschrift Friedrich Emil Welti, Aarau 1937, S. 303–376.

Die Duisburger Stadtrechnung von 1417, hrsg. v. Ludwig Stiefel, Duisburg 1883.

Die Einnahmen- und Ausgaben-Rechnung der Stadt Ratingen für das Haushaltsjahr 1479/1480, bearb. v. Helmut Pfeiffer. In: Ratinger Forum, 10, 2007, S. 7–72.

Die Handelsbücher des hansischen Kaufmannes Veckinchusen, hrsg. v. Michail P. Lesnikov, Berlin 1973.

Die Kämmereirechnungen der Stadt Münster über die Jahre 1447, 1448 und 1458, hrsg. v. Wybe Jappe Alberts, Groningen 1960.

Die Kämmereirechnungen von 1407 und 1409, bearb. v. Hugo Groth. In: Mühlhäuser Gbll., 29, 1928/1929, S. 119–168.

Die Kämmereirechnungen von 1409/1410. Zweiter Teil, bearb. v. Hugo Groth. In: Mühlhäuser Gbll., 30, 1929/1930, S. 133–179.

Die Kölner Stadtrechnungen des Mittelalters, mit einer Darstellung der Finanzverwaltung, 1. Bd.: Die Einnahmen und die Entwicklung der Staatsschuld, bearb. v. Richard Knipping (= Publikationen der Gesellschaft für Rheinische Geschichtskunde 15), Bonn 1897.

Die Kölner Stadtrechnungen des Mittelalters, mit einer Darstellung der Finanzverwaltung. 2. Bd.: Die Ausgaben, bearb. v. Richard Knipping (= Publikationen der Gesellschaft für Rheinische Geschichtskunde 15), Bonn 1898.

Die Lebenszeugnisse des Oswald von Wolkenstein, Edition und Kommentar, Bd. 1: 1382–1419, Nr. 1–92, hrsg. v. Anton Schwob, Wien 1999.

Die Matrikel der Universität Heidelberg, Erster Theil 1386–1553, bearb. u. hrsg. v. Gustav Toepke, Heidelberg 1884.

Die österreichische Zentralverwaltung. 1. Abt.: Von Maximilian I. bis zur Vereinigung der österreichischen und böhmschen Hofkanzlei (1749). 2. Bd. Aktenstücke 1491–1681, hrsg. v. Thomas Fellner, Wien 1907.

Die Rechnungen der mainzischen Verwaltung in Oberlahnstein im Spätmittelalter, bearb. v. Otto Volk, Wiesbaden 1990.

Die Rechnungsbücher der Stadt Luxemburg, H. 1: 1388–1399, hrsg. v. Claudine Moulin, Michel Pauly (= Schriftenreihe des Stadtarchivs Luxemburg 1), Luxemburg 2007.

Die Rechnungsbücher der Stadt Luxemburg, H. 2: 1400–1430, hrsg. v. Claudine Moulin, Michel Pauly (= Schriftenreihe des Stadtarchivs Luxemburg 2), Luxemburg 2008.

Die Rechnungsbücher der Stadt Luxemburg, H. 3: 1444–1453, hrsg. v. Claudine Moulin, Michel Pauly (= Schriftenreihe des Stadtarchivs Luxemburg 3), Luxemburg 2009.

Die Rechnungsbücher der Stadt Luxemburg, H. 4: 1453–1460, hrsg. v. Claudine Moulin, Michel Pauly (= Schriftenreihe des Stadtarchivs Luxemburg 4), Luxemburg 2010.

Die Rechnungsbücher der Stadt Luxemburg, H. 5: 1460–1466, hrsg. v. Claudine Moulin, Michel Pauly (= Schriftenreihe des Stadtarchivs Luxemburg 5), Luxemburg 2010.

Die Rechnungsbücher der Stadt Luxemburg, H. 6: 1467–1473, hrsg. v. Claudine Moulin, Michel Pauly (= Schriftenreihe des Stadtarchivs Luxemburg 6), Luxemburg 2012.

Die Rechnungsbücher der Stadt Luxemburg, H. 7: 1475–1478, hrsg. v. Claudine Moulin, Michel Pauly (= Schriftenreihe des Stadtarchivs Luxemburg 7), Luxemburg 2013.

Die Rechnungsbücher der Stadt Luxemburg, H. 8: 1478–1480, hrsg. v. Claudine Moulin, Michel Pauly (= Schriftenreihe des Stadtarchivs Luxemburg 8), Luxemburg 2014.

Die Rechnungsbücher der Stadt Luxemburg, H. 9: 1480–1483, hrsg. v. Claudine Moulin, Michel Pauly (= Schriftenreihe des Stadtarchivs Luxemburg 9), Luxemburg 2016.

Die Rechnungsbücher der Stadt Luxemburg, H. 10: 1483–1491, hrsg. v. Claudine Moulin, Michel Pauly (= Schriftenreihe des Stadtarchivs Luxemburg 10), Luxemburg 2018.

Die Statuten der Reichsstadt Mühlhausen in Thüringen von ca. 1311/ca. 1351, hrsg. v. Wolfgang Weber, Gerhard Lingelbach, Köln 2005.

Die Urkunden der Belagerung und Schlacht von Murten, bearb. v. Gottlieb Friedrich Ochsenbein, Freiburg 1876.

Die Urkunden Kaiser Sigmunds (1410–1437), verz. v. Wilhelm Altmann, 2 Bde. (= Regesta Imperii XI), Innsbruck 1896–1900.

Digitale Edition der Augsburger Baumeisterbücher, hg. von Jörg Rogge, unter informationswissenschaftlicher Mitarbeit von Radoslav Petkov, Michael Haft, Christiane Dressler und Torsten Schrade, URL: https://augsburger-baumeisterbuecher.de/.

Eine Erfurter Kämmereirechnung aus der Mitte des 14. Jahrhunderts (mit Edition), hrsg. v. Rudolf Benl. In: Jahrbuch für Erfurter Geschichte, 8, 2013, S. 65–102.

Eine Hofhaltsrechnung der Gräfin Margarete von Ravensberg aus dem Jahre [1346], hrsg. v. Bernhard Vollmer. In: Zeitschrift für vaterländische Geschichte und Altertumskunde, 77, 1919, S. 36–45.

Einnahme- und Ausgaberegister des Rentmeisters Dietrich Spede zu Marburg 1375–1377, bearb. v. Friedrich Küch: Beiträge zur Geschichte des Landgrafen Hermann II. von Hessen. In: Zeitschrift des Vereins für hessische Geschichte, 49, 1916, S. 172–213.

Ein Rechnungsbuch Herzog Albrechts III. von Österreich. Edition und Textanalyse, hrsg. v. Christian Lackner (= Studien und Forschungen aus dem Niederösterreichischen Institut für Landeskunde 23), Wien 1996.

Ein Rechnungs- und Reisetagebuch vom Hofe Erzbischof Boemunds II. von Trier 1354–1357, hrsg. v. Richard Salomon, Trier 1908.

Familien- und Personennamen aus dem XIV. Jahrhundert. Ein Beitrag zur Geschichte der Mühlhäuser Familien, bearb. v. Hugo Groth. In: Mühlhäuser Gbll., 21, 1920/1921, S. 1–32.

Familien- und Personennamen aus dem XIV. Jahrhundert. Ein Beitrag zur Geschichte der Mühlhäuser Familien, bearb. v. Hugo Groth. In: Mühlhäuser Gbll., 22, 1921/1922, S. 1–32.

Familien- und Personennamen aus dem XIV. Jahrhundert. Ein Beitrag zur Geschichte der Mühlhäuser Familien, bearb. v. Hugo Groth. In: Mühlhäuser Gbll., 25/26, 1924/1926, S. 152–229.

Henricus Pauper. Rechnungen der Stadt Breslau von 1299–1358, nebst zwei Ratonarien von 1386 und 1387, dem Liber imperatoris vom Jahre 1377 und den ältesten Breslauer Statuten, hrsg. v. Colmar Grünhagen, Breslau 1860.

Hessische Urkunden. Aus dem Großherzoglich Hessischen- Haus- und Staatsarchive, Bd. 4 (Die Urkunden von 1400 bis 1500 enthaltend), hrsg. v. Ludwig Baur, Darmstadt 1866.

Humbert de Romanis: Opera de vita regularis 2, hrsg. v. Joachim Joseph Berthier, Rom 1889.

Kämmereibuch der Stadt Reval 1432–1463, Halbbd. 1: Nr. 1–769, bearb. v. REINHARD VOGELSANG (= Quellen und Darstellungen zur hansischen Geschichte N.F., 22,1), Köln 1976a.

Kämmereibuch der Stadt Reval 1432–1463, Halbbd. 2: Nr. 770–1190, bearb. v. REINHARD VOGELSANG (= Quellen und Darstellungen zur hansischen Geschichte N.F., 22,2), Köln 1976b.

Kämmereibuch der Stadt Reval 1463–1507, Halbbd. 1: Nr. 1191–1990, bearb. v. REINHARD VOGELSANG (= Quellen und Darstellungen zur hansischen Geschichte N.F., 27,1), Köln 1983a.

Kämmereibuch der Stadt Reval 1463–1507, Halbbd. 2: Nr. 1991–2754, bearb. v. REINHARD VOGELSANG (= Quellen und Darstellungen zur hansischen Geschichte N.F., 27,2), Köln 1983b.

Kämmereirechnungen der Stadt Hamburg 1350–1400, 1. Bd., bearb. v. KARL KOPPMANN, Hamburg 1869.

Kämmereirechnungen der Stadt Hamburg 1401–1470, 2. Bd., bearb. v. KARL KOPPMANN, Hamburg 1873.

Kämmereirechnungen der Stadt Hamburg 1471–1500, 3. Bd., bearb. v. KARL KOPPMANN, Hamburg 1878.

Kämmereirechnungen der Stadt Hamburg 1482–1500, 4. Bd., bearb. v. KARL KOPPMANN, Hamburg 1880.

Kämmereirechnungen der Stadt Hamburg 1501–1540, 5. Bd., bearb. v. KARL KOPPMANN, Hamburg 1883.

Kämmereirechnungen der Stadt Hamburg 1541–1554, 6. Bd., bearb. v. KARL KOPPMANN, Hamburg 1892.

Kämmereirechnungen der Stadt Hamburg 1555–1562, 7. Bd., bearb. v. KARL KOPPMANN, Hamburg 1894.

Kämmereirechnungen der Stadt Hamburg, 8. Bd., Nachträge und Register zum ersten Bande, bearb. v. HANS NIRRNHEIM, Hamburg 1939.

Kämmerei Register der Stadt Riga. 1348–1361 und 1405–1474, 1. Bd., bearb. v. AUGUST VON BULMERINCQ, Leipzig 1909.

Kämmerei Register der Stadt Riga. 1348–1361 und 1405–1474, 2. Bd., bearb. v. AUGUST VON BULMERINCQ, Leipzig 1913.

Kämmerei-Register der Stadt Wismar aus den Jahren 1326–1336, hrsg. v. FRIEDRICH CRULL. In: Jahrbücher des Vereins für Mecklenburgische Geschichte und Altertumskunde, 29, 1864, S. 77–108.

Landeschronik von Thüringen und Hessen bis 1247 und von Hessen seit 1247. In: Die Chroniken des Wigand Gerstenberg von Frankenberg, bearb. v. HERMANN DIEMAR (= Veröffentlichungen der Historischen Kommission für Hessen und Waldeck, Chroniken von Hessen und Waldeck, Bd. 7,1), Marburg 1909.

Mémoires d'Olivier de La Marche, maître d'hôtel et capitaine des gardes de Charles le Téméraire, Bd. 4, hrsg. v. HENRI BEAUNE, JEAN D'ARBAUMONT, Paris 1888.

Mittelalterliche Stadtrechnungen im historischen Prozess. Die älteste Duisburger Überlieferung (1348–1449). Bd. 1: Untersuchungen und Texte, hrsg. v. MARGRET MIHM, AREND MIHM, Köln 2007.

MGH DD O II – Die Urkunden Otto des II. (Ottonis II. Diplomata), hrsg. v. THEODOR SICKEL (= MGH DD reg. et imp. Germ. 2,1), Hannover 1888.

MGH – Constitutiones et acta publica imperatorum et regum inde ab a. MCCXCVIII usque ad a. MCCCXIII (1298–1313), 4,2, hrsg. v. JAKOB SCHWALM, Nachdruck, Hannover 1981.

Quellen zur Geschichte der Juden im Hessischen Staatsarchiv Marburg 1267–1600, Bd. 1, bearb. v. UTA KRÜGER-LÖWENSTEIN, Wiesbaden 1989.

Quellen zur Geschichte der Herrschaft Landskron a.d. Ahr / gesammelt von HANS FRICK; überarb. u. hrsg. von THERESIA ZIMMER. Bd. 2.: Rechnungen, Inventare, Güter- und Zinsverzeichnisse 1242–1500 (Nr. 1341–1383), bearb. v. THERESIA ZIMMER, Bonn 1966.

Quellen zur Geschichte Maximilians I. und seiner Zeit, hrsg. v. INGE WIESFLECKER-FRIEDHUBER, Darmstadt 1996.

Quellen zur Rechtsgeschichte der Stadt Marburg, Bd. 2, bearb. v. FRIEDRICH KÜCH (= Veröffentlichungen der Historischen Kommission für Hessen und Waldeck 13,2), Marburg 1931.

Quellen zur Verfassungsgeschichte der Deutschen Stadt im Mittelalter, FSGA, Bd. XXXIV, hrsg. v. BERND-ULRICH HERGEMÖLLER, Darmstadt 2000.

Quellen zur Verwaltungs- und Wirtschaftsgeschichte der Grafschaft Hohenberg. Vom Übergang an Österreich (1381) bis zum Ende der Reichsstädtischen Pfandschaft (1454), bearb. v. KARL OTTO MÜLLER, Teil 1 (= Württembergische Geschichtsquellen 24), Stuttgart 1953.

Rechnungen aus dem Archiv der Stadt Hermannstadt und der sächsischen Nation, 1. Bd. von c. 1380–1516, Hermannstadt 1880.

Rechnungsbuch des oberen Vicedomamtes Herzog Ludwig des Strengen 1291–1294, hrsg. v. EDMUND VON OEFELE. In: Oberbayerisches Archiv, 26, 1865/66, S. 272–345.

Reiserechnungen Wolfgers von Ellenbrechtskirchen, Bischofs von Passau, Patriarchen von Aquileja. Ein Beitrag zur Walterfrage, hrsg. v. IGNAZ VINZENZ ZINGERLE, Heilbronn 1877.

Regesten der Landgrafen von Hessen. Zweiter Bd.: Regesten der landgräflichen Kopiare, Erster Teil, bearb. v. KARL E. DEMANDT (= Veröffentlichungen der Historischen Kommission für Hessen, 6), Marburg 1990.

Regesten zur politischen Geschichte des Niederrhein I: Stadtrechnungen von Wesel, Bd. 1: 1349–1375, bearb. v. FRIEDRICH GORISSEN, Bonn 1963.

Repertorien des Staatsarchivs Marburg. Abteilung I. Die mittelalterlichen Rechnungen der Landgrafschaft Hessen (bis zum Jahre 1517), bearb. v. KARL E. DEMANDT, Marburg 1965.

Rintelner Kämmereiregister aus dem 15. Jahrhundert, bearb. v. WALTER MAACK, Rinteln 1971.

Stadthagener Stadtrechnungen 1378–1401, bearb. v. DIETER BROSIUS, Bückeburg 1968.

Stadtrechnungen als historische Quellen: Ein Beitrag zur Quellenkunde des ausgehenden Mittelalters. Dargelegt an dem Beispiele der Pegauer Stadtrechnungen des 14./15. Jahrhunderts. Mit einem Grundriß der Stadt Pegau aus dem XV. Jahrhundert, hrsg. v. JOHANNES HOHLFELD, Leipzig 1912. Unveränderter Neudruck, Walluf bei Wiesbaden 1973.

Stadtrechnungen von Bern vom 1454/I und 1492/II, hrsg. v. FRIEDRICH EMIL WELTI. In: Archiv des Historischen Vereins des Kantons Bern, 20, 1910, S. 1–44 (im Original irrtümlich mit 1454/II benannt).

Stadtrechnungen von Osnabrück aus dem 13. und 14. Jahrhundert, hrsg. v. JOHANN CARL BERTRAM STÜVE. In: Mitteilungen des Vereins für Geschichte und Landeskunde von Osnabrück, 15, 1890, S. 75–164.

Sugerus, Sancti Dionysii: Oeuvres completes de Suger, hrsg. v. ALBERT LECOY DE LA MARCHE, Hildesheim 1979.

Trierer Stadtrechnungen des Mittelalters, hrsg. v. GOTTFRIED KENTENICH, Rechnungen des 14. Jahrhunderts, Erstes Heft, Trier 1908.

Ueber die älteste Kämmereirechnung der Stadt Altenburg vom Jahre 1437–1438, hrsg. v. EDUARD HASE. In: Mittheilungen der Geschichts- und Alterthumsforschenden Gesellschaft des Osterlandes, 3, 1850, S. 461–498.

Urkundenbuch der ehemals freien Reichsstadt Mühlhausen in Thüringen, bearb. v. KARL HERQUET, Halle 1874.

Urkundenbuch der Stadt Hildesheim, Bd. 5. Hildesheimsche Stadtrechnungen 1379–1414, hrsg. v. RICHARD DOEBNER, Hildesheim 1893.

Urkundenbuch der Stadt Hildesheim, Bd. 6. Hildesheimsche Stadtrechnungen 1416–1450, hrsg. v. RICHARD DOEBNER, Hildesheim 1896.

Urkundenbuch der Stadt Lübben, Bd. 2. Die Lübbener Stadtrechnungen des 15. und 16. Jahrhunderts, hrsg. v. WOLDEMAR LIPPERT, Dresden 1919.

Vom Leben auf dem Lande. Die Rechnungen der Herren von Puchheim zu Horn und Göllersdorf 1444–1468. Edition und Kommentar, hrsg. v. HERBERT KNITTLER (= Studien und Forschungen aus dem niederösterreichischen Institut für Landeskunde 41), St. Pölten 2005.

Zu den Elbinger Kämmerei-Rechnungen, hrsg. v. MAX TÖPPEN. In: Altpreußische Monatsschrift, 9, 1872 (= Preußische Provinzial-Blätter 75), S. 373-376.

VII. Literatur

ABEL, WILHELM: Deutsche Agrarwirtschaft im Hochmittelalter. In: JAN A. VAN HOUTTE (HG): Handbuch der europäischen Wirtschafts- und Sozialgeschichte, Bd. 2, Stuttgart 1980, S. 534–551.

ALBRECHT, JOHANN: Rechenbüchlein auff der linien / dem einfeltigen man odder leien / und jungen anhebenden liebhabern der Arithmetice zu gut durch Johann Albrecht / Rechenmeister zu Wittemberg auffs fleissigst zusamen getragen im XXXIIII. Jar, Wittenberg 1534.

ALBRECHT, STEFAN: Mittelalterliche Rathäuser in Deutschland, Darmstadt 2004.

AMMANN, HEKTOR: Untersuchungen zur Wirtschaftsgeschichte des Oberrheinraumes I. Konrad von Weinsbergs Geschäft mit Elsässer Wein nach Lübeck im Jahre 1426. In: Zeitschrift für die Geschichte des Oberrheins, N.F., 69, 1960, S. 466–498.

AMMANN, HEKTOR: Die Weinsberger Rechnungen und die Wirtschaftsgeschichte. In: Württembergisch Franken, 50, 1966, S. 169–184.

ANDENMATTEN, BERNARD: Schreiben und Zählen für eine bessere Verwaltung. In: Entstehung Schweiz. Unterwegs vom 12. ins 14. Jahrhundert, Baden 2011, S. 62–75.

ANDERMANN, KURT: Grundherrschaften des spätmittelalterlichen Niederadels in Südwestdeutschland. Zur Frage der Gewichtung von Geld- und Naturaleinkünften. In: Blätter für deutsche Landesgeschichte, 127, 1991, S. 145–190.

ANDERMANN, KURT: Adel und finanzielle Mobilität im späten Mittelalter. In: HORST CARL, SÖNKE LORENZ (HG): Gelungene Anpassung? Adelige Antworten auf gesellschaftliche Wandlungsvorgänge vom 14. bis zum 16. Jahrhundert; zweites Symposion „Adel, Ritter, Reichsritterschaft vom Hochmittelalter bis zum modernen Verfassungsstaat", Ostfildern 2005, S. 13–26.

ANDERMANN, KURT: Pragmatische Schriftlichkeit. In: WERNER PARAVICINI (HG): Höfe und Residenzen im spätmittelalterlichen Reich. Hof und Schrift (= Residenzforschung 15.III), Ostfildern 2007a, S. 37–60.

ANDERMANN, KURT: Das Kopialbuch des Jakob von Lachen. Zur Rezeption pragmatischer Schriftlichkeit im Ritteradel Südwestdeutschlands während des späten Mittelalters. In: Zeitschrift für die Geschichte des Oberrheins, 155, 2007b, S. 227–264.

ANDERMANN, ULRICH: Ritterliche Gewalt und bürgerliche Selbstbestimmung. Untersuchungen zur Kriminalisierung und Bekämpfung spätmittelalterlichen Raubrittertums am Beispiel norddeutscher Hansestädte (= Rechtshistorische Reihe 91), Frankfurt a. M. 1991.

ARLINGHAUS, FRANZ-JOSEF: Zwischen Notiz und Bilanz. Zur Eigendynamik des Schriftgebrauchs in der kaufmännischen Buchführung am Beispiel der Datini/di Berto-Handelsgesellschaft in Avignon (1367–1373) (= Gesellschaft, Kultur und Schrift 8), Frankfurt a. M. 2000.

ARLINGHAUS, FRANZ-JOSEF: Die Bedeutung des Mediums „Schrift" für die unterschiedliche Entwicklung deutscher und italienischer Rechnungsbücher. In: WALTER POHL, PAUL HEROLD (HG): Vom Nutzen des Schreibens: soziales Gedächtnis, Herrschaft und Besitz im Mittelalter, Forschungen zur Geschichte des Mittelalters, 1, Wien 2002, S. 237–268.

ARLINGHAUS, FRANZ-JOSEF/OSTERMANN, MARCUS/PLESSOW, OLIVER/TSCHERPEL, GUDRUN: Written Texts on the Move: Medieval Manuscript Culture in a Multimedia Environment. In: FRANZ-JOSEF ARLINGHAUS, MARCUS OSTERMANN, OLIVER PLESSOW, GUDRUN TSCHERPEL (HG): Transforming the Medieval World. Uses of Pragmatic Literacy in the Middle Ages (= Utrecht Studies in Medieval Literacy 6), Turnhout 2006, S. 3–21.

ARLINGHAUS, FRANZ-JOSEF: Account Books. In: JOSEF ARLINGHAUS, MARCUS OSTERMANN, OLIVER PLESSOW, GUDRUN TSCHERPEL (HG): Transforming the Medieval World. Uses of Pragmatic Literacy in the Middle Ages (= Utrecht Studies in Medieval Literacy 6), Turnhout 2006, S. 44–59.

ARLINGHAUS, FRANZ-JOSEF: Materialität und Differenzierung der Kommunikation. Zu Funktionen des Pergament- und Papiergebrauchs in der spätmittelalterlichen Ständegesellschaft. In: CARLA MEYER, BERND SCHNEIDMÜLLER, SANDRA SCHULTZ (HG): Papier im mittelalterlichen Europa. Herstellung und Gebrauch, Berlin 2015, S. 179–190.

ARNOLD, THOMAS: Der Hohlpfennigfund von Mühlhausen (1990) – verborgen um 1430 – Spiegelbild des Thüringer Kleingeldumlaufs, Mühlhausen 2007.

ASSMANN, ALEIDA/ASSMANN, JAN: Schrift und Gedächtnis. In: ALEIDA ASSMANN, CHRISTOF HARDMEIER (HG): Schrift und Gedächtnis. Beiträge zur Archäologie der literarischen Kommunikation, München 1983, S. 265–284.

AUENER, WILHELM: Mühlhausen und die Hanse. In: Mühlhäuser Gbll., 33/35, 1936, S. 1–12.

AUGST, GERHARD/MÜLLER, KARIN: Die schriftliche Sprache im Deutschen. In: HARTMUT GÜNTHER, OTTO LUDWIG (HG): Schrift und Schriftlichkeit. Writing and Its Use. Ein interdisziplinäres Handbuch internationaler Forschung, 2. Halbband, Berlin 1996, S. 1500–1506.

AULEPP, ROLF: Fernverkehrswege, Plätze und Märkte im mittelalterlichen Mühlhausen. In: Mühlhäuser Beiträge zu Geschichte und Kulturgeschichte, 3, Mühlhausen 1980, S. 34–51.

AULEPP, ROLF: Die Mühlhäuser Stadtbrände von 1180–1707. In: Mühlhäuser Beiträge zu Geschichte, Kulturgeschichte, Natur und Umwelt, 11, 1988, S. 39–45.

AUMANN, STEFAN: Einbecks älteste erhaltene Kämmereirechnung von 1494. In: Einbecker Jahrbuch, 43, 1994, S. 71–96.

BABENDERERDE, CORNELL: Sterben, Tod, Begräbnis und liturgisches Gedächtnis bei weltlichen Reichsfürsten des Spätmittelalters (= Residenzenforschung 19), Ostfildern 2006.

BACH, ADOLF: Chatti-Hassi. Zur Deutung des Namens der Hessen. In: Hessisches Jahrbuch für Landesgeschichte, 4, 1954, S. 1–20.

BACHMANN, BODO: Die Butzbacher Stadtrechnungen im Spätmittelalter 1371–1419, Bd. 1: Kommentar & Index (= Quellen und Forschungen zur hessischen Geschichte 160), Marburg 2011.

BADER, W.: Die grossen Brände in Mühlhausen, Mühlhausen i.Th., 1912.

BALTZAREK, FRANZ: Das Steueramt der Stadt Wien und die Entwicklung der städtischen Rechnungskontrolle bis zur Mitte des 18. Jahrhunderts. In: Wiener Geschichtsblätter, 22, 1967, S. 163–169.

BAMBERGER, ELISABETH: Die Finanzverwaltung in den deutschen Territorien des Mittelalters (1200–1500). In: Zeitschrift für die gesamte Staatswissenschaft, 77, 1923, S. 168–255.

BANGE, EVAMARIE: Wirtschaft und Kompetenz – Wasserzeichen als Quelle zu Handel und Organisation in mittelalterlichen Schreibstuben. In: ANDREA RAPP, MICHAEL EMBACH (HG): Zur Erforschung mittelalterlicher Bibliotheken. Chancen – Entwicklungen – Perspektiven, Frankfurt 2009, S. 11–31.

BANGE, EVAMARIE: Wasserzeichen als Quelle zur Wirtschafts- und Sozialgeschichte. Eine Studie am Beispiel der Luxemburger Kontenbücher. In: CARLA MEYER, BERND SCHNEIDMÜLLER, SANDRA SCHULTZ (HG): Papier im mittelalterlichen Europa. Herstellung und Gebrauch, Berlin 2015, S. 115–134.

BANNASCH, HERMANN: Von der Malkunst zur Wasserzeichenkunde. Zu Weg und Werk des Wasserzeichenforschers Gerhard Piccard (1909–1989). In: Archivalische Zeitschrift, 86, 2004, S. 287–322.

BATTENBERG, FRIEDRICH: Reichskämmerer Konrad von Weinsberg und die Falkensteiner Erbschaft. Die Prozesse am Reichshofgericht, am Hofgericht Rottweil und am königlichen Kammergericht 1420–1447. In: Archiv für hessische Geschichte und Altertumskunde NF, 35, 1977, S. 99–176.

BECK, FRIEDRICH: II. Schrift. In: FRIEDRICH BECK, ECKART HENNING (HG): Die archivalischen Quellen. Mit einer Einführung in die historischen Hilfswissenschaften, 3. Aufl., Köln 2003, S. 179–244.

BECK, FRIEDRICH/BECK, LORENZ FRIEDRICH: Die Lateinische Schrift. Schriftzeugnisse aus dem deutschen Sprachgebiet vom Mittelalter bis zur Gegenwart, Köln 2007.

BECK, WOLFGANG: Grenzen und Möglichkeiten einer Corpuserstellung deutscher Literatur des Mittelalters in Thüringen. In: LUISE CZAJKOWSKI, CORINNA HOFFMAN, HANS ULRICH SCHMID (HG): Ostmitteldeutsche Schreibsprachen im Spätmittelalter, Berlin 2007, S. 154–164.

BECKER, CLAUDIA: Beiträge zur kommunalen Buchführung und Rechnungslegung. In: HAGEN KELLER, THOMAS BEHRMANN (HG): Kommunales Schriftgut in Oberitalien. Formen, Funktionen, Überlieferung, München 1995, S. 117–148.

BECKER, HEINRICH: Der Haushalt der Stadt Zerbst 1460 bis 1510, dargestellt nach den Handbüchern des Rates der Stadt Zerbst, Tübingen 1905.

BECKER, JULIA/LICHT, TINO/SCHNEIDMÜLLER, BERND: Pergament. In: THOMAS MEIER, MICHAEL R. OTT, REBECCA SAUER (HG): Materiale Textkulturen. Konzepte – Materialien – Praktiken, Berlin 2015, S. 337–348.

BECKMANN, GUSTAV: Das mittelalterliche Frankfurt a. M. als Schauplatz von Reichs- und Wahltagen. In: Archiv für Frankfurts Geschichte und Kunst, 21, 1889, S. 1–140.

BEMMANN, RUDOLF: Die Statuten der Reichsstadt Mühlhausen in Thüringen vom Jahre 1401 [–1462, 1525, 1537]. Ein Nachtrag zu Lambert: Die Ratsgesetzgebung der freien Reichsstadt Mühlhausen in Thüringen im 14. Jahrhundert. In: Mühlhäuser Gbll., 9, 1908, S. 7–34.

BEMMANN, RUDOLF: Eine Ketzerverfolgung im Gebiet der Reichsstadt Mühlhausen in Thür. im Jahre 1420. In: Zeitschrift des Vereins für Kirchengeschichte in der Provinz Sachsen, 7, 1910a, S. 131–136.

BEMMANN, RUDOLF: Die Hanse und die Reichsstadt Mühlhausen i. Thür. 1423–1432. In: Hansische Gbll., 16, 1910b, S. 285–292.

BEMMANN, RUDOLF: Die Stadt Mühlhausen in Thür. im späten Mittelalter. Neujahrsblätter der historischen Kommission für die Provinz Sachsen und das Herzogtum Anhalt, 39, Halle 1915.

BENDIXEN, PETER: Die Kultur des unternehmerischen Handelns. Unternehmensführung jenseits der Betriebswirtschaft, Wiesbaden 2011.

BENNINGHOVEN, FRIEDRICH: Rigas Entstehung und der frühhansische Kaufmann, Hamburg 1961.

BERGER, CHRISTIAN-PAUL: Wie genau ist Oswald von Wolkensteins Neumond-Kalender? Eine Anleitung zur Benützung des Computus ecclesiasticus in Klein 28 (in der Fassung nach Hs. A). In: Der Schlern. Südtiroler Monatsschrift für Heimatkunde und Heimatpflege, 69, 1995, S. 11–36.

BERGHAUS, PETER: Eintrag „Groschen". In: ROBERT-HENRI BAUTIER (HG): Lexikon des Mittelalters IV, München 1989, Sp. 1726–1727.

BEYER, OTTO: Schuldenwesen der Stadt Breslau im 14. und 15. Jahrhundert mit besonderer Berücksichtigung der Verschuldung durch Rentenverkauf. In: Zeitschrift des Vereins für Geschichte (und Alterthum) Schlesiens, 35, 1901, S. 68–143.

BEYERLE, KONRAD: Die deutschen Stadtbücher. In: Deutsche Geschichtsblätter. Monatsschrift zur Förderung der landesgeschichtlichen Forschung, 11, 1910, S. 145–200.

BIRABEN, JEAN-NOËL: Les hommes et la peste en France et dans les pays européens et méditerranéens, 1, La peste dans l'histoire, Berlin 2019.

BIRGELEN, SEBASTIAN VON: Die Spätmittelalterlichen Stadtrechnungen Thüringens (1377–1525). In: ZThG, 66, 2012, S. 71–94.

BISCHOFF, FRANK M.: Methoden der Lagenbeschreibung. Scriptorium. In: Int. Rev. Manuscript Studies, XLVI, 1992, 1, S. 3–27.

BITSCH, HORST: Die Verpfändungen der Landgrafen von Hessen während des späten Mittelalters, Göttingen 1974.

BITTMANN, MARKUS: Kreditwirtschaft und Finanzierungsmethoden. Studien zu den wirtschaftlichen Verhältnissen des Adels im westlichen Bodenseeraum 1300–1500, Stuttgart 1991.

BLECHSCHMIDT, JÜRGEN: Taschenbuch der Papiertechnik, 2. Aufl., München 2013.

BLUM, WOLFGANG: Eine kurze Geschichte der Mathematik, Darmstadt 2019.

BLUMENBACH: Blicke in den Hofstaat und die Lebensweise einer verwitweten Fürstin im 14. Jahrhundert. In: Archiv des Historischen Vereins für Niedersachsen, 1849, S. 1–20.

BOEHN, OTTO VON: Anna von Nassau. Herzogin von Braunschweig-Lüneburg. Ein Fürstenleben am Vorabend der Reformation. In: Niedersächsisches Jahrbuch für Landesgeschichte, 29, 1957, S. 24–120.

BOELCKE, WILLI A.: Die Einkünfte Lausitzer Adelsherrschaften in Mittelalter und Neuzeit. In: WILHELM ABEL, KNUT BORCHARDT, HERMANN KELLENBENZ, WOLFGANG ZORN (HG): Wirtschaft, Geschichte und Wirtschaftsgeschichte, Stuttgart 1966, S. 183–205.

BOGNER, ARTUR: Zivilisation und Rationalisierung. Die Zivilisationstheorien Max Webers, Norbert Elias' und der Frankfurter Schule im Vergleich, Bielefeld 1986.

BOJCOV, MICHAIL A.: Sitten und Verhaltensformen am Innsbrucker Hof des 15. Jahrhunderts im Spiegel der Hofordnungen. In: HOLGER KRUSE, WERNER PARAVICINI (HG): Höfe und Hofordnungen 1200–1600, Sigmaringen 1999, S. 243–283.

BOOCKMANN, HARTMUT: Spielleute und Gaugler in den Rechnungen des Deutschordens-Hochmeisters. In: DETLEF ALTENBURG, JÖRG JARNUT, HANS-HUGO STEINHOF (HG): Feste und Feiern im Mittelalter. Paderborner Symposion des Mediävistenverbandes, Sigmaringen 1991, S. 217–228.

BOSHOF, HEIDRUN E.: Fest und Alltag in einem spätmittelalterlichen Damenstift. Das Reichsstift Obermünster in Regensburg im Spiegel seiner Rechnungen. In: PAUL MAI, KARL HAUSBERGER (HG): Reichsstift Obermünster in Regensburg einst und heute, Regensburg 2008, S. 187–258.

BOSL, KARL/WEIS, EBERHARD: Die Gesellschaft in Deutschland I. Von der fränkischen Zeit bis 1848, München 1976.

BOTHE, FRIEDRICH: Die Entwicklung der direkten Besteuerung in der Reichsstadt Frankfurt bis zur Revolution 1612–1614, Leipzig 1906.

BOVERT, DETLEF VON/HUTHSTEINER, ROLF: Heilige Zeiten: Mittelalterliche Chronologie als Historisches Wissen. In: Historical Social Research, 16, 4, 1991, S. 116–127.

BRANDSTÄTTER, KLAUS: Jüdisches Leben in Tirol im Mittelalter. In: THOMAS ALBRICH (HG): Jüdisches Leben im historischen Tirol, Innsbruck 2013, S. 11–134.

BRANDT, AHASVER VON: Der Lübecker Rentenmarkt von 1320–1350, Kiel 1935.

BRANDT, AHASVER VON: Werkzeug des Historikers, 17. Aufl., Stuttgart 2007.

BRAUN, NIKOLAUS: Das Finanzwesen der Reichstadt Regensburg im Spätmittelalter. In: MARTIN ANGERER, HEINRICH WANDERWITZ (HG): Regensburg im Mittelalter. Bd. 1, Regensburg 1995, S. 107–124.

BRAUNSCHWEIG, HANNO: Mobilität für Hamburg: Boten und Läufer in den Kämmereirechnungen 1461–1499. In: STEPHAN SELZER, BENJAMIN WEIDEMANN (HG): Hamburger Lebenswelten im Spätmittelalter. Untersuchungen an gedruckten und ungedruckten Quellen, Münster 2014, S. 147–171.

BRENNIG, HERIBERT R.: Der Kaufmann im Mittelalter: Literatur – Wirtschaft – Gesellschaft (= Bibliothek der historischen Forschung 5), Pfaffenweiler 1993.

BRENTEL, HELMUT: Soziale Rationalität. Entwicklungen, Gehalte und Perspektiven von Rationalitätskonzepten in den Sozialwissenschaften, Opladen 1999.

BRIGGS, CHARLES FAIRBANK: Literacy, reading and writing in the medieval West. In: Journal of Medieval History, 26, 2000, S. 397–420.

BRINKMANN, ERNST: Aus dem Zunftwesen der Reichsstadt Mühlhausen. In: Mühlhäuser Gbll., 24, 1923/24, S. 100–129.

BRINKMANN, ERNST: Gelegenheitsfunde im Mühlhäuser Archiv. In: Mühlhäuser Gbll., 32, 1933, S. 98–119.

BRIQUET, CHARLES-MOÏSE: De la valeur des filigranes du papier comme moyen de déterminer l'âge et la provenance de documents non datés, Genève 1892.

BRIQUET, CHARLES-MOÏSE: Les filigranes. Dictionnaire historique des marques du papier dès leur apparition vers 1282 jusqu'en 1600, Bd. 1: Original Text (A–J), ALLAN H. STEVENSON (HG): A facs. of the 1907 ed. with suppl. material, Amsterdam 1968.

BRIQUET, CHARLES-MOÏSE: Les filigranes. Dictionnaire historique des marques du papier dès leur apparition vers 1282 jusqu'en 1600, Bd. 2: Original Text (L–Z), ALLAN H. STEVENSON (HG): A facs. of the 1907 ed. with suppl. material, Amsterdam 1968.

BRIQUET, CHARLES-MOÏSE: Les filigranes. Dictionnaire historique des marques du papier dès leur apparition vers 1282 jusqu'en 1600, Bd. 3: Watermark illustrations: nos. 1–7877, ALLAN H. STEVENSON (HG): A facs. of the 1907 ed. with suppl. material, Amsterdam 1968.

BRIQUET, CHARLES-MOÏSE: Les filigranes. Dictionnaire historique des marques du papier dès leur apparition vers 1282 jusqu'en 1600, Bd. 4: Watermark illustrations: nos. 7878–16112, ALLAN H. STEVENSON (HG): A facs. of the 1907 ed. with suppl. material, Amsterdam 1968.

BROCKHOFF, KLAUS: Betriebswirtschaftslehre in Wissenschaft und Geschichte. Eine Skizze, 4. Aufl., Wiesbaden 2014.

BRUNGS, JOSEF J.: Ein Drachenfelser Burggrafenleben um das Jahr 1400. Eine kulturhistorische Skizze. In: Geschichtliche Landeskunde. Mitteilungen des Instituts für geschichtliche Landeskunde der Rheinlande an der Universität Bonn, 1, 1929, S. 9–23.

BRUNNER, OTTO: Die Finanzen der Stadt Wien von den Anfängen bis ins 16. Jahrhundert, Wien 1929.

BRUNNER, OTTO: „Bürgertum" und „Feudalwelt" in der europäischen Sozialgeschichte. In: CARL HAASE (HG): Die Stadt des Mittelalters, Bd. 3: Wirtschaft und Gesellschaft, Darmstadt 1973, S. 480–502.

BÜCHER, KARL: Zur mittelalterlichen Bevölkerungsstatistik mit besonderer Rücksicht auf Frankfurt a. M. I. Allgemeiner Theil. ZgS, 37, 1881, S. 535–580.

BÜCHER, KARL: Zur mittelalterlichen Bevölkerungsstatistik mit besonderer Rücksicht auf Frankfurt a. M. II. Specieller Theil. ZgS, 38, 1882, S. 28–117.

BÜCHER, KARL: Zur mittelalterlichen Bevölkerungsstatistik, ZgS, 41, 1885, S. 488–579.

BÜCHER, KARL: Die Bevölkerung von Frankfurt am Main im XIV. und XV. Jahrhundert: Socialstatistische Studien, Tübingen 1886.

BÜCHER, KARL: Der öffentliche Haushalt der Stadt Frankfurt im Mittelalter. I. Abhandlungen, ZgS, 52, 1896, S. 1–19.

BÜHLER, THEODOR: Rechtsschöpfung und Rechtswahrung an der Schnittstelle zwischen Mündlichkeit und Schriftlichkeit aufgrund von mittelalterlichen Rechtsquellen insbesondere aus Mitteleuropa (= Europäische Rechts- und Regionalgeschichte 18), Baden-Baden 2012.

BULACH, DORIS: Handwerk im Stadtraum. Das Ledergewerbe in den Hansestädten der südwestlichen Ostseeküste (13. bis 16. Jahrhundert), Köln 2012.

BÜNZ, ENNO: Adlige Unternehmer? Wirtschaftliche Aktivitäten von Grafen und Herren im späten Mittelalter. In: KURT ANDERMANN, CLEMENS JOOS (HG): Grafen und Herren in Südwestdeutschland vom 12. bis ins 17. Jahrhundert, Epfendorf 2006, S. 35–69.

BURGARD, FRIEDHELM/MÖTSCH, JOHANNES: Die Rechnung des trierischen Kellners in Mayen aus dem Jahre 1344/45. In: Archiv für Diplomatik, 39, 1993; S. 273–317.

BUTT, ARNE: Systematik und Chancen städtischer Rechnungsführung am Beispiel der spätmittelalterlichen Göttinger Kämmereiregister. In: GUDRUN GLEBA, NIELS PETERSEN (HG): Wirtschafts- und Rechnungsbücher des Mittelalters und der Frühen Neuzeit. Formen und Methoden der Rechnungslegung: Städte, Klöster und Kaufleute, Göttingen 2015, S. 79–101.

BUTZ, REINHARDT: Die Stellung der wettinischen Hofräte nach Ausweis der Hofordnungen des ausgehenden Mittelalters. In: HOLGER KRUSE, WERNER PARAVICINI (HG): Höfe und Hofordnungen 1200–1600, Sigmaringen 1999, S. 321–336.

CAENEGEM, RAOUL C. VAN: Kurze Quellenkunde des westeuropäischen Mittelalters. Eine typologische, historische und bibliographische Einführung, Göttingen 1964.

CAPPELLI, ADRIANO: Lexicon abbreviaturarum. Dizionario di abbreviature latine et italiane, 7. Ausg., Mailand 2016.

CAVALLAR, OSWALDO/DEGENRING, SUSANNE/KIRSHNER, JULIUS: A Grammar of Signs. Bartolo da Sassoferrato's „Tract on Insignia and Coats of Arms". In: Studies in comparative legal history, Berkeley 1994, S. 109–121.

CECCERELLI, ALBERTO: I libri di mercatura della Banca Medici, e l'applicazione della partita doppia a Firenze nel secolo XIVo, Firenze 1913.

CHANDON, CHRISTIAN: Die Bamberger Stadtrechnungen im 15. und 16. Jahrhundert. Aspekte ihrer Genese und ihre Bedeutung für die Stadt- und Regionalgeschichte. In: Jahrbuch für Regionalgeschichte, 34, 2016, S. 51–70.

CHASSANT, ALPHONSE ANTOINE LOUIS: Dictionnaire des abréviations latines et francaises usitées dans les inscriptions lapidaires et métalliques, les manuscrits et les chartes du Moyen Âge, Nachdr. der 5. Aufl., Hildesheim 1965.

CHMEL, JOSEPH: Geschichte Kaiser Friedrichs IV. und seines Sohnes Maximilian I., 1. Bd. Geschichte Kaiser Friedrichs IV. vor seiner Königswahl, Hamburg 1840.

CLAESSENS, DIETER: Freude an soziologischem Denken. Die Entdeckung zweier Wirklichkeiten: Aufsätze 1957–1987, Soziologische Schriften, 58, Berlin 1993.

CLANCHY, MICHAEL T.: From memory to written record, England 1066–1307, London 1979.

CLAUSS, HERMANN: Das älteste Gunzenhäuser Stadtrechnungsbuch. In: Alt-Gunzenhausen, 4, 1927, S. 25–49.

CLAUSS, MARTIN: Waffe und Opfer – Pferde in mittelalterlichen Kriegen. In: RAINER PÖPPINGHEGE (HG): Tiere im Krieg. Von der Antike bis zur Gegenwart, Paderborn 2009, S. 47–64.

CROSSGROVE, WILLIAM: Die deutsche Sachliteratur des Mittelalters (= Germanistische Lehrbuchsammlung 63), Bern 1994.

CROUS, ERNST/KIRCHNER, JOACHIM: Die gotischen Schriftarten, 2. Aufl., Braunschweig 1970.

CZAJA, ROMAN: Das Patriziat in den livländischen und preußischen Städten. Eine vergleichende Analyse. In: ILGVARS MISĀNS, HORST WERNICKE (HG): Riga und der Ostseeraum. Von der Gründung bis in die frühe Neuzeit, Marburg 2005, S. 211–222.

DARTMANN, CHRISTOPH: Schrift im Ritual. Der Amtseid des Podestà auf den geschlossenen Statutencodex der italienischen Stadtkommune. In: Zeitschrift für historische Forschung, 31, 2004, S. 169–204.

DEMANDT, KARL E.: Kultur und Leben am Hofe der Katzenelnbogener Grafen. In: Nassauische Annalen, 61, 1950, S. 149–180.

DEMANDT, KARL E.: Die Grafen von Katzenelnbogen und ihr Erbe. In: Hessisches Jahrbuch für Landesgeschichte, 29, 1979, S. 1–35.

DEMANDT, KARL E.: Der Personenstaat der Landgrafschaft Hessen im Mittelalter. Ein „Staatshandbuch" Hessens vom Ende des 12. bis zum Anfang des 16. Jahrhunderts. Erster Teil, Marburg 1981a.

DEMANDT, KARL E.: Der Personenstaat der Landgrafschaft Hessen im Mittelalter. Ein „Staatshandbuch" Hessens vom Ende des 12. bis zum Anfang des 16. Jahrhunderts. Zweiter Teil, Marburg 1981b.

DEMANDT, KARL ERNST: Rheinfels und andere Katzenelnbogener Burgen als Residenzen, Verwaltungszentren und Festungen 1350–1650, Darmstadt 1990.

DEMANDT, KARL E.: Laterculus Notarum. Lateinisch-deutsche Interpretationshilfen für spätmittelalterliche und frühneuzeitliche Archivalien mit 4 Tafeln spezieller Zahlenschreibungen des 14.–16. Jahrhunderts, 8. Aufl., Marburg 2006.

DENZEL, MARKUS A.: Das Problem des Wuchers im bargeldlosen Verkehr des späten Mittelalters – Theorie und Wirklichkeit. In: PETRA SCHULTE, PETER HESSE (HG): Reichtum im späten Mittelalter. Politische Theorie – Ethische Norm – Soziale Akzeptanz, Stuttgart 2015, S. 95–114.

Deutscher historischer Städteatlas: Mühlhausen/Th., SCHLOMS, ANTJE, STRACKE, DANIEL, WITTMANN, HELGE (Bearb.). In: PETER JOHANEK, EUGEN LAFRENZ, THOMAS TIPPACH (HG): Deutscher historischer Städteatlas, 6, Münster 2020.

DEUTSCHLÄNDER, GERRIT: Im Bunde mit der Hanse? Bündnisinteressen thüringischer Städte im Spätmittelalter. In: Zeitschrift des Vereins für Thüringische Geschichte, 66, 2012, S. 95–110.

DIETZ, GEORG: Digitale Dokumentation von Wasserzeichen und weiteren Papiermerkmalen für die kunstgeschichtliche Forschung. In: WOLFGANG ECKHARDT, JULIA NEUMANN, TOBIAS SCHWINGER, ALEXANDER STAUB (HG): Wasserzeichen – Schreiber – Provenienzen. Neue Methoden zur Erforschung und Erschließung von Kulturgut im digitalen Zeitalter. Zwischen wissenschaftlicher Spezialdisziplin und catalog enrichment, Berlin 2016, S. 219–254.

DILCHER, GERHARD/SUSANNE LEPSIUS (HG): Max Weber: Zur Geschichte der Handelsgesellschaften im Mittelalter, Schriften 1889–1894, Tübingen 2008.

DILCHER, GERHARD: Zum Verhältnis von Autonomie, Schriftlichkeit und Ausbildung der Verwaltung in der mittelalterlichen Stadt. In: HELMUT NEUHAUS (HG): Selbstverwaltung in der Geschichte Europas in Mittelalter und Neuzeit, Berlin 2010, S. 9–38.

DILICH, WILHELM: Hessische Chronica, Cassel 1608.

DINSTÜHLER, HORST: Die Jülicher Landrentmeister-Rechnung von 1434/1435. Beobachtungen zur Wirtschafts- und Verwaltungsgeschichte eines Territoriums im 15. Jahrhundert, Bonn 1989.

DIRLMEIER, ULF: Die Ernährung als mögliche Determinante der Bevölkerungsentwicklung. In: BERND HERRMANN, ROLF SPRANDEL (HG): Determinanten der Bevölkerungsentwicklung im Mittelalter, Weinheim 1987, S. 143–154.

DIRLMEIER, ULF/FOUQUET, GERHARD/ELKAR, RAINER S.: Mittelalterliches und frühneuzeitliches Steuer- und Abrechnungswesen. In: JÜRGEN REULECKE (HG): Stadtgeschichte als Zivilisationsgeschichte. Beiträge zum Wandel städtischer Wirtschafts-, Lebens- und Wahrnehmungsweisen, Essen 1990, S. 11–22.

DIRLMEIER, ULF/FOUQUET, GERHARD: Bischof Johannes von Venningen (1458–1478) auf Reisen. Aufwand und Konsum als Merkmale adliger Lebensführung. In: GERTRUD BLASCHITZ, HELMUT HUNDSBICH-

LER, GERHARD JARITZ, ELISABETH VAVRA (HG): Symbole des Alltags – Alltag der Symbole. Festschrift für Harry Kühnel zum 65. Geburtstag, Graz 1992, S. 113–145.

DI STEFANO, EMANUELA: Paper from Fabriano and Pioraco on European markets: leadership and dispersion between the fourteenth and fifteenth century. In: GIANCARLO CASTAGNARI (HG): L'impiego delle tecniche e dell'opera dei cartai fabrianesi in Italia e in Europa, Fabriano 2007, S. 51–66.

DI STEFANO, EMANUELA: European and Mediterranean perspectives on the paper produced in Camerino-Pioraco and Fabriano at the apogee of its medieval development (14th–15th Century). In: CARLA MEYER, BERND SCHNEIDMÜLLER, SANDRA SCHULTZ (HG): Papier im mittelalterlichen Europa. Herstellung und Gebrauch, Berlin 2015, S. 47–70.

DOLLE, JOSEF: Zu der Theorie einer „spätmittelalterlichen Agrarkrise". Eine kritische Untersuchung am Beispiel des Altkreises Göttingen. In: Göttinger Jahrbuch, 42, 1994, S. 55–94.

DOLLINGER, PHILIPPE: Die deutschen Städte im Mittelalter. In: HEINZ STOOB (HG): Altständisches Bürgertum, 2. Bd. Erwerbsleben und Sozialgefüge, Darmstadt 1978, S. 269–300.

DOPSCH, ALFONS: Beiträge zur Geschichte der Finanzverwaltung Österreichs im 13. Jahrhundert. In: Mitteilungen des Instituts für Österreichische Geschichtsforschung, 14, 1893, S. 449–469.

DROEGE, GEORG: Verfassung und Wirtschaft in Kurköln unter Dietrich von Moers (1414–1463), Bonn 1957.

DROEGE, GEORG: Spätmittelalterliche Staatsfinanzen in Westdeutschland. In: HERMANN KELLENBENZ (HG): Öffentliche Finanzen und privates Kapital im späten Mittelalter und in der ersten Hälfte des 19. Jahrhunderts, Stuttgart 1971, S. 5–13.

DÜLFER, KURT: Urkunden, Akten, Schreiben in Mittelalter und Neuzeit. Studien zum Formproblem. In: Archivalische Zeitschrift, 53, 1957, S. 11–53.

EBERHARDT, ILSE: Van des stades wegene utgegeven unde betalt. Städtischer Alltag im Spiegel der Stadtrechnungen von Osnabrück (1459–1519) (= Osnabrücker Geschichtsquellen und Forschungen 37), Osnabrück 1996.

EBERHARDT, ILSE: Die Grutamtsrechnungen der Stadt Münster von 1480 und 1533. Edition und Interpretation (= Quellen und Forschungen zur Geschichte der Stadt Münster NF 19, C 2), Münster 2002.

EDLER, FLORENCE: Glossary of Mediaeval Terms of Business, Italian Series 1200–1600, Cambridge MA 1934.

EGGERS, HANS: Deutsche Sprachgeschichte, Bd. 1, Das Althochdeutsche und das Mittelhochdeutsche, Reinbek bei Hamburg 1986.

EGGERS, HANS: Deutsche Sprachgeschichte, Bd. 2, Das Frühneuhochdeutsche und das Neuhochdeutsche, Reinbek bei Hamburg 1986.

ELIAS, NORBERT: Die höfische Gesellschaft. Untersuchungen zur Soziologie des Königtums und der höfischen Aristokratie mit einer Einleitung. Soziologie und Geschichtswissenschaft, 4. Aufl., Darmstadt 1979.

ELKAR, RAINER S.: Feder, Tinte und Papier – ungebrauchte Werkzeuge im alten Handwerk? In: KARL HEINRICH KAUFHOLD, HANS JÜRGEN GERHARD (HG): Struktur und Dimension, Bd. 1, Mittelalter und Frühe Neuzeit, Festschrift für Karl Heinrich Kaufhold zum 65. Geburtstag, Stuttgart 1997, S. 274–297.

ENDRES, RUDOLF: Zur Einwohnerzahl und Bevölkerungsstruktur Nürnbergs im 15./16. Jahrhundert. In: Mitteilungen des Vereins für Geschichte der Stadt Nürnberg, 57, 1970, S. 242–271.

ENGELHARDT, JENNIFER: Das Rote Buch der Stadt Esslingen – Intention und Entstehung eines dynamischen Stadtbuches. In: MARK MERSIOWSKY, ANJA THALLER, JOACHIM J. HALBEKANN (HG): Schreiben –

Verwalten – Aufbewahren. Neue Forschungen zur Schriftlichkeit im spätmittelalterlichen Esslingen, Ostfildern 2018, S. 17–41.

ENKELMANN, HANS WALTER: Stadtrechnungen von 1492 ins Pößnecker Stadtarchiv zurückgekehrt. In: Pößnecker Heimatblätter, Bd. 12,4, 2006, S. 14–20.

ENNEN, EDITH: Stadt und Schule in ihrem wechselseitigen Verhältnis vornehmlich im Mittelalter. In: CARL HAASE (HG): Die Stadt des Mittelalters, Teilbd. 3: Wirtschaft und Gesellschaft, Darmstadt 1973, S. 455–479.

ENNEN, EDITH: Die europäische Stadt des Mittelalters, 4. Aufl., Göttingen 1987.

ERMISCH, HUBERT: Eine Hofhaltsrechnung Markgraf Wilhelms I. (1386). In: Neues Archiv für sächsische Geschichte, 18, 1897, S. 1–30.

EWERT, ULF CHRISTIAN: Langfristige Struktur und kurzfristige Dynamik: Eine Längsschnittuntersuchung der Einnahmen der burgundischen recette générale de toutes les finances (1383–1476). In: HARM VON SEGGERN, GERHARD FOUQUET (HG): Adel und Zahl. Studien zum adligen Rechnen und Haushalten in Spätmittelalter und früher Neuzeit, Ubstadt-Weiher 2000, S. 165–195.

FAHLBUSCH, OTTO: Die Finanzverwaltung der Stadt Braunschweig seit dem grossen Aufstande im Jahre 1374 bis zum Jahre 1425. Eine städtische Finanzreform im Mittelalter (= Untersuchungen zur deutschen Staats- und Rechtsgeschichte 116), Breslau 1913.

FEGER, OTTO: Zur Konstanzer Finanzgeschichte im Spätmittelalter. In: Zeitschrift für die Geschichte des Oberrheins, 111/NF 72, 1963, S. 177–239.

FEGER, OTTO: Vergleichende Betrachtungen zur Finanzgeschichte von Konstanz und Basel. In: Finances et comptabilité urbaines du XIIIe au XVIe siècle. Colloque International, Blankenberge 6-9-IX-1962, Actes, Collection Histoire Pro civitatis, Série in-8°, n. 7, Brüssel 1964, S. 222–236.

FEISTNER, EDITH: Relativierte Referentialität. Überlegungen zu einer Kulturgeschichte der Interaktion von Erzählen und Rechnen. In: Beiträge zur mediävistischen Erzählforschung, 2, 2018, S. 7–40.

FELLER, CLAUDIA: Das Rechnungsbuch Heinrichs von Rottenburg. Ein Zeugnis adeliger Herrschaft und Wirtschaftsführung im spätmittelalterlichen Tirol. Edition und Kommentar, Wien 2010.

FELLER, CLAUDIA: Lebensraum Burg. Bauen und Wohnen im Spiegel spätmittelalterlicher Rechnungen der Herren von Thun (1489–1496). In: CHRISTINA SCHMID, GABRIELA SCHICHTA, THOMAS KÜHTREIBER, KORNELIA HOLZNER-TOBISCH (HG): Raumstrukturen und Raumausstattung auf Burgen in Mittelalter und Früher Neuzeit, Heidelberg 2015a, S. 387–412.

FELLER, CLAUDIA: Geburt, Hochzeit, Krankheit und Tod in Rechnungsaufzeichnungen des Tiroler Adels im Spätmittelalter. In: CHRISTOPH HAIDACHER, MARK MERSIOWSKY (HG): 1363–2013. 650 Jahre Tirol mit Österreich, Innsbruck 2015b, S. 195–204.

FENGLER, GEORG: Untersuchungen zu den Einnahmen und Ausgaben der Stadt Greifswald im 14. und beginnenden 15. Jahrhundert (besonders nach dem Kämmereibuch von 1361–1411) (= Greifswalder Abhandlungen zur Geschichte des Mittelalters 7), Greifswald 1936.

FIALA, FRIEDRICH: Zur Säkularfeier der Burgunderkriege, II. Theilnahme des Fürstbisthums Basel an den Burgunderkriegen. In: Anzeiger für Schweizerische Geschichte, 2, 1867, S. 207–209.

FLECKENSTEIN, JOSEF: Vom Rittertum im Mittelalter. Perspektiven und Probleme (= Bibliotheca eruditorum 19), Goldbach 1997.

FLUELER, CHRISTOPH: Bestimmung der Lagenformel. In: MATHIAS KLUGE (HG): Handschriften des Mittelalters. Grundwissen Kodikologie und Paläographie, Ostfildern 2015, S. 138-142.

FLUM, THOMAS: Der spätgotische Chor des Freiburger Münsters. Baugeschichte und Baugestalt, Berlin 2001.

FOLKERTS, MENSO: Pseudo-Beda: De arithmeticis propositionibus. Eine mathematische Schrift aus der Karolingerzeit. In: JOSEPH E. HOFMANN, KARL E. ROTHSCHUH, HEINRICH SCHIPPERGES (HG): Sudhoffs Archiv. Zeitschrift für Wissenschaftsgeschichte, 56, 1972, S. 22–43.

FOLTZ, MAX: Geschichte des Danziger Stadthaushalts (= Quellen und Darstellungen zur Geschichte Westpreußens 8), Danzig 1912.

FOUQUET, GERHARD/DIRLMEIER, ULF: Probleme und Methoden der quantitativen Finanz- und Wirtschaftsgeschichte des Spätmittelalters: Öffentliche Finanzen und städtische Militärpolitik in Basel und Hamburg während der Jahre 1460–1481. In: KARL HEINRICH KAUFHOLD, JÜRGEN SCHNEIDER (HG): Geschichtswissenschaft und elektronische Datenverarbeitung, Stuttgart 1988a, S. 175–228.

FOUQUET, GERHARD: „Wie die kuchenspise sin solle" – Essen und Trinken am Hof des Speyerer Bischofs Matthias von Rammung (1464–1478). In: Pfälzer Heimat, 39, 1988b, S. 12–27.

FOUQUET, GERHARD: Die Finanzierung von Krieg und Verteidigung in oberdeutschen Städten des späten Mittelalters. In: BERNHARD KIRCHGÄSSNER, GÜNTER SCHOLTZ (HG): Stadt und Krieg, Sigmaringen 1989, S. 41–82.

FOUQUET, GERHARD/DIRLMEIER, ULF/SCHAMBERGER, REINHOLD: Die spätmittelalterliche Haushaltsführung Hamburgs und die Finanzierung der städtischen Militärpolitik in den Jahren zwischen 1460 und 1481. In: PETER LÖSCHE (HG): Göttinger Sozialwissenschaften heute. Fragestellungen, Methoden, Inhalte (= Göttinger Universitätsschriften 8), Göttingen 1990, S. 45–59.

FOUQUET, GERHARD: Die Edition der Territorialrechnung der Grafschaft Nassau-Dillenburg und des Hochstifts Basel im Spätmittelalter – Ein Forschungsprojekt. In: Archivpflege in Westfalen und Lippe, 38, 1993, S. 20–28.

FOUQUET, GERHARD: Bauen für die Stadt. Finanzen, Organisation und Arbeit in kommunalen Baubetrieben des Spätmittelalters. Eine vergleichende Studie vornehmlich zwischen den Städten Basel und Marburg (= Städteforschung A 48), Köln 1999.

FOUQUET, GERHARD: Adel und Zahl – es sy umb klein oder groß. Bemerkungen zu einem Forschungsgebiet vornehmlich im Reich des Spätmittelalters. In: HARM VON SEGGERN, GERHARD FOUQUET (HG): Adel und Zahl. Studien zum adligen Rechnen und Haushalten in Spätmittelalter und früher Neuzeit, Ubstadt-Weiher 2000a, S. 3–24.

FOUQUET, GERHARD: Zahlen und Menschen. Der städtische Haushalt der Königs- und Reichsstadt Frankfurt während der Jahre 1428/29. In: Archiv für Frankfurts Geschichte und Kunst, 66, 2000b, S. 95–131.

FOUQUET, GERHARD: Haushalt und Hof, Stift und Adel. Bischof und Domkapitel zu Speyer um 1400. In: THOMAS L. ZOTZ (HG): Fürstenhöfe und ihre Aussenwelt. Aspekte gesellschaftlicher und kultureller Identität im deutschen Spätmittelalter, Würzburg 2004, S. 217–246.

FOUQUET, GERHARD: „Freundschaft" und „Feindschaft": Stadtadlige Verwandtschaftsfamilien in deutschen Städten des Spätmittelalters. In: KARL-HEINZ SPIESS (HG): Die Familie in der Gesellschaft des Mittelalters, Ostfildern 2009, S. 107–135.

FOUQUET, GERHARD: Netzwerke im internationalen Handel des Mittelalters – eine Einleitung. In: GERHARD FOUQUET, HANS-JÖRG GILOMEN (HG): Netzwerke im europäischen Handel des Mittelalters, Ostfildern 2010a, S. 9–20.

FOUQUET, GERHARD: Zur öffentlichen Finanzverwaltung im späten Mittelalter. In: CHRISTIAN HESSE, KLAUS OSCHEMA (HG): Aufbruch im Mittelalter. Innovationen in Gesellschaften der Vormoderne, Ostfildern 2010b, S. 69–86.

FOUQUET, GERHARD: „Reichsstadt und Geld" – eine Zusammenfassung. In: MICHAEL ROTHMANN, HELGE WITTMANN (HG): Reichsstadt und Geld (= Studien zur Reichsstadtgeschichte 5), Petersberg 2018, S. 369–381.

FRANK, BARBARA: Die Textgestalt als Zeichen. Lateinische Handschriftentradition und die Verschriftlichung der romanischen Sprachen (= ScriptOralia 67), Tübingen 1994.

FRANZ, ECKHART G.: Das Haus Hessen. Eine europäische Familie, Stuttgart 2005.

FRENZ, THOMAS: Art. Bastarda. In: SEVERIN CORSTEN (HG): Lexikon des gesamten Buchwesens, 1. Bd., Stuttgart 1987, S. 254.

FRIED, JOHANNES: Die Formierung Europas 840 – 1046, München 1991.

FRIED, JOHANNES: ‚… vor fünfzig oder mehr Jahren': Das Gedächtnis der Zeugen in Prozeßurkunden und in familiären Memorialtexten. In: CHRISTEL MEIER (HG): Pragmatische Dimensionen mittelalterlicher Schriftkultur, München 2002, S. 23–61.

FRIED, JOHANNES: Der Schleier der Erinnerung. Grundzüge einer historischen Memorik, 2. Auflage, München 2012.

FRIED, JOHANNES: Gedanken und Perspektiven zur Globalisierung im Mittelalter. In: TILLMANN LOHSE, BENJAMIN SCHELLER (HG): Europa in der Welt des Mittelalters. Ein Colloquium für und mit Michael Borgolte, Berlin 2014, S. 211–240.

FRIEDELL, EGON: Kulturgeschichte der Neuzeit. Die Krisis der europäischen Seele von der schwarzen Pest bis zum Weltkrieg, Bd. 1, Einleitung/Renaissance und Reformation, München 1927.

FUHRMANN, BERND: Die öffentliche Verschuldung der Stadt Marburg 1451–1525. In: Hessisches Jahrbuch für Landesgeschichte, 42, 1992, S. 103–115.

FUHRMANN, BERND: Die Rechnung der Hofschaffnei Basel 1475/76. In: Jahrbuch für Regionalgeschichte, 20, 1995/96, S. 27–50.

FUHRMANN, BERND: Der Haushalt der Stadt Marburg in Spätmittelalter und früher Neuzeit (1451/52–1622) (= Sachüberlieferung und Geschichte 19), St. Katharinen 1996.

FUHRMANN, BERND: Das Rechnungswesen Konrads von Weinsberg. Landesherr zwischen Territorium und Reich. Erste Eindrücke. In: HARM VON SEGGERN, GERHARD FOUQUET (HG): Adel und Zahl. Studien zum adligen Rechnen und Haushalten in Spätmittelalter und früher Neuzeit, Ubstadt-Weiher 2000, S. 79–97.

FUHRMANN, BERND: Konrad von Weinsberg. Ein adliger Oikos zwischen Territorium und Reich, Stuttgart 2004.

FUHRMANN, BERND: Die Stadt im Mittelalter, Stuttgart 2006.

FUHRMANN, BERND: Der rat aber war zu rat mer ewigs gelts zu verkauffen – Das kommunale Kreditwesen Nürnbergs im 15. Jahrhundert. In: HANS-JÖRG GILOMEN, GERHARD FOUQUET (HG): Städtische Finanzwirtschaft am Übergang vom Mittelalter zur Frühen Neuzeit (= Kieler Werkstücke. Reihe E. Beiträge zur Sozial- und Wirtschaftsgeschichte 4), Stuttgart 2007, S. 139–167.

FUHRMANN, BERND: Konrad von Weinsberg. Facetten eines adligen Lebens in der ersten Hälfte des 15. Jahrhunderts (= Studien zur Geschichte des Mittelalters 3), Herne 2010.

FUHRMANN, BERND: Die Rentenverkäufe der Reichsstadt Nürnberg vom Beginn der Überlieferung bis zur Mitte des 16. Jahrhunderts. In: Mitteilungen des Vereins für Geschichte der Stadt Nürnberg, 98, 2011, S. 163–196.

FUHS, MARIA: Hermann IV. von Hessen. Erzbischof von Köln 1480–1508, Köln 1995.

GALSTER, GEORG: Ein Danziger Wachstafelzinsbuch aus dem 15. Jahrhundert. In: Zeitschrift für Ostforschung, 8, 1959, S. 233–235.

GEBSER, WILHELM: Bündnisse, Schutz- und Dienstverträge der Städte Erfurt, Mühlhausen, Nordhausen, Göttingen 1909.

GERARDY, THEO: Die Beschreibung des in Manuskripten und Drucken vorkommenden Papiers. In: Codicologica, 5, Les matériaux du livre manuscrit, Leiden 1980, S. 37–51.

GERBER, ROLAND: Aspekte der Eigenfinanzierung. Der Berner Bauhaushalt im späten Mittelalter. In: SÉBASTIEN GUEX, MARTIN KÖRNER, JAKOB TÄNNER (HG): Staatsfinanzierung und Sozialkonflikte (14.–20. Jahrhundert), Zürich 1994, S. 55–73.

GIELE, ENNO/PELTZER, JÖRG/TREDE, MELANIE: Rollen, Blättern und (Ent)Falten. In: THOMAS MEIER, MICHAEL R. OTT, REBECCA SAUER (HG): Materiale Textkulturen. Konzepte – Materialien – Praktiken (= Materiale Textkulturen 1), Berlin 2015, S. 677–694.

GIESECKE, MICHAEL: Der „abgang der erkantnusz" und die Renaissance „wahren Wissens". Frühneuzeitliche Kritik an den mittelalterlichen Formen handschriftlicher Informationsverwaltung. In: HAGEN KELLER, KLAUS GRUBMÜLLER, NIKOLAUS STAUBACH (HG): Pragmatische Schriftlichkeit im Mittelalter. Erscheinungsformen und Entwicklungsstufen, München 1992, S. 77–93.

GILOMEN, HANS-JÖRG: Anleihen und Steuern in der Finanzwirtschaft spätmittelalterlicher Städte, Option bei drohendem Dissens. In: SÉBASTIEN GUEX, MARTIN KÖRNER, JAKOB TÄNNER (HG): Staatsfinanzierung und Sozialkonflikte (14.–20. Jahrhundert), Zürich 1994, S. 137–158.

GILOMEN, HANS-JÖRG: Raum und Kommunikation. Zwei Kategorien in der Erforschung des städtischen Haushaltswesens vom Spätmittelalter zur frühen Neuzeit. In: HARM VON SEGGERN, GERHARD FOUQUET, HANS-JÖRG GILOMEN (HG): Städtische Finanzwirtschaft am Übergang vom Mittelalter zur Frühen Neuzeit, Frankfurt a. M. 2007, S. 25–74.

GILOMEN, HANS-JÖRG: Kredit und Innovation im Spätmittelalter. In: CHRISTIAN HESSE, KLAUS OSCHEMA (HG): Aufbruch im Mittelalter. Innovationen in Gesellschaften der Vormoderne. Studien zu Ehren von Rainer C. Schwinges, Ostfildern 2010, S. 35–68.

GILOMEN, HANS-JÖRG: Anleihen im Finanzhaushalt schweizerischer Reichsstädte. In: MICHAEL ROTHMANN, HELGE WITTMANN (HG): Reichsstadt und Geld (= Studien zur Reichsstadtgeschichte 5), Petersberg 2018, S. 45–98.

GILOMEN, HANS-JÖRG: Christlicher Glaube und Ökonomie des Kredits im Spätmittelalter. In: GERHARD FOUQUET, SVEN RABELER (HG): Ökonomische Glaubensfragen. Strukturen und Praktiken jüdischen und christlichen Kleinkredits im Spätmittelalter (= Vierteljahrschrift für Sozial- und Wirtschaftsgeschichte 24), Stuttgart 2018, S. 121–159.

GLEBA, GUDRUN: Die Ordnung im Kopf des Schreibers – Textbildgestalt als Teilaspekt der Edition mittelalterlicher Rechnungsbücher. In: JÜRGEN SARNOWSKY (HG): Konzeptionelle Überlegungen zur Edition von Rechnungen und Amtsbüchern des späten Mittelalters, Göttingen 2016a, S. 57–72.

GLEBA, GUDRUN: Rechnen. Wirtschaften. Aufschreiben. Vernetzte Schriftlichkeit – Wirtschafts- und Rechnungsbücher als Quellen klösterlicher Alltagsgeschichte. In: STEFAN PÄTZOLD, MARCUS STUMPF (HG): Mittelalterliche und frühneuzeitliche Rechnungen als Quellen der landesgeschichtlichen Forschung, Münster 2016b, S. 51–64.

GLEBA, GUDRUN: Rechnungsbücher des Mittelalters – Einnahmen, Ausgaben und mehr. Annäherungen aus verschiedenen Disziplinen. In: STEPHAN SELZER (HG): Die Konsumentenstadt. Konsumenten in der Stadt des Mittelalters, Köln 2018, S. 263–280.

GOCKEL, MICHAEL: Mühlhausen oder Mölsen? Zur Identifizierung des 775 genannten fränkischen Königshofes „Molinhuso". In: Mühlhäuser Beiträge, 11, 1988, S. 26–33.

GOCKEL, MICHAEL: Mühlhausen. In: Michael Gockel (Bearb.): Die Deutschen Königspfalzen, Bd. 2: Thüringen, Göttingen 2000, S. 258–318, 698–700 [Nachträge].

GODAU, JEANETTE/MAIER, GERALD: Piccard-Online. Konzeption, Präsentation und Ausblick. In: PETER RÜCKERT, JEANETTE GODAU, GERALD MAIER (HG): Piccard-Online. Digitale Präsentationen von Wasserzeichen und ihre Nutzung, Stuttgart 2007, S. 27–41.

GOETHE, JOHANN WOLFGANG VON: Dramatische Vorlesungen (1928). In: Johann Wolfgang von Goethe: Aesthetische Schriften 1824–1832, hrsg. v. ANNE BOHNENKAMP, Frankfurt 1999, S. 475–477.

GÖLDEL, CAROLINE: Die Jahresrechnungen des Bamberger Stadtbauhofes. Bemerkungen zu einem Rechnungsbestand des 15. Jahrhunderts. In: ULF DIRLMEIER, RAINER S. ELKAR, GERHARD FOUQUET (HG): Öffentliches Bauen in Mittelalter und früher Neuzeit. Abrechnungen als Quellen für die Finanz-, Wirtschafts- und Sozialgeschichte des Bauwesens, St. Katharinen 1991, S. 56–88.

GOSEPATH, STEFAN: Eine einheitliche Konzeption von Rationalität. In: Protosoziologie, 6, 1994, S. 104–119.

GÖTZINGER, ERNST: Reallexikon der deutschen Altertümer, Holzminden 2000.

GRAEBER, DAVID: Schulden. Die ersten 5000 Jahre, Stuttgart 2012.

GREEN, DENNIS HOWARD: Schriftlichkeit und Mündlichkeit im Hoch- und Spätmittelalter. In: HELMUT BRACKERT, JÖRN STÜCKRATH (HG): Literaturwissenschaft. Ein Grundkurs, Reinbek bei Hamburg 1992, S. 331–346.

GREULE, ALBRECHT: Zur Sprache der Bickenbacher Rechnungsbücher 1423–1425. In: KLAUS MATZEL, HANS–GERT ROLOFF (HG): Festschrift für Herbert Kolb zu seinem 65. Geburtstag, Bern 1989, S. 145–158.

GROEBNER, VALENTIN: Flüssige Gaben und die Hände der Stadt. Städtische Geschenke, städtische Korruption und politische Sprache am Vorabend der Reformation. In: KLAUS SCHREINER, GABRIELA SIGNORI (HG): Bilder, Texte, Rituale. Wirklichkeitsbezug und Wirklichkeitskonstruktion politisch-rechtlicher Kommunikationsmedien in Stadt- und Adelsgesellschaften des späten Mittelalters, Berlin 2000, S. 17–34.

GROTEFEND, HERMANN: Taschenbuch der Zeitrechnung des deutschen Mittelalters und der Neuzeit, 14. Aufl., Hannover 2007.

GROTEN, MANFRED: Erfindung und Tradierung einer städtischen Schriftsprache im spätmittelalterlichen Köln. Rahmenbedingungen und Akteure. In: ANNA KARIN, SILVIA ULIVI, CLAUDIA WICH-REIF (HG): Regiolekt, Funktiolekt, Idiolekt. Die Stadt und ihre Sprachen, Göttingen 2014, S. 13–24.

GROTH, HUGO: Das Geschoßregister von 1418/19. In: Mühlhäuser Gbll., 28, 1927/28, S. 153–216.

GROTH, HUGO: Die Mühlhäuser Ratsmeister von 1370–1441. In: Mühlhäuser Gbll., 38/39, 1940, S. 309–319.

GRUBER, GREGOR MAX: Lehrsystem einer allgemeinen Diplomatik worinn alle nur möglichen politischen, kirchlichen und astronomischen Urkundendatums theoretisch und praktisch abgehandelt, und in einem Supplementband als den dritten oder letzten Theil seines diplomatischen Werkes für Oesterreich und Deutschland zusammengefaßt worden sind, Wien 1784.

GRUN, PAUL ARNOLD: Schlüssel zu alten und neuen Abkürzungen, Limburg/Lahn 1966.

GRUNDMANN, HERBERT: „Litteratus – illitteratus". Der Wandel einer Bildungsnorm vom Altertum zum Mittelalter. In: Archiv für Kulturgeschichte, 40, 1958, S. 1–65.

GUMBERT, JOHANN PETER: Zur ‚Typographie' der geschriebenen Seite. In: HAGEN KELLER, KLAUS GRUBMÜLLER, NIKOLAUS STAUBACH (HG): Pragmatische Schriftlichkeit im Mittelalter. Erscheinungsformen und Entwicklungsstufen, München 1992, S. 283–292.

GUNDLACH, FRANZ: Die hessischen Zentralbehörden von 1247 bis 1604, 1. Bd.: Darstellung (= Veröffentlichungen der Historischen Kommission für Hessen und Waldeck 16), Marburg 1931.

GUNDLACH, FRANZ: Die hessischen Zentralbehörden von 1247 bis 1604, 2. Bd.: Urkunden und Akten (= Veröffentlichungen der Historischen Kommission für Hessen und Waldeck 16), Marburg 1932.

GUNDLACH, FRANZ: Die hessischen Zentralbehörden von 1247 bis 1604, 3. Bd.: Dienerbuch (= Veröffentlichungen der Historischen Kommission für Hessen und Waldeck 16), Marburg 1930.

GÜNTHER, GERHARD/LÖSCHE, DIETRICH: Das Stadtarchiv Mühlhausen und seine Bestände, Mühlhausen in Thür. 1965.

GÜNTHER, GERHARD: Mühlhausen in Thüringen. 1200 Jahre Geschichte der Thomas-Müntzer-Stadt, Leipzig 1975.

GÜNTHER, GERHARD: Zur Rechtsgeschichte der Reichsstädte Mühlhausen und Nordhausen. In: Mühlhäuser Beiträge, 30, 2007, S. 182–187.

HAIDACHER, CHRISTOPH: Die älteren Tiroler Rechnungsbücher (IC. 277, MC. 8), Analyse und Edition (= Tiroler Geschichtsquellen, Tiroler Landesarchiv Nr. 33), Innsbruck 1993.

HAIDINGER, ALOIS: Die Sammlung WZMA – Wasserzeichen des Mittelalters der Kommission für Schrift- und Buchwesen des Mittelalters. In: PETER RÜCKERT, JEANETTE GODAU, GERALD MAIER (HG): Piccard-Online. Digitale Präsentationen von Wasserzeichen und ihre Nutzung, Stuttgart 2007, S. 45–54.

HANXLEDEN, EBERHARD VON/HENTZE, RUDOLF: Abriss der Geschichte der Mathematik, Braunschweig 1953.

HARLFINGER, PETER: Zur Datierung von Handschriften mit Hilfe von Wasserzeichen. In: DIETER HARLFINGER (HG): Griechische Kodikologie und Textüberlieferung, Darmstadt 1985, S. 144–169.

HARMS, BERNHARD: Münz- und Geldpolitik der Stadt Basel im Mittelalter, ZgS, 23, 1907.

HARTICH, PATRIZIA: „Die Abrechnung". Die Rechnungslegung des schwäbischen Städtebundes nach dem Süddeutschen Städtekrieg 1449/50 am Beispiel der Reichsstadt Esslingen. In: ROLAND DEIGENDESCH, CHRISTIAN JÖRG (HG): Städtebünde und städtische Außenpolitik. Träger, Instrumentarien und Konflikte, Ostfildern 2019, S. 153–186.

HARTMANN, JOSEF: Amtsbücher. Allgemeine Entwicklung des Amtsbuchwesens. In: FRIEDRICH BECK, ECKART HENNING (HG): Die archivalischen Quellen. Mit einer Einführung in die historischen Hilfswissenschaften, 3. Aufl., Köln 2003, S. 40–53.

HARTMANN, JOSEF: IV. Datierung. In: FRIEDRICH BECK, ECKART HENNING (HG): Die archivalischen Quellen. Mit einer Einführung in die historischen Hilfswissenschaften, 3. Aufl., Köln 2003, S. 245–250.

HARTUNG, WOLFGANG: Die Spielleute. Eine Randgruppe in der Gesellschaft des Mittelalters (= Vierteljahrschrift für Sozial- und Wirtschaftsgeschichte. Beihefte 72), Wiesbaden 1982.

HARTUNG, WOLFGANG: Die Spielleute im Mittelalter. Gaukler, Dichter, Musikanten, Düsseldorf 2003.

HAVEMANN, WILHELM: Der Haushalt der Stadt Göttingen am Ende des 14. und während der ersten Hälfte des 15. Jahrhunderts. In: Zeitschrift des Historischen Vereins für Niedersachsen, 22, 1857, S. 204–226.

HECHBERGER, WERNER: Adel im fränkisch-deutschen Mittelalter (= Mittelalter-Forschungen 17), Ostfildern 2005.

HEGEL, KARL: Nürnbergs Stadthaushalt und Finanzverwaltung. In: Die Chroniken der fränkischen Städte: Nürnberg, Bd. 1, Leipzig 1862, S. 263–296.

HEGEL, KARL: Über die Bevölkerungszahl und die Handwerksverhältnisse im 14. und 15. Jahrhundert. In: Die Chroniken der fränkischen Städte. Nürnberg, 2, Leipzig 1864, S. 500–513.

HEIERMANN, CHRISTOPH: Auf Heller und Pfennig. Die Bauamtsrechnungen der Stadt Dresden im Mittelalter. In: JUDITH OEXLE (HG): Dresden 8000. Eine archäologische Zeitreise, Dresden 2006, S. 168–171.

HEIM, FRANZ JOSEPH: Vollständiges Heiligen-Lexikon, Bd. 1: A–D, Hildesheim 1975 (Nachdruck d. Ausg. 1858).

HEIN, WOLFGANG: Die Mathematik im Mittelalter. Von Abakus bis Zahlenspiel, Darmstadt 2010.

HEINEMEYER, WALTER: Studien zur Geschichte der Gotischen Urkundenschrift, Graz 1962.

HEINEMEYER, KARL: Die Erhebung Landgraf Heinrichs I. von Hessen zum Reichsfürsten (1292). In: WALTER HEINEMEYER (HG): Hundert Jahre Historische Kommission für Hessen 1897–1997, Marburg 1997, S. 89–113.

HEINEMEYER, KARL: Geistliche und weltliche Kräfte im Ringen um den Aufbau der Landesherrschaft in Hessen. In: INGRID BAUMGÄRTNER, WINFRIED SCHICH (HG): Nordhessen im Mittelalter. Probleme von Identität und überregionaler Integration (= Veröffentlichungen der Historischen Kommission für Hessen 64), Marburg 2001, S. 53–77.

HEINRICH, GERT: Albrecht Achilles. In: ROBERT AUTY (HG): Lexikon des Mittelalters, Bd. 1, München 1980, Sp. 317–8.

HELBIG, HERBERT: Wirtschaft und Gesellschaft im Mittelalter. In: HANS PATZE, WALTER SCHLESINGER (HG): Geschichte Thüringens. Bd. 2: Hohes und spätes Mittelalter (= Mitteldeutsche Forschungen 48), Köln 1974, S. 1–49.

HENKEL, NIKOLAUS: Übersetzen im Mittelalter. Konstituenten sprachlichen Transfers: Adressaten – Ziele – Gattungsgebundenheit. In: BOGDAN KOVTYK, HANS-JOACHIM SOLMS, GERHARD MEISER (HG): Geschichte der Übersetzung. Beiträge zur Geschichte der neuzeitlichen, mittelalterlichen und antiken Übersetzung, Berlin 2002, S. 191–215.

HERBERS, KLAUS: Gedächtnis und Legitimation. Aspekte der Überlieferung und Auswertung. Zur Einführung. In: KLAUS HERBERS, INGO FLEISCH (HG): Erinnerung – Niederschrift – Nutzung. Das Papsttum und die Schriftlichkeit im mittelalterlichen Westeuropa, Berlin 2011, S. 1–10.

HERBORN, WOLFGANG/MILITZER, KLAUS: Der Kölner Weinhandel. Seine sozialen und politischen Auswirkungen im ausgehenden 14. Jahrhundert (= Vorträge und Forschungen. Sonderband 25), Sigmaringen 1980.

HERBORN, WOLFGANG/MATTHEIER, KLAUS J.: Die älteste Rechnung des Herzogtums Jülich. Die Landrentmeister-Rechnungen 1398/1399 (= Veröffentlichungen des Jülicher Geschichtsvereins 1), Jülich 1981.

HERDING, OTTO: Frömmigkeit und Rechenhaftigkeit im ausgehenden Mittelalter am Beispiel südwestdeutscher Anniversare und Testamente. In: Congrès à Varsovie, Section II: La vie religieuse des elites et des masses dans la chrétienté du XVe siècle – entre le moyen age et l'époque moderne, Commission Internationale d'Histoire Ecclésiastique Comparée, 1978, S. 38–42.

HERLIHY, DAVID: Outline of Population Developments in the Middle Ages. In: BERND HERRMANN, ROLF SPRANDEL (HG): Determinanten der Bevölkerungsentwicklung im Mittelalter, Weinheim 1987, S. 1–24.

HERRMANN, TOBIAS: Anfänge kommunaler Schriftlichkeit. Aachen im europäischen Kontext (= Bonner historische Forschungen 62), Siegburg 2006.

HESS, WOLFGANG: Rechnung Legen auf den Linien. Rechenbrett und Zahltisch in der Verwaltungspraxis in Spätmittelalter und Neuzeit. In: ERICH MASCHKE, JÜRGEN SYDOW (HG): Städtisches Haushalts- und Rechnungswesen, Sigmaringen 1977, S. 69–82.

HESSE, CHRISTIAN: Zwischen Reform und Beschränkung. Die Hofordnungen der Landgrafschaft Hessen aus dem beginnenden 16. Jahrhundert. In: HOLGER KRUSE, WERNER PARAVICINI (HG): Höfe und Hofordnungen 1200–1600, Sigmaringen 1999, S. 337–360.

HESSE, CHRISTIAN: Amtsträger der Fürsten im spätmittelalterlichen Reich. Die Funktionseliten der lokalen Verwaltung in Bayern-Landshut, Hessen, Sachsen und Württemberg 1350–1515 (= Schriftenreihe der Historischen Kommission bei der Bayerischen Akademie der Wissenschaften 70), Göttingen 2005.

HEYDENREICH, EDUARD: Die ältesten urkundlichen Nachrichten über die Stadt Mühlhausen und ihre Umgebung. In: Mühlhäuser Gbll., 1, 1900/01, S. 18–21.

HEYDENREICH, EDUARD: Die Kopialbücher des Archives der Stadt Muhlhausen. In: Mühlhäuser Gbll., 1, 1900/01, S. 89–90.

HEYDENREICH, EDUARD: Familiengeschichtliche Quellenkunde, Leipzig 1909.

HIERSEMANN, JENS: Mühlhäuser Straßennamen damals und heute, 2. Aufl., Bad Langensalza 2009.

HIRSCH, VOLKER: Zur Wirtschaftsführung im Territorium des Basler Bischofs Johannes von Venningen (1458–1478). In: HARM VON SEGGERN, GERHARD FOUQUET (HG): Adel und Zahl. Studien zum adligen Rechnen und Haushalten in Spätmittelalter und früher Neuzeit, Ubstadt-Weiher 2000, S. 99–119.

HIRSCH, VOLKER: Der Hof des Baseler Bischofs Johannes von Venningen (1458–1478). Verwaltung und Kommunikation, Wirtschaftsführung und Konsum (= Residenzenforschung 16), Ostfildern 2004.

HIRSCHMANN, FRANK G.: Die Stadt im Mittelalter, 2. Aufl., Berlin 2016.

HOBOHM, WALTER: Der städtische Haushalt Quedlinburgs in den Jahren 1459 bis 1509, Halle a.d.S. 1912.

HOFFMANN, WALTER: „Deutsch und Latein im spätmittelalterlichen Köln. Zur äußeren Sprachgeschichte des Kölner Geschäftschrifttums im 14. Jahrhundert". In: Rheinische Vierteljahrsblätter. Veröffentlichung der Abteilung für Rheinische Landesgeschichte des Instituts für Geschichtswissenschaft der Universität Bonn, 44, 1980, S. 117–147.

HOFFMANN, WALTER: Zum Verhältnis von Schreibdichtung und Sprachwandel im spätmittelalterlichen Köln. In: THOMAS CRAMER (HG): Literatur und Sprache im historischen Prozeß. Vorträge des deutschen Germanistentages Aachen 1982. Bd. 2: Sprache, Tübingen 1983, S. 101–113.

HOHEISEL, PETER: Die Göttinger Stadtschreiber bis zur Reformation. Einfluß, Sozialprofil, Amtsaufgaben (= Studien zur Geschichte der Stadt Göttingen 21), Göttingen 1998.

HOLLADAY, JOAN ADRIAN: Mühlhausen. In: JOHN M. JEEP (HG): Medieval Germany. An encyclopedia, New York 2001, S. 539–541.

HOLLEGGER, MANFRED: Maximilian I. (1459–1519). Herrscher und Mensch einer Zeitenwende. Stuttgart 2005.

HONEMANN, VOLKER: Funktionen des Buches in Mittelalter und früher Neuzeit. In: ARMIN BURKHARDT, HUGO STEGER, HERBERT ERNST WIEGAND (HG): Medienwissenschaft. Ein Handbuch zur Sprach- und Kommunikationswissenschaft, 15.1., Berlin 1999, S. 539–560.

HOOCK, JOCHEN/JEANNIN, PIERRE: Ars mercatoria. Handbücher und Traktate für den Gebrauch des Kaufmanns 1470–1820. Eine analytische Bibliographie, Bd. 1: 1470–1600, Paderborn 1991.

HUBER, PAUL: Der Haushalt der Stadt Hildesheim am Ende des 14. und in der ersten Hälfte des 15. Jahrhunderts, Leipzig 1901.

HÜNECKE, RAINER: Zur Entfaltung der deutschsprachigen Schriftlichkeit in der Stadt des Spätmittelalters und der frühen Neuzeit – Möglichkeiten und Grenzen der Erforschung. In: MARIA SELIG, SUSANNE EHRLICH (HG): Mittelalterliche Stadtsprachen, Regensburg 2016, S. 121–138.

HUIS, HENDRIK VAN: Papier- und Pergamentgebrauch in den Stadtbüchern von Greifswald. In: CARLA MEYER, BERND SCHNEIDMÜLLER, SANDRA SCHULTZ (HG): Papier im mittelalterlichen Europa. Herstellung und Gebrauch, Berlin 2015, S. 191–212.

HUNDSBICHLER, HELMUT/JARITZ, GERHARD/VAVRA, ELISABETH: Stagnation? Tradition? Innovation? Die Bedeutung des Adels für die spätmittelalterliche Sachkultur. In: Adelige Sachkultur des Spätmittelalters, Wien 1982, S. 35–72.

HUTER, FRANZ: Die Herren von Schnals. In: Festschrift zu Ehren Emil von Ottenthals, Innsbruck 1925, S. 246–272.

HYE, FRANZ-HEINZ: Das Grafenstandsdiplom der Herren von Schlandersberg. In: Der Schlern, Monatszeitschrift für Südtiroler Landeskunde, 51, 1977, 451–453.

IBERG, JOHANNES: Eine Zeichenkünstlerin Olympias? In: Archiv für Geschichte der Medizin, Bd. 2, Leipzig 1909, 6, S. 426–427.

INAMA-STERNEGG, KARL THEODOR VON: Über die Quellen der deutschen Wirtschaftsgeschichte. In: Sitzungsberichte. Akademie der Wissenschaften in Wien, Philosophisch-Historische Klasse, 84, 3, 1877, S. 135–210.

IRIGOIN, JEAN: La datation par les filigranes du papier. In: Codicologica, 5, Les matériaux du livre manuscrit, Leiden 1980, S. 9–36.

IRSIGLER, FRANZ: Adelige Wirtschaftsführung im Spätmittelalter. Erträge und Investitionen im Drachenfelser Ländchen 1458–1463. In: JÜRGEN SCHNEIDER (HG): Wirtschaftskräfte und Wirtschaftswege, Festschrift für Hermann Kellenbenz, Bd. 1, Mittelmeer und Kontinent (= Beiträge zur Wirtschaftsgeschichte 4), Stuttgart 1978, S. 455–468.

IRSIGLER, FRANZ: Zum Kölner Viehhandel und Viehmarkt im Spätmittelalter. In: EKKEHARD WESTERMANN (HG): Internationaler Ochsenhandel (1350–1750). Akten des 7th International Economic History Congress Edinburgh 1978, Stuttgart 1979, S. 219–234.

IRSIGLER, FRANZ: Die Wirtschaftsführung der Burggrafen von Drachenfels im Spätmittelalter. In: Bonner Geschichtsblätter, 34, 1982, S. 87–116.

IRSIGLER, FRANZ: Papier, Buchdruck, Kupferstich. An der Wiege der Massenmedien. In: GÜNTER GEHL, RUDOLF MEYER (HG): Leben in Mittelalter und Moderne, Weimar 2003, S. 103–124.

IRSIGLER, FRANZ: Papierhandel in Mitteleuropa, 14.–16. Jahrhundert. In: VOLKER HENN, RUDOLF HOLBACH, MICHEL PAULY, WOLFGANG SCHMID (HG): Miscellanea Franz Irsigler, Trier 2006, S. 309–348.

IRSIGLER, FRANZ: An der Wiege der Massenmedien. Papier, Buchdruck, Holzschnitt und Kupferstich. In: KLAUS HERBERS, FLORIAN SCHULLER (HG): Europa im 15. Jahrhundert. Herbst des Mittelalters – Frühling der Neuzeit?, Regensburg 2012, S. 122–135.

ISENMANN, EBERHARD: Reichsfinanzen und Reichssteuern im 15. Jahrhundert. In: Zeitschrift für historische Forschung, 7, 1980, S. 1–76.

ISENMANN, EBERHARD: Ratsliteratur und städtische Ratsordnungen des späten Mittelalters und der frühen Neuzeit. Soziologie des Rats, Amt und Willensbildung, politische Kultur. In: PIERRE MONNET, OTTO GERHARD OEXLE (HG): Stadt und Recht im Mittelalter. La ville et le droit au Moyen Âge, Göttingen 2003a, S. 215–479.

ISENMANN, EBERHARD: Steuern und Abgaben. In: ARYE MAIMON, MORDECHAI BREUER, YACOV GUGGENHEIM (HG): Germania Judaica III, 1350–1519, Tübingen 2003b, S. 2208–2281.

ISENMANN, EBERHARD: Die Deutsche Stadt im Mittelalter 1150–1550. Stadtgestalt, Recht, Verfassung, Stadtregiment, Kirche, Gesellschaft, Wirtschaft, Wien 2014.

JAEGER, FRIEDRICH/RÜSEN, JÖRN: Geschichte des Historismus. Eine Einführung, München 1992.

JÄHNICHEN, TRAUGOTT: Sozialer Protestantismus und moderne Wirtschaftskultur. Sozialethische Studien zu grundlegenden anthropologischen und institutionellen Bedingungen ökonomischen Handelns, Münster 1998.

JAHNKE, CARSTEN: Die Edition der Hamburgischen Pfundgeldlisten 1485–1486. Möglichkeiten und Gefahren moderner Editionen. In: JÜRGEN SARNOWSKY (HG): Konzeptionelle Überlegungen zur Edition von Rechnungen und Amtsbüchern des späten Mittelalters, Göttingen 2016, S. 43–56.

JANSSEN, WILHELM: Ein niederrheinischer Fürstenhof um die Mitte des 14. Jahrhunderts. In: Rheinische Vierteljahrsblätter, 34, 1970, S. 219–251.

JANSSEN, WILHELM: Die kurkölnischen Territorialrechnungen des Mittelalters. In: Jahrbuch für westdeutsche Landesgeschichte, 6, 1980, S. 97–115.

JANSSEN, WILHELM: Städtische Statuten und landesherrliche Gesetze im Erzstift Köln und im Herzogtum Kleve (1350–1550). In: GIORGIO CHITTOLINI, DIETMAR WILLOWEIT (HG): Statuten, Städte und Territorien zwischen Mittelalter und Neuzeit in Italien und Deutschland, Berlin 1992, S. 271–294.

JENDORFF, ALEXANDER/WUNDER, HEIDE: Adel in Hessen vom 15. bis zum 20. Jahrhundert- Probleme und Perspektiven der Forschung. In: ECKART CONZE, ALEXANDER JENDORFF, HEIDE WUNDER (HG): Adel in Hessen: Herrschaft, Selbstverständnis und Lebensführung vom 15. bis ins 20. Jahrhundert (= Veröffentlichungen der Historischen Kommission für Hessen 70), Marburg 2010, S. 13–56.

JÖCKLE, CLEMENS: Das große Heiligenlexikon, Erlangen 1995.

JOHANEK, PETER: Bürgerkämpfe und Verfassung in den mittelalterlichen deutschen Städten. In: HANS EUGEN SPECKER (HG): Einwohner und Bürger auf dem Weg zur Demokratie. Von den antiken Stadtrepubliken zur modernen Kommunalverfassung, Stuttgart 1997, S. 45–73.

JOHANSEN, PAUL/VON ZUR MÜHLEN, HEINZ: Deutsch und Undeutsch im mittelalterlichen und frühneuzeitlichen Reval (= Ostmitteleuropa in Vergangenheit und Gegenwart 15), Köln 1973.

JORDAN, REINHARD: Chronik der Stadt Mühlhausen in Thüringen, Bd. I bis 1525, Mühlhausen 1900, Reprint Bad Langensalza 2001.

JUCKER, MICHAEL: Pragmatische Schriftlichkeit und Macht: Methodische und inhaltliche Annäherungen an Herstellung und Gebrauch von Protokollen auf politischen Treffen im Spätmittelalter. In: CHRISTOPH DARTMANN, THOMAS SCHARFF, CHRISTOPH FRIEDRICH WEBER (HG): Zwischen Pragmatik und Performanz, Turnhout 2011, S. 405–442.

JÜNEMANN, JOACHIM: Die Göttinger Herrschaft auf der Burg Jühnde im Spiegel der Göttinger Kämmerei-Rechnungen 1486–1566. In: Göttinger Jahrbuch, 9, 1961, S. 66–76.

KAISER, BEATE: Mühlhäuser Neubürger im 15. und 16. Jahrhundert (= Mühlhäuser Beiträge. Sonderheft 1), Mühlhausen 1979.

KALA, TIINA: Das Geschriebene und das Mündliche: das lübische Recht und die alltägliche Rechtspflege im mittelalterlichen Reval. In: ALBRECHT CORDES (HG): Hansisches und hansestädtisches Recht, Trier 2008, S. 91–112.

KAPR, ALBERT: Schriftkunst. Geschichte, Anatomie und Schönheit der lateinischen Buchstaben, München 1983.

KAUFMANN, FRANZ-XAVER: Wirtschaftssoziologie. In: WILLI ALBERS et al. (HG): Handwörterbuch der Wirtschaftswissenschaft: (HdWW) 9, Wirtschaft und Politik bis Zölle, Nachtrag, Stuttgart 1982, S. 239–167.

KEINZ, FRIEDRICH: Die Wasserzeichen des 14. Jahrhunderts in Handschriften der k. bayerischen Hof- und Staatsbibliothek. In: Abhandlungen. Bayerische Akademie der Wissenschaften, phil.-hist. Klasse, 20, 1895, S. 479–552.

KELLER, HAGEN/WORSTBROCK, FRANZ JOSEF: Träger, Felder, Formen pragmatischer Schriftlichkeit im Mittelalter. Der neue Sonderforschungsbereich 231 an der Westfälischen Wilhelms-Universität Münster. In: Frühmittelalterliche Studien, 22, 1988, S. 388–409.

KELLER, HAGEN: Die Entwicklung der europäischen Schriftkultur im Spiegel der mittelalterlichen Überlieferung. Beobachtungen und Überlegungen. In: PAUL LEIDINGER, DIETER METZLER (HG): Geschichte und Geschichtsbewußtsein. Festschrift für Karl-Ernst Jeismann zum 65. Geburtstag, Münster 1990, S. 171–204.

KELLER, HAGEN: Pragmatische Schriftlichkeit im Mittelalter. Erscheinungsformen und Entwicklungsstufen, Einführung zum Kolloquium in Münster, 17.–19. Mai 1989. In: HAGEN KELLER, KLAUS GRUBMÜLLER, NIKOLAUS STAUBACH (HG): Pragmatische Schriftlichkeit im Mittelalter. Erscheinungsformen und Entwicklungsstufen (= Münstersche Mittelalter-Schriften 65), München 1992a, S. 1–7.

KELLER, HAGEN: Die Veränderung gesellschaftlichen Handelns und die Verschriftlichung der Administration in den italienischen Stadtkommunen. In: HAGEN KELLER, KLAUS GRUBMÜLLER, NIKOLAUS STAUBACH (HG): Pragmatische Schriftlichkeit im Mittelalter. Erscheinungsformen und Entwicklungsstufen, München 1992b, S. 21–36.

KELLER, HAGEN: Vom „heiligen Buch" zur „Buchführung". Lebensfunktionen der Schrift im Mittelalter. In: Frühmittelalterliche Studien, 26, 1992c, S. 1–31.

KELLER, HAGEN: Vorschrift, Mitschrift, Nachschrift: Instrumente des Willens zu vernunftgemäßem Handeln und guter Regierung in den italienischen Kommunen des Duecento. In: HAGEN KELLER, CHRISTEL MEIER, THOMAS SCHARF (HG): Schriftlichkeit und Lebenspraxis im Mittelalter. Erfassen, Bewahren, Verändern, München 1999, S. 25–41.

KELLER, HAGEN: Schriftgebrauch und Symbolhandeln in der öffentlichen Kommunikation. Aspekte des gesellschaftlich-kulturellen Wandels vom 5. bis zum 13. Jahrhundert. In: Frühmittelalterliche Studien, 37, 2003, S. 1–24.

KELLER, HAGEN: Mündlichkeit – Schriftlichkeit – symbolische Interaktion. Mediale Aspekte der „Öffentlichkeit" im Mittelalter. In: Frühmittelalterliche Studien, 38, 2004, S. 277–286.

KELLER, HILTGART L.: Reclams Lexikon der Heiligen und biblischen Gestalten. Legende und Darstellung in der bildenden Kunst, Stuttgart 2001.

KELTER, ERNST: Das deutsche Wirtschaftsleben des 14. und 15. Jahrhunderts im Schatten der Pestepidemien. In: Jahrbücher für Nationalökonomie und Statistik, 165, 1953, S. 161–208.

KEMÉNY, JOSEPH: Die ältesten Papiermühlen des Auslandes Ungarns und Siebenbürgens, und die Papierzeichen der beiden letzteren aus gleichzeitigen Urkunden erwiesen und insbesondere der Stadt Kronstadt gewidmet. In: ANTON KURZ (HG): Magazin Für Geschichte, Literatur Und Alle Denk- Und Merkwürdigkeiten, Bd. 1, Kronstadt 1844, S. 134–162.

KETTNER, EMIL: Geschichte der Reichsstadt Mühlhausen i. Thür. im Mittelalter, Mühlhäuser Gbll., XVI/XVII. 1917, S. 1–92.

KIRCHGÄSSNER, BERNHARD: Studien zur Geschichte des kommunalen Rechnungswesens der Reichsstädte Südwestdeutschlands vom 13. bis zum 16. Jahrhundert. In: Finances et comptabilité urbaines du XIIIe au XVIe siècle. Colloque International, Blankenberge 6-9-IX-1962, Actes, Collection Histoire Pro civitatis, Série in-8°, n. 7, Brüssel 1964, S. 237–254.

KIRCHGÄSSNER, BERNHARD: Währungspolitik, Stadthaushalt und soziale Fragen südwestdeutscher Reichsstädte im Spätmittelalter. Menschen und Kräfte zwischen 1360 und 1460. In: JbGoR, 11, 1965, S. 90–127.

KIRCHGÄSSNER, BERNHARD: Zur Frühgeschichte des modernen Haushalts, vor allem nach den Quellen der Reichsstädte Esslingen und Konstanz. In: ERICH MASCHKE, JÜRGEN SYDOW (HG): Städtisches Haushalts- und Rechnungswesen, Sigmaringen 1977, S. 9–44.

KIRCHGÄSSNER, BERNHARD: Studien zur Geschichte des kommunalen Rechnungswesens der Reichsstädte Südwestdeutschlands vom 13. bis zum 16. Jahrhundert. In: JOSEF WYSOCKI, WALTER BERNHARDT, HANS-PETER DE LONGUEVILLE (HG): Wirtschaft, Finanzen, Gesellschaft. Ausgewählte Aufsätze, Sigmaringen 1988, S. 3–18.

KITAJIMA, YUTAKA: Ghedrunken unde voreret. Wein in städtischen Gesellschaften des Spätmittelalters. Aufschlüsse aus den Hildesheimer Stadtrechnungen, Trier 2017.

KLAUSER, RENATE/MEYER, OTTO: Clavis mediaevalis. Kleines Wörterbuch der Mittelalterforschung, Wiesbaden 1962.

KLEEBERG, ERICH: Stadtschreiber und Stadtbücher in Mühlhausen i.Th. vom 14.–16. Jahrhundert nebst einer Übersicht über die Editionen mittelalterlicher Stadtbücher. In: Archiv für Urkundenforschung, 2, 1909, S. 407–490.

KLEINE, UTA: Gesta, Fama, Scripta. Rheinische Mirakel des Hochmittelalters zwischen Geschichtsdeutung, Erzählung und sozialer Praxis (= Beiträge zur Hagiographie 7), Stuttgart 2007.

KLINKE, THOMAS/MEYER, CARLA: Geknickt, zerrissen, abgegriffen. Gebrauchsspuren auf historischen Papieren und ihr kulturhistorischer Aussagewert. In: CARLA MEYER, BERND SCHNEIDMÜLLER, SANDRA SCHULTZ (HG): Papier im mittelalterlichen Europa. Herstellung und Gebrauch, Berlin 2015, S. 135–178.

KLOERSS, INGRID: Aufstieg und Fall der Marburger Familie Schwan in der Frühen Neuzeit. In: Zeitschrift des Vereins für Hessische Geschichte, 116, 2011, S. 43–63.

KLOOSTERHUIS, JÜRGEN: Mittelalterliche Amtbücher: Strukturen und Materien. In: FRIEDRICH BECK, ECKART HENNING (HG): Die archivalischen Quellen. Mit einer Einführung in die historischen Hilfswissenschaften, 3. Aufl., Köln 2003, S. 53–73.

KLUGE, MATHIAS F.: Die Macht des Gedächtnisses. Entstehung und Wandel kommunaler Schriftkultur im spätmittelalterlichen Augsburg (= Studies in medieval and reformation traditions 181), Leiden 2014.

KÖBLER, GERHARD: Historisches Lexikon der deutschen Länder. Die deutschen Territorien vom Mittelalter bis zur Gegenwart, 7. Aufl., München 2007.

KOCH, HERBERT: Aus der Schreibstube des Stadtrates in Leipzig 1475–1500. In: Gutenberg-Jahrbuch, 31, 1956, S. 54–56.

KOCH, PETRA: Die Archivierung kommunaler Bücher in den ober- und mittelitalienischen Städten im 13. und frühen 14. Jahrhundert. In: HAGEN KELLER, THOMAS BEHRMANN (HG): Kommunales Schriftgut in Oberitalien. Formen, Funktionen, Überlieferung, München 1995, S. 19–69.

KOGLER, FERDINAND: Uebersicht über das Münzwesen Tirols bis zum Ausgang des Mittelalters, Finanz-Archiv/Public Finance Analysis, 19.2, 1902, S. 133–135.

KÖHN, ROLF: Die Auszahlungen des Kammermeisters Georg von Welsberg für 1399–1400. Zur Finanzverwaltung in den österreichischen Vorlanden unter Herzog Leopold IV. In: Zeitschrift für die Geschichte des Oberrheins, 140, 1992, S. 61–100.

KOLMS, HEINZ: Steuern II: Geschichte. In: WILLI ALBERS et al. (HG): Handwörterbuch der Wirtschaftswissenschaft: (HdWW) 7; zugleich Neuauflage des Handwörterbuchs der Sozialwissenschaften: Sozialismus bis Technischer Fortschritt, Stuttgart 1977, S. 310–323.

KOMSTA, KATARZYNA: Danziger Amtsbücher aus den Jahren 1357–1794 und 1807–1814. In: Archiv für Diplomatik 47/48, 2001/02, S. 285–334.

KOSSIN, WILHELM: Die Herrschaft Rheineck. Wirtschaftliche Grundlagen einer Adelsfamilie im 15. Jahrhundert (= Rheinisches Archiv 134), Köln 1995.

KOTELMANN, ALBERT: Die Finanzen des Kurfürsten Albrecht Achilles. In: Zeitschrift für preussische Geschichte und Landeskunde, 3, 1866, S. 1–26, 95–105, 283–309, 417–449.

KRANZMAYER, EBERHARD: Die Namen der Wochentage in den Mundarten von Bayern und Österreich, Wien und München 1929.

KREBS, JOHANN PHILIPP: Anleitung zum Lateinischschreiben in Regeln und Beispielen zur Uebung, Frankfurt am Main 1860.

KREIL, DIETER: Der Stadthaushalt von Schwäbisch-Hall im 15./16. Jahrhundert. Eine finanzgeschichtliche Untersuchung (= Forschungen aus Württembergisch Franken 1), Schwäbisch Hall 1967.

KREIL, DIETER: Zusammensetzung und Entwicklung des Haushalts der Reichsstadt Schwäbisch Hall von 1420 bis 1620. In: ERICH MASCHKE, JÜRGEN SYDOW (HG): Städtisches Haushalts- und Rechnungswesen, Sigmaringen 1977, S. 83–90.

KRIEB, STEFFEN: Schriftlichkeit, Erinnerung und ritterschaftliche Identität. Die Herren von Eyb im 15. Jahrhundert. In: WERNER RÖSENER (HG): Adelige und bürgerliche Erinnerungskulturen des Spätmittelalters und der Frühen Neuzeit, Göttingen 2000, S. 79–96.

KRIEB, STEFFEN: Hof und Residenzen der Landgrafen von Hessen im späten Mittelalter. In: Mitteilungen des Oberhessischen Geschichtsvereins Gießen, 87, 2002, S. 57–75.

KRIEB, STEFFEN: Hessen, Landgrafschaft, Landgrafen von. In: WERNER PARAVICINI (HG): Höfe und Residenzen im spätmittelalterlichen Reich 1: Ein dynastisch-topographisches Handbuch, Teilbd. 1: Dynastien und Höfe, Ostfildern 2003, S. 807–811.

KRIEGK, GEORG LUDWIG: Deutsches Bürgerthum im Mittelalter. Nach urkundlichen Forschungen. Neue Folge, nebst einem Anhang enthaltend ungedruckte Urkunden aus Frankfurtischen Archiven, Frankfurt am Main 1871.

KROPAČ, INGO H./BOTZEM, SUSANNE: Verfassung und Verwaltung der Reichsstadt Regensburg von 1245 bis zur kaiserlichen Regimentsordnung von 1514. In: MARTIN ANGERER, HEINRICH WANDERWITZ (HG): Regensburg im Mittelalter, Regensburg 1995, S. 97–106.

KROPAC, INGO/KROPAC, SUSANNE: Prolegomena zu einer städtischen Diplomatik des Spätmittelalters: Das Beispiel Regensburg. In: WALTER PREVENIER, THÉRÈSE DE HEMPTINNE (HG): La diplomatique urbaine en Europe au moyen âge. Actes du congrès de la Commission internationale de Diplomatique, Gand, 25–29 août 1998, Leuven 2000, S. 229–265.

KRÜGER, DIETLIED: Leipziger Stadtbücher als namenkundliche Quelle. In: FRIEDHELM DEBUS (HG): Stadtbücher als namenkundliche Quelle, Stuttgart 2000, S. 191–204.

KRÜGER, KERSTEN: Finanzstaat Hessen 1500–1567. Staatsbildung im Übergang vom Domänenstaat zum Steuerstaat (= Veröffentlichungen der Historischen Kommission für Hessen und Waldeck 24,5), Marburg 1980.

KRÜGER, KRISTINA: Schreibgriffel und Wachstafeln als Zeugnisse von Schriftlichkeit im Mittelalter. In: KARL BRUNNER, GERHARD JARITZ (HG): Text als Realie, Wien 2003, S. 229–261.

KRUPPE, MICHAEL: Die Türkenhilfe der Reichsstädte Nordhausen und Mühlhausen in der Zeit von Maximilian I. bis Rudolf II. (1493–1612) – Ein Beitrag zur Steuer- und Finanzgeschichte im Spätmittelalter und der Frühen Neuzeit, Göttingen 2012.

KRUSE, HOLGER: Philipp der Gute, der Adel und das Geld. Zur Bedeutung des Geldes am burgundischen Hof im 15. Jahrhundert. In: HARM VON SEGGERN, GERHARD FOUQUET (HG): Adel und Zahl. Studien zum adligen Rechnen und Haushalten in Spätmittelalter und früher Neuzeit, Ubstadt-Weiher 2000, S. 149–164.

KUCHENBUCH, LUDOLF: Teilen, Aufzählen, Summieren: Zum Verfahren in ausgewählten Güter- und Einkünfteverzeichnissen des 9. Jahrhunderts. In: URSULA SCHAEFER (HG): Schriftlichkeit im frühen Mittelalter, Tübingen 1993, S. 181–206.

KUCHENBUCH, LUDOLF: Ordnungsverhalten im grundherrlichen Schriftgut vom 9. zum 12. Jahrhundert. In: JOHANNES FRIED (HG): Dialektik und Rhetorik im früheren und hohen Mittelalter. Rezeption, Überlieferung und gesellschaftliche Wirkung antiker Gelehrsamkeit vornehmlich im 9. und 12. Jahrhundert, München 1997, S. 175–268.

KUCHENBUCH, LUDOLF: Pragmatische Rechenhaftigkeit? Kerbhölzer in Bild, Gestalt und Schrift. In: GERD ALTHOFF, CHRISTEL MEIER (HG): Frühmittelalterliche Studien, 36, Berlin 2002, S. 469–490.

KUCHENBUCH, LUDOLF/KLEINE, UTA: Textus im Mittelalter – Erträge, Nachträge, Hypothesen. In: LUDOLF KUCHENBUCH, UTA KLEINE (HG): ›Textus‹ im Mittelalter. Komponenten und Situationen des Wortgebrauchs im schriftsemantischen Feld, Göttingen 2006, S. 417–453.

KUCHENBUCH, LUDOLF: Reflexive Mediävistik. Textus – Opus – Feudalismus (= Campus historische Studien 64), Frankfurt 2012.

KÜCH, FRIEDRICH: Beiträge zur Geschichte des Landgrafen Hermann II. von Hessen. In: Zeitschrift des Vereins für Hessische Geschichte und Landeskunde, 29, 1894, S. 1–216.

KUHN, DOMINIK: Die lübische Währungsunion. In: MICHAEL ROTHMANN, HELGE WITTMANN (HG): Reichsstadt und Geld (= Studien zur Reichsstadtgeschichte 5), Petersberg 2018, S. 135–145.

KÜHN, HANS-JOACHIM: Mittelalterliche Rechnungen als Quelle für die materielle Alltagskultur. In: MICHAEL KOCH (HG): Archäologietage Otzenhausen, Bd. 2, Nonnweiler 2016, S. 257–264.

KÜHNEL, HARRY: Mobile Menschen in „quasistatischer" Gesellschaft. In: HARRY KÜHNEL (HG): Alltag im Spätmittelalter, Graz 1984, S. 114–120.

KÜHNLE, NINA: Wir, Vogt, Richter und Gemeinde. Städtewesen, städtische Führungsgruppen und Landesherrschaft im spätmittelalterlichen Württemberg (1250–1534) (= Schriften zur südwestdeutschen Landeskunde 78), Ostfildern 2017.

KÜMPER, HIRAM: Materialwissenschaft Mediävistik. Eine Einführung in die Historischen Hilfswissenschaften, Paderborn 2014.

KUSKE, BRUNO: Das Schuldenwesen der deutschen Städte im Mittelalter, ZgS, 1904, Suppl. 12, S. 1–92.

KYPTA, ULLA: Die Autonomie der Routine. Wie im 12. Jahrhundert das englische Schatzamt entstand (= Historische Semantik 21), Göttingen 2014.

LACKNER, CHRISTIAN: Einführung. In: CLAUDIA FELLER, CHRISTIAN LACKNER (HG): Manu propria. Vom eigenhändigen Schreiben der Mächtigen (13.–15. Jahrhundert) (= Veröffentlichungen des Instituts für Österreichische Geschichtsforschung 67), Wien 2016, S. 9–18.

LACKNER, CHRISTIAN: Maximilian und die Universität Wien. In: KATHARINA KASKA (HG): Kaiser Maximilian I. Ein großer Habsburger, Wien 2019, S. 46–55.

LAMPRECHT, KARL: Deutsches Wirtschaftsleben im Mittelalter. Untersuchungen über die Entwicklung der materiellen Kultur des platten Landes auf Grund der Quellen zunächst des Mosellandes, 3 Bde., Leipzig 1885–86.

LAMPRECHT, KARL: Deutsche Geschichte, Bd. 1, Berlin 1891.

LANDOLT, OLIVER: Der Finanzhaushalt der Stadt Schaffhausen im Spätmittelalter. In: SÉBASTIEN GUEX, MARTIN KÖRNER, JAKOB TÄNNER (HG): Staatsfinanzierung und Sozialkonflikte (14.–20. Jahrhundert), Zürich 1994, S. 41–53.

LANDOLT, OLIVER: Der Finanzhaushalt der Stadt Schaffhausen im Spätmittelalter (= Vorträge und Forschungen. Sonderband 48), Ostfildern 2004.

LAUERWALD, PAUL: Zur frühesten Münzgeschichte Mühlhausen. In: Mühlhäuser Beiträge, 3, 1980, S. 52–54.

LEESCH, WOLFGANG: Art. Kursive. In: SEVERIN CORSTEN (HG): Lexikon des gesamten Buchwesens, 2. Bd., Stuttgart 1995, S. 371–372.

LE GOFF, JACQUES: Phantasie und Realität des Mittelalters, Stuttgart 1990.

LEHE, ERICH VON: Das Hamburgische Schuldbuch von 1288, Hamburg 1956.

LEIBETSEDER, MATHIS: Pferde und Hoflager. Beobachtungen zu Tier und Mensch im fürstlichen Repräsentationsbetrieb um 1500. In: Archiv für Kulturgeschichte, 97, 2015, S. 315–332.

LEINIGER, SVEN: Mittelalterliche Städte in Thüringen. Eine Untersuchung ihrer Entstehung und Entwicklung (= Veröffentlichungen der Historischen Kommission für Thüringen. Kleine Reihe 60), Köln 2020.

LEMPERT, WOLFGANG: Soziologische Aufklärung als moralische Passion: Pierre Bourdieu. Versuch der Verführung zu einer provozierenden Lektüre, Wiesbaden 2012.

LERNER, FRANZ: Die Bedeutung des internationalen Ochsenhandels für die Fleischversorgung deutscher Städte im Spätmittelalter und der frühen Neuzeit. In: EKKEHARD WESTERMANN (HG): Internationaler Ochsenhandel (1350–1750). Akten des 7th International Economic History Congress Edinburgh 1978, Stuttgart 1979, S. 197–217.

LESSER, FRIEDRICH C.: Historische Nachrichten von der freyen Stadt Nordhausen, Frankfurt 1740.

LICHTMANNEGGER, SUSANNE: Emil von Ottenthal (1855–1931). Diplomatiker in der Tradition Theodor von Sickels und Julius von Fickers. In: KAREL HRUZA (HG): Österreichische Historiker 1900–1945. Lebensläufe und Karrieren in Österreich, Deutschland und der Tschechoslowakei in wissenschaftsgeschichtlichen Porträts, Wien 2008, S. 73–95.

LIESENBERG, CARSTEN: Zur Geschichte der Juden in Mühlhausen und Nordthüringen und die Mühlhäuser Synagoge, Mühlhausen 1998.

LIETZMANN, HANS: Zeitrechnung der römischen Kaiserzeit, des Mittelalters und der Neuzeit für die Jahre 1–2000 n. Chr., Berlin 1984.

LINGELBACH, GERHARD: Mühlhausen – Rechtsschöpfungen einer Stadt. In: WOLFGANG WEBER, GERHARD LINGELBACH (HG): Die Statuten der Reichsstadt Mühlhausen in Thüringen, Köln 2005, S. XI–XXV.

LIPPERT, WOLDEMAR: Ein Besuch Markgraf Friedrichs von Meißen beim Kaiser. Beitrag zum Itinerar Ludwigs 1330. In: Mitteilungen des Instituts für Österreichische Geschichtsforschung, 13, 1892, S. 598–601.

LOBENSTEIN-REICHMANN, ANJA: Sprachliche Ausgrenzung im späten Mittelalter und der frühen Neuzeit (= Studia linguistica Germanica 117), Berlin 2013.

LÖFFLER, EUGEN: Die Zahlzeichen im Mittelalter und in der Neuzeit, 2. neubearb. Aufl, Leipzig 1919.

LORENZ, HERMANN: Die urkundlichen Eintragungen in die Ratsrechnungen der Stadt Quedlinburg von 1454 bis 1509. In: Zeitschrift des Harzvereins für Geschichte und Alterthumskunde, 39, 1906, S. 194–255.

LÜBBING, HERMANN: Aus dem Cloppenburger Rechnungsbuch von 1474/75. In: Oldenburger Jahrbuch, 37, 1933, S. 70–93.

LUDOLPHY, INGETRAUT: Friedrich der Weise: Kurfürst von Sachsen 1463–1525, Leipzig 2006.

LÜNEBURG, HEINZ: Von Zahlen und Größen. Dritthalbtausend Jahre Theorie und Praxis, Bd. 1, Basel 2008.

LUSIARDI, RALF: Stiftung und Seelenheil in den monotheistischen Religionen des mittelalterlichen Europa. Eine komparative Problemskizze. In: MICHAEL BORGOLTE (HG): Stiftungen in Christentum, Judentum und Islam vor der Moderne. Auf der Suche nach ihren Gemeinsamkeiten und Unterschieden in religiösen Grundlagen, praktischen Zwecken und historischen Transformationen, München 2005, S. 47–69.

LUX, THOMAS: Essener Stadtrechnungen des 14. und 15. Jahrhunderts. Analyse und Edition, Essen 1993.

MAACK, WALTER: Die Rintelner Statuten des 14.–16. Jahrhunderts (= Schaumburger Studien 24), Rinteln 1970.

MACKERT, CHRISTOPH: Wasserzeichenkunde und Handschriftenforschung. Vom wissenschaftlichen Nutzen publizierter Wasserzeichensammlungen. Beispiele aus der Universitätsbibliothek Leipzig. In: PETER RÜCKERT, JEANETTE GODAU, GERALD MAIER (HG): Piccard-Online. Digitale Präsentationen von Wasserzeichen und ihre Nutzung, Stuttgart 2007, S. 91–118.

MÄGDEFRAU, WERNER: Städtische Produktion von der Entstehung der Zünfte bis ins 14. Jahrhundert. Ein Beitrag zu den sozialökonomischen Grundlagen des Thüringer Dreistädtebundes. In: WERNER MÄGDEFRAU (HG): Europäische Stadtgeschichte in Mittelalter und früher Neuzeit, Weimar 1979, S. 130–188.

MÄGDEFRAU, WERNER: Thüringen im späten Mittelalter 1310–1482/85, 2. Aufl., Bad Langensalza 2013.

MAGER, WOLFGANG: Genossenschaft, Republikanismus und konsensgestütztes Ratsregiment. Zur Konzeptionalisierung der politischen Ordnung in der mittelalterlichen und frühneuzeitlichen deutschen

Stadt. In: LUISE SCHORN-SCHÜTTE (HG): Aspekte der politischen Kommunikation im Europa des 16. und 17. Jahrhunderts, München 2004, S. 13–122.

MAJER, VILGELM E.: Soziale und ökonomische Wandlungen im Bereich der Waidproduktion und des Waidhandels in Deutschland während des 14. bis 17. Jahrhunderts. In: WERNER MÄGDEFRAU (HG): Europäische Stadtgeschichte in Mittelalter und früher Neuzeit, Weimar 1979, S. 227–236.

MALECZEK, WERNER: Die Sachkultur am Hofe Herzog Sigismunds von Tirol († 1496). In: Adelige Sachkultur des Spätmittelalters, Wien 1982, S. 133–167.

MANDRY, JULIA: Armenfürsorge, Hospitäler und Bettel in Thüringen in Spätmittelalter und Reformation (1300–1600) (= Quellen und Forschungen zu Thüringen im Zeitalter der Reformation 10), Köln 2018.

MARTIN, ALFRED VON: Soziologie der Renaissance, 3. Aufl., München 1974.

MARTIN, HENRI-JEAN: Histoires et pouvoirs de l'écrit, Paris 1988.

MASCHKE, ERICH: Das Berufsbewußtsein des mittelalterlichen Fernkaufmanns. In: PAUL WILPERT, WILLEHAD PAUL ECKERT (HG): Beiträge zum Berufsbewusstsein des mittelalterlichen Menschen, Berlin 1964, S. 306–335.

MATHEUS, MICHAEL: Trier am Ende des Mittelalters. Studien zur Sozial-, Wirtschafts- und Verfassungsgeschichte der Stadt Trier vom 14. bis 16. Jahrhundert (= Trierer historische Forschungen 5), Trier 1984.

MAUERSBERG, HANS: Wirtschafts- und Sozialgeschichte zentraleuropäischer Städte in neuerer Zeit. Dargestellt an den Beispielen von Basel, Frankfurt a.M., Hamburg, Hannover und München, Göttingen 1960.

MAULHARDT, HEINRICH: Die wirtschaftlichen Grundlagen der Grafschaft Katzenelnbogen im 14. und 15. Jahrhundert (= Quellen und Forschungen zur hessischen Geschichte 39), Darmstadt 1980.

MAYER, THEODOR: Beiträge zur Geschichte der tirolischen Finanzverwaltung im späteren Mittelalter. In: Forschungen und Mitteilungen zur Geschichte Tirols und Vorarlbergs, 16/17, 1919/20, S. 110–168.

MAYNTZ, RENATE: Zählen – Messen – Entscheiden. Wissen im politischen Prozess, Köln 2017.

MAZAL, OTTO: Lehrbuch der Handschriftenkunde, Wiesbaden 1986.

MAZAL, OTTO/HILMAR, ROSEMARY: Katalog der Abendländischen Handschriften der Österreichischen Nationalbibliothek „Series Nova" 5/2, Cod. Ser. N. 4801–4851 und Ser. N. 9249–9999, Register, Wien 1997.

MAZAL, OTTO: Geschichte der abendländischen Wissenschaft des Mittelalters, Bd. 1, Graz 2006.

MEIER, CHRISTEL: Pragmatische Dimensionen mittelalterlicher Schriftkultur. In: CHRISTEL MEIER, VOLKER HONEMANN, HAGEN KELLER, RUDOLF SUNTRUP (HG): Pragmatische Dimensionen Mittelalterlicher Schriftkultur (= Münstersche Mittelalter-Schriften 79), München 2002, S. XI–XIX.

MEIER, JÖRG: Städtische Kommunikation im Spätmittelalter und in der Frühen Neuzeit. In: ANDREAS LAUBINGER, BRUNHILDE GEDDERTH, CLAUDIA DOBRINSKI (HG): Text – Bild – Schrift. Vermittlung von Information im Mittelalter, München 2007, S. 127–145.

MEINLSCHMIDT, PETER/IMMEL, HAGEN: Digitale Dokumentation von Wasserzeichen mittels Thermographie. In: WOLFGANG ECKHARDT, JULIA NEUMANN, TOBIAS SCHWINGER, ALEXANDER STAUB (HG): Wasserzeichen – Schreiber – Provenienzen. Neue Methoden zur Erforschung und Erschließung von Kulturgut im digitalen Zeitalter. Zwischen wissenschaftlicher Spezialdisziplin und catalog enrichment, Berlin 2016, S. 197–218.

MENK, GERHARD: Landesgeschichte, Archivwesen und Politik. Der hessische Landeshistoriker und Archivar Karl Ernst Demandt (1909–1990) (= Schriften des Hessischen Staatsarchivs Marburg 21), Marburg 2009.

MERKEL, GOTTFRIED: Das Aufkommen der deutschen Sprache in den städtischen Kanzleien des ausgehenden Mittelalters (= Beiträge zur Kulturgeschichte des Mittelalters und der Renaissance 45), Hildesheim 1973.

MERSIOWSKY, MARK: Landesherrliche Bauausgaben im Spiegel der ältesten lippischen Rechnungen. In: ULF DIRLMEIER, RAINER S. ELKAR, GERHARD FOUQUET (HG): Öffentliches Bauen in Mittelalter und früher Neuzeit. Abrechnungen als Quellen für die Finanz-, Wirtschafts- und Sozialgeschichte des Bauwesens, St. Katharinen 1991, S. 116–171.

MERSIOWSKY, MARK: Die Anfänge territorialer Rechnungslegung im deutschen Nordwesten. In: Archivpflege in Westfalen und Lippe, 35, 1992, S. 1–4.

MERSIOWSKY, MARK: Aspekte adligen Lebens um 1400. Frühe westfälische und rheinische Adelsrechnungen im Vergleich. In: ELLEN WIDDER, MARK MERSIOWSKY, PETER JOHANEK (HG): Vestigia Monasteriensia. Westfalen – Rheinland – Niederlande, Bielefeld 1995, S. 263–304.

MERSIOWSKY, MARK: Das Stadthaus im Rahmen der spätmittelalterlichen adligen Wirtschaft. In: Der Adel in der Stadt des Mittelalters und der frühen Neuzeit, Marburg 1996a, S. 199–214.

MERSIOWSKY, MARK: Städtische Verfassung und Verwaltung im spätmittelalterlichen Soest. In: HEINZ-DIETER HEIMANN (HG): Soest, Geschichte der Stadt, Bd. 2. Die Welt der Bürger. Politik, Gesellschaft und Kultur im spätmittelalterlichen Soest, Soest 1996b, S. 57–151.

MERSIOWSKY, MARK: Die Anfänge territorialer Rechnungslegung im deutschen Nordwesten. Spätmittelalterliche Rechnungen, Verwaltungspraxis, Hof und Territorium (= Residenzenforschung 9), Stuttgart 2000a.

MERSIOWSKY, MARK: Städtisches Urkundenwesen und Schriftgut in Westfalen vor 1500. In: WALTER PREVENIER, THÉRÈSE DE HEMPTINNE (HG): La diplomatique urbaine en Europe au moyen âge. Actes du congrès de la Commission internationale de Diplomatique, Gand, 25–29 août 1998, Leuven 2000b, S. 321–356.

MERSIOWSKY, MARK: Adlige Sozialisation im spätmittelalterlichen Süddeutschland. In: HORST CARL, SÖNKE LORENZ (HG): Gelungene Anpassung? Adelige Antworten auf gesellschaftliche Wandlungsvorgänge vom 14. bis zum 16. Jahrhundert, Ostfildern 2005, S. 103–138.

MERSIOWSKY, MARK: Rechnungen. In: WERNER PARAVICINI (HG): Höfe und Residenzen im spätmittelalterlichen Reich. Hof und Schrift, Ostfildern 2007, S. 531–551.

MERSIOWSKY, MARK: Finanzverwaltung und Finanzkontrolle am spätmittelalterlichen Hofe. In: GERHARD FOUQUET, JAN HIRSCHBIEGEL, WERNER PARAVICINI (HG): Hofwirtschaft. Ein ökonomischer Blick auf Hof und Residenz in Spätmittelalter und Früher Neuzeit, Ostfildern 2008a, S. 171–190.

MERSIOWSKY, MARK: Die Rechnungen Heinrichs VII. als Spitze des Eisberges? Rechnungsüberlieferung und Rechnungswesen des Reiches im frühen 14. Jahrhundert. In: ELLEN WIDDER (HG): Vom luxemburgischen Grafen zum europäischen Herrscher. Neue Forschungen zu Heinrich VII., Luxemburg 2008b, S. 225–268.

MERSIOWSKY, MARK/THALLER, ANJA/HALBEKANN, JOACHIM J.: Pragmatische Schriftlichkeit im Spätmittelalter und in Esslingen – Eine Einführung. In: MARK MERSIOWSKY, ANJA THALLER, JOACHIM J. HALBEKANN (HG): Schreiben – Verwalten – Aufbewahren. Neue Forschungen zur Schriftlichkeit im spätmittelalterlichen Esslingen, Ostfildern 2018, S. 9–14.

METZ, RAINER: Geld, Währung und Preisentwicklung. Der Niederrheinraum im europäischen Vergleich 1350–1800 (= Schriftenreihe des Instituts für Bankhistorische Forschungen 14), Frankfurt am Main 1990.

MEUTHEN, ERICH: Der Quellenwandel vom Mittelalter zur Neuzeit und seine Folgen für die Kunst der Publikation. In: LOTHAR GALL, RUDOLF SCHIEFFER (HG): Quelleneditionen und kein Ende?, München 1999, S. 17–36.

MEYER, CARLA/SAUER, REBECCA: Papier. In: THOMAS MEIER, MICHAEL R. OTT, REBECCA SAUER (HG): Materiale Textkulturen. Konzepte – Materialien – Praktiken, Berlin 2015, S. 355–370.

MEYER, CARLA/SCHNEIDMÜLLER, BERND: Zwischen Pergament und Papier. In: THOMAS MEIER, MICHAEL R. OTT, REBECCA SAUER (HG): Materiale Textkulturen. Konzepte – Materialien – Praktiken, Berlin 2015, S. 349–354.
MEYER, CHRISTIAN: Der Haushalt einer deutschen Stadt im Mittelalter. In: Vierteljahrschrift für Sozial- und Wirtschaftsgeschichte, 1, 1903, S. 562–569.
MEYERHEIM, HUGO: Psychotechnik der Buchführung, Berlin 1927.
MIHM, AREND: Funktionen der Schriftlichkeit in der städtischen Gesetzgebung des Spätmittelalters. In: Zeitschrift für germanistische Linguistik, 27, 1999, S. 13–37.
MIHM, AREND: Mehrsprachigkeit im mittelalterlichen Köln. In: MARIA SELIG, SUSANNE EHRLICH (HG): Mittelalterliche Stadtsprachen, Regensburg 2016, S. 19–44.
MIKL-HORKE, GERTRAUDE: Historische Soziologie – Sozioökonomie – Wirtschaftssoziologie, Wiesbaden 2011.
MILLER, PETER/NAPIER, CHRISTOPHER: Genealogies of Calculation. In: Accounting, Organizations and Society, 7/8, 1993, S. 631–647.
MINDERMANN, AREND: Adel in der Stadt des Spätmittelalters. Göttingen und Stade 1300 bis 1600 (= Veröffentlichungen des Instituts für Historische Landesforschung der Universität Göttingen 35), Göttingen 1996.
Minerva Handbücher. Archive: Archive im deutschsprachigen Raum, Teil: A–N, 2. Aufl., Berlin 1974.
Minerva Handbücher. Archive: Archive im deutschsprachigen Raum, Teil: O–Z und Register, 2. Aufl., Berlin 1974.
MITTAG, HANS: Die Struktur des Haushalts der Stadt Hamburg im Mittelalter, Leipzig 1914.
MOESER, KARL: Die Entstehung und Verbreitung des Namens „Kreuzer" für den Meraner Zwainziger-Grossus. In: Festschrift zu Ehren Emil von Ottenthals, Innsbruck 1925, S. 235–245.
MOOS, PETER VON: Über pragmatische Mündlichkeit und Schriftlichkeit. In: PETER VON MOOS, GERT MELVILLE (HG): Gesammelte Studien zum Mittelalter. Bd. 2 – Rhetorik, Kommunikation und Medialität, Berlin 2006, S. 229–238.
MORAW, PETER: Organisation und Funktion von Verwaltung im ausgehenden Mittelalter (ca. 1350–1500). In: K. G. A. JESERICH, HANS POHL, GEORG-CHRISTOPH VON UNRUH (HG): Deutsche Verwaltungsgeschichte, Bd. 1: Vom Spätmittelalter bis zum Ende des Reiches, Stuttgart 1983, S. 21–65.
MORAW, PETER: Die Rolle der Landgrafschaft Hessen in der deutschen Geschichte. In: Mitteilungen des Oberhessischen Geschichtsvereins Gießen, Ser. NF, 75, 1990, S. 3–23.
MORAW, PETER: 1292 und die Folgen. Dynastie und Territorium im hessischen und deutschen Spätmittelalter. In: Blätter für deutsche Landesgeschichte, 129, 1993, S. 41–62.
MORAW, PETER: Das Heiratsverhalten im hessischen Landgrafenhaus ca. 1300 bis ca. 1500 – auch vergleichend betrachtet. In: WALTER HEINEMEYER (HG): Hundert Jahre Historische Kommission für Hessen 1897–1997, Marburg 1997, S. 115–140.
MORSEL, JOSEPH: Die Erfindung des Adels. Zur Soziogenese des Adels am Ende des Mittelalters – das Beispiel Frankens. In: OTTO GERHARD OEXLE, WERNER PARAVICINI (HG): Nobilitas. Funktion und Repräsentation des Adels in Alteuropa, Göttingen 1997, S. 312–375.
MORSEL, JOSEPH: *Brief* und *schrift*. Überlegungen zu den sozialen Grundlagen schriftlichen Austauschs im Spätmittelalter am Beispiel Frankens. In: LUDOLF KUCHENBUCH, UTA KLEINE (HG): ›Textus‹ im Mittelalter. Komponenten und Situationen des Wortgebrauches im schriftsemantischen Feld, Göttingen 2006, S. 285–321.

MOULIN, CLAUDINE: Sprache(n) in der Stadt – Städtisches Schreiben: Facetten eines pragmatischen und metasprachlichen Zugriffs auf urbane Schriftlichkeit. In: MARIA SELIG, SUSANNE EHRLICH (HG): Mittelalterliche Stadtsprachen, Regensburg 2016, S. 105–120.

MÜLLER, ADOLF: Die Rechnungsbücher über den städtischen Haushalt zu Groß Salze seit 1407. In: Geschichtsblätter für Stadt und Land Magdeburg, 48, 1913, S. 41–74.

MÜLLER, THOMAS T.: Ein ehrbarer Rat, entlaufene Mönche und streitbare Weiber. Zu den reformatorischen Bestrebungen in der Reichsstadt Mühlhausen in Thüringen bis zum Jahr 1525. In: JOACHIM EMIG, VOLKER LEPPIN, UWE SCHIRMER (HG): Vor- und Frühreformation in thüringischen Städten (1470–1525/30), Köln 2013, S. 143–153.

MÜLLER-ARMACK, ALFRED: Die Genealogie der Marktwirtschaft. Die geistesgeschichtlichen Ursprünge der Staats- und Wirtschaftsformen bis zum Ausgang des 18. Jahrhunderts. In: HANS SCHACHTSCHABEL (HG): Wirtschaftsstufen und Wirtschaftsordnungen, Darmstadt 1971, S. 157–208.

MUNDSCHAU, HEINZ: Sprecher als Träger der „tradition vivante" in der Gattung „Märe", Göppingen 1972.

MÜNKLER, HERFRIED: Machiavelli. Die Begründung des politischen Denkens der Neuzeit aus der Krise der Republik Florenz, Frankfurt 1982.

NEBELSIECK, HEINRICH: Reformationsgeschichte der Stadt Mühlhausen i.Th. In: Zeitschrift des Vereins für Kirchengeschichte in der Provinz Sachsen, 1, 1904, S. 59–115.

NEDDERMEYER, UWE: Von der Handschrift zum gedruckten Buch. Schriftlichkeit und Leseinteresse im Mittelalter und in der frühen Neuzeit. Quantitative und qualitative Aspekte, 1: Text (= Buchwissenschaftliche Beiträge aus dem Deutschen Bucharchiv München / 61), Wiesbaden 1998.

NEDDERMEYER, UWE: Von der Handschrift zum gedruckten Buch. Schriftlichkeit und Leseinteresse im Mittelalter und in der frühen Neuzeit. Quantitative und qualitative Aspekte, 2: Anlagen (= Buchwissenschaftliche Beiträge aus dem Deutschen Bucharchiv München / 61), Wiesbaden 1998.

NEEDHAM, PAUL: Book Production on Paper and Vellum in the fourteenth and fifteenth centuries. In: CARLA MEYER, BERND SCHNEIDMÜLLER, SANDRA SCHULTZ (HG): Papier im mittelalterlichen Europa. Herstellung und Gebrauch, Berlin 2015, S. 247–274.

NEITZERT, DIETER: Pferdebedarf und Pferdeeinkauf im 15. Jahrhundert am Beispiel der Stadt Göttingen. In: Niedersächsisches Jahrbuch für Landesgeschichte, 55, 1983, S. 369–380.

NEITZERT, DIETER: Göttingens Wirtschaft, an Beispielen des 15. und 16. Jahrhunderts. In: DIETRICH DENECKE, HELGA-MARIA KÜHN (HG): Göttingen. Geschichte einer Universitätsstadt, Bd. 1, Göttingen 1987, S. 298–345.

NEUBER, HARALD: Beiträge zur Geschichte der Burg Hauneck im Spätmittelalter. In: Zeitschrift des Vereins für Hessische Geschichte und Landeskunde, 103, 1998, S. 19–38.

NIEDERSTÄTTER, ALOIS: Königseinritt und -gastung in der spätmittelalterlichen Reichsstadt. In: DETLEF ALTENBURG, JÖRG JARNUT, HANS-HUGO STEINHOFF (HG): Feste und Feiern im Mittelalter, Sigmaringen 1991, S. 491–500.

NIPPERDEY, THOMAS: Deutsche Geschichte 1866–1918, Bd.1, Arbeitswelt und Bürgergeist, München 1994.

NOACK, WINFRIED: Ethische Grundlagen der Sozialen Arbeit, Berlin 2015.

NOLTE, CORDULA: Der kranke Fürst. Vergleichende Beobachtungen zu Dynastie- und Herrschaftskrisen um 1500, ausgehend von den Landgrafen von Hessen. In: Zeitschrift für historische Forschung, 27,1, 2000, S. 1–36.

NOLTE, CORDULA: Schriftlichkeit und Mündlichkeit. In: WERNER PARAVICINI (HG): Höfe und Residenzen im spätmittelalterlichen Reich. Hof und Schrift (= Residenzforschung 15.III), Ostfildern 2007, S. 11–35.

NOLTE, CORDULA: Die Familie im Adel. Haushaltsstruktur und Wohnverhältnisse im Spätmittelalter. In: KARL-HEINZ SPIESS (HG): Die Familie in der Gesellschaft des Mittelalters, Ostfildern 2009, S. 77–105.

NOONAN, THOMAS S./KOVALEV, ROMAN K.: What can archaeology tell us about how debts were documented and collected in Kievan Rus'? In: Russian History, 27, 2000, S. 119–154.

NORDSTRAND, OVE K.: Charles Moïse Briquet and "Les Filigranes". In: Libri. International journal of libraries and information services, 19, 1969, S. 58–61.

NUHN, JOHANNES: Nohii Chronicon Hassiacum c. not. Cui titulus in MSto erat: Hessische Chronic von C. Julio Caesare Sieben und viertzig Jahr vor Christi geburt an, bis auf das Jahr Christi 1520. Colligiert und beschrieben durch Johann Nohen von Hirschfeld. In: HEINRICH CHRISTIAN SENCKENBERG: Selecta Iuris et Historiarum V, Fasciculus III., Francofurti a Moenum 1739, S. 385–518.

OBERMAIR, HANNES: Bozen Süd – Bolzano Nord. Schriftlichkeit und urkundliche Überlieferung der Stadt Bozen bis 1500, Bd. 2, Regesten der kommunalen Bestände 1401–1500, Bolzano 2008.

OESTERREICHER, WULF: Verschriftung und Verschriftlichung im Konzept medialer und konzeptioneller Schriftlichkeit. In: URSULA SCHAEFER (HG): Schriftlichkeit im frühen Mittelalter, Tübingen 1993, S. 267–292.

OHLAU, JÜRGEN UWE: Der Haushalt der Reichsstadt Rothenburg o.T. in seiner Abhängigkeit von Bevölkerungsstruktur, Verwaltung und Territorienbildung (1350–1450), Erlangen 1965.

ORNATO, EZIO/BUSONERO, PAOLA/MUNAFÒ, PAOLA F./STORACE, M. SPERANZA: La carta occidentale nel tardo Medioevo, 1, Rom 2001.

ORTH, ELSBET: Amtsrechnungen als Quelle spätmittelalterlicher Territorial- und Wirtschaftsgeschichte. In: Hessisches Jahrbuch für Landesgeschichte, 29, 1979, S. 36–62.

OTT, MICHAEL R./KIYANRAD, SARAH: Geschriebenes. In: THOMAS MEIER, MICHAEL R. OTT, REBECCA SAUER (HG): Materiale Textkulturen. Konzepte – Materialien – Praktiken, Berlin 2015, S. 157–168.

OTTENTHAL, EMIL VON/REDLICH, OSWALD: Archiv-Berichte aus Tirol, Bd. II., Wien 1896.

PAJCIC, KATHRIN: Frauenstimmen in der spätmittelalterlichen Stadt? Testamente von Frauen aus Lüneburg, Hamburg und Wien als soziale Kommunikation, Würzburg 2013.

PATZE, HANS: Zum ältesten Rechtsbuch der Reichsstadt Mühlhausen in Thüringen aus dem Anfang des 13. Jahrhunderts. In: Jahrbuch für die Geschichte Mittel- und Ostdeutschlands, 9/10, 1961, S. 59–126.

PATZE, HANS: Neue Typen des Geschäftsschriftgutes im 14. Jahrhundert. In: HANS PATZE (HG): Der deutsche Territorialstaat im 14. Jahrhundert I, Sigmaringen 1970, S. 9–64.

PATZE, HANS: Die Herrschaftspraxis der deutschen Landesherren während des späten Mittelalters. In: HANS PATZE, PETER JOHANEK, ERNST SCHUBERT, MATTHIAS WERNER (HG): Ausgewählte Aufsätze, Vorträge und Forschungen, 50, Stuttgart 2002, S. 81–108.

PÄTZOLD, STEFAN: Amtsbücher des Mittelalters. Überlegungen zum Stand ihrer Erforschung. In: Archivalische Zeitschrift, 81, 1998, S. 87–111.

PAULY, MICHEL: Heinrich VII., der Graf gebliebene König der Römer. In: MICHEL PAULY (HG): Europäische Governance im Spätmittelalter, Heinrich VII. von Luxemburg und die großen Dynastien Europas, Luxembourg 2010, S. 445–463.

PENNDORF, BALDUIN: Luca Pacioli. Abhandlung über die Buchhaltung 1494. Nach dem italienischen Original von 1494 ins Deutsche übersetzt und mit einer Einleitung über die italienische Buchhaltung im 14. und 15. Jahrhundert und Paciolis Leben und Werk, Stuttgart 1933.

PENNDORF, BALDUIN: Geschichte der Buchhaltung in Deutschland, 1913, Nachdruck Frankfurt 1966.

PETERS, INGE-MAREN: Das mittelalterliche Zahlungssystem als Problem der Landesgeschichte. In: Blätter für deutsche Landesgeschichte, 112, 1976, S. 139–183.

PETERS, INGE-MAREN: Das mittelalterliche Zahlungssystem als Problem der Landesgeschichte. In: Blätter für deutsche Landesgeschichte, 113, 1977, S. 141–202.

PETERSEN, ERLING LADEWIG: Production and Trade in Oxen 1450–1750: Denmark. In: EKKEHARD WESTERMANN (HG): Internationaler Ochsenhandel (1350–1750). Akten des 7th International Economic History Congress Edinburgh 1978 (= Beiträge zur Wirtschaftsgeschichte 9), Stuttgart 1979, S. 137–170.

PETRI, FRIEDRICH KARL WILHELM: Der Teutschen Weissheit. Das ist: Außerlesen kurtze, sinnreiche, lehrhaffte vnd sittige Sprüche vnd Sprichwörter in schönen Reimen oder schlecht ohn Reim, von allerley Geistlichem vnd Weltlichem Wesen vnd Handel des gantzen Menschlichen Lebens, wie man sie im gemeinen Brauch hat, oder in gelehrter Leut Büchern findet, Hamburg 1605.

PETTER, ANDREAS: Mittelalterliche Stadtbücher und ihre Erschließung: Grundlagen und Gestaltung quellenkundlicher Arbeiten zur mitteldeutschen Überlieferung. In: Sachsen und Anhalt. Jahrbuch der Historischen Kommission für Sachsen-Anhalt, 24, Köln 2003, S. 189–245.

PHILIPPI, HANS: Das Haus Hessen. Ein europäisches Fürstengeschlecht, Kassel 1983.

PICCARD, GERHARD: Die Wasserzeichenforschung als historische Hilfswissenschaft. In: Archivalische Zeitschrift, 52, 1956, S. 62–115.

PICCARD, GERHARD: Die Kronen-Wasserzeichen, Findbuch I der Wasserzeichenkartei Piccard im Hauptstaatsarchiv Stuttgart (Veröffentlichungen der staatlichen Archivverwaltung Stuttgart), Stuttgart 1961.

PICCARD, GERHARD: Die Ochsenkopf-Wasserzeichen, Findbuch II, 1, 2, 3 der Wasserzeichenkartei Piccard im Hauptstaatsarchiv Stuttgart (Veröffentlichungen der staatlichen Archivverwaltung Stuttgart), Stuttgart 1966.

PICCARD, GERHARD: Wasserzeichen Turm, Findbuch III, Wasserzeichenkartei Piccard im Hauptstaatsarchiv Stuttgart (Veröffentlichungen der staatlichen Archivverwaltung Stuttgart), Stuttgart 1970.

PICCARD, GERHARD: Wasserzeichen Buchstabe P, Findbuch IV, Teil 1–3 der Wasserzeichenkartei Piccard im Hauptstaatsarchiv Stuttgart (Veröffentlichungen der staatlichen Archivverwaltung Stuttgart), Stuttgart 1977.

PICCARD, GERHARD: Wasserzeichen Waage, Findbuch V, Wasserzeichenkartei Piccard im Hauptstaatsarchiv Stuttgart (Veröffentlichungen der staatlichen Archivverwaltung Stuttgart), Stuttgart 1978.

PICCARD, GERHARD: Wasserzeichen Anker, Findbuch VI, Wasserzeichenkartei Piccard im Hauptstaatsarchiv Stuttgart (Veröffentlichungen der staatlichen Archivverwaltung Stuttgart), Stuttgart 1978.

PICCARD, GERHARD: Wasserzeichen Horn, Findbuch VII, Wasserzeichenkartei Piccard im Hauptstaatsarchiv Stuttgart (Veröffentlichungen der staatlichen Archivverwaltung Stuttgart), Stuttgart 1979.

PICCARD, GERHARD: Wasserzeichen Schlüssel, Findbuch VIII, Wasserzeichenkartei Piccard im Hauptstaatsarchiv Stuttgart (Veröffentlichungen der staatlichen Archivverwaltung Stuttgart), Stuttgart 1979.

PICCARD, GERHARD: Wasserzeichen Werkzeuge und Waffen, Findbuch IX, Wasserzeichenkartei Piccard im Hauptstaatsarchiv Stuttgart (Veröffentlichungen der staatlichen Archivverwaltung Stuttgart), Stuttgart 1980.

PICCARD, GERHARD: Wasserzeichen Fabeltiere, Findbuch X, Wasserzeichenkartei Piccard im Hauptstaatsarchiv Stuttgart (Veröffentlichungen der staatlichen Archivverwaltung Stuttgart), Stuttgart 1980.

PICCARD, GERHARD: Wasserzeichen Kreuz, Findbuch XI, Wasserzeichenkartei Piccard im Hauptstaatsarchiv Stuttgart (Veröffentlichungen der staatlichen Archivverwaltung Stuttgart), Stuttgart 1981.

PICCARD, GERHARD: Wasserzeichen Blatt, Blume, Baum, Findbuch XII, Wasserzeichenkartei Piccard im Hauptstaatsarchiv Stuttgart (Veröffentlichungen der staatlichen Archivverwaltung Stuttgart), Stuttgart 1982.

PICCARD, GERHARD: Wasserzeichen Lilie, Findbuch XIII, Wasserzeichenkartei Piccard im Hauptstaatsarchiv Stuttgart (Veröffentlichungen der staatlichen Archivverwaltung Stuttgart), Stuttgart 1983.

PICCARD, GERHARD: Wasserzeichen Frucht, Findbuch XIV der Wasserzeichenkartei Piccard im Hauptstaatsarchiv Stuttgart (Veröffentlichungen der staatlichen Archivverwaltung Stuttgart), Stuttgart 1983.

PICCARD, GERHARD: Wasserzeichen Verschiedene Vierfüßler, Findbuch XV, 3 der Wasserzeichenkartei Piccard im Hauptstaatsarchiv Stuttgart (Veröffentlichungen der staatlichen Archivverwaltung Stuttgart), Stuttgart 1987.

PICCARD, GERHARD: Wasserzeichen Dreiberg, Findbuch XVI, 2 der Wasserzeichenkartei Piccard im Hauptstaatsarchiv Stuttgart (Veröffentlichungen der staatlichen Archivverwaltung Stuttgart), Stuttgart 1996.

PICCARD, GERHARD: Wasserzeichen Hand und Handschuh, Findbuch XVII, Wasserzeichenkartei Piccard im Hauptstaatsarchiv Stuttgart (Veröffentlichungen der staatlichen Archivverwaltung Stuttgart), Stuttgart 1997.

PIETRESSON DE SAINT-AUBIN, PIERRE: Comptes généraux de l'État bourguignon entre 1416 et 1420, publiés par Michel Mollat, avec le concours de Robert Favreau. Paris, Première partie, 1965. Deuxième partie, 19661. (Recueil des Historiens de la France. Documents financiers, t. V.). In: Bibliothèque de l'école des chartes. 1968, tome 126, S. 259–262.

PITZ, ERNST: Schrift- und Aktenwesen der städtischen Verwaltung im Spätmittelalter. Köln – Nürnberg – Lübeck. Beitrag zur vergleichenden Städteforschung und zur spätmittelalterlichen Aktenkunde. In: ERICH KUPHAL (HG): Mitteilungen aus dem Stadtarchiv Köln, Köln 1959.

PLETSCH, ALFRED: Einheit in der Vielfalt – Vielfalt in der Einheit – Hessen aus geographischer Sicht. In: WALTER HEINEMEYER (HG): Hundert Jahre Historische Kommission für Hessen 1897–1997, Marburg 1997, S. 1–20.

POECK, DIETRICH W.: Rituale der Ratswahl. Zeichen und Zeremoniell der Ratssetzung in Europa (12.–18. Jahrhundert) (= Städteforschung A 60), Köln 2003.

POETHE, LOTHAR: Die Mühlhäuser Kämmereirechnungen des 15. und beginnenden 16. Jahrhunderts als wirtschaftsgeschichtliche Quelle. In: Archiv und Geschichtsforschung. Kolloquium anlässlich des 25jährigen Berufsjubiläums von Gerhard Günther am 29. Februar 1984, hrsg. vom Kreisarchiv Mühlhausen, 1985, S. 68–80.

POETHE, LOTHAR: Eigentums- und Vermögensverhältnisse von Mitgliedern der Kaufleute-Innung in Mühlhausen (Thür.) während der 2. Hälfte des 15. Jahrhunderts. In: WERNER MÄDGEFRAU (HG): Europäische Stadtgeschichte in Mittelalter und früher Neuzeit, Weimar 1979, S. 189–226.

POLENZ, PETER VON: Deutsche Sprachgeschichte vom Spätmittelalter bis zur Gegenwart, Bd. 1, Einführung, Grundbegriffe, Deutsch in der Frühbürgerlichen Welt, Berlin 1991.

PONERT, DIETMAR JÜRGEN: Deutsch und Latein in deutscher Literatur und Geschichtsschreibung des Mittelalters, Stuttgart 1975.

PÖTSCHKE, DIETER: Neues zu einem alten Streit: Was ist älter – der Sachsenspiegel oder das Mühlhäuser Rechtsbuch nach des Reiches Recht? Überlegungen zur Nordhäuser Handschrift des Mühlhäuser Rechtsbuches. In: Beiträge zur Geschichte aus Stadt und Landkreis Nordhausen, 27, 2002, S. 162–169.

POTTHOFF, HEINZ: Der öffentliche Haushalt Hamburgs im 15. und 16. Jahrhundert. In: Zeitschrift des Vereins für Hamburgische Geschichte, 16, 1911, S. 1–85.

POWIS, JONATHAN: Der Adel, Paderborn 1986.

PRESS, VOLKER: Finanzielle Grundlagen territorialer Verwaltung um 1500 (14.–17. Jahrhundert). In: GERHARD DILCHER (HG): Die Verwaltung und ihre Ressourcen. Untersuchungen zu ihrer Wechselwirkung, Berlin 1991, S. 1–29.

PRINZ, INA: Rechnen wie die Meister. Die Rechenbücher von Johannes Widmann, Adam Ries, Christoff Rudolff und Johann Albrecht, Berlin 2009.

PUFF, ALEXANDER: Die Finanzen Albrechts des Beherzten, Leipzig 1911.

PULLAN, JOHN M.: The history of the Abacus, London 1968.

Puppel, Pauline: Die Regentin. Vormundschaftliche Herrschaft in Hessen 1500–1700 (= Geschichte und Geschlechter 43), Frankfurt 2004.

Rabeler, Sven: Vertrauen und Gunst. Klientelismus am spätmittelalterlichen Hof. In: Jan Hirschbiegel, Werner Paravicini (HG): Der Fall des Günstlings. Hofparteien in Europa vom 13. bis zum 17. Jahrhundert, Ostfildern 2004, S. 41–63.

Rachoinig, Sigrid: Wir tun kund und lassen dich wissen: Briefe, Urkunden und Akten als spätmittelalterliche Grundformen schriftlicher Kommunikation, dargestellt anhand der Lebenszeugnisse Oswalds von Wolkenstein (= Mediävistik zwischen Forschung, Lehre und Öffentlichkeit 3), Frankfurt 2007.

Raible, Wolfgang: Die Semiotik der Textgestalt. Erscheinungsformen und Folgen eines kulturellen Evolutionsprozesses (= Abhandlungen der Heidelberger Akademie der Wissenschaften. Philosophisch-Historische Klasse 1991,1), Heidelberg 1991.

Ranft, Andreas: Der Basishaushalt der Stadt Lüneburg in der Mitte des 15. Jahrhunderts. Zur Struktur der städtischen Finanzen im Spätmittelalter (= Veröffentlichungen des Max-Planck-Instituts für Geschichte 84), Göttingen 1987.

Ranft, Andreas: Städtisches Finanzgebaren und -management am Ende des Mittelalters anhand der Rechnungsbücher des Lüneburger Rats. In: Marc Boone, Walter Prevenier (HG): Finances publiques et finances privés au bas moyen âge – Public and Private Finances in the Late Middle Ages, Leuven-Apeldoorn 1996a, S. 15–56.

Ranft, Andreas: Adel, Hof und Residenz im späten Mittelalter. In: Archiv für Kulturgeschichte, 89, 2007, S. 61–90.

Rassloff, Steffen: Geschichte Thüringens, München 2010.

Rauckes, Heinz-Peter: Stadthagener Stadtrechnungen 1378–1401 als Quelle für Stadt-Umland-Beziehungen im Mittelalter. In: Schaumburg-Lippische Mitteilungen, 26, 1983, S. 57–75.

Rausch, Wilhelm: Das Rechnungswesen der österreichischen Städte im ausgehenden Mittelalter unter besonderer Berücksichtigung der Städte in den österreichischen Stammlanden Nieder- und Oberösterreich. In: Marc Boone, Walter Prevenier (HG): Finances et comptabilité urbaines du XIIIe au XVIe siècle, Brüssel 1964, S. 180–204.

Rauschert, Jeanette: Herrschaft und Schrift. Strategien der Inszenierung und Funktionalisierung von Texten in Luzern und Bern am Ende des Mittelalters (= Scrinium Friburgense 19), Berlin 2006.

Rechter, Gerhard: Das Verhältnis der Reichsstädte Windsheim und Rothenburg ob der Tauber zum niederen Adel ihrer Umgebung im Spätmittelalter. In: Jahrbuch für fränkische Landesforschung, 41, 1981, S. 45–87.

Reich, Hermann: Eigennutz und Kapitalismus. Die Bedeutung des Gewinnstrebens im klassischen ökonomischen Denken, Berlin 1991.

Reich, Ulrich: Entstehung der arithmetisch-algebraischen Symbolik. In: Edith Feistner, Alfred Holl (HG): Erzählen und Rechnen in der frühen Neuzeit. Interdisziplinäre Blicke auf Regensburger Rechenbücher, Berlin 2016, S. 13–34.

Reinecke, Wilhelm: Die drei ältesten Lüneburger Kämmereirechnungen. In: Lüneburger Museumsblätter, 2, 1908, S. 159–189.

Reinle, Christine: Bauerngewalt und Macht der Herren. Bauernfehden zwischen Gewohnheitsrecht und Verbot. In: Manuel Braun, Cornelia Herberichs (HG): Gewalt im Mittelalter. Realitäten – Imaginationen, München 2005, S. 105–122.

Reinle, Christine: Zur sozialen und politischen Lage des Niederadels in der Landgrafschaft Hessen im 15. Jahrhundert. In: Eckart Conze, Alexander Jendorff, Heide Wunder (HG): Adel in Hessen.

Herrschaft, Selbstverständnis und Lebensführung vom 15. bis ins 20. Jahrhundert, Marburg 2010, S. 57–85.

REINLE, CHRISTINE: Die mühsame Etablierung einer „neuen" Herrschaft: Die Landgrafen von Hessen im Ringen mit dem hessischen Adel. In: JULIA EULENSTEIN, CHRISTINE REINLE, MICHAEL ROTHMANN (HG): Fehdeführung im spätmittelalterlichen Reich. Zwischen adeliger Handlungslogik und territorialer Verdichtung, Affaltarbach 2013, S. 103–144.

REITEMEIER, ARND: Pfarrkirchen in der Stadt des späten Mittelalters: Politik, Wirtschaft und Verwaltung (= Vierteljahrschrift für Sozial- und Wirtschaftsgeschichte. Beihefte 177), Stuttgart 2005.

RENKER, ARMIN: Leben und Schicksal des Wasserzeichenforschers Charles-Moïse Briquet. In: EMILE JOSEPH LABARRE (HG): The Briquet Album II. A miscellany on watermarks, supplementing Dr. Briquet's Les Filigranes by various scholars, Hilversum 1952, S. 13–48.

REUTZEL, ERIK: Das Finanzgebaren des Landgrafen Moritz von Hessen-Kassel im Spiegel der überlieferten Messevoranschläge, Frankfurt 2002.

REYER, HERBERT: Kulturgeschichte in Buchstaben und Ziffern. Die Verdrängung der römischen Zahlen durch die arabischen Ziffern am Beispiel Hildesheims im 16. Jahrhundert. In: Hildesheimer Jahrbuch für Stadt und Stift Hildesheim, 77, Hildesheim 2005, S. 61–91.

RICHARZ, IRMINTRAUD: Herrschaftliche Haushalte in vorindustrieller Zeit im Weserraum (= Beiträge zur Ökonomie von Haushalt und Verbrauch 6), Berlin 1971.

RICHTER, OTTO: Verfassungsgeschichte der Stadt Dresden, Dresden 1885.

RICHTER, OTTO: Dresden im Mittelalter, Dresden 1900.

RICKER, MANFRED: Beiträge zur älteren Geschichte der Buchhaltung in Deutschland. In: HARTMUT SCHIELE, MANFRED RICKER (HG): Betriebswirtschaftliche Aufschlüsse aus der Fuggerzeit, Berlin 1967, S. 111–218.

RIEDMANN, JOSEF: Die Rechnungsbücher der Tiroler Landesfürsten. In: Landesherrliche Kanzleien im Spätmittelalter TL 1, München 1984, S. 315–324.

ROGGE, JÖRG: Die deutschen Könige im Mittelalter. Wahl und Krönung, Darmstadt 2006.

RÖMER, JÜRGEN: Kürzungen in deutschsprachigen Texten. Ein Beispiel aus Schiffenberg (14. Jahrhundert). In: PETER RÜCK (HG): Mabillons Spur. Zweiundzwanzig Miszellen aus dem Fachgebiet für Historische Hilfswissenschaften der Philipps-Universität Marburg. Zum 80. Geburtstag von Walter Heinemeyer, Marburg 1992, S. 133–144.

RÖMER, JÜRGEN: Geschichte der Kürzungen. Abbreviaturen in deutschsprachigen Texten des Mittelalters und der frühen Neuzeit (= Göppinger Arbeiten zur Germanistik 645), Göppingen 1997.

ROMMEL, CHRISTOPH: Geschichte von Hessen, Marburg 1827.

ROOVER, RAYMOND DE: The Development of Accounting Prior to Luca Pacioli According to the Account-books of Medieval Merchants. In: ANANIUS CHARLES LITTLETON, BASIL SELIG YAMEY (HG): Studies in the History of Accounting, London 1956, S. 114–174.

ROOVER, RAYMOND DE: Aux origines d'une technique intellectuelle: la formation et l'expansion de la comptabilité à partie double. In: Annales d'histoire économique et sociale, 9, 1937, reprint London, 1972, S. 171–298.

ROSEN, JOSEF: Der Staatshaushalt Basels von 1360–1535. In: HERMANN KELLENBENZ (HG): Öffentliche Finanzen und privates Kapital im späten Mittelalter und in der ersten Hälfte des 19. Jahrhunderts, Stuttgart 1971, S. 24–37.

ROSEN, JOSEF: Eine mittelalterliche Stadtrechnung – Einnahmen und Ausgaben in Basel 1360–1535. In: ERICH MASCHKE, JÜRGEN SYDOW (HG): Städtisches Haushalts- und Rechnungswesen, 2, Sigmaringen 1977, S. 45–68.

Rosen, Josef: Mittelalterliche Jahresrechnungen der Stadt Frankfurt aus zwei Jahrhunderten. In: Archiv für Frankfurts Geschichte und Kunst, 59, 1985, S. 79–102.

Rosenbeck, Hans Paul: Die St. Emmeramer Abtswahlen von 1358 im Spiegel der Klosterrechnungen. In: Franz A. Karg (HG): Regensburg und Ostbayern, Kallmünz 1991, S. 53–70.

Rösener, Werner: Aspekte adliger Erinnerungskultur im Mittelalter. In: Günter Oesterle (HG): Erinnerung, Gedächtnis, Wissen. Studien zur kulturwissenschaftlichen Gedächtnisforschung (= Formen der Erinnerung 26), Göttingen 2005, S. 405–428.

Rössel, Jörg: Kapitalismus und Konsum. Determinanten und Relevanz des Konsumverhaltens in Max Webers Wirtschaftssoziologie. In: Andrea Maurer (HG): Wirtschaftssoziologie nach Max Weber, Wiesbaden 2010.

Rothert, Hermann: Die ältesten Stadtrechnungen von Soest aus den Jahren 1338, 1357 und 1363. In: Westfälische Zeitschrift, 101/102, 1953, S. 139–182.

Rothert, Hermann: Das älteste Bürgerbuch der Stadt Soest 1302–1449, Münster 1958.

Rothmann, Michael: Die Frankfurter Messen im Mittelalter Die Frankfurter Messen im Mittelalter (= Frankfurter historische Abhandlungen 40), Stuttgart 1998.

Rothmann, Michael: Damit aber wir sovil besser hinder die sach kommen – Zentrum und Peripherie. Das Rechnungswesen der Landgrafen von Hessen und der Grafen von Ysenburg im 15. und 16. Jahrhundert. In: Harm von Seggern, Gerhard Fouquet (HG): Adel und Zahl. Studien zum adligen Rechnen und Haushalten in Spätmittelalter und früher Neuzeit, Ubstadt-Weiher 2000, S. 43–78.

Rothmann, Michael: Gemeiner Nutzen auf Kredit. Der Frankfurter Rentenmarkt und sein Einzugsgebiet im Spätmittelalter. In: Harm von Seggern, Gerhard Fouquet, Hans-Jörg Gilomen (HG): Städtische Finanzwirtschaft am Übergang vom Mittelalter zur Frühen Neuzeit, Frankfurt 2007, S. 183–186.

Rothmann, Michael: Reichsstadt und Geld – Einführende Bemerkungen. In: Michael Rothmann, Helge Wittmann (HG): Reichsstadt und Geld (= Studien zur Reichsstadtgeschichte 5), Petersberg 2018, S. 9–14.

Rottleuthner, Wilhelm: Die alten Localmasse und Gewichte nebst den Aichungsvorschriften bis zur Einführung des Metrischen Mass- und Gewichtssystems und der Staatsaichämter in Tirol un Vorarlberg, Innsbruck 1883.

Rück, Peter: Konjunkturen der Chronologie und der Zeitmaße. Zur urkundlichen Festdatierung im 13. Jahrhundert. In: Peter Rück (HG): Mabillons Spur. Zweiundzwanzig Miszellen aus dem Fachgebiet für Historische Hilfswissenschaften der Philipps-Universität Marburg. Zum 80. Geburtstag von Walter Heinemeyer, Marburg 1992, S. 301–318.

Rückert, Peter: Die Wasserzeichensammlung Piccard. Erschließung und digitale Perspektiven. In: Peter Rückert, Jeanette Godau, Gerald Maier (HG): Piccard-Online. Digitale Präsentationen von Wasserzeichen und ihre Nutzung, Stuttgart 2007, S. 21–26.

Runde, Ingo: Die Duisburger Stadtrechnungen von 1348/49 bis 1407. Ansätze zu einer interdisziplinären Quellenauswertung. In: Annalen des Historischen Vereins für den Niederrhein, 200, 1997, S. 39–74.

Sablonier, Roger: Zur wirtschaftlichen Situation des Adels im Spätmittelalter. In: Adelige Sachkultur des Spätmittelalters, Wien 1982, S. 9–34.

Sablonier, Roger: Schriftlichkeit, Adelsbesitz und adeliges Handeln im 13. Jahrhundert. In: Otto G. Oexle, Werner Paravicini (HG): Nobilitas. Funktion und Repräsentation des Adels in Europa, Göttingen 1997 (= Veröffentlichungen des Max-Planck-Instituts für Geschichte 133), S. 67–100.

Sablonier, Roger: Verschriftlichung und Herrschaftspraxis: Urbariales Schriftgut im spätmittelalterlichen Gebrauch. In: Christel Meier (HG): Pragmatische Dimensionen mittelalterlicher Schriftkultur, München 2002, S. 91–120.

SANDER, PAUL: Die reichsstädtische Haushaltung Nürnbergs. Dargestellt auf Grund ihres Zustands von 1431 bis 1440, Leipzig 1902.

SANDER-BERKE, ANTJE: Zettelwirtschaft. Vorrechnungen, Quittungen und Lieferscheine in der spätmittelalterlichen Rechnungslegung norddeutscher Städte. In: ELLEN WIDDER, MARK MERSIOWSKY, PETER JOHANEK (HG): Vestigia Monasteriensia. Westfalen – Rheinland – Niederlande, Bielefeld 1995, S. 351–364.

SANDER-BERKE, ANTJE: Stadtmauer und Stadtrechnung. Schriftliche Quellen des Spätmittelalters zu den technischen Voraussetzungen des städtischen Befestigungsbaus. In: GABRIELE ISENBERG, BARBARA SCHOLKMANN (HG): Die Befestigung der mittelalterlichen Stadt, Köln 1997, S. 33–44.

SANTIFALLER, LEO: Beiträge zur Geschichte der Beschreibstoffe im Mittelalter. Mit besonderer Berücksichtigung der päpstlichen Kanzlei, Bd. 1: Untersuchungen (= Mitteilungen des Instituts für Österreichische Geschichtsforschung. Ergänzungsband 16,1), Graz 1953.

SAUER, WILHELM: Bericht über die Entnahme des Betrages von 2682 Gulden aus dem im Kammergewölbe zu Marburg hinterlegten Schatze des Erzbischofs Hermann von Köln und Zahlung dieses Betrages an König Maximilian, 1486 Juni 17. In: Korrespondenzblatt der Westdeutschen Zeitschrift für Geschichte und Kunst, 13, 1894, Sp. 130–132.

SCHÄFER, JOACHIM: Ökumenisches Heiligenlexikon. Leben und Wirken von mehr als 3.500 Personen der Kirchengeschichte, Stuttgart 2004.

SCHÄFER, REGINA: Die Herren von Eppstein. Herrschaftsausübung, Verwaltung und Besitz eines Hochadelsgeschlechts im Spätmittelalter (= Veröffentlichungen der Historischen Kommission für Nassau 68), Wiesbaden 2000.

SCHARFF, THOMAS: Pragmatik und Symbolik: Formen und Funktionen von Schriftlichkeit im Umfeld des Braunschweiger Rates um 1400. In: CHRISTOPH DARTMANN, THOMAS SCHARFF, CHRISTOPH FRIEDRICH WEBER (HG): Zwischen Pragmatik und Performanz. Dimensionen mittelalterlicher Schriftkultur, Turnhout 2011, S. 351–370.

SCHARR, KURT: Leben an der Grenze der Dauersiedlung: Grund und Boden im „Ötztaler Gebirgsraum" (Ötztal – Schnals – Passeier) vom 13. bis zur Mitte des 19. Jahrhunderts, Innsbruck 2001.

SCHEEPERS, RAJAH: Regentin per Staatsstreich? Landgräfin Anna von Hessen (1485–1525), Königstein 2007.

SCHEITHAUER, RICHARD: Ein Blick in das älteste Mühlhäuser Kopialbuch. In: Mühlhäuser Gbll, 33/35, 1936, S. 29–32.

SCHENK, GERRIT JASPER: Zeremoniell und Politik. Herrschereinzüge im spätmittelalterlichen Reich (= Forschungen zur Kaiser- und Papstgeschichte des Mittelalters. Beihefte zu J. F. Böhmer, Regesta Imperii 21), Köln 2003.

SCHIEFFER, RUDOLF: Otto II. und Mühlhausen. In: Mühlhäuser Beiträge, 40, 2017, S. 73–87.

SCHIRMER, UWE: Kursächsische Staatsfinanzen (1456–1656). Strukturen, Verfassung, Funktionseliten (= Quellen und Forschungen zur sächsischen Geschichte 28), Stuttgart 2006.

SCHLIEBEN, BARBARA: Verspielte Macht. Politik und Wissen am Hof Alfons' X. (1252–1284) (= Wissenskultur und gesellschaftlicher Wandel 32), Berlin 2009.

SCHLIEBEN-LANGE, BRIGITTE: Für eine Geschichte von Schriftlichkeit und Mündlichkeit. In: LiLi, 47, 1982, S. 104–118.

SCHLÖGL, RUDOLF: Kommunikation und Vergesellschaftung unter Anwesenden, Formen des Sozialen und ihre Transformation in der Frühen Neuzeit. In: Geschichte und Gesellschaft, 34/2, 2008, S. 155–225.

SCHLOMS, ANTJE: Reichsstadt unter kaiserlicher Kommission – Reichsständische Schuldentilgung in der Frühen Neuzeit. In: MICHAEL ROTHMANN, HELGE WITTMANN (HG): Reichsstadt und Geld (= Studien zur Reichsstadtgeschichte 5), Petersberg 2018, S. 327–344.

SCHLOTTEROSE, BRUNO: Die Ratswahl in den deutschen Städten des Mittelalters, Münster 1953.
SCHLUCHTER, WOLFGANG: Die Entzauberung der Welt: Sechs Studien zu Max Weber, Tübingen 2009.
SCHMIEDER, FELICITAS: Die mittelalterliche Stadt, 3. Aufl., Darmstadt 2012.
SCHMIDT, ANDREAS: Ritual, Schrift und Herrschaft – Die Überlieferung zu den Eintritten der Bamberger Fürstbischöfe im Spätmittelalter. In: Bericht des Historischen Vereins für die Pflege der Geschichte des ehemaligen Fürstbistums Bamberg, 145, 2009, S. 131–153.
SCHMIDT, RODERICH: Das historische Pommern. Personen – Orte – Ereignisse, Köln 2007.
SCHMIDT, WIELAND: Vom Lesen und Schreiben im späten Mittelalter. In: DIETRICH SCHMIDTKE, HELGA SCHÜPPERT (HG): Festschrift für Ingeborg Schröbler zum 65. Geburtstag, Tübingen 1973, S. 309–327.
SCHMITT, LUDWIG ERICH: Untersuchungen zu Entstehung und Struktur der „Neuhochdeutschen Schriftsprache", 1, Sprachgebiete des Thüringisch-Obersächsischen im Spätmittelalter. Die Geschäftssprache von 1300 bis 1500, Köln/Graz 1966.
SCHNEIDER, KARIN: Paläographie und Handschriftenkunde für Germanisten. Eine Einführung, 3. Aufl., Berlin 2014.
SCHÖNBERG, GUSTAV FRIEDRICH VON: Finanzverhältnisse der Stadt Basel im xiv. und xv. Jahrhundert, Tübingen 1879.
SCHÖNBERG, LEO: Die Technik des Finanzhaushalts der deutschen Städte im Mittelalter. In: LUIJO BRENTANO, WALTER LOTZ (HG): Münchner Volkswirtschaftliche Studien, 103, 1910.
SCHOLZ, RUDOLF: Die Entwicklung der Verfassung der ehemaligen freien Reichsstadt Mühlhausen in Thüringen, Leipzig 1948.
SCHORN-SCHÜTTE, LUISE: Karl Lamprecht. Kulturgeschichtsschreibung zwischen Wissenschaft und Politik, Göttingen 1984.
SCHORN-SCHÜTTE, LUISE: Karl Lamprecht und die internationale Geschichtswissenschaft an der Jahrhundertwende. In: Archiv für Kulturgeschichte, 67, 1985, S. 417–464.
SCHORN-SCHÜTTE, LUISE: Karl Lamprecht. Wegbereiter einer historischen Sozialwissenschaft? In: LUISE SCHORN-SCHÜTTE, ANJA KÜRBIS (HG): Perspectum. Ausgewählte Aufsätze zur Frühen Neuzeit und Historiographiegeschichte anlässlich ihres 65. Geburtstages, München 2014, S. 144–190.
SCHREINER, KLAUS: Legitimation, Repräsentation, Schriftlichkeit. Gedankliche Begründungen und symbolische Formen mittelalterlicher Abtsherrschaft. In: JOSEPH P. CANNING, OTTO GERHARD OEXLE (HG): Political thought and the realities of power in the middle ages, Göttingen 1998, S. 67–111.
SCHREINER, KLAUS: Texte, Bilder, Rituale. In: KLAUS SCHREINER, GABRIELA SIGNORI (HG): Bilder, Texte, Rituale. Wirklichkeitsbezug und Wirklichkeitskonstruktion politisch-rechtlicher Kommunikationsmedien in Stadt- und Adelsgesellschaften des späten Mittelalters, Berlin 2000, S. 1–16.
SCHREINER, KLAUS: Heilige Buchstaben, Texte und Bücher, die schützen, heilen und helfen. Formen und Funktionen mittelalterlicher Schriftmagie. In: ERIKA GERBER, KONRAD EHRLICH, JAN-DIRK MÜLLER (HG): Materialität und Medialität von Schrift, Bielefeld 2002, S. 73–89.
SCHRÖTTER, FRIEDRICH VON: Eintrag „Gulden". In: FRIEDRICH VON SCHRÖTTER (HG): Wörterbuch der Münzkunde, 2. Aufl., Berlin 1970, S. 245–246.
SCHUBERT, ERNST: Fürstliche Herrschaft und Territorium im späten Mittelalter, München 1996.
SCHULER, PETER-JOHANNES: Historisches Abkürzungslexikon, Stuttgart 2009.
SCHULTE, INGRID: Die Badereise der Anna von Weinsberg. Ein Dokument adliger Lebensführung im 15. Jahrhundert. In: Parvula Munuscula. Festgabe für Franz Irsigler zum 40. Geburtstag, Bielefeld 1981, S. 29–39.
SCHULTHEISS, WERNER: Die Windsheimer Stadtrechnungen von 1393ff. als Geschichtsquelle. In: Jahrbuch des Historischen Vereins für Mittelfranken, 78, 1959, S. 165–168.

SCHULTZ, SANDRA/FOLLMER, JOHANNES: Von Brillen, Knoten und Wassertropfen. Auf der Suche nach Herstellungsspuren in historischen Papieren am Beispiel von Archivalien des Stadtarchivs Ravensburg. In: CARLA MEYER, BERND SCHNEIDMÜLLER, SANDRA SCHULTZ (HG): Papier im mittelalterlichen Europa. Herstellung und Gebrauch, Berlin 2015, S. 11–46.

SCHULTZ, SANDRA: Papierherstellung im deutschen Südwesten. Ein neues Gewerbe im späten Mittelalter, Berlin 2018.

SCHUSTER, GEORG: Der Haushalt der Stadt Görlitz nach den Görlitzer Ratsrechnungen von 1375–1419, Leipzig 1927.

SCHWAB, INGO: Städtische Kassenführung und revolutionäre Rechnungsprüfung. Überlegungen zu Kammerrechnungen und Steuerbüchern im Spätmittelalter. In: Archiv für Diplomatik, 36, 1990, S. 169–186.

SCHWARZKOPF, URSULA: Die Rechnungslegung des Humbert de Plaine über die Jahre 1448 bis 1452. Eine Studie zur Amtsführung des burgundischen maître de la chambre aux deniers (= Veröffentlichungen des Max-Planck-Instituts für Geschichte 23), Göttingen 1970.

SCHWIERZ, ISRAEL: Zeugnisse jüdischer Vergangenheit in Thüringen, Erfurt 2007.

SCHWIND, FRED: Stamm – Territorium – Land. Kontinuität u. Wandel im Namen „Hessen". In: FRED SCHWIND, URSULA BRAASCH-SCHWERSMANN (HG): Burg, Dorf, Kloster, Stadt. Beiträge zur hessischen Landesgeschichte und zur mittelalterlichen Verfassungsgeschichte. Ausgewählte Aufsätze von Fred Schwind. Festgabe zu seinem 70. Geburtstag (= Untersuchungen und Materialien zur Verfassungs- und Landesgeschichte 17), Marburg 1999, S. 161–175.

SCHWOB, ANTON/SCHWOB, UTE MONIKA: Mit Pauken und Trompeten. Zu einem überraschenden Fund im Rechnungsbuch Oswalds von Wolkenstein aus dem Jahre 1418. In: ANDRÉ SNYDER, CLAUDIA BARTHOLEMY-TEUSCH, BARBARA FLEITH, RENÉ WETZEL (HG): Ist mir getroumet mîn leben? Vom Träumen und Anderssein. Göppingen 1998, S. 141–146.

SEGGERN, HARM VON/EWERT, ULF CHRISTIAN: Vom Nutzen der Clusteranalyse. Der holländische Adel in den Rechnungen des Rats von Holland. In: HARM VON SEGGERN, GERHARD FOUQUET (HG): Adel und Zahl. Studien zum adligen Rechnen und Haushalten in Spätmittelalter und früher Neuzeit, Ubstadt-Weiher 2000, S. 197–217.

SEGGERN, HARM VON: Zum Raumbezug der städtischen Finanzwirtschaft im Spätmittelalter. In: HARM VON SEGGERN, GERHARD FOUQUET, HANS-JÖRG GILOMEN (HG): Städtische Finanzwirtschaft am Übergang vom Mittelalter zur Frühen Neuzeit, Frankfurt a. M. 2007, S. 9–24.

SELIG, MARIA/EHRLICH, SUSANNE: Einführung. In: MARIA SELIG, SUSANNE EHRLICH (HG): Mittelalterliche Stadtsprachen (= Forum Mittelalter – Studien 11), Regensburg 2016, S. 7–17.

SELK, HENNING: Die Entwicklung der Kämmerei-Verwaltung in Bremen bis zum Jahre 1810. Ein Beitrag zur Geschichte des städtischen Polizeirechts, Hamburg 1973.

SELZER, STEPHAN: Sold, Beute und Budget. Zum Wirtschaften deutscher Italiensöldner des 14. Jahrhunderts. In: HARM VON SEGGERN, GERHARD FOUQUET (HG): Adel und Zahl. Studien zum adligen Rechnen und Haushalten in Spätmittelalter und früher Neuzeit (= Pforzheimer Gespräche zur Sozial-, Wirtschafts- und Stadtgeschichte 1), Ubstadt-Weiher 2000, S. 219–246.

SELZER, STEPHAN: Überlegungen zur Optik des Reichstags. Kleidung und Heraldik fürstlicher Besucher auf spätmittelalterlichen Reichsversammlungen. In: JÖRG PELTZER, GERALD SCHWEDLER, PAUL TÖBELMANN (HG): Politische Versammlungen und ihre Rituale. Repräsentationsformen und Entscheidungsprozesse des Reichs und der Kirche im späten Mittelalter (= Mittelalter-Forschungen 27), Ostfildern 2009, S. 248–262.

SIEVEKING, HEINRICH: Genueser Finanzwesen vom 12. bis 14. Jahrhundert, Freiburg 1898.

SIMON, ULRICH: Das Lübecker Niederstadtbuch. Seine Charakterisierung über das Jahr 1400 hinaus. In: HANNO BRAND, SVEN RABELER, HARM VON SEGGERN (HG): Gelebte Normen im urbanen Raum? Zur sozial- und kulturgeschichtlichen Interpretation rechtlicher Quellen in mitteleuropäischen Städten des Mittelalters (13. bis 16. Jahrhundert) (= Groninger Hanze studies 5), Hilversum 2014, S. 63–82.

SOLLEDER, FRIDOLIN: München im Mittelalter, München 1938.

SOMBART, WERNER: Der Bourgeois. Zur Geistesgeschichte des modernen Wirtschaftsmenschen, München 1913.

SOMBART, WERNER: Der moderne Kapitalismus. Historisch-systematische Darstellung des gesamteuropäischen Wirtschaftslebens von seinen Anfängen bis zur Gegenwart. Bd. I: Die vorkapitalistische Wirtschaft. Die historischen Grundlagen des Kapitalismus, Erster Halbbd., Unveränd. Nachdr. der 2., neugearb. Aufl., 1916, München 1987a.

SOMBART, WERNER: Der moderne Kapitalismus. Historisch-systematische Darstellung des gesamteuropäischen Wirtschaftslebens von seinen Anfängen bis zur Gegenwart. Bd. II: Das europäische Wirtschaftsleben im Zeitalter des Frühkapitalismus, vornehmlich im 16., 17. und 18. Jahrhundert, Erster Halbbd., Unveränd. Nachdr. der 2., neugearb. Aufl., 1916, München 1987b.

SOMBART, WERNER: Der moderne Kapitalismus. Historisch-systematische Darstellung des gesamteuropäischen Wirtschaftslebens von seinen Anfängen bis zur Gegenwart. Bd. II: Das europäische Wirtschaftsleben im Zeitalter des Frühkapitalismus, vornehmlich im 16., 17. und 18. Jahrhundert, Zweiter Halbbd., Unveränd. Nachdr. der 2., neugearb. Aufl., 1916, München 1987c.

SOMMER, FRIEDHELM: Die Erschließung der Rüthener Kämmereiregister. In: Archivpflege in Westfalen und Lippe, 30, 1989, S. 24–32.

SPÁČILOVÁ, LIBUŠE: Deutsche Rechtstexte als Quelle pragmatischer Schriftlichkeit im Mittelalter und in der Frühen Neuzeit. In: LENKA VANKOVA (HG): Fachtexte des Spätmittelalters und der Frühen Neuzeit. Tradition und Perspektiven der Fachprosa- und Fachsprachenforschung, Berlin 2014, S. 187–205.

SPANGENBERG, HANS: Hof- und Zentralverwaltung der Mark Brandenburg im Mittelalter, Leipzig 1908.

SPÄLTER, OTTO: Frühe Etappen der Zollern auf dem Weg zur Territorialherrschaft in Franken. Die allmähliche Entwicklung der Schriftlichkeit und der Landesorganisation bei den Burggrafen von Nürnberg zwischen 1235 und 1332 (= Veröffentlichungen der Gesellschaft für Fränkische Geschichte 9/48), Neustadt an der Aisch 2005.

SPIESS, KARL-HEINZ: Familie und Verwandtschaft im deutschen Hochadel des Spätmittelalters. 13. bis Anfang des 16. Jahrhunderts (= Vierteljahrschrift für Sozial- und Wirtschaftsgeschichte. Beihefte 111), Stuttgart 1993.

SPIESS, KARL-HEINZ: Aufstieg in den Adel und Kriterien der Adelszugehörigkeit im Spätmittelalter. In: KURT ANDERMAN, PETER JOHANEK (HG): Zwischen Nicht-Adel und Adel, Stuttgart 2001, S. 1–26.

SPRANDEL, ROLF: Der städtische Rentenmarkt in Norddeutschland im Spätmittelalter. In: HERMANN KELLENBENZ (HG): Öffentliche Finanzen und privates Kapital im späten Mittelalter und in der ersten Hälfte des 19. Jahrhunderts, Stuttgart 1971, S. 14–23.

SPRANDEL, ROLF: Grundlinien einer mittelalterlichen Bevölkerungsentwicklung. In: BERND HERRMANN, ROLF SPRANDEL (HG): Determinanten der Bevölkerungsentwicklung im Mittelalter, Weinheim 1987, S. 25–36.

SPRENGER, MICHAEL: Bürgerhäuser und Adelshöfe in Rinteln. Bau- und sozialgeschichtliche Untersuchungen zu frühneuzeitlichen Hausformen im mittleren Weserraum (= Materialien zur Kunst- und Kulturgeschichte in Nord- und Westdeutschland 19), Marburg 1995.

ŠRÁMEK, RUDOLF: Rechnungsbücher der Stadt Brünn aus den Jahren 1343–1365 als namenkundliche Quelle. In: FRIEDHELM DEBUS (HG): Stadtbücher als namenkundliche Quelle, Stuttgart 2000, S. 247–260.

STEINBERG, SIGFRID H.: Die Goslaer Stadtschreiber und ihr Einfluß auf die Ratspolitik bis zum Anfang des 15. Jahrhunderts, Goslar 1933.

STEINBRINK, MATTHIAS: Nahrungsmittelkonsum am Hof Herzog Albrechts von Sachsen und Lüneburg am Ende des 14. Jahrhunderts. In: HARM VON SEGGERN, GERHARD FOUQUET (HG): Adel und Zahl. Studien zum adligen Rechnen und Haushalten in Spätmittelalter und früher Neuzeit, Ubstadt-Weiher 2000, S. 25–41.

STEINBRINK, MATTHIAS: Alltags- und Festtagskost am Hofe Herzog Albrechts von Sachsen und Lüneburg. Betrachtungen aufgrund der Celler Vogteirechnungen des 14. Jahrhunderts. In: BRIGITTE STREICH (HG): Stadt – Land – Schloß. Celle als Residenz, Bielefeld 2000, S. 97–104.

STEINBRINK, MATTHIAS: Pracht und Sparsamkeit – Fürstliche Finanzen um 1500 und die Anforderungen des Hofes. In: OLIVER AUGE, GABRIEL ZEILINGER (HG): Fürsten an der Zeitenwende zwischen Gruppenbild und Individualität. Formen fürstlicher Selbstdarstellung und ihre Rezeption (1450–1550), Ostfildern 2009, S. 241–262.

STEINBRINK, MATTHIAS: Hof – Finanzen. Ein finanzgeschichtlicher Blick auf Hof und Residenz. In: OLAF BÖHLK (HG): Stadtgeschichte im Spannungsfeld. Bernburgs Weg zur frühneuzeitlichen Residenzstadt der Fürsten von Anhalt, Bernburg 2011, S. 7–18.

STEINERT, RAIMUND: Das Territorium der Reichsstadt Mühlhausen i. Th. Forschungen zur Erwerbung, Verwaltung und Verfassung der Mühlhäuser Dörfer, Leipzig 1910.

STEINERT, HEINZ: Max Webers unwiderlegbare Fehlkonstruktionen. Die protestantische Ethik und der Geist des Kapitalismus, Frankfurt am Main 2010.

STEINFÜHRER, HENNING: Die Leipziger Ratsbücher 1466–1500, Forschung und Edition (= Quellen und Materialien zur Geschichte der Stadt Leipzig 1), Leipzig 2003.

STEINFÜHRER, HENNING: Zur Überlieferung der sächsischen Städte im späten Mittelalter als Quelle für eine Untersuchung der Ostmitteldeutschen Schreibsprachen im Spätmittelalter. In: LUISE CZAJKOWSKI, CORINNA HOFFMANN, HANS ULRICH SCHMID (HG): Ostmitteldeutsche Schreibsprachen im Spätmittelalter, Berlin 2007, S. 165–175.

STEINFÜHRER, HENNING: Städtische Finanzen. In: ENNO BÜNZ (HG): Geschichte der Stadt Leipzig, Bd. 1, Von den Anfängen bis zur Reformation, Leipzig 2015, S. 221–333.

STEPHAN, FRIEDRICH: Verfassungsgeschichte der Reichsstadt Mühlhausen in Thüringen bis 1350, Berlin 1886.

STIEDA, WILHELM: Städtische Finanzen im Mittelalter. In: Jahrbücher für Nationalökonomie und Statistik, Ser. 3, Bd. 17, 1899, S. 1–54.

STIELDORF, ANDREA: Siegelkunde, Hannover 2004.

STOBBE, REIMER: Sophie von Brabant und Anna von Mecklenburg. Zwei Frauen in Schlüsselstellungen für die Geschichte der Landgrafschaft Hessen und des hessischen Adels im Mittelalter. In: WALTER HEINEMEYER (HG): Hundert Jahre Historische Kommission für Hessen 1897–1997, Marburg 1997, S. 59–87.

STOLZ, OTTO: Über die ältesten Rechnungsbücher deutscher Landesverwaltungen. In: Historische Vierteljahrschrift, 23, 1926, S. 87–88.

STOLZ, OTTO: Der geschichtliche Inhalt der Rechnungsbücher der Tiroler Landesfürsten von 1288–1350 (= Schlern-Schriften 175), Innsbruck 1957.

STOTZ, PETER: Handbuch zur lateinischen Sprache des Mittelalters. 2. Bd., Bedeutungswandel und Wortbildung, München 2000.

STREICH, BRIGITTE: Zwischen Reiseherrschaft und Residenzbildung: Der Wettinische Hof im Spätmittelalter (= Mitteldeutsche Forschungen 101), Köln 1989.

STREICH, BRIGITTE: „Amechtmann unde Gewinner …" Zur Funktion der bürgerlichen Geldwirtschaft in der spätmittelalterlichen Territorialverwaltung. (Mit besonderer Berücksichtigung der Wettinischen Lande). In: Vierteljahrschrift für Sozial- und Wirtschaftsgeschichte, 78, 1991, S. 365–392.

STREICH, BRIGITTE: Politik und Freundschaft. Die Wettiner, ihre Bündnisse und ihre Territorialpolitik in der zweiten Hälfte des 15. Jahrhunderts. In: ANDREAS TACKE (HG): Kontinuität und Zäsur. Ernst von Wettin und Albrecht von Brandenburg, Göttingen 2005, S. 11–33.

STROMER, WOLFGANG VON: Zur Organisation des transkontinentalen Ochsen- und Textilhandels im Spätmittelalter. Der Ochsenhandel des Reichserbkämmerers Konrad von Weinsberg anno 1422. In: EKKEHARD WESTERMANN (HG): Internationaler Ochsenhandel (1350–1750). Akten des 7th International Economic History Congress Edinburgh 1978 (= Beiträge zur Wirtschaftsgeschichte 9), Stuttgart 1979, S. 171–195.

STRUCK, WOLF-HEINO: Aus den Anfängen der territorialen Finanzverwaltung. Ein Rechnungsfragment der Herren von Bolanden um 1258/62. In: Archivalische Zeitschrift, 70, 1974, S. 1–21.

STRUIK, DIRK JAN: Abriß der Geschichte der Mathematik, Braunschweig 1967.

SÜNDER, MARTIN: Ratswechseltermine in der Frühzeit des Mühlhäuser Rates. In: Mühlhäuser Beiträge, 30, 2007, S. 110–112.

SÜNDER, MARTIN: Zwischen irdischem Rat und himmlischer Sphäre – Die Königsdarstellungen in der Südquerhausfassade der Mühlhäuser Marienkirche. In: HELGE WITTMANN (HG): Reichszeichen. Darstellungen und Symbole des Reichs in Reichsstädten (= Studien zur Reichsstadtgeschichte 2), Petersberg 2015, S. 87–104.

SUHLE, ARTHUR: Eintrag „Albus". In: FRIEDRICH VON SCHRÖTTER (HG): Wörterbuch der Münzkunde, 2. Aufl., Berlin 1970, S. 18–20.

SUHLE, ARTHUR: Eintrag „Heller". In: FRIEDRICH VON SCHRÖTTER (HG): Wörterbuch der Münzkunde, 2. Aufl., Berlin 1970, S. 259–261.

SUHLE, ARTHUR: Eintrag „Schock Groschen". In: FRIEDRICH VON SCHRÖTTER (HG): Wörterbuch der Münzkunde, 2. Aufl., Berlin 1979, S. 606.

SYDOW, JÜRGEN: Bürgerschaft und Kirche im Mittelalter. Probleme und Aufgaben der Forschung. In: JÜRGEN SYDOW (HG): Bürgerschaft und Kirche, Sigmaringen 1980, S. 9–25.

TADDEI, ELENA: Franz von Ottenthal, Arzt und Tiroler Landtagsabgeordneter (1818–1899), Wien 2010.

TANDECKI, JANUSZ: Die Verwaltungsschriftlichkeit als kultureller Faktor in den Städten des südlichen Hanseraums im späteren Mittelalter. In: JÜRGEN SARNOWSKY (HG): Verwaltung und Schriftlichkeit in den Hansestädten, Trier 2006, S. 1–16.

TAYLOR, R. EMMETT: Luca Pacioli. In: ANANIUS CHARLES LITTLETON, BASIL SELIG YAMEY (HG): Studies in the History of Accounting, London 1956, S. 175–184.

THIEL, CHRISTIAN: Das „bessere" Geld. Eine ethnographische Studie über Regionalwährungen, Wiesbaden 2012.

TILLE, ARMIN: Stadtrechnungen. In: Deutsche Geschichtsblätter, 1, 1899, S. 65–75.

TSCHUDIN, PETER F.: Grundzüge der Papiergeschichte, 2. Aufl. (= Bibliothek des Buchwesens 23), Stuttgart 2012.

TYCHSEN, THOMAS CHRISTIAN: De charta papyracea in Europa per medium aevum usu ejusque termino; praemissa illustratione duorum fragmentorum in papyro scriptorium. Commentatio altera. In: Commentationes Societatis Regiae Scientiarum Gottingensis recentiores, Tom. IV., Göttingen 1820, S. 165–208.

UITZ, ERIKA: Die Frau in der mittelalterlichen Stadt, Stuttgart 1988.

VASOLD, MANFRED: Die Pest, Ende eines Mythos, Stuttgart 2003.

VERSCHAREN, FRANZ-JOSEF: Die städtische Steuerverwaltung des Mittelalters am Beispiel Marburgs. In: Hessisches Jahrbuch für Landesgeschichte, 37, 1987, S. 13–26.

VETTER, ARNO: Bevölkerungsverhältnisse der ehemals freien Reichsstadt Mühlhausen i. Th. im XV. und XVI. Jahrhundert, Leipzig 1910.

VOGEL, KURT: Das Bamberger Blockbuch. Ein xylographisches Rechenbuch aus dem 15. Jahrhundert (Veröffentlichungen des Forschungsinstituts des Deutschen Museums für Geschichte der Naturwissenschaften und der Technik), München 1980.

VOGELER, GEORG: Digitale Edition von Wirtschafts- und Rechnungsbüchern. In: GUDRUN GLEBA, NIELS PETERSEN (HG): Wirtschafts- und Rechnungsbücher des Mittelalters und der Frühen Neuzeit. Formen und Methoden der Rechnungslegung: Städte, Klöster und Kaufleute, Göttingen 2015, S. 307–328.

VOGELER, GEORG: The Content of Accounts and Registers in their Digital Edition. XML/TEI, Spreadsheets, and Semantic Web Technologies. In: JÜRGEN SARNOWSKY (HG): Konzeptionelle Überlegungen zur Edition von Rechnungen und Amtsbüchern des späten Mittelalters, Göttingen 2016, S. 13–42.

VOGTHERR, THOMAS: Die ältesten Hunteburger Amtsrechnungen. Edition und Auswertung. In: Osnabrücker Mitteilungen, 90, 1985, S. 47–96.

VOLK, OTTO: Stadt und Schule im mittelalterlichen Marburg. In: ERHART DETTMERING, RUDOLF GRENZ (HG): Marburger Geschichte. Rückblick auf die Stadtgeschichte in Einzelbeiträgen, Marburg 1980, S. 201–236.

VOLK, OTTO: Die Visualisierung städtischer Ordnung. Ein Zugang aus spätmittelalterlichen Stadtrechnungen. In: GERHARD BOTT (HG): Anzeiger des Germanischen Nationalmuseums und Berichte aus dem Forschungsinstitut für Realienkunde, Nürnberg 1993, S. 37–54.

VOLK, OTTO: Studien zum Schriftgut der mittelrheinischen Zölle im späten Mittelalter. In: Archiv für Diplomatik, 44, 1998, S. 89–139.

VOLK, OTTO: Wigand Gerstenberg, Landgraf Wilhelm III. und Hans von Dörnberg. In: URSULA BRAASCH-SCHWERSMANN, AXEL HALLE (HG): Wigand Gerstenberg von Frankenberg 1457–1522. Die Bilder aus seinen Chroniken, Thüringen und Hessen, Stadt Frankenberg, Marburg 2007, S. 13–24.

VORMBUSCH, UWE: Eine Soziologie der Kalkulation: Werner Sombart und die Kulturbedeutung des Kalkulativen. In: HANNO PAHL, LARS MEYER (HG): Kognitiver Kapitalismus. Zur Dialektik der Wissensökonomie, Marburg 2007, S. 75–96.

VORMBUSCH, UWE: Die Kalkulation der Gesellschaft. In: ANDREA MENNICKEN, HENDRIK VOLLMER (HG): Zahlenwerk. Kalkulation, Organisation und Gesellschaft, Wiesbaden 2007, S. 43–64.

VORMBUSCH, UWE: Die Herrschaft der Zahlen. Zur Kalkulation des Sozialen in der kapitalistischen Moderne (= Frankfurter Beiträge zur Soziologie und Sozialphilosophie 15), Frankfurt 2012.

WACHENHAUSEN, MANFRED: Staatsausgabe und öffentliches Interesse in den Steuerrechtfertigungslehren des naturrechtlichen Rationalismus (= Schriften zur Verfassungsgeschichte 16), Berlin 1972.

WACKERFUSS, WINFRIED: Kultur-, Wirtschafts- und Sozialgeschichte des Odenwaldes im 15. Jahrhundert. Die ältesten Rechnungen für die Grafen von Wertheim in der Herrschaft Breuberg (1409–1484), Breuberg-Neustadt 1991.

WAGNER, HERFRIED E.: Das Rechnungsbuch Herzog Ernst des Eisernen: In: Mitteilungen der Österreichischen Numismatischen Gesellschaft, 57, 2017, S. 43–51.

WAGNER, WOLFGANG ERIC: Von der Stiftungsurkunde zum Anniversarbucheintrag: Beobachtungen zur Anlage des Liber oblationum et anniversariorum (1442–ca. 1480) im Wiener Schottenkloster. In: MICHAEL BORGOLTE (HG): Stiftungen und Stiftungswirklichkeiten. Vom Mittelalter bis zur Gegenwart, Berlin 2000, S. 145–170.

Wagner-Hasel, Beate: Textus und texere, hýphos und hyphaínein. Zur metaphorischen Bedeutung des Webens in der griechisch-römischen Antike. In: Ludolf Kuchenbuch, Uta Kleine (HG): ›Textus‹ im Mittelalter. Komponenten und Situationen des Wortgebrauches im schriftsemantischen Feld, Göttingen 2006, S. 15–42.

Wagner-Hasel, Beate: Die Arbeit des Gelehrten. Der Nationalökonom Karl Bücher (1847–1930), Frankfurt am Main 2011.

Wald, Otto: Die Münzen der Landgrafen von Hessen. Eine landes- und münzgeschichtliche Betrachtung. In: Mitteilungen des Geschichts- und Museumsvereins Alsfeld, 14,2, 1990, S. 41–80.

Watt, W. Montgomery: Der Einfluß des Islam auf das europäische Mittelalter, Berlin 1988.

Wattenbach, Wilhelm: Das Schriftwesen im Mittelalter, 4. Auflage, Graz 1958.

Weber, Max: Die protestantische Ethik und der Geist des Kapitalismus, Hain 1993.

Weber, Max: Wirtschaftsgeschichte. Abriss der universalen Sozial- und Wirtschaftsgeschichte. Auf der Grundlage von Mit- und Nachschriften zusammengestellt von Siegmund Hellmann und Melchior Palyi. In: Wolfgang Schluchter (HG): Max Weber. Abriss der universalen Sozial- und Wirtschaftsgeschichte. Mit- und Nachschriften 1919/20, Tübingen 2011.

Weber, Max: Wirtschaft und Gesellschaft: Soziologie. Unvollendet 1919–1920, hrsg. v. Knut Borchardt, Edith Hanke, Wolfgang Schluchter, Tübingen 2014.

Wedell, Moritz: Zählen. Semantische und praxeologische Studien zum numerischen Wissen im Mittelalter, Göttingen 2011.

Wehler, Hans-Ulrich: Historische Sozialwissenschaft und Geschichtsschreibung. Studien zu Aufgaben und Traditionen deutscher Geschichtswissenschaft, Göttingen 1980.

Weingartner, Josef: Tiroler Edelsitze. In: Festschrift zu Ehren Emil von Ottenthals, Innsbruck 1925, S. 246–308.

Weinhold, Karl: Die deutschen Monatsnamen, Halle 1869.

Weiss, Carl: Das Rechnungswesen der freien Reichsstadt Speier im Mittelalter. In: Mitteilungen des Historischen Vereins der Pfalz, 5, 1875, S. 3–27.

Weiss, Karl Theodor: Handbuch der Wasserzeichenkunde, bearb. und hrsg. v. Wisso Weiss, Leipzig 1962.

Weiss, Stefan: Die Versorgung des päpstlichen Hofes in Avignon mit Lebensmitteln (1316–1378). Studien zur Sozial- und Wirtschaftsgeschichte eines mittelalterlichen Hofes, Berlin 2002.

Weissen, Kurt: Stagnation und Innovation in der Rechnungslegung der Territorial- und Hofverwaltung der Fürstbischöfe von Basel (1423–1527). In: Harm von Seggern, Gerhard Fouquet (HG): Adel und Zahl. Studien zum adligen Rechnen und Haushalten in Spätmittelalter und früher Neuzeit, Ubstadt-Weiher 2000, S. 135–148.

Weissenborn, Franziska: Mühlhausen i. Th. und das Reich, Breslau 1911.

Weitzel, Jürgen: Schriftlichkeit und Recht. In: Hartmut Günther, Otto Ludwig (HG): Schrift und Schriftlichkeit. Writing and Its Use. Ein interdisziplinäres Handbuch internationaler Forschung. An Interdisciplinary Handbook of International Research. Halbbd. 1, Berlin 1994, S. 610–619.

Wenninger, Markus J.: Die Finanzkraft des Adels und die Finanzierung außergewöhnlicher Ausgaben mit besonderer Berücksichtigung Tirols um 1400. Mit Anmerkungen zu Oswalds Biographie. In: Jahrbuch der Oswald von Wolkenstein-Gesellschaft, 2, 1982/83, S. 133–153.

Wenzel, Horst: Hören und Sehen, Schrift und Bild. Kultur und Gedächtnis im Mittelalter, München 1995.

Werner, Tanja von: „Ehre und Gedechnis". Fama und Memoria der Landgrafen von Hessen, Marburg 2013.

WEYRAUCH, ERDMANN: Zur Auswertung von Steuerbüchern mit quantifizierenden Methoden. In: HORST RABE, HANSGEORG MOLITOR, HANS-CHRISTOPH RUBLACK (HG): Festgabe für Ernst Walter Zeeden, Münster 1976, S. 97–127.

WIESFLECKER, ANGELIKA: Die „oberösterreichischen" Kammerraitbücher zu Innsbruck, 1493–1519. Ein Beitrag zur Wirtschafts-, Finanz- und Kulturgeschichte der oberösterreichischen Ländergruppe, Graz 1987.

WIESFLECKER, HERMANN: Kaiser Maximilian I. Das Reich, Österreich und Europa an der Wende zur Neuzeit, Bd. 1: Jugend, burgundisches Erbe und römisches Königtum bis zur Alleinherrschaft, 1459–1493, München 1971.

WILDE, MANFRED: Die Zauberei- und Hexenprozesse in Kursachsen, Köln 2003.

WILLOWEIT, DIETMAR: Die Entwicklung und Verwaltung der spätmittelalterlichen Landesherrschaft. In: KURT G. A. JESERICH, HANS POHL, GEORG-CHRISTOPH VON UNRUH (HG): Deutsche Verwaltungsgeschichte, Bd. 1: Vom Spätmittelalter bis zum Ende des Reiches, Stuttgart 1983, S. 66–142.

WINKEL, HARALD: Die deutsche Nationalökonomie im 19. Jahrhundert, Darmstadt 1977.

WINTER, GEORG: Die ältesten Lüneburger Kämmereirechnungen. In: Lüneburger Blätter, 2, 1951, S. 5–26.

WISPLINGHOFF, ERICH: Der bergische Herzogshof um die Mitte des 15. Jahrhunderts. Dargestellt nach der Hofhaltungsrechnung des Jahres 1446/47. In: Düsseldorfer Jahrbuch, 57/58, 1980, S. 21–46.

WITTHÖFT, HARALD: Über den lübischen und andere norddeutsche Münzfüße nach metrologischen Sach- und Schriftzeugnissen des 12. bis 14. Jahrhunderts. In: ZVLGA, 69, 1989, S. 75–120.

WITTHÖFT, HARALD: Handelspraktiken und Kaufmannschaft in Mittelalter und Neuzeit – Rechnen und Schreiben mit Zahlen. Resümee und Perspektiven. In: MARKUS A. DENZEL, JEAN-CLAUDE HOCQUET, HARALD WITTHÖFT (HG): Kaufmannsbücher und Handelspraktiken vom Spätmittelalter bis zum beginnenden 20. Jahrhundert, Stuttgart 2002, S. 197–217.

WITTMANN, HELGE: Zur Ersterwähnung der Mühlhäuser Neustadt und von St. Marien. Eine quellenkritische Studie In: Mühlhäuser Beiträge, 42, 2019; S. 81–92.

WITTMANN, HELGE: Das Mühlhäuser Rechtsbuch in neuer Gestalt. Zur Funktion von Recht und Schriftlichkeit bei der Bewältigung reichsstädtischer Konflikte im späten 13. Jahrhundert. In: Zeitschrift für Thüringische Geschichte, 75, 2021, S. 39–97.

WITTMANN, HELGE: 1251 als Epochenjahr im Werden der Reichsstadt Mühlhausen. In: Mühlhäuser Beiträge, 45, 2022, S. 127–156.

WOEPCKE, FRANZ: Mémoire sur la propagation des chiffres indiens. In: Journal asiatique, XVI, 1863.

WOLF, SUSANNE: Die Doppelregierung Kaiser Friedrichs III. und König Maximilians (1486–1493), Köln 2005.

WOOLGAR, CHRISTOPHER MICHAEL: The great household in late medieval England, New Haven 1999.

WRIEDT, KLAUS: Bürgertum und Studium in Norddeutschland im Spätmittelalter. In: JOHANNES FRIED (HG): Schulen und Studium im sozialen Wandel des hohen und späten Mittelalters, Sigmaringen 1986, S. 487–525.

WÜLFING, INGE-MAREN: Die Amtsrechnungen von Boizenburg und Wittenburg aus den Jahren 1456 bis 1460 als Quelle zur territorialen Finanzverwaltung auf lokaler Ebene. In: Mecklenburgische Jahrbücher, 106, 1987, S. 21–50.

WÜRTH, INGRID: Geißler in Thüringen. Die Entstehung einer spätmittelalterlichen Häresie (= Hallische Beiträge zur Geschichte des Mittelalters und der Frühen Neuzeit 10), Berlin 2012.

WÜRZ, SIMONE: Methoden der Digital Humanities in der Bearbeitung und Erforschung mittelalterlicher Rechnungsbücher. Möglichkeiten und Grenzen am Beispiel der digitalen Edition der Augsburger Stadtrechnungsbücher. In: STEFAN PÄTZOLD, MARCUS STUMPF (HG): Mittelalterliche und frühneuzeitliche Rechnungen als Quellen der landesgeschichtlichen Forschung, Münster 2016a, S. 101–114.

WÜRZ, SIMONE: Konzeptionelle Überlegungen zur digitalen Edition der Augsburger Baumeisterbücher. In: JÜRGEN SARNOWSKY (HG): Konzeptionelle Überlegungen zur Edition von Rechnungen und Amtsbüchern des späten Mittelalters, Göttingen 2016b, S. 107–114.

WÜST, WOLFGANG: Rechnungsbücher und Governance: Zählen, Zahlen und Regieren in Spätmittelalter und Früher Neuzeit. In: HELMUT FLACHENECKER (HG): Zahlen und Erinnerung. Von der Vielfalt der Rechnungsbücher und vergleichbarer Quellengattungen, Torún 2010, S. 225–250.

YAMEY, BASIL SELIG: Notes in the Origin of Double-Entry Bookkeeping. In: The Accounting Review, 22, 1947, S. 263–272.

YAMEY, BASIL SELIG: Introduction. In: ANANIUS CHARLES LITTLETON, BASIL SELIG YAMEY (HG): Studies in the History of Accounting, London 1956, S. 1–13.

YAMEY, BASIL SELIG: The use of Italian words in bookkeeping: Germany, 1400–1800. In: Further essays on the history of accounting, New York 1982, S. 1–9.

ZEHETMAYER, ROMAN: Urkunde und Adel. Ein Beitrag zur Geschichte der Schriftlichkeit im Südosten des Reichs vom 11. bis zum frühen 14. Jahrhundert (= Veröffentlichungen des Instituts für Österreichische Geschichtsforschung 53), Wien 2010.

ZEILINGER, GABRIEL: Kleine Reichsstadt – großer Krieg. Der süddeutsche Städtekrieg 1449/50 im Spiegel der Windsheimer Stadtrechnungen. In: HARM VON SEGGERN, GERHARD FOUQUET, HANS-JÖRG GILOMEN (HG): Städtische Finanzwirtschaft am Übergang vom Mittelalter zur Frühen Neuzeit, Frankfurt a. M. 2007 (= Kieler Werkstücke. Reihe E. Beiträge zur Sozial- und Wirtschaftsgeschichte 4), S. 169–181.

ZEILINGER, GABRIEL: Rechnung – Schrift – Serie. Der Überlieferungsbeginn der Windsheimer Stadtrechnungen 1393/94. In: MICHAEL ROTHMANN, HELGE WITTMANN (HG): Reichsstadt und Geld (= Studien zur Reichsstadtgeschichte 5), Petersberg 2018, S. 269–280.

ZEY, CLAUDIA: Der Romzugsplan Heinrichs V. 1122/23. Neue Überlegungen zum Abschluß des Wormser Konkordats. In: Deutsches Archiv für Erforschung des Mittelalters, 56, 2000, S. 447–504.

ZIEGLER, WALTER: Studien zum Staatshaushalt Bayerns in der zweiten Hälfte des 15. Jahrhunderts. Die regulären Kammereinkünfte des Herzogtums Niederbayern 1450–1500, München 1981.

ZIMMERMANN, LUDWIG: Landgraf Wilhelms IV. Ökonomischer Staat von Hessen. In: LEO SANTIFALLER (HG): Festschrift Albert Brackmann, Weimar 1931, S. 582–590.

ZIMMERMANN, LUDWIG: Der ökonomische Staat Landgraf Wilhelms IV. Nach den Handschriften (= Veröffentlichungen der Historischen Kommission für Hessen und Waldeck 17,2), Marburg 1934.

ZIMMERMANN, LUDWIG: Die Zentralverwaltung Oberhessens unter dem Hofmeister Hans von Dörnberg (= Veröffentlichungen der Historischen Kommission für Hessen, Quellen und Forschungen zur hessischen Geschichte 28), Darmstadt 1974.

ZIMMERMANN, MONIKA: Art. ‚Bamberger Rechenbuch 1483'. In: KURT RUH (HG): Die deutsche Literatur des Mittelalters. Verfasserlexikon, Bd. 1, Berlin 1978, Sp. 596–599.

VIII. Verzeichnis der Tabellen

Tabelle 1: Häufigkeit der Nennung von kirchlichen Feiertagen und Heiligengedenktagen bei den Einnahmen (recepta) und Ausgaben (distributa) im Kämmereiregister von Mühlhausen 1456.

Tabelle 2: Zuordnung der Buchungen zu Kalenderdaten unter Verwendung von Kirchenfesten oder Heiligengedenktagen sowie verschiedenen Zählungshinweisen im Kämmereiregister von 1456.

Tabelle 3: Häufig einzeln oder in Kombination verwendete Begriffe bei der Tagesdatierung und deren Frequenz im Kämmereiregister von 1460.

Tabelle 4: Verzeichnis der in den Kämmereiregistern der Stadt Mühlhausen genannten Kämmerer von 1417 bis 1501.

Tabelle 5: Buchungsvorgänge in den Kämmereiregistern von Mühlhausen von 1407, 1419, 1456, 1460 und 1486.

Tabelle 6: Buchungsvorgänge zum städtischen Schuldenwesen in den Kämmereiregistern von Mühlhausen von 1456, 1460 und 1486.

Tabelle 7: Ratsmeister von Mühlhausen i.Th. im 15. Jahrhundert nach Groth und Brinkmann.

Tabelle 8: Buchungsabschnitte und Buchungen bei den Allgemeinen Ausgaben in der Städtischen Hauptrechnung Marburgs 1456/57.

Tabelle 9: Vergleich der Kämmereiregister verschiedener Städte des Spätmittelalters.

Tabelle 10: Einnahmen und Ausgaben mit Buchungen (B), Summenbildungen (S) und Streichungen (Korr) in den hessischen Kammerschreiberrechnungen von 1476–1499.

Tabelle 11: In der Kammerschreiberrechnung von 1486 bei den Einnahmen genannte Städte.

Tabelle 12: Zuordnung der Begleiter des Landgrafen anhand der Literatur.

Tabelle 13: Häufigkeit der Nennung von kirchlichen Feiertagen und Heiligengedenktagen bei den Einnahmen und Ausgaben in der Kammerschreiberrechnung von 1486.

Tabelle 14: Vergleich der übereinstimmenden Seiten der beiden Hofmeisterrechnungen von 1499 (10/13) und (10/14).

Tabellen im Anhang

Tabelle 15: Wasserzeichen im Kämmereiregister von Mühlhausen von 1407.

Tabelle 16: Wasserzeichen im Kämmereiregister von Mühlhausen von 1409.

Tabelle 17: Wasserzeichen im Kämmereiregister von Mühlhausen von 1456.

Tabelle 18: Wasserzeichen im Kämmereiregister von Mühlhausen von 1460.

Tabelle 19: Wasserzeichen im Kämmereiregister von Mühlhausen von 1460/61.

Tabelle 20: Wasserzeichen im Kämmereiregister von Mühlhausen von 1486.

Tabelle 21: Lagen des Copialbuches von Mühlhausen i.Th. von 1460.

Tabelle 22: Analyse der Rechengenauigkeit im Kämmereiregister von Mühlhausen von 1456.

Tabelle 23: Übersicht der Kämmereiregister von Mühlhausen im 15. Jahrhundert mit der Zuordnung der Datierung ihres Beginns.

Tabelle 24: Buchungszahlen und Summenbildungen in den Kämmereiregistern von Mühlhausen im 15. Jahrhundert.

Tabelle 25: Vergleich der in den Kämmereiregistern, Copial- und Notulbüchern der Stadt Mühlhausen in Thüringen genannten Kämmerer und Ratsmeister im 15. Jahrhundert.

Tabelle 26: Wasserzeichen in der Kammerschreiberrechnung von 1476/77.
Tabelle 27: Wasserzeichen in der Kammerschreiberrechnung von 1477/78.
Tabelle 28: Wasserzeichen in der Kammerschreiberrechnung von 1478/79.
Tabelle 29: Wasserzeichen in der Kammerschreiberrechnung von 1479.
Tabelle 30: Wasserzeichen in der Kammerschreiberrechnung von 1480/81.
Tabelle 31: Wasserzeichen in der Kammerschreiberrechnung von 1485.
Tabelle 32: Wasserzeichen in der Kammerschreiberrechnung von 1486.
Tabelle 33: Wasserzeichen in der Kammerschreiberrechnung von 1497.
Tabelle 34: Wasserzeichen in der Kammerschreiberrechnung von 1499.
Tabelle 35: Wasserzeichen in der Hofmeisterrechnung von 1485 (10/1).
Tabelle 36: Wasserzeichen in der Hofmeisterrechnung von 1497.
Tabelle 37: Wasserzeichen in der Hofmeisterrechnung von 1499 (10/13).
Tabelle 38: Wasserzeichen in der Hofmeisterrechnung von 1499 (10/14).
Tabelle 39: Wasserzeichen in der Vormundschaftsrechnung 1485.
Tabelle 40: Wasserzeichen in der Rentmeisterrechnung von 1486.
Tabelle 41: Analyse der Rechengenauigkeit bei den Einnahmen in der Kammerschreiberrechnung von 1486.
Tabelle 42: Analyse der Rechengenauigkeit bei den Ausgaben in der Kammerschreiberrechnung von 1486.
Tabelle 43: Buchungsdaten in der Kammerschreiberrechnung von 1486 in ihrer Reihenfolge auf den aufeinander folgenden Seiten und deren Zuordnung zu den Papierlagen.
Tabelle 44: Wasserzeichen im Rechnungsbuch des Sygmund von Schlandersberg 1394–1396.
Tabelle 45: Wasserzeichen im Rechnungsbuch Kaspar von Schlandersberg Kod 2 1398–99.
Tabelle 46: Wasserzeichen im Rechnungsbuch Kaspar von Schlandersberg 1399–1401.
Tabelle 47: Wasserzeichen im Rechnungsbuch des Kaspar von Schlandersberg 1400–1402.
Tabelle 48: Wasserzeichen in der Kellnerrechnung von 1402.
Tabelle 49: Lateinische Wochentagsbezeichnungen und deren kirchenlateinische Bezeichnungen.
Tabelle 50: Anzahl der Buchungen von Einnahmen (Recepta) und Ausgaben (Exposita) der Stadt Hamburg von 1350–1500.
Tabelle 51: Anzahl der Buchungen in den Kämmereiregistern von Reval 1433–1506.

IX. Verzeichnis der Abbildungen

Abb. 1a: Karte „Tractus Eichsfeldiae in suas Praefecturas divisiae nec non Territorii MVHLHVSANI Chorographia" mit dem Gebiet der Reichsstadt Mühlhausen, Homann-Erben, 1759.
Abb. 1b: Vergrößerter Ausschnitt aus Abb. 1a mit dem Gebiet der Reichsstadt Mühlhausen.
Abb. 2: Lagendarstellung des Kämmereiregisters der Stadt Mühlhausen von 1456 mit Folio-Nummerierung und Angabe der Wasserzeichen (fol. 8, 9, 10 und 18 sind eingeklebte Zettel; eingeschobene Blätter: fol. 4, 5, 20, 21, 37).
Abb. 3: Beispiele für kirchliche Feiertage und Heiligengedenktage, die im Kämmereiregister von Mühlhausen 1456 für die Datierung von Buchungen verwendet wurden, sowie Beispiele für den damit kombinierten Gebrauch von postquam.

Abb. 4:   Geographische Lage der Orte mit Kreditgebern von Mühlhausen i.Th. aus dem Kämmereiregister von 1456.
Abb. 5:   Verteilung der Buchungstermine der Einnahmen in der Kämmereirechnung von 1456.
Abb. 6:   Verteilung der Buchungstermine der Ausgaben in der Kämmereirechnung von 1456.
Abb. 7:   Höhe der verbuchten Einnahmen mit Buchungsdatum im Kämmereiregister von 1456.
Abb. 8:   Höhe der verbuchten Ausgaben mit Buchungsdatum im Kämmereiregister 1456 von Mühlhausen.
Abb. 9:   Prozentuale Verteilung der Buchungen in der Kämmereirechnung von 1456 auf die Wochentage.
Abb. 10:   Kämmereiregister von Mühlhausen von 1445 und 1446 (2000/7) mit der korrekten Summenbildung (grün markiert) aus den Einnahmen und dem Kassenstand auf fol. 292v. und dem Übertrag des Kassenstandes des Martini-Rechnungsbuches 1445 in den Kassenstand des nachfolgenden Vocem-Rechnungsbuches von 1446.
Abb. 11:   Kämmereiregister von Mühlhausen von 1459/60 (2000/10) mit dem Übertrag des Kassenstandes aus dem Martini-Rechnungsbuch in den Kassenstand des nachfolgenden Exaudi-Rechnungsbuches.
Abb. 12:   Kämmereiregister von Mühlhausen von 1460 (2000/10 und 11) mit dem Übertrag des Kassenstandes aus dem Exaudi-Rechnungsbuch in den Kassenstand des nachfolgenden Martini.
Abb. 13:   Kämmereiregister von Mühlhausen von 1462/63 (2000/12) mit dem Übertrag des Kassenstandes aus dem Martini-Rechnungsbuch in den Kassenstand des nachfolgenden Exaudi-Rechnungsbuches.
Abb. 14:   Kämmereiregister von Mühlhausen von 1483/84 (2000/16) mit dem Übertrag des Kassenstandes aus dem Martini-Rechnungsbuch in den Kassenstand des nachfolgenden Exaudi-Rechnungsbuches.
Abb. 15:   Beispiele der Verwendung negativer Zahlen im Kämmereiregister von 1456.
Abb. 16:   Entwicklung von „*minder*" und „*minus*" in den Rechnungsbüchern des Kaspar von Schlandersberg von 1398–1399 (a, d, e, f, g) und 1400–1402 (b, c).
Abb. 17:   Frühe Darstellung des Kürzungszeichens für minus in Mühlhausen 1409/1410 fol. 29a.
Abb. 18:   Verteilung der Buchungstermine von Einnahmen im Kämmereiregister von 1460 beginnend mit Martini 1459.
Abb. 19:   Verteilung der Buchungstermine von Ausgaben im Kämmereiregister von 1460 beginnend mit Martini 1459.
Abb. 20:   Verteilung der Buchungstermine von Einnahmen im Kämmereiregister von 1460 beginnend mit Exaudi 1460.
Abb. 21:   Verteilung der Buchungstermine von Ausgaben im Kämmereiregister von 1460 beginnend mit Exaudi 1460.
Abb. 22:   Die Entwicklung der Buchungstätigkeit im Verlauf des 15. Jahrhunderts in den Kämmereiregistern von Mühlhausen zu den Frühjahrsterminen.
Abb. 23:   Die Entwicklung der Buchungstätigkeit im Verlauf des 15. Jahrhunderts in den Kämmereiregistern von Mühlhausen zu den Herbstterminen.
Abb. 24:   Entwicklung der gotischen Urkundenschrift in den Kämmereiregistern von Mühlhausen i.Th. mit Beispielen von 1418, 1456 und 1486.
Abb. 25:   Verteilung der Buchungen auf die Wochentage in den Kämmereiregistern von Rinteln der Jahre 1431, 1441–1444, 1450, 1452, 1466 und 1483.
Abb. 26:   Anteil der Buchungen in den Kämmereibüchern von Reval, die zwischen 1433 und 1505 auf einen Samstag datiert wurden.

IX. Verzeichnis der Abbildungen 431

Abb. 27:   Durchschnittliche Anzahl von Buchungen pro Kalendermonat der Jahre 1433–1506.
Abb. 28:   Stammtafel des Hauses Hessen im 15. Jahrhundert mit Oberhessen auf der rechten Seite.
Abb. 29:   „Hassia superior" aus: Pierre d'Avity, *Neuwe Archontologia Cosmica. Beschreibung aller Käyserthumben, Koenigreichen und Republicken der gantzen Welt, die keinen Höhern erkennen* (Frankfurt am Main: Matthäus Merian 1638).
Abb. 30:   Vergleich der Anzahl der Buchungen für Einnahmen und Ausgaben in den Kammerschreiberrechnungen Oberhessens.
Abb. 31:   Vergleich der Buchungen pro Seite für Einnahmen und Ausgaben in den Kammerschreiberrechnungen Oberhessens.
Abb. 32:   Darstellung der 10 Lagen der Kammerschreiberrechnung von 1486 mit Folio-Nummerierung und Angabe der Wasserzeichen.
Abb. 33:   Ordnungselement *Item*.
Abb. 34:   Herkunft der Einnahmen in der Kammerschreiberrechnung von 1486.
Abb. 35:   „Hassiae descriptio" von Peter Bertius, *Tabularum Geographicarum Contractarum*, Amsterdam 1603.
Abb. 36:   Übersicht der Buchungen in der Kammerschreiberrechnung von 1486 im Zusammenhang mit den Aufenthalten der landgräflichen Delegation und des Landgrafen Wilhelm III. zum Reichstag in Frankfurt.
Abb. 37:   Verteilung der Buchungstermine von Einnahmen in der Kammerschreiberrechnung von 1486.
Abb. 38:   Verteilung der Buchungstermine von Ausgaben in der Kammerschreiberrechnung von 1486.
Abb. 39:   Verteilung der Buchungen in der Kammerschreiberrechnung von 1486 auf die Wochentage.
Abb. 40:   Gesamthöhe der Buchungen von Einnahmen in der Kammerschreiberrechnung von 1486 in den verschiedenen Kalendermonaten.
Abb. 41:   Gesamthöhe der Buchungen von Ausgaben in der Kammerschreiberrechnung von 1486 in den verschiedenen Kalendermonaten.
Abb. 42:   Lagenanalyse der Hofmeisterrechnung von 1485 mit zwei eingefügten Zetteln (fol. 6 und 11) und Angabe der Wasserzeichen.
Abb. 43:   Lagenanalyse der Hofmeisterrechnung von 1486 mit zwei eingefügten Briefen (fol. 3 und 5) sowie drei weiteren eingefügten Zetteln (fol. 8, 9, 11) und Angabe der Wasserzeichen.
Abb. 44:   Vergleich der Buchungen der Einnahmen in der Kammerschreiberrechnung (Kammer) und der Hofmeisterrechnung (Hofmeister) von 1486 mit Angabe der Seiten (fol. r./v.).
Abb. 45:   Vergleich der Buchungen der Ausgaben (I und II) in der Kammerschreiberrechnung (Kammer) und der Hofmeisterrechnung (Hofmeister) von 1486 mit Angabe der Seiten (fol. r./v.).
Abb. 46:   Buchungen nach Wochentagen der allgemeinen Ausgaben in der Oberlahnsteiner Rechnung von 1461–1463 (124 Buchungen) und der hessischen Kammerschreiberrechnung von 1486 (158 Buchungen).
Abb. 47a: Buchungen für allgemeine Lebensmittel (Butter, Käse, Mehl, Hülsenfrüchte, Gewürze, Wein) ohne Fleisch (als Viehankauf oder in Form von Dörrfleisch) und ohne Fastenspeisen wie Frischfisch oder Stockfisch in den Oberlahnsteiner Rechnungen von 1461–1463.
Abb. 47b: Buchungen für Sold und Lohn für Kriegsleute sowie allgemeine Lohnleistungen in den Oberlahnsteiner Rechnungen von 1461–1463.
Abb. 48a: Buchungen für Handwerkerleistungen in den Oberlahnsteiner Rechnungen von 1461–1463.
Abb. 48b: Buchungen für Sold und Lohn für Kriegsleute sowie allgemeine Lohnleistungen in den Oberlahnsteiner Rechnungen von 1461–1463.
Abb. 49:   Verteilung der Buchungen in der Hofhaltungsrechnung der Gräfin Margarete von Ravensberg auf die Wochentage.

Abb. 50: Verteilung der datierten Buchungen (n=272) der Drachenfelser Rechnungen von 1395–1398 auf die Kalendermonate (a) und auf die Wochentage (b).

Abb. 51: Verteilung der datierten Buchungen der Ausgaben der Rechnung Konrad von Weinsbergs von 1437/38 auf die Wochentage.

Abb. 52: Beispiel der Wochendatierung im Rechnungsbuch von Breuberg.

Abb. 53: Kumulative, fortlaufende Darstellung der Buchungen der Ausgaben in den Rechnungsbüchern von Schlandersberg von 1398–1402.

Abb. 54: Kumulative Verteilung der Buchungen der Ausgaben der Rechnungsbücher von 1398–1402 (a–c nach v. Ottenthal) über die Kalendermonate.

Abb. 55: Verteilung der Buchungen von Einnahmen im Rechnungsbuch von Schlandersberg von 1398 auf die Kalendermonate.

Abb. 56: Verteilung der datierten Buchungen der Schlandersberger Rechnungsbücher von 1398–1402 (v. Ottenthal a–c) auf die Wochentage.

Abbildungen im Anhang

Abb. 57: Kämmereiregister von Mühlhausen von 1407. Siebstruktur mit Verteilung der Kettdrähte auf dem Papierbogen (der Doppelseite) mit dem Abstand der Kettdrähte in mm beispielhaft für die Lagenmitten der Lagen 1 (a) und 2 (b).

Abb. 58: Kämmereiregister von Mühlhausen von 1409. Siebstruktur mit Verteilung der Kettdrähte auf dem Papierbogen (der Doppelseite) mit dem Abstand der Kettdrähte in mm beispielhaft für die Lagenmitten der Lagen 1 (a) und 2 (b).

Abb. 59: Kämmereiregister von Mühlhausen von 1417–1419. Siebstruktur mit Verteilung der Kettdrähte auf dem Papierbogen (der Doppelseite) mit dem Abstand der Kettdrähte in mm Lagen 1 (a), 2 (b) und 3 (c).

Abb. 60: Kämmereiregister von Mühlhausen von 1451–1453. Siebstruktur mit Verteilung der Kettdrähte auf dem Papierbogen (der Doppelseite) mit dem Abstand der Kettdrähte in mm der Lagenmitte der Lagen 1 (a) und 2 (b).

Abb. 61: Kämmereiregister von Mühlhausen von 1456. Siebstruktur mit Verteilung der Kettdrähte auf dem Papierbogen (der Doppelseite) mit dem Abstand der Kettdrähte in mm in der Lagenmitte (fol. 32/33).

Abb. 62: Darstellung der Lagen 1 (links) und 2 (rechts) des Kämmereiregisters der Stadt Mühlhausen von 1460 mit Folio-Nummerierung.

Abb. 63: Kämmereiregister von Mühlhausen von 1460. Siebstruktur mit Verteilung der Kettdrähte auf dem Papierbogen (der Doppelseite) mit dem Abstand der Kettdrähte in mm der Lagenmitte (fol. 18/19) von Lage 1.

Abb. 64: Darstellung der Lagen 1 (links) und 2 (rechts) des Kämmereiregisters der Stadt Mühlhausen von 1460/61 mit Folio-Nummerierung.

Abb. 65: Kämmereiregister von Mühlhausen von 1460–1461. Siebstruktur mit Verteilung der Kettdrähte auf dem Papierbogen (der Doppelseite) mit dem Abstand der Kettdrähte in mm der Lagenmitte der Lagen 1 (a) und 2 (b).

Abb. 66: Kämmereiregister von Mühlhausen von 1486. Siebstruktur mit Verteilung der Kettdrähte auf dem Papierbogen (der Doppelseite) mit dem Abstand der Kettdrähte in mm von fol. 175/176 (Lage 6).

Abb. 67: Darstellung der 7 Lagen der Kammerschreiberrechnung von 1476/77 mit Folio-Nummerierung.

IX. Verzeichnis der Abbildungen 433

Abb. 68:   Kammerschreiberrechnung von 1476/77. Siebstruktur mit Verteilung der Kettdrähte auf dem Papierbogen (der Doppelseite) mit dem Abstand der Kettdrähte in mm beispielhaft für die Lagen 2 (a) und 7 (b).
Abb. 69:   Kammerschreiberrechnung von 1477/78. Siebstruktur mit Verteilung der Kettdrähte auf dem Papierbogen (der Doppelseite) mit dem Abstand der Kettdrähte in mm beispielhaft für die Lagen 2 (a) und 6 (b).
Abb. 70:   Darstellung der 9 Lagen der Kammerschreiberrechnung von 1477/78.
Abb. 71:   Lagendarstellung der Kammerschreiberrechnung von 1478/79 mit Folio-Nummerierung.
Abb. 72:   Kammerschreiberrechnung von 1478/79. Siebstruktur mit Verteilung der Kettdrähte auf dem Papierbogen (der Doppelseite) mit dem Abstand der Kettdrähte in mm beispielhaft für die 3 (a) und 4 (b).
Abb. 73:   Lagendarstellung der Kammerschreiberrechnung von 1479 mit Folio-Nummerierung.
Abb. 74:   Kammerschreiberrechnung von 1479. Siebstruktur mit Verteilung der Kettdrähte auf dem Papierbogen (der Doppelseite) mit dem Abstand der Kettdrähte in mm von fol. 3/4 der Lagenmitte.
Abb. 75:   Lagendarstellung der Kammerschreiberrechnung von 1480/81.
Abb. 76:   Kammerschreiberrechnung von 1480/81. Siebstruktur mit Verteilung der Kettdrähte auf dem Papierbogen (der Doppelseite) mit dem Abstand der Kettdrähte in mm beispielhaft für die Lagen 1 (a), 5 (b) und 7 (c).
Abb. 77:   Lagendarstellung der Kammerschreiberrechnung von 1485 mit Folio-Nummerierung.
Abb. 78:   Kammerschreiberrechnung von 1485. Siebstruktur mit Verteilung der Kettdrähte auf dem Papierbogen (der Doppelseite) mit dem Abstand der Kettdrähte in mm beispielhaft für die Lagen 1 (a), 3 (b) und 6 (c).
Abb. 79:   Kammerschreiberrechnung von 1486. Siebstruktur mit Verteilung der Kettdrähte auf dem Papierbogen (der Doppelseite) mit dem Abstand der Kettdrähte in mm der Lagenmitten der Lagen 1 bis 10 (a–j).
Abb. 80:   Lagendarstellung der Kammerschreiberrechnung von 1497 mit Folio-Nummerierung.
Abb. 81:   Kammerschreiberrechnung von 1497. Siebstruktur mit Verteilung der Kettdrähte auf dem Papierbogen (der Doppelseite) mit dem Abstand der Kettdrähte in mm von fol. 11/12 der Lagenmitte.
Abb. 82:   Lagendarstellung der Kammerschreiberrechnung von 1499 mit Folio-Nummerierung.
Abb. 83:   Kammerschreiberrechnung von 1497. Siebstruktur mit Verteilung der Kettdrähte auf dem Papierbogen (der Doppelseite) mit dem Abstand der Kettdrähte in mm beispielhaft für die Lagenmitten der Lagen 1 (a) und 2 (b).
Abb. 84:   Hofmeisterrechnung von 1485/86. Siebstruktur mit Verteilung der Kettdrähte auf dem Papierbogen (der Doppelseite) mit dem Abstand der Kettdrähte in mm für die Lagenmitten der Lagen 1 (a) und 2 (b).
Abb. 85:   Lagendarstellung der Hofmeisterrechnung von 1497 mit Folio-Nummerierung.
Abb. 86:   Hofmeisterrechnung von 1497. Siebstruktur mit Verteilung der Kettdrähte auf dem Papierbogen (der Doppelseite) mit dem Abstand der Kettdrähte in mm beispielhaft für fol. 6/7 der Lage 1.
Abb. 87:   Lagendarstellung der 2 Lagen der Hofmeisterrechnung von 1499 (10/13) mit Folio-Nummerierung.
Abb. 88:   Hofmeisterrechnung von 1499 (10/13). Siebstruktur mit Verteilung der Kettdrähte auf dem Papierbogen (der Doppelseite) mit dem Abstand der Kettdrähte in mm beispielhaft für die Lagenmitten der Lagen 1 (a) und 2 (b).
Abb. 89:   Lagendarstellung der Hofmeisterrechnung von 1499 (10/14) mit Folio-Nummerierung.

Abb. 90: Hofmeisterrechnung von 1499 (10/14). Siebstruktur mit Verteilung der Kettdrähte auf dem Papierbogen (der Doppelseite) mit dem Abstand der Kettdrähte in mm beispielhaft für die Lagenmitten.

Abb. 91: Vormundschaftsrechnung von 1485. Siebstruktur mit Verteilung der Kettdrähte auf dem Papierbogen (der Doppelseite) mit dem Abstand der Kettdrähte in mm beispielhaft für die Lagenmitte (fol. 27/28) der Lage 2.

Abb. 92: Rentmeisterrechnung von 1486. Siebstruktur mit Verteilung der Kettdrähte auf dem Papierbogen (der Doppelseite) mit dem Abstand der Kettdrähte in mm beispielhaft für die Lagenmitten der Lagen 1 (a) und 4 (b).

Abb. 93: Lagendarstellung des Rechnungsbuches Sygmund von Schlandersberg von 1394–1396 mit Angabe der Folionummern.

Abb. 94: Rechnungsbuch Sygmund von Schlandersberg von 1394–1396. Siebstruktur mit Verteilung der Kettdrähte auf dem Papierbogen (der Doppelseite) mit dem Abstand der Kettdrähte in mm beispielhaft für die Lagenmitte.

Abb. 95: Lagendarstellung Kasten Kod 2 1398–1399 (3) (v. Ottenthal „a") mit Angabe der Folionummern.

Abb. 96: Rechnungsbuch Kaspar von Schlandersberg von 1398–1399. Siebstruktur mit Verteilung der Kettdrähte auf dem Papierbogen (der Doppelseite) mit dem Abstand der Kettdrähte in mm beispielhaft für die Lagenmitte.

Abb. 97: Lagendarstellung des Rechnungsbuches 1399–1401 (von Ottenthal „b").

Abb. 98: Rechnungsbuch Kaspar von Schlandersberg von 1399–1401. Siebstruktur mit Verteilung der Kettdrähte auf dem Papierbogen (der Doppelseite) mit dem Abstand der Kettdrähte in mm beispielhaft für die Lagenmitte.

Abb. 99: Rechnungsbuch Kaspar von Schlandersberg von 1400–1402. Siebstruktur mit Verteilung der Kettdrähte auf dem Papierbogen (der Doppelseite) mit dem Abstand der Kettdrähte in mm beispielhaft für die Lagenmitte.

Abb. 100: Kellnerrechung von 1402. Siebstruktur mit Verteilung der Kettdrähte auf dem Papierbogen (der Doppelseite) mit dem Abstand der Kettdrähte in mm beispielhaft für die Lagenmitte.

Abbildungen der Wasserzeichen – Mühlhausen

Abb. 101: 1407, Wasserzeichen Mond, frei mit Beizeichen Stern auf einkonturiger Stange, Sichel konvex.

Abb. 102: 1407, Wasserzeichen Glocke, frei ohne Beizeichen, Glockenkörper ohne Schulter, Glockenmund einkonturig, ohne Joch, mit Klöppel.

Abb. 103: 1409/10 Wasserzeichen Lilie, frei mit Beizeichen einkonturiger Stern.

Abb. 104: 1409/10, Geometrische Figur mit 3 Elementen, Stern – Kreis – Stern.

Abb. 105: 1409/10, Wasserzeichen Ochsenkopf, frei mit Oberzeichen einkonturige Stange und Blume mit sechs Blütenblättern ohne weiteres Beizeichen, mit Augen, rundem Kinn.

Abb. 106: 1417–19, Wasserzeichen Ochsenkopf, frei mit Oberzeichen einkonturige Stange und Blume mit sechs Blütenblättern ohne weiteres Beizeichen, mit Augen, rundem Kinn.

Abb. 107: 1417–19, Wasserzeichen Ochsenkopf, frei mit Oberzeichen zweikonturige Stange und Kreuz ohne weiteres Beizeichen, Kreuzbalken mit Einkerbungen, mit Augen, rundem Kinn.

Abb. 108: 1451/52, Wasserzeichen Ochsenkopf mit Augen, frei mit Oberzeichen Blume mit sieben Blütenblättern, mit zweikonturiger Stange.

Abb. 109: 1451/52, Wasserzeichen Ochsenkopf, frei mit Oberzeichen sechsstrahliger einkonturiger Stern, mit einkonturiger Stage, mit Augen- und Nasenlöchern, ohne Kreis auf der Stirn.

IX. Verzeichnis der Abbildungen   435

Abb. 110:   1451/52, Wasserzeichen Ochsenkopf, frei mit Oberzeichen sechsstrahliger einkonturiger Stern, mit einkonturiger Stange, mit Augen- und Nasenlöchern, ohne Kreis auf der Stirn.
Abb. 111:   1451/52, Wasserzeichen Ochsenkopf, frei mit Oberzeichen sechsstrahliger einkonturiger Stern, mit einkonturiger Stange, mit Augen- und Nasenlöchern, mit Kreis auf der Stirn.
Abb. 112:   1456, Wasserzeichen Ochsenkopf, inkomplett.
Abb. 113:   1456, Teilwasserzeichen Waage mit Aufhängung an einer Öse.
Abb. 114:   1456, Wasserzeichen Ochsenkopf (A, vertikal gespiegelt), frei mit Oberzeichen einkonturige Stange und einkonturigem, sechsstrahligem Stern, ohne weiteres Beizeichen, mit Augen und Nasenlöchern.
Abb. 115:   1456, Wasserzeichen Ochsenkopf (B, vertikalgespiegelt) frei mit Oberzeichen einkonturige Stange und einkonturigem, sechsstrahligem Stern, ohne weiteres Beizeichen, mit Augen und Nasenlöchern.
Abb. 116:   1456, Wasserzeichen Ochsenkopf (C, vertikal gespiegelt) frei mit Oberzeichen mit einkonturiger Stange und einkonturigem, sechsstrahligem Stern, ohne weiteres Beizeichen, mit Augen und Nasenlöchern.
Abb. 117:   1456, Wasserzeichen Ochsenkopf (D, vertikal gespiegelt) frei mit Oberzeichen mit einkonturiger Stange und einkonturigem, sechsstrahligem Stern, ohne weiteres Beizeichen, mit Augen und Nasenlöchern.
Abb. 118:   1460, Wasserzeichen Dreiberg, frei mit Beizeichen zweikonturige Stange mit einfachem lateinischen Kreuz, ohne weiteres Beizeichen, Kreuzbalken gerundet.
Abb. 119:   1460/61, Wasserzeichen Dreiberg, frei mit Beizeichen zweikonturige Stange mit einfachem lateinischem Kreuz mit gerundeten Kreuzbalken.
Abb. 120:   1460/61, Wasserzeichen Ochsenkopf, mit Augen innen und Nasenlöchern, mit einkonturiger Stange und zweikonturigem Tau, ohne Kreis auf der Stirn.
Abb. 121:   1483–86, Wasserzeichen Dreiberg, frei mit Beizeichen zweikonturige Stange mit einfachem lateinischen Kreuz, Kreuzbalken mit Einkerbungen.
Abb. 122:   Copialbuch 1454. Wasserzeichen Ochsenkopf, frei mit Oberzeichen, mit einkonturiger Stange und einkonturigem sechsstrahligen Stern, ohne weiteres Beizeichen, mit freien Augen und glatter Kontur der Stirn.
Abb. 123:   Copialbuch 1454. Wasserzeichen Traube ohne Beizeichen, Stiel zweikonturig mit Ranke, Ranke nach hinten geführt.
Abb. 124:   Copialbuch 1454. Wasserzeichen Krone ohne Bügel, frei mit Beizeichen Kleeblatt.
Abb. 125:   Copialbuch 1460. Wasserzeichen Heraldischer Adler, frei mit Herzschild, einköpfig, bekrönt, mit Fisch.
Abb. 126:   Copialbuch 1460. Wasserzeichen Dreiberg, frei mit Beizeichen zweikonturige Stange mit einfachem lateinischen Kreuz, ohne weiteres Beizeichen, Kreuzbalken mit Einkerbungen.

Abbildungen der Wasserzeichen – Oberhessen
Abb. 127:   Wasserzeichen freier Buchstabe P in seiner gotischen Form mit gespaltenem Schaftende ohne Schnörkel, ohne Querstrich, Bogenende hinter dem Schaft mit Dorn am Bogenende, mit dem Beizeichen vierblättrige Blume, Blätter rund, ohne Stempel.
Abb. 128:   Wasserzeichen Anker, (ohne Kreis, mit einkonturigen Flunken und ohne Beizeichen (Piccard VI, Abt. I, Nr. 239).
Abb. 129:   Wasserzeichen Dreiberg mit dem Beizeichen einer zweikonturigen Stange und einem einfachen lateinischen Kreuz mit gerundeten Kreuzbalken.

Abb. 130: Wasserzeichen freier Buchstabe P in seiner gotischen Form mit gespaltenem Schaftende ohne Schnörkel, mit Querstrich, Bogenende hinter dem Schaft ohne Dorn am Bogenende, mit dem Beizeichen vierblättrige Blume, Blätter rund ohne Stempel.

Abb. 131: Wasserzeichen freier Buchstabe P in seiner gotischen Form mit gespaltenem Schaftende ohne Schnörkel, ohne Querstrich, Bogenende hinter dem Schaft mit Dorn am Bogenende, ohne weiteres Beizeichen.

Abb. 132: Wasserzeichen freier Buchstabe P in seiner gotischen Form mit gespaltenem Schaftende ohne Schnörkel, ohne Querstrich, Bogenende hinter dem Schaft mit Dorn am Bogenende, ohne weiteres Beizeichen.

Abb. 133: Wasserzeichen Anker, ohne Kreis, mit einkonturigen Flunken und ohne Beizeichen.

Abb. 134: Wasserzeichen Ochsenkopf, frei, mit Augen und Nasenlöchern, mit Oberzeichen einkonturiger Stange, einkonturigem Stern, ohne weiteres Beizeichen.

Abb. 135: Wasserzeichen Dreiberg mit dem Beizeichen einer zweikonturigen Stange und einem einfachen lateinischen Kreuz mit gerundeten Kreuzbalken (Piccard CH0780-PO-152196).

Abb. 136: Wasserzeichen Reichsapfel aus der Motivgruppe Symbole/Herrschaftszeichen mit zweikonturigem griechischem Kreuz ohne weitere Beizeichen.

Abb. 137: Wasserzeichen freier Buchstabe P in seiner gotischen Form mit gespaltenem Schaftende ohne Schnörkel, mit Querstrich, Bogenende hinter dem Schaft ohne Dorn am Bogenende, mit dem Beizeichen vierblättrige Blume, Blätter rund ohne Stempel.

Abb. 138: Wasserzeichen freier Buchstabe P in seiner gotischen Form mit gespaltenem Schaftende ohne Schnörkel, Bogenende hinter dem Schaft mit Querstrich vor dem Schaft, ohne Dorn am Bogenende mit dem einzigen Beizeichen einer vierblättrigen Blume, Blätter rund ohne Stempel.

Abb. 139: Wasserzeichen Dreiberg mit dem Beizeichen einer zweikonturigen Stange und einem einfachen lateinischen Kreuz mit gerundeten Kreuzbalken (Piccard DE5205-PO-152161).

Abb. 140: Wasserzeichen freier Buchstabe P in seiner gotischen Form mit gespaltenem Schaftende ohne Schnörkel, Bogenende hinter dem Schaft ohne Querstrich vor dem Schaft, mit Dorn am Bogenende mit dem einzigen Beizeichen einer vierblättrigen Blume, Blätter rund ohne Stempel.

Abb. 141: Wasserzeichen freier Buchstabe P in seiner gotischen Form mit gespaltenem Schaftende ohne Schnörkel, Bogenende hinter dem Schaft mit Querstrich vor dem Schaft, ohne Dorn am Bogenende mit dem einzigen Beizeichen einer vierblättrigen Blume, Blätter rund ohne Stempel.

Abb. 142: Wasserzeichen Dreiberg mit dem Beizeichen einer zweikonturigen Stange und einem einfachen lateinischen Kreuz mit gerundeten Kreuzbalken.

Abb. 143: Wasserzeichen freier Buchstabe P in seiner gotischen Form mit gespaltenem Schaftende ohne Schnörkel, mit Querstrich vor dem Schaft, Bogenende hinter dem Schaft ohne Dorn am Bogenende, mit dem einzigen Beizeichen einer vierblättrigen Blume, Blätter rund ohne Stempel.

Abb. 144: Wasserzeichen Krug aus der Gruppe Realien-Gefäße mit einfachem Deckel, einkonturigem Kreuz, einzelnem, doppelkonturigem Henkel, ohne weiteres Beizeichen, Bauch mit Linien.

Abb. 145: Wasserzeichen freier Buchstabe P in seiner gotischen Form mit gespaltenem Schaftende ohne Schnörkel, ohne Querstrich vor dem Schaft, Bogenende hinter dem Schaft mit Dorn am Bogenende, mit dem einzigen Beizeichen einer vierblättrigen Blume, Blätter rund ohne Stempel.

Abb. 146: Wasserzeichen freier Buchstabe P in seiner gotischen Form mit gespaltenem Schaftende ohne Schnörkel, ohne Querstrich vor dem Schaft, Bogenende hinter dem Schaft mit Dorn am Bogenende, mit dem einzigen Beizeichen einer vierblättrigen Blume, Blätter rund ohne Stempel.

IX. Verzeichnis der Abbildungen 437

Abb. 147: Wasserzeichen freier Buchstabe P in seiner gotischen Form mit gespaltenem Schaftende ohne Schnörkel, mit Querstrich vor dem Schaft, Bogenende hinter dem Schaft ohne Dorn am Bogenende, mit dem einzigen Beizeichen einer vierblättrigen Blume, Blätter rund ohne Stempel.

Abb. 148: Wasserzeichen freier Buchstabe P in seiner gotischen Form mit gespaltenem Schaftende ohne Schnörkel, mit Querstrich vor dem Schaft, Bogenende hinter dem Schaft mit Dorn am Bogenende, mit dem einzigen Beizeichen einer vierblättrigen Blume, Blätter rund ohne Stempel.

Abb. 149: Wasserzeichen freier Buchstabe P in seiner gotischen Form mit gespaltenem Schaftende ohne Schnörkel, ohne Querstrich vor dem Schaft, Bogenende hinter dem Schaft mit Dorn am Bogenende, mit dem einzigen Beizeichen einer vierblättrigen Blume, Blätter rund ohne Stempel.

Abb. 150: Wasserzeichen freier Buchstabe P in seiner gotischen Form mit gespaltenem Schaftende ohne Schnörkel, mit Querstrich vor dem Schaft, Bogenende hinter dem Schaft mit Dorn am Bogenende, mit dem einzigen Beizeichen einer vierblättrigen Blume, Blätter rund ohne Stempel.

Abb. 151: Wasserzeichen freier Buchstabe P in seiner gotischen Form mit gespaltenem Schaftende ohne Schnörkel, mit Querstrich vor dem Schaft, Bogenende hinter dem Schaft ohne Dorn am Bogenende, mit dem einzigen Beizeichen einer vierblättrigen Blume, Blätter rund ohne Stempel.

Abb. 152: Wasserzeichen Krug mit einfachem Deckel, zweikonturigem Henkel, einem mit Doppellinien versehenem Bauch und Deckel und einkonturigem Kreuz.

Abb. 153: Wasserzeichen Hund als ganze freie Figur, ca. 45x30 mm, ohne Beizeichen, mit Halsband ohne Ring.

Abb. 154: Wasserzeichen Ochsenkopf, frei, mit Augen und Nasenlöchern, mit Oberzeichen mit einkonturiger Stange, zweikonturigem Kreuz, ohne weiteres Beizeichen, mit Antoniuskreuz/Buchstabe Tau.

Abb. 155: Wasserzeichen Ochsenkopf, frei, mit Augen und Nasenlöchern und Kreis auf der Stirn, mit Oberzeichen zweikonturigem Antoniuskreuz/Buchstabe Tau mit einkonturiger Stange, ohne weiteres Beizeichen.

Abb. 156: Wasserzeichen Drei Lilien (Schild bekrönt) – ohne weitere Belegung.

Abb. 157: Wasserzeichen freier Buchstabe P in seiner gotischen Form mit gespaltenem Schaftende ohne Schnörkel, ohne Querstrich vor dem Schaft, Bogenende hinter dem Schaft mit Dorn am Bogenende, mit dem einzigen Beizeichen einer vierblättrigen Blume, Blätter rund ohne Stempel.

Abb. 158: Wasserzeichen freier Buchstabe P in seiner gotischen Form mit gespaltenem Schaftende ohne Schnörkel, ohne Querstrich vor dem Schaft, Bogenende hinter dem Schaft mit Dorn am Bogenende, mit dem einzigen Beizeichen einer vierblättrigen Blume, Blätter rund ohne Stempel.

Abb. 159: Wasserzeichen Krug mit einfachem Deckel mit einkonturigem Kreuz, ohne weiteres Beizeichen, mit einem zweikonturigem Henkel und Bauch mit Linien.

Abb. 160: Wasserzeichen Dreiberg, frei, mit Beizeichen zweikonturige Stange, einfachem lateinischem Kreuz und zweikonturigem Stern als Beizeichen über dem Kreuz.

Abb. 161: Wasserzeichen Ochsenkopf mit innenliegenden Augen und Nasenlöchern, mit Kreis auf der Stirn, mit einkonturiger Stange und zweikonturigem Beizeichen Tau.

Abb. 162: Wasserzeichen Herz mit Beizeichen Krone.

Abb. 163: Ochsenkopf mit innenliegenden Augen und Nasenlöchern, mit Kreis auf der Stirn, mit einkonturiger Stange und zweikonturigem Beizeichen Tau.

Abb. 164: Ochsenkopf mit innenliegenden Augen und Nasenlöchern, ohne Kreis auf der Stirn, mit einkonturiger Stange und zweikonturigem Beizeichen Tau.

Abb. 165: Wasserzeichen Drei Lilien (Schild bekrönt) – ohne weitere Belegung.

Abb. 166: Wasserzeichen freier Buchstabe P in seiner gotischen Form mit gespaltenem Schaftende ohne Schnörkel, mit Querstrich vor dem Schaft, Bogenende hinter dem Schaft ohne Dorn am Bogenende, mit dem einzigen Beizeichen einer vierblättrigen Blume, Blätter rund ohne Stempel.

Abb. 167: Wasserzeichen Krug mit einfachem Deckel mit einkonturigem Kreuz, ohne weiteres Beizeichen, mit einem zweikonturigen Henkel und Bauch mit Linien.
Abb. 168: Wasserzeichen Krug mit einfachem Deckel mit einkonturigem Kreuz, ohne weiteres Beizeichen, mit einem zweikonturigem Henkel und Bauch mit Linien.
Abb. 169: Wasserzeichen freier Buchstabe P in seiner gotischen Form mit gespaltenem Schaftende ohne Schnörkel, mit Querstrich, Bogenende hinter dem Schaft ohne Dorn am Bogenende, mit dem Beizeichen vierblättrige Blume ohne Stempel.
Abb. 170: Wasserzeichen freier Buchstabe P in seiner gotischen Form mit gespaltenem Schaftende ohne Schnörkel, mit Querstrich vor dem Schaft, Bogenende hinter dem Schaft ohne Dorn am Bogenende, mit dem einzigen Beizeichen einer vierblättrigen Blume, Blätter rund ohne Stempel.
Abb. 171: Wasserzeichen Drei Lilien, Schild bekrönt.
Abb. 172: Wasserzeichen Krug mit einfachem Deckel, zweikonturigem Henkel, einem mit Doppellinien versehenem Bauch und Deckel und einkonturigem Kreuz.
Abb. 173: Wasserzeichen Kelch, frei, mit Deckel, mit zweikonturigem Vierblatt.
Abb. 174: Wasserzeichen freier Buchstabe P in seiner gotischen Form mit gespaltenem Schaftende ohne Schnörkel, mit Querstrich, Bogenende hinter dem Schaft mit Dorn am Bogenende, mit dem Beizeichen vierblättrige Blume, Blätter rund ohne Stempel
Abb. 175: Wasserzeichen freier Buchstabe P in seiner gotischen Form mit gespaltenem Schaftende ohne Schnörkel, ohne Querstrich, Bogenende hinter dem Schaft mit Dorn am Bogenende, mit dem Beizeichen vierblättrige Blume, Blätter rund ohne Stempel.
Abb. 176: Wasserzeichen freier Buchstabe P in seiner gotischen Form mit gespaltenem Schaftende ohne Schnörkel, ohne Querstrich, Bogenende hinter dem Schaft ohne Dorn am Bogenende, mit dem Beizeichen eines griechischen Kreuzes.

Abbildungen der Wasserzeichen – Schlandersberg

Abb. 177: Wasserzeichen Löwe, ganze Figur, frei ohne Beizeichen, aufrecht stehend, ohne Schultermähne.
Abb. 178: Wasserzeichen Glocke, frei, ohne Beizeichen, Glockenkörper ohne Schulter, Glockenmund einkonturig, ohne Joch, mit Klöppel.
Abb. 179: Wasserzeichen Halbmond, mit Oberzeichen einkonturiger Stange, einkonturigem Stern, ohne weiteres Beizeichen.
Abb. 180: Wasserzeichen Ochsenkopf, frei, mit Oberzeichen einkonturiger Stange und einkonturigem sechsstrahligem Stern mit geraden Enden, Sparrenfuß, mit Augen.
Abb. 181: Wasserzeichen Glocke, frei, ohne Beizeichen, Glockenkörper ohne Schulter, Glockenmund einkonturig, ohne Joch, mit Klöppel.
Abb. 182: Wasserzeichen Glocke, frei, ohne Beizeichen, Glockenkörper mit Schulter, Glockenmund einkonturig, ohne Joch, mit Klöppel drei Glockenhenkel.
Abb. 183: Wasserzeichen Glocke, frei, ohne Beizeichen, Glockenkörper ohne Schulter, Glockenmund einkonturig, ohne Joch, mit Klöppel.
Abb. 184: Wasserzeichen Ochsenkopf frei mit einkonturiger Stange und Oberzeichen Kreis.
Abb. 185: Wasserzeichen Skorpion, frei mit Beizeichen Stange und Stern.
Abb. 186: Wasserzeichen Ente.
Abb. 187: Wasserzeichen Glocke, frei mit Beizeichen eingeschriebenem Kreis, Glockenkörper ohne Schulter, Glockenmund einkonturig.
Abb. 188: Wasserzeichen Anthropomorphe Figur: Mohrenkopf, gekrönt, mit Krone und Stirnband, mit Blume ohne weiteres Beizeichen.

X. Anhang

1. Mühlhausen in Thüringen

1.1. Lagenanalysen und Wasserzeichen

1.1.1. Kämmereiregister von Mühlhausen von 1407 (2000/2)

Lage	fol. #	Motiv	recto	| | mm	BxH mm	mm v.u.	mm v.l.	Ausrichtung
1	2	Mond m. Stern	s	43	30x77	120	50	↑
	3	Mond m. Stern	f	43	30x77	140	50	↓
	6	Mond m. Stern	s	40	30x77	110	45	↓
	9	Mond m. Stern	f	43	30x77	140	46	↑
	12	Mond m. Stern	s	40	30x77	124	36	↑
2	14	Glocke	s	40	29x66	122	62	↓
	18	Glocke	s	39	29x66	123	68	↑
	21	Glocke	f	40	29x66	120	67	↓
	24	Glocke	f	40	29x66	125	61	↓
	25	Glocke	f	42	29x66	124	63	↓
	27	Glocke	f	42	29x66	122	58	↓

Tabelle 15 | Wasserzeichen im Kämmereiregister von Mühlhausen von 1407 mit ihrer Ausrichtung und Position bei Betrachtung der recto-Seite von vorne vom unteren Blattrand (v.u.) und vom Bindefalz (v.l.) in mm. Unter recto ist die Papierorientierung mit s=Siebseite, f=Filzseite angegeben. Die Verteilung der Kettdrähte auf dem Papierbogen (der Doppelseite) ist am Beispiel der Lagenmitte unter der Tabelle mit dem Abstand der Kettdrähte in mm dargestellt.

22	40	41	40	40	39	37	40	41	40	41	26

a) Abstand der Kettdrähte in mm von fol. 7/8 der Lage 1.

41	39	39	40	40	19	22	40	40	40	40	38

b) Abstand der Kettdrähte in mm von fol. 20/21 der Lage 2.

Abb. 57 | Kämmereiregister von Mühlhausen von 1407. Siebstruktur mit Verteilung der Kettdrähte auf dem Papierbogen (der Doppelseite) mit dem Abstand der Kettdrähte in mm beispielhaft für die Lagenmitten der Lagen 1 (a) und 2 (b). Die Wasserzeichen befinden sich in den markierten Feldern.

1.1.2. Kämmereiregister von Mühlhausen von 1409 (2000/3)

Die Lagen entsprechen der Chroust'schen Lagenformel VII[14] + VIII[30].

Lage	fol. #	Motiv	recto	| | mm	BxH mm	mm v.u.	mm v.l.	Ausrichtung
1	1	Lilie	s	43	40x57	120	72	↑
	2	Lilie	s	43	40x57	180	60	↑
	4	Lilie	s	43	40x57	124	75	↑
	6	Lilie	f	40	40x57	126	80	↓
	8	Lilie	s	43	40x57	117	74	↑
	10	Lilie	f	43	40x57	125	81	↓
	12	Lilie	s	43	40x57	128	80	↓
2	16	Kreis/Sterne	s	38	100x20	96	71	↑
	17	Kreis/Sterne	s	38	100x20	96	76	↑
	20	Kreis/Sterne	s	37	100x20	90	65	↑
	23	Kreis/Sterne	f	40	100x20	103	72	↑
	29a	Ochsenkopf	s	41	35x85			↑

Tabelle 16 | Wasserzeichen im Kämmereiregister von Mühlhausen von 1409 mit ihrer Ausrichtung und Position bei Betrachtung der recto-Seite von vorne vom unteren Blattrand (v.u.) und vom Bindefalz (v.l.) in mm. Unter recto ist die Papierorientierung mit s=Siebseite, f=Filzseite angegeben. Die Verteilung der Kettdrähte auf dem Papierbogen (der Doppelseite) ist am Beispiel der Lagenmitte unter der Tabelle mit dem Abstand der Kettdrähte in mm dargestellt.

15	43	43	42	41	38	4	39	40	44	43	40	14

a) Abstand der Kettdrähte in mm von fol. 7/8 der Lage 1.

41	41	38	40	40	19	22	40	40	40	39	38

b) Abstand der Kettdrähte in mm von fol. 22/23 der Lage 2.

Abb. 58 | Kämmereiregister von Mühlhausen von 1409. Siebstruktur mit Verteilung der Kettdrähte auf dem Papierbogen (der Doppelseite) mit dem Abstand der Kettdrähte in mm beispielhaft für die Lagenmitten der Lagen 1 (a) und 2 (b). Die Wasserzeichen befinden sich in den markierten Feldern. Jeweils ein Feld wird vom Falz durchlaufen.

1.1.3. Kämmereiregister von Mühlhausen von 1417–1419 (2000/4)

34	41	42	41	41	20	21	41	41	41	41	39

a) Abstand der Kettdrähte in mm von fol. 7/8 der Lage 1 (Lagenmitte nicht verwendbar).

35	41	41	42	41	21	19	41	42	40	41	35

b) Abstand der Kettdrähte in mm in der Lagenmitte (fol. 88/89) der Lage 2.

37	40	40	42	41	20	21	40	42	42	40	34

c) Abstand der Kettdrähte in mm in der Lagenmitte (fol. 129/130) der Lage 3.

Abb. 59 | Kämmereiregister von Mühlhausen von 1417–1419. Siebstruktur mit Verteilung der Kettdrähte auf dem Papierbogen (der Doppelseite) mit dem Abstand der Kettdrähte in mm Lagen 1 (a), 2 (b) und 3 (c). Die Wasserzeichen befinden sich in den markierten Feldern. Jeweils ein Feld wird vom Falz durchlaufen.

1.1.4. Kämmereiregister von Mühlhausen von 1451–1453 (2000/8)

5	17	38	40	38	37	36	39	40	37	37	38	20

a) Abstand der Kettdrähte in mm von fol. 45/46 der Lage 1.

9	16	35	36	36	37	35	36	37	36	37	37	16	5

b) Abstand der Kettdrähte in mm von fol. 113/114 der Lage 2.

Abb. 60 | Kämmereiregister von Mühlhausen von 1451–1453. Siebstruktur mit Verteilung der Kettdrähte auf dem Papierbogen (der Doppelseite) mit dem Abstand der Kettdrähte in mm der Lagenmitte der Lagen 1 (a) und 2 (b). Die Wasserzeichen befinden sich in den markierten Feldern.

1.1.5. Kämmereiregister von Mühlhausen von 1456 (2000/9)

Die Lagendarstellung des Kämmereiregisters ist im Text des Kapitels III.6. integriert.

Lage	fol. #	Motiv	recto	| | mm	BxH mm	mm v.u.	mm v.l.	Ausrichtung	Typ
1	1	Ochsenkopf	s	43	27x50	135	50	↑	A
	3	Ochsenkopf	f	43	27x50	120	59	↓	A
	8	Ochsenkopf	s	n.a.	30x56	na	na	↓	S
	10	Teilm. Waage	s	43	28x7	bündig	klebung	quer	
	11	Ochsenkopf	s	43	27x50	120	55	↓	A
	17	Ochsenkopf	f	44	27x50	120	55	↓	A
	21	Ochsenkopf	f		teil			↑	A
	22	Ochsenkopf	f	44	27x50	120	57	↓	A
	23	Ochsenkopf	f	43	27x50	120	60	↓	A
	24	Ochsenkopf	f	44	27x50	120	60	↓	A
	30	Ochsenkopf	f	44	27x50	120	55	↓	A
	33	Ochsenkopf	s	47	30x50	115	48	↓	B
	34	Ochsenkopf	s	47	30x50	110	48	↓	C
	36	Ochsenkopf	s	47	30x50	111	46	↓	B
	37	Ochsenkopf	s	47	30x50	110	38	↓	B
	38	Ochsenkopf	s	47	30x50	110	48	↓	C
	39	Ochsenkopf	s	47	30x50	110	48	↓	C
	40	Ochsenkopf	s	47	30x50	112	46	↓	C
	44	Ochsenkopf	s	47	30x50	112	44	↓	D
	46	Ochsenkopf	s	47	30x50	112	42	↓	D
	o. Nr	Ochsenkopf	s	47	30x50	112	43	↓	D
	48	Ochsenkopf	s	44	27x50	130	46	↑	A

Tabelle 17 | Wasserzeichen im Kämmereiregister von Mühlhausen von 1456 mit ihrer Ausrichtung und Position bei Betrachtung der recto-Seite von vorne vom unteren Blattrand (v.u.) und vom Bindefalz (v.l.) in mm. Unter recto ist die Papierorientierung mit s=Siebseite, f=Filzseite angegeben. Die Verteilung der Kettdrähte auf dem Papierbogen (der Doppelseite) ist am Beispiel der Lagenmitte unter der Tabelle mit dem Abstand der Kettdrähte in mm dargestellt. Die verschiedenen Typen des Ochsenkopfes sind bei den Abbildungen der Wasserzeichen Mühlhausen aufgeführt.

| 32 | 44 | 46 | 45 | 43 | 3 | 41 | 47 | 42 | 44 | 20 | 16 |

Abb. 61 | Kämmereiregister von Mühlhausen von 1456. Siebstruktur mit Verteilung der Kettdrähte auf dem Papierbogen (der Doppelseite) mit dem Abstand der Kettdrähte in mm in der Lagenmitte (fol. 32/33). Das Wasserzeichen befindet sich in dem markierten Feld.

1.1.6. Kämmereiregister von Mühlhausen von 1460 (2000/10)

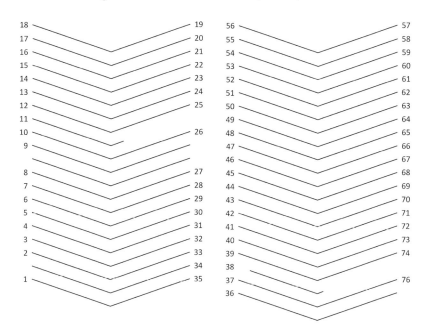

Abb. 62 | Darstellung der Lagen 1 (links) und 2 (rechts) des Kämmereiregisters der Stadt Mühlhausen von 1460 mit Folio-Nummerierung (fol. 38 ist ein eingefügter Zettel, dem auf der Gegenseite fol. 75 fehlt).

| 30 | 38 | 40 | 40 | 38 | 37 | 40 | 39 | 37 | 40 | 39 | 24 |

Abb. 63 | Kämmereiregister von Mühlhausen von 1460. Siebstruktur mit Verteilung der Kettdrähte auf dem Papierbogen (der Doppelseite) mit dem Abstand der Kettdrähte in mm der Lagenmitte (fol. 18/19) von Lage 1. Das Wasserzeichen befindet sich in dem markierten Feld.

Lage	fol. #	Motiv	recto	| | mm	BxH mm	mm v.u.	mm v.l.	Ausrichtung
1	1	Dreiberg	f	36	27x76	110	86	↓
	o. Nr.	Dreiberg	f	36	27x76	110	86	↓
	2	Dreiberg	f	36	27x76	125	82	↑
	3	Dreiberg	f	36	27x76	123	86	↑
	4	Dreiberg	s	36	27x76	123	83	↑
	6	Dreiberg	s	36	27x76	115	83	↓
	7	Dreiberg	f	35	27x76	123	80	↑
	o. Nr.	Dreiberg	s	36	27x76	125	80	↑
	9	Dreiberg	s	37	27x76	112	85	↓
	10	Dreiberg	f	37	27x76	112	82	↓
	12	Dreiberg	f	37	27x76	112	81	↓
	13	Dreiberg	f	37	27x76	112	81	↓
	14	Dreiberg	s	37	27x76	112	81	↑
	19	Dreiberg	f	37	27x76	125	81	↑
	20	Dreiberg	f	37	27x76	125	81	↑
	21	Dreiberg	f	37	27x76	125	79	↑
	22	Dreiberg	f	37	27x76	125	80	↑
	27	Dreiberg	s	37	27x76	125	83	↑
	30	Dreiberg	s	37	27x76	125	83	↑
2	40	Dreiberg	s	37	27x76	116	83	↓
	41	Dreiberg	s	37	27x76	116	83	↓
	43	Dreiberg	s	37	27x76	125	83	↑
	44	Dreiberg	s	37	27x76	125	83	↑
	45	Dreiberg	s	37	27x76	125	83	↑
	46	Dreiberg	s	38	27x76	116	80	↓
	49	Dreiberg	s	37	27x76	125	81	↑
	53	Dreiberg	s	38	27x76	115	81	↓
	54	Dreiberg	f	38	27x76	115	82	↑
	55	Dreiberg	f	38	27x76	115	81	↓
	57	Dreiberg	s	37	27x76	115	80	↓
	61	Dreiberg	s	37	27x76	115	80	↓
	62	Dreiberg	s	37	27x76	115	80	↓
	63	Dreiberg	s	37	27x76	117	80	↓

	65	Dreiberg	s	37	27x76	124	80	↑
	66	Dreiberg	f	37	27x76	114	80	↓
	71	Dreiberg	s	37	27x76	125	78	↑
	74	Dreiberg	f	37	27x76	124	78	↑
	76	Dreiberg	s	37	27x76	124	78	↑
	o. Nr.	Dreiberg	s	37	27x76	124	78	↑

Tabelle 18 | Wasserzeichen im Kämmereiregister von Mühlhausen von 1460 mit ihrer Ausrichtung und Position bei Betrachtung der recto-Seite von vorne vom unteren Blattrand (v.u.) und vom Bindefalz (v.l.) in mm. Unter recto ist die Papierorientierung mit s=Siebseite, f=Filzseite angegeben. Die Verteilung der Kettdrähte auf dem Papierbogen (der Doppelseite) ist am Beispiel der 1. Lagenmitte unter der Tabelle mit dem Abstand der Kettdrähte in mm dargestellt.

1.1.7. Kämmereiregister von Mühlhausen von 1460/61 (2000/11)

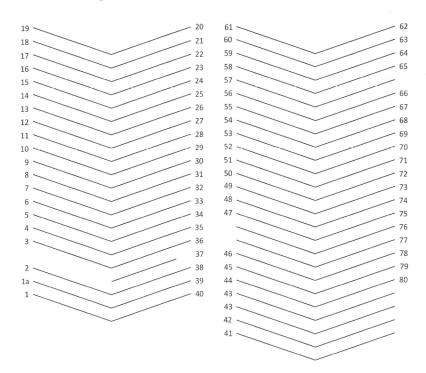

Abb. 64 | Darstellung der Lagen 1 (links) und 2 (rechts) des Kämmereiregisters der Stadt Mühlhausen von 1460/61 mit Folio-Nummerierung (fol. 37 ist ein eingefügter Zettel).

Lage	fol. #	Motiv	recto	| | mm	BxH mm	mm v.u.	mm v.l.	Ausrichtung
1	1	Dreiberg	s	35	28x125	95	50	↑
	1a	Ochsenkopf	s	33	30x60	142	70	↑
	2	Ochsenkopf	s	33	30x60	129	83	↓
	3	Ochsenkopf	f	33	30x60	140	70	↑
	6	Ochsenkopf	s	33	30x60	142	68	↑
	8	Ochsenkopf	s	33	30x60	140	70	↓
	9	Ochsenkopf	f	33	30x60	140	70	↑
	11	Ochsenkopf	f	33	30x60	142	67	↑
	13	Ochsenkopf	f	33	30x60	130	67	↓
	14	Ochsenkopf	s	33	30x60	141	69	↑
	16	Ochsenkopf	s	33	30x60	140	68	↑
	17	Ochsenkopf	s	33	30x60	131	72	↓
	18	Ochsenkopf	s	33	30x60	131	71	↓
	19	Ochsenkopf	s	33	30x60	142	68	↑
	24	Ochsenkopf	s	33	30x60	118	74	↓
	27	Ochsenkopf	s	33	30x60	130	77	↑
	29	Ochsenkopf	s	33	30x60	118	66	↓
	32	Ochsenkopf	f	33	30x60	129	65	↑
	34	Ochsenkopf	s	33	30x60	120	63	↓
	35	Ochsenkopf	f	33	30x60	130	65	↑
2	41	Dreiberg	f	33	28x132	80	50	↓
	42	Dreiberg	s	33	28x132	95	46	↑
	43	Dreiberg	s	33	28x132	95	47	↑
	44	Dreiberg	f	34	28x132	98	50	↑
	45	Dreiberg	s	34	28x132	98	50	↑
	46	Dreiberg	s	34	28x132	96	50	↑
	o.Nr.	Dreiberg	s	33	28x132	106	55	↑
	o.Nr.	Dreiberg	s	33	28x132	96	55	↑
	47	Dreiberg	s	34	28x132	95	34	↓
	49	Dreiberg	s	33	28x132	105	53	↑
	50	Dreiberg	s	33	28x132	108	56	↑
	51	Dreiberg	s	34	28x132	105	56	↑
	54	Dreiberg	s	35	28x132	95	53	↓

57	Dreiberg	s	35	28x132	95	53	↓
59	Dreiberg	s	35	28x132	95	53	↓
61	Dreiberg	s	35	28x132	106	54	↑
63	Dreiberg	f	34	28x132	98	50	↑
65	Dreiberg	f	35	28x132	98	50	↓
66	Dreiberg	f	35	28x132	80	54	↓
67	Dreiberg	f	35	28x132	96	48	↑
69	Dreiberg	f	35	28x132	106	50	↑
70	Dreiberg	f	35	28x132	96	44	↑
74	Dreiberg	s	35	28x132	95	50	↑

Tabelle 19 | Wasserzeichen im Kämmereiregister von Mühlhausen von 1460/61 mit ihrer Ausrichtung und Position bei Betrachtung der recto-Seite von vorne vom unteren Blattrand (v.u.) und vom Bindefalz (v.l.) in mm. Unter recto ist die Papierorientierung mit s=Siebseite, f=Filzseite angegeben. Die Verteilung der Kettdrähte auf dem Papierbogen (der Doppelseite) ist am Beispiel der 1. Lagenmitte unter der Tabelle mit dem Abstand der Kettdrähte in mm dargestellt.

11	16	32	32	35	32	32	32	32	32	33	32	34	30	15	14

a) Abstand der Kettdrähte in mm von fol. 19/20 der Lage 1.

25	35	35	35	34	33	20	15	34	37	34	35	35	28

b) Abstand der Kettdrähte in mm von fol. 61/62 der Lage 2. Das mittlere Feld wird vom Bindefalz durchlaufen.

Abb. 65 | Kämmereiregister von Mühlhausen von 1460–1461. Siebstruktur mit Verteilung der Kettdrähte auf dem Papierbogen (der Doppelseite) mit dem Abstand der Kettdrähte in mm der Lagenmitte der Lagen 1 (a) und 2 (b). Die Wasserzeichen befinden sich in den markierten Feldern.

1.1.8. Kämmereiregister von Mühlhausen von 1486 (2000/16)

Das Kämmereiregister von 1486 stellt die 6. Lage der zusammengebundenen Register von 1483 bis 1486 dar, die aus 17 regulären Blättern der Folionummern 159 bis 192 besteht.

15	35	36	32	34	35	34	32	35	35	33	34	30	23

Abb. 66 | Kämmereiregister von Mühlhausen von 1486. Siebstruktur mit Verteilung der Kettdrähte auf dem Papierbogen (der Doppelseite) mit dem Abstand der Kettdrähte in mm von fol. 175/176 (Lage 6). Das Wasserzeichen befindet sich in dem markierten Feld.

Lage	fol. #	Motiv	recto	| | mm	BxH mm	mm v.u.	mm v.l.	Ausrichtung
6	160	Dreiberg	f	35	33x140	80	60	↓
	162	Dreiberg	f	35	33x140	80	66	↓
	164	Dreiberg	s	35	33x140	86	66	↓
	165	Dreiberg	s	35	33x140	112	62	↑
	167	Dreiberg	s	35	33x140	88	66	↓
	172	Dreiberg	s	35	33x140	88	66	↓
	176	Dreiberg	f	35	33x140	80	64	↓
	177	Dreiberg	f	35	33x140	80	66	↓
	180	Dreiberg	s	35	33x140	89	69	↓
	181	Dreiberg	s	35	33x140	87	69	↓
	182	Dreiberg	s	35	33x140	111	64	↑
	183	Dreiberg	f	35	33x140	105	63	↑
	185	Dreiberg	f	35	33x140	80	65	↓
	188	Dreiberg	f	35	33x140	80	63	↓
	190	Dreiberg	s	35	33x140	87	61	↓

Tabelle 20 | Wasserzeichen im Kämmereiregister von Mühlhausen von 1486 mit ihrer Ausrichtung und Position bei Betrachtung der recto-Seite von vorne vom unteren Blattrand (v.u.) und vom Bindefalz (v.l.) in mm. Unter recto ist die Papierorientierung mit s=Siebseite, f=Filzseite angegeben. Die Verteilung der Kettdrähte auf dem Papierbogen (der Doppelseite) ist am Beispiel der 1. Lagenmitte über der Tabelle mit dem Abstand der Kettdrähte in mm dargestellt.

1.1.9. Notulbuch der Stadt Mühlhausen von 1450–1500

Das aus 194 regulären Papierblättern bestehende Notulbuch wurde in neuzeitliche, mit rotem Gewebe (vermutlich Leinen) bezogene Aktendeckel eingebunden, die deutliche Gebrauchsspuren aufweisen und auf der Vorderseite ein Etikett mit der Aufschrift Abt.: X Fach 1. Nr. 7. tragen. Das Papierformat beträgt ca. 306x202 mm. Der Abstand der Bindedrähte ist mit 25 mm bemerkenswert gering. Das Titelblatt des Notulbuches trägt den Text: „*Notulbuch angefangen ANNO DNI 1450 Consulibus Friedrichs Northausen Berlt Falcke*".[1307] Beide Herren werden auch im Copialbuch von 1454 und im Kämmereiregister von 1456 genannt, wobei die Schreibweise kleine Variationen (Nort- anstelle von Nordhausen, Falcke anstelle von Falke) aufweist. Im Copialbuch Mühlhausens von 1460 werden mit Johann de Urbach und Henrico Lengefelt andere Funktionsträger genannt.[1308] Das Titelblatt ist links unten mit einer in Bleistift ausgeführten Folio-Nummerierung (1) in arabischen Zeichen versehen, die sich auf den recto-Seiten durch das Notulbuch weiter fortsetzt. Ab fol. 2 nach dieser Zählung kommt rechts oben eine weitere, wahrscheinlich ältere in Tinte

---

1307 StadtA Mühlhausen, Notulbuch 1450–1500, 10-X 1-8, Nr. 7.
1308 StadtA Mühlhausen, Copialbuch 1454–1459, 10-W 1-8, Nr. 7.

ausgeführte Folio-Nummerierung vor, die dort mit 1 beginnt, eingeschobene Blätter aber konsequent auslässt. Deutlich wird dies bei fol. 16 nach der ausführlichen Zählweise, wo 3 sichtbare Papierstege mit 17–19 nummeriert werden, worauf fol. 20 folgt (mit Nr. 14 oben).

Am Ende des Buches wurde eine Lage von 12 Doppelblatt Papiers anderer Art eingebunden, das sich durch seine Färbung vom Rest des Buches unterscheidet. Diese Seiten sind nicht beschrieben. Der letzte Eintrag findet sich auf fol. 398v. Diese Seite ist nach der Zählung rechts oben mit Nr. 357 gekennzeichnet. Der Unterschied ergibt sich aus eingefügten oder unvollständigen Seiten. Das gesamte Buch umfasst 50 Jahre, was durchschnittlich rund 8 Seiten pro Jahr ergibt. Die Jahreswechsel erfolgen jedoch nach sehr unterschiedlichen Seitenzahlen. Nach dem Beginn zu Martini 1450 gibt es auf fol. 5v. eine Notiz am oberen Rand zum Beginn von 1451, ohne dass hier wie bei den späteren Wechseln die beiden Proconsules aufgeführt werden. Es ist anzunehmen, dass Nordhausen und Falke das Buch bis zur Übergabe an ihre Nachfolger zu Martini 1452 geführt haben. Beide werden 1454 wieder als Proconsules aufgeführt. Im Untersuchungsjahr des Kämmereiregisters 1456 werden von Martini 1455 an E. de Kulstete und A. Engelbrecht und ab Martini 1456 Herman Lengefelt und Theodericus Urbeche als Proconsules genannt.[1309] H. Lengefelt wird auch in den Steuerlisten des Kämmereiregisters genannt.[1310] Theodericus Urbeche wurde bereits 1453 als Proconsul aufgeführt.[1311] Er gehört einer bekannten Mühlhäuser Familie an.[1312] Gemeinsam mit Lengefelt war er in den Jahren 1442/43 Kämmerer der Stadt. Eine solche Rotation bei der Besetzung der städtischen Ämter war nicht ungewöhnlich und z.B. auch für Lüneburg beschrieben.[1313]

1.1.10. Copialbuch von Mühlhausen i. Th. von 1454–1459

Das Copialbuch der Stadt Mühlhausen in Thüringen von 1454 wurde bis 1458 geführt.[1314] Dieses Buch besteht aus 194 gebundenen Papierblättern im Format von ca. 302x225 mm, von denen das vordere und hintere Deckblatt in einen neuzeitlichen grünen Ledereinband mit Bänderverschluss eingeleimt sind. Die Gesamtstärke beträgt ca. 50 mm. Das Papier ist von relativ grober Struktur mit 7 Siebstegen/cm und einem Abstand der Kettlinien von meist ca. 44 mm (37–47 mm). Die Papierdicke beträgt 0,192± 0,007 mm. Das Buch besteht aus fünf Lagen (fol. 1–41, fol. 42–86, fol. 87–133, fol. 134–181, fol. 182–194). Beispiele für Wasserzeichen (s. Anhang Wasserzeichen) sind Ochsenkopf (fol. 2, über 2 Kettlinien), Traube (fol. 5), Krone (fol. 168), Traube (fol. 191) (Abb. 122–124 im Anhang), Heraldischer Adler (o. fol., über 4 Kettlinien). Auf dem vorderen Deckblatt ist als Wasserzeichen ein Ochsenkopf mit Augen und einkonturiger hoher Stange mit Stern erkennbar. Das Titelblatt trägt als Text: „*COPIAL Angefangen Martini ANNO REDEMPTIONIS 1454 Coss: Dn. Friderico de Nordhausen Dn. Bertholdo Falcken*".[1315] Beide Herren wurden im Kämmereiregister von 1456 als Kämmerer genannt, wobei die Schreibweise kleine Unterschiede (Nord- anstelle von Northausen, Falken anstelle von Falcken) aufweist. Das Titelblatt zeigt keine Folio-Nummerierung.

1309 StadtA Mühlhausen, Notulbuch 1450–1500, 10-X 1-8, Nr. 7, fol. 60r., 83r., 94v.
1310 StadtA Mühlhausen, Kämmereiregister 1456, 2000/9, fol. 49r.
1311 StadtA Mühlhausen, Notulbuch 1450–1500, 10-X 1-8, Nr. 6, fol. 61v.
1312 Familien- und Personennamen aus dem XIV. Jahrhundert. Ein Beitrag zur Geschichte der Mühlhäuser Familien, 1924/1926, S. 197.
1313 RANFT, 1996a, S. 55.
1314 Zu Copial- oder Briefbüchern s.a. SCHEITHAUER, Richard: Ein Blick in das älteste Mühlhäuser Kopialbuch. In: Mühlhäuser Gbll., 33/35, 1936, S. 29–32.
1315 StadtA Mühlhausen, Copialbuch 1454–1459, 10-W 1-8, Nr. 7.

Diese wurde zu späterer Zeit in arabischen Ziffern mit Bleistift angebracht und läuft durchgehend von fol. 1 bis 191. An zwei Stellen sind Blätter irregulär eingeheftet (fol. 25a und fol. 53a). Im Unterschied zum Kämmereiregister wurde das Copialbuch durchgängig in deutscher Sprache verfasst. Es erscheint fortlaufend geführt und weist häufig Korrekturen und Streichungen auf.

1.1.11. Copialbuch von Mühlhausen i.Th. von 1460

Das Copialbuch von 1460 (10-W 1-8, Nr. 8) weist 15 Lagen im Format von ca. 319x212 mm auf (Tab. 21). Bemerkenswert ist auf den vorderen beiden nicht beschriebenen Deckseiten das Wasserzeichen eines einköpfigen gekrönten Heraldischen Adlers mit Herzschild mit einem Fisch, das sich über drei Kettlinienabstände erstreckt (Abb. 125).[1316] Das Wasserzeichen wurde erst 1567 in Deutschland beschrieben.[1317] Wahrscheinlich sind diese Deckblätter zu späterer Zeit eingebunden worden. Das relativ feste Papier der Deckblätter hat eine Dicke von 0,190±0.007 mm mit einem Abstand der Kettlinien von ca. 28–30 mm. Das Papier der Lagen ist von weicherer Beschaffenheit und feiner Struktur mit 12 Ripplinien/cm bei einem Abstand der Kettlinien von ca. 40 mm. Die Papierdicke stichprobenartig auf 7 Blättern gemessen beträgt durchschnittlich 0,175±0,026 mm. Als Wasserzeichen ist ein Dreiberg mit zweikonturiger Stange mit lateinischem Kreuz mit eingekerbten Balken (Abb. 126) zu erkennen. Zu Beginn dieses Copialbuches im Jahr 1460 sind der 1463 als Kämmerer ausgewiesene Johann de Urbech und Henrico Lengefelt als *proconsules* genannt. Das Buch wird bis 1487 geführt. Eine Besonderheit bei der Schrift sind die in Textur ausgeführten Überschriften.

Lage	Folio Nr.	Lagenmitte
1	1–35	17/18
2	36–43	39/40
3	44–58	49/50
4	59–67	61/62
5	68–91	79/80
6	92–107	99/100
7	108–118	113/114
8	119–127	125/126
9	128–149	138/139
10	150–160	158/159
11	161–183	172/173
12	184–205	195/196
13	206–223	215/216
14	224–255	238/239
15	256–o. Nr.	

Tabelle 21 | Lagen des Copialbuches von Mühlhausen i.Th. von 1460 (10-W, 1-8, Nr. 8).

1316 SCHULTZ, 2018, S. 550.
1317 Piccard-Online Wasserzeichen Informationssystem, Referenznummer DE4215-PO-162372.

1.2. Analyse der Rechengenauigkeit, Kämmereiregister von 1456

Fol.	fl	sex	gr
1r.		41,0	48,0
		122,0	
		163,0	48,0
		163,0	48,0
1v.		10,0	
		12,0	
		42,0	
		12,0	
		30,0	
		15,0	
		15,0	
		10,0	
		8,0	
		2,0	
		156,0	
		156,0	
		10,0	
		16,0	
		5,0	
		31,0	
		31,0	
		100,0	
		62,0	
		162,0	
		162,0	
		20,0	
		30,0	
		8,0	
		22,0	
		50,0	
		20,0	
		20,0	
		20,0	
		190,0	

Fol.	fl	sex	gr
		190,0	
2r.			
		13,0	8,0
			48,0
		13,0	56,0
		14,0	-4,0
		6,0	
		6,0	
		3,0	
		3,0	
		18,0	
		18,0	
		2,0	7,5
			22,5
		4,0	
		6,0	30,0
		6,5	
		6,0	
		6,0	
		6,0	
		3,0	9,5
		11,0	17,0
		14,0	26,5
		14,0	26,5
2v.			
		1,0	48,0
		1,0	48,0
		1,0	48,0
*		0,5	
		2,5	
*		3,0	4,0
		1,0	
*		7,0	
		9,0	

			1,0	
			17,0	
			17,0	
*			9,0	45
			9,0	45
			9,0	45
*			0,0	
*			0,0	
*			3,0	
3r.				
*			2,0	
*				32,0
*			0,0	
*			1,5	
			4,0	
			2,0	
			15,0	
			1,0	13,0
			0,5	
			0,5	
			1,0	
			6,0	
			1,0	
			1,0	
			1,0	
			2,0	
			2,0	
			4,0	
			2,0	
			3,5	
			4,0	
			54,0	45,0
			54,0	40,0
3v.				
			3,0	12,0
			3,0	12,0
			0,5	
			1,5	
			1,0	

				45,0
			1,5	
			1,0	
			3,0	12,0
			1,0	
			1,0	
			1,0	12,0
			1,0	12,0
			1,0	
			0,5	
				25,0
			3,0	
			1,5	
				12,0
				48,0
			1,0	
			1,0	
			2,0	
			1,0	
			1,0	
			1,0	
			2,0	22,0
				12,0
		90,0		
*		63,0		
		60,0		
		77,0		
		200,0		
		200,0		
*		128,0		
		96,0		
		180,0		
		200,0		
		20,0		
		624,0		
		624,0		
4r.		300,0		

		42,0						3,0	12,0
4v.								3,0	
								3,0	
5r.								1,0	
				15,0				42,0	578,0
			1,0					81,0	32,0
			0,5		**6v.**				
			0,5					0,5	
			1,0						
			2,0	12,0				0,5	15,0
				56,0					30,0
				15,0				1,5	
				15,0					22,5
				42,0					22,5
			1,0	12,0					8,0
			1,0	20,0					7,5
				52,0					15,0
			0,5						12,0
				40,0				1,0	13,5
			5,0	29,0				1,5	
				45,0				1,5	
				57,0					22,5
			3,0						34,5
			1,0						42,0
				20,0					29,0
			1,5						15,0
*			1,0						18,0
			0,5						18,0
				50,0					42,0
			1,0	5,0				0,5	15,0
			1,5					1,0	47,0
			1,5					2,0	46,5
			4,0					1,5	3,0
			0,5						10,5
			1,0	54,0					12,0
			1,0						21,0
			2,0						16,5
				12,0					6,0
				15,0					15,0

				12,0
				13,5
				6,0
				8,0
				12,0
				28,0
				6,0
				18,0
				15,0
				30,5
				2,0
				1,0
				12,0
			0,5	
				15,0
				21,0
				13,5
				48,0
			33,0	1916,0
			64,0	**56,0**
7r.				
				7,5
			5,0	39,0
			1,0	15,0
			0,5	
				22,5
			0,5	
				16,5
				41,5
			2,0	
			2,0	49,0
				13,5
				6,5
				18,0
				9,0
				15,0
				18,0
				18,0
				22,5

			1,5	
				9,0
			1,0	
				40,0
				7,5
				40,5
				27,0
				36,0
				5,5
				22,5
				15,0
			0,5	
				45,0
				17,0
				8,0
				15,0
			0,5	
				8,5
				15,0
			1,0	20,0
				27,0
				15,0
				2,0
				3,0
			1,5	
				21,0
				27,0
				15,0
				11,0
				13,5
			0,5	
			1,0	22,5
			2,0	37,5
				12,0
				12,0
			0,5	
				20,0
				7,0
				33,0

			3,0
			36,0
			9,0
			18,0
			26,0
			3,0
			18,0
			4,5
			13,5
			6,0
			24,0
			10,5
			2,0
11r.			
	2,0		20,0
			28,0
		3,0	2,0
		6,0	
		2,0	4,0
		38,0	48,0
		30,0	
		2,0	
		81,0	102,0
*		72,0	8,0
*		24,0	10,0
*			20,0
		1,0	
			16,0
		1,5	
		1,0	10,0
		1,0	12,0
		0,5	10,0
		0,5	12,0
		5,5	80,0
		7,0	50,0
			40,0

		1,0	57,0
		2,0	2,0
		2,5	
		5,5	99,0
		9,0	9,0
		3,0	
11v.			
		4,0	20,0
		1,0	56,0
		13,5	
		18,5	76,0
		19,0	46,0
		137,0	43,0
		6,0	
			54,0
		5,5	8,0
		11,5	62,0
		12,5	2,0
		3,0	14,0
12r.			
		1,0	
		1,0	
		2,0	
*			3,0
			27,0
		1,0	35,0
			4,0
			3,0
			51,0
			24,0
			4,0
			26,0
		2,0	
		1,0	6,0

				8,0	
				3,0	
				15,0	
			0,5		
			0,5		
*			2,0		
*				20,0	
			1,0		
			2,0		
*			3,0	7,5	
12v.					
			2,0		
*			15,0		
			2,0		
			7,0	56,5	
				18,0	
*			5,0		
			48,0	311,0	
			53,0	51,0	
13r.			20,0		
			8,0	9,0	
		30,0			
			28,0	9,0	
			18,0	9,0	
			7,0	40,0	
13v.					
				7,0	
*				12,0	
				36,0	
			4,0	37,0	
			2,0	24,0	
			1,0	12,0	
				2,0	
			1,0	10,0	
				19,0	

				5,0
				1,0
				23,0
				18,0
				15,0
				19,0
			1,0	10,0
				13,5
*			0,5	
			0,5	
				20,0
			0,5	
*			0,5	
			1,0	
				15,0
*			1,0	
				56,0
			0,5	
			1,5	
			1,5	
			3,0	
			3,0	
14r.			3,0	
			1,0	
			1,0	9,0
*			2,0	
			1,0	50,0
				20,0
*				20,0
			1,0	18,0
*			0,0	
*			3,0	8,0
				3,0
*			2,0	
				8,0

14v.			
		7,0	
*		11,0	11,0
		21,0	
*		28,0	
		0,5	
		67,5	11,0
		67,0	**41,0**
15r.			
		1,0	
		1,0	
		1,0	42,5
			16,5
		0,5	
			6,0
		0,5	
		1,0	
		1,0	
*			36,0
		0,5	
		0,5	
		0,5	
			6,0
		1,0	
		1,0	
		0,5	
*			36,0
*			16,0
			23,0
			44,0
			58,0
			6,0
			16,0
			32,0
			16,0
			43,0
			20,0
			40,0
			24,0

			28,0
			40,0
			24,0
			44,0
			44,0
			32,0
		36,5	1230,0
		56,0	**0,0**
		9,5	
15v.			
			14,0
		1,5	
			18,0
			2,0
		1,0	
		1,0	12,0
			9,0
		2,0	42,0
			4,0
			8,0
		6,0	
			12,0
		0,5	20,0
			35,0
		1,5	6,0
		2,0	24,0
			8,0
			23,0
			47,0
		1,5	18,0
		1,5	3,5
		2,0	40,0
		0,5	
		2,0	40,0
			12,0
		2,5	3,0
			40,0
			4,5

				13,0
				9,0
			1,5	18,0
				19,0
				18,0
				8,0
			0,5	
				7,0
			4,0	41,0
*				1,0	
				9,0
			1,0	28,0
				1,0
16r.					
				8,0	
				8,0	
				0,5	
				4,5	
				3,0	2,0
				3,0	12,0
*					52,5
				22,0
				27,0
*				10,0	42,0
16v.					
				2,5	
				2,0	
				1,5	
				36,0
				0,5	
				1,5	
				0,5	
*					16,0
				6,0
				0,5	
				1,0	8,0
			85,0	40,0

			9,0	
*					3,0
				10,0
				6,0
17r.					
			18,0	
*				2,0	18,0
			7,0	
			10,0	
			37,0	18,0
			35,0	18,0
			1,0	4,0
				42,0
			1,0	20,0
				24,0
				54,0
			4,0	49,0
				12,0
			2,0	
			4,5	1,5
			2,0	4,0
			1,0	
			3,0	4,0
			1,0	28,0
			2,0	28,0
			1,0	24,0
			2,0	56,0
			4,0	10,0
			2,0	44,5
				24,0
			1,0	15,0
			4,0	10,0
			4,0	13,0
			5,0	35,0
			4,0	11,0
			4,5	6,0
			2,0	25,0

			1,0	10,0
				55,0
			56,0	609,0
		66,0		3,0
17v.				
*			5,5	10,0
*			3,0	
*			1,5	
			4,0	
			3,5	
			3,5	
			2,5	
			1,5	
			5,0	
			3,0	
			2,0	
*			0,5	
18r.			3,0	
			1,5	
19r.			5,0	
*				52,0
			1,0	20,0
				8,0
			3,0	21,5
			3,0	16,5
			5,0	6,0
			2,5	6,0
*			4,0	
			5,0	
			8,0	
			5,0	
			6,0	
			6,0	
			4,0	15,0
*			1,0	23,0
			13,5	5,0
*				16,0

				26,0
			2,0	15,0
				23,0
			6,5	
				18,0
			3,0	19,5
			1,5	4,5
				49,0
			120,5	344,0
			124,0	27,0
			4,0	-15,0
19v.				
*			5,0	
			4,0	9,0
			3,0	45,0
			1,0	12,0
			1,0	18,0
			3,0	29,0
				22,0
			3,0	41,5
			2,0	5,0
*				32,0
				12,0
			1,0	
				8,0
*				52,0
			1,0	5,0
			24,0	312,5
			27,0	
22r.				
			2,0	
			1,0	
*			2,0	
			1,0	
			1,0	
*			1,0	
*				46,5

*				38,0
			0,5	
			1,0	2,0
				14,0
				24,0
				12,0
			1,0	8,0
				22,0
			10,5	166,5
			13,0	16,0
22v.				
				31,0
				21,0
				21,0
				12,0
*				20,5
				21,0
				21,0
				12,0
*				21,0
				21,0
				21,0
				12,0
*				21,0
				21,0
				21,0
				12,0
*				21,0
				12,0
				21,0
				21,0
*				21,0
				21,0
				21,0
*				21,0
				24,0
				21,0
*				21,0
				21,0

				21,0
				12,0
*				15,0
				15,0
*				15,0
				15,0
*				15,0
*				22,5
				22,5
23r.				
			1,5	
			1,0	
			1,0	
			1,5	
*			1,5	
			0,5	
			1,0	
			1,0	
*				10,0
*				37,0
				21,0
				28,0
			0,5	
			0,5	
			0,5	
			0,5	
			0,5	24,0
*			0,5	
			0,5	
			0,5	
			0,5	
			13,5	828,5
			27,0	6,0
23v.				
				18,0
				40,0
				3,0
				23,0
				14,0

			6,0					6,0
			8,0					3,0
			6,0					3,0
			24,0				1,0	697,0
			12,0				12,0	28,0
			24,0	24r.				
			8,0				6,0	
			24,0				0,5	
			7,5				4,5	
			18,5				1,5	
			45,0				1,5	
		1,0	4,0	*			4,0	
			46,0				2,5	
			7,5				1,5	
			7,5				1,0	
			13,5				0,5	
			15,0				2,0	
			42,5				0,5	
			47,5				1,0	
			15,0				1,0	
			16,0				0,5	
			8,0				2,0	
			9,0				0,5	
			12,0				0,5	
			14,0				1,5	12,0
			3,0	24v.				
			10,0				3,0	
			8,0				0,5	
			8,0				2,0	
			14,5				3,0	
*			15,0				1,0	
*			17,0				3,0	
			17,0				0,5	
			17,0				11,0	
			17,0				3,0	
*			10,0				1,0	
			3,0	*			1,0	
			4,0				1,0	
			3,0				2,0	

		1,0	
		0,5	
		2,0	
		0,5	
		2,0	
*		1,0	
		2,0	
		2,0	
		1,0	
		2,0	
		1,0	54,0
		6,0	
		1,0	
		2,0	
		3,0	
*		1,0	
		2,0	
		0,5	
		1,0	
			37,5
		0,5	
25r.			
		2,0	
		1,0	
		1,0	
		1,0	
		1,0	
		0,5	
*		3,0	
		4,0	
		3,0	
		3,0	
		1,0	
*		0,5	
		0,5	
			36,0
		1,5	
		7,5	6,0
		6,0	

		1,0	
		0,5	
*		2,0	
		2,0	
		0,5	
		2,0	
		1,0	
25v.			
		1,0	
		2,0	
		0,5	
		0,5	
		0,5	
			12,0
		1,0	12,0
*		1,5	
		2,0	
		0,5	
		0,5	
			41,0
		1,0	
			6,0
*		6,0	
		2,0	
*		2,0	
		3,0	
		1,0	
		0,5	
		0,5	
		0,5	
		1,0	
		3,5	
27r.			
		2,0	
		4,0	14,0
		3,0	
		2,5	
*		3,0	
		1,5	37,5

		2,0				2,0	
*		2,0		*		1,0	
		1,0				1,5	
		0,5				1,5	
		0,5				1,0	
		0,5					40,0
		1,5				1,0	
		0,5				1,0	
		0,5				2,0	
*		2,0				0,5	
		1,0				1,0	
		2,0		**28r.**			
		1,0				2,0	
		1,0				0,5	
		1,0				2,0	
		2,0				0,5	
		1,0				0,5	
27v.						4,0	
		2,0		*			52,0
		2,0		*		10,0	
		2,0					21,0
		2,0				2,0	
		2,0					21,0
			12,0			1,5	
		1,5				2,0	
*		0,5				2,0	
		2,0				4,0	
			27,5			3,0	
		1,5		**28v.**			
		1,0				0,5	7,5
			17,0			1,0	
		1,0					48,0
		0,5				1,0	
		1,0				1,0	
*		2,0				0,5	
		2,0				1,0	
		2,0				1,0	
		3,0				1,0	
			38,0			1,0	

			1,0	
				22,5
				48,0
*				33,5
				33,5
*				12,0
*			1,0	36,0
			1,0	
			1,0	
*			3,0	
			1,0	
			1,5	
			1,0	
			2,0	
			1,0	
			1,0	
			0,5	
			307,0	737,5
			319,0	20,0
29r.				
*				42,0
				15,0
*			1,0	
			1,0	
*			1,5	
			0,5	
			0,5	
			0,5	
				15,0
			0,5	
*			1,5	
			0,5	
			1,0	
29v.				
			2,0	
			2,0	
*			2,0	
			2,0	
*			2,0	

			0,5	
			1,0	
*			2,0	
			2,0	
*			2,0	
30r.				
			0,5	
			0,5	
			1,5	
*			2,0	
			1,0	
			1,0	
*			1,0	
			1,0	
*			1,5	
			1,5	
*			1,5	
			2,0	
				45,0
30v.				
			0,5	
			0,5	
			42,0	117,0
			43,0	57,0
			0,5	
			0,5	
			0,5	
			0,5	
				15,0
				15,0
			0,5	
			0,5	
			0,5	
				45,0
			0,5	
			0,5	
			0,5	
			1,0	

*		0,5						36,0
		0,5						16,0
		1,0						8,0
		1,0						16,0
			15,0					4,0
		0,5					28,0	405,0
			45,0				34,0	45,0
		2,0	15,0	**31v.**				
		0,5						16,0
		0,5						48,0
		0,5					1,5	6,0
			15,0					6,0
		1,0					2,0	
			50,0					32,0
		1,0	15,0					32,0
		1,0	15,0				6,0	
		19,0	5,0					6,0
		19,0	5,0				4,0	
31r.								6,0
		1,5				1,0		
		7,0	2,0				0,5	52,0
		4,0						19,0
		4,0						6,0
		1,0	4,0				1,0	20,0
		3,5					1,0	
*		1,0					4,0	
		1,0					0,5	
		1,0	12,0					15,0
*			24,0				2,0	
		2,0	29,0				3,0	
*			24,0				0,5	
			12,0				2,0	13,0
			18,0				29,0	277,0
		1,0	12,0				33,0	17,0
		1,0	56,0					
			32,0				0,5	
			20,0				8,5	6,0
			28,0				1,5	6,0
			52,0	*				22,5

1. Mühlhausen in Thüringen 465

									42,0
	32r.			2,0					36,0
					6,0				2,0	
	*			4,5					1,0	42,0
	*			0,5	18,0					48,0
				1,5	11,0					48,0
					23,0		*			40,0
					46,0				1,0	24,0
	*				24,0				0,5	
				4,0					17,0	364,0
					9,0				23,0	4,0
					15,0					
							*		3,0	-18,0
	32v.			2,0					8,0	16,0
				3,0	13,5				5,5	
				28,0	200,0				6,0	
				27,0	39,0					23,0
										44,0
				1,0						
				1,0					2,0	53,0
			2,0							26,0
			2,0						10,0	
				0,5					0,5	
					24,0				0,5	
				1,0						15,0
				0,5					3,0	17,0
				8,0	24,0				38,5	176,0
				9,0	56,0				40,0	50,0
							33v.			
				3,0					1,0	
				2,0			*		2,0	
				0,5						12,0
				1,5					4,0	
				2,5	7,5				3,5	
				1,0					8,0	24,0
					52,5				18,5	36,0
	33r.								19,0	6,0
				2,0						
					24,0				2,0	

			1,5	
*			1,0	1,5
			4,0	
				14,0
*			0,5	
			0,5	
			1,0	
			0,5	
			6,5	14,0
			6,5	4,5
34r.				
				49,0
*				15,0
				15,0
				49,0
				34,0
				34,0
				49,0
*				42,0
				42,0
				42,0
				42,0
*				13,5
				13,5
*			1,0	3,0
			15,0	546,0
			24,0	
34v.				
				14,0
				20,0
				36,0
				70,0
			1,0	11,0
			0,5	
			1,0	
			0,5	

			0,5	
			0,5	
			0,5	
			0,5	
			0,5	
			0,5	
			0,5	
				24,0
			1,0	
			0,5	
				20,0
			1,5	
			0,5	
				6,0
			0,5	
			0,5	
			0,5	
			0,5	
			0,5	
			1,0	15,0
				12,0
			1,0	26,0
35r.				
		430,0		
		1200,0		
		912,5		
		2542,5		
		2542,5		
				15,0
				7,5
*			1,0	36,0
				24,5
			1,0	35,0
			1,0	36,0
				28,0
				45,0
			2,0	6,0

*			5,0	302,0
			10,0	3,0
				46,0
				23,0
35v.				
36r.			n.a.	n.a.
36v.				
			30,0	
			17,5	
			5,0	
			25,0	
			10,0	
			65,0	
			6,0	
			25,0	
			8,0	
			8,0	
			8,5	
			25,0	
			10,0	
			27,5	7,5
			17,5	
			27,5	
			13,0	
			6,0	
			20,0	
			9,0	
			8,0	
			8,0	
			25,0	
			5,0	
37r.				
			12,5	
			65,0	
			6,0	
			30,0	
			17,5	

			540,5	7,5
			555,0	36,5
37v.		leer		
38r.				
			50,0	
			15,5	
			46,0	
			5,5	
			6,0	
		10,0		
		10,0		
			15,0	
			6,0	
			13,0	20,0
		10,0		
			6,5	
			13,0	
			5,5	
			10,0	
			10,0	
*			8,0	
			8,0	
			5,0	
			5,0	
		20,0		
			25,0	
		20,0		
		20,0		
			25,0	
		10,0		
		10,0		
			7,0	
			0,5	
			39,0	
			25,0	
			25,0	
			9,0	

			9,0		*			0,0
*			7,0		*			36,0
		7,5					30,0	
		7,5					30,0	
		12,0			*		18,0	
38v.							31,0	
			9,0				13,5	
			5,0		**40r.**			
			9,0				40,0	1030,5
		20,0						1030,5
		12,5						1030,5
		25,0			*		10,0	
			2,5				13,0	
			2,5				10,0	
*			15,0				52,0	
*		25,0					10,0	
		25,0					25,0	
*			16,5				26,0	
*			15,0				40,0	
							25,0	
39r.							211,0	
		7,0					211,0	
		4,0			**40v.**			
*		13,0					41,0	
			5,0				6,0	
			2,5		*		40,0	
			2,5				5,5	
			1,0				4,5	
*		10,0					2,0	12,0
		30,0						36,0
		15,0					5,0	
*		0,0			*		14,0	
*		10,0					12,5	
		10,0					2,0	
		15,0					10,5	
					*		12,5	
39v.							12,5	
			0,0				1,0	
*			15,0		**41r.**			

470 X. ANHANG

			4,0	15,0
*			10,0	
*			17,0	
			17,0	
*			7,0	
*			9,0	
			9,0	
41v.				
*			6,0	
			8,0	
			4,5	
*			7,5	
			15,0	
*			20,0	
			20,0	
42r.				
			33,5	
			4,5	
			1,0	2,0
*			5,0	
*			4,0	
			1,0	
*			14,0	
				14,0
*				13,0
				13,0
			47,0	13,0
42v.				
				32,0
			4,0	
				12,0
			33,0	
			5,5	
			10,0	
			26,0	
			5,5	
			10,0	
			7,0	
			10,0	

			4,0	
*			12,5	
			4,0	
*			4,0	12,0
			3,0	
*			4,0	12,0
			15,0	
			10,0	
			0,5	9,0
*			4,0	12,0
43r.				
			6,0	
			4,0	12,0
			2,0	
			0,5	1,0
*			2,5	
*			4,0	12,0
			4,0	12,0
			1,0	
*			2,5	
				13,0
			55,0	37,0
			10,0	
			30,0	
*			5,0	
			3,0	45,0
43v.				
			4,0	
*			30,0	
			9,5	
			4,0	17,0
*			6,0	27,0
*			8,0	24,0
*				20,0
			27,0	-6,5
			37,5	
*			0,5	
			25,0	51,0
44r.				

		4,0	
		7,0	23,0
*		20,0	
		20,0	
		5,0	
		5,0	
*		30,0	
*		7,0	
*		6,0	15,0
*		3,0	
		4,0	
		7,0	
*		10,0	
		10,0	
44v.			
		3,0	
		1,5	
*		1,0	
		4,0	
		15,0	
*		8,5	
*		8,5	
*		8,0	
		2,0	
		8,0	
*		16,0	
*		10,5	
45r.			
		4,0	
*		2,0	
		1116,0	509,5
		1124,5	

Tabelle 22 | Analyse der Rechengenauigkeit im Kämmereiregister von Mühlhausen i.Th. von 1456 (Einnahmen fol. 1–11, Ausgaben ab fol. 12). Angegeben sind die Seitennummern (fol.), die Beträge (Gulden [fl], Schock Groschen [sex], Groschen [gr]). Da die Summenbildungen nicht seitenweise erfolgen, wurden die nicht einbezogenen Zellen der Tabelle grau hinterlegt. Für jede Summenbildung zeigt die letzte Zeile die im Original angegebenen Summen an, die Zeile darüber mit blauen Zahlen zeigt die korrekten Summenbildungen mit Umrechnungen. Alle Zahlenwerte sind dezimal angegeben. Grün gekennzeichnete Felder der Originaldaten enthalten korrekte Berechnungen (Summenbildungen, für die Umrechnung wurden 60 gr entsprechend 1 sex verwendet), in rot gekennzeichnete Felder zeigen fehlerhafte Berechnungen an. Neue Buchungsabschnitte sind mit * gekennzeichnet. Da nicht alle Buchungswerte lesbar waren, wurden die Abweichungen in Bezug auf die Gesamtbilanzen nicht angegeben.

472   X. ANHANG

1.3. Übersicht der Kämmereiregister von Mühlhausen im 15. Jahrhundert

StadtA Mühlhausen Nr.	Datum	Frühjahrstermine								Herbsttermine							
		Judica		Cantate		Vocem		Exaudi		Omnis sanctis		Theod.		Martini		Lucie	
Nr.	Jahr	rec	dis	rec	dis	rec	dis	rec	dis	dis	rec	rec	dis	rec	dis	rec	dis
2000-4	1417											42	52				
2000-4	1418			81	88					114	120						
2000-5	1419	1a	10													36	41
2000-5	1420	70	79														
2000-6	1428													1	6		
2000-6	1429					24	27							47	51		
2000-6	1430			74	76												
2000-7	1442													2			
2000-7	1443							45	52					81	88		
2000-7	1444							129	134					176	182		
2000-7	1445			211	217									248	253		
2000-7	1446			294	301												
2000-8	1451							13	22					47	51		
2000-8	1452							91	95v								
2000-8	1453							-	-					-	-		
2000-9	1456							1	12								
2000-10	1459													2	9		
2000-10	1460							36	45								
2000-11	1460													1a	8		
2000-11	1461							41	48								
2000-12	1461													1	8		
2000-12	1462							40	47					80	87		
2000-12	1463							117	123					156	162		
2000-12	1464							188	194								
2000-13	1466													1	8		
2000-13	1467							37	44								
2000-14	1467													1	7		
2000-14	1468							41	47								
2000-15	1471							35	42					2	9		
2000-15	1472							102	109					70	76		
2000-15	1473													139	146		

StadtA Mühl-hausen	Datum	Frühjahrstermine									Herbsttermine								
		Judica		Cantate		Vocem		Exaudi		Omnis sanctis		Theod.		Martini		Lucie	
Nr.	Jahr	rec	dis	rec	dis	rec	dis	rec	dis	dis	rec	rec	dis	rec	dis	rec	dis
2000-16	1483													1b	7		
2000-16	1484							32	39					65	71		
2000-16	1485							94	101					127	133		
2000-16	1486							159	166								
2000-17	1492							k.A.	k.A.					k.A.	k.A.		
2000-17	1493							k.A.	k.A.					k.A.	k.A.		
2000-17	1494							k.A.	k.A.					67	72		
2000-17	1495							98	104					126	130		
2000-17	1496							162*	168*					195	201*		
2000-17	1497							232	238								
2000-18	1497													1	7*		
2000-18	1498							37	44*					74	80		
2000-18	1499							100	107					128	134		
2000-18	1500							156	164					187	195		
2000-18	1501							219	228					254			

Tabelle 23 | Übersicht der Kämmereiregister von Mühlhausen im 15. Jahrhundert mit der Zuordnung der Datierung ihres Beginns für Recepta (rec) und Distributa (dis) mit Folio-Nummer. Die entsprechenden Termine lagen sowohl im Frühjahr und Herbst, es sind aber nicht für jedes Jahr Register zu beiden Terminen vorhanden.

Angaben mit * sind aus dem Text rückerschlossen.

1.4. Buchungszahlen und Summenbildungen der Kämmereiregister

StadtA Mühl-hausen	Datum	Frühjahrstermine				Herbsttermine			
		Buchungen	Summen	Buchungen	Summen	Buchungen	Summen	Buchungen	Summen
Nr.	Jahr	rec	rec	dis	dis	rec	rec	dis	dis
2000/4	1417					168	25	878	61
2000/4	1418	115	23	860	66	184	20		
2000/5	1419	303	25	1152	78	167	20		
2000/5	1420	278	26	1233	64				
2000/6	1428	190	13						
2000/6	1429	151	16	960	46	1184	16	1488	64
2000/6	1430	158	15	1079	52				
2000/7	1442					319	15		
2000/7	1443	300	17	971	32	178	7	1050	37
2000/7	1444	345	15	1315	18	154	10	1075	32
2000/7	1445	299	19	915	25	254	13	1056	30
2000/7	1446	301	11	1312	34				

StadtA Mühlhausen	Datum	Frühjahrstermine				Herbsttermine			
		Buchungen	Summen	Buchungen	Summen	Buchungen	Summen	Buchungen	Summen
Nr.	Jahr	rec	rec	dis	dis	rec	rec	dis	dis
2000/8	1451	256	13	751	27	230	11	1308	27
2000/8	1452	285	16	986	19				
2000/8	1453								
2000/9	1456	401	24	1212	40				
2000/10	1459					296	16	761	44
2000/10	1460	273	15	726	38				
2000/11	1460					193	14	872	46
2000/11	1461	305	15	1006	45				
2000/12	1461					203	12	1183	11
2000/12	1462	326	17	733	34	164	38	577	38
2000/12	1463	196	14	707	40	174	10	658	33
2000/12	1464	249	17	725	30				
2000/13	1466					163	7	562	35
2000/13	1467	309	16	765	27				
2000/14	1467					154	9	762	39
2000/14	1468	287	21	523	39				
2000/15	1471	300	16	468	29	135	5	466	34
2000/15	1472	34	19	593	40	347	7	481	28
2000/15	1473					514	12	1004	36
2000/16	1483					324	12	567	30
2000/16	1484	390	20	625	37	372	13	630	20
2000/16	1485	382	19	828	31	217	11	671	28
2000/16	1486	300	20	669	49				
2000/17	1492								
2000/17	1493								
2000/17	1494					213	11	541	40
2000/17	1495	213	11	541	40	140	21	373	34
2000/17	1496	225	25	575	34	169	16	620	30
2000/17	1497	166	18	679	33				
2000/18	1497					173	22	683	46
2000/18	1498	249	14	732	34	403	10	531	31
2000/18	1499	311	18	517	30	344	9	617	36
2000/18	1500	268	23	465	36	362	10	646	44
2000/18	1501	389	15	850	39				

Tabelle 24 | Buchungszahlen und Summenbildungen in den Kämmereiregistern von Mühlhausen im 15. Jahrhundert.

1.5. Bürgermeister und Kämmerer in den Kämmereiregistern, Copial- und Notulbüchern Mühlhausens

Jahr	Notulbuch	10- X 1-8,	Copialbuch	10- W 1-8,	Kämmereiregister	2000-
1415	H. v. Heilingen, H. v. Ehreshausen	Nr. 2, D				
1416	J. v. Kulstete, G. v. Eyre	Nr. 3, fol. 7r				
1417	J. Dembeche, H. Brunswig	Nr. 3, fol.11r	J. Dembeche, H. Brusswig	Nr.4, fol. 1r	k.A.	4, fol. 42r, 52r
1418	H. de Heilingen, H. Ereshusen	Nr. 3, fol. 16r	H. de Heilingen, H. de Ereshusen	Nr. 4, fol. 69r	H. de Grußen, H. de Heilingen	4, fol. 81r, 114r, 120r
1419	H. de Grusen, E. Roten	Nr. 3, fol. 22v	H. de Grußen, E. Roten	Nr. 4, fol. 102r	T. de Erich, C. de Oigeriden	5, fol. 1a, 10r
1420	J. de Kulstete	Nr. 3, fol. 29 v	J. de Kulstete, G. Vorczinn	Nr. 4, fol. 146r	J. de Urbech, J. de Kulstete	5, fol. 70r, 79r
1421	H. de Thunna, H. de Brunsewig	Nr. 3, fol. 34r	H. de Thunna, H. de Brusswig	Nr. 4, fol. 173r		
1422	K. de Oigeriden, H. de Grußen	Nr. 3, fol. 38r	C. de Oigeriden, H. Ereshusen	Nr. 4, fol. 205r		
1423	Th. de Erich, A. Hermund	Nr. 3, fol. 46r	Th. de Erith, A. Hermund	Nr. 4, fol. 223v		
1424	J. de Kulstete, G. Vorczinn	Nr. 3, fol. 49v	J. de Kulstete, G. Vorczinn	Nr. 4, fol. 258r		
1425	H. de Thunna, A. Horchen	Nr. 3, fol. 54r	H. de Thunna, A. Horchen	Nr. 4, fol. 289v		
1426	K. de Oigeriden, H. Ehreshusen	Nr. 3, fol. 59r	K. de Oigeriden, H. Erichusen	Nr. 4, fol. 330v		
1427	H de Homberg, J. Cardenail	Nr. 3, fol. 62v	H. de Oigeriden, H. de Duderstad	Nr. 4, fol. 369r		
1428	J. de Kulstete, J. Femele	Nr. 3, fol. 65r	J. de Kulstete, J. Femele	Nr. 4, fol. 389r	H. de Erckhusen, J. de Homberg	6, fol. 1r, 6r,
1429	H. de Thunna, A. Horchen	Nr. 3, fol. 69r, Nr. 4, fol. 16r	H. de Thunna, A. Horchen	Nr. 4, fol. 419r	J. Cardenal, J. Surbier	6, fol. 47r, 51r
1430	F. de Northusen, H. Ereshusen	Nr. 3, fol. 71v	F. de Northausen, H. Ereshusen	Nr. 5, D	J. Cardenal	6, fol. 74r, 76r
1431	H. Homberg, J. Cardenal	Nr. 3, fol. 73v	k.A.	Nr. 5, fol. 6v		
1432	H. de Oigeriden, H. de Duderstadt	Nr. 5, fol. 1r	B. de Ryse, J. Femele	Nr. 5, fol. 52v		
1433	H. de Thunna, A. Horchen	Nr. 3, fol. 79r	H. de Thunna, A. Horchen	Nr. 5, fol. 75r		
1434	F. de Northusen, H. Ereshusen	Nr. 3, fol. 83r	F. de Northausen, H. Ereshusen	Nr. 5, fol. 96r		
1435	H. de Oigeriden, H. Kula, H. Homberg	Nr. 3, fol. 85v	H. de Oigeriden, H. Kula	Nr. 5, fol. 116v		
1436	J. Femell	Nr. 3, fol. 90r	B. de Rieß, J. Femel	Nr. 5, fol. 131r		
1437	H. de Thunna, J. Keffernhusen	Nr. 3, fol. 93v	H. de Thunna, J. Keffernhusen	Nr. 5, fol. 148v		
1438	F. de Northusen, B. Falken	Nr. 3, fol. 97r	k.A.	Nr. 5, fol. 149r, 165r		
1439	E. de Kulstete, H. de Kula	Nr. 3, fol. 101r	E. de Kulstete, H. Kula	Nr. 5, fol. 181v		
1440	B. v. Ryse, J. Femel	Nr. 3, fol. 104r	B. von Ryse, J. Femel	Nr. 5, fol. 200r		
1441	T. de Urbach, J. Keffernhausen	Nr. 3, fol. 104r, Nr. 6, fol.1r, 96r, 180r	T. de Urbech, J. Keffernhusen	Nr. 5, fol. 220v		

476 X. ANHANG

Jahr	Notulbuch	10- X 1-8,	Copialbuch	10- W 1-8,	Kämmereiregister	2000-
1442	F. de Northusen, B. Falken	Nr. 6, fol. 5r, 24r	F. de Northusen, B. Falken	Nr. 5, fol. 254v	T. de Urbech, H. Lengefelt	7, fol. 2r
1443			E. de Kulsted, H. Kula	Nr. 5, fol. 282r	T. de Urbech, H. Lengefelt	7, fol. 45r
1444	H. Lengefelt, B. de Ryse	Nr. 6, fol. 101v, 198r	B. de Ryß, H. Lengefelt	Nr. 5, fol. 297v	F. de Northusen, J. Femel	7, fol. 81r
1444	E. de Kulstete, H. de Kula	Nr. 6, fol. 194r				
1445	T. de Urbach, J. Keffershausen	Nr. 6, fol. 21r, 104r, 204r	T. de Urbeche, J. Keffershusen	Nr. 6, fol. 4r	H. Kula, T. North(usen)	7, fol. 211r, 217r
1446	F. de Northusen, B. Falken	Nr. 6, fol. 24r, 97v, 106r, 213r	F. de Northus(en), B. Falken	Nr. 6, fol. 24r		
1446	E. de Kulstete, H. Kula	Nr. 6, fol. 99v			E. de Kulsted, G. de Aldenmolhusen	7, fol. 294r, 301r
1447	E. de Kulstete, H. Kula	Nr. 6, fol. 26r, 34r, 110r, 222r	E. de Kulstete, H. Kula	Nr. 6, fol. 52r		
1448	B. de Ryse, H. Lengefelt	Nr. 6, fol. 37r, 101v, 112v, 230v	B. Ryse, H. Lengefeld	Nr. 6, fol. 69r		
1449	T. de Urbach, J. Keffershausen	Nr. 6, fol. 44r, 114r, 241v	T. de Urbeche, J. Keffershusen	Nr. 6, fol. 81v		
1449			B. de Ryse, H. Lengefeld	Nr. 6, fol. 155r		
1450	F. de Northusen, B. Falken	Nr. 6, fol. 59r, 115r, Nr. 7, fol. 1r	F. de Northusen, B. Falken	Nr. 6, fol. 115v		
1451	E. Kulstete, Alb. Engelbrecht	Nr. 6, fol. 59v, 117v, Nr. 7, fol. 11r	F. de Northusen, B. Falken	Nr. 6, fol. 104v	F. de Northusen, B. Falken	8, fol. 47r, 51r
1452	B. de Ryse, J. Femel	Nr. 6, fol. 120r				
1452	B. de Ryse, H. Lengefelt	Nr. 7, fol. 27r	B. de Ryß, H. Lengefelt	Nr. 6, fol. 131r	F. de Northusen, B. Falken	8, fol. 91r
1453	H. Lengefelt, B. de Ryse	Nr. 6, fol. 61r				
1453	T. de Urbach, J. Keffershausen	Nr. 6, fol. 61v, 124r, Nr. 7, fol. 42v	T. de Urbeche, J. Keffershusen	Nr. 6, fol. 145r		
1454	F. de Northusen, B. Falken	Nr. 6, fol. 76v, 127v, Nr. 7, fol. 60r	E. de Kulstete, H. Kula	Nr. 6, fol. 155v		
1454			F. de Northusen, B. Falken	Nr. 6, fol.193v, Nr. 7, fol. 1r		

1. Mühlhausen in Thüringen   477

1455	E. Kulstete, Ape. Engelbrecht	Nr. 6, fol. 83r, 131r	E. Kulstete, Ape. Engelbrecht	(Nr. 6, fol. 229v), Nr. 7, fol.14r	
1456	J. de Urbach, H. Lengefelt	Nr. 6, fol. 92r, 137r	J. de Urbach, H. Lengefelt	Nr. 7, fol. 54v	
1456	E. de Kulstete, H. Kula	Nr. 6, fol. 99v			
1457	F. de Northusen, B. Falken	Nr. 6, fol. 98v	F. de Northusen, B. Falken		9, fol. 1r, 12r
1457	T. de Urbach, J. Keffershusen	Nr. 6, fol. 146r	T. de Urbach, J. Keffershusen	Nr. 7, fol. 84r	
1458	E. de Kulstete, H. Kula	Nr. 6, fol. 99v			
1458	F. de Northusen, C. Sibold	Nr. 7, fol. 120r	F. de Northusen, C. Sibolt	Nr. 7, fol.126r	
1459			E. de Kulstete, Ape. Engelbrecht	Nr. 7, fol.171v	10, fol. 2r, 9r
1460	E. de Kulstete, Alb. Engelbrecht	Nr. 7, fol. 137r	J. de Urbach, H. Lengefeldt	Nr. 8, fol. 1r	11, fol. 1r, 8r
1461	H. Lengefelt, J. Dembeche	Nr. 7, fol. 146r	H. Rodemann, J. Keffershusen	Nr. 8, fol. 14v	12, fol. 1r, 8r
1462	T. Ymenrod, C. Sybolt	Nr. 7, fol. 165r	T. Ymenrod, C. Sibolt	Nr. 8, fol. 26r	12, fol. 80r, 87r
1463	J. Cardenal, Alb. Engelbrecht	Nr. 7, fol. 171r	J. Kardenal, Alb. Engelbrecht	Nr. 8, fol. 35v	12, fol. 156r, 162r
1464	J. de Urbach, H. Lengefelt	Nr. 7, fol. 176r	J. de Urbech, H. Lengenelt	Nr. 8, fol. 45r	12, fol. 188r, 194r
1465	H. Rodemann, J. Keffershausen	Nr. 7, fol. 180r			
1466	T. Ymenrod, C. Sybolt	Nr. 7, fol. 189r	T. Ymenrodt, C. Sibolt	Nr. 8, fol. 58v	13, fol. 1r, 8r
1467	J. Cardenal, Ape. Engelbrecht	Nr. 7, fol. 196r	J. Kardenal, Ape. Engelbrecht	Nr. 8, fol. 75v	14, fol. 1r, 7r
1468	J. de Urbach, H. Rothem	Nr. 7, fol. 203v	J. de Urbach, H. Rothe	Nr. 8, fol. 87r	14, fol. 41r, 47r
1469	H. Ryß, C. Lengfeld	Nr. 7, fol. 211v	H. Demß, C. Lengefelt	Nr. 8, fol. 103r	
1470	T. Ymenrod, C. Sybolt	Nr. 7, fol. 215r	T. Ymerot, C. Sibolt	Nr. 8, fol. 114v	
1471	J. Cardenal, Alb. Engelbrecht	Nr. 7, fol. 119v	J. Cardenal, Alb. Engelbrecht	Nr. 8, fol. 126r	15, fol. 2r, 9r
1472	H. de Urbach, H. Roten	Nr. 7, fol. 228r	H. de Urbach, H. Rothen	Nr. 8, fol. 142r	15, fol. 70r, 76r
1473	H. Rieß, C. Lengfeld	Nr. 7, fol. 235r	H. Rieß, C. Lengfeld	Nr. 8, fol. 156r	15, fol. 139r, 146r
1474	T. Ymerot, C. Sibolt	Nr. 7, fol. 239v	T. Ymerot, C. Sybolt	Nr. 8, fol. 168v	
1475	J. Kardenal	Nr. 7, fol. 240v	J. Kardenal, Ape. Engelbrecht	Nr. 8, fol. 182v	
1476	H. de Kulstete, H. Roten	Nr. 7, fol. 247v	H. de Kulstete, H. Rothen	Nr. 8, fol. 189v	
1477	H. Ryß, C. Herwig	Nr. 7, fol. 251v	H. Riß, C. Herwig	Nr. 8, fol. 195v	
1478	T. Imenrod, C. Sybol	Nr. 7, fol. 253v	T. Imenrot, C. Sibolt	Nr. 8, fol. 201v	
1479	J. Cardenal, J. Kemestet	Nr. 7, fol. 256v	J. Cardenal, J. Kemestet	Nr. 8, fol. 209v	
1480	H. de Kulstete, H. Roten	Nr. 7, fol. 263v	H. de Kulstete, H. Rothen	Nr. 8, fol. 215v	
1481	H. Riße, C. Herwig	Nr. 7, fol. 271v	H. Ryeß, C. Herwig	Nr. 8, fol. 228v	

Jahr	Notulbuch	10- X 1-8,	Copialbuch	10- W 1-8,	Kämmereiregister	2000-
1482	T. Immenrode, J. Czylebeyn	Nr. 7, fol. 277r	T. Imenrode, J. Czylebeyn	Nr. 8, fol. 237r		
1483	J. Kardenall, J. Kempstet	Nr. 7, fol. 286r	J. Kardenall, J. Kempstet	Nr. 8, fol. 242r	T. de Immenrot, H. Immemeyer	16, fol.1br, 7r
1484	H. Kulstete, H. Roten	Nr. 7, fol. 293r	H. Kulstete	Nr. 8, fol. 256r	H. Bomgarte, J. Ladewig	16, fol. 65r, 71r
1485	D. Toppelstynn, C. Hoerwig	Nr. 7, fol. 297r	D. Toppelstynn, C. Hoerwig	Nr. 8, fol. 262v	J. Kardenall, J. Czylebeyn	16, fol. 127r, 133r
1486	T. Immenrod, J. Czilbeyn	Nr. 7, fol. 302v	T. Imenrode, J. Czillebeyn	Nr. 8, fol. 268v	J. Kardenall, J. Czylebeyn	16, fol. 159r, 166r
1487	J. Kardenall, J. Kempstet	Nr. 7, fol. 306v	J. Kardenall, J. Kempstet	Nr. 8, fol. 272r		
1488	J. Slerfthomas, D. Helmstorff	Nr. 7, fol. 314r				
1489	J. Baldinrot, C. Hoerwig	Nr. 7, fol. 321r				
1490	B. Sygolt, J. Czylebeyn	Nr. 7, fol. 328r				
1491	H. Oigeriden, J. Rockenfluß	Nr. 7, fol. 335v, 336v				
1492	J. Slerfthomas, D. Helmstorff	Nr. 7, fol. 343v				
1493	G. Grussen ,H. Swob	Nr. 7, fol. 352r				
1494	B. Sygolt, J. Czylebeyn	Nr. 7, fol. 357v			G. Grussen, H. Engelbrecht	17, fol. 67r, 72r
1495	H. Ouwen, J. Ymerod	Nr. 7, fol. 363v			E. de Kulstet, H. Swob	17, fol. 126r, 130r
1496	J. Slerfthomas, D. Helmstorff	Nr. 7, fol. 375v			E. de Kulstet, H. Swob	17, fol. 195r, 201r
1497	J. Grussen, H. Swob	Nr. 7, fol. 378v			H. Bomgarte et consortes	17, fol. 227r, 232r
1498	B. Sygolt, H. Engelbrecht	Nr. 7, fol. 383v			G. Grussen, N. Volkenant	18, fol. 74r, 80r
1499	H. Ouwen, J. Ymenrod	Nr. 7, fol. 387r			G. Grussen, N. Volkenant	18, fol. 100r, 107r
1500	J. Slerfthomas, D. Helmstorff	Nr. 7, fol. 397r			B. Sygolt, H. Babist	18, fol. 187r, 195r

Tabelle 25 | Vergleich der in den Kämmereiregistern, Copial- und Notulbüchern der Stadt Mühlhausen in Thüringen genannten Kämmerer und Ratsmeister im 15. Jahrhundert. Die Namensnennung der Ratsmeister erfolgte in der Regel zu Martini. In einigen Jahren (1453, 1456–1458 für die Notulbücher, 1449, 1454 für die Copialbücher) wurden aber auch zwei Paare von Amtsträgern angegeben. In der Regel sind die Einträge in den Copial- und Notulbüchern übereinstimmend. Ein steter Wechsel zwischen den Aufgaben war aber offenkundig üblich. Das Amt des Kämmerers war in Prinzip getrennt von der Funktion des Ratsmeisters. Lediglich 1418 findet man H. de Heilingen, 1420 J. de Kulstete, 1464 und 1468 J. de Urbach und 1486 J. Czillebeyn an allen drei Stellen erwähnt.

Quellen: Copialbücher der Stadt Mühlhausen in Thüringen 10-W 1-8, Nr. 4-8; Notulbücher der Stadt Mühlhausen in Thüringen 10-X 1-8, Nr. 2-7; Kämmereiregister der Stadt Mühlhausen in Thüringen, 2000/3–2000/18.

2. Oberhessen

2.1. Lagenanalysen und Wasserzeichen

2.1.1. Kammerschreiberrechnung von 1476/77 (2/1)

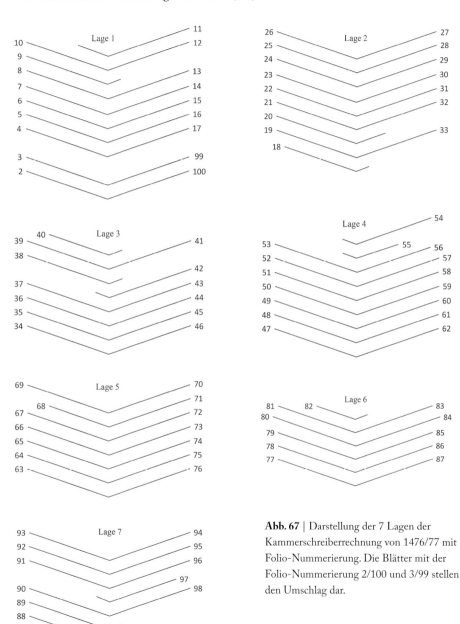

Abb. 67 | Darstellung der 7 Lagen der Kammerschreiberrechnung von 1476/77 mit Folio-Nummerierung. Die Blätter mit der Folio-Nummerierung 2/100 und 3/99 stellen den Umschlag dar.

Lage	fol. #	Motiv	recto	| | mm	BxH mm	mm v.u.	mm v.l.	Ausrichtung
U	2	Anker	s	40	27x69	115	16	↑
	3		s					
1	4		s					
	5	PQ̄-D̄-Bl	s	40	19x74	107	8	←↑
	6		f					
	7	Anker	f	40	27x69	115	16	↑ 7/cm
	8	Anker	s	40	27x69	115	16	↑
	9	Anker	s	40	27x69	115	Falz	↑
	10	Anker	s	40	27x69	118	15	↑
	11		f					
2	18		f					
	19		s					
	20		s					
	21	Anker	s	40	27x69	110	15	↑
	22		s					
	23		s					
	24		s					
	25		s					
	26		f					
	29	Anker	f	40	27x69	120	Falz	↑
	31	Anker	f	40	27x69	120	Falz	↑
3	34		s					
	35	Anker	s	40	27x69	111	15	↑
	36		s					
	37	Anker	s	40	27x69	110	15	↓
	38	Anker	s	40	27x69	105	10	↑
	39		s					
	40		s					
4	47		f					
	48		s					
	49	Anker	s	40	27x69	114	15	↑
	50		s					
	51	Anker	s	40	27x69	113	14	↑

	52		s					
	53	Anker	s	40	27x69	110	14	↑
	54		f					
	55		f					
	62		s					
5	63		s					
	64	Anker	s	40	27x69	117	Falz	↑
	65		s					
	66	Anker	s	40	27x69	122	Falz	↑
	67	Anker	s	40	27x69	122	Falz	↑
	68		s					
	69		s					
6	76		s					
	77		s					
	78	Anker	s	40	27x69	115	14	↑
	79		s					
	80		s					
	81		s					
	82		f					
7	88		s					11/cm
	89	Dreiberg	s	38	22x94	92	Falz	↑ 10/cm
	90		s					8/cm
	91	Anker	f	40	27x69	116	14	↑
	92		s					
	93	Anker	s	40	27x69	108	13	↑
	97		s					
	98		f					

Tabelle 26 | Wasserzeichen in der Kammerschreiberrechnung von 1476/77 (2/1) mit ihrer Ausrichtung und Position bei Betrachtung der recto-Seite von vorne vom unteren Blattrand (v.u., mm) und vom Bindefalz (v.l., mm) sowie der Orientierung der recto-Seite nach Siebseite (s) oder Filzseite (f). Die Folionummern 2 und 3 stellen mit ihren Gegenseiten 99 und 100 den Umschlag (U) innerhalb des Pergamentumschlages (fol. 1) dar. Abstand der Kettdrähte: || mm. Die Folionummern sind bis zur Lagenmitte aufgeführt, danach nur bei Vorliegen eines Wasserzeichens oder bei fehlender Gegenseite. P: freier Buchstaben P in seiner gotischen Form mit gespaltenem Schaftende ohne Schnörkel, mit/ohne Querstrich (Q) vor dem Schaft und mit/ohne Dorn (D) am Bogenende mit dem einzigen Beizeichen einer vierblättrigen Blume (Bl) ohne Stempel. Motiv Dreiberg mit dem Beizeichen zweikonturige Stange und Dreiblatt.

482   X. ANHANG

| 32 | 37 | 37 | 35 | 39 | 19 | 13 |

a) Abstand der Kettdrähte in mm von fol. 26/27 der Lage 2 (kein Wasserzeichen).

| 19 | 41 | 40 | 8 | 31 | 41 | 21 | 14 |

b) Abstand der Kettdrähte in mm von fol. 93/94 der Lage 7.
Das Wasserzeichen befindet sich im markierten Feld.

Abb. 68 | Kammerschreiberrechnung von 1476/77. Siebstruktur mit Verteilung der Kettdrähte auf dem Papierbogen (der Doppelseite) mit dem Abstand der Kettdrähte in mm beispielhaft für die Lagen 2 (a) und 7 (b).

2.1.2. Kammerschreiberrechnung von 1477/78 (2/2)

| 35 | 37 | 35 | 2 | 33 | 35 | 35 |

a) Abstand der Kettdrähte in mm von fol. 23/24 der Lage 2.

| 2 | 38 | 39 | 32 | 4 | 38 | 37 | 24 | 4 |

b) Abstand der Kettdrähte in mm von fol. 74/75 der Lage 6.

Abb. 69 | Kammerschreiberrechnung von 1477/78. Siebstruktur mit Verteilung der Kettdrähte auf dem Papierbogen (der Doppelseite) mit dem Abstand der Kettdrähte in mm beispielhaft für die Lagen 2 (a) und 6 (b). Die Wasserzeichen befinden sich in den markierten Feldern.

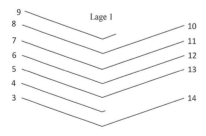
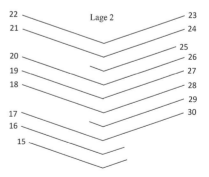

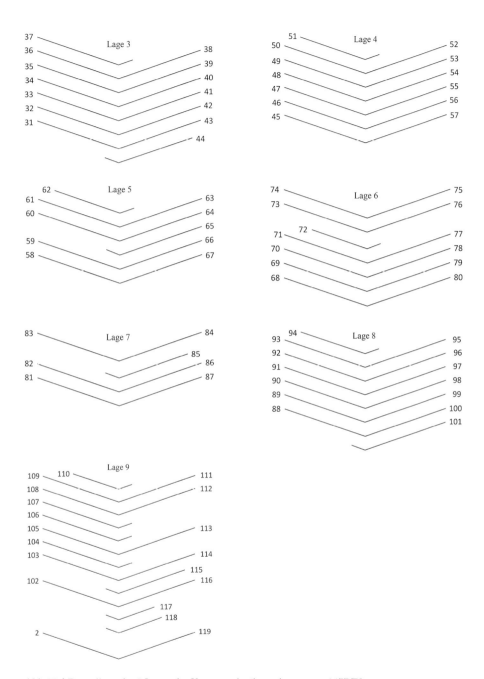

Abb. 70 | Darstellung der 9 Lagen der Kammerschreiberrechnung von 1477/78.

Lage	fol. #	Motiv	recto	| | mm	BxH mm	mm v.u.	mm v.l.	Ausrichtung
US	1							
	2	Ochsenkopf	f	37	38x50	118	5	↓
1	3	PQ⁺D⁻Bl	f	37	22x72	107	8	↑→
	4	PQ⁺D⁻Bl	s	34	22x72	110	7	←↑
	5	Ochsenkopf	f	35	38x50	118	5	↑
	6	Ochsenkopf	f	34	38x50	118	5	↑
	7		f					
	8		f					
2	15		s					
	16		s					
	17		s					
	18	PQ⁻D⁺	s	37	21x57	120	5	←↓
	19		s					
	20	PQ⁻D⁺	f	37	21x57	120	5	←↓
	21		f					
	22		s					
	23	PQ⁻D⁺	s	37	21x57	120	5	←↓
3	31		s					
	32	Ochsenkopf	f	34	38x50	120	5	↑
	33		f					
	34	Ochsenkopf	f	34	38x50	109	0	↓
	35		s					
	36	Anker	s	34	33x63	115	6	↑
	37		s					
	44		f					
4	45		f					
	46	Ochsenkopf	s	36	38x50	119	5	↑
	47	Ochsenkopf	s	36	38x50	120	5	↓
	48		s					
	49	Ochsenkopf	f	36	38x50	120	5	↓
	50	Ochsenkopf	s	36	38x50	120	8	↑
	51		s					

5	58	Anker	s	34	33x63	115	Falz	↓
	59	Anker	s	34	33x63	114	8	↓
	60		s					
	61		s					
	62		f					
	63	Anker	f	34	33x63	115	6	↓
6	68		f					
	69	Ochsenkopf	f	36	38x50	120	5	↑
	70		f					
	71		s					
	72		s					
	73		s					
	74	Ochsenkopf	f	36	38x50	107	0	↓
	80		s					
7	81		s					
	82	Dreiberg	s	37	22x95	87	9	↑
	83		s					
	85		s					
8	88		s					
	89	PQ$^+$D$^-$Bl	f	37	22x75	107	9	↑
	90	PQ$^+$D$^-$Bl	s	37	22x75	107	25	↑→
	91		s					
	92		s					
	93	PQ$^+$D$^-$Bl	s	37	22x75	109	27	↑→
	94		s					
9	102		s					
	103		s					
	104		f					
	105		f					
	106		s					
	107	PQ$^+$D$^-$Bl	s	37	22x75	111	14	←↑
	108	PQ$^+$D$^-$Bl	s	37	22x75	111	15	←↑
	109		s					

	115		s					
	117		s					
	118		s					

Tabelle 27 | Wasserzeichen in der Kammerschreiberrechnung von 1477/78 (2/2) mit ihrer Ausrichtung und Position bei Betrachtung der recto-Seite von vorne vom unteren Blattrand (v.u., mm) und vom Bindefalz (v.l., mm) sowie der Orientierung der recto-Seite nach Siebseite (s) oder Filzseite (f). Die Folionummer 1 ist der Pergamentumschlag, fol. 2 das Deckblatt. Abstand der Kettdrähte: || mm. Die Folionummern sind bis zur Lagenmitte aufgeführt, danach nur bei Vorliegen eines Wasserzeichens oder bei fehlender Gegenseite. P: freier Buchstaben P in seiner gotischen Form mit gespaltenem Schaftende ohne Schnörkel, mit/ohne Querstrich (Q) vor dem Schaft und mit/ohne Dorn (D) am Bogenende mit dem einzigen Beizeichen einer vierblättrigen Blume (Bl) ohne Stempel. Motiv Dreiberg mit dem Beizeichen zweikonturige Stange und Dreiblatt. (Bilder in Marburg WZ Grau 1).

2.1.3. Kammerschreiberrechnung von 1478/79 (2/3)

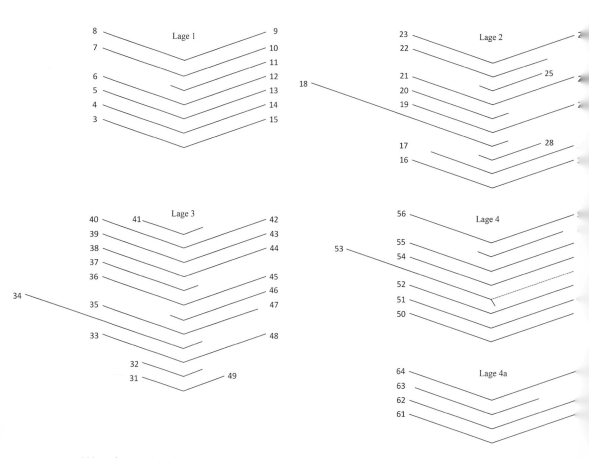

Abb. 71 | Lagendarstellung der Kammerschreiberrechnung von 1478/79 mit Folio-Nummerierung. Lage 4a ist in Lage 4 eingebunden.

Lage	fol. #	Motiv	recto	| | mm	BxH mm	mm v.u.	mm v.l.	Ausrichtung
US	1	Reichsapfel	s	42	35x56	127	Falz	↑
	2		s					
1	3		f					
	4		f					
	5		s					
	6		s					
	7	PQ⁺D⁻Bl	s	38	17x60	111	11	←↑
	8		s					
2	16		s					
	17	PQ⁺D⁻Bl	s	38	17x60	112	10	←↑
	18		s					
	19		s					
	20	PQ⁺D⁻Bl	s	38	17x60	113	13	←↑
	21		f					
	22		f					
	23		s					
	25		s					
	28		s					
3	33	PQ⁺D⁻Bl	s	38	17x60	114	12	↓→
	34		s					
	35		s					
	36	PQ⁺D⁻Bl	s	38	17x60	114	9	↓→
	37		s					
	38		s					
	39	PQ⁺D⁻Bl	s	38	17x60	115	8	↓→
	40	PQ⁺D⁻Bl	s	38	17x60	110	12	←↑
	41		s					
4	50		f					
	51	Dreiberg	s	38	22x96	87	14	↑→
	52		s					
	53		s					
	54	Dreiberg	f	38	22x96	89	0	←↓
	55		s					

Lage	fol. #	Motiv			mm	BxH mm	mm v.u.	mm v.l.	Ausrichtung
	56	Dreiberg	s	38	22x96	87	16	←↑
	58		s					
4a	61	Dreiberg	s	38	22x96	111	16	↑→
	62	Dreiberg	s	38	22x96	110	Falz	←↓
	63		f					
	64		s					

Tabelle 28 | Wasserzeichen in der Kammerschreiberrechnung von 1478/79 (2/3) mit ihrer Ausrichtung und Position bei Betrachtung der recto-Seite von vorne vom unteren Blattrand (v.u., mm) und vom Bindefalz (v.l., mm) sowie der Orientierung der recto-Seite nach Siebseite (s) oder Filzseite (f). Die Folienummern 1 und 2 bilden den Umschlag (US); am Ende sind diese beiden Seiten zusammengebunden als fol. 71. Lage 4a ist zwischen fol. 60 und fol. 68 in Lage 4 eingebunden. Abstand der Kettdrähte: | | mm. Die Folionummern sind bis zur Lagenmitte aufgeführt, danach nur bei Vorliegen eines Wasserzeichens oder bei fehlender Gegenseite. P: freier Buchstaben P in seiner gotischen Form mit gespaltenem Schaftende ohne Schnörkel, mit Querstrich vor dem Schaft und ohne Dorn am Bogenende mit dem einzigen Beizeichen einer vierblättrigen Blume (Bl) ohne Stempel (Querstrich vor dem Schaft: Q+, ohne Dorn am Bogenende: D-). Motiv Dreiberg mit den Beizeichen zweikonturige Stange und Dreiblatt.

35	35	38	34	38	16	19

a) Abstand der Kettdrähte in mm von fol. 40/42 der Lage 3.

8	38	27	27	7	21	19	21	23	16

b) Abstand der Kettdrähte in mm von fol. 56/57 der Lage 4.

Abb. 72 | Kammerschreiberrechnung von 1478/79. Siebstruktur mit Verteilung der Kettdrähte auf dem Papierbogen (der Doppelseite) mit dem Abstand der Kettdrähte in mm beispielhaft für die Lagen 3 (a) und 4 (b). Die Wasserzeichen befinden sich in den markierten Feldern.

2.1.4. Kammerschreiberrechnung von 1479 (2/4)

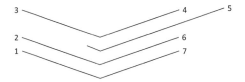

Abb. 73 | Lagendarstellung der Kammerschreiberrechnung von 1479 mit Folio-Nummerierung. Fol. 5 ist ein eingefügtes Blatt.

Lage	fol. #	Motiv			mm	BxH mm	mm v.u.	mm v.l.	Ausrichtung
1	4	PQ-D+Bl	42	20x76	110	15	↓→
	5	PQ+D+Bl	35	21x69	78	59	↓→

Tabelle 29 | Wasserzeichen in der Kammerschreiberrechnung von 1479 (2/4) mit ihrer Ausrichtung und Position bei Betrachtung der recto-Seite von vorne vom unteren Blattrand (v.u., mm) und vom Bindefalz (v.l., mm). Sieb- und Filzseite konnten nicht bestimmt werden, da das Dokument restauriert vorliegt. Abstand der Kettdrähte: | | mm.

| 20 | 20 | 40 | 34 | 10 | 42 | 40 | 20 |

Abb. 74 | Kammerschreiberrechnung von 1479. Siebstruktur mit Verteilung der Kettdrähte auf dem Papierbogen (der Doppelseite) mit dem Abstand der Kettdrähte in mm von fol. 3/4 der Lagenmitte. Das Wasserzeichen befindet sich im markierten Feld. Ein Feld wird vom Falz getrennt.

2.1.5. Kammerschreiberrechnung von 1480/81 (2/5)

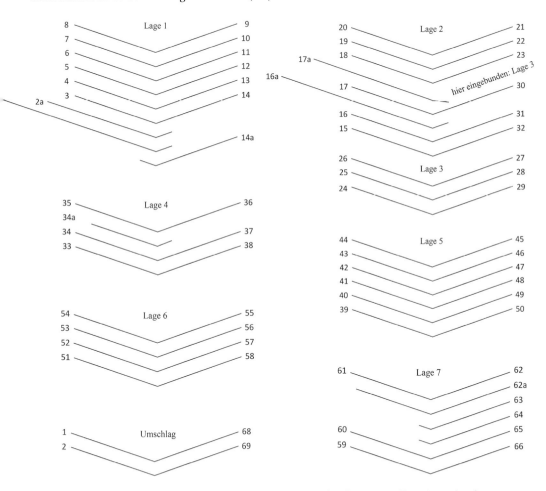

Abb. 75 | Lagendarstellung der Kammerschreiberrechnung von 1480/81. Lage 3 ist in Lage 2 eingebunden.

Lage	fol. #	Motiv	recto	| | mm	BxH mm	mm v.u.	mm v.l.	Ausrichtung
U	1	Dreiberg	s	37	23x93	110	10	↑
	2		s					
1	3	Dreiberg	f	37	23x93	107	7	↑
	4		f					
	5		s					
	6	Dreiberg	s		23x93	109	3	↓
	7	Dreiberg	s	37	23x93	111	9	↑
	8	Dreiberg	s	37	23x93	112	8	↓
2	15		s					
	16	Dreiberg	s	37	23x93	107	2	↓
	17	Dreiberg	s	37	23x93	108	2	↓
	18		s					
	19	Dreiberg	s	37	23x93	108	4	↓
	20		f					
	23		s					
3	24		s					
	25		s					
	26		s					
	27	Dreiberg	s	37	23x93	111	10	↓
4	33		s					
	34		s					
	34a		s					
	35	Dreiberg	s	37	23x93	105	4	↓
5	39		f					
	40	Dreiberg	s	37	23x93	109	3	↓
	41		s					
	42		f					
	43	Dreiberg	s	37	23x93	110	3	↓
	44		s					
6	51	Dreiberg	s	37	23x93	109	4	↓
	52		f					
	53		s					
	54	Dreiberg	s	37	23x93	111	9	↑

7	59		s					
	60		s					
	61	PQ⁺D⁻Bl	s	37	22x71	113	4	↓→
	63	Lilie	f		26x55	112	Falz	↑
	64		s					

Tabelle 30 | Wasserzeichen in der Kammerschreiberrechnung von 1480/81 (2/5) mit ihrer Ausrichtung und Position bei Betrachtung der recto-Seite von vorne vom unteren Blattrand (v.u., mm) und vom Bindefalz (v.l., mm) sowie der Orientierung der recto-Seite nach Siebseite (s) oder Filzseite (f). Abstand der Kettdrähte: | | mm. Die Folionummern sind bis zur Lagenmitte aufgeführt, danach nur bei Vorliegen eines Wasserzeichens oder bei fehlender Gegenseite. P: freier Buchstaben P in seiner gotischen Form mit gespaltenem Schaftende ohne Schnörkel, mit Querstrich vor dem Schaft und ohne Dorn am Bogenende mit dem einzigen Beizeichen einer vierblättrigen Blume (Bl) ohne Stempel (Querstrich vor dem Schaft: Q+, ohne Dorn am Bogenende: D-). Motiv Dreiberg mit den Beizeichen zweikonturige Stange und Dreiblatt.

32	38	37	4	34	34	17	18

a) Abstand der Kettdrähte in mm von fol. 8/9 der Lage 1.

36	37	38	36	38	21	15

b) Abstand der Kettdrähte in mm von fol. 44/45 der Lage 5 (kein Wasserzeichen).

36	35	37	34	34	17	18

c) Abstand der Kettdrähte in mm von fol. 61/62 der Lage 7.

Abb. 76 | Kammerschreiberrechnung von 1480/81. Siebstruktur mit Verteilung der Kettdrähte auf dem Papierbogen (der Doppelseite) mit dem Abstand der Kettdrähte in mm beispielhaft für die Lagen 1 (a), 5 (b) und 7 (c). Die Wasserzeichen befinden sich in den markierten Feldern.

2.1.6. Kammerschreiberrechnung von 1485 (2/6)

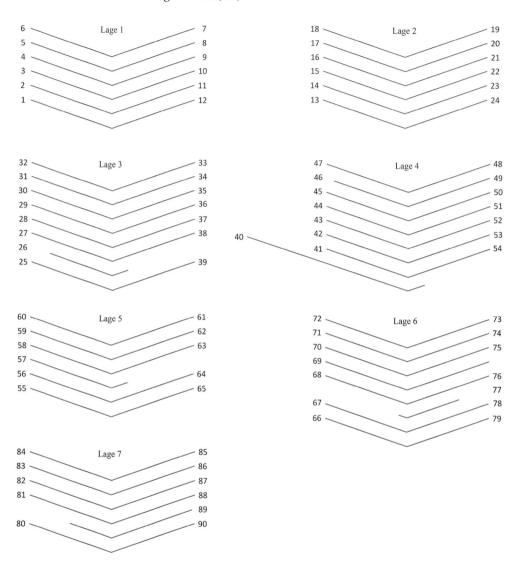

Abb. 77 | Lagendarstellung der Kammerschreiberrechnung von 1485 mit Folio-Nummerierung.

Lage	fol. #	Motiv	recto	| | mm	BxH mm	mm v.u.	mm v.l.	Ausrichtung
1	1		s					
	2		s					
	3		f					
	4		s					
	5		s					
	6		s					
	7	Krug	f	23	14x45	120	0	↓
	10	Krug	s	23	14x45	120	0	↑
	12	Krug	f	23	14x45	120	0	↑
2	13		s					
	14		s					
	15		s					
	16		s					
	17		s					
	18		s					
	20	Krug	f	23	14x45	124	0	↑
	22	Krug	f	23	14x45	130	0	↑
	23	Krug	f	23	14x45	123	0	↑
3	25		f					
	26		s					
	27		f					
	28		f					
	29		s					
	30		s					
	31		s					
	32		f					
	33	Krug	s	23	14x45	120	0	↓
	36	Krug	f	23	14x45	125	0	↑
	39	Krug	s	23	14x45	115	0	↓
4	40		s					
	41		s					
	42		f					

	43		f					
	44		f					
	45		f					
	46		f					
	47		s					
	48	Krug	f	23	14x45	137	0	↓
	51	Krug	s	23	14x45	120	0	↓
	53	Krug	s	23	14x45	120	0	↓
5	55		s					
	56		f					
	57		f					
	58		f					
	59		f					
	60		f					
	62	Krug	s	23	14x45	120	0	↓
	65	Krug	f	23	14x45	125	0	↑
6	66		f					
	67	PQ⁺D⁻	f	21	14x55	115	0	↑→
	68		f					
	69		f					
	70		f					
	71		f					
	72		f					
	73	Krug	f	23	14x45	117	3	↓
	76	Krug	s	23	14x45	125	0	↑
	77	Krug	f	23	14x45	118	0	↓
7	80		s					
	81		s					
	82		f					
	83		s					
	84		s					
	85		f					
	86	Krug	f	23	14x45	120	0	↓

	88	Krug	f	23	14x45	117	0	↓
	90	Krug	f	23	14x45	121	0	↓

Tabelle 31 | Wasserzeichen in der Kammerschreiberrechnung von 1485 (2/6) mit ihrer Ausrichtung und Position bei Betrachtung der recto-Seite von vorne vom unteren Blattrand (v.u., mm) und vom Bindefalz (v.l., mm) sowie der Orientierung der recto-Seite nach Siebseite (s) oder Filzseite (f). Abstand der Kettdrähte (| | mm) P: Freier Buchstabe P in seiner gotischen Form mit gespaltenem Schaftende ohne Schnörkel mit dem Beizeichen vierblättrige Blume ohne Stempel, ohne weiteres Beizeichen (Querstrich vor dem Schaft: Q+, ohne Dorn am Bogenende: D-). Die Folionummern sind bis zur Lagenmitte aufgeführt, danach nur bei Vorliegen eines Wasserzeichens.

9	23	22	22	22	6	16	23	23	21	20	3

a) Abstand der Kettdrähte in mm von fol. 6/7 der Lage 1.

11	23	23	23	23	5	16	22	24	21	18	4

b) Abstand der Kettdrähte in mm von fol. 32/33 der Lage 3.

11	23	23	22	22	3	20	23	23	21	20

c) Abstand der Kettdrähte in mm von fol. 72/73 der Lage 6.

Abb. 78 | Kammerschreiberrechnung von 1485. Siebstruktur mit Verteilung der Kettdrähte auf dem Papierbogen (der Doppelseite) mit dem Abstand der Kettdrähte in mm beispielhaft für die Lagen 1 (a), 3 (b) und 6 (c). Die Wasserzeichen befinden sich in den markierten Feldern, die vom Falz durchlaufen werden.

2.1.7. Kammerschreiberrechnung von 1486 (2/7)

Die Lagendarstellung der Kammerschreiberrechnung von 1486 befindet sich im entsprechenden Kapitel III.3.3.1 (Abb. 32) des Teils Adel.

Lage	fol. #	Motiv	recto	| | mm	BxH mm	mm v.u.	mm v.l.	Ausrichtung
1	1		f					
	2		f					
	3		f					
	4		f					
	5		f					
	6		f					
	7		s					

	8		f					
	9	Krug	f	23	10x45	125	0	←↓
	10	Krug	s	23	10x45	122	0	←↓
2	16		f					
	17	PQ⁻D⁺	f	23	17x60	117	13	↑→
	18		f					
	19	PQ⁻D⁺	f	23	17x60	115	15	←↓
	20	PQ⁻D⁺	f	23	17x60	115	10	↑→
	21		f					
3	28		f					
	29	PQ⁻D⁺	f	23	17x60	115	10	←↓
	30		f					
	31		s					
	32		s					
	33	PQ⁺D⁺	s	23	17x60	115	35	↑→
	34		s					
4	41	PQ⁺D⁺	f	27	17x60	125	30	←↓
	42	PQ⁺D⁺	f	27	17x60	114	30	←↑
	43		s					
	44	PQ⁺D⁺	f	27	17x60	116	34	←↑
	45	PQ⁻D⁺	f	27	17x60	116	34	←↑
	46		f					
5	54		s					
	55	PQ⁺D⁺	s	27	17x60	111	30	←↑
	56		f					
	57	PQ⁺D⁺	f	27	17x60	113	30	←↑
	58		f					
	59	PQ⁺D⁺	f	27	17x60	115	30	←↑
6	66		f					
	67		f					
	68	PQ⁺D⁻	f	23	17x60	107	10	↓→
	69		f					
	70	PQ⁺D⁻	f	23	17x60	116	11	←↓

	71		f					
	72	PQ⁺D⁻	f	23	17x60	124	8	←↑
7	79		f					
	80	PQ⁻D⁺	f	23	17x60	120	2	←↓
	81	PQ⁻D⁺	f	23	17x60	117	6	←↓
	82		f					
	83	PQ⁻D⁺	f	23	17x60	115	6	↑→
	84		f					
8	92		f					
	93	PQ⁻D⁺	f	26	17x60	118	5	↑→
	94	PQ⁻D⁺	f	26	17x60	116	6	←↓
9	98		f					
	99	PQ⁻D⁺	f	32	17x60	118	2	←↓
	100	PQ⁻D⁺	f	32	17x60	115	2	←↓
	101		f					
	102	Hund	f	32	45x30	126	14	←↓
	103		f					
10	109	PQ⁺D⁺	f	28	17x60	115	24	←↑
	110		s					
	111		s					
	112		f					
	113		s					
	114		f					
	115	PQ⁺D⁺	s	28	17x60	124	33	←↓
	119	PQ⁺D⁺	s	28	17x60	118	30	←↓
	121	PQ⁻D⁺	f	28	17x60	117	24	←↓

Tabelle 32 | Wasserzeichen in der Kammerschreiberrechnung von 1486 (2/7) mit ihrer Ausrichtung und Position bei Betrachtung der recto-Seite von vorne vom unteren Blattrand (v.u., mm) und vom Bindefalz (v.l., mm) sowie der Orientierung der recto-Seite nach Siebseite (s) oder Filzseite (f). Der Abstand der Kettdrähte (| | mm) variiert in den verschiedenen Lagen von 23–32 mm. P: Freier Buchstabe P in seiner gotischen Form mit gespaltenem Schaftende ohne Schnörkel mit dem Beizeichen vierblättrige Blume ohne Stempel, ohne weiteres Beizeichen (Querstrich vor dem Schaft: Q+, mit Dorn am Bogenende: D+). Die Folionummern sind bis zur Lagenmitte aufgeführt, danach nur bei Vorliegen eines Wasserzeichens.

| 11 | 22 | 23 | 23 | 23 | 5 | 18 | 23 | 23 | 22 | 18 | 4 |

a) Abstand der Kettdrähte in mm von fol. 7/8 der Lage 1 (kein Wasserzeichen).

| 12 | 23 | 23 | 23 | 23 | 3 | 20 | 23 | 23 | 22 | 18 |

b) Abstand der Kettdrähte in mm von fol. 21/22 der Lage 2 (kein Wasserzeichen).

| 28 | 28 | 28 | 23 | 4 | 27 | 29 | 25 | 21 | 3 |

c) Abstand der Kettdrähte in mm von fol. 34/35 der Lage 3 (kein Wasserzeichen).

| 27 | 28 | 29 | 25 | 4 | 26 | 27 | 28 | 18 | 4 |

d) Abstand der Kettdrähte in mm von fol. 46/47 der Lage 4 (kein Wasserzeichen).

| 29 | 26 | 27 | 24 | 4 | 28 | 29 | 23 | 21 | 5 |

e) Abstand der Kettdrähte in mm von fol. 59/60 der Lage 5.

| 14 | 23 | 23 | 22 | 23 | 19 | 23 | 24 | 21 | 16 |

f) Abstand der Kettdrähte in mm von fol. 72/73 der Lage 6.

| 10 | 23 | 22 | 22 | 18 | 5 | 23 | 23 | 24 | 21 |

g) Abstand der Kettdrähte in mm von fol. 84/85 der Lage 7 (kein Wasserzeichen).

| 12 | 23 | 23 | 23 | 23 | 3 | 23 | 21 | 22 | 23 | 18 |

h) Abstand der Kettdrähte in mm von fol. 94/95 der Lage 8.

| 30 | 31 | 32 | 13 | 14 | 31 | 31 | 23 | 5 |

i) Abstand der Kettdrähte in mm von fol. 102/104 der Lage 9.

| 27 | 28 | 28 | 25 | 3 | 29 | 28 | 29 | 19 | 4 |

j) Abstand der Kettdrähte in mm von fol. 115/116 der Lage 10.

Abb. 79 | Kammerschreiberrechnung von 1486. Siebstruktur mit Verteilung der Kettdrähte auf dem Papierbogen (der Doppelseite) mit dem Abstand der Kettdrähte in mm der Lagenmitten der Lagen 1 bis 10 (a–j). Die Wasserzeichen befinden sich in den markierten Feldern.

2.1.8. Kammerschreiberrechnung von 1497 (2/8)

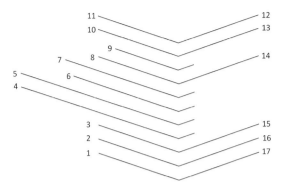

Abb. 80 | Lagendarstellung der Kammerschreiberrechnung von 1497 mit Folio-Nummerierung.

| 34 | 34 | 32 | 16 | 20 | 34 | 34 | 23 |

Abb. 81 | Kammerschreiberrechnung von 1497. Siebstruktur mit Verteilung der Kettdrähte auf dem Papierbogen (der Doppelseite) mit dem Abstand der Kettdrähte in mm von fol. 11/12 der

Lage	fol. #	Motiv	BxH mm	mm v.u.	mm v.l.	Ausrichtung
1	1	Ochsenkopf mit Tau	20x52	134	Falz	↑
	10	Dreiberg	27x106	107	6	↑
	12	Ochsenkopf mit Tau	20x52	133	Falz	↓
	14	Dreiberg	27x106	102	6	↑

Tabelle 33 | Wasserzeichen in der Kammerschreiberrechnung von 1497 (2/8) mit ihrer Ausrichtung und Position bei Betrachtung der recto-Seite von vorne vom unteren Blattrand (v.u., mm) und vom Bindefalz (v.l., mm). Da die Blätter restauriert sind, konnte keine Differenzierung nach Sieb- oder Filzseite erfolgen.

2.1.9. Kammerschreiberrechnung von 1499 (2/9)

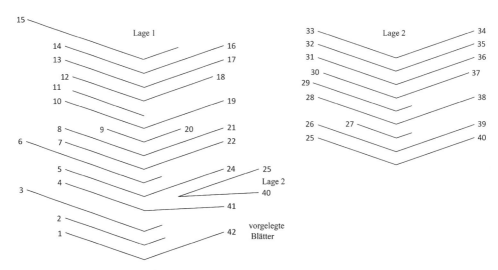

Abb. 82 | Lagendarstellung der Kammerschreiberrechnung von 1499 mit Folio-Nummerierung.

Lage	fol. #	Motiv	recto	| | mm	BxH mm	mm v.u.	mm v.l.	Ausrichtung
1	1		s					
	2		s					
	3		f					
	4		f					
	5		f	32				
	6		s					
	7	Ochsenkopf	s	32	25x55	135	0	↑
	8		s					
	9		f					
	10		s					
	11		f					
	12		f					
	13		s					
	14		s					
	15		f					
	17	Ochsenkopf	f	32	24x61	150	Falz	↓
	18	Ochsenkopf	s	32	24x61	85	Falz	↑

2	25	Ochsenkopf	s	32	24x61	130	Falz	↓
	26		s					
	27		s					
	28		f					
	29		f					
	30		f					
	31		f					
	32	Ochsenkopf	f	32	25x55	130	Falz	↓
	33	Ochsenkopf	f	32	25x55	130	Falz	↓
	34		s					
	38	Ochsenkopf	s	32	25x55	130	Falz	↓
	40	Ochsenkopf	f	32	25x55	127	Falz	↓
	41	Lilie	s	32	30x(71)	165	Falz	←

Tabelle 34 | Wasserzeichen in der Kammerschreiberrechnung von 1499 (2/9) mit ihrer Ausrichtung und Position bei Betrachtung der recto-Seite von vorne vom unteren Blattrand (v.u., mm) und vom Bindefalz (v.l., mm) sowie der Orientierung der recto-Seite nach Siebseite (s) oder Filzseite (f). Der Abstand der Kettdrähte (| | mm) beträgt 32 mm. Die Folionummern sind bis zur Lagenmitte aufgeführt, danach nur bei Vorliegen eines Wasserzeichens.

5	26	32	33	14	16	32	33	28

a) Abstand der Kettdrähte in mm von fol. 14/16 der Lage 1 (kein Wasserzeichen).

31	31	32	14	18	31	31	16	13

b) Abstand der Kettdrähte in mm von fol. 33/34 der Lage 2.

Abb. 83 | Kammerschreiberrechnung von 1497. Siebstruktur mit Verteilung der Kettdrähte auf dem Papierbogen (der Doppelseite) mit dem Abstand der Kettdrähte in mm beispielhaft für die Lagenmitten der Lagen 1 (a) und 2 (b). Das Wasserzeichen befindet sich in dem markierten Feld, das vom Falz durchlaufen wird.

2.1.10. Hofmeisterrechnung von 1485/86 (10/1)

Die Lagendarstellung der Hofmeisterrechnung von 1485/86 befindet sich im entsprechenden Kapitel des Teils Adel.

| 10 | 24 | 21 | 23 | 22 | 4 | 21 | 22 | 23 | 22 | 18 |

a) Abstand der Kettdrähte in mm von fol. 8/9 der Lage 1 (kein Wasserzeichen).

| 14 | 24 | 23 | 23 | 23 | 23 | 22 | 23 | 23 | 15 |

b) Abstand der Kettdrähte in mm von fol. 12/13 der Lage 2.
Das Wasserzeichen befindet sich im markierten Feld.

Abb. 84 | Hofmeisterrechnung von 1485/86. Siebstruktur mit Verteilung der Kettdrähte auf dem Papierbogen (der Doppelseite) mit dem Abstand der Kettdrähte in mm für die Lagenmitten der Lagen 1 (a) und 2 (b).

Lage	fol. #	Motiv	recto	|	mm	BxH mm	mm v.u.	mm v.l.	Ausrichtung
1	1	PQ⁺D⁻Bl	f		23	17x60	106	12	↓→
	2		s		23				
	3		s		23				
	4		f		23				
	5	PQ⁺D⁻Bl	s		23	17x60	119	13	↑→
	6		s		23				
	7	PQ⁺D⁻Bl	s		23	17x60	106	11	↓→
	8		f		23				

Tabelle 35a | Wasserzeichen in der Hofmeisterrechnung von 1485 (10/1) mit ihrer Ausrichtung und Position bei Betrachtung der recto-Seite von vorne vom unteren Blattrand (v.u., mm) und vom Bindefalz (v.l., mm) sowie der Orientierung der recto-Seite nach Siebseite (s) oder Filzseite (f). Der Abstand der Kettdrähte beträgt durchgehend ca. 23 mm. Freier Buchstabe P in seiner gotischen Form mit gespaltenem Schaftende ohne Schnörkel mit dem Beizeichen vierblättrige Blume ohne Stempel, ohne weiteres Beizeichen (mit/ohne Querstrich vor dem Schaft: Q+/Q-, mit/ohne Dorn am Bogenende: D+/D-). Die Folionummern sind bis zur Lagenmitte aufgeführt, danach nur bei Vorliegen eines Wasserzeichens.

Lage	fol. #	Motiv	recto	| | mm	BxH mm	mm v.u.	mm v.l.	Ausrichtung
1	1		s	23				
	2		f	23				
	3		s	23				
	4		s	23				
	5		s	23				
	6		f	23				
	7	PQ⁻D·Bl	f	23	17x60	117	3	←↓
	8		s	23				
	9		s	23				
	10		s	23				
	11		s	23				
	12	PQ⁻D·Bl	f	23	17x60	116	3	←↓
	18	PQ⁻D·Bl	s	23	17x60	117	4	↓→
	19	Krug	f	23	20x71	116	Falz	←↓

Tabelle 35b | Wasserzeichen in der Hofmeisterrechnung von 1486 (10/1), Angaben wie oben.

2.1.11. Hofmeisterrechnung von 1497 (10/10)

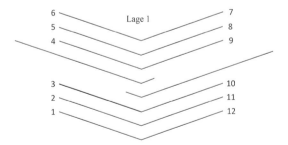

Abb. 85 | Lagendarstellung der Hofmeisterrechnung von 1497 mit Folio-Nummerierung.

Lage	fol. #	Motiv	recto	| | mm	BxH mm	mm v.u.	mm v.l.	Ausrichtung
1	1		f	30				
	2		f	30				
	3	Dreiberg	s	30	27x107	105	7	↓
	o. Nr.	Ochsenkopf	s	30	26x53	116		↑
	4	Dreiberg	s	30	27x107	105	5	↓
	5		s	30				
	6		s	30				
	o. Nr.	Herz	f	33	21x37	65		↓

Tabelle 36 | Wasserzeichen in der Hofmeisterrechnung von 1497 (10/10) mit ihrer Ausrichtung und Position bei Betrachtung der recto-Seite von vorne vom unteren Blattrand (v.u., mm) und vom Bindefalz (v.l., mm) sowie der Orientierung der recto-Seite nach Siebseite (s) oder Filzseite (f). Der Abstand der Kettdrähte beträgt durchgehend ca. 30 mm. Die Folionummern sind bis zur Lagenmitte aufgeführt.

| 14 | 34 | 35 | 25 | 7 | 33 | 33 | 29 | 5 |

Abb. 86 | Hofmeisterrechnung von 1497. Siebstruktur mit Verteilung der Kettdrähte auf dem Papierbogen (der Doppelseite) mit dem Abstand der Kettdrähte in mm beispielhaft für fol. 6/7 der Lage 1 (kein Wasserzeichen).

2.1.12. Hofmeisterrechnung von 1499 (10/13)

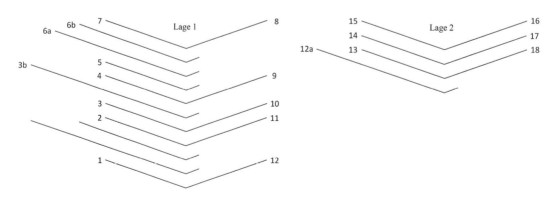

Abb. 87 | Lagendarstellung der 2 Lagen der Hofmeisterrechnung von 1499 (10/13) mit Folio-Nummerierung.

Lage	fol. #	Motiv	recto	| | mm	BxH mm	mm v.u.	mm v.l.	Ausrichtung
1	1		f					10/cm
	2		s					
	3		f					8/cm
	4		s					
	5		s					
	6	Ochsenkopf	s	33	26x52	132	Falz	↑
	7	Ochsenkopf	s	33	26x52	135	Falz	↑
2	12aa		f					
	13	Ochsenkopf	s	33	26x52	132	Falz	↑
	14		s					
	15	Ochsenkopf	s	33	26x52	132	Falz	↑

Tabelle 37 | Wasserzeichen in der Hofmeisterrechnung von 1499 (10/13) mit ihrer Ausrichtung und Position bei Betrachtung der recto-Seite von vorne vom unteren Blattrand (v.u., mm) und vom Bindefalz (v.l., mm) sowie der Orientierung der recto-Seite nach Siebseite (s) oder Filzseite (f). Abstand der Kettdrähte (\| \| mm). Die Folionummern sind bis zur Lagenmitte aufgeführt.

4	30	31	31	14	19	32	31	16	10

a) Abstand der Kettdrähte in mm von fol. 7/8 der Lage 1.

12	36	38	23	10	36	34	20	8

b) Abstand der Kettdrähte in mm von fol. 15/16 der Lage 2.

Abb. 88 | Hofmeisterrechnung von 1499 (10/13). Siebstruktur mit Verteilung der Kettdrähte auf dem Papierbogen (der Doppelseite) mit dem Abstand der Kettdrähte in mm beispielhaft für die Lagenmitten der Lagen 1 (a) und 2 (b). Die Wasserzeichen befinden sich in den markierten Feldern, die vom Falz durchlaufen werden.

2.1.13. Hofmeisterrechnung von 1499 (10/14)

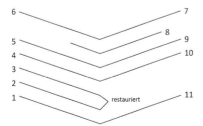

Abb. 89 | Lagendarstellung der Hofmeisterrechnung von 1499 (10/14) mit Folio-Nummerierung.

Lage	fol. #	Motiv	| | mm	BxH mm	mm v.u.	mm v.l.	Ausrichtung
1	4	Lilie	34	30x71	107	0	↑
	6	Lilie	34	30x71	113	0	↑

Tabelle 38 | Wasserzeichen in der Hofmeisterrechnung von 1499 (10/14) mit ihrer Ausrichtung und Position bei Betrachtung der recto-Seite von vorne vom unteren Blattrand (v.u., mm) und vom Bindefalz (v.l., mm) und dem Abstand der Kettdrähte (| | mm). Eine Beurteilung von Sieb- und Filzseite konnte auf Grund der Restaurierung nicht erfolgen.

8	38	27	27	7	21	19	21	23	16

Abb. 90 | Hofmeisterrechnung von 1499 (10/14). Siebstruktur mit Verteilung der Kettdrähte auf dem Papierbogen (der Doppelseite) mit dem Abstand der Kettdrähte in mm beispielhaft für die Lagenmitten. Das Wasserzeichen befindet sich in dem markierten Feld, das vom Falz durchlaufen wird.

2.1.14. Vormundschaftsrechnung von 1485 (5/6)

Die Rechnung besteht aus regulären Blättern in sieben Lagen entsprechend der Chroust'schen Lagenformel $X^{21} + 4VI^{69} + 2V^{90}$.

Lage	fol. #	Motiv	recto	| | mm	BxH mm	mm v.u.	mm v.l.	Ausrichtung
1	1		s					
	2		f					
	3	PQ⁺D⁻Bl	f	24	17x60	105	11	↓→
	4		s					
	5	PQ⁺D⁻Bl	s	24	17x60	119	10	↑→
	6		f					
	7		f					
	8		f					
	9	P	f	32	10x48	119	0	↓→
	10		f					
	11		f					
	12	P	f	32	10x48	110	Falz	↓→
	13	P	f	32	10x48	126	0	↓→
	14		f					
	15	P	f	32	10x48	119	0	↓→

2. Oberhessen

2	22		f					
	23	Krug	f	30	23x70	101	0	↑→
	24		f					
	25		f					
	26	Krug	f	30	23x70	104	0	↑→
	27	Krug	f	30	23x70	109	0	↓→
3	34		f					
	35	Krug	f	30	23x70	104	0	↑→
	36		s					
	37	Krug	f	30	23x70	104	0	↑→
	38	Krug	s	30	23x70	100	0	↓→
	39		f					↓→
4	46	Krug	s	30	23x70	100	0	↓→
	47		s					
	48	Krug	f	30	23x70	104	0	←↓
	49	Krug	f	30	23x70	100	0	←↓
	50		f					
	51		f					
5	58		s					
	59	PQ⁺D⁻Bl	f	23	17x60	112	11	←↑
	60		s					
	61		s					
	62		s					
	63	PQ⁺D⁻Bl	s	23	17x60	122	11	←↑
6	70		s					
	71		s					
	72		s					
	73		s					
	74		s					
	75		s					
	76	PQ⁺D⁻	f	32	15x50	129	0	↑→
	79	PQ⁺D⁻	f	32	15x50	126	0	↓→
7	80	Krug	f	30	23x70	124	0	↑→
	81		s					

	82		s					
	83	Krug	s	30	23x70	101		↓→
	84		f					

Tabelle 39 | Wasserzeichen in der Vormundschaftsrechnung für Landgraf Wilhelm den Jüngeren (zu Marburg) 1485 (5/6) mit ihrer Ausrichtung und Position bei Betrachtung der recto-Seite von vorne vom unteren Blattrand (v.u., mm) und vom Bindefalz (v.l., mm) sowie der Orientierung der recto-Seite nach Siebseite (s) oder Filzseite (f). Abstand der Kettdrähte || mm. P: freier Buchstaben P in seiner gotischen Form Blume (Bl) ohne Stempel (Querstrich vor dem Schaft: Q+, Dorn am Bogenende D+, Blume Bl). Die Folionummern sind bis zur Lagenmitte aufgeführt, danach nur bei Vorliegen eines Wasserzeichens.

30	31	31	13	17	31	32	27

Abb. 91 | Vormundschaftsrechnung von 1485. Siebstruktur mit Verteilung der Kettdrähte auf dem Papierbogen (der Doppelseite) mit dem Abstand der Kettdrähte in mm beispielhaft für die Lagenmitte (fol. 27/28) der Lage 2. Das Wasserzeichen befindet sich in dem markierten Feld, das vom Falz durchlaufen wird.

2.1.15. Rentmeisterrechnung zu Ziegenhain von 1486 (119/3)

Die Lagen entsprechen der Chroust'schen Lagenformel $2VI^{92} + 2V^{115} + III^{121} I^{122}$.

Lage	fol. #	Motiv	recto	|| mm	BxH mm	mm v.u.	mm v.l.	Ausrichtung
1	64	Lilie	f	45	40x75	111	Falz 40 %	↓
	65		f					
	66	Krug	s	23	21x70	23	80	↑→
	67	Kelch Bl	s	28	30x80	114	Falz 50 %	↑
	68	Kelch Bl	s	28	30x80	112	Rand	↑
	69		s					
	70		s					
	71		s					
	72	Kelch Bl	f	28	30x80	120	Rand	↑
	73	Kelch Bl	s	28	30x80	115	Rand	↑
	74	PQ⁺D⁻Bl	s	27	17x60	120	5	←↑
2	81	Lilie	f	45	40x75	113	Falz 40 %	↑
	82	Lilie	f	45	40x75	104	Falz 40 %	↑
	83	Lilie	f	45	40x75	105	Falz 40 %	↑

	84		s					
	85		f					
	86		s					
	90	Lilie	s	45	40x75	113	Falz 75 %	↑
	91	Lilie	s	45	40x75	115	Falz 80 %	↑
	92	Lilie	s	45	40x75		Falz 80 %	↑
3	93	PQ⁺D⁻Bl	s	30	17x60	118	Falz 50 %	←↑
	94		s					
	95	PQ⁺D⁻Bl	f	30	17x60	120	Falz 60 %	←↓
	96		f					
	97		s					
	100	PQ⁺D⁻Bl	s	30	17x60		Falz 50 %	↓→
	102	PQ⁺D⁻Bl	f	30	17x60		Falz 80 %	↓→
4	105	Lilie	f	45	40x75	115	Falz 70 %	↑
	106	Lilie	f	45	40x75	93	Falz 50 %	↑
	107		f					
	108		f					
	109	Lilie	f	45	40x75	106	Falz 50 %	↑
	110	Lilie	f	45	40x75	110	Falz 50 %	↑
	111	Lilie	s	45	40x75	105	Falz 60 %	↑
	112	Lilie	s	45	40x75		Falz 70 %	↑
	115	Lilie	s	45	40x75	113	Falz 70 %	↑
5	116		f					
	117		f					
	118	Lilie	f	45	40x75	114	Falz 40 %	↓
	119	Lilie	s	45	40x75	125	Falz 70 %	↓
	122	Lilie	s	45	40x75	110	Falz 50 %	↑

Tabelle 40 | Wasserzeichen in der Rentmeisterrechnung von 1486 (119/3) mit ihrer Ausrichtung und Position bei Betrachtung der recto-Seite von vorne vom unteren Blattrand (v.u., mm) und vom Bindefalz (v.l., mm) sowie der Orientierung der recto-Seite nach Siebseite (s) oder Filzseite (f). Freier Buchstabe P in seiner gotischen Form mit gespaltenem Schaftende ohne Schnörkel mit dem Beizeichen vierblättrige Blume ohne Stempel, ohne weiteres Beizeichen (mit Querstrich vor dem Schaft: Q+, ohne Dorn am Bogenende: D-, Blume Bl).

510 X. ANHANG

| 27 | 30 | 28 | 27 | 28 | 25 | 20 | 21 | 5 |

a) Abstand der Kettdrähte in mm von fol. 74/75 der Lage 1.

| 11 | 22 | 25 | 24 | 25 | 20 | 24 | 22 | 21 | 15 |

b) Abstand der Kettdrähte in mm von fol. 110/111 der Lage 4.

Abb. 92 | Rentmeisterrechnung von 1486. Siebstruktur mit Verteilung der Kettdrähte auf dem Papierbogen (der Doppelseite) mit dem Abstand der Kettdrähte in mm beispielhaft für die Lagenmitten der Lagen 1 (a) und 4 (b). Die Wasserzeichen befinden sich in den markierten Feldern.

2.2. Analyse der Rechengenauigkeit, Kammerschreiberrechnung von 1486

fol.	fl	alb	Lb	hl	±fl	±alb	±hl
3r.							
	24,0	14,0					
	4,5	2,5					
	3,5	11,5					
	13,0	13,5		3,0			
	130,0	0,0		0,0			
	175,0	41,5		3,0			
	176,0	10,5		3,0			
3v.							
	300,0						
	4,5	4,5					
	2,0	10,0					
	4,0	0,0					
	100,0	0,0					
	410,5	14,5					
	410,5	12,5				-2	
4r.							
	10,0						
	12,0	13,5					
	150,0						
	100,0						
	1000,0						

	700,0						
	10,0						
	2000,0						
	3982,0	13,5					
	3782,0	13,5			-200,0		
4v.							
	12,0						
	50,0						
	10,0						
	6,0						
	8,0						
	6,0						
	50,0						
	10,0			13,0			
	5,5						
	157,5			13,0			
	157,5			13,0			
5r.							
	10,0						
	60,0						
	50,0	22,0					
	120,0	22,0					
	120,0	22,0					
6r.							
	84,0						
	19,0						
	100,0						
	200,0						
	403,0						
	403,0						
6v.							
	100,0	15,0		2,0			
	56,0						
	50,0						

	206,0	15,0		2,0			
	206,0	15,0		2,0			
7r.							
	70,0	10,0					
	32,0	8,0					
	9,0	6,5					
	96,0						
	207,0	24,5					
	207,0	9,0			-0,5		
7v.							
	58,0						
	50,0	24,0		4,0			
	45,0	25,0					
	153,0	49,0		4,0			
	154,0	18,0		4,0			
9r.							
	45,0	21,0					
	39,0	11,0					
	10,0	11,0					
	94,0	43,0					
	95,0	12,0					
9v.							
	92,0	28,0					
	10,0						
	7,0	28,0					
	109,0	56,0					
	110,0	25,0					
10r.							
	84,0	16,0					
	45,0						
	32,0	28,0					
	17,0	19,0					
	90,0						
	268,0	63,0					

	270,0		1,0					
10v.								
		100,0						
		100,0						
		1,0	9,0		2,0			
		3,0	9,0		2,0			
		204,0	18,0		4,0			
	204,0		18,0		4,0			
11r.								
		30,0						
		26,0						
		56,0						
	56,0							
11v.								
		60,0						
		1000,0						
		60,0						
		1120,0						
	1120,0							
12r.								
		109,0						
		348,5	10,0		4,0			
		125,5	5,0		2,0			
		583,0	15,0		6,0			
	583,0		15,0		6,0			
12v.								
		158,5						
		89,0	11,5		6,0			
		337,5						
		150,0						
		735,0	11,5	6,0				
	735,0		11,5		6,0			
13r.								
		32,5	9,0		2,0			

		220,0						
		98,0						
		350,5	9,0		2,0			
		350,0	14,0		2,0	-0,5	5,0	
13v.								
		20,5	7,0		6,0			
		200,0						
		186,0	1,0		2,0			
		406,5	8,0		8,0			
		406,5	8,5		1,0			
14r.								
		50,0						
		24,0	32,0					
		9,0	24,0					
		83,0	56,0					
		84,0	2,0				-23,0	
14v.								
		598,0						
		30,5	6,0		4,0			
		279,0	7,0		6,0			
		263,0						
		50,5	13,0		2,0			
		1149,0	12,0					
		61,0	3,0					
		2431,0	41,0		12,0			
		2432,0	10,5		5,0			
15r.								
		230,0						
		21,0	10,0		4,0			
		71,0	3,0					
		7,0	10,5		5,0			
		214,0						
		104,0	6,5		5,0			
		7,0	9,0		2,0			

	445,0							
	19,0	5,0		2,0				
	1118,0	44,0		18,0				
	1119,0	14,0		4,0				
15v.								
	101,0	9,0		1,0				
	17,0	5,5		3,0				
	796,0	13,5		3,0				
	72,5	1,5		3,0				
	28,0							
	1014,5	29,5		10,0				
	1015,0	14,0		3,0				
16r.								
	40,0	3,0		4,0				
	32,0							
	37,0							
	16,0	10,0						
	18,5	2,5						
	143,5	15,5		4,0				
	144,0	0,0		4,0				
16v.								
	86,5	4,0						
	60,0	9,0						
	3,5	11,5						
		13,0		6,0				
	7,5	7,5						
	157,5	45,0		6,0				
	159,0	14,0		6,0	0,5			
17r.								
			13,0					
			12,0					
		18,0						
			4,0					
		6,0	1,5					

					5,0				
				4,0	7,0				
				28,0	42,5				
				18,0	46,0				
			28,0	10,0					
			30,0	8,0			2,0	-2,0	
17v.									
				6,5	21,0	3,0			
					20,0				
				1,5	37,5	3,0			
				13,0	16,0	6,0			
					8,0				
					1,0				
				21,0	103,5	12,0			
				1,5	102,5	6,0			
			67,0	14,5		5,0			
			67,0	14,5		6,0			1,0
18r.									
				13,0	30,0	6,0			
					46,0				
					44,0				
					13,0				
					60,0				
				6,5	21,0	3,0			
					18,0				
					1,0				
				19,5	233,0	9,0			
					234,0	2,0			
			150,0	30,0		2,0			
			150,0	30,0		2,0			
18v.									
					12,0				
					10,0				
					72,0				

				24,0				
				20,0				
				8,0				
				8,0				
				154,0				
				154,0				
		99,0	11,0					
		99,0	11,0					
19r.								
				16,0				
			6,5	21,0	3,0			
				42,0				
				2,0				
			6,5	81,0	3,0			
			6,5	81,0	3,0			
		52,0	14,5		3,0			
		52,0	12,5		3,0			
19v.								
			6,5	11,0	3,0			
				48,0				
			6,5	13,0	3,0			
			13,0	18,0	6,0			
			13,0	22,0	6,0			
				42,0				
			39,0	154,0	18,0			
			39,0	154,0	18,0			
		100,0	20,0		4,0			
		100,0	20,0		4,0			
20r.								
				8,0				
			6,5	13,0	3,0			
				2,0				
				10,0				
			6,5	21,0	3,0			

			13,0	22,0	6,0			
			26,0	76,0	12,0			
			6,5	77,0	5,0			
		49,0	27,5		5,0			
		49,0	27,5		5,0			
21r.								
				42,0				
				20,0				
			6,5	31,0	3,0			
			13,0	25,0	6,0			
				23,0				
			4,0	3,0				
			23,5	144,0	9,0			
			4,0	145,0	2,0			
		93,5	5,5		2,0			
		93,5	5,5		2,0			
21v.								
			3,0	7,0				
			5,5	10,0				
			32,5	0,5				
			9,0	9,0				
			21,0	12,5		4,0		
			1,5	1,5				
			72,5	40,5		4,0		
			73,5	9,0		4,0		0,5
22r.								
			6,5	12,5				
			3,5	11,5				
			9,0	9,0				
			22,5	11,5				
			42,5	10,5				
			1,5	1,5				
			85,5	56,5				
			87,0	12,0				2,0

Σ	15299,5	408,0		89,0			
			Gesamtdifferenzen		-198,5	19,5	1,0

Tabelle 41 | Analyse der Rechengenauigkeit bei den Einnahmen in der Kammerschreiberrechnung von 1486. Angegeben sind die Seitennummern (fol.), die Beträge (Gulden [fl], Albus [alb], Heller [hl]) sowie teilweise auch Pfund [Lb]). Für jede Seite zeigt die letzte Zeile die im Original angegebenen Summen an, die Zeile darüber zeigt die korrekten Summenbildungen und Umrechnungen. Alle Zahlenwerte sind dezimal angegeben. Grün gekennzeichnete Felder der Originaldaten enthalten korrekte Berechnungen (Summenbildungen, Währungsumrechnungen; es wurden dabei die jeweils angegebenen Kurse verwendet), in rot gekennzeichnete Felder zeigen fehlerhafte Berechnungen an. Hellblaue Zahlenwerte geben die korrekten Summen in einer Spalte wieder. Die drei rechten Spalten geben mit ±fl, ±alb, ±hl die Abweichungen vom korrekten Wert an.

fol.	fl	alb	hl	ahl	±fl	±alb	±hl	±ahl
28r.								
		12,0						
		12,0						
		9,0	8,0					
		1,5						
			5,0					
		34,5	13,0					
		34,0	13,0		-0,5			
28v.								
		132,0						
		9,0	12,0	2,0				
		9,0	9,0					
			9,0					
		150,0	30,0	2,0				
		144,0	8,0	2,0	-6,0	-22,0		
29r.								
		1,0	6,5	3,0				
		1,5						
		1,5	1,5					
		33,0	17,0					
		37,0	25,0					
		37,5	9,5	3,0				

29v.										
			17,0	2,0						
		20,0								
			24,0							
		1,5	4,0							
		1,5	9,0	6,0						
		23,0	54,0	8,0						
		22,5	7,5	1,0		-2,0				
30r.										
		1,0								
		1,0								
			6,0	4,0						
			16,0							
		14,0								
		20,0								
		36,0	22,0	4,0						
		36,0	22,0	4,0						
30v.										
		146,0	1,0	4,0						
		5,0								
		30,0								
		16,5								
		46,5	10,5	5,0						
		244,0	11,5	9,0						
		244,0	12,0	2,0						
31r.										
		8,0	9,5							
		7,0	1,0							
		8,5	10,0							
		18,5	3,0	6,0						
		2,0	13,0							
		44,0	36,5	6,0						
		45,0	5,5	6,0						
31v.										

		4,0	25,0	4,0					
			12,0						
		42,0	11,5						
		6,0							
			16,0						
		52,0	64,5	4,0					
		54,0	2,5	4,0					
33r.									
			30,0						
			30,0						
			21,0	6,0					
			4,0						
			24,0						
			17,0	2,0					
			126,0	8,0					
		4,0	2,5	1,0					
		4,0	2,5	1,0					
33v.									
		1,5	6,0	4,0					
			13,5	3,0					
			3,0	6,0					
		1,0							
			11,0						
		2,5	33,5	13,0					
		3,5	3,0	6,0					
		3,5	3,0	6,0					
34r.									
		9,0	21,0						
			26,0						
		3,5	11,0						
			28,5						
		1,0	1,0						
			22,5	5,0					
		13,5	110,0	5,0					

		17,0	1,5	5,0					
34v.									
			4,0	8,0					
		3,0	11,0						
		1,0							
		2,5	6,5						
			24,0						
		1,0							
		2,0							
		9,5	45,5	8,0					
		10,5	15,0	1,0					
		10,5	15,0	1,0					
35r.									
		2,0							
			30,0						
			21,0	6,0					
			9,0						
			1,0						
		11,0							
		3,0	3,0						
		16,0	64,0	6,0					
		16,0	2,0	6,0					
		18,0	2,0	6,0					
35v.									
			24,0						
		1,5	12,0	4,0					
		18,0							
			2,0	4,0					
			22,5	5,0					
		19,5	60,5	13,0					
		21,0	14,5	6,0					
		21,0	12,5	6,0			-2,0		
36r.									
		1,5							

		20,0							
	1000,0								
		20,0							
	1001,5	40,0							
	1002,5	9,0							
	1002,5	9,0							
36v.									
	10,0								
		4,0	4,0						
		4,0	4,0						
	5,0	7,0							
	4,5	4,5							
	4,5	4,5							
	1,5	13,5							
	25,5	40,5	8,0						
	26,5	7,0	1,0			-3,0			
37r.									
	1,5	13,5							
	19,0	6,0	1,0						
		21,0	6,0						
		21,0	6,0						
		21,0	6,0						
		21,0	6,0						
		21,0	6,0						
		21,0	6,0						
		21,0	6,0						
	20,5	166,5	43,0						
	26,0	12,5	1,0		0,5	-2,0			
37v.									
		21,0	6,0						
		21,0	6,0						
		16,0							
		2,0							
		3,0	6,0						

			4,0	4,0					
			8,0						
			75,0	22,0					
		2,0	12,5	1,0			-2,5		
38r.									
			8,0						
			8,0						
		1,0	1,0						
		2,0							
			4,0						
		1,0							
		4,0	21,0						
		2,5	5,5				-2,0		
38v.									
			5,0						
		3,5	11,5						
		2,0	2,0						
		1,0	1,5	5,0					
			32,5	5,0					
		1,0	1,5	5,0					
		7,5	54,0	15,0					
		9,0	8,5	1,0					
39r.									
		1,0	1,5	5,0					
		1,0	1,5	5,0					
		1,0	1,5	5,0					
		1,0	1,5	5,0					
		1,0	1,5	5,0					
		1,0	1,5	5,0					
		6,0	9,0	30,0					
		6,0	11,0	2,0					
39v.									
		2,0	16,0						
		1,5	9,0						

	2,0	1,0							
	2,0	11,5	3,0						
	2,0	11,5							
	2,0	9,0	2,0						
	1,0		10,0						
	1,0	9,0							
	1,0	7,5	5,0						
	14,5	74,5	20,0						
	16,5	14,0	6,0				0,5		
40r.									
	19,0	20,0							
	4,5	4,5							
	5,0	4,5							
	28,5	29,0							
	29,0	11,5					-2,0		
40v.									
	1,5	1,5							
	1,5	10,0							
		6,0							
		8,0							
		20,0							
	21,0	9,0							
	24,0	54,5							
	25,5	8,0							
41r.									
	3,5	11,5							
	5,5	4,0							
	13,5	2,5							
	22,5	18,0	0,0						
	23,5	2,5			0,5				
41v.									
	2,0	10,0							
		16,0							

		2,0	8,0							
		3,0	6,0	6,0						
		2,5	8,5							
		9,5	48,5	6,0						
		11,0	3,0	6,0				1,0		
42r.										
		2,5	8,5	6,0						
		2,5	2,0	3,0						
		2,5	8,5	6,0						
		2,5	8,0	5,0						
		2,0	7,0	6,0						
		1,5	1,0	5,0						
		1,5	1,0	5,0						
		1,5	1,0	5,0						
		16,5	37,0	41,0						
		17,5	8,5	6,0						
42v.										
		1,0	15,0	6,0						
		1,5	1,0	5,0						
		1,5	1,0	5,0						
		1,5	1,0	5,0						
		1,5	1,0	5,0						
		1,5	1,0	5,0						
		1,0	17,0							
		7,0								
		16,5	37,0	31,0						
		17,5	8,0	3,0						
43r.										
		1,0	7,0							
			18,0	4,0						
			7,0	2,0						
			2,0							
			2,5	5,0						
		1,0	36,5	11,0						

		2,0	11,0	4,0			5,0		
43v.									
			2,5	5,0					
			2,5	5,0					
		1,5	8,0	5,0					
		1,0	1,0						
			6,0						
		2,5	20,0	15,0					
		3,0	5,5	1,0					
44r.									
			18,0	4,0					
			26,0						
		26,0							
			16,0						
		2,0	4,0						
		28,0	64,0	4,0					
		30,0	2,0	4,0					
44v.									
		2,0	2,0						
		3,0	6,0						
		3,0	6,0						
			6,0						
		3,0	6,0						
		3,0	8,0						
		3,0	8,0						
		2,0							
		19,0	42,0						
		20,0	11,0						
45r.									
		1,5	1,5						
		1,0	9,0	2,0					
		1,0	9,0	2,0					
		1,0	9,0	2,0					
		1,0	9,0	2,0					

		1,0	9,0	2,0					
		1,0	9,0	2,0					
		1,5	1,5						
		9,0	57,0	12,0					
		11,0	1,5	5,0		0,5	-9,5		
45v.									
			22,5	5,0					
			22,5	5,0					
			22,5	5,0					
			22,5	5,0					
			22,5	5,0					
			22,5	5,0					
			22,5	5,0					
			22,5	5,0					
			22,5	5,0					
			202,5	45,0					
		6,5	4,0	3,0			2,5		
46r.									
		10,0							
			12,5	5,0					
			10,0						
			10,0						
			10,0						
			30,0						
		10,0	72,5	5,0					
		12,0	10,5	5,0					
46v.									
		19,0	10,5	1,0					
			19,0						
		24,0	11,0	1,0					
		79,0	17,5						
		122,0	58,0	2,0					
		123,5	11,5	2,0					
47r.									

	73,5	2,0	4,0					
	261,0	2,0	1,0					
	51,0	3,0						
	73,0							
	458,5	7,0	5,0					
	458,5	7,0	5,0					
47v.								
	23,5	13,0	3,0					
	11,5	8,5						
	8,5	3,5						
	2,5	12,5						
	4,5	3,5						
	3,5	1,5						
	54,0	42,5	3,0					
	57,0	12,5	3,0		2,0	1,0		
48r.								
	5,0	1,0						
	4,0	7,0						
	3,5	11,5						
	2,5	6,5						
	2,5	8,5						
		6,5	5,0					
	17,5	41,0	5,0					
	18,5	13,0	5,0				3,0	
48v.								
		10,0						
		24,0						
	4,0	10,0						
	3,0	10,0						
		4,0	8,0					
		4,0	8,0					
	7,0	62,0	16,0					
	9,0	3,0	2,0				2,0	
49r.								

		1,0							
		4,0	2,5	6,0					
		3,5	2,5	6,0					
			28,0						
			20,0						
			4,0						
		3,5	8,0						
		3,5	2,5						
		15,5	67,5	12,0					
		17,0	6,0	5,0		-0,5			
49v.									
			1,0	2,0					
		1,0	5,0	10,0					
			27,0	6,0					
		44,0							
		2,0							
		2,5	6,5						
		1,5	8,5						
		51,0	48,0	18,0					
		52,5	3,5	4,0			2,0		
50r.									
		38,5							
		1,5							
			7,5	3,0					
		2,5	6,5						
		1,5	6,5	2,0					
		1,5	11,5	4,0					
			17,0	2,0					
		45,5	49,0	11,0					
		47,0	18,5	4,0			15,0		
50v.									
		2,0							
		1,5	4,5	5,0					
		3,5	11,5						

			8,0						
		48,5	8,5	1,0					
		10,5	5,0	2,0					
		8,0							
		74,0	37,5	8,0					
		76,0	7,0	1,0		1,0			
51r.									
		50,0							
			20,0						
		15,0	15,0						
			24,0						
			24,0						
		1,5	8,5						
		3,5	11,5						
		70,0	103,0						
		73,0	10,0						
51v.									
		35,0							
		218,0							
		38,0	22,0						
		95,0	2,5						
		9,0							
		2100,0							
		500,0							
		2995,0	24,5						
		2795,0	22,5			-200,0	-2,0		
53r.									
		4,0							
		2,0	10,0						
		15,0							
		27,0							
		17,0							
		24,0							

		25,0							
		23,0							
		137,0	10,0						
		137,0	10,0						
53v.									
		18,0							
		16,0							
		4,0							
		30,0							
		20,0							
		22,5	2,5						
		110,5	2,5						
54r.									
		3,0	4,0						
		2,0							
		13,5	4,5						
		17,0							
		38,0	22,0						
		20,0	6,0						
		93,5	36,5						
		93,5	5,0				-1,0	0,5	
54v.									
		13,0							
		31,0							
		22,0							
		111,0							
		100,0							
		277,0							
		277,0							
55r.									
		3,5	2,5						
		11,0	12,0						
		1,0							
		21,5	2,5	1,0					

	15,0								
	31,0								
	83,0	17,0	1,0						
	83,5	3,5	1,0				2,0		
55v.									
	220,0								
	4,5								
	71,0								
	102,0								
	737,0								
	25,0								
	1159,5								
	1157,5					-2,0			
56r.									
	53,0								
	25,0								
	81,0								
	7,0								
	25,0								
	191,0								
	191,0								
56v.									
	14,5								
	2,0	5,5	2,0						
	54,0								
	70,5	5,5	2,0						
	70,5	5,5	2,0						
57r.									
	2,5	2,5							
	9,0	9,0							
	3,0	3,0							
	35,5	1,5	3,0						
	30,0	30,0							
	4,5	4,5							

	7,0	23,0							
	3,0	3,0							
	1,0								
	35,5	1,5	3,0						
	131,0	78,0	6,0						
	133,0	16,0	6,0						
57v.									
	12,0								
	50,0								
	7,0	23,0							
	7,0	23,0							
	9,0	9,0							
	7,0	23,0							
	7,0	23,0							
	7,0	23,0							
	3,5	11,5							
	6,0	6,0							
	115,5	141,5							
	120,0	2,0							
58r.									
	6,0	6,0							
	7,0	23,0							
	7,0	12,0							
	4,5	4,5							
		24,0							
	7,0	23,0							
	7,0	23,0							
	15,0	30,0							
	1,5	1,5							
	15,0	15,0							
	70,0	162,0							
	80,0	7,0				5,0			
58v.									
	7,0	23,0							

	8,0	8,0						
	3,0	3,0						
	18,0	18,0						
	20,0	4,0						
	18,0	18,0						
	7,0	23,0						
	6,0							
	1,0							
	88,0	97,0						
	91,0	4,0						
59r.								
	3,0	3,0						
	3,5	11,5						
	7,0	23,0						
	3,0	3,0						
	4,5	4,5						
	4,0							
	25,0	45,0						
	24,0	12,0			-2,0	-2,0		
60r.								
	77,0	13,0						
	7,0	23,0						
	3,0	12,5						
	6,5	12,5						
	3,0	12,5						
	6,5	12,5						
	3,0	12,5						
	3,0	28,0						
	9,0	9,0						
	118,0	135,5						
	122,5	5,0			0,5	-6,5		
60v.								
	15,0	15,0						
	6,5	15,0						

		16,0	8,0						
		11,5	3,5						
		6,5	12,5						
		15,0	15,0						
		70,5	69,0						
		72,0	24,0				1,5		
61r.									
		7,0	7,0						
		40,0							
		26,0							
		24,0							
		43,0							
		29,0							
		28,0							
		197,0	7,0						
		197,0	7,0						
61v.									
		18,0							
		9,0							
		1,5	7,5						
		26,0							
		54,5	7,5						
		52,5	7,5			-2,0			
66r.									
			9,0						
			18,0						
			12,0						
			12,0						
			51,0						
		1,5	10,5				10,0		
66v.									
			12,0						
			12,0						
			15,0						

			9,0						
			3,0						
			3,0						
			3,0						
			12,0						
			12,0						
			12,0						
			3,0						
			96,0						
		3,5	1,5						
67r.									
		2,0							
		13,0							
		1,0							
		16,0							
68r.									
			3,0						
			3,0						
			3,0						
			3,0						
			3,0						
			3,0						
			12,0						
			9,0						
			6,0						
			6,0						
			9,0						
			60,0						
		2,0	6,0						
68v.									
			9,0						
			9,0						
			3,0						
			3,0						

			4,5						
			9,0						
			3,0						
			3,0						
			18,0						
			6,0						
			6,0						
			73,5						
		2,5	6,0						
69r.									
			6,0						
			3,0						
			3,0						
			18,0						
			6,0						
			6,0						
			3,0						
			3,0						
			3,0						
			3,0						
			3,0						
			57,0						
		2,0	3,0						
69v.									
			9,0						
			9,0						
			3,0						
			12,0						
			3,0						
			6,0						
			3,0						
			21,0						
			18,0						
			18,0						

			102,0						
		3,5	7,5						
70r.									
			24,0						
			10,0						
			8,0						
			6,0						
			4,0						
			8,0						
			60,0						
		2,0	6,0						
70v.									
			9,0						
			9,0						
			9,0						
			4,5						
			13,5						
			9,0						
			9,0						
			13,5						
			4,5						
			4,5						
			85,5						
		3,0	2,5				-2,0		
71r.									
			9,0						
			9,0						
			9,0						
			9,0						
			4,5						
			4,5						
			24,0						
			69,0						
		2,5	1,5						

71v.									
			23,5		1,0				
			3,0		3,0				
			3,0		3,0				
			3,0		3,0				
			3,0		3,0				
			3,0		3,0				
			8,5		6,0				
		1,5							
72r.									
			3,0		3,0				
			3,0		3,0				
			25,5		3,0				
			25,5		3,0				
			21,5						
			25,5		3,0				
			104,0		15,0				
		2,5	9,0			-1,0	-1,0		-7,0
72v.									
			23,5		1,0				
			13,5						
			11,0		2,0				
			11,0		2,0				
			59,0		5,0				
		2,0	5,5		1,0				
73r.			22,5		2,0				
		2,0							
			6,5		2,0				
					6,0				
		2,0	29,0		10,0				
		3,0	5,0		2,0		2,0		
73v.									
			6,5		2,0				
				6,0					

		6,5		2,0					
		23,0		2,0					
		6,5		2,0					
		6,0							
	2,0	3,0							
	2,0	51,5	6,0	8,0					
	3,5	12,5	2,0						
74r.									
		6,5	2,0						
		6,5	2,0						
		6,5	2,0						
		6,5		2,0					
		6,5		2,0					
		6,5		2,0					
		1,5	9,0						
		40,5	15,0	6,0					
	1,5	9,0		3,0		7,5	-1,0	1,0	
74v.									
		23,5		1,0					
		13,5							
		11,0		2,0					
		11,0		2,0					
		59,0		5,0					
	2,0	5,5		1,0					
75r.									
		5,0							
		9,0							
		4,5							
		18,5							
		18,5							
75v.									
				6,0					
			9,0						
			9,0						

			1,5						
			3,0						
				9,0					
			3,0						
			7,5	27,0	6,0				
			11,5	1,0					
76r.									
			10,0		1,0				
			11,0		2,0				
			11,0		2,0				
			11,0	2,0					
			10,0	1,0					
			7,5		3,0				
			60,5	3,0	8,0				
		2,0	7,5	3,0					
76v.									
			7,5		3,0				
			12,0		3,0				
			10,0	1,0					
			10,0	1,0					
			9,0						
			5,5	1,0					
			7,5		3,0				
		1,0							
			6,5		2,0				
		1,0	68,0	3,0	11,0				
		3,0	2,0		2,0		-5,0	-3,0	-1,0
77r.									
			1,0						
			9,0						
			9,0						
			9,0						
			9,0						
			6,0						

	1,0								
	2,0	42,0							
	3,0	1,5					-9,5		
77v.									
	6,0								
	4,0								
	8,0								
	1,0								
	1,0								
	13,0								
	6,0								
	1,0								
		6,0							
		6,0							
	3,0								
	43,0	12,0							
	43,0	12,0							
78r.									
		12,0							
	2,0								
	13,0								
	1,0								
		12,0							
	1,0								
	1,0								
	1,0								
	1,0								
	1,0								
	1,0								
	22,0	24,0							
	22,0	24,0							
78v.									
		10,0							
		2,0							

			14,0						
			13,0						
			11,0						
		1,0	6,5		2,0				
		1,0	56,5		2,0				
		3,0	2,5		2,0				
79r.									
		22,0	4,0	1,0					
			26,0						
			8,0						
			23,0						
		1,0	7,0						
			20,0						
			2,0						
			4,0						
			8,0						
		23,0	102,0	1,0					
		26,0	5,0	1,0			-4,0		
79v.									
		1,0	11,0						
		1,0	5,0						
		3,0	8,0						
		2,0	13,0						
			22,0						
		2,0	18,0						
		9,0	77,0						
		11,0	15,0						
80r.									
			27,0	6,0					
			13,0						
			2,0						
			10,0						
			9,0						
			8,0						

		6,0							
		2,0							
		12,0							
		89,0	6,0						
	2,5	11,5	6,0						
80v.									
		8,0							
		23,0							
		12,0							
		3,0	6,0						
		14,0							
		5,0							
		8,0							
		15,0							
		88,0							
	2,5	10,5	6,0						
81r.									
		8,0							
	1,0	30,0							
		4,0	10,0						
		14,0							
		8,0							
	1,5	2,5							
	2,5	10,5							
		8,0							
	5,0	85,0	10,0						
	7,5	8,0	3,0						
81v.									
		6,0	4,0						
	2,0								
		5,0							
		4,0							
		6,0							
		3,0							

			12,0							
			5,0							
			8,0							
		2,0	49,0	4,0						
		3,5	2,5	4,0						
82r.										
			8,0							
			10,0							
			24,0							
			4,0							
			3,0							
			12,0							
			1,0	4,0						
			10,0							
			15,0							
			2,0							
			89,0	4,0						
		2,5	3,5	4,0				-8,0		
82v.										
			29,0	10,0						
		1,0	9,0							
			3,0							
			4,0							
			2,0							
			1,0							
			4,0							
			30,0							
			26,0							
			3,0							
			4,0							
		1,0	115,0	10,0						
		2,5	7,0	3,0			-1,0			
83r.										
			11,0							

		26,0							
		4,0							
		9,0							
		6,0							
		3,0							
		10,0							
		12,0							
		4,0							
		8,0							
		8,0							
		101,0							
	3,0	8,0							
83v.									
		16,0							
		2,0							
		14,0							
		8,0							
		20,0							
		4,0							
		19,0							
		83,0							
	2,5	5,5							
84r.									
		16,0							
		10,0							
		3,0							
	1,5	5,5							
		6,0							
		8,0							
	2,0								
		16,0							
	1,0	9,0							
	4,5	73,5							

		6,5	11,5						
84v.									
			13,0						
			8,0						
			12,0						
			11,0						
			5,0	6,0					
			6,0						
			12,0						
			15,0						
			15,0						
			4,0						
			101,0						
		3,0	5,0	6,0			-3,0		
85r.									
			18,0						
			1,0	6,0					
			7,0						
			3,0						
			12,0						
			12,0						
			4,0						
			6,0						
			10,0						
			73,0	6,0					
		2,0	11,0	6,0					
85v.									
			6,0						
			6,0						
			5,0						
			4,0						
			12,0						
			20,0						
			53,0						

		1,5	6,5						
86r.									
			16,0						
			8,0						
			12,0						
			22,0						
			14,0						
			15,0	1,0					
			8,0						
			95,0						
		2,5	7,0	1,0		-0,5	5,0		
86v.									
			11,0	6,0					
				12,0					
			5,0						
			14,0						
			6,0						
			6,0						
			3,0						
			6,0						
			10,0						
			2,0						
			63,0	18,0					
		2,0	2,0	4,0					
87r.									
		4,0	9,0						
			29,0						
			18,0						
		18,0	5,5						
		1,0	1,0						
		1,5	9,5						
		24,5	72,0						
		26,5	10,0	4,0				4,0	
87v.									

		6,0	3,0	2,0						
			6,0							
			12,0							
			3,0							
			3,0							
			16,0							
		6,0	43,0	2,0						
		7,5		9,0		0,5	-12,0	7,0		
88r.										
			26,0							
			4,0							
			5,0							
			3,0							
			27,0	6,0						
			8,0							
			10,0							
			10,0	4,0						
			93,0	10,0						
		3,0	12,5	3,0						
88v.										
			12,0	6,0						
		9,0	5,0							
			18,0							
			23,0	2,0						
		1,5	4,0							
			10,0	4,0						
		10,5	72,0	12,0						
		13,5	11,5	5,0		1,0	1,0			
90r.										
		20,0	9,0							
			28,0							
			4,0							
		4,0	9,5	3,0						
			4,0							

			6,0						
			16,0	6,0					
		24,0	76,5	9,0					
		26,0	15,0	2,0					
90v.									
			15,0						
			10,0						
			5,0						
			5,0						
			14,0						
		1,0	8,0						
		1,0	4,0						
		2,0	61,0						
		3,5	12,5				-2,0		
91r.									
			3,0						
		9,5							
			11,0						
			9,0						
			3,0						
			3,0						
			3,0						
		1,0	23,0						
		10,5	55,0						
		12,0	8,5						
91v.									
			7,0						
			4,0						
		8,0	1,5	1,0					
			14,0						
		1,5	4,0						
		4,5	9,0	4,0					
		14,0	39,5	5,0					
		14,0	8,5	5,0					

92r.									
			18,0						
			11,0	6,0					
			15,0	6,0					
			8,0						
		2,0	2,0						
		3,5	4,5						
		1,0	10,0						
		6,5	68,5	12,0					
		8,5	6,0	5,0			-1,0		
92v.									
			22,0						
			12,0						
			16,0						
			9,0						
			25,0	2,0					
			12,0						
			96,0	2,0					
		3,0	3,0	2,0					
93r.									
		1,0							
		1,0							
			7,0						
		1,0							
			12,0						
			21,0						
		3,0	40,0						
		4,0	9,0						
93v.									
			3,0						
		2,0							
			3,0						
			5,0	3,0					
		3,0							

		1,0							
		3,0							
		5,0							
	6,0	19,0	3,0						
	6,5	3,0	3,0			-0,5			
94r.									
		2,0							
		2,0							
		4,0							
		1,0							
		1,0							
		20,0							
		1,0							
		1,0							
		3,0							
		35,0							
	1,0	4,0							
94v.									
		1,0							
		1,0							
		1,0							
		17,0							
	3,0	17,0							
	3,5	1,5							
Σ	9075,5	29,5		230,0					
				Gesamtdifferenzen	-204,0	-39,0	10,0	-7,0	

Tabelle 42 | Analyse der Rechengenauigkeit bei den Ausgaben in der Kammerschreiberrechnung von 1486. Angegeben sind die Seitennummern (fol.), die Beträge (Gulden [fl], Albus [alb], Heller [hl] sowie teilweise auch alte Heller [ahl]). Für jede Seite zeigt die letzte Zeile die im Original angegebenen Summen an, die Zeile darüber zeigt die korrekten Summenbildungen und Umrechnungen (eine Ausnahme bei fol. 67, wo das Original keine Summe ausweist). Alle Zahlenwerte sind dezimal angegeben. Grün gekennzeichnete Felder der Originaldaten enthalten korrekte Berechnungen (Summenbildungen, Währungsumrechnungen; es wurden dabei die jeweils angegebenen Kurse verwendet), in rot gekennzeichnete Felder zeigen fehlerhafte Berechnungen an. Hellblaue Zahlenwerte geben die korrekten Summen in einer Spalte wieder. Die vier rechten Spalten geben mit ±fl, ±alb, ±hl, ±ahl die Abweichungen vom korrekten Wert an.

2.3. Buchungsdaten der Kammerschreiberrechnung von 1486

Lage	Buchungsdaten Einnahmen	Fol.
1		1v.
		2r.
		2v.
	19.6., 7.4.x2, 24.7., 26.5.	3r.
	27.6., 11.11., 1.5, 11.9., 12.9.	3v.
	27.10., 14.9., 15.12.	4r.
		4v.
	26.12., 29.6., 8.9.	5r.
		5v.
	30.1., 12.9.	6r.
	12.9.x2	6v.
	9.7., 24.8., 12.9.	7r.
	13.6.	7v.
		8r.
		8v.
	13.6., 14.6., 9.7.	9r.
	14.6., 10.6., 8.7.	9v.
	13.6., 4.4., 8.7., 30.7., 7.9.	10r.
	29.3., 12.9., 18.4.	10v.
	14.5.	11r.
	12.9. x3	11v.
	14.2.x2, 18.2.	12r.
	13.5., 13.3., 26.8.	12v.
	14.3., 15.3., 12.9.	13r.
	15.9., 14.3., 15.3.	13v.
	4.3., 12.9.	14r.
	22.3.x2, 15.4., 13.12., 15.9.x2, 13.12.x2	14v.
	17.3., 26.5., 14.9.	15r.
	19.12.x2	15v.
2	13.5., 17.10., 22.5., 10.10.	16r.
	25.7.x2	16v.
		17r.

Lage	Buchungsdaten	Fol.
2	23.5.	17v.
		18r.
	29.9., 14.9., 1.10.	18v.
		19r.
	28.12.	19v.
		27v.

Lage	Buchungsdaten Ausgaben	Fol.
		28r.
	15.6., 22.1., 20.1.x3	28v.
	20.1., 21.1.x3,	29r.
	20.6., 27.1.x2	29v.
	31.1.x4, 14.2., 8.3.	30r.
	5.3., 7.3., 26.3., 11.11	30v.
	7.4.	31r.
	11.4., 12.4., 13.4.	31v.
		32r.
		32v.
		33r.
		33v.
3	9.7.	34r.
	11.7., 1.5.x2, 18.8.	34v.
	9.5., 1.5., 18.8.	35r.
	7.5., 16.5., 17.5., 24.7., 27.7., 25.7.	35v.
	5.6.	36r.
	11.6., 2.4., 18.6.	36v.
	29.6., 19.3.	37r.
	3.7.	37v.
	26.1., 11.7., 24.7., 1.8.	38r.
	1.8., 14.5., 2.7.	38v.
		39r.
	17.6., 5.8.	39v.
	20.9.x2	40r.
	24.8.x2, 4.5.	40v.

	4.9.x2	41r.
	6.9., 29.9.	41v.
		42r.
		42v.
	30.9.	43r.
		43v.
	6.10., 9.7.	44r.
		44v.
	21.10.	45r.
	21.10.	45v.
	14.10., 21.10.	46r.
	5.5., 3.4., 23.5., 2.4.,	46v.
	9.7., 14.5., 24.6., 17.10., 30.10.	47r.
4	25.1., 14.5., 18.6., 14.5., 21.6., 21.10.	47v.
		48r.
	28.10.x2, 30.10.	48v.
	30.11., 30.11.	49r.
	16.12., 21.12., 22.12., 24.12.x2	49v.
	27.12.	50r.
	11.11., 31.12.	50v.
	8.5., 28.10., 25.12.	51r.
	29.3.	51v.
		52r.
		52v.
	10.5.	53r.
	25.1., 14.2., 20.9., 16.8.	53v.
	8.9.	54r.
	27.7.	54v.
	30.11., 2.12., 24.6.	55r.
5	25.12.	55v.
		56r.
	19.2., 20.2.	56v.
		57r.

	15.2., 17.5.	57v.
		58r.
		58v.
		59r.
		59v.
	11.11.x2	60r.
		60v.
	21.1., 8.7., 11.4., 10.6.	61r.
5		61v.
		62r.
		62v.
		63r.
		63v.
		64r.
		64v.
		65r.
		65v.
	28.2., 6.2.	66r.
		66v.
		67r.
		67v.
		68r.
		68v.
		69r.
		69v.
		70r.
6	9.2.	70v.
		71r.
	17.1., 18.1., 19.1., 20.1., 21.1., 22.1.	71v.
	2.2., 18.2., 19.2.	72r.
	5.2., 6.2., 7.2., 8.2.	72v.
	27.2.	73r.
		73v.
		74r.

Lage	Daten	Folio
6		74v.
6		75r.
6	27.2.	75v.
6	9.2.x2, 27.2., 10.2., 11.2., 12.2., 13.2., 14.2.	76r.
6	15.2., 15.2., 16.2., 17.2., 18.2., 20.2., 19.2., 20.2., 21.2., 22.2., 23.2.	76v.
6	24.2., 25.2., 26.2.x2, 27.2.x2, 28.2.x2,	77r.
6	15.2.	77v.
6	26.2.	78r.
6		78v.
7	26.1.	79r.
7	28.1.	79v.
7		80r.
7	20.4.	80v.
7		81r.
7		81v.
7		82r.
7		82v.
7		83r.
7	1.5.	83v.
7		84r.
7		84v.
7		85r.
7		85v.
7	20.6.	86r.
7		86v.
7	18.6., 4.5., 14.8.	87r.
7	8.5.	87v.
7	31.8., 8.9., 14.9.	88r.
7	16.10., 29.9., 11.10.x2	88v.
7		89r.
7		89v.
7	14.11.	90r.
7	11.11.	90v.
7	11.11., 3.5	91r.
7	29.11.x2, 23.12.	91v.
8	6.1., 23.12.	92r.
8	30.11.	92v.
8	10.1., 6.3., 6.4., 8.4., 1.5.	93r.
8	7.5., 8.5., 20.5., 23.5., 10.6.	93v.
8	10.7., 20.7., 31.7., 18.9., 15.8., 5.9., 5.10.	94r.
8	28.10., 27.5., 3.1.87, 6.1.87	94v.
8		95r.
8		95v.
8		96r.
8		96v.
8		97r.
8		97v.

Tabelle 43 | Reihenfolge der Buchungsdaten in der Kammerschreiberrechnung von 1486 mit Lagenzuordnung. Grau unterlegte Zeilen zeigen einen nichtchronologischen Verlauf.

3. Schlandersberg

3.1. Lagenanalysen und Wasserzeichen

3.1.1. Rechnungsbuch Sygmund von Schlandersberg, 1394–1396

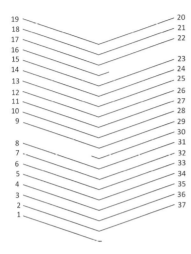

Abb. 93 | Lagendarstellung des Rechnungsbuches Sygmund von Schlandersberg von 1394–1396 mit Angabe der Folionummern.

| 3 | 33 | 37 | 26 | 10 | 39 | 39 | 11 |

Abb. 94 | Rechnungsbuch Sygmund von Schlandersberg von 1394–1396. Siebstruktur mit Verteilung der Kettdrähte auf dem Papierbogen (der Doppelseite) mit dem Abstand der Kettdrähte in mm beispielhaft für die Lagenmitte fol. 19/20 (kein Wasserzeichen, auf fol. 21 befindet sich das Wasserzeichen im ersten ungeteilten Feld rechts vom Bindefalz).

Lage	fol. #	Motiv	Größe mm	recto	mm v.u.	mm v.l.	Ausrichtung
1	1			f			
	2			f			
	3			f			
	4			f			
	5			f			
	6			s			
	7			s			
	8			f			
	9	Löwe	45x62	s	122	0	
	10			s			

11	Glocke	30x55	f	117	15	↑
12			f			
13			s			
14			f			
15			s			
16			s			
17			s			
18			s			
19			f			
21	Glocke	30x55	f	125	18	↑
22	Glocke	30x55	f	125	18	↑
26	Glocke	30x55	s	119	13	↓
30	Glocke	30x55	s	126	14	↓
32	Glocke	30x55	f	126	14	↓
33	Glocke	30x55	f	125	17	↓
36	Glocke	30x55	s	121	9	↑
37	Glocke	30x55	s	125	13	↑

Tabelle 44 | Wasserzeichen im Rechnungsbuch des Sygmund von Schlandersberg 1394–1396 mit ihrer Ausrichtung und Position bei Betrachtung der recto-Seite von vorne vom unteren Blattrand (v.u.) und vom Bindefalz (v.l.) in mm. Unter recto ist die Papierorientierung mit s=Siebseite, f=Filzseite angegeben. Die Folionummern sind bis zur Lagenmitte aufgeführt, danach nur bei Vorliegen eines Wasserzeichens.

3.1.2. Rechnungsbuch Kaspar von Schlandersberg, 1398–1399

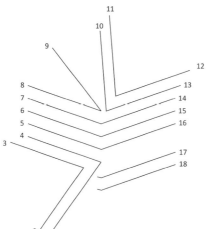

Abb. 95 | Lagendarstellung 1398–1399 (v. Ottenthal „a") mit Angabe der Folionummern.

| 37 | 37 | 30 | 7 | 39 | 38 | 22 |

Abb. 96 | Rechnungsbuch Kaspar von Schlandersberg von 1398–1399. Siebstruktur mit Verteilung der Kettdrähte auf dem Papierbogen (der Doppelseite) mit dem Abstand der Kettdrähte in mm beispielhaft für die Lagenmitte fol. 11/12 (kein Wasserzeichen, auf fol. 13 befindet sich das Wasserzeichen im ersten ungeteilten Feld rechts vom Bindefalz).

Lage	fol. #	Motiv	Größe mm	recto	mm v.u.	mm v.l.	Ausrichtung
I	1			f			
	2			f			
	3	Halbmond	30x78	s	100	17	↓
	4			s			
	5			s			
	6			s			
	7			f			
	8			s			
	9	Halbmond	30x78	f	129	15	↑
	10			s			
	11			f			
	12			f			
	13	Ochsenkopf	30x104	s	129	15	↑
	14			s			
	15			f			
	15			f			
	17			f			
	18			s			

Tabelle 45 | Wasserzeichen im Rechnungsbuch Kaspar von Schlandersberg Kod 2 1398–1399 (v. Ottenthal „a"), Angaben wie in Tab. 44, es sind alle Folionummern aufgeführt.

3.1.3. Rechnungsbuch Kaspar von Schlandersberg, 1399–1401

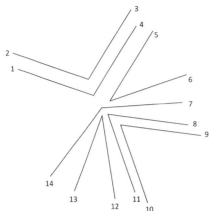

Abb. 97 | Lagendarstellung des Rechnungsbuches 1399–1401 (von Ottenthal „b").

| 30 | 39 | 34 | 5 | 38 | 40 | 21 |

Abb. 98 | Rechnungsbuch Kaspar von Schlandersberg von 1399–1401. Siebstruktur mit Verteilung der Kettdrähte auf dem Papierbogen (der Doppelseite) mit dem Abstand der Kettdrähte in mm beispielhaft für die Lagenmitte fol. 9/10 (Das Wasserzeichen befindet sich im markierten Feld).

Lage	fol. #	Motiv	Größe mm	recto	mm v.u.	mm v.l.	Ausrichtung
1	1			s			
	2			s			
	3	Glocke	30x53	f	120	10	↑
	4	Glocke	30x53	f	124	8	↓
	5			s			
	6	Ochsenkopf	28x104	f	125	10	↑
	7	Ochsenkopf	28x104	f	76	13	↓
	8			f			
	9			f			
	10	Glocke II	25x55	s	127	12	↑
	11	Ochsenkopf	28x104	s	80	12	↓
	12			s			
	13			f			
	14			s			

Tabelle 46 | Wasserzeichen im Rechnungsbuch Kaspar von Schlandersberg, 1399–1401 (v. Ottenthal „b"), Angaben wie in Tab. 44.

3.1.4. Rechnungsbuch des Kaspar von Schlandersberg, 1400–1402 (von Ottenthal „c")

Das Dokument besteht aus zwei aufeinander gebundenen Lagen von je sechs Blättern.

| 21 | 39 | 39 | 5 | 34 | 38 | 32 |

Abb. 99 | Rechnungsbuch Kaspar von Schlandersberg von 1400–1402. Siebstruktur mit Verteilung der Kettdrähte auf dem Papierbogen (der Doppelseite) mit dem Abstand der Kettdrähte in mm beispielhaft für die Lagenmitte fol. 12/13 (Das Wasserzeichen befindet sich im markierten Feld).

Lage	fol. #	Motiv	Größe mm	recto	mm v.u.	mm v.l.	Ausrichtung
1	1			s			
	2			s			
	3	Glocke	30x60	s	121	13	↑
	4			f			
	5	Glocke	30x60	s	121	7	↑
	6			f			
	7	Ochsenkopf	50x90	s	94	2	↓
	8			s			
	9	Ochsenkopf	50x90	s	114	3	↑
	10	Ochsenkopf	50x90	s	110	5	↑
	11	Ochsenkopf	50x90	f	110	3	↑
	12	Ochsenkopf	50x90	f	110	2	↑

Tabelle 47 | Wasserzeichen im Rechnungsbuch des Kaspar von Schlandersberg, 1400–1402. Der Abstand der Kettdrähte war nicht erkennbar. Angaben wie in Tab. 44.

3.1.5. Kellnerrechnung von 1402

| 18 | 38 | 38 | 8 | 30 | 38 | 35 |

Abb. 100 | Kellnerrechnung von 1402. Siebstruktur mit Verteilung der Kettdrähte auf dem Papierbogen (der Doppelseite) mit dem Abstand der Kettdrähte in mm beispielhaft für die Lagenmitte fol. 10/11 (kein Wasserzeichen).

Lage	fol.#	Motiv	Größe mm	recto	mm v.u.	mm v.l.	Ausrichtung
1	1			f			
	2			s			
	3			f			
	4			s			
	5			s			
	6	Krebs/Skorpion	33x87	s	111	10	↑
	7			s			
	8			s			
	9	Ente	60x45	f	94	7	↑
	10			s			
	13	Ochsenkopf	35x105	f	114	11	↓
	17	Glocke	30x65	f	120	19	↓
	18	Glocke	30x65	s	129	16	↑

Tabelle 48 | Wasserzeichen in der Kellnerrechnung von 1402. Angaben wie in Tab. 44.

4. Nomenklatur der Wochentagsdatierung

Wochentag Latein	Wochentag deutsch	Bedeutung	Kirchenlatein
dies Lunae	Montag	Tag des Mondes	feria secunda
dies Martis	Dienstag	Tag des Mars	feria tertia
dies Mercurii	Mittwoch	Tag des Merkurs	feria quarta
dies Iovis	Donnerstag	Tag des Jupiters	feria quinta
dies Veneris	Freitag	Tag der Venus	feria sexta
dies Saturni	Samstag	Tag des Saturns	sabbatum
dies Solis	Sonntag	Tag der Sonne	dominica

Tabelle 49 | Lateinische Wochentagsbezeichnungen und deren kirchenlateinische Bezeichnungen.[1318]

1318 GRUBER, 1784, S. 145–228; Die Kämmereirechnungen von 1407 und 1409, S. 161 f., s.a. KÜMPER, 2014, S. 221.

5. Auswertung der Buchungen edierter Kämmereiregister

5.1. Hamburg

Jahr	Recepta	Exposita	Band
1350	528	656	I
1351	69	180	I
1352	53	153	I
1353	11	168	I
1354	20	106	I
1355	41	111	I
1356	43	110	I
1357	57	88	I
1358	67	110	I
1360	51	94	I
1361	30	106	I
1362	16	206	I
1363	1	53	I
1364	4	58	I
1365	4	39	I
1366	2	38	I
1367	1	29	I
1368	5	25	I
1369	18	33	I
1370	440	605	I + VIII
1371	427	602	I + VIII
1372	384	621	I + VIII
1373	494	539	I + VIII
1374	416	609	I + VIII
1375	470	538	I + VIII
1376	412	427	I + VIII
1377	402	436	I + VIII
1378	436	543	I + VIII
1379	439	411	I + VIII
1380	434	392	I + VIII
1381	492	440	I + VIII
1382	494	439	I + VIII
1383	421	493	I + VIII
1384	441	487	I + VIII
1385	538	537	I + VIII
1386	605	574	I + VIII
1387	605	515	I + VIII
1388	7	15	I
1389	8	18	I
1390	47	77	I
1391	6	16	I
1392	3	11	I
1393	25	14	I
1394	3	15	I
1395	25	2	I
1396	20	2	I
1397	4	11	I
1398	1	14	I
1399	0	10	I
1400	48	54	I
1401	2	24	II
1402	18	27	II
1403	6	20	II
1404	7	41	II
1405	4	6	II
1406	6	16	II
1407	13	16	II
1408	15	44	II
1409	4	28	II
1410	58	67	II
1411	1	23	II

1412	1	19	II		1446	7	6	II
1413	1	6	II		1447	0	5	II
1414	4	16	II		1448	2	7	II
1415	2	10	II		1449	0	11	II
1416	1	11	II		1450	61	77	II
1417	3	17	II		1451	6	12	II
1418	0	11	II		1452	3	4	II
1419	1	10	II		1453	1	22	II
1420	26	103	II		1454	2	7	II
1421	4	19	II		1455	2	5	II
1422	7	25	II		1456	1	12	II
1423	3	11	II		1457	1	6	II
1424	1	9	II		1458	9	8	II
1425	5	10	II		1459	0	16	II
1426	6	17	II		1460	56	77	II
1427	5	13	II		1461	366	640	II
1428	14	15	II		1462	391	674	II
1429	7	21	II		1463	404	656	II
1430	55	67	II		1464	422	632	II
1431	5	13	II		1465	437	699	II
1432	4	24	II		1466	421	753	II
1433	0	11	II		1467	452	801	II
1434	1	10	II		1468	392	758	II
1435	3	22	II		1469	379	636	II
1436	6	16	II		1470	377	696	II
1437	10	17	II		1471	403	774	III
1438	3	4	II		1472	426	836	III
1439	0	7	II		1473	415	880	III
1440	66	76	II		1474	423	790	III
1441	1	12	II		1475	465	852	III
1442	0	18	II		1476	445	773	III
1443	0	5	II		1477	430	768	III
1444	0	17	II		1478	422	767	III
1445	5	16	II		1479	397	708	III

1480	447	732	III
1481	418	780	III
1482	461	816	III + IV
1483	418	733	III + IV
1484	437	713	III + IV
1485	453	706	III + IV
1486	382	633	III + IV
1487	369	704	III + IV
1488	343	626	III + IV
1489	394	605	III + IV
1490	328	641	III + IV
1491	305	629	III + IV
1492	336	597	III + IV
1493	312	644	III + IV
1494	341	669	III + IV
1495	331	609	III + IV
1496	295	604	III + IV
1497	260	657	III + IV
1498	261	619	III + IV
1499	359	651	III + IV
1500	318	758	III + IV

Tabelle 50 | Anzahl der Buchungen von Einnahmen (Recepta) und Ausgaben (Exposita) der Stadt Hamburg von 1350–1500 nach der Bearbeitung durch Koopmann (I–IV)* und der Ergänzung durch Nirrnheim (VIII)**, Erläuterungen s. Text.

Daten aus:
* Kämmereirechnungen der Stadt Hamburg 1350–1400, 1. Band, bearb. v. Karl KOPPMANN, Hamburg 1869; Kämmereirechnungen der Stadt Hamburg 1401–1470, 2. Band, bearb. v. Karl KOPPMANN, Hamburg 1873; Kämmereirechnungen der Stadt Hamburg 1471–1470, 3. Band, bearb. v. Karl KOPPMANN, Hamburg 1878; Kämmereirechnungen der Stadt Hamburg 1482–1500, 4. Band, bearb. v. Karl KOPPMANN, Hamburg 1880.
** Kämmereirechnungen der Stadt Hamburg 1350–1400, Bd. 8, Nachträge und Register zum ersten Bande, bearb. v. Hans NIRRNHEIM, (hrsg. vom Verein für Hamburgische Geschichte), Hamburg 1939.

5.2. Reval

	1433	1434	1435	1436	1437	1438	1439	1440	1441	1442
Januar	40	45	17	24	22	38	35	20	27	31
Februar	17	21	22	16	21		20	22	33	4
März	21	34	28	20	33	53	38	13	10	48
April	24	42	30	35	33	20	28	36	21	45
Mai	42	67	48	34	40	10	92	32	65	39
Juni	39	38	30	43	45	43	39	55	31	37
Juli	32	35	32	13	51	41	56	45	53	27
August	45	34	27	29	41	57	42	16	28	22
September	31	32	21	28	37	41	37	14	33	33
Oktober	87	31	41	64	87	51	48	52	33	26
November	47	50	26	15	43	30	38	24	20	42
Dezember	42	44	32	47	23	62	56	51	29	65
Σ	467	473	354	368	476	446	529	380	383	419

	1443	1444	1445	1446	1447	1448	1449	1450	1451	1452
Januar	17	24	24	8	35	21	12	36	31	18
Februar	23	19	15	42	29	18	30	12	24	19
März	35	13	42	51	37	39	38	27	28	41
April	29	23	33	23	58	45	29	23	22	53
Mai	43	56	38	49	19	25	51	30	48	38
Juni	52	63	10	34	26	35	14	39	30	25
Juli	29	23	12	46	39	30	13	24	49	41
August	32	16	19	30	32	57	44	10	38	31
September	38	36	38	17	30	34	34	38	42	10
Oktober	54	78	57	47	49	81	54	33	31	52
November	31	62	29	25	20	44	32	33	11	31
Dezember	35	94	39	54	44	28	34	19	32	33
Σ	418	507	356	426	418	457	385	324	386	392

	1453	1454	1455	1456	1457	1458	1459	1460	1461	1462
Januar	12	0	30	38	0	32	30	0	42	29
Februar	19	24	32	20	30	0	19	16	19	30
März	45	26	52	28	28	42	29	19	39	6
April	31	17	28	28	16	53	51	40	19	32
Mai	24	21	39	45	38	26	18	61	74	60
Juni	69	46	25	39	46	40	32	14	34	3
Juli	29	0	52	24	11	19	20	6	28	46
August	17	22	32	30	18	19	12	17	48	24
September	12	10	68	14	34	24	14	42	29	16
Oktober	38	43	26	70	34	37	57	34	55	58
November	26	48	32	23	32	22	13	30	41	17
Dezember	17	40	52	48	42	42	50	39	36	38
Σ	339	297	468	407	329	356	345	318	464	359

	1463	1464	1465	1466	1467	1468	1469	1470	1471	1472
Januar	0	39	27	20	27	33	15	0	0	0
Februar	43	20	31	0	15	11	0	20	25	0
März	20	46	25	54	22	21	66	0	11	28
April	55	41	26	23	44	15	8	27	19	51
Mai	40	38	44	72	46	57	24	64	46	41
Juni	25	42	54	75	21	16	20	39	32	25
Juli	30	31	39	12	37	35	41	27	15	33
August	32	23	21	23	46	36	11	41	29	19
September	14	19	23	4	31	66	34	56	41	17
Oktober	49	34	55	30	69	44	48	62	60	52
November	11	0	16	29	10	89	16	14	12	9
Dezember	42	21	36	8	44	25	49	48	31	35
Σ	361	354	397	350	412	448	332	398	321	310

	1473	1474	1475	1476	1477	1478	1479	1480	1481	1482
Januar	8	0	0	20	0	16	14	30	33	34
Februar	24	0	23	15	0	23	28	29	26	0
März	6	0	28	23	0	50	28	23	39	32
April	6	74	36	8	21	55	37	72	20	30
Mai	55	22	31	36	28	45	14	38	67	66
Juni	7	11	28	17	19	27	24	32	32	30
Juli	8	18	32	18	13	34	27	46	30	30
August	12	19	25	18	12	32	42	44	32	36
September	8	19	25	10	4	33	20	53	37	53
Oktober	30	40	22	26	3	72	92	50	88	57
November	9	11	25	15	64	8	0	40	21	24
Dezember	27	30	37	23	20	25	43	83	62	31
Σ	200	244	312	229	184	420	369	540	487	423

	1483	1484	1485	1486	1487	1488	1489	1490	1491	1492
Januar	20	14	45	11	66	17	10	30	24	22
Februar	15	11	0	35	19	0	12	0	11	13
März	28	19	34	42	17	26	45	38	12	21
April	45	7	54	71	0	41	12	64	47	15
Mai	41	74	38	40	63	66	98	61	42	72
Juni	28	52	21	25	32	16	22	22	48	56
Juli	24	24	10	30	2	16	17	25	25	15
August	30	19	16	22	11	21	25	24	27	17
September	21	28	23	22	20	15	22	20	48	30
Oktober	86	63	33	27	75	83	52	84	50	63
November	25	23	27	29	35	30	50	33	31	31
Dezember	23	36	47	32	81	31	10	20	34	40
Σ	386	370	348	386	421	362	375	421	399	395

	1493	1494	1495	1496	1497	1498	1499	1500	1501	1502
Januar	18	9	40	25	17	11	19	25	15	27
Februar	10	13	18	18	14	0	27	25	8	6
März	33	35	20	13	31	33	8	9	28	10
April	52	43	14	46	80	41	58	7	5	47
Mai	57	56	86	35	32	58	55	73	89	33
Juni	28	24	46	55	36	28	30	31	37	19
Juli	23	28	33	34	23	33	22	22	29	19
August	24	18	31	16	29	13	20	23	14	18
September	22	21	17	21	10	37	29	15	22	25
Oktober	47	60	37	51	60	49	56	90	50	53
November	23	46	32	54	33	26	53	44	45	18
Dezember	38	28	28	37	30	45	23	20	17	51
Σ	375	381	402	405	395	374	400	384	359	326

	1503	1504	1505	1506	1433–1506	MW	SAW
Januar	5	8	15	11	1558	21,1	13,6
Februar	11	0	12	0	1227	16,6	10,9
März	16	32	7	21	2063	27,9	14,2
April	33	28	56	17	2518	34,0	18,0
Mai	48	53	32	45	3493	47,2	18,7
Juni	29	18	21	25	2401	32,4	14,1
Juli	20	28	16	18	2018	27,3	12,3
August	25	13	16	15	1929	26,1	11,0
September	16	15	11	10	1974	26,7	13,6
Oktober	71	14	41	38	3824	51,7	19,2
November	17	43	48	45	2201	29,7	15,7
Dezember	31	35	26	34	2784	37,6	15,5
Σ	322	287	301	279	27990	378,2	67,6

Tabelle 51 | Anzahl der Buchungen in den Kämmereiregistern von Reval 1433–1506.

Daten aus:
Kämmereibuch der Stadt Reval: 1432–1463, Halbbd. 1: Nr. 1–769, bearb. von Reinhard VOGELSANG (= Quellen und Darstellungen zur hansischen Geschichte N.F., 22,1), Köln 1976; Halbbd. 2: Nr. 770–1190, bearb. von Reinhard VOGELSANG (= Quellen und Darstellungen zur hansischen Geschichte N.F., 22,2), Köln 1976.
Kämmereibuch der Stadt Reval: 1463–1507, Halbbd. 1: Nr. 1191–1990, bearb. von Reinhard VOGELSANG (= Quellen und Darstellungen zur hansischen Geschichte N.F., 27,1), Köln 1983; Halbbd. 2: Nr. 1991–2754, bearb. von Reinhard VOGELSANG (= Quellen und Darstellungen zur hansischen Geschichte N.F., 27,2), Köln 1983.

6. Abbildungen Wasserzeichen Mühlhausen

Die Wiedergabe der Wasserzeichen erfolgt in Grauwerten. Wegen der unterschiedlichen Orientierung der Blätter wurden die Darstellungen zur Standardisierung und zum besseren Vergleich mit publizierten Beispielen, falls erforderlich, gedreht oder gespiegelt. (Alle fotografischen Aufnahmen Miller, 28.11.2017 und 10./11.12.2018)[1319]

6.1. Mühlhausen, Kämmereiregister 1407, StadtA Mühlhausen 2000/2

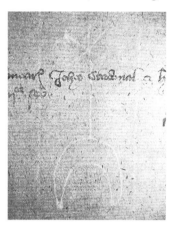

Abb. 101 | Fol. 2, Wasserzeichen Mond, frei mit Beizeichen Stern auf einkonturiger Stange, Sichel konvex, ca. 30x77 mm. Ähnlich Keinz Nr. 47 (1399, 1408)[1320], Briquet Nr. 5225 (1421)[1321] und Piccard Referenznummer DE925-PO-41469 (1398, München).[1322]

Abb. 102 | Fol. 25, Wasserzeichen Glocke, frei ohne Beizeichen, Glockenkörper ohne Schulter, Glockenmund einkonturig, ohne Joch, mit Klöppel, ca. 29x66 mm. Ähnlich Piccard Referenznummer IT6900-PO-40101 (1406, Brügge).[1323]

1319 Die Bestimmung der Wasserzeichen erfolgte nach PICCARD, Gerhard: Wasserzeichen Bände I–XVII der Wasserzeichenkartei Piccard im Hauptstaatsarchiv Stuttgart (Veröffentlichungen der staatlichen Archivverwaltung Stuttgart), Stuttgart 1961–97; URL: https://www.wasserzeichen-online.de (letzter Zugriff: 09.05.2023) und den weiteren angegebenen Standardwerken.
1320 KEINZ, Friedrich: Die Wasserzeichen des 14. Jahrhunderts in Handschriften der k. bayerischen Hof- und Staatsbibliothek. In: Abhandlungen. Bayerische Akademie der Wissenschaften, phil.-hist. Klasse, Bd. 20 (1895), S. 497, Tafel IV.
1321 BRIQUET, Bd. 3, 1968; Bd. 1: Original Text (A–J), 1968, S. 309.
1322 Piccard-Online Wasserzeichen Informationssystem, Referenznummer DE925-PO-41469.
1323 Piccard-Online Wasserzeichen Informationssystem, Referenznummer IT6900-PO-40101.
1324 SCHULTZ, 2018, S. 119 f.
1325 PICCARD, 1983, Findbuch XIII, S. 20, S. 80.
1326 Piccard-Online Wasserzeichen Informationssystem, Referenznummer IT5235-PO-21880; BRIQUET, Bd. 3, 1968, Nr. 3114–3118; Bd. 1, 1968, S. 212.
1327 PICCARD, 1966, Findbuch II, 1, S. 186, II, 3, S. 589.
1328 Piccard-Online Wasserzeichen Informationssystem, Referenznummer DE0960-Mm81_360.
1329 Piccard-Online Wasserzeichen Informationssystem, Referenznummer DE7575-PO-68473.

6.2. Mühlhausen, Kämmereiregister 1409–1410, StadtA Mühlhausen 2000/3

Abb. 103 | Fol. 2, Wasserzeichen Lilie, frei mit Beizeichen einkonturiger Stern, ohne weitere Beizeichen, ca. 40x57 mm. Links unten neben dem Wasserzeichen eine durch Wassertropfen hervorgerufene Schadstelle im Papier.[1324] Ähnlich Piccard I Nr. 348 (1409, Nürnberg).[1325]

Abb. 104 | Fol. 16, Wasserzeichen Geometrische Figur mit 3 Elementen, Stern – Kreis – Stern ohne Beizeichen, senkrecht, ca. 20x100 mm. Ähnlich Piccard Referenznummer IT5235-PO-21880 (1373, o.O.) und Briquet, Cercle Nr. 3114–3118 (1387–1412).[1326]

Abb. 105 | Fol. 29a, Wasserzeichen Ochsenkopf, frei mit Oberzeichen einkonturige Stange und Blume mit sechs Blütenblättern ohne weiteres Beizeichen, mit Augen, rundem Kinn, ca. 35x85 mm. Ähnlich Piccard XII Nr. 251 (1416, Arnstadt, Thüringen).[1327]

6.3. Mühlhausen, Kämmereiregister 1417–1419, StadtA Mühlhausen 2000/4

Abb. 106 | Fol. 8, Wasserzeichen Ochsenkopf, frei mit Oberzeichen einkonturige Stange und Blume mit sechs Blütenblättern ohne weiteres Beizeichen, mit Augen, rundem Kinn, ca. 37x91 mm. Abstand der Kettdrähte ca. 41 mm, POSP 111 mm, POSR 2 mm. Ähnlich Piccard Referenznummer DE0960-Mm81_360 (1. Viertel 15. Jahrhundert, Deutschland, Magdeburg).[1328]

Abb. 107 | Fol. 130, Wasserzeichen Ochsenkopf, frei mit Oberzeichen zweikonturige Stange und Kreuz ohne weiteres Beizeichen, Kreuzbalken mit Einkerbungen, mit Augen, rundem Kinn, ca. 41x109 mm. Abstand der Kettdrähte ca. 42 mm, POSP 105 mm, POSR 0 mm. Ähnlich Piccard Referenznummer DE7575-PO-68473 (1419, Schwäbisch Hall).[1329]

6.4. Mühlhausen, Kämmereiregister 1451–1452, StadtA Mühlhausen 2000/8

Abb. 108 | Fol. 10, Wasserzeichen Ochsenkopf mit Augen, frei mit Oberzeichen Blume mit sieben Blütenblättern, mit zweikonturiger Stange, ohne weiteres Beizeichen, ca. 34x106 mm Abstand der Kettdrähte ca. 35 mm. Ähnlich Piccard Referenznummer DE2220-Codst_203_65 (1448, Schwaben).[1330]

Abb. 109 | Fol. 13, Wasserzeichen Ochsenkopf, frei mit Oberzeichen sechsstrahliger einkonturiger Stern, mit einkonturiger Stange, mit Augen- und Nasenlöchern, ohne Kreis auf der Stirn, ohne weiteres Beizeichen ca. 32x64 mm, Abstand der Kettdrähte ca. 35 mm. Ähnlich Piccard Referenznummer DE2730-PO-75390 (1450, Butzbach).[1331]

Abb. 110 | Fol. 28, Wasserzeichen Ochsenkopf, frei mit Oberzeichen sechsstrahliger einkonturiger Stern, mit einkonturiger Stange, mit Augen- und Nasenlöchern, ohne weiteres Beizeichen ca. 33x61 mm, Abstand der Kettdrähte ca. 36 mm. Ähnlich Piccard Referenznummer DE2925-PO-76617 (1448, o.O.).[1332]

Abb. 111 | Fol. 79, Wasserzeichen Ochsenkopf, frei mit Oberzeichen sechsstrahliger einkonturiger Stern, mit einkonturiger Stange, mit Augen- und Nasenlöchern, mit Kreis auf der Stirn, ohne weiteres Beizeichen ca. 33x65 mm, Abstand der Kettdrähte ca. 38 mm. Ähnlich Piccard Referenznummer DE2910-PO-76803 (1453, Freiburg, Breisgau).[1333]

6.5. Mühlhausen, Kämmereiregister 1456, StadtA Mühlhausen 2000/9

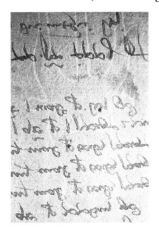

Abb. 112 | Fol. 8, Wasserzeichen Ochsenkopf (S, vertikal gespiegelt) ca. 30x(56) mm, inkomplett und damit nicht sicher bestimmbar. Möglicherweise handelt es sich um ein Modell mit Augen und ohne Nasenlöcher, das auf der zweikonturigen Stange eine Blume mit 5 runden Blütenblättern, ohne weiteres Beizeichen trägt. Ähnlich Piccard XIII Nr. 163 (1444–1446, Innsbruck).[1334]

Abb. 113 | Fol. 10, Teilwasserzeichen Waage mit Aufhängung an einer Öse, nicht genau bestimmbar. Ähnlich Piccard Nr. 185 (1450, Metz).[1335]

Abb. 114 | Fol. 22, Wasserzeichen Ochsenkopf (A, vertikal gespiegelt), frei mit Oberzeichen einkonturige Stange und einkonturigem, sechsstrahligem Stern, ohne weiteres Beizeichen, mit Augen und Nasenlöchern, ca. 27x50 mm. Ähnlich Piccard Referenznummer DE4500-GBfol_78_11 (1446–1455, Köln).[1336]

1330 Piccard-Online Wasserzeichen Informationssystem, Referenznummer DE2220-Codst_203_65.
1331 Piccard-Online Wasserzeichen Informationssystem, Referenznummer DE2730-PO-75390.
1332 Piccard-Online Wasserzeichen Informationssystem, Referenznummer DE2925-PO-76617.
1333 Piccard-Online Wasserzeichen Informationssystem, Referenznummer DE2910-PO-76803.
1334 PICCARD, 1966, Findbuch II, 1, S. 207; II, 3, S. 664.
1335 PICCARD, 1978, Findbuch V, Abt. IV, S. 24, 134.
1336 Piccard-Online Wasserzeichen Informationssystem, Referenznummer DE4500-GBfol_78_11.

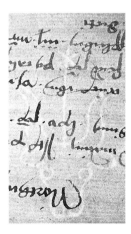 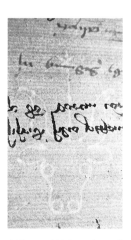 

Abb. 115 | Fol. 37, Wasserzeichen Ochsenkopf (B, vertikal gespiegelt) frei mit Oberzeichen einkonturige Stange und einkonturigem, sechsstrahligem Stern, ohne weiteres Beizeichen, mit Augen und Nasenlöchern ca. 30x50 mm, mit leichten Unterschieden zu A. Gehört vom Typus zu Abt. VII im Findbuch II, 2 von Piccard, ist dort aber nicht auszumachen.[1337]

Abb. 116 | Fol. 39 (s.a. 34), Wasserzeichen Ochsenkopf (C, vertikal gespiegelt) frei mit Oberzeichen mit einkonturiger Stange und einkonturigem, sechsstrahligem Stern, ohne weiteres Beizeichen, mit Augen und Nasenlöchern ca. 30x50 mm. Breiter als A und B. Gehört vom Typus ebenfalls zu Abt. VII im Findbuch II, 2 von Piccard, ist dort aber nicht auszumachen.[1338]

Abb. 117 | Fol. 46 (und fol. o.Nr.), Wasserzeichen Ochsenkopf (D, vertikal gespiegelt) frei mit Oberzeichen mit einkonturiger Stange und einkonturigem, sechsstrahligem Stern, ohne weiteres Beizeichen, mit Augen und Nasenlöchern, ca. 30x50 mm, mit leichten Unterschieden zu A–C. Gehört vom Typus ebenfalls zu Abt. VII im Findbuch II, 2 von Piccard, ist dort aber nicht auszumachen.[1339]

1337 PICCARD, 1966, Findbuch II, 2, S. 407–446.
1338 PICCARD, 1966, Findbuch II, 2, S. 407–446.
1339 PICCARD, 1966, Findbuch II, 2, S. 407–446.

6.6. Mühlhausen, Kämmereiregister 1460, StadtA Mühlhausen 2000/10

Oben: Fol. o.Nr. (1) und fol. 27
(Siebseite, links Durchlicht, rechts Schräglicht).

Unten: Fol. 44 und fol. o.Nr. (77)
(Siebseite, links Durchlicht, rechts Schräglicht).

Abb. 118 | Alle Wasserzeichen dieses Kämmereiregisters sind vom gleichen Typus: Dreiberg, frei mit Beizeichen zweikonturige Stange mit einfachem lateinischen Kreuz, ohne weiteres Beizeichen, Kreuzbalken gerundet, ca. 27x76 mm, Abstand der Kettdrähte ca. 37–38 mm. Ähnlich Piccard VII Nr. 1879 (1454, Cadolzburg, Nürnberg).[1340]

6.7. Mühlhausen, Kämmereiregister 1460–1461, StadtA Mühlhausen 2000/11

Abb. 119 | Fol. 1, Wasserzeichen Dreiberg, frei mit Beizeichen zweikonturige Stange mit einfachem lateinischem Kreuz mit gerundeten Kreuzbalken, ca. 28x125 mm, Abstand der Kettdrähte ca. 35mm. Ähnlich Piccard DE5580-Clm3553_176a (1465–1470, Augsburg).[1341]

1340 PICCARD, 1996, Findbuch XVI, 2, S. 16, 48.
1341 Piccard-Online Wasserzeichen Informationssystem, Referenznummer DE5580-Clm3553_176a.

Abb. 120 | Fol. 3 (links) und fol. 29 (rechts), Wasserzeichen Ochsenkopf, mit Augen innen und Nasenlöchern, mit einkonturiger Stange und zweikonturigem Tau, ohne Kreis auf der Stirn, ca. 30x60 mm. Ähnlich Piccard X, Nr. 209, (1464–74, Basel, Breisach, Eppstein i.T., Kirkel Saar, Rheinfels, Veldenz).[1342]

6.8. Mühlhausen Kämmereiregister 1483–1486, StadtA Mühlhausen 2000/16

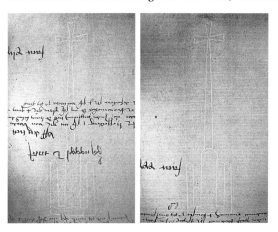

Abb. 121 | Fol. 172 (links) und fol. 177 (rechts) (beide vertikal gespiegelt); alle Wasserzeichen dieses Kämmereiregisters sind von ähnlichem Typus: Dreiberg, frei mit Beizeichen zweikonturige Stange mit einfachem lateinischen Kreuz, ohne weiteres Beizeichen, Kreuzbalken mit Einkerbungen, ca. 33x140 mm, Abstand der Kettdrähte ca. 35 mm. Ähnlich Piccard Referenznummer IT1365-PO-151818 (1468, Brescia).[1343]

6.9. Copialbuch der Stadt Mühlhausen i.Th. 1454, StadtA Mühlhausen 10/W, Nr. 7

Abb. 122 | Fol. 2, Wasserzeichen Ochsenkopf, frei mit Oberzeichen, mit einkonturiger Stange und einkonturigem sechsstrahligen Stern, ohne weiteres Beizeichen, mit freien Augen und glatter Kontur der Stirn, ca. 50x88 mm. Wasserzeichen über 2 Kettlinien, Abstand der Kettlinien ca. 42 mm. Ähnlich Piccard Referenznummer DE4620-PO-67215 (1402, Komotau).[1344]

 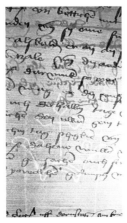

Abb. 123 | Fol. 5, Wasserzeichen Traube ohne Beizeichen, Stiel zweikonturig mit Ranke, Ranke nach hinten geführt, ca. 35x60 mm. Ähnlich Piccard Findbuch XIV, Abt. I, Nr. 542 (1455, Elbing).[1345]

Abb. 124 | Fol. 168, Wasserzeichen Krone ohne Bügel, frei mit Beizeichen Kleeblatt, ohne weiteres Beizeichen, ca. 52x43 mm, Abstand der Kettdrähte ca. 32 mm, ähnlich Piccard Nr. 325b (1454–1470, Basel u.a., 1464 Frankfurt a.M., Neuenahr)[1346] oder DE1710-Hs1413_25.[1347]

6.10. Copialbuch der Stadt Mühlhausen i. Th. 1460, StadtA Mühlhausen 10/W, Nr. 8

 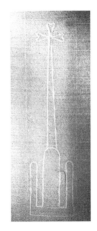

Abb. 125 | Deckseite 1, Wasserzeichen Heraldischer Adler, frei mit Herzschild, einköpfig, bekrönt, mit Fisch, ca. 71x91 mm, vermutlich nachträglich eingefügtes Blatt. Ähnlich Piccard Referenznummer DE4215-PO-162372 (1567, Gengenbach).[1348]

Abb. 126 | Fol. 276, Wasserzeichen Dreiberg, frei mit Beizeichen zweikonturige Stange mit einfachem lateinischen Kreuz, ohne weiteres Beizeichen, Kreuzbalken mit Einkerbungen, ca. 33x140 mm, Abstand der Kettdrähte ca. 37 mm, POSP 82 mm, POSR 1,5 mm. Ähnlich Piccard Referenznummer IT1365-PO-151818 (1468, Brescia).[1349]

1342 PICCARD, 1966, Findbuch II, 1, S. 157, II, 2, S. 501.
1343 Piccard-Online Wasserzeichen Informationssystem, Referenznummer IT1365-PO-151818.
1344 Piccard-Online Wasserzeichen Informationssystem, Referenznummer DE4620-PO-67215.
1345 Piccard, 1961, Findbuch XIV, Abt. I, S. 22, S. 105.
1346 Piccard, 1961, Findbuch I, Abt. I, S. 34, 61.
1347 Piccard-Online Wasserzeichen Informationssystem, Referenznummer DE1710-Hs1413_25.
1348 Piccard-Online Wasserzeichen Informationssystem, Referenznummer DE4215-PO-162372.
1349 Piccard-Online Wasserzeichen Informationssystem, Referenznummer IT1365-PO-151818.

7. Abbildungen Wasserzeichen Oberhessen

Die Wiedergabe der Wasserzeichen erfolgt in Grauwerten. Wegen der unterschiedlichen Orientierung der Blätter wurden die Darstellungen zur Standardisierung und zum besseren Vergleich mit publizierten Beispielen, falls erforderlich, gedreht oder gespiegelt (alle fotografischen Aufnahmen Miller, 2/7, 10/1, 48/5 und 119/3 24.03.2017, 2/1, 2/3, 5/6 20.07.2017; 2/2, 2/5, 2/6, 2/8, 2/9, 10/1, 10/10, 10/13, 11./12.09.2018, 2/4, 10/14 21.02.2019). Es wird der Typus des jeweiligen Wasserzeichens in einem am besten geeigneten Beispiel wiedergegeben. Eine Gesamtübersicht der vorhandenen Wasserzeichen geben die Tabellen im Anhang.

7.1. Kammerschreiberrechnung 1476/77, HStA Marburg, Rechnungen I, 2/1

Abb. 127 | Fol. 5, Wasserzeichen freier Buchstabe P in seiner gotischen Form mit gespaltenem Schaftende ohne Schnörkel, ohne Querstrich, Bogenende hinter dem Schaft mit Dorn am Bogenende, mit dem Beizeichen vierblättrige Blume, Blätter rund, ohne Stempel, ca. 19x74 mm, bei einem Abstand der Kettdrähte von ca. 40 mm. Ähnlich Piccard IV, Abt. IX, Nr. 745 (1476, Köln).[1350]

Abb. 128 | Fol. 38, Wasserzeichen Anker, ca. 27x 69 mm (ohne Kreis, mit einkonturigen Flunken und ohne Beizeichen, bei einem Abstand der Kettdrähte von ca. 40 mm. Ähnlich Piccard VI Abt. I Nr. 239 (1474, Utrecht) und Referenznummer NL8370-PO-Nr. 117661.[1351]

Abb. 129 | Fol. 89, Wasserzeichen Dreiberg mit dem Beizeichen einer zweikonturigen Stange und einem einfachen lateinischen Kreuz mit gerundeten Kreuzbalken, ca. 22x94 mm, bei einem Abstand der Kettdrähte von ca. 38 mm. Ähnlich Piccard CH0780-PO-152196 (1473, Basel).[1352]

1350 Piccard, 1977, Findbuch IV, 1, S. 86; IV, 3, S. 57.
1351 Piccard, 1978, Findbuch VI, 1, S. 17; VI, 1, S. 61; Piccard-Online Wasserzeichen Informationssystem, Referenznummer NL8370-PO-Nr. 117661.
1352 Piccard-Online Wasserzeichen Informationssystem, Referenznummer CH0780-PO-152196.
1353 Piccard-Online Wasserzeichen Informationssystem, Referenznummer DE2040-PO-11356.
1354 Piccard-Online Wasserzeichen Informationssystem, Referenznummer DE8100-PO-107431.
1355 Piccard-Online Wasserzeichen Informationssystem, Referenznummer DE6075-PO-113574.
1356 Piccard-Online Wasserzeichen Informationssystem, Referenznummer CH0780-PO-152196.

7.2. Kammerschreiberrechnung 1477/78, HStA Marburg, Rechnungen I, 2/2

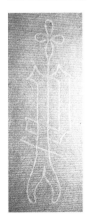

Abb. 130 | Fol. 3, Wasserzeichen freier Buchstabe P in seiner gotischen Form mit gespaltenem Schaftende ohne Schnörkel, mit Querstrich, Bogenende hinter dem Schaft ohne Dorn am Bogenende, mit dem Beizeichen vierblättrige Blume, Blätter rund ohne Stempel ca. 22x72 mm, bei einem Abstand der Kettdrähte von ca. 34 mm. Ähnlich Piccard DE2040-PO-113569 (1482, Marburg).[1353]

Abb. 131 | Fol. 18, Wasserzeichen freier Buchstabe P in seiner gotischen Form mit gespaltenem Schaftende ohne Schnörkel, ohne Querstrich, Bogenende hinter dem Schaft mit Dorn am Bogenende, ohne weiteres Beizeichen, ca. 21x57 mm, bei einem Abstand der Kettdrähte von ca. 37 mm (horizontal und vertikal gespiegelt). Ähnlich Piccard DE8100-PO-107431 (1478, Köln).[1354]

Abb. 132 | Fol. 107, eine weitere Version des freien Buchstabens P wie in dem voranstehenden Beispiel findet sich auf fol. 107, ca. 22x75 mm, bei einem Abstand der Kettdrähte von ca. 37 mm (horizontal gespiegelt). Ähnlich Piccard DE6075-PO-113574 (1479, Rheine).[1355]

Abb. 133 | Fol. 36, Wasserzeichen Anker, ohne Kreis, mit einkonturigen Flunken und ohne Beizeichen, ca. 33x63 mm, Abstand der Kettdrähte ca. 34 mm. Nicht in Piccard, Piccard-Online und Briquet gelistet.

Abb. 134 | Fol. 50, Wasserzeichen Ochsenkopf, frei, mit Augen und Nasenlöchern, mit Oberzeichen einkonturiger Stange, einkonturigem Stern, ohne weiteres Beizeichen, ca. 38x50 mm. Nicht in Piccard, Piccard-Online und Briquet gelistet.

Abb. 135 | Fol. 82, Wasserzeichen Dreiberg mit dem Beizeichen einer zweikonturigen Stange und einem einfachen lateinischen Kreuz mit gerundeten Kreuzbalken, ca. 22x95 mm, bei einem Abstand der Kettdrähte von ca. 37 mm. Ähnlich Piccard CH0780-PO-152196 (1473, Basel).[1356]

7.3. Kammerschreiberrechnung 1478/79, HStA Marburg, Rechnungen I, 2/3

Abb. 136 | Fol. 1, Wasserzeichen Reichsapfel aus der Motivgruppe Symbole/Herrschaftszeichen mit zweikonturigem griechischem Kreuz ohne weitere Beizeichen, ca. 56 mm hoch, Durchmesser des Rings 35 mm (Briquet: *cercle surmonté par une croix blanche formée par un double trait*).[1357] Ein Wasserzeichen dieser Art, bei dem das Kreuz eine Basis aufweist, ist bisher nicht publiziert.

Abb. 137 | Fol. 7, Wasserzeichen freier Buchstabe P in seiner gotischen Form mit gespaltenem Schaftende ohne Schnörkel, mit Querstrich, Bogenende hinter dem Schaft ohne Dorn am Bogenende, mit dem Beizeichen vierblättrige Blume, Blätter rund ohne Stempel (horizontal gespiegelt) ca. 17x60 mm, bei einem Abstand der Kettdrähte von ca. 38 mm). Ähnlich Piccard IV, Abt. XII, Nr. 581 (1478, Culemborg, Kleve).[1358]

Abb. 138 | Fol. 36, Wasserzeichen freier Buchstabe P in seiner gotischen Form mit gespaltenem Schaftende ohne Schnörkel, Bogenende hinter dem Schaft mit Querstrich vor dem Schaft, ohne Dorn am Bogenende mit dem einzigen Beizeichen einer vierblättrigen Blume, Blätter rund ohne Stempel, ca. 17x60 mm, Abstand der Kettdrähte ca. 38 mm (vertikal gespiegelt). Ähnlich Piccard IV, Abt. XII, Nr. 602 (1479, Rheine Westfalen, Zabern).[1359]

Abb. 139 | Fol. 56 und fol. 61, Wasserzeichen Dreiberg mit dem Beizeichen einer zweikonturigen Stange und einem einfachen lateinischen Kreuz mit gerundeten Kreuzbalken, ca. 22x96 mm, Abstand der Kettdrähte ca. 38 mm. Ähnlich Piccard DE5205-PO-152161 (1475, Mainz).[1360]

7. Abbildungen Wasserzeichen Oberhessen   581

7.4. Kammerschreiberrechnung 1479, HStA Marburg, Rechnungen I, 2/4

Abb. 140 | Fol. 4, Wasserzeichen freier Buchstabe P in seiner gotischen Form mit gespaltenem Schaftende ohne Schnörkel, Bogenende hinter dem Schaft ohne Querstrich vor dem Schaft, mit Dorn am Bogenende mit dem einzigen Beizeichen einer vierblättrigen Blume, Blätter rund ohne Stempel, ca. 20x76 mm, Abstand der Kettdrähte ca. 42 mm, 110 mm (vertikal gespiegelt). Ähnlich Piccard IV, Abt. IX, Nr. 658 (1479, Frankfurt).[1361]

Abb. 141 | Fol. 5, Wasserzeichen freier Buchstabe P in seiner gotischen Form mit gespaltenem Schaftende ohne Schnörkel, Bogenende hinter dem Schaft mit Querstrich vor dem Schaft, ohne Dorn am Bogenende mit dem einzigen Beizeichen einer vierblättrigen Blume, Blätter rund ohne Stempel, ca. 21x69 mm, Abstand der Kettdrähte ca. 35 mm. Ähnlich Piccard IV, Abt. XII, Nr. 103 (1478, Utrecht).[1362]

1357 BRIQUET, Bd. 1, 1968, S. 207.
1358 PICCARD, 1977, Findbuch IV, 1, S. 110; IV, 3, S. 190.
1359 PICCARD, 1977, Findbuch IV, 1, S. 110; IV, 3, S. 191.
1360 Piccard-Online Wasserzeichen Informationssystem, Referenznummer DE5205-PO-152161.
1361 PICCARD, 1977, Findbuch IV, 1, S. 106; IV, 3, S. 85.
1362 PICCARD, 1977, Findbuch IV, 1, S. 85; IV, 3, S. 170.

7.5. Kammerschreiberrechnung 1480, HStA Marburg, Rechnungen I, 2/5

Abb. 142 | Fol. 3, Wasserzeichen Dreiberg mit dem Beizeichen einer zweikonturigen Stange und einem einfachen lateinischen Kreuz mit gerundeten Kreuzbalken, ca. 23x93 mm, Abstand der Kettdrähte ca. 38 mm. Ähnlich Piccard DE5205-PO-152161 (1475, Mainz).[1363]

Abb. 143 | Fol. 61, Wasserzeichen freier Buchstabe P in seiner gotischen Form mit gespaltenem Schaftende ohne Schnörkel, mit Querstrich vor dem Schaft, Bogenende hinter dem Schaft ohne Dorn am Bogenende, mit dem einzigen Beizeichen einer vierblättrigen Blume, Blätter rund ohne Stempel, ca. 22x71 mm, Abstand der Kettdrähte ca. 37 mm (horizontal gespiegelt). Ähnlich Piccard DE2040-PO-113569 (1482, Marburg).[1364]

7.6. Kammerschreiberrechnung 1485, HStA Marburg, Rechnungen I, 2/6

Abb. 144 | Fol. 73, Wasserzeichen Krug aus der Gruppe Realien-Gefäße mit einfachem Deckel, einkonturigem Kreuz, einzelnem, doppelkonturigem Henkel, ohne weiteres Beizeichen, Bauch mit Linien, 14x45 mm. Ähnlich Piccard AT3800-PO-31351 (1482, Steinheim).[1365]

1363 Piccard-Online Wasserzeichen Informationssystem, Referenznummer DE5205-PO-152161 (1475, Mainz).
1364 Piccard-Online Wasserzeichen Informationssystem, Referenznummer DE2040-PO-113569.
1365 Piccard-Online Wasserzeichen Informationssystem, Referenznummer AT3800-PO-31351.

7.7. Kammerschreiberrechnung 1486, HStA Marburg, Rechnungen I, 2/7

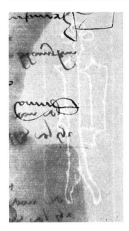
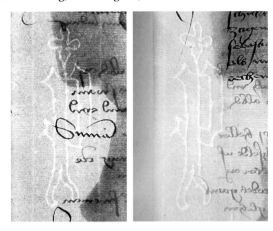

Abb. 145 | Fol. 19, Wasserzeichen freier Buchstabe P in seiner gotischen Form mit gespaltenem Schaftende ohne Schnörkel, ohne Querstrich vor dem Schaft, Bogenende hinter dem Schaft mit Dorn am Bogenende, mit dem einzigen Beizeichen einer vierblättrigen Blume, Blätter rund ohne Stempel, ca. 17x60 mm. Ähnlich Piccard IV, Abt. VIII, Nr. 127 (1482, Brüssel).[1366]

Abb. 146 | Fol. 17 und fol. 29 (20, 93), Wasserzeichen freier Buchstabe P in seiner gotischen Form mit gespaltenem Schaftende ohne Schnörkel, ohne Querstrich vor dem Schaft, Bogenende hinter dem Schaft mit Dorn am Bogenende, mit dem einzigen Beizeichen einer vierblättrigen Blume, Blätter rund ohne Stempel, ca. 17x60 mm. Ähnlich Piccard DE4500-PO-110992 (1485, Poppelsdorf).[1367] Papier mit diesem Wasserzeichen findet sich auch in der Hofmeisterrechnung von 1486 10/1 auf fol. 18.

Abb. 147 | Fol. 72 (s.a. fol. 70), Wasserzeichen freier Buchstabe P in seiner gotischen Form mit gespaltenem Schaftende ohne Schnörkel, mit Querstrich vor dem Schaft, Bogenende hinter dem Schaft ohne Dorn am Bogenende, mit dem einzigen Beizeichen einer vierblättrigen Blume, Blätter rund ohne Stempel, ca. 17x60 mm. Ähnlich Piccard IV, Abt. XII, Nr. 25 (1485, Mecheln).[1368]

Abb. 148 | Fol. 115 (s.a. fol. 41, 55), Wasserzeichen freier Buchstabe P in seiner gotischen Form mit gespaltenem Schaftende ohne Schnörkel, mit Querstrich vor dem Schaft, Bogenende hinter dem Schaft mit Dorn am Bogenende, mit dem einzigen Beizeichen einer vierblättrigen Blume, Blätter rund ohne Stempel, ca. 17x60 mm. Ähnlich Piccard IV, Abt. XIII, Nr. 81 (1488, Freiburg).[1369]

1366 PICCARD, 1977, Findbuch IV, 1, S. 75; IV, 2, S. 278.
1367 Piccard-Online Wasserzeichen Informationssystem, Referenznummer DE4500-PO-110992.
1368 PICCARD, 1977, Findbuch IV, 1, S. 105; IV, 3, S. 166.
1369 PICCARD, 1977, Findbuch IV, 1, S. 112; IV, 3, S. 205.

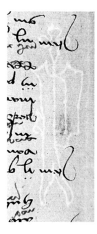  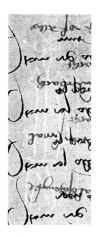

Abb. 149 | Fol. 81 (s.a. fol. 80, 83, 94, 99, 100), Wasserzeichen freier Buchstabe P in seiner gotischen Form mit gespaltenem Schaftende ohne Schnörkel, ohne Querstrich vor dem Schaft, Bogenende hinter dem Schaft mit Dorn am Bogenende, mit dem einzigen Beizeichen einer vierblättrigen Blume, Blätter rund ohne Stempel, ca. 17x60 mm. Ähnlich Piccard IV, Abt. IX, Nr. 742 (1477, Geroldseck).[1370]

Abb. 150 | Fol. 119 (s.a. fol. 33, 42, 44, 45, 57, 59, 109, 121), Wasserzeichen freier Buchstabe P in seiner gotischen Form mit gespaltenem Schaftende ohne Schnörkel, mit Querstrich vor dem Schaft, Bogenende hinter dem Schaft mit Dorn am Bogenende, mit dem einzigen Beizeichen einer vierblättrigen Blume, Blätter rund ohne Stempel, ca. 17x60 mm. Ähnlich Piccard IV, Abt. XIII, Nr. 73 (1485, Utrecht).[1371]

Abb. 151 | Fol. 68, Wasserzeichen freier Buchstabe P in seiner gotischen Form mit gespaltenem Schaftende ohne Schnörkel, mit Querstrich vor dem Schaft, Bogenende hinter dem Schaft ohne Dorn am Bogenende, mit dem einzigen Beizeichen einer vierblättrigen Blume, Blätter rund ohne Stempel, ca. 17x60 mm. Ähnlich Piccard IV, Abt. XII, Nr. 100 (1485, Culemborg).[1372]

 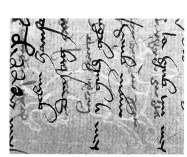

Abb. 152 | Fol. 10, Wasserzeichen Krug mit einfachem Deckel, zweikonturigem Henkel, einem mit Doppellinien versehenem Bauch und Deckel und einkonturigem Kreuz, ca. 10x45 mm. Ähnlich Briquet Pot Nr. 12482 von 1474, mit dem Unterschied von Doppellinien.[1373]

Abb. 153 | Fol. 102, Wasserzeichen Hund als ganze freie Figur, ca. 45x30 mm, ohne Beizeichen, mit Halsband ohne Ring (um 90° gedreht). Ähnlich Piccard XV, Abt. VII, Nr. 1281 (1487, Neuss).[1374]

7.8. Kammerschreiberrechnung 1497, HStA Marburg, Rechnungen I, 2/8

Das für die Kammerschreiberrechnung 1497 verwendete Papier ist nach den Wasserzeichen identisch mit dem Papier der Hofmeisterrechnung desselben Jahres. Da die Kammerschreiberrechnung in restaurierter Form vorliegt, wird auf die bessere Wiedergabequalität der Wasserzeichen der Hofmeisterrechnung 10/10 verwiesen.

7.9. Kammerschreiberrechnung 1499/1500, HStA Marburg, Rechnungen I, 2/9

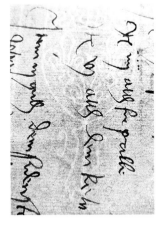

Abb. 154 | Fol. 18, Wasserzeichen Ochsenkopf, frei, mit Augen und Nasenlöchern, mit Oberzeichen mit einkonturiger Stange, zweikonturigem Kreuz, ohne weiteres Beizeichen, mit Antoniuskreuz/ Buchstabe Tau, ca. 24x61 mm. Ähnlich Piccard DE5580-2Incca3368_f7 (1496, Nürnberg).[1375]

Abb. 155 | Fol. 40, Wasserzeichen Ochsenkopf, frei, mit Augen und Nasenlöchern und Kreis auf der Stirn, mit Oberzeichen zweikonturigem Antoniuskreuz/Buchstabe Tau mit einkonturiger Stange, ohne weiteres Beizeichen, ca. 25x55 mm. Ähnlich Piccard DE2730-PO-73318 (1497, Gelnhausen).[1376]

Abb. 156 | Fol. 41, Wasserzeichen drei Lilien (Schild bekrönt) – ohne weitere Belegung, ca. 30x71 mm, bei einem Abstand der Kettdrähte von ca. 35 mm, s. 10/14: Fol. 4. Ähnlich Piccard DE2730-PO-128515 (1491, o.O.).[1377]

1370 PICCARD, 1977, Findbuch IV, 1, S. 86; IV, 3, S. 56.
1371 PICCARD, 1977, Findbuch IV, 1, S. 122; IV, 3, S. 168.
1372 PICCARD, 1977, Findbuch IV, 1, S. 106; IV, 3, S. 170.
1373 BRIQUET, 1968.
1374 PICCARD, 1987, Findbuch XV, 3, S. 28, 238.
1375 Piccard-Online Wasserzeichen Informationssystem, Referenznummer DE5580-2Incca3368_f7.
1376 Piccard-Online Wasserzeichen Informationssystem, Referenznummer DE2730-PO-73318.
1377 Piccard-Online Wasserzeichen Informationssystem, Referenznummer DE2730-PO-128515.

7.10. Hofmeisterrechnung 1485/86, HStA Marburg, Rechnungen I, 10/1

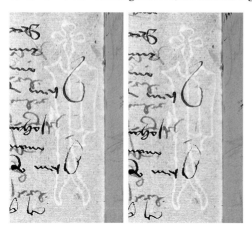

Abb. 157 | Fol. 7 und fol. 12, Wasserzeichen freier Buchstabe P in seiner gotischen Form mit gespaltenem Schaftende ohne Schnörkel, ohne Querstrich vor dem Schaft, Bogenende hinter dem Schaft mit Dorn am Bogenende, mit dem einzigen Beizeichen einer vierblättrigen Blume, Blätter rund ohne Stempel, ca. 17x60 mm. Ähnlich Piccard IV, Abt. VIII, Nr. 127 (1486, Brüssel).[1378] (Siehe fol. 19 der Kammerschreiberrechnung 2/7).

Abb. 158 | Fol. 18, Wasserzeichen freier Buchstabe P in seiner gotischen Form mit gespaltenem Schaftende ohne Schnörkel, ohne Querstrich vor dem Schaft, Bogenende hinter dem Schaft mit Dorn am Bogenende, mit dem einzigen Beizeichen einer vierblättrigen Blume, Blätter rund ohne Stempel, ca. 17x60 mm. Ähnlich Piccard DE4500-PO-110992 (1485, Poppelsdorf).[1379] Papier mit diesem Wasserzeichen wurde auch in der Kammerschreiberrechnung von 1486 10/21 auf fol. 17 und 29 verwendet.

Abb. 159 | Fol. 19, Wasserzeichen Krug mit einfachem Deckel mit einkonturigem Kreuz, ohne weiteres Beizeichen, mit einem zweikonturigem Henkel und Bauch mit Linien, ca. 20x71 mm. Ähnlich Piccard BE3090-PO-31378 (1485, o.O.).[1380]

1378 Piccard, 1977, Findbuch IV, 1, S. 75; IV, 3 S. 278.
1379 Piccard-Online Wasserzeichen Informationssystem, Referenznummer DE4500-PO-110992.
1380 Piccard-Online Wasserzeichen Informationssystem, Referenznummer BE3090-PO-31378.

7.11. Hofmeisterrechnung 1497, HStA Marburg, Rechnungen I, 10/10

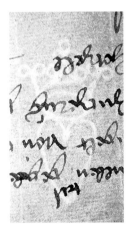

Abb. 160 | Fol. 3 und fol. 4, Wasserzeichen Dreiberg, frei, mit Beizeichen zweikonturige Stange, einfachem lateinischem Kreuz und zweikonturigem Stern als Beizeichen über dem Kreuz, ca. 27x107 mm, bei einem Abstand der Kettdrähte von ca. 30 mm. Ähnlich Piccard DE1335-PO-152411 (1493, Braunschweig).[1381]

Abb. 161 | Ohne fol. Nr., Wasserzeichen Ochsenkopf mit innenliegenden Augen und Nasenlöchern, mit Kreis auf der Stirn, mit einkonturiger Stange und zweikonturigem Beizeichen Tau, ca. 26x53 mm. Abstand der Kettdrähte ca. 23 mm. Wasserzeichen am Blattrand angeschnitten. Nicht in Piccard, Piccard-Online und Briquet gelistet.

Abb. 162 | Ohne fol. Nr., Wasserzeichen Herz mit Beizeichen Krone, 21x37 mm. Abstand der Kettdrähte ca. 23 mm. Ähnlich Piccard DE4500-PO-32450, DE2730-PO-32449 und DE2730-PO-32451 (1499/1500, Bergheim, Wesel).[1382]

7.12. Hofmeisterrechnung 1499, HStA Marburg, Rechnungen I, 10/13

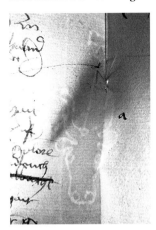

Abb. 163 | Fol. 7, Wasserzeichen Ochsenkopf mit innenliegenden Augen und Nasenlöchern, mit Kreis auf der Stirn, mit einkonturiger Stange und zweikonturigem Beizeichen Tau, ca. 26x52 mm, bei einem Abstand der Kettdrähte von ca. 35 mm, im Falz gelegen, einseitig über Kettlinie laufend. Nicht in Piccard, Piccard-Online und Briquet gelistet.

1381 Piccard-Online Wasserzeichen Informationssystem, Referenznummer DE1335-PO-152411.
1382 Piccard-Online Wasserzeichen Informationssystem, Referenznummern DE4500-PO-32450, DE2730-PO-32449 und DE2730-PO-32451.

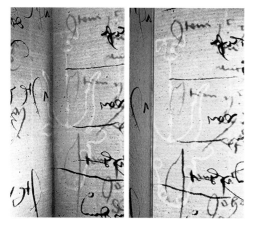

Abb. 164 | Fol. 15, Wasserzeichen Ochsenkopf mit innenliegenden Augen und Nasenlöchern, ohne Kreis auf der Stirn, mit einkonturiger Stange und zweikonturigem Beizeichen Tau, ca, 26x52 mm, Abstand der Kettdrähte ca. 33 mm, im Falz gelegen (links: Vollsicht, rechts: Halbseitenansicht, plan). Ähnlich Piccard AT3800-PO-72270 (1491, Selz, Hagenau, Stift).[1383]

7.13. Hofmeisterrechnung 1499, HStA Marburg, Rechnungen I, 10/14

Abb. 165 | Fol. 4, Wasserzeichen Drei Lilien (Schild bekrönt) – ohne weitere Belegung, ca. 30x71 mm, bei einem Abstand der Kettdrähte von ca. 35 mm. Gleiches Motiv auch in 2/9 fol. 41. Ähnlich Piccard DE2730-PO-128515 (1491, o.O.).[1384]

1383 Piccard-Online Wasserzeichen Informationssystem, Referenznummer AT3800-PO-72270.
1384 Piccard-Online Wasserzeichen Informationssystem, Referenznummer DE2730-PO-128515.
1385 PICCARD, 1977, Findbuch IV, 1, S. 110; IV, 3, S. 189.
1386 Piccard-Online Wasserzeichen Informationssystem, Referenznummer DE2730-PO-31356.
1387 Piccard-Online Wasserzeichen Informationssystem, Referenznummer DE4500-PO-31377.
1388 Piccard-Online Wasserzeichen Informationssystem, Referenznummer DE8730-PO-113266.
1389 PICCARD, 1977, Findbuch IV, 1, S. 105; IV, 3, S. 166.

7.14. Vormundschaftsrechnung für Landgraf Wilhelm d.J. 1485, HStA Marburg, Rechnungen I 5/6

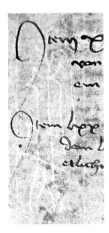

Abb. 166 | Fol. 5, Wasserzeichen freier Buchstabe P in seiner gotischen Form mit gespaltenem Schaftende ohne Schnörkel, mit Querstrich vor dem Schaft, Bogenende hinter dem Schaft ohne Dorn am Bogenende, mit dem einzigen Beizeichen einer vierblättrigen Blume, Blätter rund ohne Stempel, ca. 17x60 mm, bei einem Abstand der Kettdrähte von ca. 24 mm. Ähnlich Piccard IV, Abt. XII, Nr. 564 (1478, Marburg).[1385]

Abb. 167 | Fol. 37, Wasserzeichen Krug mit einfachem Deckel mit einkonturigem Kreuz, ohne weiteres Beizeichen, mit einem zweikonturigen Henkel und Bauch mit Linien, ca. 23x70 mm, bei einem Abstand der Kettdrähte von ca. 30 mm. Ähnlich Piccard DE2730-PO-31356 (1486, Frankfurt/Main).[1386]

Abb. 168 | Fol. 46 (fol. 48), Wasserzeichen Krug mit einfachem Deckel mit einkonturigem Kreuz, ohne weiteres Beizeichen, mit einem zweikonturigem Henkel und Bauch mit Linien, ca. 23x70 mm, bei einem Abstand der Kettdrähte von ca. 30 mm. Ähnlich Piccard DE4500-PO-31377 (1485, Lüttich).[1387]

Abb. 169 | Fol. 59, Wasserzeichen freier Buchstabe P in seiner gotischen Form mit gespaltenem Schaftende ohne Schnörkel, mit Querstrich, Bogenende hinter dem Schaft ohne Dorn am Bogenende, mit dem Beizeichen vierblättrige Blume ohne Stempel, ca. 17x60 mm, bei einem Abstand der Kettdrähte von ca. 23 mm). Ähnlich Piccard DE8730-PO-113266 (1483, Wesel).[1388]

Abb. 170 | Fol. 63, Wasserzeichen freier Buchstabe P in seiner gotischen Form mit gespaltenem Schaftende ohne Schnörkel, mit Querstrich vor dem Schaft, Bogenende hinter dem Schaft ohne Dorn am Bogenende, mit dem einzigen Beizeichen einer vierblättrigen Blume, Blätter rund ohne Stempel, ca. 17x60 mm, bei einem Abstand der Kettdrähte von ca. 23 mm. Ähnlich Piccard IV, Abt. XII, Nr. 25 (1485, Mecheln).[1389] Papier mit diesem Wasserzeichen wurde auch in der Kammerschreiberrechnung von 1486 10/21 auf fol. 70 und 72 verwendet.

7.15. Rentmeister zu Ziegenhain 1486, HStA Marburg, Rechnungen I 119/3

Abb. 171 | Fol. 64, Wasserzeichen Drei Lilien, Schild bekrönt. Das Zeichen ist stets im Falz eingebunden. Hier eine Darstellung mit originaler Bildhälfte links, die rechte Bildhälfte ist zur Ergänzung gespiegelt, ca. 40x75 mm. Ähnlich Piccard XIII, Abt. III, Nr. 1725 (1492–1494, Friedberg (Hess.), Köln).[1390]

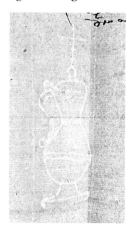

Abb. 172 | Fol. 66, Wasserzeichen Krug mit einfachem Deckel, zweikonturigem Henkel, einem mit Doppellinien versehenem Bauch und Deckel und einkonturigem Kreuz, ca. 21x70 mm, bei einem Abstand der Kettdrähte von ca. 23 mm (horizontal gespiegelt). Ähnlich Piccard DE4500-PO-31377 (1485, Lüttich).[1391]

Abb. 173 | Fol. 68, Wasserzeichen Kelch, frei, mit Deckel, mit zweikonturigem Vierblatt, ca. 30x80 mm, bei einem Abstand der Kettdrähte von ca. 28 mm. Ähnlich Piccard DE4500-PO-31184 (1484, Maastricht).[1392]

Abb. 174 | Fol. 74, Wasserzeichen freier Buchstabe P in seiner gotischen Form mit gespaltenem Schaftende ohne Schnörkel, mit Querstrich, Bogenende hinter dem Schaft mit Dorn am Bogenende, mit dem Beizeichen vierblättrige Blume, Blätter rund ohne Stempel, ca. 17x60 mm, bei einem Abstand der Kettdrähte von ca. 25 mm (vertikal gespiegelt). Ähnlich Piccard IV, Abt. XIII, Nr. 49 (1486, 1487, Dordrecht, Braunschweig).[1393]

7.16. Rentmeisterrechnung zu Frankenberg 1486, HStA Marburg, Rechnungen I 48/5

Abb. 175 | Fol. 4, Wasserzeichen freier Buchstabe P in seiner gotischen Form mit gespaltenem Schaftende ohne Schnörkel, ohne Querstrich, Bogenende hinter dem Schaft mit Dorn am Bogenende, mit dem Beizeichen vierblättrige Blume, Blätter rund ohne Stempel, ca. 17x60 mm, bei einem Abstand der Kettdrähte von ca. 27 mm (vertikal gespiegelt). Gehört vom Typus zu Abt. VIII im Findbuch IV, 2 von Piccard, ist dort aber nicht auszumachen.[1394]

Abb. 176 | Fol. 6, Wasserzeichen freier Buchstabe P in seiner gotischen Form mit gespaltenem Schaftende ohne Schnörkel, ohne Querstrich, Bogenende hinter dem Schaft ohne Dorn am Bogenende, mit dem Beizeichen eines griechischen Kreuzes, ca. 21x80 mm, bei einem Abstand der Kettdrähte von ca. 23 mm (vertikal gespiegelt). Ähnelt vom Typus Piccard Findbuch IV, 2 Abt. V; alle dort verzeichneten griechischen Kreuze haben aber kantige und nicht, wie im vorliegenden Fall, abgerundete Ecken.[1395]

1390 PICCARD, 1983, XIII, Abt. III, S. 34, 279.
1391 Piccard Online Wasserzeichen Informationssystem, Referenznummer DE4500-PO-31377.
1392 Piccard Online Wasserzeichen Informationssystem, Referenznummer DE4500-PO-31184.
1393 PICCARD, 1977, Findbuch IV, 1, S. 112; IV, 3, S. 204.
1394 PICCARD, 1977, Findbuch IV, 2, Abt. VIII, Nr. 1–612.
1395 PICCARD, 1977, Findbuch IV, 2, Abt. V, Nr. 251–322, S. 145–147.

8. Abbildungen Wasserzeichen Schlandersberg

Die Wiedergabe der Wasserzeichen erfolgt in Grauwerten. Wegen der unterschiedlichen Orientierung der Blätter wurden die Darstellungen zur Standardisierung und zum besseren Vergleich mit publizierten Beispielen, falls erforderlich, gedreht oder gespiegelt (Alle fotografischen Aufnahmen Miller 30.08.2016, 29.8.2017, 19.9.2017, 13.4.2018). Es wird der Typus des jeweiligen Wasserzeichens an einem Beispiel wiedergegeben. Eine Gesamtübersicht der vorhandenen Wasserzeichen geben die Tabellen im Anhang.

8.1. Rechnungsbuch Sygmund von Schlandersberg, 1394–1396

LAS Bozen, Archiv Kasten-Schlandersberg, Rechnungen, 001

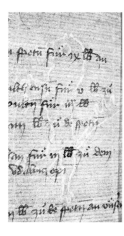

Abb. 177 | Fol. 9, Wasserzeichen Löwe, ganze Figur, frei ohne Beizeichen, aufrecht stehend, ohne Schultermähne, ca.45x 62 mm, Abstand der Kettdrähte ca. 40 mm. Nicht in Briquet oder Piccard gelistet.

Abb. 178 | Fol. 36, Wasserzeichen Glocke, frei, ohne Beizeichen, Glockenkörper ohne Schulter, Glockenmund einkonturig, ohne Joch, mit Klöppel, ca. 30x55 mm, bei einem Abstand der Kettdrähte von ca. 40 mm. Ähnlich Piccard DE2730-PO-40644 (1398, o.O.).[1396]

8.2. Rechnungsbuch Kaspar von Schlandersberg, Kod. 2, 1398–1399 (v. Ottenthal „a")

LAS Bozen, Archiv Kasten-Schlandersberg, Rechnungen, 002

Abb. 179 | Fol. 9, Wasserzeichen Halbmond, mit Oberzeichen einkonturiger Stange, einkonturigem Stern, ohne weiteres Beizeichen, ca. 30x78 mm, Abstand der Kettdrähte ca. 44mm. Ähnlich Keinz: Halbmond mit Kreuzelstange, (1399).[1397]

Abb. 180 | Fol. 13, Wasserzeichen Ochsenkopf, frei, mit Oberzeichen einkonturiger Stange und einkonturigem sechsstrahligem Stern mit geraden Enden, Sparrenfuß, mit Augen, ca. 30x104 mm, bei einem Abstand der Kettdrähte von ca. 41 mm. Ähnlich Piccard DE6405-PO-67964 (1398, Nürnberg).[1398]

8.3. Rechnungsbuch Kaspar von Schlandersberg, 1399–1401 (v. Ottenthal „b")

LAS Bozen, Archiv Kasten-Schlandersberg, Rechnungen, 001

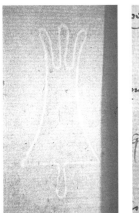

Abb. 181 | Fol. 3, Wasserzeichen Glocke, frei, ohne Beizeichen, Glockenkörper ohne Schulter, Glockenmund einkonturig, ohne Joch, mit Klöppel, ca. 30x53 mm, bei einem Abstand der Kettdrähte von ca. 41 mm). Ähnlich Piccard Referenznummer DE8100-HBI228_999e (1394/1395, o.O).[1399]

Abb. 182 | Fol. 10, Wasserzeichen Glocke, frei, ohne Beizeichen, Glockenkörper mit Schulter, Glockenmund einkonturig, ohne Joch, mit Klöppel drei Glockenhenkel, ca. 25x55 mm, bei einem Abstand der Kettdrähte von ca. 41 mm. Ähnlich Piccard DE0960-Mm83_17 (1410, Deutschland).[1400]

8.4. Rechnungsbuch Kaspar von Schlanderberg, Kod. 3, 1400–1402 (v. Ottenthal „c")

LAS Bozen, Archiv Kasten-Schlandersberg, Rechnungen, 003

Abb. 183 | Fol. 3, Wasserzeichen Glocke, frei, ohne Beizeichen, Glockenkörper ohne Schulter, Glockenmund einkonturig, ohne Joch, mit Klöppel, ca. 30x60 mm, Abstand der Kettdrähte nicht erkennbar. Ähnlich Piccard DE8100-HBVI130_999 (1400–1403, Oberitalien).[1401]

Abb. 184 | Fol. 7, Wasserzeichen Ochsenkopf frei mit einkonturiger Stange und Oberzeichen Kreis, ca. 50x90 mm, bei einem Abstand der Kettdrähte von ca. 40 mm). Ähnlich Piccard DE5910-PO-64672 (1391, o.O.).[1402]

1396 Piccard-Online Wasserzeichen Informationssystem, Referenznummer DE2730-PO-40644.
1397 KEINZ, 1897, S. 497 und Abb. 47 Tafel IV.
1398 Piccard-Online Wasserzeichen Informationssystem, Referenznummer DE6405-PO-67964.
1399 Piccard-Online Wasserzeichen Informationssystem, Referenznummer DE8100-HBI228_999e.
1400 Piccard-Online Wasserzeichen Informationssystem, Referenznummer DE0960-Mm83_17.
1401 Piccard-Online Wasserzeichen Informationssystem, Referenznummer DE8100-HBVI130_999.
1402 Piccard-Online Wasserzeichen Informationssystem, Referenznummer DE5910-PO-64672.

8.5. Kellnerrechnung 1402 (2)

LAS Bozen, Archiv Kasten-Schlandersberg, Rechnungen, 003

Abb. 185 | Fol. 6, Wasserzeichen Skorpion, frei mit Beizeichen Stange und Stern, ca. 33x87 mm. Ähnlich Briquet Nr. 13612 (1393-96) und Piccard DE7125-PO-52125 (1394, Regensburg).[1403]

Abb. 186 | Fol. 9, Wasserzeichen Ente, ca. 60x45 mm. Ähnlich Piccard DE4500-PO-42159 (1401, Köln).[1404]

Abb. 187 | Fol 18, Wasserzeichen Glocke, frei mit Beizeichen eingeschriebenem Kreis, Glockenkörper ohne Schulter, Glockenmund einkonturig, ca. 30x65 mm, bei einem Abstand der Kettdrähte von ca. 40 mm. Ähnlich Briquet Nr. 4002 (1402 Würzburg; 1390–1400 Bergamo) und Piccard DE3225-Chart_B_271_10 (1401–1497, Mittelbayern, Wien).[1405]

8.6. Kellnerrechnung (Kod. 4) 1420

LAS Bozen, Archiv Kasten-Schlandersberg, Rechnungen, 004

Abb. 188 | Fol. 7, Wasserzeichen Anthropomorphe Figur: Mohrenkopf, gekrönt, mit Krone und Stirnband, mit Blume ohne weiteres Beizeichen, ca. 40x83 mm, bei einem Abstand der Kettdrähte von ca. 39 mm). Ähnlich Keinz Nr. 95 (1415).[1406]

1403 BRIQUET, Bd. 4, 1968, Nr. 13612; Piccard-Online Referenznummer DE7125-PO-52125.
1404 Piccard-Online Wasserzeichen Informationssystem, Referenznummer DE4500-PO-42159.
1405 BRIQUET, 1968, Bd. 1 S. 251, Bd. 3, Nr. 4002; Piccard-Online Referenznummer DE3225-Chart_B_271_10.
1406 KEINZ, 1895, S. 500, Tafel IX.

9. Personenverzeichnis

(unterschiedliche Schreibweisen sind durch / getrennt)

A

Ackermann, Hentze (Heinrich) 288
Albrecht Achilles, Kurfürst 25
Albrecht III., Herzog von Österreich 28, 293, 348
Albrecht VI., Herzog von Österreich 29, 162
Albrecht, Herzog von Sachsen 264, 286, 290
Albrecht der Beherzte, Markgraf von Brandenburg 26, 270, 284
Aldenmolhusen, Gerlanus de 175, 185, 476
Al-Khwārizmi, Abu Ğafar Mohammed Ibn Musa 76
Annaberg, Hochgaltzaun und Casten, Freiherren von 334
Anna, Tochter Kurfürst Friedrichs von Sachsen 231
Anna, Tochter Graf Philipps d.Ä. v. Katzenelnbogen 229, 231
Anna von Braunschweig 231
Anna von Mecklenburg 231
Anthoni, Meister zu Grünberg / Grunbergk 257

B

Babist, Hermanus 176, 177, 478
Baldinrot, Johanne(s) 186
Barmstedt, Heinrich von 223
Bartholomäus (aus der Fuldischen Mark) 280
Baumbach, Heinrich von 287
Begkers, Hennen 195
Berlepsch, Caspar von 280
Berlepsch, Sittich von 268, 280
Bischof von Mcißcn 286
Blamont / Blomunt 348
Bodungen, Nobilibus de 132
Boemund II., Erzbischof von Trier 25, 81
Bolanden, Herren von 27
Bombelli, Rafael 79, 162
Bomgarte / Bomgarten, Henricus 175, 176, 185, 477, 478
Boyneburg, Hans von 238
Boyneburg, Reinhard d. Ä. von 287
Braunschweig / Brunswig / Bruswig / Brunsewig, Heinrich de 186, 475
Breidenbach, Johann von 280
Breitbach, Paulus von 287, 290
Brubeck, Johann von 276

Budingen, Crystian zu 258
Bubisheim, Niclas von 259
Buchenau, Caspar von 287

C

Cabil, Paulus 268
Carben, Johann von 259
Cardenail / Cardenal / Kardenal / Kardenall / Kordenayl, Johannes / Jo 172, 174, 176, 185, 186, 475, 477, 478
Cristian, Kelner 259
Corbie, Adalhard von 70
Craft, Schutzbar, genannt Milchling 280
Crystofeln, Zentgraf zu Neukirchen 269
Czilbeyn / Czillebeyn / Czylebeyn / Czylebey, Johannes (s.a. Zilbein) 176, 478

D

Dankisdorff, Bertold 167
Datini, Francesco 67
David, Jude 179
Dauernheim, Friedrich von 280
Dembeche, Johannes 167, 475, 477
Dernbach, Valentin von 280
Dernß, Hermann 477
Dilich, Wilhelm 230
Ditmar, Claus 138
Dörnberg / Dornberg, Hans von 229, 230, 245, 252–255, 270, 306, 317, 318, 365, 366
Dorne, Thomas 259
Drachenfels, Burggrafen von 25, 34, 71, 222, 223, 327, 329, 345, 346, 373, 374
Drachenfels, Godart von 223
Drachenfels, Klaus von 276
Duderstad / Duderstadt / Duderstat, Henrico de 186, 475

E

Ebelson, Jakob 257, 307
Ehreshausen / Ershausen / Ereshusen / Erishusen / Erckhusen, Henrico de / Henricus de 174, 186, 475
Eigenrieden, Kr. v. / Christianus von 186
Eisenhart, Johann 107

Elisabeth von Thüringen (Heilige Elisabeth) 227, 228
Elisabeth, Tochter Philipps von der Pfalz 231
Engelbrecht, Albertus 175, 176, 184, 476, 477
Engelbrecht, Apelone 175, 185, 186, 449, 477
Engelbrecht, Heinricus 176, 186, 478
Eppstein, Herren von 30
Ernst der Eiserne, Herzog 31
Erich / Erith, Theodericus de 174, 475
Ernst, Kurfürst von Sachsen, Herzog 264, 286, 290
Eyb, Ludwig der Ältere von 368
Eyhard, Hermuth 135
Eyhard, Rodolff 138
Eyre, Glacim von 475

F
Falke / Falcke, Bertold / Berthold / Berlt 116, 117, 125, 137, 167, 175, 185, 186, 448, 449, 475, 476, 477–479
Femel / Femele / Femell, Johenn / Johend 174, 186, 475, 476
Fibonacchi s. Leonardo von Pisa 76, 79
Fleck / Flegke / Flegken, Johannes 235, 236, 238, 241, 252–255, 312, 313, 317, 347, 365
Foscari, Doge von Venedig 64
Frank, Hans 119
Friedrich II., Kaiser 49
Friedrich II., Markgraf von Brandenburg 41
Friedrich III., Kaiser und König 179, 180, 271, 277, 278
Friedrich, Herzog von Sachsen 314

G
Gerhard, Herzog von Jülich-Berg, Graf von Ravensberg 34, 322
Gernßheim, Nyclaß zu 256
Gerstenberg von Frankenberg, Wigand 227, 230
Gherwer, Iohannes 204
Goethe, Johann Wolfgang von 41
Glonberge, Curd von 133
Görz, Grafen von 49
Göttingen, Gerhard von 106
Graniß, Hermano 167
Grebere, Henrico 134
Grevenstein, Jakob Engelbert von 107
Grussen / Greußen, Georin 176, 177, 186, 478
Grußen / Grusen / Greußen, Hermanus de 174, 186, 475
Grüßen, Apel von 268, 269, 280

H
Halbschenck, Volprecht 280
Haldungen, D. Nicolao 133
Hanse, Sattler 268
Harman, Wenmer 201
Hatzfeld, Johann von 275
Haybom, Albrechte 132
Heilingen / Heilingen, Hermanus de 174, 186, 364, 475, 478
Heinrich (der Erlauchte), Markgraf von Meißen 227, 228
Heinrich der Löwe, Herzog von Sachsen und Bayern 217
Heinrich I., Landgraf von Hessen 25, 227–229
Heinrich II. („der Eiserne"), Landgraf von Hessen 25, 229
Heinrich II., Herzog von Brabant 227
Heinrich III., Landgraf 228–231, 252, 254, 255, 277, 278
Heinrich IV., Herzog zu Mecklenburg 29, 304
Heinrich Raspe II., Graf von Hessen 22, 227
Heinrich Raspe III., Graf von Hessen 227
Heinrich VII., König 70
Heinrich, Bischof von Winchester 70
Heinrich, Herzog von Braunschweig 264, 285, 314
Heintze, Heinrich 284
Helmsdorf / Helmstorff, Daniele 176, 186, 478
Hendl, Maria Anna, Gräfin von 333
Hendl, Emanuel Vigil von 333
Hendl, Franz Josef Graf von 333
Hendl, Josefa Vigil von 333
Henne, Fritsch 275
Henne, Junker 288
Henne / Hennchen von Treysa, Andreas 260
Henricus, scriptor de Molenhusen 106
Hentze, Hans 246
Herborn, Johann von 270, 272
Herdagen, Johannes 258
Herman, Ludewige 259
Hermann, Erzbischof von Köln / Colne 229, 231, 244, 245, 252, 254–257, 270, 271, 278, 284, 286, 310, 311
Hermund, Ap(elone) 186, 475
Herwig / Hoerwig, Conrad 186, 477, 478
Herzberg, Heinrich von 288
Herzöge von Österreich 217
Hessen, Henchen 195

Hewn, Hans, Junker 332
Himmelbarth, Karsten 132
Hofweg, Hermanus 176
Hohenweisel, Hermann d.J. vom 280
Holtzhausen / Holtzhusen, Gypel / Gipele von 133
Holtzhusen, Curd vo(n) 133
Homberg, Henrico von 475
Homburg / Homberg, Johenn de 138, 174, 475
Horche / Horchen, Ap(elone) 186, 475
Horchen, Henricus 175
Hose, Wilhelm 280, 288
Hufeland, Johann 107
Humprech / Humbrecht, Heinrich (Henne) 133
Hun von Ellershausen, Hermann 266, 282
Hymberge, Henrico 134

I
Immemeyer, Heinrich 176, 478
Immenrot / Immenrod / Immenrode / Imenrot / Imerod / Ymmenroth / Ymenrod / Ymenrodt / Ymerot, Theodericus de 175, 176, 186, 477, 478
Inkil, Conan 259
Iocroff, Meister 128
Isenburg, Gerlach zu, Junker 272
Isenburg, Grafen von 29

J
Jacobe, Kelner zu Rinfels 255
Johann, der Pole 267
Johann, Landgraf von Hessen 229
Jude, Henne 283
Jülich-Berg, Herzog von 34, 345, 374

K
Kalder, Hildebrando 126
Kalhard, Hildebrando 126
Kappus, Hermann 107
Karl der Große 36, 94
Karl der Kühne, Herzog von Burgund 367
Karl IV., Kaiser 218, 222
Kasenstengel 121
Kasselmann, Koch 311
Katzenelnbogen, Anna, Gräfin von 229
Katzenelnbogen, Grafen von 26, 27, 223, 229–231, 233, 234, 262, 290, 291, 320
Katzenelnbogin, Frauwen von 287
Katzmann, Johann 319

Kefferhausen / Keffernhusen / Keffershusen / Keffershausen / Kenernhusen, Johannes 175, 186, 475, 476, 477
Kelner, Martin, Protonotar 107
Kemstedt / Kemestet / Kempstet, J. 186, 477, 478
Kerker, Herman 133
Kesten, Johannes 259
Konemund, Heinrich 107
Kronenberg, Emmerich 322
Kula / Keula, Henricus 174, 182, 185, 186, 475–477
Küllstedt / Kulstete / Kulsted / Kulstet, Ernestus de 175–177, 182, 185, 186, 449, 475–478
Küllstedt / Kulstete, Hermanus de 175, 177, 186, 477, 478
Küllstedt / Kulstete, Jo(hann) de 174, 186, 364, 475, 478

L
Ladewig, Johannes 176
Landgrafen von Hessen 32, 226, 232, 264, 271, 350, 355, 257–263, 376–380
Landgrafen von Thüringen 217
Lengefeld / Lengefeldt / Lengefelt / Lengenelt, Henrico / Heinricus 174, 184, 186, 448, 450, 476, 477
Lengefelt / Lengfeld, Conrad / Konrad 186, 477
Lengfeld / Lengefelt, Hermann / Herman 186, 449
Leonardus von Pisa, filius Bonacci, genannt Fibonacci 76
Leopold I., Kaiser 333
Liebenstein, Diener 274
Liechtenstein-Murau, Otto III. von 27, 222
Liederbach, Gottschalk von 280, 283, 307
Liederbach, Johann von 280
Linsingen, Godert (Gottfried) von 274
Lisle / Lin 348
Logke, Johanni 134
Loredano, Jacopo 64
Lorenz, Landknecht von Romerod 288
Löwenstein von Löwenstein, Eitel 279, 280
Löwenstein, Johann von 280, 288
Ludewig, Herman 259
Ludwig der Junker 229
Ludwig der Strenge 25
Ludwig I., Landgraf (der Ältere) 231
Ludwig I. von Hessen (der Friedfertige) 229, 255, 264

Ludwig II., Landgraf in Niederhessen 229–231
Ludwig IV., Landgraf von Thüringen 227
Ludowinger 226
Lüneburg, Heinrich von 315
Lutken, Paridum 204

M
Manscheid, Graf von 223
Marburg, Peter von 133
Marcelle, Gilles de la 55
Marche, Olivier de la 367
Margarete, Witwe Herzog Otto I. von Göttingen-Braunschweig 25, 50
Maria Anna, Gräfin Hendl 333
Markgrafen von Baden 267, 290, 304, 305
Markgraf von Meißen / Meissen 217, 225
Martin V., Papst 100
Maximilian I., Erzherzog, König, Kaiser 116, 219, 226, 270, 271, 278, 284, 361
Mechtild, Tochter Graf Ludwig I. von Württemberg 231
Medici 67
Medici, Averado de 77
Meyer, Jude 255
Migaut, Curt 121
Milschopnin, Hannes 259
Molsdorf, Johann 107
Monis / Moniß, Johannes 133
Montalban 333

N
Narziß, Magister 64
Nassau, Frauwen von 289
Nassau, Herrn von 283, 287, 288, 290
Nassau, Philip Graf von 284
Northausen / Northusen / Nordhausen, Fredericus de / Fritzsche von / Friderico de / Friedrich von / Friedrich 116, 117, 125, 137, 138, 167, 174, 175, 177, 186, 448, 449, 475–477
Northusen / Northuß, Tilomen de 174, 175, 476, 477
Noter, Dytma(r)us 106
Nuñez, Pedro 79, 162

O
Oigeriden / Oygerede, Herman de 129, 475
Oigeriden, K. 475
Oigeriden, Christianus de 174, 475

Olivi, Petrus Johannes 62
Ottenthal, Franz von 333
Otto I., Herzog von Braunschweig-Göttingen 50
Otto I. 229
Otto II. 95
Ouwen, Henricus 478

P
Pacioli, Luca 67, 68, 84
Paradies, Dr. Ludwig / Ludewig zum 266, 268, 304
Pfister, Leipziger Ratsherr 46
Philipp der Gute 85
Philipp („der Großmütige"), Landgraf von Hessen 219, 231, 234
Philipp, Pfalzgraf 278
Pisa, Leonardo von, genannt Fibonacci (Leonardus filius Bonacci) 76
Pistorius, Simon, Doctor 286
Porner, Hans 86
Puchheim zu Horn und Göllersdorf, Herr von 29, 82
Pucker, Gerhard 107
Pucker, Gunther 176

Q
Quad / Quade, Johann 308, 322, 323

R
Rammug, Matthias von, Bischof von Speyer 292
Raven, Heinrich 107
Ravensberg, Margarete Gräfin von 26, 34, 222, 325, 326, 346, 373
Rainald, Herzog 27
Regkil, Jacobe 259
Rencz von Wiesensteig, Martin 272
Rentmeister zu Frankenberg 246
Rentmeister zu Ziegenhain 245
Rheineck, Herrschaft 29
Rieß / Riß / Riße / Ryeß / Ryß, Hermanus de 175, 186, 477
Rieß / Ryse / Ryß / Reiß, Bertold de 167, 175, 176, 186, 475, 476
Rinkenberge, Johanni 133
Rockenfuß, Conradus 177
Rockenfuß, J. 186, 478
Rode, Johann 275
Rode, Phillip 275
Rodemann, Henricus 186, 477

Romanis, Humbertus de 39
Romcken, Andreas 259
Rone, Heinrich 107
Rosental, Hans von 269
Rote / Roten, Eyhard 186, 475
Roten / Rothe / Rothen / Rothem, Heinricus / Henricus 176, 186, 477, 478
Rottenburg, Herren von 29
Rottenburg, Heinrich von 29, 335
Rudolff, Hans 123

S

Sande, Steffen vam 201
Sayn, Gerhard Graf von 275
Schade, Johannes 107
Schenck zu Schweinsberg, Ebert 274
Schenck zu Schweinsberg, Hermann 272
Schenck zu Schweinsberg, Johann der Ältere 275, 282
Schenck zu Schweinsberg / Schengke zu Sweinsberg Johann der Jüngere 252, 254, 255, 275, 365
Schenck zu Schweinsberg / Sweinsberg / zu Schweinsberg zu Rheinfels, Volprecht / Volpert / Volpart 252, 254, 255, 268, 274
Schenck, Johann(es), Marschall 268, 282
Schenck, Philipp, 280
Schlandersberg, Barbara 338
Schlandersberg, Carl Sigmund Graf von 334
Schlandersberg, Dorothee von 338
Schlandersberg, Elisabeth, geb. Gräfin von 333
Schlandersberg, Hans d. Ältere 334
Schlandersberg, Hans d. Jüngere 334
Schlandersberg, Herren von 25, 35, 47, 223, 332, 334, 343, 345, 346, 373, 374
Schlandersberg, Kaspar von (C. Slandersperg) 158, 159, 224, 334–337, 339, 340, 558, 559, 560, 561, 593
Schlandersberg, Peter von, Junker („juncher petern") 334, 336–338, 344,
Schlandersberg, Sygmund von 81, 334–339, 557, 558
Schonrstete, Gotfried von 106
Schribers, Endris 160
Schunter, Siegfried 233
Schwab / Swob, Hermanus 176, 186, 478
Schwalbach, Ge(r)nand von 280, 282
Schwan, Daniel zum 286, 287, 289
Schwerzel, Johann 280

Scrympe, Rutger 71
Selbach, Denhart von 275
Senger, Johannes 280
Seppart 120
Sibolt / Sybolt / Sybol / Sygolt, Conradus 175, 177, 186, 477
Sigmund, König 224
Slerfthomas, J. 478
Snyder, Hanß 266
Sophie, Landgräfin von Thüringen 227, 228
Stein / Steyn, Johann(es) 252, 254, 255, 282, 365
Stengil, Doctor 286
Stoffer, Johannes 365
Stromer, Ulman 48
Suger, Abt 70
Surbier, Jo(hannes) 475
Swanden, Johannes 268
Swob, Hermanus 176
Sygolt, Bertold 176, 177, 478

T

Thomas, Christian 100
Thomas, Hausschaffer von Horn 82
Thunn / Thunna / Tonna, H. de 186, 475
Toppelstein / Toppelsteyn, Herman / Hermanus 137, 175
Toppelstein / Toppelstynn, D. 186, 478
Treisbach, Peter von 272
Trott, Hermann 287
Twern, Hermann 360

U

Umbraser, Heinrich 334, 344
Urbach / Urbech / Urbeche, Theod(erich) de / Theodericus 174, 175, 186, 449, 475, 476
Urbach / Urbech, Johann de 174, 175, 177, 186, 364, 448, 449, 450, 475, 477, 478
Urbach, Heinrich von 106, 186 477
Uttershausen, Werner von 280

V

Veckinchhusen, Hildebrandt 82, 207
Venningen, Johannes von (Bischof von Basel) 29, 34, 254, 272, 324, 345, 347, 348, 374
Viermünden, Philipp von 275
Volkenant, Nicolaus 176, 185, 478
Vorczin / Vorczinn, Gerlach 186, 475

W

Wagner, Ulrich 77
Wedekinde, Rentmeister 258
Weimar, Dietrich von 270
Weinsberg, Anna von 282
Weinsberg, Engelhard von 28
Weinsberg, Konrad von 25, 27, 34, 160, 223, 264, 272, 329, 330, 346, 365
Weiters, Caspar von 287
Weitershausen, Johann von 288
Weitershausen, Philip von 288
Wernher, Rentmeister 258
Wernnersche, die 285, 287–289
Wertheim-Breuberg, Grafen von 28, 34, 82, 84, 223, 292, 330, 332, 346, 373, 374
Westerburg, Johannes 288
Westfäling, Johann 288
Wettin, Paulus von 269, 289
Widdersheim, Thomas von 280
Widmann, Johannes 162, 365
Wilhelm I., der Altere, Landgraf 230, 231
Wilhelm I., Markgraf von Meißen 367
Wilhelm II. der Mittlere, Landgraf von Niederhessen 230, 231, 253, 265, 318
Wilhelm II., Herzog von Braunschweig 290
Wilhelm III., der Jüngere, Landgraf 15, 230, 231, 244, 245, 252–255, 257, 264, 270, 271, 277, 278, 282, 284, 345, 366–368, 374
Wilhelm III., Herzog von Thüringen 264
Wilhelm der Jüngere von Kassel IV. 285, 286, 290, 367
Windhausen / Winthuse, Anna von 266, 287
Wittelsbach-Bayern 375
Wittgenstein, Ebert von Sayn Graf zu 275
Wolfhagen, Johannes 107, 354
Wolkenstein, Oswald von 224, 336
Wybbelhennchen, Knecht 266

Z

Zilbein, Johannes (s.a. Czilbeyn) 172, 186, 364

10. Ortsverzeichnis

(unterschiedliche Schreibweisen sind durch / getrennt)

A

Aachen 16, 22, 82, 153, 157, 213, 271, 278
Algerien 76
Alsfeld / Alsfelt 260, 263, 310
Altenburg 16, 106
Altendorf / Aldendorff / Aldendorf 132, 133, 173, 257, 263, 289
Altweilnau / Aldenwylnau 259, 263
Annaberg, Vinschgau 334
Anrode 132
Arnstadt, Thüringen 106, 571
Aschersleben 84
Augsburg 16, 23, 89, 146, 158, 160, 575
Ammern / Amra 138
Avignon 72

B

Bacharach 262
Bad Ems / Bade von Empz 286
Bollstedt / Bolstete 138
Bamberg 44, 45, 77, 84, 316, 355
Basel 16, 20, 21, 28, 51, 52, 90, 157, 161, 196, 205, 272, 324, 345, 347, 359, 576, 578, 579
Battenberg / Battenberk 258, 263
Bayern 28
Bensberg, Burg 323
Bensheim / Benßheim 259, 263
Berg, Herzogtum 323
Bergamo 594
Bergheim 587
Berlin 20, 160, 189
Bern 20, 115, 371
Bernbach 259, 263
Beyenburg 323
Biel 20, 160
Bielefeld 354
Bingen 273
Blamont 348
Blankenstein / Blangkstein 258, 263, 289
Blankenberg, Burg 323
Blankenburg 323
Bocholt 71
Boizenburg 304

Bologna 51, 341
Bonn 262, 289
Boppard / Bopart 259, 262
Borken / Burken 258, 263
Boyneburg 228
Bozen 345
Brabant, Herzogtum 272
Brake 158
Braubach 262
Braunschweig 86, 92, 188, 587, 590
Breisach 576
Bremen 273
Brescia 576, 577
Breslau 16, 157
Breuberg im Odenwald 28, 161, 223, 330
Brilon 84
Brügge 214, 570
Brüssel 583, 586
Burgund 84, 254, 312
Butzbach / Butzpach 23, 72, 77, 158, 258, 263, 283, 310, 572

C

Cadolzburg 575
Calbe an der Saale 19, 160
Caldern / Kaldern 260, 261, 263, 335, 337
Chemnitz 106
China 47
Cloppenburg 189
Cluny 70
Cremona 52
Culemborg 580, 584

D

Danzig 20, 47
Darmstadt / Darmstatt 259, 263, 289, 310
Deutschland 593
Deventer 274
Dierdorf / Deydorff 260, 263
Diez / Dietz 259, 263
Dordrecht 590
Dorla 118, 126, 132
Dreidorf 310

Dresden 46, 83, 93, 105, 191
Duderstadt / Thuderstad 46, 132
Duisburg 16, 22, 78, 94, 157, 215
Düren 94
Düsseldorf / Dußeldorf 259, 262, 263, 323

E
Ebsdorf / Eysdorf / Eysdorff 260, 263
Eisenach / Ysennache 106, 132
Ellrich / Elrich 132
Einbeck 189
Eisdorf 311
Elbing 160, 577
England 47, 55, 57, 69
Eppstein i.T. 576
Erfurt / Erffurt / Erffurd 23, 84, 95, 100, 105, 106, 130, 131, 133, 167, 183, 256, 257, 262, 263, 364
Eschwege / Eschewege 132, 183, 228
Esslingen 24, 213

F
Florenz 67, 76, 84
Frankenberg 246
Frankenhausen / Frangkenhusen 106, 132
Frankfurt a.M. / Frangfurt 17–19, 22, 52, 78, 99, 100, 132, 133, 136, 147, 180, 188, 197, 232, 245, 246, 248, 250, 257, 263, 266–268, 270, 273, 277–279, 281–285, 289, 291, 300, 301, 305, 312, 345, 362, 577, 581, 589
Frankreich 47, 214, 250
Freiberg 106
Freiburg, Breisgau 84, 161, 248, 572, 583
Freital 84
Friedberg (Hess.) 318, 590
Friedewald / Friddewalt 269, 270
Fronhausen / Fronhusen 257, 263

G
Gelnhausen 585
Gengenbach 577
Genua 67, 82
Gera 84
Gerau / Gerauw 268, 271
Gernsheim / Gernßheim 259, 262, 263, 267, 268, 310, 312
Geroldseck 248, 269, 584
Gießen 270, 289

Görlitz 19, 20, 105, 106, 157
Goslar 98
Göttingen / Gottingen 16, 23, 93, 117, 132, 133, 136, 137, 215, 362
Grabe / Graba, -Ost, -West 138
Gran, Donau 273
Greifswald 20, 189, 212
Groningen 274
Groß-Salze 20
Grünberg / Grunbergk 256, 257, 263, 264, 307
Gunzenhausen 20

H
Hadamar / Hademar 259, 263
Hagenau 588
Halberstadt 83
Hall (Schwäbisch Hall) 213, 364, 369
Hambach, Schloss 323
Hamburg 16, 18–20, 23, 33, 47, 79, 84, 128, 188, 190, 199, 202, 205, 206, 209, 211, 214, 301, 353, 361, 373, 563, 565
Hannover 83, 273
Hauneck / Hunegke 269, 270
Heidelberg 271, 272, 281
Heilbronn 84
Heiligenstadt / Heiligenstat / Helgenstad 132, 183
Hermannstadt 16, 153, 369
Heringen 132
Hersfeld / Haerulfisfelt 94
Hessen 28, 227, 253, 268, 270
Hildesheim 18, 115, 158, 164, 213, 355
Hochgalsaun / Hochgalzaun 333–335
Hohenberg, Grafschaft 223, 269, 311
Hohenstein / Hoenstein 259, 260, 263, 269
Holzhausen / Holtzhusen 132
Höxter 83
Hunteburg 28, 160, 358
Hard / Hartt, in der 138

I
Indien 76
Innsbruck 573
Italien / Ytalien 43, 44, 47–50, 52, 67, 74–76, 82, 89, 156, 207, 214, 250, 270, 278, 325, 341, 374, 593

J

Jena 106
Juckau 84
Jülich 27

K

Kaisershagen / Kaisershain / Keyserßhain 138
Kappel / Cappel 260, 263
Kassel / Cassel 16, 71, 228, 229, 231, 261, 293
Kastelbell 333
Kasten / Casten, Ansitz, Schloss 333–335, 338
Katzenelnbogen 26, 257, 262, 263, 271, 290–292, 320
Kaub 262
Kermsted 123
Kiel 212
Kirchhain 260, 268
Kirkel Saar 576
Kleve 580
Koblenz 16, 156
Köln / Collen 18, 48, 78, 88, 113, 213, 220, 270, 271, 273, 278, 284, 289, 292, 323, 365, 371, 372, 373, 573, 578, 579, 590, 594
Komotau 576
Konstanz 21, 78
Köthen 105
Kursachsen 226

L

Landskron, Herrschaft 27
Langensalza 106
Langsdorf 228
Lohra / Lare 260, 261, 263
Laufen 348
Leipzig 16, 46, 99, 105, 106, 162, 163, 193, 354, 365
Lemgo 158
Limbach 258, 263
Limburg / Limpurgk 259, 263
Linz 262
Lippoldsberg / Lippoldesbergk 132, 133
Lisle 348
Lobith 262
Lübben 34, 190, 193, 208, 210, 211, 373
Lübeck 45, 84, 88, 93, 134, 157, 160, 188, 212, 213, 274
Lüneburg 20, 22, 84, 89, 157, 177, 354, 449
Lüttich 589, 590
Luxemburg 23, 82, 160, 356
Luzern 92

M

Maastricht 590
Magdeburg 268, 571
Mainz / Meincze 48, 227, 228, 259, 262, 263, 268, 311, 317–319, 580, 582
Marburg / Marpurk 20, 22, 33, 84, 91, 190, 194, 195, 206, 211, 227–229, 234, 236–242, 244, 246, 251, 254, 255, 260, 261, 263, 268, 271, 272, 276, 277, 278, 286, 291, 292, 296, 297, 305, 310, 313–319, 367, 579, 582, 589
Mecheln 250, 583, 589
Mecklenburg 29, 261
Meißen 19, 82, 106
Mellnau / Melnau / Melnauw 258, 263
Metz 573
Meudt 270
Michelstadt 84
Moischt / Mosschede 260, 261, 263
Mölsen 95
Mühlhausen / Molhusen / Molhusn 15, 19, 20, 32, 33, 71, 78, 84, 94, 95, 98–102, 104–110, 113, 116, 118, 120, 122, 123, 130, 131, 133, 135, 136, 139, 145, 150–152, 161, 163, 164, 166, 167, 171, 172, 174, 177, 179, 180, 182–184, 187–194, 198, 199, 201, 202, 204, 206, 207, 208, 209, 210, 211, 213, 215, 216, 258, 263–265, 350–356, 359–366, 368–371, 373–375, 439–443, 445, 447, 478, 570–576
München 20, 89, 92, 214, 570
Münster, Westfalen 21, 22, 33, 84, 190, 201, 202, 209, 210, 211, 213, 313

N

Nassau / Nassauw 287, 289, 290
Naumburg 105, 107
Neuenahr 577
Neukirchen 269
Neuss 584
Neustadt an der Orla 106
Nidda / Nidde 252, 258, 263, 310
Nordhausen / Northusen 46, 83, 95, 99, 130, 131, 133, 183, 364
Nördlingen 50
Novgorod 69
Nürnberg 18, 19, 48, 84, 88, 89, 92, 136, 151, 205, 206, 212, 213, 272, 571, 575, 585, 592

O

Oberhessen 32, 228, 229–231, 233–236, 244, 253–255, 262, 291, 313, 360, 374–376, 479–456, 578–591
Oberitalien 593
Oberkaufungen 230
Oberlahnstein 28, 34, 223, 238, 250, 262, 318–322, 345, 346, 372, 374
Ochsenfurt am Main 272
Orlamünde 106
Osnabrück 18, 22, 28, 83, 89, 120, 152, 160, 354
Österreich 25, 82

P

Paderborn 83
Passau 25
Pegau in Sachsen 20, 33, 105, 106, 119, 190–193, 206, 208, 210, 211, 213, 353
Pergamon 47
Pfunds, Tirol 335
Poppelsdorf 248, 583, 586
Poppenrode 126
Porta 132
Pößneck 106

Q

Quedlinburg 19, 84, 105, 106, 153

R

Ratingen 22, 81
Rauschenberg / Russchenbergk 230, 258, 263
Ravensberg, Grafschaft 323
Ravensburg 48, 84
Rechenberg / Rechenberk 259, 263
Regensburg 89, 136, 157, 185, 594
Reidenhausen / Redenhusen 258, 263
Reutlingen 84
Reval 22, 33, 84, 190, 197–200, 206, 208, 210, 211, 213, 371, 372, 373, 566
Rheine, Westfalen 579, 580
Rheineck 29
Rheinfels / Rinfels 259, 263, 268, 310, 311, 312, 576
Rhens 262
Riga 20, 33, 190, 198, 201, 206, 208–211, 213, 373
Rinteln 21, 34, 83, 190, 191, 208, 210, 211, 371, 373
Rolandseck 262
Romrod / Romerode 258, 263
Rosental / Rosenthal 258, 263

Rostock 354
Rothenburg o.T. 21, 84
Rotund, Tirol 335
Rüsselsheim 267, 279
Rüthen 189

S

Saalfeld / Salfeld / Saluelt 106, 138
Sachsen 264
Sankt Goar / Sant Gewer 255, 257, 259, 262, 263, 270
St. Denis 70
St. Emmeran 157
Schaffhausen 22, 190
Schlanders 334
Schlandersberg 333, 334
Schleusingen 106
Schmalkalden 106
Schönstein / Schonstein 258, 263
Schotten 258, 263
Schwaben 572
Schwäbisch Hall / Hall 21, 119, 213, 364, 369, 571
Schweiz 160
Selz 588
Siegen 22, 91
Schlotheim / Slatheim 132
Soest 90, 154, 202
Sondershausen / Sunderßhusen 132, 133
Sonneberg 106
Sontra / Suntra 132
Spangenberg 132, 254
Spanien 47
Speyer 16, 292
Stadthagen 21, 93, 158, 362
Stausebach / Stußenbach 255, 258, 263
Steinheim 582
Stralsund 212

T

Tallinn, 197
Thüringen 227, 291
Tirol 24, 26, 28, 49, 81, 156, 157, 223, 225, 333
Treffurt / Drefferte 132
Treysa / Trysa 260, 263, 311
Trier 81, 93, 284

U
Ulrichstein 258, 263
Utrecht 248, 578, 580, 581, 584

V
Vacha 258, 263
Vechta 84
Veldenz 576
Venedig 67, 84
Vinschgau 333
Volkenroda / Folkolderode 132

W
Wasungen 106
Weimar a.d. Lahn / Wymar 260, 261, 263
Weißenburg 84
Weißenfeld 268
Weißensee 106
Windeberg 138
Wittenburg 304
Wesel 154, 189, 589

Wettin 29, 218, 225, 227, 257, 258, 262, 263, 289, 316
Wiedenbrück 83
Wien 64, 93, 325, 334, 336, 351, 354, 594
Windsheim 22, 23
Wismar 160
Wittgenstein 289
Wolkersdorf / Wulkersdorff 269
Worms 278, 363
Würzburg 218

Z
Zabern 580
Zella / Cella 132
Zerbst 19, 105, 106
Ziegenhain / Cziegenhain 228, 229, 233, 234, 245, 251, 268, 269, 270, 279, 283, 287
Zürich 214

ZUSAMMENFASSUNG

Die Entwicklung ausgehandelter Schriftlichkeit und pragmatischer Rechenhaftigkeit in der Buchführung des Spätmittelalters

Die Entwicklung ausgehandelter Schriftlichkeit und pragmatischer Rechenhaftigkeit mit ihren qualitativen und quantitativen Aspekten in der Buchführung spätmittelalterlicher Städte wird im Vergleich zur Buchführung des Adels betrachtet. Schwerpunkte der Untersuchung sind die Rechnungslegung der Stadt Mühlhausen in Thüringen und die Rechnungsführung der Landgrafen von Hessen, die vergleichend analysiert werden. Damit soll ein Beitrag zur Erforschung der Entwicklung von Schriftlichkeit und Rechenhaftigkeit und deren Einsatz in verschiedenen sozialen Gruppen und deren Strukturen im Spätmittelalter erbracht werden.

In den Städten wurde die Führung der Haushaltsgeschäfte von Interessensgruppen an einen Rat meist ehrenamtlicher Funktionsträger delegiert, die zur Rechenschaft über ihre Amtsführung verpflichtet waren. Der von Bediensteten geführte adelige Haushalt war dagegen zentral auf die adelige Person und deren Hofhaltung ausgerichtet.

Die Studie analysiert qualitative und quantitative Aspekte der Buchführung, wie die Art, Anzahl und Einteilung der Buchungseinträge, die Entwicklung von Bilanzierung, die Genauigkeit der Rechenhaftigkeit sowie die Chronologie der Buchungen im Jahresverlauf und im Bezug zu Wochentagen. Unterschiede zwischen städtischer und adeliger Buchführung wurden bei Struktur, Sprache, Verantwortlichkeiten, Kontrollorganen, Buchungsverlauf, Bilanzierung und Genauigkeit festgestellt. Ein wesentlicher Unterschied besteht zwischen der vorgefertigten, komplexen Struktur der städtischen Rechnungsführung gegenüber der einfachen, fortlaufend geführten Struktur der adeligen Buchführung. Der Anteil von Korrekturen und Streichungen ist in den direkt geführten städtischen Kämmereiregistern deutlich höher, als in den als Reinschrift ausgeführten adeligen Kammerschreiberrechnungen. Die bevorzugten Buchungstage waren im städtischen Bereich Sonntag und Samstag, während in der adeligen Buchführung eine solche Präferenz nicht feststellbar war. In beiden Bereichen war die Genauigkeit der in römischen Zahlzeichen ausgeführten Rechnungen von einer erheblichen Fehlerquote gekennzeichnet. Die Komplexität der städtischen Rechnungen war jedoch deutlich höher als in der adeligen Buchführung und zeigte einen Ansatz zur Bilanzierung. Die adeligen Kammerschreiberrechnungen stellten dagegen eine einfache Dokumentation ohne analytische Absicht dar.

Schlagworte: Schriftlichkeit, Rechenhaftigkeit, Buchführung
Diese Studie wurde von der Konrad-Adenauer-Stiftung gefördert.

ABSTRACT

The development of mediated literacy and pragmatic calculation in aristocratic and municipal bookkeeping in the late Middle Ages

The development of mediated literacy and pragmatic numeracy with its qualitative and quantitative aspects in the accounting of late medieval towns is examined in comparison to the accounting of the nobility. The study focuses on the accounting of the town of Mühlhausen in Thuringia and the accounting of the Landgraviate of Hessen, which are analysed comparatively. The aim is to contribute to research on the development of writing and calculation and their use in different social groups and their structures in the late Middle Ages.

In the towns, the management of financial concerns was delegated by interest groups to a council of generally honorary officers, who were obliged to account for their conduct of office. In contrast, the noble household run by servants was centrally focused on the noble person and its court.

The study analyses qualitative and quantitative aspects of bookkeeping, such as the type, number and division of accounting entries, the development of accounting, the accuracy of calculation as well as the chronology of entries in relation to season and to the days of the week. Differences between urban and aristocratic bookkeeping were found in structure, language, responsibilities, control bodies, recording process, accounting and accuracy. One major difference is the prefabricated, complex structure of the municipal accounts compared to the simple, continuous structure of the aristocratic accounts. The proportion of corrections and erasures is significantly higher in the directly kept municipal accounts than in the noble chamber clerk's accounts, which were kept as clean records. The preferred booking days in the urban sector were Sundays and Saturdays, while no such preference was discernible in the aristocratic accounts. In both areas, the accuracy of the accounts executed in Roman numerals was characterised by a considerable error rate. However, the complexity of the urban accounts was significantly higher than in the aristocratic accounts and showed an approach to balancing. The aristocratic chamber scribe's accounts, on the contrary, represented simple documentation without analytical intent.

Keywords: literacy, numeracy, bookkeeping
This study was supported by the Konrad-Adenauer-Foundation.